U0154548

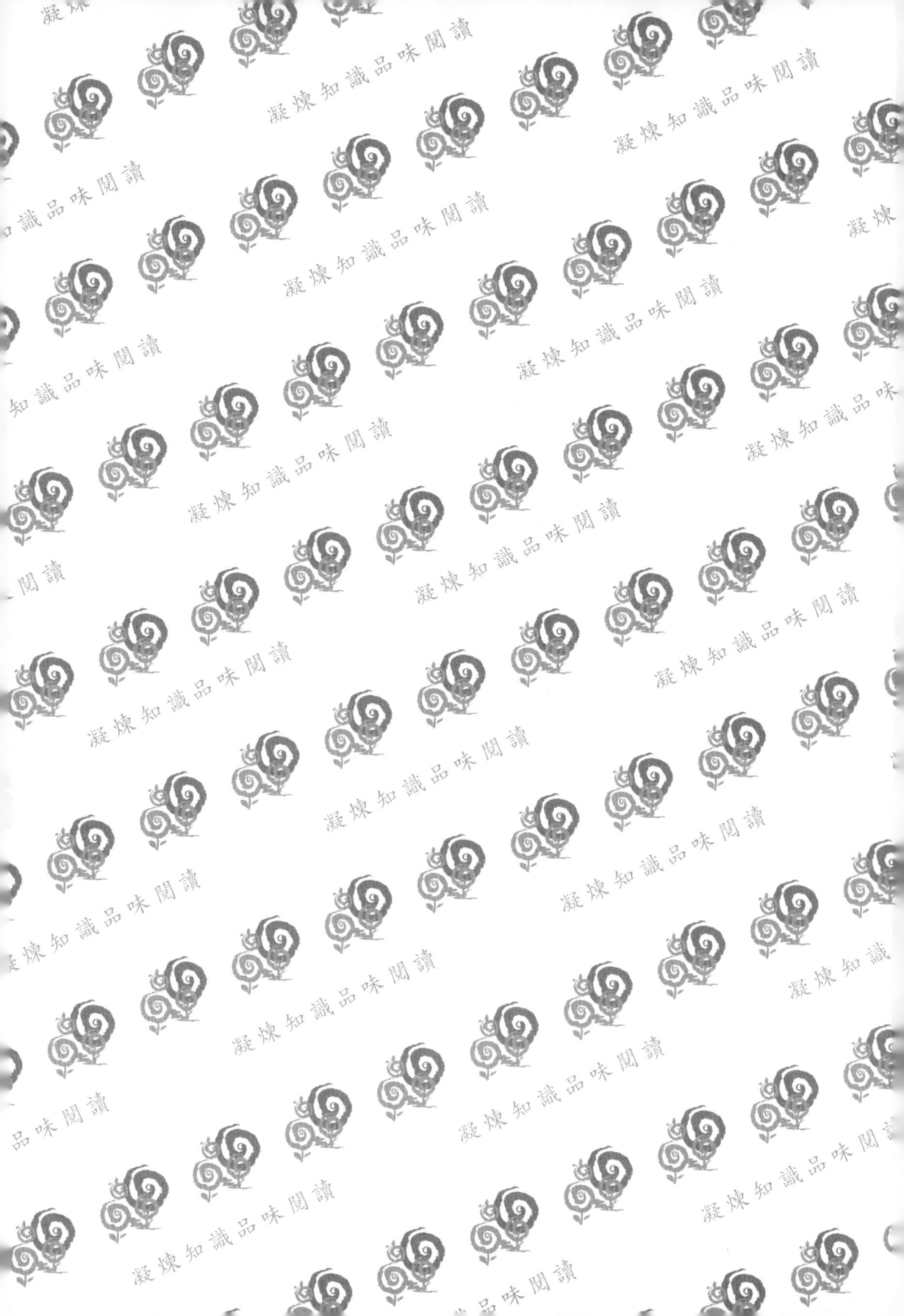

五南圖書出版公司 印行

道路交通管理處罰條例逐條釋義

黃清德、陳正根／主編

李震山、蔡庭榕、陳俊宏、黃清德、李寧修
李錫楝、林書慶、陳正根、許義寶、陳家福 ／著

序言

道路交通管理處罰條例（下稱道交條例）規範的目的，在加強道路交通管理，維護交通秩序，確保交通安全，規範內容廣泛，包括汽車、慢車、行人、道路障礙，就如同空氣、陽光、水一般，與每個人生活息息相關。從歷來司法違憲審查實例，道交條例涉及人民的生命權、身體權、工作權、財產權、行動自由、一般行爲自由及行政救濟基本權利，並與人身自由、資訊隱私權（111年憲判字第1號判決）、集會自由（釋字第445號解釋）、表現自由（釋字第806號解釋）等自由與權利息息相關，道交條例屬於由中央與地方政府共同執行的行政法特論領域，係具有干預性質的行政作用法，然而法學界似乎鮮少人或有興趣對之作有體系且深入的分析與研究。

道交條例從1968年公布施行後，修法頻繁，迄今已增修46次，道路交通相關法制不同法令規範間因欠缺一致性，而屢生適用優先順序爭議問題，高等行政法院行政訴訟庭負責審理的交通裁決事件仍居高不下。本書是第一本也是唯一的一本道交條例逐條釋義書，本書以法律詮釋學地毯式地剖析道交條例條文立法目的、實體與程序構成要件、法律效果與實際爭議、修法理由與過程等，透過逐條理解與客觀詮釋法文字概念，以提供個案認事用法的準據，希望在手段與方法上如何循合憲秩序的方向精進，致力於道路交通法制體系化與學術化，期待交通行政法學可能成爲專業、自主的法學領域，成爲提升交通執法人員專業尊嚴與形象的利器，並普及讓一般社會大眾得以正確理解，扭轉以往法律學術或實務界對道交條例的性質，長期存有僅是技術性與執行性規定的刻板印象。

本書之撰寫特別感謝作者之一的前司法院大法官李震山教授所倡議，並以〈道路交通管理處罰條例的法治面面觀〉一文作爲本書緒論，從憲法保障人權、行政法以及法律詮釋學觀點，展開道交條例面面觀的深入論述，特別指出若得將「交通基本權」納入人權清單，從法律層次的權利提升至憲法的權利，除可節制「立法形成自由」外，當其與憲法保障其他自由衝突時，就能取得更周延的折衝地位，進而成爲「道交法制」的核心內涵，建立「道交法制」在行政法領域自己獨特的各論法域；黃清德教授居中協調聯繫出版事宜，條文逐條釋義由蔡庭榕、陳俊宏、黃清德、李寧修、李錫棟、林書慶、陳正根、許義寶（按條文順序列出）八位具有豐富理論與實務經驗教授，共襄盛舉且通力合作歷經四年，而於2024年2月完稿交付出版前置作業。

本書撰寫期間適逢「道路交通安全基本法」2023年12月完成立法，特別商請長期推動、關心該議題的中央警察大學陳家福教官撰寫〈《道路交通管理處罰條例》之不能——《道路交通安全基本法》之倡議、制定與未來〉一文，作爲本書附錄，特申謝忱。

本書作者們對於本法相關條文與議題，除了經常利用「警愛跑」活動聚會討論並交換意見切磋琢磨，還要特別感謝國立高雄大學法學院辦理2021年「交通法制學術研討會」、臺灣警察專科學校交通管理科辦理2020年「提升道路交通執法成效與安全研討會」邀請本書作者發表相關論文，助益本書完成。特別感謝五南圖書慨允出版，並提供專業細緻的排版與出版服務。

本書雖竭盡心力編纂，然而疏漏之處必所難免，尚祈先進不吝賜正，作爲日後修訂新版參考，提供更多更精緻的參考素材。

著者一同謹誌

2024年6月

作者撰寫內容一覽表

撰寫人	內容	作者學歷、現職
李震山	緒論	德國慕尼黑大學法學博士 司法院前大法官
蔡庭榕	第一章（§1～§11）	美國聖休士頓州立大學刑事司法博士 中央警察大學兼任教授
陳俊宏	第二章（§12～§27）	中央警察大學犯罪防治研究所博士 玄奘大學法律學系教授兼國際餐旅暨管理學院院長
黃清德	第二章（§28～§36）	東海大學法律學研究所博士 臺灣警察專科學校交通管理科教授
李寧修	第二章（§37～§53）	德國慕尼黑大學法學博士 中國文化大學法律學系教授
李錫棟	第二章（§53-1～§68）	國立中正大學法學博士 玄奘大學法律學系教授兼系主任
林書慶	第三章（§69～§77-1）	中央警察大學犯罪防治研究所博士 中央警察大學保安警察學系助理教授
陳正根	第四章（§78～§81-1） 第五章（§82～§84）	德國杜賓根大學法學博士 國立高雄大學法律學系教授
許義寶	第六章（§85～93）	國立中正大學法學博士 中央警察大學國境警察學系教授
陳家福	附錄	中央警察大學警政研究所碩士 中央警察大學交通學系警監教官（退休） 中央警察大學鑑識科學研究委員會委員（1995～2023），計28年

目　錄

緒論　道路交通管理處罰條例的法治面面觀　1

壹、緒論 3
貳、以憲法保障人權觀點論道交條例 4
參、從行政法觀點論道交條例 14
肆、以法律詮釋學觀點論道交條例及其逐條釋義 19
伍、結語 24

逐條釋義　25

第一章　總　則 27

第1條	立法目的	27
第2條	適用範圍	31
第3條	用詞定義	34
第4條	道路安全設施之設置、管理、遵守，以及違反之責任	38
第5條	道路通行之禁止或限制之發布命令	44
第6條	得調撥車道或禁止、限制車輛或行人通行	47
第7條	稽查及違規紀錄之執行	50
第7條之1	民眾舉發之相關規定	54
第7條之2	逕行舉發與例外	61
第7條之3	對大眾捷運系統車輛之逕行舉發	77
第8條	處罰機關	80
第8條之1	大眾捷運系統車輛違規準用汽車行駛規定之處罰	84
第9條	罰鍰之處罰	87
第9條之1	繳清尚未結案之罰鍰	92
第10條	刑責部分之移送	95

第11條 軍用車輛及駕駛人之適用......98

第二章 汽 車......103

第12條 車輛無牌照行駛及停車之處罰......103
第13條 車輛牌照及標明事項之違規......110
第14條 牌照行照違規之處罰......113
第15條 牌照未依規定使用之處罰......116
第16條 各種異動未依規定之處罰......120
第17條 違反定期檢驗之處罰......125
第18條 基本設備之變換及修復未檢驗之處置......127
第18條之1 未依規定裝設行車紀錄器等之處罰......130
第19條 煞車未完妥有效之處罰......133
第20條 設備損壞之未修復之處罰......135
第21條 無照駕駛等之處罰......138
第21條之1 大車無照駕駛之處罰......147
第22條 違規越級駕駛之處罰......152
第23條 駕照借人之處置......156
第24條 不接受參加安全講習之處罰......158
第25條 駕照不依規定變更或換發之處罰......161
第26條 職業駕照未參加審驗之處罰......163
第27條 不依規定繳費之處罰......165
第28條 （刪除）......169
第29條 違反汽車裝載之處罰......169
第29條之1 違規使用專用車輛或車廂之處罰......175
第29條之2 違規超載之處罰......178
第29條之3 危險物品之運送......182
第29條之4 罐槽車之管理......185
第30條 違反汽車裝載之處罰......188

第30條之1 車輛機件、設備、附著物不穩妥或脫落之處罰 191
第31條 安全帶、幼童安全椅之處罰 192
第31條之1 有礙駕駛安全電子產品或其應用程式或吸菸之處罰...196
第31條之2 幼童之定義 199
第32條 無證行駛動力機械之處罰 200
第32條之1 行駛或使用動力器具之處罰 202
第33條 高速公路、快速公路不遵道路管制規則之處罰 203
第34條 汽車駕駛人之處罰——連續駕車超時、患病駕駛.......210
第35條 汽車駕駛人之處罰——酒駕吸毒駕駛之處罰 212
第35條之1 車輛點火自動鎖定裝置 223
第35條之2 汽車運輸業者懲罰性損害賠償金 225
第36條 計程車駕駛人執業登記 227
第37條 計程車駕駛人之消極資格 230
第38條 違規攬客營運、任意拒載或故意繞道之處罰 237
第39條 汽車駕駛人之處罰——未靠右駕車 243
第40條 違反速限之處罰 245
第41條 汽車駕駛人之處罰——按鳴喇叭不依規定或超過音量 249
第42條 汽車駕駛人之處罰——燈光使用 251
第43條 汽車駕駛人之處罰——危險駕駛及噪音 254
第44條 違反減速慢行之處罰 265
第45條 汽車駕駛人之處罰——爭道行駛及聞警號車不避讓...275
第46條 汽車駕駛人之處罰——違規交會 289
第47條 汽車駕駛人之處罰——違規超車 292
第48條 汽車駕駛人之處罰——違規轉彎或變換車道 297
第49條 汽車駕駛人之處罰——違規迴車 303
第50條 汽車駕駛人之處罰——違規倒車 308
第51條 汽車駕駛人之處罰——違規上下坡 312

第52條 汽車駕駛人之處罰——違規行經渡口 314
第53條 汽車駕駛人之處罰——闖紅燈 316
第53條之1 於與捷運系統共用路口闖紅燈之處罰 322
第54條 平交道違規之處罰 324
第55條 違規臨時停車之處罰 327
第56條 違規停車之處罰 331
第56條之1 違規開關車門肇事之處罰 336
第57條 汽車買賣修理業違規停車之處罰 339
第58條 未保持車距等之處罰 342
第59條 故障未依規定處理之處罰 345
第60條 概括處罰規定 347
第61條 駕車犯罪之處罰 357
第62條 肇事後處理不當之處罰 361
第63條 記點 367
第63條之1 違規紀錄 372
第63條之2 逕行舉發案件之歸責及處罰 375
第64條 （刪除） 379
第65條 不依裁決繳照繳款之處理 379
第66條 牌照經吊銷之再行請領 384
第67條 考領駕照之消極資格 386
第67條之1 吊扣吊銷駕照處分效力之擴大 391
第68條 吊銷駕駛執照處分之範圍 394

第三章 慢 車 401
第69條 慢車之分類、定義及相關管理事項 401
第69條之1 電動自行車之行駛條件及強制責任保險 405
第69條之2 微型電動二輪車異動繳清尚未結案罰鍰之責任 409
第70條 慢車淘汰後行駛之沒入與銷毀 411

第71條 電動輔助自行車違反型式審驗相關態樣之處罰 413
第71條之1 微型電動二輪車違反牌照使用相關態樣之處罰 414
第71條之2 微型電動二輪車污損牌照、不能辨認牌號之處罰.......418
第72條 擅自變更慢車相關裝置之處罰....................................420
第72條之1 微型電動二輪車超速行駛之處罰 423
第72條之2 未滿十四歲者違規駕駛之處罰及租賃業者相關責任...425
第73條 慢車駕駛人不依規定行駛、危險駕車或拒測之處罰...428
第74條 慢車駕駛人不服從交通指示、不依規避讓之處罰.......433
第75條 慢車駕駛人鐵路平交道違規之處罰............................438
第76條 慢車駕駛人未依規定載運客、貨或附載幼童之處罰...440
第77條 （刪除） 443
第77條之1 微型電動二輪車違規之逕行舉發 443

第四章 行 人...447
第78條 行人之處罰與例外 447
第79條 （刪除） 452
第80條 行人之處罰──闖越平交道 452
第81條 行人之處罰──攀跳行車 455
第81條之1 違規攬客之處罰..457

第五章 道路障礙 461
第82條 阻礙交通之處罰..461
第82條之1 廢棄車輛之處理..469
第83條 動態阻礙交通之處罰 474
第84條 動物阻礙交通之處罰 478

第六章 附 則...483
第85條 處罰應歸責者之原則 483
第85條之1 汽車駕駛人、所有人、買賣業、修理業違規之處理...487

第85條之2 車輛移置保管之領回 492
第85條之3 移置保管、公告拍賣處理 495
第85條之4 未滿十四歲之人違規之處罰 500
第85條之5 違規大眾捷運系統車輛之移置或扣留通知 504
第86條 刑責之加重及減輕 506
第87條 提起訴訟及撤銷期間之限制 510
第88條 （刪除） 514
第89條 （刪除） 514
第90條 不得舉發 515
第90條之1 拒絕道路交通安全講習之處罰 518
第90條之2 （刪除） 520
第90條之3 必要標誌或標線之設置 520
第91條 應予獎勵之機構或人員 523
第92條 道路交通安全規則之訂定 525
第92條之1 處罰 532
第93條 施行日 535

附錄 《道路交通管理處罰條例》之不能——《道路交通安全基本法》之倡議、制定與未來 537

壹、導言：本法之倡議——發動慈悲心 540
貳、內容解析：本法之制定——慈悲心之彙整 552
參、綜論：本法之未來——祝願慈悲心續長養 564

緒　論

道路交通管理處罰條例的法治面面觀

壹、緒論

「國家是爲人民而存在」、「國家的存立是以保障人民基本權利爲其正當性基礎與核心目的」等理念，在實施自由民主憲政的臺灣已不再是口號式的說詞。雖然在落實該等理念與踐履的成果上未必盡如人意，但確已走在正確的道路上，所餘者，係如何在手段與方法上循合憲秩序的方向精進，而撰寫道路交通管理處罰條例（下稱道交條例）逐條釋義一書即秉斯旨。志同道合的本書作者群們，本於集體創作功成不必在己，且心存向歷史交卷的善念，願奉獻自己的心智與寶貴時間，去探索國家衡平自由與秩序任務中很接近日常生活的交通議題，筆者感同身受並樂觀其成，乃爲文共襄盛舉。

交通主管機關在遵守憲法精神下，可依不同的專業分工而殊途同歸，兼及交通安全秩序與人權保障目的，例如古典上就有齊頭並進的「三E政策」，包括交通教育（Education）、交通工程（Engineering）與交通執法（Enforcement）。若將之轉換至法學規範面上，就會呈現不同的風貌，包括積極面向的交通計畫、交通風險預防、交通科技發展（工程、資訊、人工智慧、自駕車等）、交通保險或福利促進（例如偏遠地區的通行保障、無障礙空間的設置）等規範，相對地，也會有消極面向的交通管制、命令、處罰及交通事件救濟等法令，內容相當多元與豐富。而道交條例的規範內容，固然側重於制裁違法者的消極手段，但不容忽視的是，該等干預手段與措施必然涉及關係人的生命、身體、行爲（人格）、財產及司法救濟（含行政、司法救濟及賠償、補償等）等核心基本權利，故該具雙刃性質的條例，屬憲法、行政法領域下「道路交通行政法制」（下稱道交法制）中具樞紐性的一支。

基於以上思維與認知，本文擬從以下三個觀點展開道交條例面面觀的論述：一、從憲法保障人權觀點出發，借鏡我國司法違憲審查有關道交條例的案例，期望能彙整、形塑或萃取出「交通基本權」，以作爲架構道交法制的基石；二、以行政法觀點，定位道交條例並描繪其特徵；三、以法律詮釋學觀點，說明取徑道交條例逐條釋義的意涵。

貳、以憲法保障人權觀點論道交條例

藉助司法院大法官有關道交條例的解釋或裁判，分析、綜整其所指涉的憲法基本權利，並盼能從中形塑或萃取出「交通基本權」，作爲凝聚共識的討論基礎。

一、有關道交條例司法違憲審查個案所指涉的基本權利

經搜尋，涉及道交條例有關的司法違憲審查實例至少有釋字第223、284、417、418、423、445、511、531、564、584、604、699、749、777、780、806號等解釋，以及111年憲判字第1號判決[1]。經分析，各該案例已直接或間接、個別或重疊地涉及憲法所保障的重要基本權利。惟因考慮篇幅，以下僅擇關係較密切的生命權、身體權、工作權、財產權、行動自由（或一般行爲自由）及行政救濟權，並搭配較具代表性案例說明之，故不另及於距離稍遠的人身自由（111年憲判字第1號判決）、集會自由（釋字第445號解釋）、表現自由（釋字第806號解釋）、資訊隱私權（111年憲判字第1號判決）等自由與權利，合先敘明。

（一）生命權

近年交通事故年平均死亡人數居高不下，單以2023年爲例，臺灣因交通事故而於30日內喪生的人數就達3,023人，是除戰爭、疫癘及一般因病老的自然死亡外，命喪黃泉者的大數，其人數百倍於刑罰中被執行極刑者，長期未受到應有的重視。對照於死刑存廢論議題必然聚焦於生命權，而交通死亡事件則常被以「道路安全」、「統計數字」的觀點去關照，相應採取的措施就是加重處罰。缺乏對生命的終極關懷除易模糊問題的焦點外，「頭痛醫腳」的結果，就很難將車禍致人於死其實是死亡率最高的「犯罪」行爲的理念深入人心，故應改弦更張地將保障生命權理念納入道交條例的討論中。

我國違憲審查實例中並未見直接且具體指稱「生命權」者，而慣以「生存權」瓜代之，此可參照死刑合憲性爭議有關的釋字第194、263、476、512號等解釋[2]。然而，生命權的保障不待憲法列舉規定即當然存在，它至少存在憲法第22條的概括規定之中，若只因憲法未列舉「生命權」，就不去論及生命權，或因噎廢食以「生存權」代之，實不可取。限縮於道交條例，禁止超速或酒後駕車等規定，皆與生命權保障脫不了關係，此從以下案例中可知。

---

1 有些釋字則與交通事件有間接關係，例如與既成道路（公用地役權）徵收補償有關的釋字第400號及第440號解釋，與居住遷徙有關的釋字第558號解釋，與土地徵收補償有關的釋字第747號解釋，以及與徵收牌照稅有關的釋字第798號解釋等。

2 有關生命權與生存權之辨，見李震山，多元、寬容與人權保障——以憲法未列舉權之保障爲中心，元照，2007年，第101-104頁。

司法院釋字第284號解釋指出：「道路交通管理處罰條例第六十二條第二項規定：『汽車駕駛人如肇事致人受傷或死亡，應即採取救護或其他必要措施，並向警察機關報告，不得逃逸，違者吊銷其駕駛執照。』旨在增進行車安全，保護他人權益，以維持社會秩序，爲憲法第二十三條之所許，與憲法尙無牴觸。」理由書中更直指保護生命權的重要性：「道路交通事故發生後，有受傷或死亡之情形者，應即時救護或採必要之措施，以防損害範圍之擴大。如駕駛人於肇事後，隨即駕車逃離現場，不僅使肇事責任認定困難，更可能使受傷之人喪失生命，自有從嚴處理之必要[3]。」此外，司法院釋字第699號解釋所涉「酒精濃度測試」、釋字第777號解釋所審查的刑法第185條之4亦涉及「駕駛動力交通工具肇事，致人死傷而逃逸者」，以及111年憲判字第1號判決理由書（第22段）稱：「有鑑於酒駕對道路交通及用路人生命、身體安全危害至鉅，立法者對違規酒駕者係兼採行政處罰與刑罰之制裁手段，除於道交條例第35條就違規酒駕者明定各種行政處罰外，亦於刑法第185條之3就重大酒駕行爲施以刑罰制裁。」亦皆與保障生命權息息相關，自難以本質有異的生存權緊密地鑲嵌在交通權中的死亡案例。

（二）身體權

人民的生命、身體、健康三項互有關聯的權利應由憲法保障，已無需置疑。弔詭的是，該三項權利皆未明定在憲法第二章的列舉權中，是所謂的憲法「未列舉權」或「未名權」。除前述以生存權混充生命權外，遲至釋字第689號解釋方有「免於身心傷害之身體權」、第780號解釋的「身體不受傷害之權利」、111年憲判字第1號判決主文中的「身體權」與理由中的「身體不受傷害權」（理由第18段，按該判決尙涉及人身自由），以及111年憲判字第16號判決所稱「身心受傷害之身體權」[4]。至於健康權則呈現在釋字第753號解釋理由書及第767、785號解釋主文[5]。再依交通部所公布2023年道安數據，該年因交通事故受傷者爲53萬9,535人，道交條例當然與保障人民身體權有密切關係，以下僅舉111年憲判字第1號判決爲例說明之。

---

3 另可參照刑法第185條之4第1項：「駕駛動力交通工具發生交通事故，致人傷害而逃逸者，處六月以上五年以下有期徒刑；致人於死或重傷而逃逸者，處一年以上七年以下有期徒刑。」法律亦要求公權力機關踐履救助的義務，例如警察職權行使法第5條規定：「警察行使職權致人受傷者，應予必要之救助或送醫救護。」至於只要涉及生命權即從嚴處理之規定，例如道交條例第29條第4項有關汽車駕駛人有裝載貨物超越長度、寬度等情形「因而致人重傷或死亡者」，吊銷其駕駛執照。

4 李震山，從憲法觀點論身體不受傷害權，收錄於人性尊嚴與人權保障，元照，2020年，第161-194頁。

5 李震山，憲法未列舉之「健康權」入憲論理——以司法院釋字第785號解釋爲中心，收錄於月旦公法實務評析精粹，元照，2023年，第9-14頁。

該案是因地方法院法官審理交通案件，認所應適用當時道交條例第35條第5項規定：「汽車駕駛人肇事拒絕接受或肇事無法實施第一項測試之檢定者，應由交通勤務警察或依法令執行交通稽查任務人員，將其強制移由受委託醫療或檢驗機構對其實施血液或其他檢體之採樣及測試檢定。」以致警察機關得逕行強制移由相關醫療或檢驗機構並實施血液檢測，無須事前向法院聲請令狀，亦未定有事後聲請補發令狀機制，致違反法治國法官保留、令狀原則及憲法正當法律程序而違憲；此外，其就醫療或檢驗機構及檢測人員等之資格未制定相關專業要件，亦未定有保障被強制檢測者之隱私權規定，已侵害被強制檢測者之憲法第22條資訊隱私權及免於身心受傷害之身體權等基本權，乃聲請司法違憲審查。

該案所涉及諸多憲法保障的基本權利中之「免於身心受傷害之身體權」與本文有關。本件判決認爲：「僅規定汽車駕駛人肇事拒絕接受或肇事無法實施吐氣酒測者，交通勤務警察或交通稽查人員即應將其強制移由受委託醫療機構實施血液之採樣及測試檢定，不分情況是否急迫，事前既未經法官或檢察官之審查或同意程序，事後亦未有任何陳報該管檢察官或法院之監督查核程序；且對受強制實施血液酒精濃度測試檢定者，亦未提供任何權利救濟機制；換言之，自系爭規定一之內容觀之，無論司法程序或正當法律程序，均付之闕如，相較於實施刑事訴訟程序中之身體搜索或身體檢查措施所應具備之相關司法程序，系爭規定一明顯牴觸憲法正當法律程序之要求。此外，系爭規定一授權不具警察職權，亦無從實施司法警察人員任務與功能之『依法令執行交通稽查任務人員』，亦得將肇事駕駛人移送受委託醫療機構實施強制採檢血液，就此而言，亦違反正當法律程序之要求。是系爭規定一欠缺必要之司法或正當法律程序，從而違反憲法第8條保障人身自由、第22條保障身體權及資訊隱私權之意旨。」故除身體權外，亦指涉人身自由及資訊隱私權。

（三）工作權

道交條例規定中與工作權有重要關係而引起憲法爭議者不少，至少可分爲兩類論述之。其一，限制職業選擇（例如開營業小客車）的釋字第584、749號解釋；其二，因職業駕照被吊銷以致喪失工作的釋字第699號解釋。此外，釋字第744、780、806號等解釋亦直接、間接與工作權有關，不另細述之。

1. 限制職業選擇

以釋字第584號有關申請營業小客車駕駛人執業登記解釋爲例，交通主管機關以申請人曾犯殺人未遂遭有罪判決確定而否准之，係依據道交條例當時的第37條第1項規定：「曾犯故意殺人、搶劫、搶奪、強盜、恐嚇取財、擄人勒贖或刑法第二百二十一條至第二百二十九條妨害性自主之罪，經判決罪刑確定者，不得辦理營業小客車駕駛人執業登記。」關係人認前揭經確定終局判決所適用規定，有違憲法第15條保障之工作權及第7條平等原則，乃聲請釋憲。該號解釋認爲系爭規定，係基於營業小客車營運及其駕駛人工作之特性設定駕駛人應具備之主觀條件，對人民職業選擇自由產生限制，旨在保障乘客之安全，確保社會之治安，及增進營業小客車之職業信賴，與憲法保障工作權之意旨相符，於憲法第23條之規定，尚無牴觸。又營業小客車營運之管理，因各國國情與治安狀況而有不同，相關機關審酌曾犯上述之罪者，其累再犯比率偏高，及其對乘客安全可能之威脅，衡量乘客生命、身體安全等重要公益之維護，與人民選擇職業應具備主觀條件之限制，而就其選擇職業之自由爲合理之不同規定，與憲法第7條之平等原則，亦屬無違。但該號解釋就追求法安定與法正義優先秩序抉擇上，似乎有所猶豫，故續指出：「惟以限制營業小客車駕駛人選擇職業之自由，作爲保障乘客安全、預防犯罪之方法，乃基於現階段營業小客車管理制度所採取之不得已措施，但究屬人民職業選擇自由之限制，自應隨營業小客車管理，犯罪預防制度之發展或其他制度之健全，就其他較小限制替代措施之建立，隨時檢討改進，且若已有方法證明曾犯此等犯罪之人對乘客安全不具特別危險時，即應適時解除其駕駛營業小客車執業之限制，俾於維護公共福祉之範圍內，更能貫徹憲法人民工作權之保障及平等原則之意旨。」

另以釋字第749號解釋爲例，其聲請者皆爲觸犯道交條例前揭第37條第3項所列之罪的計程車駕駛人，經法院判決有期徒刑以上之刑確定，且分別被主管機關廢止其執業登記並吊銷駕駛執照，認確定終局裁判所適用之道交條例第37條第3項、第67條第2項及第68條規定，有牴觸憲法第7條、第15條、第22條及第23條之疑義，聲請解釋。另有兩個法院因審理交通裁決事件，就應適用之道交條例第37條第3項規定，認有牴觸憲法疑義，裁定停止訴訟程序，聲請釋憲。經併案審理針對道交條例第37條第3項規定：「計程車駕駛人，在執業期中，犯竊盜、詐欺、贓物、妨害自由或刑法第二百三十條至第二百三十六條各罪之一，經第一審法院判決有期徒刑以上之刑後，吊扣其執業登記證。其經法院判決有期徒刑以上之刑確定者，廢止其執業登記，並吊銷其駕駛執照。」認爲：「僅以計程車駕駛人所觸犯之罪及經法院判決有期徒刑以上之刑爲要件，而不問其犯行是否足以顯示對乘客安全具有實質風險，均吊扣其執業登記證、廢止其執業登記，就此而言，已逾越必要程度，不符憲法第二十三條比例原則，與憲法第十五條保障人民工作權之意旨有違。」另就同項有關吊銷駕駛執照部分認爲：「顯逾達成定期禁業目的之必要程度，不符憲法第二十三條比例原則，與憲法第十五條保障人民工作權及第二十二條保障人民一般行爲自由之意旨有違，應自本解釋公布之日起失其效力。」本解釋相較於前揭釋字第584號解釋，針對計程車駕駛工作權之限制似有鬆綁之意，故兩號解釋有相互參照研析的價值與必要。

2. 職業駕照被吊銷而喪失工作

以司法院釋字第699號解釋爲例，該案係由兩個法院共四位法官因審理違反道交條例聲明異議案件，認該條例第35條第4項前段規定，汽車駕駛人拒絕接受同條第1項第1款酒精濃度測試之檢定者，吊銷其駕駛執照；同條例第67條第2項前段復規定，依前揭規定被吊銷駕駛執照者三年內不得考領駕駛執照，以及同條例第68條另規定，前揭受吊銷駕駛執照處分者，吊銷其持有各級車類之駕駛執照等規定，皆有牴觸憲法比例原則及工作權、生存權保障之疑義，爰分別裁定停止訴訟程序，依釋字第371、571、590號解釋之意旨，聲請解釋。

該解釋認爲，系爭規定之處罰固限制駕駛執照持有人受憲法保障之行動自由，惟駕駛人本有依法配合酒測之義務，作爲職業駕駛人，本應更遵守道路交通安全法規，並具備較一般駕駛人爲高之駕駛品德。況在執行時警察亦已先行勸導並告知拒絕之法律效果，顯見受檢人已有將受此種處罰之認知，仍執意拒絕接受酒測，是系爭規定之處罰手段尚未過當。故尚難遽認系爭規定牴觸憲法第23條之比例原則，其與憲法保障人民行動自由及工作權之意旨尚無違背。

該號解釋的第一個關鍵論據是：「作爲職業駕駛人應具備較一般駕駛爲高之駕駛品德」。職業駕駛於駕駛職業交通工具而拒絕酒測，因關乎「較高駕駛品德」而遭吊銷職業駕照外，兩者間或尚有直接關聯性，若連同平日代步之其他駕照一併吊銷，就非關乎「較高駕駛品德」，對行動自由限制是否過當？反之，職業駕駛於駕駛非職業交通工具而拒絕酒測（例如騎機車），若一併吊銷其執業時應具備「較高駕駛品德」之職業駕照，其彼此連結是否正當合理，對工作權限制是否過當？更關鍵的問題是，系爭規定所針對者係「拒絕酒測」，並非「酒後駕駛」，該規定無異容許駕駛人得選擇拒絕酒測，至於拒絕酒測之駕駛人究竟有無酒駕，既不在所問又無從認定。換言之，立法機關授權執法者在「醉」證尚未確鑿前，即科以比經證明酒駕者更嚴厲之罰責，其立法政策及責與罰間因果關聯之確認是否周延？綜上，整體規範重點應置於「強制酒測」之正當法律程序，而非只要當事人不配合酒測，即不分情節，毫無例外，一律施以吊銷各級駕照，且三年內不得考照之嚴格處罰，恐難消除逾越狹義比例原則的疑慮[6]。此外，該號解釋也指出較少見的「行動自由」〔見下（五）〕，而酒精濃度測試亦與資訊隱私權有關，對基本權利干預的強度與密度甚高。

---

6 對該號解釋之評論不少，例如許育典，拒絕酒測而吊銷各級駕照，合憲？，月旦法學教室，第123期，2013年1月，第8頁；李寧修，論道路交通管理處罰條例吊銷單純拒絕酒測駕駛人各級車類駕照之合憲性——試析司法院大法官釋字第699號解釋，東海大學法學研究，第40期，2013年8月，第1-35頁；黃惠婷、陳英淙，拒絕酒測致吊銷駕照之研究——反思大法官釋字第699號解釋，憲政時代，第41卷第1期，2015年7月，第45-101頁。

（四）財產權

道交條例規定亦涉及人民財產權的保障，至少有兩類情形會引起憲法爭議。其一，罰鍰，例如釋字第511號解釋所涉的金錢制裁；其二，限制財產權行使，例如騎樓因供公眾通行而有設攤限制規定之釋字第564號解釋。此外，交通用地的徵收（釋字第747號解釋）、交通工具免徵牌照稅（釋字第798號解釋）、責令報廢、車輛移置保管或扣留等，亦皆與財產權之保護有關。

1. 罰鍰

以司法院釋字第511號解釋爲例，係聲請人因駕駛重型機車違規左轉，經執勤員警當場舉發並依道交條例掣發違反道路交通事件通知單，處新臺幣600元罰鍰。因聲請人未於限期內到案，主管機關逕行裁決提高罰鍰爲新臺幣1,800元，經聲明異議請求撤銷該處分，由法院駁回確定在案後，乃以不得僅以受處分人到案時間爲裁決罰鍰下限之唯一標準（釋字第423號解釋參照），以及該裁決書所據之「違反道路交通管理事件統一裁罰標準及處理細則」，顯亦違反法律保留原則爲理由聲請釋憲。

該解釋認爲，道交條例當時第9條第1項規定：「本條例所定罰鍰之處罰，行爲人接獲違反道路交通管理事件通知單後，應於十五日內，到達指定處所聽候裁決。但行爲人認爲舉發之事實與違規情形相符者，得不經裁決，逕依各該條款罰鍰最低額，自動向指定之處所繳納結案。」以及依同條例第92條授權訂定之違反道路交通管理事件統一裁罰標準及處理細則第41條第1項及第48條第1項僅係就上開意旨爲具體細節之規定，並未逾越母法之授權，與法律保留原則亦無違背。該解釋又認爲，當時細則第41條第2項規定：「行爲人逾指定應到案日期後到案，而有前項第一款、第二款情形者，得逕依標準表逾越繳納期限之規定，收繳罰鍰結案。」以及同細則第44條第1項規定：「違反道路交通管理事件行爲人，未依規定自動繳納罰鍰，或未依規定到案聽候裁決，處罰機關應於一個月內依標準表逕行裁決之。」舉凡行爲人逾越繳納期限或經逕行裁決處罰者，處罰機關即一律依標準表規定之金額處以罰鍰，此屬法律授權主管機關就裁罰事宜所訂定之裁量基準，其罰鍰之額度未逾越法律明定得裁罰之上限，並得促使行爲人自動繳納、避免將來強制執行困擾及節省行政成本，且寓有避免各行政機關於相同事件恣意爲不同裁罰之功能，亦非法所不許。

2. 限制財產權行使

以司法院釋字第564號解釋爲例，該號解釋稱：「人民之財產權應予保障，憲法第十五條設有明文。惟基於增進公共利益之必要，對人民依法取得之土地所有權，國家並非不得以法律爲合理之限制。道路交通管理處罰條例第八十二條第一項第十款規定，在公告禁止設攤之處擺設攤位者，主管機關除責令行爲人即時停止並消除障礙外，處行爲人或其雇主新臺幣一千兩百元以上兩千四百元以下罰鍰，就私有土地言，雖係限制土地所有人財產權之行使，然其目的係爲維持人車通行之順暢，且此限制對土地之利用尚屬輕微，未逾越比例原則，與憲法保障財產權之意旨並無牴觸。行政機關之公告行爲如對人民財產權之行使有所限制，法律就該公告行爲之要件及標準，須具體明確規定，前揭道路交通管理處罰條例第八十二條第一項第十款授予行政機關公告禁止設攤之權限，自應以維持交通秩序之必要爲限。該條例第三條第一款所稱騎樓既屬道路，其所有人於建築之初即負有供公眾通行之義務，原則上未經許可即不得擺設攤位，是主管機關依上揭條文爲禁止設攤之公告或爲道路擺設攤位之許可（參照同條例第八十三條第二款），均係對人民財產權行使之限制，其公告行爲之作成，宜審酌准否設攤地區之交通流量、道路寬度或禁止之時段等因素而爲之，前開條例第八十二條第一項第十款規定尚欠具體明確，相關機關應儘速檢討修正，或以其他法律爲更具體之規範。」

（五）行動自由、一般行為自由

行動自由或一般行爲自由之用語，曾分別出現在司法院釋字第535、689、699、749、780號等解釋之中，其中釋字第749號與第780號兩號解釋與道交條例有關。該自由從廣義言，除憲法第8條所保障的人身自由外，大多指涉憲法第22條所含的一般行爲自由（釋字第780號解釋參照），係立基於人格自由（釋字第791號解釋參照），後者可參考德國基本法第2條所稱人格自由發展權（Recht auf freie Entfaltung der Persönlichkeit），意即個人行爲除非傷及他人權利及違反憲政秩序或道德法（Sittengesetz），應有其完全作爲或不作爲之自由。質言之，行動自由與一般行爲自由是植基於人格或行爲之自我形成權（Recht auf eigene Gestaltung）及自我決定權（Selbstbestimmungsrecht）[7]。

前曾述及的釋字第749號解釋，指涉工作權外尚及於一般行爲自由，而釋字第780號解釋所稱的對人民一般行爲自由之限制，係指因違反規定被要求應接受道路交通安全講習，對之，該解釋認爲並未違反憲法保障的一般行爲自由。至就一般行爲自由的憲法依據，該解釋稱：「爲維護個人主體性及人格自由發展，除憲法已保障之各項自由外，於不妨害社會秩序公共利益之前提下，人民依其意志作爲或不作爲之一般行爲自由，亦受憲法第二十二條所保障（本院釋字第六八九號解釋參照）。」該解釋所援引參照的釋字第689號解釋指稱的是「行動自由」，因此可知，一般行爲自由與行動自由是一體兩面。

---

7 李震山，多元、寬容與人權保障——以憲法未列舉權之保障爲中心，元照，2007年2版，第233-237頁。

（六）行政爭訟權

當今針對道交條例事件提起的行政爭訟，是依據行政訴訟法第237條之1規定審理[8]，惟在該規定前的40多年間，其救濟程序並非經行政訴訟，而是由普通法院交通法庭依聲明異議方式準用刑事訴訟法審理。該段爭取保障人民行政爭訟權完整性的轉折歷程，值得扼要述之於次。

1. 交通裁決本質為行政處分，但為遷就行政訴訟組織與運作機制的不彰，乃由法律明定將該公法爭訟事件交由普通法院管轄，且經司法院釋字第418、466、540號等解釋，以尊重立法形成權為由，肯認前揭規定合憲。而該等解釋並未採司法二元訴訟體制中「公法事件由行政法院審理」的制度專業理性意旨，卻以「權利已有救濟」及「立法有形成自由」的立論作為優位指導理念，遷就現實而犧牲人民行政訴訟權保障的完整性，係當時法安定重於法正義時代氛圍的具體表現。
2. 由於前述管轄爭議不斷，在非經聲請司法院大法官循補充解釋的途徑變更解釋的情況下，由司法行政權發動提案，經立法院於2012年9月修法將道交條例爭議事件轉由地方法院行政庭管轄，是於行政訴訟改採三級二審制度後，在各地方法院設置行政訴訟庭，將現行由普通法院交通法庭審理之交通裁決事件，改依行政訴訟程序審理。早知如此，司法院大法官又何必當初，費盡心力地屈從「國權重於民權」的信念，這亦是當時公權力的慣性。
3. 2023年8月行政訴訟再度改制，第3條之1修正為：「本法所稱高等行政法院，指高等行政法院高等行政訴訟庭；所稱地方行政法院，指高等行政法院地方行政訴訟庭。」將原在22所地方法院設置之行政訴訟庭，改設置為三所高等行政法院地方行政訴訟庭，仍辦理交通裁決事件第一審訴訟程序。新制透過審級分工將事件分流，以第一審行政法院為事實審中心，最高行政法院則專注於重要的法律解釋、適用及統一法律見解。

依司法院近幾年的統計，每年交通裁決事件仍高居不下，表示仍有許多重複發生的問題未獲根本性的解決，這些看似簡單的小案件，往往被當事人視為生活中的大事，且在當今一人一票的民主選舉制度下，就成為公權力解決民怨及爭取人民信賴不可輕忽的一塊。

---

[8] 行政訴訟法第237條之1規定：「本法所稱交通裁決事件如下：一、不服道路交通管理處罰條例第八條及第三十七條第六項之裁決，而提起之撤銷訴訟、確認訴訟。二、合併請求返還與前款裁決相關之已繳納罰鍰或已繳送之駕駛執照、計程車駕駛人執業登記證、汽車牌照（第1項）。合併提起前項以外之訴訟者，應適用簡易訴訟程序或通常訴訟程序之規定（第2項）。第二百三十七條之二、第二百三十七條之三、第二百三十七條之四第一項及第二項規定，於前項情形準用之（第3項）。」

二、交通基本權的形塑

交通基本權的形塑除係筆者主觀內在價值的外顯外，亦有客觀上的演進趨勢得作爲論述依據。

（一）主觀願望

本文之所以有形塑交通基本權的問題意識，主要是由前述人權保障觀點論道交條例的過程與結果中發想，進而有拋磚引玉並凝聚共識的期待。由實務案例反推交通基本權的內涵，具體而微的例證可重申舉司法院釋字第699號解釋，其除指涉工作權所涵蓋的營業、職業自由與生存權外，另又指涉與人身自由、身體不受傷害權有間接關係的「行動自由」，此外，有關酒精濃度測試則與資訊隱私權有關，皆可匯集或包裹成爲交通基本權，由憲法保障之。

質言之，可從道交條例個別規範去確認所涉憲法保障的權利，進而剖析相關基本權利的保障對象、範圍、功效、限制、競合與衝突及所適用憲法原則，除作爲挹注於個別道交事件問題的分析與解決外，順而整體歸納成交通基本權的內容。再舉道交條例第35條有關酒醉、吸毒駕車處罰規定爲具體例證，其「罰鍰」與財產權、名譽權有關；「移置保管車輛及吊扣駕駛執照」則與財產使用、工作（營業）權、行爲（動）自由及生存權有關；「強制實施血液或檢體採樣及測試檢定」則涉及人身自由、身體權、資訊自主與隱私權等，而該等措施主要在預防肇事者與他人傷亡，皆與生命、身體權的保障有密切關係。又例如從道交條例第7條之2第1項第7款規定：「經以科學儀器取得證據資料證明其行爲違規。」亦可推求出「程序基本權」及「資訊自決或隱私權」，不勝枚舉。綜而言之，從個別規範中即可分析、彙整出交通基本權的要素。

另值得一提的是，以上基本權利的保障若涉憲法爭訟，違憲審查者皆會依事件性質引據相關憲法原則作爲審查依據，最常見的是比例原則、法律保留原則及法律明確性原則。至於處罰應注意衡平的一事不二罰、罪刑相當原則，以及不溯及既往、正當法律程序等原則，亦常被引用爲認事用法的準據。故經由釋憲或憲法法庭裁判案例的研析與個別規範的詮釋，可來回於「理論的實踐」與「實踐的理論」之間，而使交通基本權問題研究逐漸開枝散葉，進而更具學術性與說服力。

（二）客觀演進

1. 從反射利益到主觀公權利

除前述主觀意願外，交通基本權形塑亦有如下客觀演進的脈絡可循。使用公共道路最初被認僅屬「反射利益」，而非屬人民得主張的法律上「用路權」，至於使用大眾運輸工具，則被定位爲民事契約行爲。而人民於農業袋地請求「法定通行權」之通常使用，屬民法第787條、第789條「與公路無適宜之聯絡，致不能爲通常使用」之爭議，則與公共用物使用無涉。一直到地方制度法第16條第3款規定，人民對於地方公共設施有使用之權，使公共道路方從反射利益被正式確認爲法律層次的權利，從而在交通領域上有交通自由（權）或用路權的稱謂。此外，司法院釋字第445號解釋將公共道路使用權結合集會自由，釋字第806號解釋則將包含道路的公共空間使用與利用公物請求權、藝術（表現）自由、職業自由相連結。再如前所述，交通事件涉及用路人或交通工具使用人的生命、身體、健康、財產、工作、行爲（動）自由、資訊隱私等，用路人的權益，從反射利益轉化到法律上權利，進而提升爲憲法層次的權利，而可整合並形塑爲「交通基本權」的憲法化趨勢非常明顯，相關倡議的學術論述雖不多，但卻彌足珍貴[9]。

2. 法律義務的權利化

傳統上「用路人有遵守法令義務並接受制裁與處罰」的義務規範意向與主軸，已典範移轉至「國家應有保障用路人交通基本權」的權利面向，惟由崇尚「權力」過渡到保護「權利」的軸線上已渡過漫長歲月，就如同稅法學界長期致力於將憲法第19條的「人民依法納稅之義務」，成功轉換爲「納稅者權利保護法」同。警察法制中亦有在法律名稱上去除處罰、管理等而轉爲較中性名稱的實例，譬如以「社會秩序維護法」取代「違警罰法」，以「警察人員人事條例」取代「警察人員管理條例」等，亦有擬議將集會遊行法易名爲集會遊行自由保障法，以符合民主自由的價值。若能聚攏建構交通基本權的相關資訊，順著義務權利化以節制權力的趨勢，建構憲法層次的「交通基本權」，應可以之作爲架構堅實交通法制進可攻的灘頭堡，朝向交通刑事、行政、民事法諸領域，並影響司法違憲審查的裁判工作，從而不論政黨如何輪替，維護人民交通基本權均成爲公權力日常施政的當然職責。

3.「道路交通安全基本法」的面世

以上的走向，其實已顯現於2023年12月15日公布（2024年1月1日施行）的「道路交通安全基本法」中。該法先將焦點鎖定「生命權」有關的零死亡願景（Vision Zero）如第1條規定：「爲提升道路交通安全，確立道路交通安全基本政策及推動體制，以達道路交通事故零死亡願景，特制定本法。」續於第2條揭示人本主義：「各級政府、事業及國民應共同維護改善道路交通安全，建立以人爲本、傷害最低、公

9 許文義，從憲法觀點論交通基本權及其限制，收錄於中央警察大學交通警察學系主辦，89年道路交通安全與執法研討會論文集，2000年。許育典、陳碧玉，交通部門憲法在我國的探討，成大法學，第24期，2012年12月，第1-67頁；陳碧玉，風險預防下交通部門憲法到道路交通行政法的探討，成功大學法律學系博士論文，2014年8月。

共運輸優先、緊急車輛可通行、無障礙設計及落實道路公共使用等安全之用路環境及文化。」（第11條亦同）進而於第7條擴及身體不受傷害權：「車輛駕駛人應依法進行安全檢查相關工作，並確保安全駕駛車輛，防止自己、行人及其他用路人遭受傷害。」並兼及第15條健康權之規定：「各級政府爲確保道路交通事故傷患之生命及健康，應健全緊急醫療救護體系。」此外，尚指涉人民知的權利有關的資訊權（第19條、第24條、第25條參照）、風險預防的交通保險制度（第16條）、保障弱勢的無障礙設計（第2條），凡此皆會個別、重疊或競合地觸及用路人的平等、行動（一般行爲）自由、財產權、救濟、賠償及補償權益，幾乎已涵蓋憲法應保障的重要基本權利，「交通基本權」的形塑應已水到渠成。

（三）小結

「交通基本權」若得經修憲或由憲法法庭依據憲法第22條路徑而納入人權清單，從法律層次的權利提升至憲法的權利，除可節制「立法形成自由」外，當其與憲法保障其他自由衝突時，就能取得更周延的折衡地位，進而成爲「道交法制」的核心內涵。此外，「道交法制」要在行政法領域立足，並建立自己獨特的各論法域，恐亦有賴以「交通基本權」爲基礎設立的前進指揮中心，發出戰略及戰術指令，逐步往前推進才能增高成功達陣可能性，就如同稅法領域長期成功形塑的「納稅者基本權利」，以及勞動法以勞動三權建立的「勞動者基本權」，從而成功地鞏固該兩個法域，皆是可循的模式。至於交通基本權保護範圍、對象、功效、限制、競合、衝突及制約公權力的正當法律程序，皆屬可持續探討的重點。

參、從行政法觀點論道交條例

一、道交條例可列屬行政法特論領域

道交條例的研究若能學術專精化而自成一格，應可列入行政法各論下的特論，先以下圖顯示並接續說明之。

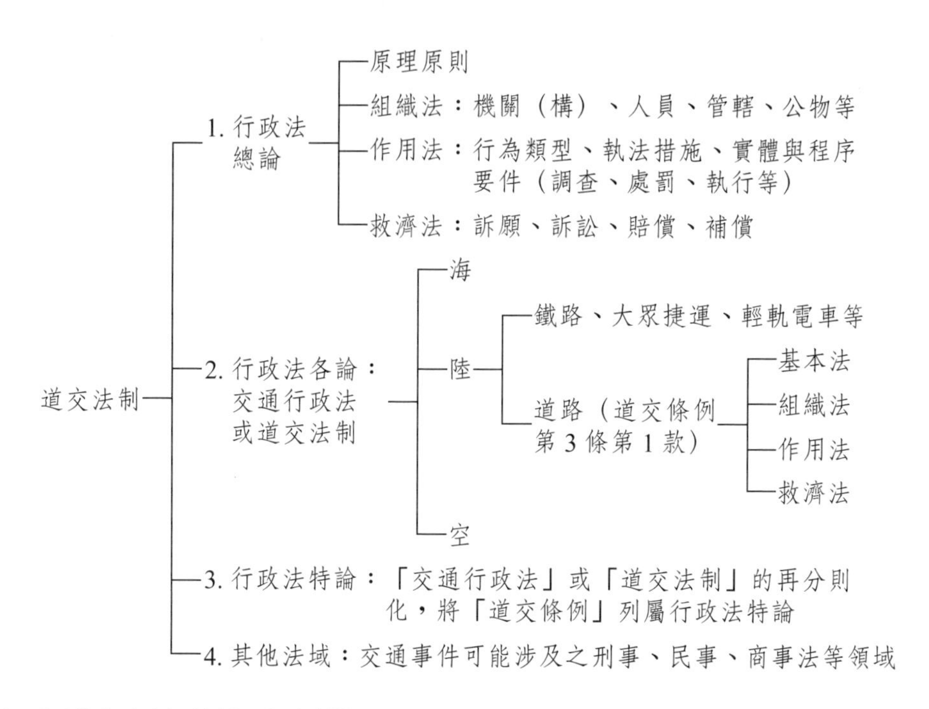

（一）道交法制既屬行政法制的一環，而行政法又與憲法同屬公法領域，彼此間既有法位階的從屬性，並有互爲表裡的不可分割性，就兩者關係的密切性，以德國著名行政法學者維爾納（Fritz Werner）所稱「行政法爲具體化的憲法」（Verwaltungsrecht als konkretisiertes Verfassungsrecht）一語形容之，最爲貼切。故解決道交法制相關問題，於必要時就需連結相關的憲法論述，拔高法的視野，超越橫看成嶺側成峰的階段，方能更清楚見識該法制的廬山眞面目[10]。

（二）「道交法制」理論與實務發展的成果，大多依附或展現在行政法總論的體系與脈絡，故可形塑爲交通行政法而屬行政法各論，含括海路（例如海洋法、船舶設備規則等）、陸路（例如軌道有關的鐵路法、捷運法、道路有關的公路法）、空路（例如航空法、兩岸空運直航許可管理辦法等）的交通行政法中，則以陸路之道路（含高速及一般公路）交通研究相對較爲普遍，有優先領域專精化爲行政法各論的空間。至於道交條例所稱道路，係指公路、街道、巷衖、

[10] 交通是每個人生活的日常，而交通事故傷亡人數長期高於其他公共事件傷亡又是我們的家常，以致道交爭訟案件居高不下、司法院大法官的交通法令違憲審查案俯拾可得。又雖然道交法制羅織甚廣，至少公路法、市區道路條例、道交條例、停車場法、強制汽車責任保險法等及其授權訂定法規命令間適用的諸多問題，而其修正頻繁似乎快成爲我們立法的恆常，予人多不濟事及霧裡看花的觀感。因此，對交通法制問題不能再側重兵來將擋、水來土掩的應付戰術，使相關問題猶如蘇軾《題西林壁》詩所云：「橫看成嶺側成峰，遠近高低各不同。不識廬山眞面目，只緣身在此山中。」

廣場、騎樓、走廊或其他供公眾通行之地方（參道交條例第3條第1款），更可限縮爲各論之「道交條例」中的特論。

（三）「道交法制」可分別從其基本法、組織法、作用法、救濟法層面建制。基本法方面，就如本文曾述及的「道路交通安全基本法」可供細究。組織法面向，除政府機關與人員外，尙含括私人作爲行政主體或協助行政的官民合作組織；包括受託行使公權力者、行政輔助者（汽車拖吊業者）、約聘僱交通助理人員、義務交通人員、保全人員等的法律關係，以及私人參與交通建設衍生的問題，例如高鐵BOT、高速公路ETC等。人民使用道路的公物法問題，一般亦納入組織法範圍探討，例如既成道路、公用地役權、一般與特殊公物使用等，從反射利益到法律權利至憲法權利的演進脈絡。

有關作用法方面，則需釐清交通號誌、標誌、標線、公告及交通指揮的行政行爲性質。遂行交通契約（ETC案）、計畫、聽證、環境生態與風險影響評估等，以及交通下令、取締、處罰、執行等（例如酒醉駕車的防杜）。特別因應交通科技發展之法律對策，包括大數據、人工智慧（AI）等資訊科技可能因程式設計、駭客引起正當程序與安全的問題，監視科技、交通工具辨識、定位的資訊監控衍生資訊隱私及正當程序等議題，此外，新型的通行與移動交通工具，例如自駕車、電動腳踏車、滑板車、導遊車等所引起自由與安全的衝突，因機動車排放氣體引起地球暖化與減碳所引起的新型態人權問題，以及充分顧及身障、視障等弱勢者之無障礙交通設施等，皆值得納入思考。有關救濟法面向，則包括交通事件訴訟的法院管轄權（例如釋字第418、540號等）、交通建設的徵收補償（例如釋字第747號），以及相關賠償等。至於交通事件有關的刑（犯罪）、民、商（損害賠償、保險、消費者保護等）之研究，尙有從單點切入而擴及線與面的空間。

（四）由上可知，「道交條例」可列屬行政法各論「道交法制」下的行政法特論領域。對照德國道交法制，亦分門別類的有：1.道路交通法（Strassenverkehrsgesetz, StVG）：有關汽機車許可、駕駛許可的原則與框架規定，另及於危險責任、秩序違反（輕犯罪——酒醉駕車等）[11]；2.道路交通秩序條例（Strassenverkehrsordnung, StVO）：有關用路人的各項義務、交通規則、號誌標誌，及各項禁止、限制規定；3.道路交通許可條例（Strassenverkehrs-Zulassungs-Ordnung, StVZO）：有關用路者許可的核發

[11] 德國道路交通法爲因應自駕車的未來發展而修法，值得我國參考。請參呂彥彬，德國道交法對於自駕車之回應，新世紀臺灣法學：國立政治大學法學院六十週年院慶論文集，元照，2021年，第137-161頁；蕭文生，自駕車法制之發展（上）（下），月旦法學雜誌，第318期、第319期，2021年11月、12月，第102-123頁、第68-91頁。

及撤銷、點數、註記統計（Register）等規定；4.汽車許可條例（Fahrzeug-Zulassungsverordnung, FZV）：有關汽車許可、撤照相關事宜；5.駕駛許可條例（Fahrerlaubnis-Verordnung, FeV）：有關營業許可的細部規定等。

二、道交條例屬干預性行政作用法

從給付與干預的行政法分類觀點，道交法制屬後者，茲以下圖說明之。

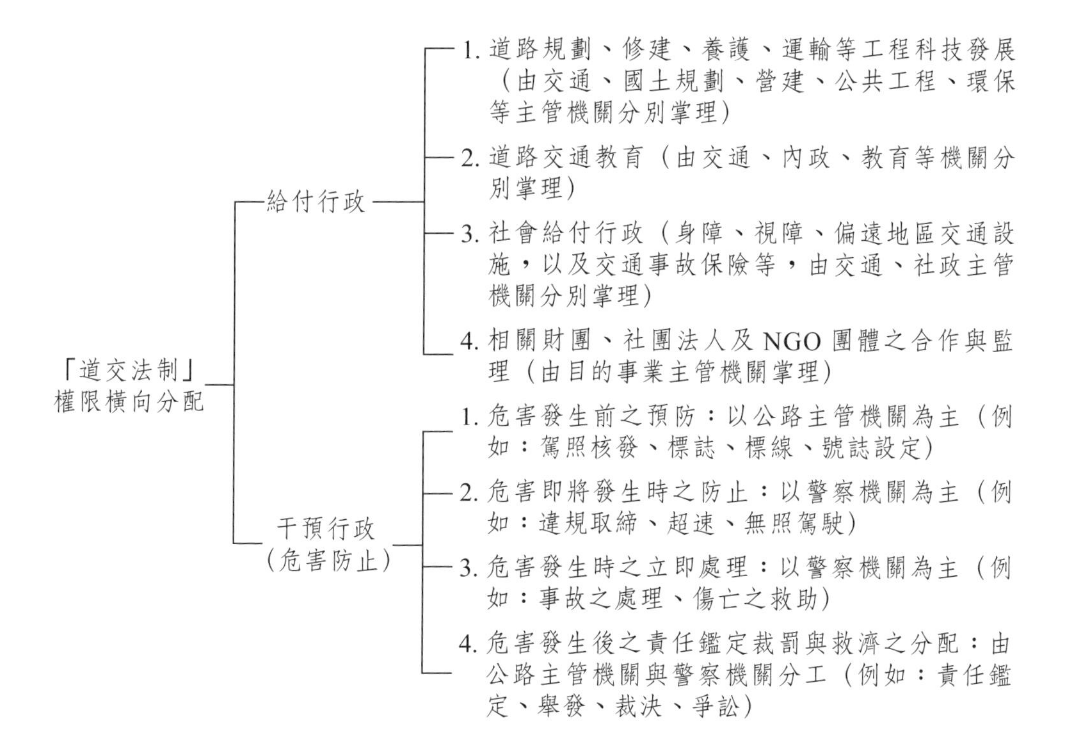

（一）上圖事涉權限分配（Kompetenzverteilung），是指性質相同權力間合理分工，含有領域專精化、增進行政效能的意義，其與權力分立同，皆有避免權力（限）過度集中，而產生恣意濫權侵害人民權利的深意。上圖採給付與干預行政二分，再就干預行政依危害防止分事前、事中、事後。不論以何種準據劃分權限，包括依交通工程、教育、執法，或依風險預測、評估、管理，或依道交條例章節名稱分爲汽車、慢車、行人及道路障礙，或依道交條例的處罰種類[12]等，只要是良善的權限分配即是避免管轄權爭議，防杜形成行政空窗之弊的要

12 處罰種類包括罰鍰、沒入、吊扣牌照、註銷牌照、禁止駕駛、違規記錄、違規記點、吊扣駕照、吊銷駕照、安全講習、禁止通行、公布姓名及不得考領駕照等。

素，亦是行政協助、行政委託的前提要件，可提升行政效能而增進人民福祉。至於「道交法制」亦與國土規劃、都市計畫、公共工程、財稅、環保（減碳、污染、噪音）等事宜有關，機關權限競合或衝突需透過彼此的橫向溝通（例如委託、職務協助等），以及官民合作的途徑完成之。由表列可知，「道交條例」的規範內容集中於干預行政中第2項、第3項、第4項。

（二）筆者於20年前曾發表〈道路交通安全行政法制之建構與問題舉隅〉一文[13]，是從道路交通行政權限分配及道路交通處罰事件爭訟兩點切入，試圖將該法制的建構分別接軌於憲法權力分立相互制衡及人權保障，而該投石問路或拋磚引玉的初衷未變。另值得一提的是，當時筆者力倡道路交通處罰事件之爭議應由普通法院移由行政法院管轄之主張，已於2012年9月初步實現（行政訴訟法第237條之1至之9規定參照）。如今續致力於強化相關憲法論理，使兼具給付、服務、管理、干預、處罰而攸關人民權益與公共秩序的「道交法制」能因而受重視，進而能在行政法學領域中取得一席穩固地位，若能使之成為考試院相關法律專業人員選考科目，則助益更大[14]。

三、道交條例由中央與地方共同執行

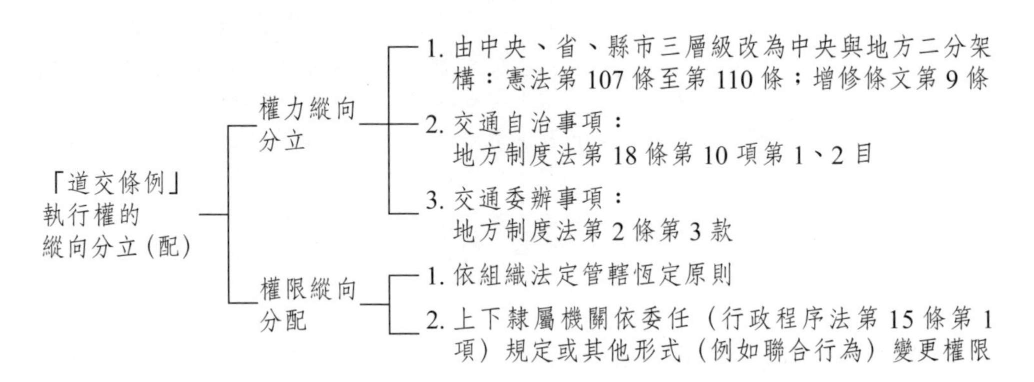

（一）上圖事涉權力（限）縱向分立（配），即中央與地方分權及上下隸屬機關權限變更事宜。依憲法第107條與第110條規定，除航空、國道、鐵路交通外，交通事務原則上由地方立法並執行。憲法針對交通事務及中央與地方分權規定相

13 李震山，「道路交通安全行政法制」之建構與問題舉隅，台灣本土法學，第63期，2004年10月，第107-118頁。

14 例如考試院當前舉辦的律師資格考試科目，公法領域中有財稅法、勞社法、海洋法等選考科目，交通法若能結合警察法成爲新的選考科目之一，必可帶動相關的教學與研究風潮，對增進人民與社會福祉應有正面的效果。

當簡約，灰色地帶甚多，因此道交行政權限，並非因交通一詞就顧名思義或望文生義地完全分配給中央的交通部或地方的交通局，反倒是中央的內政部（警政署）與地方的警察局扮演吃重的角色，彼此權限分配是否合乎功能最適的問題，就饒富探討實益。

（二）就地方交通事務上，憲法追求社會正義的社會國理念最具時代意義，包括交通建設地方財政不足申請中央補助、偏遠地區交通運輸與設施，以及各項交通設施應充分顧及身障、視障等弱勢者之無障礙通行等，皆不應全由資本主義自由市場經濟、成本效益或民主多數決觀點決定，從而忽略社會弱勢與少數，換言之，必須落實憲法中應照應偏遠地區、少數族群規定，以及身心障礙者國際公約的規定，當效率與平等衝突、平等與自由扞格時，較成熟的社會國理念下通常會偏向平等，民主制度才能得到衡平。

（三）上下隸屬機關除依委任規定外，依聯合行爲、其他指令行爲亦可產生權限變更之狀況。又2021年8月19日行政院會通過行政程序法部分條文修正草案中，就機關權限移轉增訂：1.中央行政機關委辦地方自治團體；2.地方自治團體委辦所轄地方自治團體；3.地方自治團體之委託不相隸屬地方自治團體；4.行政機關或公法人委託他行政機關或公法人。其中第1、2項屬縱向，第3、4項屬橫向分配。

綜上，「道交法制」作爲行政法的一支或各論，其內容本就可分別鑲嵌於行政組織、作用及救濟法的體系與脈絡之中，再經學術化與專精化後而成爲一專門法學領域。故若能從憲法由上而下的問題思辨中建立體系，打通任督二脈以求取治本的解方，對道交法制的研究與建構而言，就有典範移轉的時代意義。

肆、以法律詮釋學觀點論道交條例及其逐條釋義

法學體系下有憲法、民事法、刑事法、行政法、國際法等重要領域，且各自形成不同的次領域與制度。道交條例屬公法（憲法與行政法合稱）領域下的交通行政法中之作用法，而在諸多交通行政作用中，道交條例規範內容側重「制裁、處罰」規範的認事用法、執行程序與相關救濟，在前述一連串的「領域專精化」下，道交法的體系定位已有相當的共識，而相關執法亦累積不少的經驗與素材，接下來則是它的學術化。以下先探討「道交條例」學術化未受正視的原因，其次再論及應採取何種學術研究的路徑。

一、道交條例學術化未受正視的原因

縱然司法違憲審查有不少交通法制有關的案例，高等行政法院行政訴訟庭負責

審理的交通裁決事件仍居高不下，以及道交條例頻繁修法迄今已達46次（最近一次爲2024年5月29日），然而道交法制不同法令規範間欠缺一致性而屢生適用優先順序爭議問題，皆可作爲該法制仍處於躁動不安與可塑性尚高情況的佐證。然而法學界卻鮮少人或有興趣對之作體系且深入的分析與研究。相對於此，違憲審查針對同屬警察行政法領域的違警罰法、社會秩序維護法、檢肅流氓條例、集會遊行法、警察勤務條例等所公布的解釋並不多，但卻都興起研究的熱潮，造成廢止違警罰法、檢肅流氓條例，甚至制定警察職權行使法的結果，而坊間出版的警察職權行使法逐條釋論及集會遊行法逐條釋義，也都是在此種風潮下問世[15]。然而，數量相對多的道交條例解釋，理應更受正視才對，可惜並非如此，這應該與優先解決威權統治侵害人權的規範，行有餘力後，才致力於促進人民福利法律的民主轉型過程有關。

道交條例未受正視除受政治民主化進程的影響外，另可舉兩個互爲表裡的原因說明之。首先，應是法律學術或實務界對道交條例的性質長期存有技術性與執行性的刻板印象，換言之，道交法制（學）在研究與建構過程中所依循法令詮釋或個案解析的路徑，較重視技術或執行層面而忽略理論與體系的觀照，因而將之視爲執法技術與工具層面的下游法域，執法從而依賴主管機關的權威與詮釋話語權，進而大量需求變動性極高的行政規則或行政函釋，從而輕忽運用上層法理原則解決複雜交通爭議問題的必要性與重要性，自不易被法學界納入主流法域，此從司法官、律師等法律專業國家考試，很少考慮將此等影響人民生活重要的法律列爲選考科目，可見一斑。其次，投入道交法學研究的人力與產出的成果相對有限，除警察大學與警察專科學校的課程、教學、研究基於對警察有治安與交通傳統兩大核心任務的認知而給予關注外，一般大學法律系很少將道交法列爲選修科目。縱有一定的研究成果，也猶如被禁錮在一定空間很難成林的樹木，不易自成有機成長的生態系統，更難吸引研究的群鳥來棲息。對照法學中爭議問題與訴訟案件同樣偏多，且與人民生活息息相關的稅務行政法領域，早已吸引許多人投入研究，且蔚爲稅法專業學群，而交通法領域仍瞠乎其後，方才要將涓滴匯成細流。行政法學長期專業分工發展下已建構環保、教育、土地、建管、醫衛、警察、財稅、勞動、資訊等各論法域，或多或少已出版具哲思或法理學層次的專論或專書，相較之下，交通法學似難占一席之地。

二、道交條例學術化可採取的路徑

道交法制體系化與學術化是一項艱辛的挑戰，筆者瞭解警察界重視的是實務，也瞭解警察實務工作者對能快速提出問題具體解方的企望，從重視實務而渴求個別問題

---

15 請參考由多位警察法學者共同撰寫的警察職權行使法逐條釋論，五南圖書，2020年3版；集會遊行法逐條釋義，五南圖書，2020年初版；入出國及移民法逐條釋義，五南圖書，2022年初版。

具體解方的心緒，固不難理解，但若不能就問題體系性地探本溯源，僅停留在枝節層面上打轉，雖可明察秋毫之末卻往往不見輿薪，而易落入「頭痛醫頭，腳痛醫腳」的反覆中，反而虛耗社會成本與資源。基於實務與學術難分彼此與軒輊的前提下，筆者較願抱持學術的理想性，以學術先行的勇氣去發掘並解決實務的「根本性」問題，也唯有當學術界能以披荊斬棘的精神走在實務界（包括立法、行政與司法）之前，且受到肯定，交通法學才有可能成爲專業、自主的法學領域，進而提升交通執法人員的專業尊嚴與形象。起步難，但不怕慢只怕站。

（一）案例及實證研究法

「道交條例」的學術化涉及諸多研究方法論及研究者的個別學術專精與擅長，必各有所好與不同取徑，應可採開放的態度。以下所述，除涉及前曾述及從憲法基本權保障觀點切入的案例研析外，就是本書所採的法釋義學途徑。

1. 案例（個別與類型或議題）及實證研究法

案例的研究得以法院裁判、司法違憲審查及行政執法所涉的原因案件爲對象，就其發生背景、適用法律經過及檢討分析爲主軸。過去司法判例的選取、終審法院議決的作成，以及當今大法庭的選案及裁判法律爭議，皆與案例研究有關。從集合的案例及案例解答指引（Anleitungen zur Lösung von Fällen），確可萃取認事用法的原則與準據，反之，亦得以既有法律原理原則去檢證個案，來回於「理論的實踐」與「實踐的理論」之間，促進認事用法的穩定性。

將相同或類似的案例，依案件性質或管轄（土地、事務、層級）歸納整合出通案、案群（Fallsammlungen）或特定議題而加以研究，應是常見的研究方法[16]。以道交條例案件爲例，可類分爲警察執行交通臨檢、取締酒駕事件、執行追車任務、高速公路執法、科技工具執法等，亦可大分爲管理與處罰兩大議題，前者以各種許可（Zulassung, Erlaubnis）爲研究對象，後者則以制裁法爲主而嫁接行政罰法體例的框架與觀點的研究模式，社會秩序維護法研究上即有相應的脈絡可循。當然亦可依道交條例自有的立法體系與架構，分別就汽車、慢車、行人、道路障礙等章，作類型的歸整（Typologie）。此種將重要特徵相同之法律事態歸整研究，已成爲警察情境實務研究取徑的素材[17]。

---

16 例如蔡庭榕，警察攔檢法制及案例研析，五南圖書，2022年；許福生主編，鄭善印等作者合著，警察法學與案例研究，五南圖書，2020年。

17 例如許福生主編，蔡庭榕等作者合著，警察情境實務執法案例研析，五南圖書，2021年；許福生、蕭惠珠著，警察情境實務案例研究，五南圖書，2023年。

2. 實證研究法

將諸多案例，透過統計、問卷、訪談等分析萃取出原理、原則、案發成因、處理過程、解決方案，從點到線與面，由下而上形成具實用性的學術素材，並據以支配實務、檢證理論。以今日資訊科技發達，人工智慧中大數據及雲端資訊透過演算法，想必未來會繼續占有一席之地。

（二）逐條釋義研究取徑及其所扮演的角色

為了扭轉法律學術或實務界對交通法制的刻板印象，致力於道交法制體系化與學術化有其必要性與迫切性，由有共識的學者群策力地撰寫道交條例逐條釋義，應是自立自強突破重圍的重要方法之一。即以法律詮釋學地毯式地剖析道交條例條文立法目的、實體與程序構成要件、法律效果與實際爭議、修法理由與過程等，藉收海納百川之效。但逾百條（含之1、之2等規定）的繁複規定，絕非一人獨自或少數人可完成，且撰述者必須具備一定的法理素養與前瞻視野，才有超脫機械、訓詁式的法律釋義學魔障的能耐。質言之，為使法條註釋不落入「概念法學」的窠臼，就考驗註釋者衡平的功力；包括惡法亦法或惡法非法、法律的精神在邏輯或經驗、自然法主義與實證法主義、概念法學與自由法學的抉擇，是詮釋的品質、說服力與參考價值的決定性要素。

為解釋學奠定體系原則和方法的德國思想家施萊爾馬赫（Friedrich Schleiermacher, 1768-1834）就指出：「解釋學的任務是無止境的。在這無限的探索中，我們所期待的，是在言談的各個因素中發現其中所隱藏的『過去』和『將來』的無限性[18]。」德國哲學家海德格（Martin Heidegger, 1889-1976）曾說語言是存有的家園（Die Sprache ist das Haus des Seins），黑格爾（Georg Wilhelm Friedrich Hegel, 1770-1831）認為語言是思想之載體（der Leib des Denkens），西元2000年獲頒諾貝爾文學獎的中國作家高行健亦寫道：「語言乃是人類文明最上乘的結晶，它如此精微，如此難以把握、如此透澈、又如此無孔不入，穿透人的感知，把人這感知的主體同對世界的認識聯繫起來[19]。」語言主要是透過言談與文字表現，法律詮釋的文字，就是聯繫作者感知與一般認知的管道，客觀地展現應然與實然關係的面貌，但是否能引起讀者共鳴，並非取決於作者的意願[20]。

法律釋義學是以法規範為研究對象，透過逐條理解與客觀詮釋法文字概念，以

18 高宣揚，解釋學簡論，遠流出版公司，1988年，第29頁。

19 高行健，靈山，聯經出版公司，2010年，第536頁。

20 劉幸義教授指出：「法律需要透過語言文字，才有可能成為共同生活的準則，這些語言文字係人為的符號，因而語言文字本身的缺陷與極限性，必然影響法律內容的制定與理解。」參劉幸義，法律概念與體系結構，翰蘆出版公司，2015年，第275頁。

提供個案認事用法的準據。故其除需確定法文字的眞義外，尙須加以具體化（價值補充）不確定法律概念，若遇規範內容彼此衝突，更須加以調和。因此，它不僅止於法條文字概念的訓詁與闡發，也不只是爲存有的「應然面」（das Sein）背書，尙需探求法的「實然面」（das Sollen），其中難免摻入詮釋者價值判斷與經驗反射。爲避免詮釋者的主觀或恣意，除文義解釋外，尙發展出相互爲用之目的解釋、歷史解釋、體系解釋、比較法解釋等論理解釋，嚴謹論證若能實現法正義理念，方能取得人民信賴並收求穩致遠之效。至於法條的註釋至少應包括如下內容：1.規範背景：含歷史、社會及第一次規範及立法目的等；2.學說與理論：含正、反諸方學術論著與主張；3.法條闡釋：闡明法條實體與程序要件及法效果，並引相關實例。

法條釋義的成果得以德國法學爲例，其各專門領域皆有作爲「鎮店之寶」的著名教科書（Lehrbuch）及註釋書（Kommentar），前者可幫助入門者瞭解該門學問的整體樣貌，後者則提供包羅萬象的資訊，成爲深入研究或解決實務問題的重要參考工具書，故許多學術專書（Monographie）、實務案例書（Fallsammlungen），甚至司法實務裁判皆參考引用，並共同構築並撐起該學問的門面。更重要的是，公法領域內的例如基本法、行政程序法、行政法院（訴訟）法的註釋書皆不是定於一尊，而是由不同學術研究者群體分別出版，且各有擅長與特點。回到臺灣本土，司法院爲慶祝行政訴訟新制20週年，特別舉辦一連五天的研討會（2020年11月2日至6日），其中並獻出由32位學者專家共同翻譯德國C. H. Beck出版公司的《德國行政法院法逐條釋義》作爲賀禮。至於本土的產物，可舉由翁岳生主編，許宗力、吳東都副主編的《行政訴訟法逐條釋義》（五南圖書，2023年最新版），以及翁岳生、董保城主編，陳春生等副主編的《行政程序法逐條釋義》（元照，2023年上、下兩冊）爲例，顯見法學釋義書受到法律學術與實務界重視的程度。就警察法領域言，坊間已有警察職權行使法逐條釋論、集會遊行法逐條釋義、入出國及移民法逐條釋義等，都是初試啼聲得來不易之作，値得讀者一併參考。

詮釋學固然重視主觀意識的創造力，但仍需立基於文本的寓意，客觀理性地說明其與歷史及經驗的關係。縱然如此，仍很難完全排斥他人不同的詮釋結果，因爲針對同樣的文字，不同的個人會有不同的感受與認識，縱係同一人，由於不同的場合或條件下，也可能形成不同的感受。因此，很多人對傳統法律詮釋並不抱持好感，但也有從較寬廣態度看待者[21]，但就法學研究相對後進的道交法領域，逐條註釋書應可居間扮演不可或缺的關鍵性角色下，從實踐中汲取國外經驗，循該途徑先求有再求好以及功不唐捐的期待，應屬合理。

---

21 參黃舒芃，什麼是法釋義學？以二次戰後德國憲法釋義學的發展爲借鏡，臺大出版中心，2020年，第232-237頁。

伍、結語

若能將作爲共同上位法源的憲法與交通法制關係的研究體系化與學術化，必有利於道交法制建構的完整性。道交法律問題的詮釋與解決，過去大多重視上級函令、行政規則、法規命令及法院裁判等，就法位階而言是由下而上，易生見樹不見林之弊。若能將憲法理念架構於上，以憲法的問題意識檢視不合憲法意旨的規定，應能收醍醐灌頂、治標又治本之效地去打通交通行政法從總則到分則，梳理並釐清該法制中不同規範間的矛盾與扞格的任督二脈，如此才有可能育成根深、枝密、葉茂的「道交法制」大樹。

道交法制體系化與學術化是一項有意義的挑戰，對道交條例採逐條釋義法，它既是一種有歷史性功能又是不斷發展的規範論述，法條固是社會慣行及社會通念的價值結晶，但仍有其暫時性與有限性，有待一棒接一棒地加以豐富化，是法文化得以延續和不斷發展的重要關鍵。集體創作很難在各自發揮下，同時又要求彼此價值與理念的一致性，故容許差異性的存在，但需在不破壞整體的理解，或予人支離破碎感覺的前提下，彼此溝通、辯難，甚至批評，才能沉澱出可能的共識，因此過程的重要性不亞於結果。集體創作的成功不必在我，心存向歷史交卷的善念，以及代代相傳的期望，方是正辦。

註釋書「猶如在歷史中沉積下來的文化，無非也是經歷史上各個精神主體的反覆分析、推敲和綜合之後所得的理論體系，是一種歷史化的主體精神的創造物。」又，「歷史的知音人在那既可聽到早已泯滅多年的歷史文化的『回聲』，又可聽到不同的主體在創造那些不同文化時所發出的鏘鏗交錯的、或是抑揚頓挫的思維『餘調』」[22]。前路仍迢迢，也唯有當學術界能以披荊斬棘的精神走在實務界（包括立法、行政與司法）之前，且當共同認眞的使命感受到注意與肯定，交通行政法學才有可能成爲專業、自主的法學領域，進而成爲提升交通執法人員專業尊嚴與形象的利器，天道酬勤，願以之共勉。

---

[22] 引申自高宣揚，解釋學簡論，遠流出版公司，1988年，第42-43頁。其中提及德國歷史哲學家狄爾泰（W. Dilthey, 1833-1911）云：「理解的每一點都呈現著一個世界。」（An jedem Punkt öffnet das Verstehen eine Welt.）具有著極其深刻的意涵。

逐條釋義

第一章
總　則

第 1 條（立法目的）
為加強道路交通管理，維護交通秩序，確保交通安全，制定本條例。

壹、導言

一、立法目的

本條彰顯道路交通管理處罰條例（以下簡稱道交條例）之立法目的，其內容明指「爲加強道路交通管理，維護交通秩序，確保交通安全，制定本條例」，此立法除符合憲法第23條意旨，達到依法行政之「法律保留原則」外，明定係以加強道路交通管理，來達成維護交通秩序，確保交通安全之目的，亦可使交通勤務警察稽查人員於取締交通違規之目的，能有明確性之依據，故於道交條例第1條即明定立法目的爲：（一）加強道路交通管理；（二）維護交通秩序；（三）確保交通安全。另一方面，除本條例有此規範目的外，爲使道路交通安全更具目標與理想性，乃制定公布「道路交通安全基本法[1]」，該法之第1條亦明定其立法目的爲：「爲提升道路交通安全，確立道路交通安全基本政策及推動體制，以達道路交通事故零死亡願景。」既稱「基本法[2]」，則其內容多爲道路交通安全相關法規範之上位概念及道路交通安全之政策與制度建構[3]，亦爲道交條例所應遵循或追求之方向。

---

1 2023年12月15日總統華總一義字第11200109881號令公布全文，凡五章28條；施行日期，由行政院定之。

2 基本法常爲政策方向與重要原則規定，例如對重要原則性、綱領性、方針性之規範。在法律位階上雖與一般法律相同，惟似有補充憲法相關基本內涵之條款，並作爲確定重要應遵守相關原則之法律。故基本法主要爲政策性立法，並非操作性法律，較難以適用在相關之具體個案。

3 「道路交通安全基本法」之主要各章內容爲：第一章總則（§1～§8）；第二章道路交通安全基本政策（§9～§17）；第三章道路交通安全計畫（§18～§20）；第四章道路交通安全會報（§21～§22）；第五章附則（§23～§28）。

二、立法沿革

行政院於1966年至1968年函請立法院審議「道路交通管理稽查處罰條例草案」，經提由立法院第37會期審查，共計舉行交通、內政、司法三委員會聯席會議31次審查竣事[4]。期間並為博採周諮，曾舉行座談會兩次，邀請臺灣省汽車司機工會聯合會、臺灣省汽車貨運同業公會聯合會、臺灣省汽車客運同業公會聯合會及專家、學者到會發表意見，並蒐集各國及我國與道交條例有關之法律資料及綜合整理有關單位所提意見，編印參考資料一本，提供委員審查時參考。經由立法院大體討論後決議：「本案應以中央立法為宜」，因有關人民權利義務之規定，不宜超越法定範圍，不能以行政命令定之。再者，道交條例之名稱由原草案之「道路交通管理稽查處罰條例」，於第39會期討論中，因「稽查處罰」之義可涵蓋於「管理」之中，故將之刪除，而法案名稱修正為「道路交通管理處罰條例」。再者，原草案第3條條文係有關各項用語之定義，共計14款，惟經各委員提出許多討論後，最後乃參照當時之保險法、公司法之立法體例，將第3條之各名詞經討論後留存部分遂逐一於第3條至第9條定義規定之。因此，道交條例於1968年2月5日總統（57）台統（一）義字第668號令制定公布全文共77條；並自同年5月1日起施行。

三、性質定位

鑑於「公路法」係1959年6月27日總統（48）台總字第4036號令制定公布全文60條並自1960年7月1日施行，而道交條例係於1968年2月5日總統（57）台統（一）義字第668號令制定公布，最初立法時，即討論確立道交條例不能牴觸「公路法」之規定。另一方面，道交條例更應遵循「道路交通安全基本法」之方向及相關制度，藉由道交條例之內涵為法規範依據，加以貫徹於交通秩序與安全實務中。

貳、內容解析

道交條例內容共分六章，計有第一章總則（§1～§11）、第二章汽車（§12～§68）、第三章慢車（§69～§77）、第四章行人（§78～§81）、第五章道路障礙（§82～§84）及第六章附則（§85～§93）。其內容主要係以制裁處罰法為主，亦即從第12條至第84條均為違反道交條例規定之要件與法律效果，主要係構成要件外，其在前後之總則與附則條文，鮮少對於違反道交條例之有責性與阻卻違法性加以規定，亦缺乏有關調查之職權程序規範。

---

[4] 立法院公報，第37會期第11期，第60頁。最後於立法院公報，第57卷第7期，第378-387頁登載三讀通過條文。

按道交條例規範道路交通管理之法理基礎，旨在維護良好之交通安全與秩序。司法院釋字第604號解釋文及其理由書[5]均以道交條例第1條爲首揭：「道路交通管理處罰條例係爲加強道路交通管理，維護交通秩序，確保交通安全而制定。」故本立法目的有其重要性與必要性，其主要內涵如下：

一、**維護交通之安全與秩序**：道路交通管理藉由三E政策之交通教育（Education）、工程（Engineering）與執法（Enforcement）來推展[6]。因此，除道路交通教育與工程屬較爲隱性作用外，最常見諸媒體討論者是道路交通執法，透過其交通違規行爲之取締與制裁，以維護道路交通之安全與秩序，乃道路交通管理之主要目的。

二、**保護交通參與者之生命、身體與財產安全**：馬路如虎口！故作好道路交通管理應是保護交通參與者之生命、身體與財產安全之第一要務。道交條例第1條規定：「爲加強道路交通管理，維護交通秩序，確保交通安全，制定本條例。」此立法目的論有以道交條例之法律保留來有效執法，授權「加強道路交通管理」與執法作爲，以達到「維護交通秩序，確保交通安全」之目的，人民將得到道路交通順暢與維護生命身體財產安全之法定目的。因此，爲加強道路交通管理，維護交通秩序，確保交通安全之目的，立法者乃制定道交條例。

三、**交通安全與秩序維護及人權保障之衡平**：有鑑於道路交通事故頻傳，政府考量道路交通行車安全，保護大眾權益，更是加強各項道路交通執法措施，採取各種可能之改善交通秩序與安全之方法手段，促使用路人遵守交通規則，並遏止相關不當或違法之道路交通行爲，以防範發生交通事故，保護人民之生命、身體與財產安全。另一方面，所採取之強化維護交通安全與秩序之措施，亦將可能會干預、限制或剝奪用路人之自由或權利，例如，干預行動自由之交通攔檢、影響財產權之罰鍰、個資隱私或肖像人格權之科技執法攝影等。然爲有效遏阻不當或違法之道路交通行爲，必須藉由實質與程序正當之交通法令規範來授權採取有效執法手段，以杜絕交通違規之僥倖心理，並促使用路人遵守交通規範，以達成維護良好交通安全與秩序之任務。亦即在道路交通之執法與適用行爲上，能遵守明確之法律及一般法律原則。因此，用路人之憲法保障之自由與權利，應在維護人民之生命、身體、財產與其他基本權利之明確交通法令規範下，達到道路交通安全與秩序維護，使所保護之公益與私利法益間達到良好之均衡。

5　司法院釋字第604號解釋，司法院公報，第48卷第1期，2005年10月21日，第1-57頁。

6　陳家福，交通事故肇事重建與蒐證，作者自版，2020年初版，第163頁。

參、綜論

一、道交條例以「加強道路交通管理，維護交通秩序，確保交通安全」為立法目的，然主要內容幾乎均以違規制裁之處罰要件及法律效果為主，全文欠缺職權程序及強制執行規定，而對於救濟程序上，又採取不同於一般行政法之救濟程序，而是另定司法救濟程序。

二、道交條例第12條至第68條之「汽車」違規，係由交通部所屬之監理單位的交通裁決所裁處，形成由內政部之警察機關所屬員警取締，而由交通部監理單位裁罰，在救濟程序之舉證與程序上，亦屬特殊情形，值得研究精進。至於違反第69條至第84條之行人、慢車及道路障礙等條文規定之處罰，則由警察機關自行辦理，常由分駐（派出）所或交通（亦可能由保安）大隊員警取締後移送分局或大隊處罰。

三、本條在司法實務上亦有援引於判決書適用，例如臺北高等行政法院判決書指出：「四、本院判斷：（一）經查，原告於前揭時間騎乘系爭機車行經最高速限時速50公里之系爭地點，經舉發機關以檢定合格之雷達測速儀測得其行車時速為74公里，且距離該雷達測速儀前2百餘公尺已有設置測速取締標誌及最高速限標誌等情，有舉發機關112年7月4日函、112年3月20日函暨所附測速取締標誌及速限標誌設置照片、財團法人台灣商品檢測驗證中心雷達測速儀檢定合格證書及雷達測速儀測速採證照片在卷可稽臺灣桃園地方法院112年度交字第226號卷第45頁至52頁），堪認原告有『行車速度超過規定之最高時速20公里至40公里以內』之違規行為。（二）原告雖爭執舉發機關取締時，警車係停在人行道上、位於兩棵樹中間隱密處，且未開啓警示燈，使原告無法注意，有違誠實信用原則等語。惟法無限制舉發機關絕對不得採取隱密式取締方法，本應視個案以因地制宜之方式為之。本院審酌本件個案當時乃為凌晨，警車停放於人行道而不占用車道不會影響交通，未開啓警示燈也不至於產生危害，其取締方式尚符合道路交通管理處罰條例第1條維護交通秩序、確保交通安全之立法意旨，並無違反誠實信用原則之不法。原告於道路上行駛，本應隨時隨地謹愼注意遵守行車速限之規定，非僅於警車位於明顯處以閃爍警示燈明確告知正在執行超速取締勤務時，方負有遵守交通規則之義務，原告上開違規行為，縱非故意，亦有應注意最高速限標誌且能注意而疏未注意之過失，自應依附錄所示法令處罰。」最後上訴至最高行政法院裁定主文為：「對於行駛於一般道路上汽車在通過警告標誌後100公尺至300公尺距離範圍內之違反速限規定行為，以非固定式科學儀器取得證據資料證明予以取締，不因該儀器未位於該距離範圍內，致使舉發程序違反民國103年1月8日修正公布之道路交通管理處罰條例第7條之2第3項規定，而不得予以裁罰[7]。」此為法律審之爭議結論，全案乃告確定。

四、另一方面，公路法第1條規定：「為加強公路規劃、修建、養護，健全公路營運制度，發展公路運輸事業，以增進公共福利與交通安全，特制定本法。」公路法規範旨在健全公路管理系統，與道交條例之立法目的旨在加強道路交通管理，維護交通秩序，確保交通安全而制定有所不同，應予辨明。再者，依大眾捷運法第3條規定：「本法所稱大眾捷運系統，指利用地面、地下或高架設施，使用專用動力車輛，行駛於導引之路線，並以密集班次、大量快速輸送都市及鄰近地區旅客之公共運輸系統（第1項）。前項大眾捷運系統，依使用路權型態，分為下列二類：一、完全獨立專用路權：全部路線為獨立專用，不受其他地面交通干擾。二、非完全獨立專用路權：部分地面路線以實體設施與其他地面運具區隔，僅在路口、道路空間不足或其他特殊情形時，不設區隔設施，而與其他地面運具共用車道（第2項）。大眾捷運系統為非完全獨立專用路權者，其共用車道路線長度，以不超過全部路線長度四分之一為限。但有特殊情形，經中央主管機關報請行政院核准者，不在此限（第3項）。第二項第二款之大眾捷運系統，應考量路口行車安全、行人與車行交通狀況、路口號誌等因素，設置優先通行或聲光號誌（第4項）。」然而，本法、公路法及大眾捷運法等三法有關名詞之定義中，公路法並未明定大眾捷運行使路面之部分是否屬於公路法之範圍[8]，亦即公路法中並未觸及「大眾捷運系統」之車輛，抑或其行使之路面是否屬於公路，似有進一步斟酌考量必要。

第 2 條（適用範圍）
道路交通管理、處罰，依本條例規定；本條例未規定者，依其他法律規定。

壹、導言

一、立法目的

本條旨在明定以「道路交通管理、處罰」為道交條例規定之範圍，以及本法之

7　最高行政法院112年度大字第1號裁定，2023年5月25日，第1頁。

8　公路法第2條第9款定義「車輛」：指汽車、電車、慢車及其他行駛於道路之動力車輛。是否大眾捷運系統車輛即屬於此之「其他行使於道路之動力車輛」？不得而知。然而，公路法各相關條文並無論及「大眾捷運系統車輛或其行使之路面」部分及其規範關係為何，應有載明之必要。

法律性質與地位。另一方面，因本條後段明定：「本條例未規定者，依其他法律規定。」因此，道交條例之法律性質係屬「特別法」或是有稱之爲「基本法」之形式，因依道交條例有規定者，優於其他法律之規定，除非道交條例未有規定者，始依其他法律規定辦理。

二、立法沿革

道交條例最初於1968年制定時，其條次同爲第2條，其內容規定：「道路交通之管理處罰，依本條例之規定；本條例未規定者，依違警罰法及其他法律之規定。」經由歷次的修正版本可知，本條於1991年修正時，始刪除「依違警罰法及」等字，其內容調整爲：「道路交通管理、處罰，依本條例規定；本條例未規定者，依其他法律規定。」即爲現行規定條文之內容。

三、法律性質

道交條例之法律性質係屬「特別法」，因依道交條例有規定者，優於其他法律之規定，除非道交條例未有規定者，始依其他法律規定辦理。另有稱此立法方式爲「基本法」之形式者，亦即優先其適用。例如，「消費者保護法」第1條第2項規定：「有關消費者之保護，依本法之規定，本法未規定者，適用其他法律。」此參諸「行政院消費者保護委員會」民國87年7月1日台（87）消保法字第00752號書函二指出：「關於醫療行爲與消費者保護法適用問題，本會意見說明此立法規定方式，可知本法性質上具有消費者保護基本法之性質，有關消費者保護之問題，在本法沒有規定時，應補充適用其他相關法令予以解決，先予陳明[9]。」

然而，「道路交通安全基本法」甫於2023年12月三讀通過，而且直接定名爲「基本法」，其內容多爲道路交通安全與秩序之政策及制度建構的重要原則指引，屬於道路交通安全之重要原則性、綱領性、方針性法律，以思達成道路交通安全與秩序之目標內涵。雖在法律位階上與一般法律相同，屬於政策性立法，並非如道交條例主要內容爲維護交通安全與秩序之行爲規範與法律效果，亦即屬於操作性法律，適用在相關之具體個案來判斷與裁量其違法構成要件及法律效果。

另一方面，道交條例最初立法時，即討論確立道交條例不能牴觸「公路法」之規定。按公路法第1條規定係以「爲加強公路規劃、修建、養護，健全公路營運制度，發展公路運輸事業，以增進公共福利與交通安全」爲制定目的。兩者立法目的不同，應屬相輔相成，應鮮少有牴觸之情形。

---

9 行政院消費者保護委員會民國87年7月1日台（87）消保法字第00752號書函，行政院，https://www.ey.gov.tw/Page/8F51FEE53AB45EA9/efd85fb7-f001-4524-a79a-80745919fcf2，最後瀏覽日期：2023/12/25。

貳、內容解析

本條規定：「道路交通管理、處罰，依本條例規定；本條例未規定者，依其他法律規定。」立法目的旨在確認本條係特別法性質，基於特別法優先適用於普通法，故本條內容明定「道路交通管理、處罰，依本條例規定」，若「本條例未規定者，依其他法律規定」。

一、**道路交通「管理」之意義與範疇**：管理乃是交通安全與秩序之行爲規範，管理範疇包括道路標誌、標線、號誌等之規劃設置與交通法令規範義務之攔查取締、交通指揮及強制或其不服之救濟程序等均屬之。

二、**道路交通之「處罰」之意義與範疇**：道交條例自第12條至第84條多屬於「制裁處罰」性質之條款規定，乃具有法定應遵行的交通安全與秩序的行爲規範，亦即「違法構成要件」與「法律效果」，其規範範疇包括道交條例第二章汽車、第三章慢車、第四章行人及第五章道路障礙等是。

三、**道交條例未規定者，依其他法律規定**：關於交通安全與秩序之法律規範，已屬於「特別法」之道交條例爲優先適用，是謂「特別法優於普通法」之法理原則。若有道交條例未加以規定者，而其他法律有規定，則可適用其他法律規定。例如，交通部函釋指出：「道路交通安全規則第7條規定：『車輛所有人、駕駛人、行人或其他使用道路之行爲人，違反本規則之規定者，依道路交通管理處罰條例之規定處罰；道路交通管理處罰條例未規定者，依社會秩序維護法、公路法、市區道路條例及其他有關法律之規定處罰[10]。』」

參、綜論

立法院已三讀通過「道路交通安全基本法」，確立我國道路交通安全政策方針原則、強化各級政府道路安全運作機制、中央相關機關及地方政府依權責推動並落實成效監督等。道路交通安全基本法共分五章計28條，各章分別爲「總則」、「道路交通安全基本政策」、「道路交通安全計畫」、「道路交通安全會報」及「附則」。此基本法雖符合本條之「道路交通管理、處罰，依本條例規定；本條例未規定者，依其他法律規定。」依本條規定可知道交條例爲特別法，然因「道路交通安全基本法」屬於「基本法」之性質，其位階更高且爲交通安全法規不可牴觸之原則或方向性之規定，道交條例規定應是不得牴觸「道路交通安全基本法」。另一方面，基於法律優位原則之適用，有關道交條例所授權之「道路交通安全規則」或「違反道路交通管理事件統

---

10 交通部交路發字第8511號函解釋，1996年2月28日；道路交通管理處罰條例解釋輯要（上冊），內政部警政署編印，2011年11月，第4頁。

一裁罰基準及處理細則」等規定，均不得牴觸道交條例之規定[11]。

有關本條乃明定與其他法律規定適用之優先順序，此與中央法規標準法第16條之「特別法優於普通法[12]」原則並無扞格。例如，內政部警政署函釋[13]有關「針對機場違規攬客，是否適用社會秩序維護法第64條第1項第3款規定查處一案」，其解釋內容指出：「一、查『民用航空機場客運汽車管理辦法』第10條第2款規定，未備具機場排班登記證之計程車客運業，不得進入桃園機場營運；違者依同辦法第34條規定，以公路法第77條之3處罰，乃係法所明文規定。二、社會秩序維護法係一般性規定，如『民用航空機場客運汽車管理辦法』、『公路法』或『道路交通管理處罰條例』有相關處罰規定時，依特別法優先適用原則，均應予優先適用，不宜依社會秩序維護法查處。」

再者，司法實務上對於道交條例與行政罰法及刑事罰適用亦迭有判決實例，即如本條規定：「道路交通管理、處罰，依本條例規定；本條例未規定者，依其他法律規定。」行政罰法第1條規定：「違反行政法上義務而受罰鍰、沒入或其他種類行政罰之處罰時，適用本法。但其他法律有特別規定者，從其規定。」故道交條例基於特別法之地位而優於普通法行政罰法之適用。是以，違反道交條例之酒後駕車行爲人，如其因同一行爲所受之罰金刑事處分低於主管機關依該條例第92條第3項所定之最低罰鍰基準規定（指道路交通管理事件統一裁罰基準表）時，交通裁罰機關仍得裁處該行爲人不足部分之罰鍰，此於受緩起訴處分而依檢察官命令向國庫繳納處分金時，亦應爲相同之解釋，否則，與其他酒後駕車受法院判處罰金而另需補繳行政罰鍰差額者相較，豈非公平。故於此情形，道交條例第35條第8項規定應屬前述之特別規定，自應優先行政罰法第26條之用[14]。

第 3 條（用詞定義）

本條例用詞，定義如下：

一、道路：指公路、街道、巷衖、廣場、騎樓、走廊或其他供公眾通行之地方。

---

11 參考交通部參字第09137號函解釋，1976年10月6日；道路交通管理處罰條例解釋輯要（上冊），內政部警政署編印，2011年11月，第3頁。

12 中央法規標準法第16條：「法規對其他法規所規定之同一事項而爲特別之規定者，應優先適用之。其他法規修正後，仍應優先適用。」

13 參考內政部警政署交字第0990145835號函，2010年10月6日；交通部交路發字第8511號函解釋，1996年2月28日；道路交通管理處罰條例解釋輯要（上冊），內政部警政署編印，2011年11月，第4頁。

14 臺灣高等法院100年度交抗字第648號刑事裁定，2011年6月7日。

二、車道：指以劃分島、護欄或標線劃定道路之部分，及其他供車輛行駛之道路。
三、人行道：指為專供行人通行之騎樓、走廊，及劃設供行人行走之地面道路，與人行天橋及人行地下道。
四、行人穿越道：指在道路上以標線劃設，供行人穿越道路之地方。
五、標誌：指管制道路交通，表示警告、禁制、指示，而以文字或圖案繪製之標牌。
六、標線：指管制道路交通，表示警告、禁制、指示，而在路面或其他設施上劃設之線條、圖形或文字。
七、號誌：指管制道路交通，表示行進、注意、停止，而以手勢、光色、音響、文字等指示之訊號。
八、車輛：指非依軌道電力架設，而以原動機行駛之汽車（包括機車）、慢車及其他行駛於道路之動力車輛。
九、大眾捷運系統車輛：指大眾捷運法所定大眾捷運系統使用之專用動力車輛。
十、臨時停車：指車輛因上、下人、客，裝卸物品，其停止時間未滿三分鐘，保持立即行駛之狀態。
十一、停車：指車輛停放於道路兩側或停車場所，而不立即行駛。

壹、導言

一、立法目的

本條之立法目的旨在明確道交條例之各相關名詞，明確定義以使後列各章條文得以適用確認，避免認知不同而產生概念及適用上之差異或錯誤。

二、立法沿革

道交條例最初於1968年制定時，將相關名詞定義分別規定於第3條至第9條，其內容如下：

第三條：本條例所稱道路者，指公路、街道、巷衖、廣場、騎樓走廊等供公眾通行之地方。其供車輛行駛者爲車道，供行人通行者爲人行道。

第四條：本條例所稱行人穿越道者，指在道路上以雙線紋或斑馬紋之標線標劃，供行人穿越道路之地方。

第五條：本條例所稱標線者，指管制道路交通，表示警告、禁止、指示，而以油漆混凝土、金屬或橡皮等勘劃之線條或文字。

第六條：本條例所稱標誌者，指管制道路交通，表示警告、禁制、指示，而以文字或圖案繪製之標牌。

第七條：本條例所稱號誌者，指管制道路交通，表示行進、注意、停止，而以手勢、光色、聲響、文字等指示之訊號。

第八條：本條例所稱臨時停車者，指車輛停止未滿五分鐘，其引擎未熄火，駕駛人未離開駕駛座位，保持其車輛能立即行駛之狀態。

第九條：本條例所稱停車者，謂車輛因待客、待貨或裝卸貨物，需時在五分鐘以上，或機件故障待修，其引擎已熄火，或駕駛人已離開駕駛座位，致其車輛不能立即行駛者。

經由歷次的修正版本可知，本條於1975年修正時，調整條次至第3條規定，於該條款中將九種名詞均於道交條例第3條中統合在一起定義之。再於1986年修正道交條例時，於該條款中將10種名詞於第3條之名詞解釋。最後，於2015年修法時，則已經有11種名詞規定於第3條之名詞解釋。

三、性質定位

本條規定內容均爲道交條例相關重要名詞之定義，規定於道交條例總則章之中，主要係提供後列各章相關條文之共同適用，具有教示性作用，俾利適用者之明確共識，並可由此名詞定義範圍，避免產生誤解而導致適用錯誤。

貳、內容解析

按本條第1款「道路」之名詞定義，最高行政法院於相關案件法律審時，特別指出，按道交條例第1條規定：「爲加強道路交通管理，維護交通秩序，確保交通安全，制定本條例。」第3條第1款、第6款規定：「本條例所用名詞釋義如下：一、道路：指公路、街道、巷衖、廣場、騎樓、走廊或其他供公眾通行之地方。……六、標線：指管制道路交通，表示警告、禁制、指示，而在路面或其他設施上劃設之線條、圖形或文字。……」第4條第3項規定：「前項道路交通標誌、標線、號誌之指示、警告、禁制規定、樣式、標示方式、設置基準及設置地點等事項之規則，由交通部會同內政部定之。」第5條第1款規定：「爲維護道路交通安全與暢通，公路或警察機關於必要時，得就下列事項發布命令：一、指定某線道路或某線道路區段禁止或限制車輛、行人通行，或禁止穿越道路，或禁止停車及臨時停車。」復按道路交通標誌標線號誌設置規則第1條規定：「本規則依道路交通管理處罰條例第四條第三項規定訂定之。」第2條規定：「標誌、標線、號誌之設置目的，在於提供車輛駕駛人及行人有關道路路況之警告、禁制、指示等資訊，以便利行旅及促進交通安全。」第3條第2款規定：「標誌、標線及號誌之定義如下左：……二、標線：以規定之線條、圖形、標字或其他導向裝置，劃設於路面或其他設施上，用以管制道路上車輛駕駛人與行人行止之交通管制設施。」第4條第1項規定：「標誌、標線、號誌之設置、養護及號誌之運轉，由主管機關依其管轄辦理之。」第5條規定：「本規則所稱主管機關，指公路主管機關、市區道路主管機關及警察機關。」第148條第2款規定：「標線依其功能分類如左：……二、禁制標線：用以表示道路上之遵行、禁止、限制等特殊規定，告示車輛駕駛人及行人嚴格遵守。」第149條第1項第1款第5目規定：「標線依其型態原則上分類如左：一、線條：以實線或虛線標繪於路面或緣石上，用以管制交通者，原則上區分如下：……紅實線：設於路側，用以禁止臨時停車。」第169條第1項規定：「禁止臨時停車線，用以指示禁止臨時停車路段，以劃設於道路緣石正面或頂面爲原則，無緣石之道路得標繪於路面上……。」依上開規定可知，道交條例第3條第1款所定義之「道路」，除一般公路、街道、巷衖外，更擴及廣場、騎樓、走廊或其他供公眾通行之地方，乃基於該條例以加強道路交通管理、維護交通秩序、確保交通安全之立法目的，對於凡相當於公路、街道、巷衖、廣場、騎樓、走廊之「供公眾通行之地方」，均作爲該條例所指之道路而管理其交通，自不限於都市計畫劃設之計畫道路、具公用地役關係之既成巷道及已依法指定或認定建築線之巷道。此參見交通部94年函釋：「主旨：貴府函詢產權爲私有之巷弄，可否基於公共安全，得不需經所有權人同意，逕爲設置標誌或繪設標線乙案……。說明：……二、旨揭私有地宜由貴府相關單位考量該巷弄型態及實際使用現況，本於權責認定是否屬『道路交通管理處罰條例』第3條第1款規定之『道路』範圍，倘認定屬『道路』範圍，得有『道路交通標誌標線號誌設置規則』之適用。」亦明[15]。

再者，值得特別一提的是，本條第9款之「大眾捷運系統車輛」，係爲配合周延明確大眾捷運系統車輛行駛共用道路相關行車秩序規範及管理，就大眾捷運系統車輛用詞應有定義之必要，爰依大眾捷運法第3條規定，增訂第9款大眾捷運系統車輛之用詞定義。又按2013年6月5日修正施行之大眾捷運法第3條規定，大眾捷運系統採非完全獨立專用路權者，其共用車道路線長度，以不超過全部路線長度四分之一爲限，另依同法第40條第2項規定，大眾捷運系統採用非完全獨立專用路權，涉共用現有道路之車道部分，其道路交通之管理，依道交條例及其相關法規辦理。

參、綜論

雖然本條款之名詞定義均經前後多次修法，已經將道交條例之相關交通安全與秩序之名詞定義，以使適用者得依此而適用於後述規定之各條款之內容，值得肯定。然

15 最高行政法院109年度判字第557號判決，2020年10月29日。

而，除此11種名詞之外，是否能達到周延與互斥的名詞解釋與適用，不無疑義，故本條名詞定義類型與內涵均有配合時空環境加以修正，則具有其重要性與必要性。

另一方面，2003年8月8日司法院釋字第564號解釋理由書第二段略以：「騎樓通道建造係爲供公眾通行之用者，所有人雖不因此完全喪失管理、使用、收益、處分之權能，但其利用行爲原則上不得有礙於通行，道路交通管理處罰條例第三條第一款即本此而將騎樓納入道路管制措施之適用範圍。」並經由司法院同號釋字之解釋文首段認爲：「就私有土地言，雖係限制土地所有人財產權之行使，然其目的係爲維持人車通行之順暢，且此限制對土地之利用尚屬輕微，未逾越比例原則，與憲法保障財產權之意旨並無牴觸。」因此，肯認道交條例對於限制騎樓設攤之規定，並不違憲。並進一步再於該解釋文第二段指出：「行政機關之公告行爲如對人民財產權之行使有所限制，法律就該公告行爲之要件及標準，須具體明確規定，前揭道路交通管理處罰條例第八十二條第一項第十款授予行政機關公告禁止設攤之權限，自應以維持交通秩序之必要爲限。該條例第三條第一款所稱騎樓既屬道路，其所有人於建築之初即負有供公眾通行之義務，原則上未經許可即不得擺設攤位，是主管機關依上揭條文爲禁止設攤之公告或爲道路擺設攤位之許可（參照同條例第八十三條第二款），均係對人民財產權行使之限制，其公告行爲之作成，宜審酌准否設攤地區之交通流量、道路寬度或禁止之時段等因素而爲之，前開條例第八十二條第一項第十款規定尚欠具體明確，相關機關應儘速檢討修正，或以其他法律爲更具體之規範。」

再者，臺北高等行政法院（地方庭）指出：「道路交通管理處罰條例第3條第1款所稱『道路』，係謂公路、街道、巷衖、廣場、騎樓、走廊或其他供公眾通行之地方，已可見道路交通管理處罰條例所規範之道路，乃以是否供社會大眾行走通行爲斷，並未區分『道路』之產權係爲私有或公有而有不同。就此，倘停車地點屬既成公眾通行之道路，不論產權是否屬於私人，仍應適用上揭規定，亦即道路交通管理處罰條例乃爲立法院制定之法律，私人土地如有供公眾通行之必要，爲增進公共利益，因私地公用而限制原地主之權利，依憲法第23條之規定，係法之所許[16]。」

第4條（道路安全設施之設置、管理、遵守，以及違反之責任）

道路標誌、標線、號誌及其他相關設施之設置與管理，應提供車輛、大眾捷運系統車輛駕駛人及行人有關道路路況之警告、禁制、指示等資訊，以便利行旅並確保交通安全。

16 臺北高等行政法院地方庭112年度交字第1288號判決，2024年1月8日。

駕駛人駕駛車輛、大眾捷運系統車輛或行人在道路上，應遵守道路交通標誌、標線、號誌之指示、警告、禁制規定，並服從執行交通勤務之警察或依法令執行指揮交通及交通稽查任務人員之指揮。
前項道路交通標誌、標線、號誌之指示、警告、禁制規定、樣式、標示方式、設置基準及設置地點等事項之規則，由交通部會同內政部定之。
駕駛人駕駛車輛、大眾捷運系統車輛或行人違反第二項規定肇事或致人肇事因而致人受傷或死亡者，應依法負其刑事責任。但因執行交通勤務之警察或依法令執行指揮交通及交通稽查任務人員之指揮有明顯過失而致之者，不在此限。

壹、導言

一、立法目的

本條於2015年修正之目的與理由如下：

（一）配合大眾捷運法第3條及第40條規定，爲明確大眾捷運系統車輛行駛共用通行道路相關行車秩序規範及管理，爰修正原條文第1項，明定「道路標誌、標線、號誌及其他相關設施之設置與管理，應提供車輛、大眾捷運系統車輛駕駛人及行人有關道路路況之警告、禁制、指示等資訊，以便利行旅並確保交通安全」。

（二）修正原條文第2項，規定駕駛人駕駛大眾捷運系統車輛在道路上，應遵守道路交通標誌、標線、號誌之指示、警告、禁制規定，並服從執行交通勤務之警察或依法令執行指揮交通及交通稽查任務人員之指揮。

（三）本條文第3項規定，旨在授權交通部會同內政部訂定「道路交通標誌標線號誌設置規則」，以進一步明定「前項道路交通標誌、標線、號誌之指示、警告、禁制規定、樣式、標示方式、設置基準及設置地點等事項」。

（四）本條第4項明定：「駕駛人駕駛車輛、大眾捷運系統車輛或行人違反第二項規定肇事或致人肇事因而致人受傷或死亡者，應依法負其刑事責任。但因執行交通勤務之警察或依法令執行指揮交通及交通稽查任務人員之指揮有明顯過失而致之者，不在此限。」從其內容分析，可知本項旨在明定駕駛人或行人違反本條第2項之法律責任之原則與例外。

二、立法沿革

道交條例最初於1968年制定時，與本條相似之內容係爲第10條規定：「駕駛人駕駛車輛或行人在道路上應遵守道路交通標線、標誌、號誌之指示，並服從執行交通勤務之警察或依法令執行交通稽查任務人員之指揮（第1項）。前項道路交通之標線、標誌、號誌，由交通部會同內政部制定公布之（第2項）。車輛之分類及車輛行駛車道之劃分，由交通部會同內政部以命令定之（第3項）。」經由歷次的修正版本可知，本條於1975年修正時，調整條次至第4條規定：「駕駛人駕駛車輛，或行人在道路上應遵守道路交通標誌、標線、號誌之指示，並服從執行交通勤務之警察或依法令執行輔助指揮交通及交通稽查任務人員之指揮（第1項）。車輛之分類及車輛行駛車道之劃分，由交通部會同內政部定之（第2項）。」

三、性質定位

本條之性質上屬於「教示」性質及第3項之授權訂定相關之「法規命令」，旨在明定道路安全設施之設置、管理、遵守，以及違反時應負之刑責之原則與例外。將民眾對於道交條例各條文應遵守規定之相關原則予以明定，以利一般大眾瞭解與遵循。

貳、內容解析

本條內容共區分四項，主要係規範道路安全設施之設置、管理、遵守，以及違反時應負之刑責。茲分別析論如下：

一、道路安全資訊之提供

依本條第1項規定：「道路標誌、標線、號誌及其他相關設施之設置與管理，應提供車輛、大眾捷運系統車輛駕駛人及行人有關道路路況之警告、禁制、指示等資訊，以便利行旅並確保交通安全。」就本項之規定內容觀之，亦具有指引或原則性規範，隱寓有「基本法」之性質。又本條旨在要求道路交通之主管機關應提供車輛駕駛人或行人有關道路路況之警告、禁制、指示等資訊，提供道路使用人參考，以便利行旅並確保交通安全。故本項亦屬於教示規定，至於能提供到何種程度，則有待主管機關政策上考量，當然立法委員亦得質詢監督此相關交通政策。在行政上僅得據以「陳情」，司法監督上之不告不理原則，則無法針對此政策或抽象性政府作爲不服時提出訴願或訴訟。

然而，道路交通標誌、標線、號誌之指示、警告、禁制規定，仍需就個案具體情節判斷，其亦可能爲「一般處分」之性質，而得以提出行政訴願及訴訟程序。例如，司法實務上即有最高行政法院之法律審意見如下：「人民就有關交通標線之設置等類處分，依行政訴訟法第4條規定提起撤銷訴訟時，需以其權利或法律上利益可能受有損害（主觀公權利），始得提起之，否則不具提起撤銷訴訟之當事人適格，此爲法院職權調查事項。又參道交條例第4條、市區道路條例第32條、市區道路及附屬工程設計標準（下稱設計標準）第16條之規範意旨，係以維護道路交通安全等公共利益爲其目的，要無維護特定私人權利之餘地，人民自不得據上開規定稱其具有公法上權利，而具備提起撤銷訴訟之主觀公權利。被上訴人係以該人行道設置於水溝蓋上，雨天影響穿著高跟鞋及撐拐杖者之安全，設置地點另有許多障礙物有碰撞可能，且原處分作成後其無法路邊停車等情。縱原處分致被上訴人無法於該巷道路邊停車，而造成被上訴人停車利益之侵害，亦僅係單純之事實上利益或反射利益，並非法律上之利益，欠缺原告適格或訴訟權能，原審未予判決駁回，卻遽認程序上並無不合，被上訴人得提起本件撤銷訴訟，自有行政訴訟法第243條第1項判決違背法令。且原判決所爲被上訴人提起撤銷訴訟，程序上自無不合之論述，自難得謂原判決就被上訴人有何權利或法律上利益遭原處分侵害之論述與說明，有判決理由不備情形等語。雖以原判決違背法令爲理由，惟查原判決已論明人行道標線係屬禁制標線，其劃設之目的，在對用路人之行止予以規制，課予用路人一定之作爲或不作爲義務，係以標線效力所及之行人、車輛駕駛人爲規範對象，核其性質爲一般處分，故具規制作用之禁制標線於權責機關劃設完成時，即屬一種『公告』，而對外發生效力。被上訴人爲系爭巷道之居民，對於上訴人108年3月20日在系爭巷道南側劃設標線型人行道之原處分，認爲違法侵害其原本得於該巷道路邊停車之權利，循經訴願程序後提起撤銷訴訟，程序上自無不合。臺北市政府以98年公告委任上訴人執行之權限，爲該府於道路交通管理處罰條例、道路交通安全規則、公路法及道路交通標誌標線號誌設置規則中，有關道路交通標誌、標線、號誌及安全設施等之設置及監督事宜之權責事項（道路交通標誌標線號誌設置規則中有關停車場劃線及監督事宜除外），並不包括依市區道路條例第32條授權訂定之設計標準第16條第1款但書規定，對於設置淨寬小於1.5公尺人行道予以核可之權限。上訴人於系爭巷道劃設淨寬未達1.5公尺人行道標線之原處分，既係未經臺北市政府核可所爲，自有違前揭設計標準條文規定，上訴人於系爭巷道南側劃設人行道標線之原處分係屬違法等語。上訴理由就原審已論斷者，泛言判決違背法令及理由不備，而非具體表明合於不適用法規、適用法規不當、或行政訴訟法第243條第2項所列各款之事實，難認對原判決之如何違背法令已有具體之指摘。依首揭規定及說明，應認其上訴爲不合法，應予駁回[17]。」以上案例判決內容，乃最高行政法院就劃設禁制標線之法律性質與法理論析，值得參考。

二、道路安全設施之管理

依本條第2項規定：「駕駛人駕駛車輛、大眾捷運系統車輛或行人在道路上，應遵守道路交通標誌、標線、號誌之指示、警告、禁制規定，並服從執行交通勤務之

---

17 最高行政法院109年度裁字第1246號裁定，2020年7月23日。

警察或依法令執行指揮交通及交通稽查任務人員之指揮。」本項亦隱含有如第1項之「基本法」樣態，主要係因本條係道交條例之「總則」條文，將提供給道交條例之後列各該相關條文適用。本條爲教示規定，提醒或要求車輛駕駛人或行人於道路上均應遵守標誌、標線或號誌之指示，以及遵守警察或依法稽查或指揮交通人員之指揮。

三、「道路交通標誌標線號誌設置規則」之授權訂定

依本條第3項規定：「前項道路交通標誌、標線、號誌之指示、警告、禁制規定、樣式、標示方式、設置基準及設置地點等事項之規則，由交通部會同內政部定之。」按本規則性質上屬於道交條例授權交通部會銜內政部訂定發布之「法規命令」，對外只要該命令之目的、範圍及內容不牴觸道交條例，則本規則將具有對外拘束效力。本規則凡五章共235條，對於標誌、標線及號誌均有明確詳細規範。本規則區分總則、標誌、標線、號誌及附則共五章，其中第二章標誌專章分五節，含通則、警告標誌、禁制標誌、指示標誌及輔助標誌；第三章標線分四節，含通則、警告標線、禁制標線、指示標線；第四章號誌分八節，含通則、號誌組件與設計、各種燈號顯示之意義、燈號之應用、號誌控制方法、號誌之佈設、設置號誌之必要條件、時制設計之基本原則。可謂鉅細靡遺詳加規範，以符合明確性原則，以利適用[18]。

四、違反時應負之刑責及其例外

依本條第4項規定：「駕駛人駕駛車輛、大眾捷運系統車輛或行人違反第二項規定肇事或致人肇事因而致人受傷或死亡者，應依法負其刑事責任。但因執行交通勤務之警察或依法令執行指揮交通及交通稽查任務人員之指揮有明顯過失而致之者，不在此限。」本項亦屬於教示規定，旨在警告車輛駕駛人或行人，違反本條第2項規定之「駕駛人駕駛車輛、大眾捷運系統車輛或行人在道路上，應遵守道路交通標誌、標線、號誌之指示、警告、禁制規定，並服從執行交通勤務之警察或依法令執行指揮交通及交通稽查任務人員之指揮」，肇事或致人肇事因而致人受傷或死亡者，應依法負其刑事責任。然另有例外規定，針對因執行交通勤務之警察或依法令執行指揮交通及交通稽查任務人員之指揮有明顯過失而致之者，不在此限。

道路交通標誌標線號誌設置規則第3項更進一步規定：「標誌、標線及號誌之定義如左：一、標誌：以規定之符號、圖案或簡明文字繪於一定形狀之標牌上，安裝於固定或可移動之支撐物體，設置於適當之地點，用以預告或管制前方路況，促使車

18 道路交通標誌標線號誌設置規則第2條：「標誌、標線、號誌之設置目的，在於提供車輛駕駛人及行人有關道路路況之警告、禁制、指示等資訊，以便利行旅及促進交通安全。」茲爲明定本規則訂定目的。

輛駕駛人與行人注意、遵守之交通管制設施。二、標線：以規定之線條、圖形、標字或其他導向裝置，劃設於路面或其他設施上，用以管制道路上車輛駕駛人與行人行止之交通管制設施。三、號誌：以規定之時間上交互更迭之光色訊號，設置於交岔路口或其他特殊地點，用以將道路通行權指定給車輛駕駛人與行人，管制其行止及轉向之交通管制設施。」再者，本規則第5條規定：「本規則所稱主管機關，指公路主管機關、市區道路主管機關及警察機關。」以明管轄與責任之區分。

參、綜論

一、本條第4項但書之規範疑義：「但因執行交通勤務之警察或依法令執行指揮交通及交通稽查任務人員之指揮有明顯過失而致之者，不在此限。」刑事責任之擔負應以刑法或相關刑事法律究責，程序上亦有刑事訴訟法可資適用，然屬於行政秩序法性質之道交條例規定在此排除適用，是否合適，尚有進一步深入討論之空間。

二、依本條第3項授權交通部會同內政部訂定之「道路交通標誌標線號誌設置規則」，其性質上屬於道交條例授權交通部會銜內政部訂定發布之「法規命令」，對外只要該命令之目的、範圍及內容不牴觸道交條例，則本規則將具有對外拘束效力，故應注意本規則之定性與定位，不得逾越法律授權之範圍，否則將違反「法律優位原則」。

三、本規則第5條雖規定：「本規則所稱主管機關，指公路主管機關、市區道路主管機關及警察機關。」但全規則共235條均無再有「警察機關」或「警察」之出現，因此對於此規定「警察機關」亦爲本規則之主管機關似爲贅文，因無法辨明警察機關應有之管轄或負責項目爲何，故內容應予以斟酌修正之。

四、司法實務法律審意旨認：「交通標誌標線號誌之設置目的，雖不具保護規範性質，而屬公權力之行政措施，並未賦予人民有請求主管機關劃設交通標誌之公法上權利。惟其設置或管理仍應遵守相關法規之形式要求，並應具有實質之妥適性。如主管機關於設置或管理欠缺妥適性而致人民受有損害，即應負國家賠償責任，不得以其設置或管理具備合法性，而主張免責。又禁制性交通標誌標線號誌之設置，係針對行經具體特定路段（可得特定之）用路人使用道路所爲之規制，性質爲行政程序法第92條第2項前段之一般處分，依同法第100條第1項規定，主管機關就禁制標誌之設置，應依適當方法通知或使經該路段之用路人知悉[19]。」

19　最高法院111年度台上字第1715號民事判決，2023年5月23日。

第 5 條（道路通行之禁止或限制之發布命令）
為維護道路交通安全與暢通，公路或警察機關於必要時，得就下列事項發布命令：
一、指定某線道路或某線道路區段禁止或限制車輛、行人通行，或禁止穿越道路，或禁止停車及臨時停車。
二、劃定行人徒步區。

壹、導言

一、立法目的

本條立法目的旨在針對「道路通行之禁止或限制」事項與範圍明定公路或警察機關於必要時，得就該等事項發布命令，以維護道路交通安全與暢通。此之授權公路或警察機關於必要時，得就：（一）指定某線道路或某線道路區段禁止或限制車輛、行人通行，或禁止穿越道路，或禁止停車及臨時停車；（二）劃定行人徒步區等兩項因素發布命令，使行政行爲明確性，俾使人民知所遵循，以明責任。本條除旨在授權公路或警察機關二機關得在本條授權之範圍內，基於比例原則考量後進行必要之「下令處分」以達到即時維護道路交通安全與暢通。

二、立法沿革

道交條例最初於1968年制定時，與本條相似之內容係爲第11條規定：「爲維護道路交通之安全與暢通，公路或警察機關於必要時得發布命令，指定某線道路或劃定某一道路區段，禁止或限制車輛與行人通行，或禁止穿越道路。」經由歷次的修正版本可知，本條於1975年修正時，調整條次至第5條規定：「爲維護道路交通之安全與暢通，公路或警察機關於必要時得發布命令，劃定行人徒步區；或指定某線道路或劃定某一道路區段，禁止或限制車輛、行人通行，或禁止穿越道路。」

直至1986年再修法時，則仍在相同條次之第5條規定內容爲：「爲維護道路交通安全與暢通，公路或警察機關於必要時，得就左列事項發布命令：一、指定某線道路或某線道路區段禁止或限制車輛、行人通行，或禁止穿越道路，或禁止停車及臨時停車。二、劃定行人徒步區。」

三、性質定位

本條之性質上屬於「教示」性質，基於依法行政之「法律保留原則」之必要，其中得依「一般法律保留原則」，在不牴觸法律之目的、範圍、內容之情形下，由主管機關發布屬於抽象之「法規命令」，或是發布具有「行政處分」性質類型的「一般處分」之命令，以為依據，仍然具有其規範拘束力。本條之「命令」性質上應屬「行政處分」類型中之「一般處分」。

貳、內容解析

本條規定內容主要含括授權目的、授權公路或警察機關發布命令及二種得發布命令之事由，茲分析如下。

一、授權目的

為「維護道路交通安全與暢通」之目的而授權發布命令。此乃係符合憲法第23條之「公益原則」、「比例原則」及「法律保留原則」之意旨以法定授權執法機關得施以公權力措施，達成公益或公序之維護。

二、授權發布命令之機關

公路或警察機關於必要時，得就下列事項發布命令。此參考行政程序法相關條文規定[20]，可知所稱發布命令可分為抽象性之「法規命令」或「行政規則」，然因係臨時且個案性質，則此處可能為「行政規則」，或是比較有可能者為「行政處分」或「一般處分」之性質。前者為傳統之行政處分，係針對特定人事物等對象為之，後者則對象雖非特定，但其受拘束之範圍可得確定者屬之。

三、二種得發布命令之事由

（一）指定某線道路或某線道路區段禁止或限制車輛、行人通行，或禁止穿越道路，或禁止停車及臨時停車。本條第1款中之「禁止或限制車輛、行人通行」與道交條例第6條之規定相同，應可合併規定於一條即可。另此有關「禁止穿越道路，或禁止停車及臨時停車」應是指非常態性之暫時措施，

（二）劃定行人徒步區。最高行政法院裁定意旨：「按所謂行政處分，依訴願法第3條第1項及行政程法第92條第1項規定，係指行政機關就公法上具體事件所為之決定或其他公權力措施而對外直接發生法律效果之單方行政行為。行政機關就公法上具體事件所為之決定或其他公權措施而對可確定之多數相對人或物為客體直接發生法律效果之單方行政行為，如交通警察指揮交通及交通號誌（紅綠燈之指揮交通），為對人之一般處分；劃設停車格、行人徒步區之劃定、斑馬線設置，為對物之一般處分，仍屬行政處分。人民對行政處分如有不服，得依

20 行政程序法第92條、第150條、第159條。

訴願法第1條及行政訴訟法第4條規定依序提起訴願及撤銷訴訟尋求救濟[21]。」再者，最高行政法院相關判決亦指出：「按：（一）『下列各款為縣（市）自治事項：……十、關於交通及觀光事項如下：（一）縣（市○○道路之規劃、建設及管理。……』地方制度法第19條第10款第1目定有明文。『為加強道路交通管理，維護交通秩序，確保交通安全，制定本條例。』『為維護道路交通安全與暢通，公路或警察機關於必要時，得就下列事項發布命令：一、指定某線道路或某線道路區段禁止或限制車輛、行人通行，或禁止穿越道路，或禁止停車及臨時停車。二、劃定行○○○區○○道路交通管理處罰條例第1條、第5條定有明文。』[22]」

參、綜論

就本條所稱之「為維護道路交通安全與暢通，公路或警察機關於必要時，得就下列事項發布命令」內容觀之，所稱之命令並未指明係屬於何種性質與類型，其中「發布命令」是否亦指如書面之函示或口頭之指示，亦有探討之必要。筆者認為若是發布法規命令，則本條之授權屬於空白條款，應屬不宜。另若是屬於抽象性質之行政規則，對外將不得作為對民眾權益有干預、限制或剝奪之公權力拘束作為之依據。既然本條所稱之命令，其性質應非上述之法規命令或行政規則，則似屬「一般性質之行政處分[23]」為宜，亦即下令處分。

另一方面，在司法實務上，法院指出：「按標誌、標線、號誌之設置目的，在於提供車輛駕駛人及行人有關道路路況之警告、禁制、指示等資訊，以便利行旅及促進交通安全，道路交通標誌標線號誌設置規則第2條定有明文。又禁制標誌、標線係用以表示用路人得如何使用特定路段或處所之規制措施，用路人使用特定路段或處所時，應遵守標誌所為之遵行、禁止、或限制規定，此種不變換內容之禁制標誌、標線，其法律性質屬一般處分（最高行政法院72年度判字第327號判決意旨可資參照）。另按『行政行為之內容應明確』、『行政行為，應以誠實信用之方法為之，並應保護人民正當合理之信賴』，行政程序法第5條、第8條分別定有明文，此係將憲法學理上之『明確性原則』、『誠實信用原則』及『信賴保護原則』予以法典化。據此，行政行為之內容必須明確，亦即該行政行為之外觀意義須非難以理解，且為一般受規範者所得事先預見，使受規範者得事先斟酌違反效果，行政行為若有內容模稜兩可，甚至誤導情形，即至少構成得撤銷之事由。茲具有禁制作用之標誌、標線、號誌

---

21 最高行政法院97年度裁字第4905號裁定之「理由五」，2008年10月30日。

22 最高行政法院104年度判字第327號判決，2015年6月18日。

23 參考行政程序法第92條之定義。

之設置既屬行政程序法所稱之一般處分，自應恪遵上述明確性、誠實信用及信賴保護等法定原則。此外，審酌交通標誌、標線、號誌之設置目的，在於提供車輛駕駛人及行人有關道路路況之警告、禁制、指示等資訊，以便利行旅及促進交通安全，並爲交通稽查人員執行違規取締任務之法令依據，如標誌、標線、號誌之設置模糊不清或矛盾，將致人民無所適從，若率爾將行政機關不確實之行政作爲，歸責於原告，尚嫌嚴苛，亦與立法目的不合，有違反法明確性及行政行爲明確性[24]。」

第6條（得調撥車道或禁止、限制車輛或行人通行）
道路因車輛或行人臨時通行量顯著增加，或遇突發事故，足使交通陷於停滯或混亂時，警察機關或執行交通勤務之警察，得調撥車道或禁止、限制車輛或行人通行。

壹、導言

一、立法目的

本條立法目的在於調撥車道或禁止、限制車輛或行人通行之法律授權。一般道路之使用有其常態方式，然於非常事件之狀況發生時，基於道路交通安全與秩序及順暢之維持，乃授權執行警察機關或其執行員警得以因事因時因地快速因應調整。旨在針對「道路因車輛或行人臨時通行量顯著增加，或遇突發事故，足使交通陷於停滯或混亂時，得調撥車道或禁止、限制車輛或行人通行」事項與範圍明定「警察機關或執行交通勤務之警察」，得調撥車道或禁止、限制車輛或行人通行。由於警察機關或執行交通勤務之警察乃交通秩序與安全執法之第一線的專業人員，既可在時空上掌握現場的應變機制，乃以本條授權其能有此相關應變權限。

二、立法沿革

道交條例最初於1968年制定時，與本條相似之內容係爲第12條規定：「道路因車輛及行人臨時通行量之顯著增加，足使交通陷於停滯或混亂時，警察機關得禁止、限制車輛或行人通行。」經由歷次的修正版本可知，本條於1975年修正時，調整條次至第6條規定：「道路因車輛或行人臨時通行量之顯著增加或遇有突發事故，足使交通陷於停滯或混亂時，警察機關或執行交通勤務之警察得禁止或限制車輛或行人通

24　臺灣士林地方法院111年度交字第331號判決，2022年12月2日。

行。」此次之修正尚無明定得調撥車道之要件，然至1986年再修法時，則仍在相同條次之第6條加入「得調撥車道」之文句，其規定內容爲：「道路因車輛或行人臨時通行量顯著增加，或遇突發事故，足使交通陷於停滯或混亂時，警察機關或執行交通勤務之警察，得調撥車道或禁止、限制車輛或行人通行。」雖道交條例仍頻繁修正，但本條並未再更動，此即爲現行規定之內容。

三、性質定位

本條之性質上屬於「授權」規定，基於調撥車道或禁止、限制車輛或行人通行之公權力措施屬於限制或剝奪人民行動自由之基本權利甚鉅，必須符合「法律保留原則」，此乃依法行政之民主法治國家之本質。

貳、內容解析

本條之立法目的旨在依法明定調撥車道或禁止、限制車輛或行人通行之因素，並授權由警察機關或執行交通勤務之警察決定上述相關作爲。本條規定之主要內容分析如下。

一、調撥車道

本條規定道路因車輛或行人臨時通行量顯著增加，或遇突發事故，足使交通陷於停滯或混亂時，警察機關或執行交通勤務之警察，得調撥車道。另一方面，依據「道路交通安全規則」第98條第3項規定：「汽車在調撥車道或雙向車道數不同之道路，除依第一項各款規定行駛外，並應依道路交通標誌、標線、號誌之指示行駛。」在實務運作上，針對調撥車道或禁止進入之標線或標誌亦有實務爭議案例，例如，違規被罰之民眾主張調撥車道地點之標誌、標線設計不良，致其誤入而遭員警開單處罰而不服提告，經最高法院判決指出：「1.道路交通標誌、標線、號誌之設置，係主管機關基於整體交通考量所爲之規劃，目的在於維護社會大眾使用道路之秩序，用以確保人車通行之安全，且道路交通管理處罰條例第4條第2項亦明定駕駛人駕駛車輛在道路上，應遵守道路交通標線之指示、警告、禁制規定，揭示用路人應切實遵守交通各項規定之行政法上義務。2.按行政罰法第7條規定，違反行政法上義務之行爲非出於故意或過失者，不予處罰。次按人民違反法律上之義務而應受行政罰之行爲，法律無特別規定時，雖不以出於故意爲必要，仍須以過失爲其責任條件。但應受行政罰之行爲，僅須違反禁止規定或作爲義務，而不以發生損害或危險爲其要件者，推定爲有過失，於行爲人不能舉證證明自己無過失時，即應受處罰，有司法院釋字第275號解釋可資參照[25]。」同判決更指出駕駛人應依道交條例第4條第2項規定[26]，遵守道路交通標誌、標線、號誌之指示、警告、禁制規定。而且，同判決內容亦指明：「經查檢視舉發機關提供之違規照片，系爭地點地面繪有『7-9調撥車道』字樣，亦有懸掛『7-9禁止進入（例假日除外）』之標誌牌面；……，已足敷用路人辨識及遵循。」

二、禁止、限制車輛或行人通行

與上述調撥車道相同因素發生時，除得依本條調撥車道外，亦得以：（一）禁止車輛或行人通行：此爲完全阻斷通行，宜預先通知或現場作好相關告示，以利遵行；（二）限制車輛或行人通行：前述調撥車道爲一限制併同調整車道或行人通行之態樣，而限制通行可能爲部分禁止而部分開放之方式，亦屬常態通行方式之調整，一般均配合事件及時地需求考量其限制條件。對於違反禁止或限制通行之車輛，亦有罰則，例如，道交條例第33條第1項規定：「汽車行駛於高速公路、快速公路，不遵使用限制、禁止、行車管制及管理事項之管制規則而有下列行爲者，處汽車駕駛人新臺幣三千元以上六千元以下罰鍰：……十三、進入或行駛禁止通行之路段。……」再者，若有不遵守此相關規定時，道交條例亦定有強制措施。例如，道交條例第85條之2第1項規定：「車輛所有人或駕駛人依本條例規定應予禁止通行、禁止其行駛、禁止其駕駛者，交通勤務警察或依法令執行交通稽查任務人員應當場執行之，必要時，得逕行移置保管其車輛。」

參、綜論

警察機關或執行交通勤務之警察，得調撥車道或禁止、限制車輛或行人通行之權責，是否亦應知會或協調相關中央或地方交通主管機關，仍有進一步研析之必要，以使交通政策與執行之主辦、協調及落實均能作到既分工且整合之完備效果。然而，本條雖授權警察得基於應變需求立即調撥車道或禁止、限制車輛或行人通行，亦應遵守法律及一般法律原則爲之[27]。

本條規定之「禁止、限制車輛或行人通行」係以「道路」爲考量基礎，而非如道交條例第29條第1項規定：「汽車裝載時，有下列情形之一者，處汽車所有人新臺幣三千元以上一萬八千元以下罰鍰，並責令改正或禁止通行……」或第29條之1第1項

---

25 臺灣臺北地方法院110年度交字第295號判決，2021年8月30日。

26 道交條例第4條第2項：「駕駛人駕駛車輛、大眾捷運系統車輛或行人在道路上，應遵守道路交通標誌、標線、號誌之指示、警告、禁制規定，並服從執行交通勤務之警察或依法令執行指揮交通及交通稽查任務人員之指揮。」

27 行政程序法第4條：「行政行爲應受法律及一般法律原則之拘束。」

規定：「裝載砂石、土方未依規定使用專用車輛或其專用車廂未合於規定或變更車廂者，處汽車所有人新臺幣四萬元以上八萬元以下罰鍰，並當場禁止通行。」又如第30條之1第1項規定：「汽車行駛道路，車輛機件、設備、附著物不穩妥或脫落者，處汽車駕駛人新臺幣一千元以上六千元以下罰鍰，並責令改正或禁止通行。」此三者所稱之「禁止通行」應爲「禁止行駛」，係以禁止「車輛」行駛爲考量基礎，應予辨明，未來修法時，應可區辨其不同而異其規定及適用。

第7條（稽查及違規紀錄之執行）

道路交通管理之稽查，違規紀錄，由交通勤務警察，或依法令執行交通稽查任務人員執行之。

前項稽查，得由交通助理人員協助執行，其稽查項目為違規停車者，並得由交通助理人員逕行執行之；其設置、訓練及執行之辦法，由內政部會同交通部定之。

壹、導言

一、立法目的

本條初始於1968年制定時，係規定於第10條，僅有1項，其內容爲：「駕駛人駕駛車輛或行人在道路上應遵守道路交通標線、標誌、號誌之指示，並服從執行交通勤務之警察或依法令執行交通稽查任務人員之指揮。」旨在明確規定駕駛人與行人應遵循之交通標線、標誌、號誌之指示及警察或依法令執行交通稽查任務人員之指揮。再者，1996年12月31日修正本條而增加第2項之設置交通助理人員之立法目的在於：「鑑於目前道路交通違規情形極爲嚴重，增列交通助理人員之設置，以協助執行道路交通管理之稽查及辦理違規紀錄與交通秩序之維護。」

二、立法沿革

本條最初於1968年制定時，與本條相似之內容係爲第10條規定：「駕駛人駕駛車輛或行人在道路上應遵守道路交通標線、標誌、號誌之指示，並服從執行交通勤務之警察或依法令執行交通稽查任務人員之指揮。」經歷次修正，例如，1981年7月17日修正，而於1982年1月1日施行本條之規定爲：「道路交通管理之稽查，由交通勤務警察或依法令執行交通稽查任務之人員執行之。」經由1986年5月21日修正公布，而於1987年7月1日施行之本條內容已經修正成猶如現行條文之內容：「道路交通管理之稽查，違規紀錄，由交通勤務警察，或依法令執行交通稽查任務人員執行之（第

1項）。前項稽查，並得由交通助理人員協助執行；其設置辦法，由內政部會同交通部定之（第2項）。」

三、性質定位

本條故分兩項，在性質上屬於教示作用，使駕駛人與行人應遵守交通規範與警察或依法令執行交通稽查任務人員之指揮。並明定第2項之設置交通助理人員之立法目的，以協助執行道路交通管理之稽查及辦理違規紀錄與交通秩序之維護。在規範性質定位上以明確性之教示相關應遵守之交通規範與執法人員之指揮，並授權設置有關交通助理人員以協助相關交通管理之稽查及辦理違規紀錄與交通秩序之維護工作。

貳、內容解析

依道交條例第7條關於道路交通違規之稽查及違規紀錄之執行主體，原則上係由交通勤務警察或依法令執行交通稽查任務人員執行，例外始由交通助理人員協助執行，而僅明定其稽查項目爲違規停車者，並得由交通助理人員逕行執行。再者，依道交條例第8條第1項之規定，關於交通違規之處罰，係採雙主管機關，亦即違反道交條例第12條至第68條之汽車違規處罰歸公路主管機關，而違反第69條至第84條關於慢車、行人或道路障礙之違規處罰，則由警察機關主責。然對於前述之違法構成要件之稽查，則基於道路交通違規稽查係屬於干預性職權措施，常有影響相對人之自由與權利之情形，故應有法律保留之必要，道交條例遂於第7條、第7條之1、之2、之3分別明定當場或非當場攔截製單之舉發方式授權規範，以資適用。又按「違反道路交通管理事件統一裁罰基準及處理細則」（以下簡稱處理細則）第10條規定可知，交通勤務警察或依法令執行交通稽查任務人員，對於違反道路交通管理事件之稽查，於查獲違反道路交通管理事件之舉發方式有五種：「一、當場舉發：違反本條例行爲經攔停之舉發。二、逕行舉發：依本條例第七條之二規定之舉發。三、職權舉發：依第六條第二項規定之舉發。四、肇事舉發：發生道路交通事故，肇事原因或肇事責任不明，經分析研判或鑑定後，確認有違反本條例行爲之舉發。五、民眾檢舉舉發：就民眾依本條例第七條之一規定檢舉違反本條例之行爲，經查證屬實之舉發。」

本條內容主要區分兩項規定，第1項明定交通勤務警察或依法令執行交通稽查任務人員之執行任務；第2項規定交通助理人員之任務。茲分述如下：

一、**道路交通管理之稽查及違規紀錄之任務**：依本條第1項規定：「道路交通管理之稽查，違規紀錄，由交通勤務警察，或依法令執行交通稽查任務人員執行之。」

按「稽查」乃勤務與職權之性質，而「違規紀錄」則爲取締之文件資料或違規證據，應屬兩事項，並規定得由交通勤務警察或依法令執行交通稽查任務人員執行之。依本項規定二者均有法律授權與執行義務。至於如何將此任務依專業分配或是任由各方依法辦理，則屬組織內部任務分配問題，可另訂「行政規則」分配即可。

二、**交通助理人員之任務**：按本條第2項規定：「前項稽查，得由交通助理人員協助執行，其稽查項目爲違規停車者，並得由交通助理人員逕行執行之；其設置、訓練及執行之辦法，由內政部會同交通部定之。」由本項內容可知，交通助理人員依法得「逕行執行」與「協助執行」加以區分之。亦即前一項之稽查事項，僅有「違規停車」得由交通助理人員逕行執行之，其他稽查事項則僅得由交通助理人員協助執行，應予辨明。

因此，依據本條規定，交通稽查及違規紀錄之執行任務依法應由交通勤務警察或依法令執行交通稽查任務人員爲之。而本條第2項則另有相關協助交通執法任務之執行人員，稱之爲「交通助理人員」，除此之外，其稽查項目爲違規停車者，並得由交通助理人員逕行執行之；其設置、訓練及執行之辦法，由內政部會同交通部訂定「交通助理人員管理辦法」，該辦法第3條規定：「交通助理人員由內政部警政署國道公路警察局、直轄市、縣（市）政府警察局、交通局或相關機關，依據交通狀況及執行交通稽查實際需要僱用之。」

「交通助理人員管理辦法」屬於道交條例第7條第2項授權訂定之「法規命令」性質，於民國77年5月12日內政部（77）台內警字第596007號令、交通部（77）交路字第10991號令會銜訂定發布，分別經2004年、2006年及2012年等三次修正。本辦法現行條文計12條，主要內容如下：

一、**僱用機關**：交通助理人員由內政部警政署國道公路警察局、直轄市、縣（市）政府警察局、交通局或相關機關，依據交通狀況及執行交通稽查實際需要僱用之（第3條）。

二、**交通助理人員之工作**：交通助理人員除得逕行執行違規停車稽查外，並得協助執行道路交通管理之稽查，其工作項目如下：（一）疏導道路交通；（二）維持停車秩序；（三）整理車站交通秩序；（四）提供交通服務；（五）排除道路障礙；（六）執行其他道路交通稽查（第4條）。

三、**交通助理人員之僱用條件**：（一）公立或立案之私立高級中學或同等學校以上畢業；（二）身體健康，具辨色力，能辨別紅、黃、綠色，經公立醫院檢查合格（第5條）。

四、**交通助理人員之訓練種類及期間**：（一）專業訓練：對新進人員實施，以一週爲原則，並經測驗或考核及格；（二）職前訓練：執勤前實施，以二天爲原則；（三）在職訓練：每半年舉辦一次，以一天爲原則。專業訓練，由僱用機關或由其委託警察機關辦理；職前訓練及在職訓練，由服務單位辦理（第6條）。

五、交通助理人員之訓練課程：（一）專業訓練：一般課程、法令課程、交通專業課程、執勤技能等；（二）職前訓練：法令課程、交通專業課程及見習；（三）在職訓練：一般課程、法令課程、交通專業課程、執勤技能等（第7條）。

六、交通助理人員之服勤時間及方式：（一）服勤時間：每人每日服勤八小時爲原則，每週輪休二日，勤務時間依實際需要分配。國定假日服勤者，得予補休；（二）服勤方式：每日由服務單位依第4條規定之工作項目編排勤務分配表，輪流實施（第8條）。

七、交通助理人員應著定式服裝：其式樣由內政部警政署定之（第9條）。

八、交通助理人員之僱用應訂立之契約內容：（一）僱用期間；（二）擔任工作內容及工作標準；（三）僱用期間報酬及給酬方式；（四）受僱人違背義務時，應負之責任及解僱原因；（五）其他必要事項（第10條）。

九、交通助理人員之僱用名額及所需經費：依規定程序辦理（第11條）。

參、綜論

本條規定「交通助理人員」之身分及資格條件、其所實施之公權力性質及對此公權力措施之救濟途徑各爲何，均有進一步明確地以法規命令或解釋性之行政規則詳細規範說明之必要，以使在實務適用上能有更明確性之遵循功效。

再者，本條第1項規定：「道路交通管理之稽查，違規紀錄，由交通勤務警察，或依法令執行交通稽查任務人員執行之。」查其內容有二項疑義可資探討：一、兩處逗點產生適用上疑義：（一）「道路交通管理之稽查，違規紀錄」之「逗點」而非「頓點」，亦非「與」或「及」，產生稽查與違規紀錄之關係究係「稽查」與「違規紀錄」兩件事或「稽查違規紀錄」一件事；（二）「由交通勤務警察，或依法令執行交通稽查任務人員執行之。」此句在「或」之前的「逗號」應屬多餘，因二者擇任一，以「或」表示已足矣。

另一方面，在交通執法實務上，曾有違規民眾以舉發單位之員警，係處理治安糾紛，並非道交條例第7條第1項之「交通勤務警察」，自無權以製單舉發爲由，提出訴訟。此案高雄高等行政法院判決略以：「按『駕駛人駕駛車輛、大眾捷運系統車輛或行人在道路上，應遵守道路交通標誌、標線、號誌之指示、警告、禁制規定，並服從執行交通勤務之警察或依法令執行指揮交通及交通稽查任務人員之指揮。』『道路交通管理之稽查，違規紀錄，由交通勤務警察，或依法令執行交通稽查任務人員執行之。』『道路交通管理之稽查，違規紀錄，由交通勤務警察，或依法令執行交通稽查任務人員執行之（第1項）。公路主管及警察機關就其主管業務，查獲違反道路交通管理之行爲者，應本於職權舉發或處理之（第2項）。』分別爲道路交通管理處罰條例第4條第2項、第7條第1項及處理細則第6條所明定。由上開法規足知，警察職司社會治安重任，其職權之行使方式有劃設警勤區調查、巡邏、臨檢、守望、值班、備勤等方式。而其中以巡邏、臨檢，攸關社會治安最甚，是警察巡邏、臨檢時，自得執行檢查、取締之任務，以及一般警察勤務及有關法令所賦予之勤務。至於道路交通管理之稽查、違規紀錄，原則上係由交通勤務警察或依法令執行交通稽查任務人員執行之，但公路主管機關及警察機關就其主管業務查獲違反道路交通管理之行爲者，應本於職權舉發或處理之，前揭處理細則第6條亦定有明文。是警察巡邏、臨檢勤務中發現交通違規事件，應本於職權舉發或處理，否則，若巡邏警察遇有交通事故之際，以其『非交通勤務警察』『非在執行交通違規事件勤務』爲由搪塞，即與警察之使命、職守有違，是執行巡邏之員警，具有舉發交通違規之權限至明。上訴意旨主張本件舉發單位之員警並非道路交通管理處罰條例第7條第1項所謂之『交通勤務警察』，自無權製單舉發，並指摘本院109年度交上字第61號判決見解有誤云云，無非係上訴人一己之法律上歧異見解，要難謂原判決有違背法令之情形，洵無可採[28]。」

第 7 條之 1（民眾舉發之相關規定）

民眾對於下列違反本條例之行為者，得敘明違規事實並檢具違規證據資料，向公路主管或警察機關檢舉：

一、第三十條第一項第二款或第七款。

二、第三十條之一第一項。

三、第三十一條第六項或第三十一條之一第一項。

四、第三十三條第一項第二款、第三款、第四款、第六款、第七款、第九款、第十一款至第十五款、第四項或第九十二條第七項。

五、第四十二條。

六、第四十三條第一項第一款、第三款、第四款或第三項。

七、第四十四條第一項第二款、第二項或第三項。

八、第四十五條第一項第一款、第三款、第四款、第六款、第十款、第十一款、第十三款、第十六款或第二項。

九、第四十七條第一項。

十、第四十八條第一款、第二款、第四款、第五款或第七款。

十一、第四十九條。

---

[28] 高雄高等行政法院110年度交上字第30號判決，2022年2月23日。

十二、第五十三條或第五十三條之一。
十三、第五十四條。
十四、第五十五條第一項第一款於人行道及行人穿越道臨時停車。但機車及騎樓不在此限。
十五、第五十五條第一項第四款之不依順行方向臨時停車。
十六、第五十六條第一項第一款於人行道及行人穿越道停車。但機車及騎樓不在此限。
十七、第五十六條第一項第十款及第二項。
十八、第六十條第二項第三款。

公路主管機關或警察機關對於第一項之檢舉，經查證屬實者，應即舉發。但行為終了日起逾七日之檢舉，不予舉發。

民眾依第一項規定檢舉同一輛汽車二以上違反本條例同一規定之行為，其違規時間相隔未逾六分鐘及行駛未經過一個路口以上，公路主管或警察機關以舉發一次為限。

公路主管或警察機關對第一項檢舉之逕行舉發，依第七條之二第五項規定辦理。

壹、導言

一、立法目的

本條旨在規定民眾舉發違規案件之舉發原則與類型範圍。首先，明定得由民眾檢舉案件之種類範圍；繼而強調主管機關對七日內之違反道交條例之行爲依檢舉應查證屬實始予舉發，明定時效以符合「法安定性」原則；再就「連續違規」行爲之舉發原則予以明確化；最後指明以汽車所有人或其指定之主要駕駛人爲被通知人製單舉發。本條在交通執法實務上，明定適用原則與範圍，極爲重要，

二、立法沿革

本條最初於1996年12月31日三讀通過後，於隔年1997年1月22日總統華總（一）義字第8600016250號令修正公布增訂；施行日期，由行政院以命令定之；1997年2月24日行政院台交字第08152號令發布自1997年3月1日起施行。最初制定時，與本條相似之內容係爲第7條之1規定：「對於違反本條例之行爲者，民眾得敘明違規事實或檢具違規證據資料，向公路主管或警察機關檢舉，經查證屬實者，應即舉發。」

2014年6月18日總統華總一義字第10300093391號令修正公布第7條之1條文；施行日期，由行政院以命令定之，並於2014年8月11日行政院院臺交字第1030045434號

令發布定自2014年8月15日施行。此次修正內容爲：「對於違反本條例之行爲者，民眾得敘明違規事實或檢具違規證據資料，向公路主管或警察機關檢舉，經查證屬實者，應即舉發。但行爲終了日起逾七日之檢舉，不予舉發。」

本條於2021年12月22日總統華總一義字第11000114011號令再修正公布；施行日期，由行政院以命令定之。行政院隨即於2022年3月30日行政院院臺交字第1110083850號令發布定自2022年4月30日施行。此次修正內容爲：「民眾對於下列違反本條例之行爲者，得敘明違規事實並檢具違規證據資料，向公路主管或警察機關檢舉：一、第三十條第一項第二款。二、第三十一條第六項或第三十一條之一第一項至第三項。三、第三十三條第一項第二款、第三款、第四款、第七款、第九款、第十一款至第十六款、第四項或第九十二條第七項。四、第四十二條。五、第四十三條第一項第一款、第三款、第四款或第三項。六、第四十四條第二項或第三項。七、第四十五條第一項第一款、第三款、第四款、第六款、第十三款、第十六款或第二項。八、第四十七條。九、第四十八條第一項第二款、第四款、第五款或第七款。十、第四十九條。十一、第五十三條或第五十三條之一。十二、第五十四條。十三、第五十五條第一項第二款或第四款併排臨時停車。十四、在第五十五條第一項第二款規定禁止臨時停車之處所停車。十五、第五十六條第一項第十款及第二項。十六、第六十條第二項第三款（第1項）。公路主管機關或警察機關對於第一項之檢舉，經查證屬實者，應即舉發。但行爲終了日起逾七日之檢舉，不予舉發（第2項）。民眾依第一項規定檢舉同一輛汽車二以上違反本條例同一規定之行爲，其違規時間相隔未逾六分鐘及行駛未經過一個路口以上，公路主管或警察機關以舉發一次爲限（第3項）。公路主管或警察機關對第一項檢舉之逕行舉發，依本條例第七條之二第五項規定辦理（第4項）。」

最近一次的修正係於2024年5月29日總統華總一義字第11300045271號令修正公布；施行日期，由行政院以命令定之。行政院隨即於2024年6月26日行政院院臺交字第1131016545號令發布定自2024年6月30日施行。

三、性質定位

本條針對民眾檢舉之交通違規案件明確規定其舉發之適用原則，屬於程序性質之總則規定，主要提供給道交條例各條文中得由民眾檢舉案件之適用，以避免造成分歧或無所適從之情形。

貳、內容解析

本條規定共區分四項，茲分別解析其內容如下：

一、**第1項明定得由民眾檢舉案件之種類範圍**：依本條第1項規定：「民眾對於下列違反本條例之行爲者，得敘明違規事實並檢具違規證據資料，向公路主管或警察機關檢舉……。」本項規定共18款[29]違反道交條例之行爲，得由民眾敘明違規事實並檢具違規證據資料，向公路主管或警察機關檢舉。基於「明示其一，排除其他」之法諺原則，則除本條經由交通專業人員規劃並通過以法律明定之類型外，其他則不得由民眾依本項規定加以檢舉。再者，本項除明定得由民眾舉發之類型外，此舉發之時效仍應受第2項規定，在「違規行爲」終了日起逾七日之檢舉不予舉發之拘束，以及遵守本條第3項規定連續違規行爲之舉發原則。至於公路主管或警察機關對第1項檢舉之逕行舉發，歸責對象則依據本條第4項依道交條例第7條之2第5項規定辦理外，亦有道交條例第85條之適用。

二、**主管機關對七日內之違反道交條例之行爲依檢舉應查證屬實始予舉發**：第2項規定：「公路主管機關或警察機關對於第一項之檢舉，經查證屬實者，應即舉發。但行爲終了日起逾七日之檢舉，不予舉發。」

三、**明定連續違規行爲之舉發原則**：第3項規定：「民眾依第一項規定檢舉同一輛汽車二以上違反本條例同一規定之行爲，其違規時間相隔未逾六分鐘及行駛未經過一個路口以上，公路主管或警察機關以舉發一次爲限。」

四、**以汽車所有人或其指定之主要駕駛人爲被通知人製單舉發**：第4項規定：「公路主管或警察機關對第一項檢舉之逕行舉發，依本條例第七條之二第五項規定辦理。」經查本項所稱之「本條例第七條之二第五項規定」，其內容爲：「第一項、第四項逕行舉發，公路主管或警察機關應記明車輛牌照號碼、車型等可資辨明之資料，以汽車所有人或其指定之主要駕駛人爲被通知人製單舉發。但租賃期一年以上之租賃業汽車，經租賃業者申請，得以租用人爲被通知人製單舉發。」由於「舉證責任」不易，故本條項配合依道交條例第7條之2第5項規定辦理，而該第5項但書針對租賃車另訂「租賃期一年以上之租賃業汽車，經租賃業者申請，得以租用人爲被通知人製單舉發」。

參、綜論

有關道路交通違規處罰之舉證責任與歸責仍應遵守道交條例第85條之處罰應歸責者之原則。其主要內容爲：「本條例之處罰，受舉發違反道路交通管理事件之受處

---

[29] 2021年12月22日總統華總一義字第11000114011號令修正公布第7條之1，其第1項共計16款情形，明定交通違規可檢舉樣態正面表列凡46項。本條項再於2023年5月3日總統華總一義字第11200036351號令修正公布，共有18款違反道交條例之行爲者，民眾得敘明違規事實並檢具違規證據資料向公路主管或警察機關檢舉。

罰人，認為受舉發之違規行為應歸責他人者，應於舉發違反道路交通管理事件通知單應到案日期前，檢附相關證據及應歸責人相關證明文件，向處罰機關告知應歸責人，處罰機關應即另行通知應歸責人到案依法處理。逾期未依規定辦理者，仍依本條例各該違反條款規定處罰（第1項）。本條例之處罰，其為吊扣或吊銷車輛牌照者，不因處分後該車輛所有權移轉、質押、租賃他人或租賃關係終止而免於執行（第2項）。依本條例規定逕行舉發或同時併處罰其他人之案件，推定受逕行舉發人或該其他人有過失（第3項）。」特別是本條第3項之「推定過失」雖符合司法院釋字第275號解釋意旨，但在「行政罰法」公布施行後，有關舉證責任是否仍得以適用「推定過失」之原則，在行政法之適用原則上，仍不無爭議存在。

另一方面，司法實務上，有關最高行政法院判決[30]主張分別略述如下：

一、行為時道交條例第7條之1規定：「對於違反本條例之行為者，民眾得敘明違規事實或檢具違規證據資料，向公路主管或警察機關檢舉，經查證屬實者，應即舉發。但行為終了日起逾七日之檢舉，不予舉發。」第7條之2第1項第7款、第2項但書第6款規定：「汽車駕駛人之行為有下列情形之一，當場不能或不宜攔截製單舉發者，得逕行舉發：……七、經以科學儀器取得證據資料證明其行為違規（第1項）。前項第七款之科學儀器應採固定式，並定期於網站公布其設置地點。但汽車駕駛人之行為屬下列情形之一者，不在此限：……六、未依規定變換車道。……（第2項）」第33條第1項第4款規定：「汽車行駛於高速公路、快速公路或設站管制之道路，不遵使用限制、禁止、行車管制及管理事項之管制規則而有下列行為者，處汽車駕駛人新臺幣三千元以上六千元以下罰鍰：……四、未依規定變換車道。……」第63條第1項第1款規定：「汽車駕駛人有下列各款所列條款之一者，除依原條款處罰鍰外，並予記點：一、有第三十三條第一項、第二項、第三十八條第一項、第四十條、第四十五條、第四十七條第一款至第三款、第四十八條、第四十九條或第六十條第二項第一款、第二款情形之一者，各記違規點數一點。……」又交通部會同內政部依道交條例第92條第4項規定授權訂定之裁罰基準及處理細則第1條規定：「本細則依道路交通管理處罰條例（以下簡稱本條例）第九十二條第四項規定訂定之。」第10條第2項規定：「前項稽查，查獲違反道路交通管理事件之舉發方式如下：……二、逕行舉發：依本條例第七條之二規定之舉發。……五、民眾檢舉舉發：就民眾依本條例第七條之一規定檢舉違反本條例之行為，經查證屬實之舉發。」第20條規定：「違反本條例之行為，自行為終了日起未逾七日者，民眾得以言詞或其他方式，向公路主管或警察機關敘明下列事項，檢舉違反道路交通管理事件：一、檢舉人姓名、國民身分

30 最高行政法院110年度交上統字第5號判決，2022年12月29日。

證統一編號、住址及電話號碼或其他聯絡方法。二、違規行爲發生地點、日期、時間及違規事實內容。三、違規車輛牌照號碼、車型或足以辨識車輛之特徵。但檢舉對象爲未懸掛號牌之車輛、行人或道路障礙者，得提供違規人姓名或商號名稱、住址等（第1項）。前項檢舉，如有違規證據資料，並請檢具（第2項）。」第22條第1項、第2項規定：「公路主管或警察機關處理民眾檢舉違反道路交通管理事件，應派員查證，經查證屬實者，應予舉發，並將處理情形回復檢舉人（第1項）。前項檢舉違規證據係以科學儀器取得，足資認定違規事實者，得逕行舉發之（第2項）。」第23條規定：「民眾依第二十條檢舉違反道路交通管理事件，有下列情形之一者，公路主管或警察機關不予舉發：一、自違規行爲成立之日起或違規行爲有連續或繼續之狀態，自行爲終了之日起，已逾七日之檢舉。二、同一違規行爲再重複檢舉。三、匿名檢舉或不能確認檢舉人身分。四、檢舉資料欠缺具體明確，致無法查證。」經核上開裁罰基準及處理細則相關規定，係爲執行違反道路交通管理事件程序之具體細節規定，並未逾越母法之授權，與法律保留原則亦無違背，自得予以援用。

二、本件原判決認定上訴人所有系爭車輛於上開時間、地點，原行駛於高速公路交流道路肩，於變換車道進入減速車道時，有未使用左側方向燈之情事，且檢舉民眾已具眞實姓名身分資料，並在上開違規行爲終了之七日內之2019年3月5日提出檢舉，未逾規定之檢舉期限等事實，已經原審勘驗民眾檢舉提出之行車紀錄器攝錄影像光碟，並勾稽舉發機關檢附之檢舉違規案件資料爲據，核與卷內原審言詞辯論筆錄、舉發違反道路交通管理事件通知單、勘驗影像截圖相片等書件資料相符，自得據爲本件應如何適用法律之事實基礎。

三、本件上訴人之上開違規行爲係經民眾檢具以科學儀器取得之違規證據予以檢舉，是否必須符合行爲時道交條例第7條之2第1項及第2項規定之要件，舉發機關始得逕以汽車所有人爲被檢舉人填製舉發違反道路交通管理事件通知單予以舉發？經受理上訴事件之臺北高等行政法院發現目前各高等行政法院判決所持法律見解有歧異情形，乃匯整主張肯定說（必須符合上開規定之逕行舉發要件，舉發機關始得逕以「汽車所有人」爲舉發對象）與否定說（主管機關於民眾檢舉之違規事實，並不須符合上開規定之逕行舉發要件，即得以汽車所有人爲舉發對象）之各該判決字號爲憑。是以，原裁定爲確保裁判見解之統一，將上開上訴事件移送本院裁判，於法核無不合。本院允予受理統一法律見解，並基於原審所確定之上開事實自爲判決。

四、查行爲時道交條例第7條之1係於1997年1月22日始增訂，原僅規定現行條文之本文內容，並無但書，經施行後，迄2014年6月18日修正時再增訂但書規定。其增訂本文時之立法理由載謂：「……由於警力有限及民眾取巧違規成性，爲交通秩序混亂原因之一，民眾如能利用適當管道檢舉交通違規，除可彌補警力之不足外，亦將產生極大之嚇阻效果。」等語，而增訂但書之修正理由則載謂：「為避免檢舉人刻意鑽營法律文字，造成法條之目的逸失，甚至衍生社會、鄰里之不安與不和諧，同時保障法條原立法精神目的在維護交通、保障安全，故針對舉發部分，擬定期限之規定，可強化社會秩序之安定性。」等語。可見道交條例增訂第7條之1本文時之規範目的，在創設民眾檢舉交通違規機制，以彌補警力之不足，俾能維護交通秩序，保障用路人安全。惟因施行數年後，發現民眾檢舉失之浮濫，致原來之立法目的逸失，衍生社會、鄰里之不安與不和諧，乃增訂但書明定檢舉期限予以節制。觀諸上開規定意旨暨歷次立法沿革及其理由，尚難認有課予民眾檢舉交通違規事件必須符合同條例第7條之2規定之逕行舉發要件之旨趣。

五、揆諸道交條例第7條之1規定之民眾檢舉係指民眾對於他人交通違規行為，自行蒐集證據資料向主管機關舉報而言；而同條例第7條之2規定之逕行舉發則為主管機關執法人員行使公權力調查取得違規事證予以取締之行為，顯見二者性質有別。而同條例第7條之2關於舉發要件、違規項目、執勤人員、勤務項目與執勤地點等事項之規定，乃針對交通勤務警察或依法令執行交通稽查任務人員執行交通違規稽查為規範。民眾提出檢舉既未執行公權力，檢舉人亦非屬於主管機關內部之協助執法人員，自不以符合道交條例第7條之2規定之逕行舉發要件為必要。具體而言，道交條例第7條之2第1項關於「汽車駕駛人之行為有下列情形之一，當場不能或不宜攔截製單舉發者，得逕行舉發……」及第2項關於「前項第七款之科學儀器應採固定式，並定期於網站公布其設置地點」等規定之義務，本質上係為執行公權力之人員而設，民眾於客觀上並無履行可能性，顯非屬其規範之對象至明。

六、又裁罰基準及處理細則第22條第1項及第2項亦賦予公路主管或警察機關處理民眾以科學儀器取得違規證據之檢舉違反道路交通管理事件，足資認定違規事實者，得逕行舉發之權限。且汽車由所有人管領、使用及支配為常態，如汽車發生交通違規情事被檢舉，受理檢舉機關經查證無從得知實際違規行為人時，自得逕以汽車所有人為舉發對象，若有應歸責於他人者，汽車所有人必須於舉發違反道路交通管理事件通知單所載應到案日期前，檢附相關證據及應歸責人相關證明文件，向處罰機關告知應歸責人，再由處罰機關另行通知應歸責人到案依法處理，此稽之道交條例第85條第1項規定可明。是以，公路主管或警察機關受理民眾檢舉之交通違規事件，只須查證屬實且無不予舉發或免予舉發之事由時，如無從查知實際違規行為人，自得逕對汽車所有人予以舉發，並不以民眾檢舉符合道交條例第7條之2規定之要件為必要。

第 7 條之 2（逕行舉發與例外）

汽車駕駛人之行為有下列情形之一，當場不能或不宜攔截製單舉發者，得逕行舉發：

一、闖紅燈或平交道。

二、搶越行人穿越道。

三、在道路收費停車處所停車，不依規定繳費。

四、不服指揮稽查而逃逸，或聞消防車、救護車、警備車、工程救險車、毒性化學物質災害事故應變車之警號不立即避讓。

五、違規停車或搶越行人穿越道，經各級學校交通服務隊現場導護人員簽證檢舉。

六、行經收費之道路，不依規定繳費。

七、經以科學儀器取得證據資料證明其行為違規。

前項第七款之科學儀器屬應經定期檢定合格之法定度量衡器，其取得違規證據資料之地點或路段，應定期於網站公布。但汽車駕駛人之行為屬下列情形之一者，不在此限：

一、有第四十三條第一項第一款、第三款、第四款及第三項之行為。

二、有第三十三條第一項至第三項及第九十二條第二項之行為。

三、違規超車。

四、違規停車而駕駛人不在場。

五、未依規定行駛車道。

六、未依規定轉彎及變換車道。

七、未保持安全距離。

八、跨越禁止變換車道線或槽化線。

九、行車速度超過規定之最高速限或低於規定之最低速限。

十、有第三十一條第一項、第二項、第六項、第三十一條之一第一項、第二項及第九十二條第七項第六款之行為。

對於前項第九款之取締執法路段，在一般道路應於一百公尺至三百公尺前，在高速公路、快速公路應於三百公尺至一千公尺前，設置測速取締標誌。

載重貨車行駛於設有地磅站之道路，不依規定過磅或裝載貨物超過核定之總重量、總聯結車重量，得採用科學儀器取得證據資料逕行舉發。

第一項、第四項逕行舉發，公路主管或警察機關應記明車輛牌照號碼、車型等可資辨明之資料，以汽車所有人或其指定之主要駕駛人為被通知人製單舉發。但租賃期一年以上之租賃業汽車，經租賃業者申請，得以租用人為被通知人製單舉發。

壹、導言

一、立法目的

本條規範目的旨在以法律明確授權執法取締人員對汽車駕駛人之行爲，當場不能或不宜攔截製單舉發者，得逕行舉發之相關情形，使遵守法律保留原則及行政行爲明確性原則，並達到公權力之職權行使與人權保障之衡平。

二、立法沿革

本條於2002年7月3日總統華總一義字第09100133710號令修正公布增訂；施行日期，由行政院以命令定之，故2002年8月14日行政院院臺交字第0910040676號令發布定自2002年9月1日施行。最初增訂時之條文內容爲：「汽車駕駛人之行爲有左列情形之一，當場不能或不宜攔截製單舉發者，得對汽車所有人逕行舉發處罰：一、闖紅燈或平交道。二、搶越行人穿越道。三、違規停車而駕駛人不在場。四、不服指揮稽查而逃逸，或聞消防車、救護車、警備車、工程救險車之警號不立即避讓。五、違規停車或搶越行人穿越道，經各級學校交通服務隊現場導護人員簽證檢舉。六、其他違規行爲經以科學儀器取得證據資料者（第1項）。前項逕行舉發，應記明車輛牌照號碼、車型等可資辨明之資料，查明汽車所有人姓名或名稱、住址後，製單舉發處罰之（第2項）。第一項第六款以科學儀器取得證據資料，得委託民間辦理（第3項）。」繼而經由五次修正本條規定，從最先之三項規定，增加至五項規定，最近一次修正係在2021年12月，而成爲現行條文之內涵。

三、性質定位

本條規定係屬於行政作用法內涵之「職權程序」之法規範，以利執法人員與民眾知所遵循，亦可避免執法取締之紛爭，具有法規範與行政行爲明確性之效果。現行第7條之2規定之逕行舉發之性質應屬於「職權程序」之法律授權。其係行政調查方法之一，授權給予道路交通執法人員執行本條規定之逕行調查蒐集違規之證據資料，不以當場攔截製單舉發方式，而是利用科技監視攝錄影工具、他人之檢舉或執法人員之目視來判斷與裁量執法後，所爲之「逕行舉發」，一般係由執法者以當場攔截稽查以外之舉發方式來取證、經調查後移送裁決單位裁處。依據「處理細則」第11條第1項規定，應填製舉發違反道路交通管理事件通知單（俗稱「紅單」），並依本項第1款之規定程序辦理，論者指出當場攔截製單舉發程序主要可區分爲「稽查」、「舉發與移送」及「受理與處罰」等三個階段[31]。然若是屬於非當場攔截製單舉發之「逕行舉

31 陳正根，論警察法上舉發之行爲——以交通舉發爲中心，月旦法學雜誌，第204期，2012年5月，第110頁。

發」程序，則僅有「舉發與移送」及「受理與處罰」二個階段，而無「當場稽查」之程序，應予辨明。更有進者，警察當場攔截稽查舉發應屬「即時性警察行政處分」，逕行舉發行為應屬「事實行為」，而舉發通知單究屬「暫時性處分」或「確認違規事實之處分」，亦有認為「舉發交通違規通知單」未對民眾直接產生法律效果，並非行政處分[32]。因此，舉發通知單之性質，在學說上仍有爭議，尚有待持續研議確定。

貳、內容解析

本條共分五項，旨在明定得「逕行舉發」之情形（第1項）、公布科學儀器逕行舉發之地點或路段與其例外（第2項）、設置測速取締標誌（第3項）、不依規定過磅之逕行舉發（第4項）、逕行舉發歸責對象之明定（第5項）。茲就本條規定內涵逐項分析如下：

一、明定得「逕行舉發」之情形

本條第1項規定：「汽車駕駛人之行為有下列情形之一，當場不能或不宜攔截製單舉發者，得逕行舉發：一、闖紅燈或平交道。二、搶越行人穿越道。三、在道路收費停車處所停車，不依規定繳費。四、不服指揮稽查而逃逸，或聞消防車、救護車、警備車、工程救險車、毒性化學物質災害事故應變車之警號不立即避讓。五、違規停車或搶越行人穿越道，經各級學校交通服務隊現場導護人員簽證檢舉。六、行經收費之道路，不依規定繳費。七、經以科學儀器取得證據資料證明其行為違規。」由本項內容可知，並非所有道路交通違反道交條例之行為均得「逕行舉發」，除了受本項所規定之七款情形之範圍拘束外，此些違反情形須受「當場不能或不宜攔截製單舉發者，得逕行舉發」之原則拘束，應予辨明。

按本條第1項明確規定「當場不能或不宜攔截製單舉發者，得逕行舉發」之七種情形，係具體列舉，且並無任何概括規定，並不屬例示規定。然而，本條規定是否具有使執法人員因時、因地制宜之執法判斷與裁量，或以法規明定此些七種類型始得以逕行舉發，值得研析。按本條之列舉規定，論者指出：「逕行舉發之主要考量因素，應不因法定交通違規類型而缺乏彈性，而應賦予執法人員視交通情狀之裁量空間[33]。」

因此，本條應有適用於所有違規類型之可能性。惟現行「逕行舉發」之情形僅依

---

32 陳正根，闖紅燈違規之舉發與責任原則——兼評臺北地方法院102年度交字第45號行政訴訟判決，國立中正大學法學集刊，第45期，2014年10月，第149頁。

33 陳正根，論警察法上舉發之行為——以交通舉發為中心，月旦法學雜誌，第204期，2012年5月，第110頁。

據道交條例第7條之2中之規定所列舉之情形類型化，「逕行舉發」之條文規定置於「總則」之用意，乃因為整部法律均有可能會適用到「逕行舉發」之情形。

另一方面，本項有關不能或不宜當場舉發之判斷問題，亦有探討必要。按道交條例第7條之2規定之關鍵在於「不能或不宜當場舉發之判斷問題」，尤其是如何定義其「不能」或「不宜」當場舉發之情形，係由個案現場之客觀情形判斷，抑或由執法人員主觀決定之？其判斷基準為何？均值得關注。茲分別就其區分問題與判斷基準，分析如下：（一）不能或不宜之判斷屬法律問題：因條文是否得逕行舉發道路交通違規之前提或原則，係植基於「不能或不宜當場舉發」之情形，始得為之，而此判斷是否屬於「不能」或「不宜」，乃法律問題。若依據違規取締案件當場之事實情況，尚非達到「不能」或「不宜」當場舉發之情形者，則依規定不得實施逕行舉發方式來進行取締。然而，相關法令迄今並無條文對此「不能」或「不宜」加以定義或將之具體客觀明確列舉相關情形。故應有相關判斷基準作為是否予以「逕行舉發」之基準；（二）判斷基準：依道交條例第7條之2第1項規定的七種情形之一，且當場不能或不宜攔截製單舉發者，得逕行舉發。因此，判斷基準上允宜區分當場「不能」或「不宜」攔截製單舉發之情形作為判斷基準，茲分析如下：1.當場「不能」攔截製單舉發之情形：基於執法人員之能力或時間上作不到者，或將因攔截而致高度危險者，如「闖紅燈」違規情形瞬間即逝，且執法人員攔截不易，並有高危險性，此相類情形屬之；2.當場「不宜」攔截製單舉發之情形：相較於「不能」當場攔截舉發，此之「不宜」恐更加不易形成客觀具體明確之判斷基準。一般實務上，多以「違規行為之危險性」、「警力不足」或「交通之安全與順暢」與否等因素作為考量基準，此是否授權由執法人員判斷與裁量來作成決定，仍不無疑義。

二、定期於網站公布科學儀器逕行舉發之地點或路段與其例外

本條第2項規定：「前項第七款之科學儀器屬應經定期檢定合格之法定度量衡器，其取得違規證據資料之地點或路段，應定期於網站公布。但汽車駕駛人之行為屬下列情形之一者，不在此限：一、有第四十三條第一項第一款、第三款、第四款及第三項之行為。二、有第三十三條第一項至第三項及第九十二條第二項之行為。三、違規超車。四、違規停車而駕駛人不在場。五、未依規定行駛車道。六、未依規定轉彎及變換車道。七、未保持安全距離。八、跨越禁止變換車道線或槽化線。九、行車速度超過規定之最高速限或低於規定之最低速限。十、有第三十一條第一項、第二項、第六項、第三十一條之一第一項、第二項及第九十二條第七項第六款之行為。」本項規定以科學儀器逕行舉發之交通違規行為，其儀器應經定期檢定合格之法定度量衡器，並應將其取得違規證據資料之地點或路段，定期於網站公布為原則，但仍明定

有10款之違規行爲之科技執法逕行舉發，不需公布其違規地點或路段。而不需公布之法理係因相關違規行爲隨時隨地均可能發生，並非依據違反道交條例之行爲僅係重點規劃預防之時地，故屬不宜或無法事先公布之情形。另一方面，本條第2項所稱：「……其取得違規證據資料之地點或路段，應定期於網站公布。」究其已取締再公布之適用，與修法前之提醒駕駛人避免違規之目的迥異！此規範法理實不無疑義！

三、設置測速取締標誌

本條第3項規定：「對於前項第九款之取締執法路段，在一般道路應於一百公尺至三百公尺前，在高速公路、快速公路應於三百公尺至一千公尺前，設置測速取締標誌。」本項所稱「前項第九款」，係指「行車速度超過規定之最高速限或低於規定之最低速限」。基於「受告知權」乃是「正當程序」（due process）之核心概念，旨在要求政府遵循法律與既定程序，以公平、合理之方式，行使公權力來對待人民而作成處分，尤其是裁罰性之不利益行政處分，一般稱之爲行政秩序罰。亦即本項旨在明定取締違反本條所定之速限，使執法客體有事前知悉相關違法構成要件，以利其遵守，避免違法。本項有關以科學儀器取證逕行舉發之問題，茲分述如下：

（一）將不能或不宜當場舉發違規類型並列問題

道交條例第7條之2第1項所規定之「當場不能或不宜攔截製單舉發者，得逕行舉發」，並將得逕行舉發之類型列舉出七種情形，其中又於同條第2項進一步明定有10種情形應採定期於網站公布其設置地點之科學儀器來取得證據資料證明其行爲違規。然而，前述所列之各種情形並非全部皆可區分爲「不能」或「不宜」當場舉發違規類型，將此違規類型非皆屬不能或不宜當場舉發之情形，實不宜在同條同項並列之。

當場「不能」攔截舉發，主要係因可歸責人不在場，或是執法人員能力本質上確實無法完成攔截舉發之情形；至於當場「不宜」攔截舉發，則需考量客觀參考因素。例如，基於攔截舉發當場之危險性、成本效益性或警力不足等相關因素綜合考量，乃決定「不宜」當場攔截舉發，而由執法機關或人員依據相關評估指標來考量決定以「逕行舉發」替代之。

（二）科技執法恐致規範明確性與彈性不足

道路交通工程之陷阱，常導致用路人並無故意或過失，卻遭到科技拍攝之執法取締與處罰。例如，路口之直行或左、右轉車道應依規定行使之，否則將遭到科技執法之攝影機拍照取締而裁罰，然在路口之交通狀況瞬息萬變，有時因特別因素，以致無法遵照規定行使；又若道路交通工程設計之變換車道之距離、駕駛之視覺與反應時間及距離不足時，抑或是法律變更之公告與現場標示不夠清楚，皆可能因而誤入陷阱而遭取締裁罰。例如，速限變更之區域，應有三面標示，因用路人反應約有80%係藉由視覺來判斷的，故應使用路人能明確看到之可能，否則，極爲容易因誤解而遭拍照逕行舉發。因此，道路交通工程設計與法律規範應密切有效配合，達到使用路人之明確性原則，亦即交通標誌與標線應具：1.可預見性；2.可理解性；3.可反應性。論者指出駕駛人發現狀況時，必然會經過反應過程。例如，「緊急閃避」需經「閃避距離」後，才有閃避行爲，若反應行爲係緊急煞車，尚需要一定的「停車距離」才能完全煞停。故而爲使逕行舉發之科技執法蒐證，即應考量其駕駛人之反應時間與行爲，使駕駛人因應道路交通違規舉發執法設計與規範，使駕駛人之反應行爲能達到「PIJR 」之原則，亦即作到：覺察（Perception）、辨認（Identification）、判斷（Judgement）、反應（Reaction）[34]，以確保執法安全。因此，道路交通應將道路工程、法律規範與人性化密切結合，才能有效確保用路人之交通人權。

（三）科學儀器取證功能重在警示而非取締制裁

由於科技發展日新月異，用於協助道路交通執法取證，效果顯著，若法令明定不論固定或非固定方式之科技執法，均應公布其設置地點或明顯標示之，使用路人有預先知道可能之執法狀況，而生警惕之心，避免違反規定，將可達到道路交通安全與秩序順暢之目的。因此，可謂科學儀器取證功能重在警示而非取締制裁，其科技執法目的應亦不在增加國庫歲收。否則，以科技執法方式而大量逕行舉發，將使人民失其主體性，而成不當執法之客體，恐減損民主法治國憲法保障人權之設計功能。茲就固定式與非固定式設置道路交通科技執法之下列相關議題作分析：

1. **以科學儀器取證逕行舉發得適用於所有違規類型**：道交條例主要規範客體可區分爲汽車、慢車、行人及道路障礙，依其取締處罰之性質尚可區分爲動態之「違規」與靜態之「違章」二種類型[35]。因此，基於事實取證之可能性與需求必要性，以科學儀器取證逕行舉發應可適用於所有「違規」類型。
2. **公布設置地點旨在保障當事人之聽審權**：按道路交通執法目的旨在維護道路交通秩序與安全，已如上述，又基於公權力干預人民自由或權利，應兼顧其用路人之人權保障。因此，道路交通科技執法宜符合實質與正當法律程序，前者規範須有法律保留及規範明確性原則之適用，而後者則宜使受規範之用路人知悉與適用各項執法作爲與程序之可能。亦即科技執法對象能對執法規範與作爲有「可預見性」、「可瞭解性」及「可反應性」，以保障用路人權，如公布設置地點具有保障當事人聽審權之功能。

34 陳家福，交通事故肇事重建與蒐證，作者自版，2020年初版，第251-254頁。
35 蔡震榮，未依規定使用燈光逕行舉發案例分析，台灣法學雜誌，第142期，2009年12月，第209-213頁。

3. **法定科學儀器取證問題**：(1)除違反限速規定外無須標示設置地點係侵害當事人之聽審權，參考上述公布設置地點旨在保障當事人之聽審權之分析，則道交條例第7條之2第3項明定，除違反限速規定外無須標示設置地點係侵害當事人之聽審權；(2)法定科學儀器取證類型：按道交條例第7條之2第3項針對除違反限速規定外，無須標示設置地點之規定目的何在？基於「明示其一，排除其他」之法諺，則其他道路交通違規行爲之取締即不需標示設置地點，適用類型似欠立法標準，此規範之周延與妥適性，將受到質疑。綜上述有關法定科學儀器取證規定及其適用之分析，除適用類型似欠立法標準，在實務執法上恐易滋濫用之情形，而影響用路人之權利保障。

四、不依規定過磅之逕行舉發

本條第4項規定：「載重貨車行駛於設有地磅站之道路，不依規定過磅或裝載貨物超過核定之總重量、總聯結車重量，得採用科學儀器取得證據資料逕行舉發。」有鑑於道交條例第29條之2規定違規超載之處罰，分別明定有：「汽車裝載貨物超過核定之總重量、總聯結重量者，處汽車所有人罰鍰，並記汽車違規紀錄一次，其應歸責於汽車駕駛人時，依第三項規定處汽車駕駛人罰鍰，並記該汽車違規紀錄一次（第1項）。汽車裝載貨物超過所行駛橋樑規定之載重限制者，處汽車駕駛人罰鍰，其應歸責於汽車所有人時，依第三項規定處汽車所有人罰鍰及記該汽車違規紀錄一次（第2項）。有前二項規定之情形者，應責令改正或當場禁止通行，並處新臺幣一萬元罰鍰，超載十公噸以下者，以總超載部分，每一公噸加罰新臺幣一千元；超載逾十公噸至二十公噸以下者，以總超載部分，每一公噸加罰新臺幣二千元；超載逾二十公噸至三十公噸以下者，以總超載部分，每一公噸加罰新臺幣三千元；超載逾三十公噸者，以總超載部分，每一公噸加罰新臺幣五千元。未滿一公噸以一公噸計算（第3項）。汽車裝載貨物行經設有地磅處所五公里內路段，未依標誌、標線、號誌指示或不服從交通勤務警察或依法令執行交通稽查任務人員之指揮過磅者，處汽車駕駛人新臺幣九萬元罰鍰，並得強制其過磅。其應歸責於汽車所有人時，處汽車所有人罰鍰及記該汽車違規紀錄一次（第4項）。汽車駕駛人有第一項、第二項情形，因而致人受傷者，吊扣其駕駛執照一年；致人重傷或死亡者，吊銷其駕駛執照（第5項）。」故於道交條例總則章乃增定第7條之2第4項，以資適用。再者，違反道路交通管理事件統一裁罰基準及處理細則第19條亦明定：「汽車裝載貨物行經設有地磅處所路程五公里內之路段，未依標誌、標線、號誌指示或不服從交通勤務警察或依法令執行交通稽查任務人員之指揮過磅者，除依法舉發外，並得強制其過磅（第1項）。前項汽車駕駛人不服從稽查逕行離開現場或棄車逃逸者，交通勤務警察或依法令執行交通稽查任務之人員，得爲下列處置：一、對該汽車逕行強制過磅，記錄其總重量或總聯結重量。

二、依本條例第七條之二第四項規定，逕行舉發汽車所有人。三、該汽車有本條例第二十九條之二第一項至第三項規定之情形者，應一併依法舉發（第2項）。執行交通勤務警察或依法令執行交通稽查任務人員發現汽車裝載定量包裝之物顯然超載者，得不經地磅測量，依照定式基準核算其超過規定之重量，依法舉發之（第3項）。」此細則係由道交條例第92條第4項授權之「法規命令」，以進一步更清楚說明道交條例相關規定之細則或作業性適用。

五、逕行舉發歸責對象之明定

本條第5項規定：「第一項、第四項逕行舉發，公路主管或警察機關應記明車輛牌照號碼、車型等可資辨明之資料，以汽車所有人或其指定之主要駕駛人爲被通知人製單舉發。但租賃期一年以上之租賃業汽車，經租賃業者申請，得以租用人爲被通知人製單舉發。」本項如同前條第4款之分析，由於「舉證責任」不易，故特予明定，以資適用。另有關道路交通違規處罰之舉證責任與歸責仍應遵守道交條例第85條之處罰應歸責者之原則。本項以車輛所有人爲受舉發人之立法問題亦值得探討，茲析論如下：

（一）現行法之規定

雖然按行政罰法第7條第1項規定：「違反行政法上義務之行爲非出於故意或過失者，不予處罰。」然鑑諸同法第1條規定：「違反行政法上義務而受罰鍰、沒入或其他種類行政罰之處罰時，適用本法。但其他法律有特別規定者，從其規定。」故對於道交條例之「逕行舉發」之受舉發人或受歸責人之規定，仍以不同於上述行政罰法之特別規定，要求汽車所有人爲推定責任人或要求舉證免責之義務人。然有鑑於道交條例第7條之2第5項規定，逕行舉發，應記明車輛牌照號碼、車型等可資辨明之資料，以汽車所有人爲被通知人製單舉發。又查道交條例第85條第1項規定：「本條例之處罰，受舉發違反道路交通管理事件之受處罰人，認爲受舉發之違規行爲應歸責他人者，應於舉發違反道路交通管理事件通知單應到案日期前，檢附相關證據及應歸責人相關證明文件，向處罰機關告知應歸責人，處罰機關應即另行通知應歸責人到案依法處理。逾期未依規定辦理者，仍依本條例各該違反條款規定處罰。」又處理細則第36條第1項更進一步規定：「本條例之處罰，受舉發違反道路交通管理事件之被通知人，認爲受舉發之違規行爲應歸責他人者，應於通知單記載之應到案日期前，檢附相關證據及足資辨識、通知應歸責人之證明文件，向處罰機關告知應歸責人，處罰機關應即另行通知應歸責人到案依法處理。逾期未依規定辦理者，仍依本條例各該違反條款規定處罰。」而且，道交條例第85條第3項亦規定：「依本條例規定逕行舉發或同時併處罰其他人之案件，推定受逕行舉發人或該其他人有過失。」以上係逕行舉發交通違規案件之舉證與歸責之相關規範，爲現行逕行舉發適用之規範，惟仍有值得進一步探討之處。

（二）汽車所有人免責舉證義務規定之合憲性疑慮

司法院2011年於釋字第687號解釋意旨指出，對於「基於無責任即無處罰之憲法原則，人民僅因自己之刑事違法且有責行爲而受刑事處罰，法律不得規定人民爲他人之刑事違法行爲承擔刑事責任。」按道交條例修法前之第7條之2第4項規定：「第一項逕行舉發，應記明車輛牌照號碼、車型等可資辨明之資料，以汽車所有人爲被通知人製單舉發。」又查道交條例第85條第1項規定，受逕行舉發之汽車所有人有如前述之舉證義務，則如此仍不無疑義。是否由汽車所有人負擔舉證責任，茲可從正、反面向析論如下：

1. **肯定以特別法明定由汽車所有人舉證**：此說係以「行政罰法」爲普通法，而以道交條例前述之相關特別規定，將逕行舉發後之違規舉證責任付給汽車所有人。此雖係考量執法實務上之客觀事實困境，亦即已因不能或不宜當場攔截製單舉發之前提，而汽車行進中實難以確認實際違規之人，而要求所有人（可能並非違規行爲人）應負擔舉證責任，若無法舉證非其所犯之違規行爲，則可能「轉移違規[36]」至汽車所有人。然此假設前提究係因汽車所有人借出之連帶監督責任，抑或因無法舉證而應受之可非難與歸責性，仍不無疑義。然若汽車責任人已舉證該車輛並非自己所駕駛，應認已足夠而不應受罰，亦不應要求舉證係由何人所駕駛或其他情資。
2. **行政罰法第7條之舉證責任由政府裁處機關之原則應加遵守**：汽車所有人並非違反道交條例之人，卻有依法之舉證義務，亦可能因爲誤失或不能爲其自己之免責舉證而受罰，有其合憲性疑慮。若是未來將行政罰法定爲基本法，且科技執法更加進步而得以有效舉證，將可去除前述之例外規定，將不致使無辜之汽車所有人因無法舉證而致受罰。

綜上正、反二面向論說，針對道路交通違規逕行舉發與歸責上，政府立法似已殫精竭慮，乃有道交條例第85條之規定：「依本條例規定逕行舉發或同時併處罰其他人之案件，推定受逕行舉發人或該其他人有過失。」因此，現行規定仍爲通說，並爲執法實務上之適用，仍有待進一步研議精進之。

（三）推定過失之合憲性疑慮

司法院1991年於釋字第275號解釋意旨指出，對於「人民違反法律上之義務而應

36　劉嘉發，道路交通秩序罰救濟法制之研究，中央警察大學犯罪防治研究所博士論文，2009年，第163-164頁。亦參考：蔡震榮，未依規定使用燈光逕行舉發案例分析，台灣法學雜誌，第142期，2009年12月，第209-213頁。

受行政罰之行為，法律無特別規定時，雖不以出於故意為必要，仍須以過失為其責任條件。但應受行政罰之行為，僅須違反禁止規定或作為義務，而不以發生損害或危險為其要件者，推定為有過失，於行為人不能舉證證明自己無過失時，即應受處罰。」然而，我國行政罰法制定施行後，於該法第7條第1項規定：「違反行政法上義務之行為非出於故意或過失者，不予處罰。」若依本條規定，則有關違規行為之舉證責任反轉應由裁處機關負責。然而，再按行政罰法第1條規定：「違反行政法上義務而受罰鍰、沒入或其他種類行政罰之處罰時，適用本法。但其他法律有特別規定者，從其規定。」因此，道交條例修正前第7條之2第4項規定：「第一項逕行舉發，應記明車輛牌照號碼、車型等可資辨明之資料，以汽車所有人為被通知人製單舉發。」又查道交條例第85條第3項規定：「依本條例規定逕行舉發或同時併處罰其他人之案件，推定受逕行舉發人或該其他人有過失。」因此，在此些例外規定下，乃使「推定過失」責任條件復燃，而由汽車所有人負擔舉證責任下，加以推定過失原則之適用，雖在行政執法與司法實務上有其必要性，但在法理上仍不無違憲之疑義。

茲按臺中高等行政法院107年度交上字第7號判決摘要[37]略以：「查系爭案件係員警以非固定式雷射測速照相逕行舉發之案件，汽車所有人將其汽車借予他人，而該車遭取締時車速，經雷射槍測定行速176公里限速100公里超速76公里，而依道交條例第43條第1項規定：『汽車駕駛人，駕駛汽車有下列情形之一者，處新臺幣六千元以上二萬四千元以下罰鍰，並當場禁止其駕駛：……二、行車速度，超過規定之最高時速六十公里。……』又同條例第4項規定：『汽車駕駛人有第一項或前項行為者，並吊扣該汽車牌照六個月；經受吊扣牌照之汽車再次提供為違反第一項第一款、第三款、第四款或前項行為者，沒入該汽車。』」然查本案原告（即車主，非違規駕駛人）主張略以：「被告以原處分對原告處以吊扣汽車牌照3個月，牌照限於106年8月4日前繳送，逾期則違反道路交通事件統一裁罰基準表逐期加重處罰之處分，其舉發之『違規事實』係『駕駛人行車速度超過規定之最高時速六十公里以上（處車主）』，惟道路交通管理處罰條例第43條第4項並未規定吊扣牌照為汽車車主汽車牌照，其吊扣者係指屬於汽車駕駛人之汽車至明；汽車所有人非汽車駕駛人時，駕駛人之違規，不能認為係汽車所有人之違規，如另處罰汽車所有人，有違誠信原則云云。並聲明求為判決撤銷原處分[38]。」然此另參酌交通部路政司99年8月26日路臺監字第

37 參考：有責任始有處罰——臺中高等行政法院107年度交上字第7號判決，月旦法學教室，第188期，2018年6月，第1-2頁。判決重點略以：「參諸同條例第85條第4項規定：『依本條例規定逕行舉發或同時併處罰其他人之案件，推定受逕行舉發人或該其他有過失。』並未排除併罰者之故意過失責任。準此，道路交通管理處罰條例第43條第4項吊扣汽車牌照，自仍有行政罰法第7條第1項規定之適用甚明。而同條例第85條第4項推定受逕行舉發人或該其他人有過失，僅係採舉證責任倒置之推定過失責任，汽車所有人自仍得經由舉證證明無故意過失責任而免罰。」

38 臺灣苗栗地方法院106年度交字第42號行政訴訟判決，2017年11月28日。

0990412557號函略以：「查違反旨揭條例第34條及第43條規定之事件，係屬影響道路交通安全或重大危害交通秩序之違規行爲，爲達維護道路交通秩序，確保道路交通安全之立法目的，方於上開條文規定處吊扣汽車牌照之處罰，以督促汽車所有人善盡其保管車輛之責，並遏止其汽車有重大違規之使用……」

又查同案被告（交通部公路總局○○監理所）指出：「依道路交通管理處罰條例第43條第4項前段文義以觀，其吊扣汽車牌照之對象係『違規之汽車牌照』，並無違規汽車駕駛人應與汽車所有人爲同一人始能吊扣汽車牌照之限制。考其立法目的，係慮及汽車所有人擁有支配管領汽車之權限，對於汽車之使用方式、用途、供何人使用等，得加以篩選控制，並擔保其汽車之使用者具備法定資格及駕駛行爲合於交通管理規範之義務，否則無異縱容汽車所有人放任其所有之汽車供人恣意使用，徒增道路交通之風險，殊非事理之平。是以道路交通管理處罰條例第43第1項第2款、第4項前段規定『吊扣汽車牌照』之處分，應係針對汽車所有人所設之特別規定，在汽車駕駛人與汽車所有人不同時，即係採併罰規定。自不得僅以汽車所有人已依道路交通管理處罰條例第85條第1項規定指出汽車之實際使用人，即遽認無道路交通管理處罰條例第43條第1項第2款、第4項前段規定之適用。」

綜上，本案爭點分析：1.原告於出借車輛給汽車駕駛人時，是否已善盡汽車所有人之管理責任與注意義務？恐致「強人所難」而違反「誠信原則」。若是僅要求原告舉證自己並非駕駛人爲已足，尚屬合理；2.如何舉證及舉證程度爲何？如前述立法目的：「係慮及汽車所有人擁有支配管領汽車之權限，對於汽車之使用方式、用途、供何人使用等，得加以篩選控制，並擔保其汽車之使用者具備法定資格及駕駛行爲合於交通管理規範之義務，否則無異縱容汽車所有人放任其所有之汽車供人恣意使用，徒增道路交通之風險，殊非事理之平。」惟若車輛出借人均得擔保借車人之駕駛行爲合於交通管理規範之義務（含括故意或過失行爲），恐亦是強人所難；3.「推定過失」於道交條例適用於本案中，恐致歸責失衡而不符合比例原則。本案違規駕駛人依法僅得最高處以新臺幣2萬4,000元，而汽車所有人依規定卻可能被吊扣該車牌照三個月，更有被沒入車輛之風險。上述此些法規範與執法方式，固然囿於實務困境，或基於執法便利，然此在行政罰法第7條之外，另予「推定過失」方式，加上舉證責任程度不明之情況下，對於是否爲有責任人或責任之程度與歸責是否失衡，均有疑義。基於「有責任始有處罰」之原則，對於違反道路交通法規之處罰，仍應以行爲人主觀上有出於「故意或過失[39]」之可非難性及可歸責性爲前提，如行爲人主觀上並非出於故意

39 由於我國行政罰法第7條及其他相關規定，對「故意」或「過失」均無一般性規定加以定義其內涵，應可類推適用刑法第14條所規定之兩種過失型態於行政罰法。參考：陳正根，闖紅燈違規之舉發與責任原則——兼評臺北地方法院102年度交字第45號行政訴訟判決，國立中正大學法學集刊，第45期，2014年10月，第157-158頁。

或過失情形，應無可非難性及可歸責性，不予處罰。因此，由上述分析可知，對於此道路交通違規逕行舉發之歸責與推定過失之規定，其恐有違憲法原則，而失去其保障人權之意旨。

另一方面，道交條例第85條之1第2項明定：「違反本條例之同一行爲，依第七條之二逕行舉發後，有下列之情形，得連續舉發：一、逕行舉發汽車行車速度超過規定之最高速限或低於規定之最低速度或有違反第三十三條第一項、第二項之情形，其違規地點相距六公里以上、違規時間相隔六分鐘以上或行駛經過一個路口以上。但其違規地點在隧道內者，不在此限。二、逕行舉發汽車有第五十六條第一項、第二項或第五十七條規定之情形，而駕駛人、汽車所有人、汽車買賣業、汽車修理業不在場或未能將汽車移置每逾二小時。」因此，對於本條之逕行舉發後，有本條明定之持續違反情形，得連續舉發。

按內政部警政署更特別地就交通違規稽查之「逕行舉發」與「當場攔截舉發」以「內政部警政署交通違規稽查與輕微違規勸導作業注意事項」分別就其具體做法及應注意事項加以明定。此注意事項屬於「行政規則」之性質，屬於作業性規定，具有統合內部執法一致性之功能，對外應不直接具有規範效力。

道路交通違規之取締調查常因事實上不能或不宜當場加以攔截製單舉發，而必須以其他方式進行舉發，例如違規人不在場或是闖紅燈違規行爲之攔截製單舉發之取締，常基於事實上不能或客觀因素上亦無法加以攔截製單舉發，故有依法授權予執法人員得以行使「逕行舉發」之職權，以使違規行爲之要件，藉由涵攝法律規範之構成要件，再加以審酌法效果後，依法進行裁處，俟裁處確定後，並得加以有效執行。例如，駕駛人違規後逃逸，或因違規時受到客觀環境因素之影響，以致不能或不宜當場攔截製單舉發時，若無其他得塡補以保全之方式，而任令其違規存在或持續發生，除無法達到交通秩序與安全維護之目的外，亦恐斲傷法令之應有嚇阻效果與交通執法權威[40]。因此，道路交通違規「逕行舉發」之授權，係屬於道路交通執法職權與程序之規定，基於遵行依法行政之法律保留原則，逕行舉發及其規定，應有其必要性與重要性。

一般而言，交通違規之舉發應以「當場舉發爲原則，逕行舉發爲例外[41]」然有當場攔截舉發之現實困境。此原則與例外之適用，除道交條例第7條之2第1項規定之「汽車駕駛人之行爲有下列情形之一，當場不能或不宜攔截製單舉發者，得逕行舉

40 蔡震榮，未依規定使用燈光逕行舉發案例分析，台灣法學雜誌，第142期，2009年12月，第209-213頁。

41 蔡震榮，未依規定使用燈光逕行舉發案例分析，台灣法學雜誌，第142期，2009年12月，第209-213頁。

發」以及「內政部警政署交通違規稽查與輕微違規勸導作業注意事項」第肆點之實務「具體做法」加以重申，更且，交通部於2018年4月24日發布「善用科技設備，已為交通執法重點政策」之新聞稿，指出「針對報載國道警『逕行舉發』件數不得超過『攔停舉發』規定一事，交通部表示『善用科學儀器交通執法』（逕行舉發）已列為政策並已配合修改相關考評項目[42]。」主管機關亦認基於當場攔截舉發有其現實之困難，乃有強化科技執法之政策形成與推展，然其法制與執法實務是否已經配合整備，仍有研究精進必要。

再按道交條例第7條之2規定，係以逕行舉發之案件始有以科學儀器採證為必要。又交通警察製單舉發違反道路交通管理處條例所列之違規事實，本質上為行政處分，係公務員基於職務上之權力，依法就特定之具體事件所為具公法上效果之單方行政行為，基於公務員為公法上行為具有公信力之原則，該行政行為當可被推定為眞正，其據以依法處分之事實認定亦為正確無誤，本此「公信原則」乃立法機關賦予行政機關制定違反道路交通管理事件統一裁罰標準及處理細則，使執勤警員得當機處分以維交通秩序、安全之行政目的。反之，若謂公務員一切行政行為均需預留證據以證其實，則國家行政勢必窒礙難行，據此，刑事訴訟法就關於犯罪證據有關之規定中，與屬行政秩序罰之交通違規裁罰本旨不合之部分，自不在準用之列。準此，警察舉發民眾闖紅燈或其他交通違規案件時，僅需確信當時所見為眞並無誤時，自可依法令賦予之職權依法舉發[43]。

另一方面，交通違規之逕行舉發與攔檢取締法理主要差異，值得進一步析論。按逕行舉發與當場攔截製單舉發之法理上最大差異，在於下述取締交通違規之三種功能中，逕行舉發僅能達到裁罰性之不利益處分，亦即依據道交條例規定之處罰，無法如攔檢取締亦能達成警告與教育功能，茲分別析述如下：

一、預警作用

基於道路交通違規執法舉發取締措施，因對人民之自由與權利具有干預、限制或剝奪之影響，乃應有法律保留原則之適用，並應符合正當法律程序[44]。是舉發違規之規範與執行措施，應具有「可預見性」、「可理解性」及「可反應性」，始能具有預

---

42 善用科技設備，已為交通執法重點政策，交通部，https://www.motc.gov.tw/ch/home.jsp?id=14&parentpath=0,2&mcustomize=news_view.jsp&dataserno=201804240002&aplistdn=ou%3Ddata,ou%3Dnews,ou%3Dchinese,ou%3Dap_root,o%3Dmotc,c%3Dtw&toolsflag=Y&imgfolder=img/standard，最後瀏覽日期：2021/11/3。

43 舉發民眾闖紅燈或其他交通違規案件時，是否均需以照相或錄影方式始得為之？屏東縣政府警察局，https://www.ptpolice.gov.tw/ch/home.jsp?id=50&parentpath=0,3&mcustomize=faq_view.jsp&dataserno=202001170016&mserno=201308030010，最後瀏覽日期：2021/10/28。

44 李震山，行政法導論，三民，2019年修訂11版，第243-245頁。

警功能。若能當場攔截製單取締，經由依法而為之正當執法程序，將使受攔截調查與裁處之違規人員知道避免再次違規之功效。

二、教育功能

藉由執法人員對於道路交通違規執法之當場攔截製單舉發的取締措施，因具有「可預見性」、「可理解性」及「可反應性」，除具有預警功能外，亦能藉由當場攔檢個案來達到交通執法教育之功能。若能當場攔截製單取締，經由依法而為之正當執法程序，將使受攔截調查與裁處之違規人員得到個案教訓，並因而能藉由現場攔截製單之執法過程瞭解到交通規範與知識，將可避免再次實施違規之交通作為，而達到維護良好交通秩序與功能。

三、懲罰應報作用

由行政罰法第1條與第2條之規定，可知道路交通違規之取締與裁處調查乃是為「裁罰性不利益處分」，亦即「行政秩序罰」。主要之執法目的在於藉由對道路交通違規之人課予違反道路交通法上規定之義務，而課以裁罰性之不利益處分，使之避免再犯或改過遷善，以確保良好交通安全與秩序。

參、綜論

立法者除於道交條例第7條（稽查及違規紀錄之執行人員）作交通執法主體之原則上規定外，進而分別於1997年增訂第7條之1（民眾舉發之相關規定）、2002年增訂第7條之2（逕行舉發與其例外）及2015年增訂第7條之3（對大眾捷運系統車輛之逕行舉發）之內容以補足逕行舉發之相關規範，以為道路交通違規調查之程序之職權授予，作為交通調查取證之依據。

再按「違反道路交通管理事件統一裁罰基準及處理細則」第10條規定，查獲違反道路交通管理事件之舉發有五種方式，茲分別舉例說明如下：

一、**當場舉發**：違反道交條例之行為經警察執法人員當場攔停舉發。例如，未依規定戴安全帽騎乘機車，經警察攔檢屬實，而加以依法開單取締。按當場舉發因稽查人員有機會藉由與違規行為人互動，釐清違規事實，且得即時排除違規狀態，以有效維護交通秩序與安全之目的[45]。

二、**逕行舉發**：逕行舉發係指執法人員依道交條例第7條之2規定實施舉發。例如，汽

[45] 李寧修，逕行舉發要件之再檢證／桃園地院104交29判決，台灣法學雜誌，第298期，2016年6月，第151頁。

車駕駛人闖紅燈之行爲，執法人員當場不能攔截製單舉發，而予以逕行舉發。

三、**職權舉發**：此職權舉發方式係指依「違反道路交通管理事件統一裁罰基準及處理細則」第6條第2項有關「公路主管及警察機關就其主管業務，查獲違反道路交通管理之行爲者，應本於職權舉發或處理」規定之舉發。例如，監理站（交通裁決所）於驗車時發現有逾期檢驗之違規時，逕予依其職權舉發之。又警察之職權舉發案例，如計程車未依規定時間辦理「職業登記證」之職權舉發。

四、**肇事舉發**：此係指發生道路交通事故，肇事原因或肇事責任不明，經分析研判或鑑定後，確認有違反道交條例行爲之舉發。例如，警察執法人員於處理道路交通事故時，尚無法當場確認有違反道交條例所規定之行爲，其當時（場）之肇事原因或肇事責任亦屬不明，經分析研判或鑑定後，除釐清肇事原因與責任外，亦確認有違反道交條例行爲之舉發。

五、**民眾檢舉舉發**：此係人民發現其他人有違規事實而涉及行政責任，向行政機關提出之「舉發」，又稱爲「檢舉」[46]。若民眾依道交條例第7條之1規定，檢舉違反道交條例之行爲，經查證屬實之舉發，即屬之。例如，民眾於「公車站牌」、「馬路口十公尺內」、「消防車出入口五公尺內」、「禁止臨時停車標誌內」以及「併排」停車等違規行爲，均依規定可由民眾檢舉舉發之。

綜上而論，有關道路交通違規之舉發調查方式，論者指出：「民國104年8月14日處理細則第10條尚未明文將交通違規之舉發方式類型化之前，處罰條例及處理細則對於舉發有明文規定者，僅有當場舉發與逕行舉發兩種。」然在當時之司法實務上，對是否有如上述之五種類型之道路交通違規舉發方式，存在著肯定與否定說，引發各法院相關判決所持法律見解產生歧異，遂由最高行政法院以104年判字第558號判決統一見解，認爲當場與逕行舉發二種方式之外，其他三種係屬有別。而交通部與內政部亦同時研修處理細則第10條內容修正，明定道路交通違規舉發方式有如上述五種。因此，司法實務及行政機關對於交通違規舉發方式之爭議，遂告確定[47]。然而，本文認若從是否與違規行爲人直接互動之當場調查而論，應先廣義地區分爲「當場舉發」與「非當場舉發」二種類型[48]，前者係於道路交通違規行爲之現場攔檢稽查當事人，如確有違規情形，即加以製單告發，以完成當場舉發之法定程序之謂；後者係針對汽車駕駛人違反道路交通管理事件之行爲，而有當場不能或不宜攔截製單舉發之情

---

46 林昱梅，論行政法上人民舉發之制度與救濟機制，月旦法學雜誌，第204期，2012年5月，第51頁。

47 陳俊宏，交通違規舉發方式於正當法律程序之探討，臺灣警察專科學校109年提升道路交通事故處理品質與執法成效研討會，臺灣警察專科學校主辦，2020年11月25日，第75-84頁。

48 依據處理細則第11條第1項第1款規定：「當場舉發者，應……」與同條項第2款規定：「非當場舉發案件或……」此兩款規定即是以「當場舉發」與「非當場舉發」爲區分方式，值得參考。

形，藉由執法人員之目視判斷、科技儀器蒐證、民眾舉發或其他舉發方式爲之。因此，上述法定之五種舉發方式，除當場攔截舉發方式之外，其他四種則是「非當場攔截製單」之「廣義的逕行舉發」，因道交條例第7條之2已經由上述細則第10條定義爲「逕行舉發」，而屬於「狹義的逕行舉發」。然而，若爲避免混淆，亦可進一步考慮修法而將道交條例第7條之2所規定之「逕行舉發」修正爲「當場不能或不宜攔截製單之舉發」，將更加名實相符。

又按道交條例第7條之2之立法目的在限制逕行舉發之範圍，逕行舉發並不具備即時督促用路人守法之效果，且違規人無法當場向舉發單位陳述，再加上逕行舉發涉及人民權利事項，所產生的效果除罰鍰外，尚及於所謂「裁罰性之不利處分」之其他種類行政罰，例如逕行舉發超速、闖紅燈的案件中，違規人除須依規定繳納罰鍰之外，尚有面臨記點、講習，甚至吊扣駕照等不利處分之可能性，爲符合法律保留精神，故而在本條中，將逕行舉發之要件加以限縮。本條的制定，主要在調和兩大問題的衝突，其一是違規行爲的處罰；其二是處罰手段的正當性，例如，本條第1項的規定列舉了七款違規行爲，其中第1款至第6款的違規情節，以可罰性而言，當毋庸置疑，然第7款「經以科學儀器取得證據資料證明其行爲違規」的範圍便極爲廣大，幾乎包含所有的「動態違規」種類，都可以照相方式予以舉發，如不加以限制，則第七款恐將成爲「霸王條款」，故特別於第2項加上限制事項，包括科學儀器應採固定式（或非固定式），且須定期於網站公布其設置地點等。

再者，道交條例第85條第1項規定：「本條例之處罰，受舉發違反道路交通管理事件之受處罰人，認爲受舉發之違規行爲應歸責他人者，應於舉發違反道路交通管理事件通知單應到案日期前，檢附相關證據及應歸責人相關證明文件，向處罰機關告知應歸責人，處罰機關應即另行通知應歸責人到案依法處理。逾期未依規定辦理者，仍依本條例各該違反條款規定處罰。」又同條第3項規定：「依本條例規定逕行舉發或同時併處罰其他人之案件，推定受逕行舉發人或該其他人有過失。」此規定之立法目的在於處罰應歸責者之原則，然其法理亦不無爭議，將分別析論於後述。

又且道交條例第85條之1第2項規定：「違反本條例之同一行爲，依第七條之二逕行舉發後，有下列之情形者，得連續舉發：一、逕行舉發汽車行車速度超過規定之最高速限或低於規定之最低速度或有違反第三十三條第一項、第二項之情形，其違規地點相距六公里以上、違規時間相隔六分鐘以上或行駛經過一個路口以上。但其違規地點在隧道內者，不在此限。二、逕行舉發汽車有第五十六條第一項、第二項或第五十七條規定之情形，而駕駛人、汽車所有人、汽車買賣業、汽車修理業不在場或未能將汽車移置每逾二小時。」本條規定旨在針對繼續行使而超速或龜速車輛明定其舉發原則，亦對繼續存在中之違規停車行爲之舉發原則加以明定，使執法之行政行爲符合明確性原則。

另一方面，道交條例第7條係有關交通管理稽查與違規紀錄之發動主體：道路交通稽查係爲維護交通秩序與安全，對駕駛人與行人等用路人施予交通違規事實證據之調查蒐集活動。稽查項目包括：證件檢查、載重檢查、違反道路交通管理法規之違規事實的發現與證據蒐集等，由於交通稽查執法過程涉及諸多強制手段，如攔車盤詰、呼氣測試、逕行傳喚、保管證件、禁止通行等，可能影響到用路人的行動自由權、隱私權與財產權（參考司法院釋字第535號解釋文意旨），爲保障人權與落實法治，對於稽查執法權限發動之主體，應加以明文限定，分別授權「由交通勤務警察，或依法令執行交通稽查任務人員執行之」，「並得由交通助理人員逕行執行之」以符法律保留原則。再者，道交條例第7條之1係對於民眾檢舉舉發之規定。本條規定係對於違反本條例之行爲者，民眾得敘明違規事實或檢具違規證據資料，向公路主管或警察機關檢舉，經查證屬實者，應即舉發。本條係基於警力有限考量，並避免因民眾取巧違規造成交通秩序混亂主因之一，若人民協助檢舉交通違規，除可彌補警力之不足外，亦將產生極大之嚇阻效果（立法院法律系統，2012）。

法諺有云：「有原則，即有例外，例外應從嚴」，有關道路交通違規之舉發仍應以當場攔截舉發爲原則，而以非當場攔截舉發爲例外，尤其是不宜以警力不足或增加取締績效及增加國庫收入而大幅提升道交條例第7條之2的「逕行舉發」方式之頻率，若仍以現行採「違規行爲類型」加上「當場不能或不宜攔截製單舉發者，得逕行舉發」之規範內涵，而無進一步明確之合理指標作爲執法判斷與裁量準據，恐有違反人權保障之法理。因此，逕行舉發之不能或不宜當場攔截製單舉發之判準應儘量以客觀需求因素爲考量，甚至應建立「客觀指標」作爲基準，而非僅委由負責執法舉發之警察人員基於「主觀考量」而自認有「不能或不宜」當場攔截製單舉發之情形；抑或爲了增加國庫收入，而以逕行舉發方式大量逕行舉發。則如此將使人民喪失其主體性，而成爲國家不當執法之客體，當非民主法治國之憲法保障人民之良方，故此議題乃值得進一步深思求進。

第 7 條之 3（對大眾捷運系統車輛之逕行舉發）

大眾捷運系統車輛駕駛人之行為，有前條第一項所列得逕行舉發之情形者，應記明其車輛違規地點、時間、行駛方向等可資辨明之資料，以其營運機構為被通知人製單舉發。

壹、導言

一、立法目的

本條旨在因應未來相關地方政府所規劃之大眾捷運系統違規態樣不同，爰增訂大眾捷運系統車輛駕駛人之行為，有第7條之2第1項所列違反道交條例規定當場不能或不宜攔截製單舉發之情形者，亦得逕行舉發，並增訂逕行舉發之通知程序，應記明其車輛違規地點、時間、行駛方向等可資辨明之資料，以其營運機構為被通知人製單舉發。

二、立法沿革

本條係2015年5月20日總統華總一義字第10400058181號令始公布增訂；施行日期，由行政院以命令定之。2015年8月10日行政院院臺交字第1040041233號令發布定自2015年8月15日施行。

三、性質定位

本條之性質亦屬於法律保留所規定大眾捷運系統車輛駕駛人之行為規範，亦即未能遵守者，將予以舉發制裁，故性質上亦屬於行政秩序罰之制裁處罰規範，亦是行政作用法之範疇。

貳、內容解析

本條規定係以「大眾捷運系統車輛駕駛人之行為」違反前條第1項所列得逕行舉發之情形為取締舉發之基礎，亦即違法構成要件係以前條第1項規定為依據。若有違反則應記明其車輛違規地點、時間、行駛方向等可資辨明之資料，並以其營運機構為被通知人製單舉發。又按「違反道路交通管理事件統一裁罰基準及處理細則」第11條第1項第5款規定：「五、大眾捷運系統車輛駕駛人之行為，有本條例第七條之二第一項所列得逕行舉發之情形者，應記明其車輛違規地點、時間、行駛方向等可資辨明之資料，以其營運機構為被通知人製單舉發。」

本條所稱「大眾捷運系統車輛」，依道交條例第3條第9款之定義為：「指大眾捷運法所定大眾捷運系統使用之專用動力車輛。」又所稱大眾捷運系統之定義，係依大眾捷運法第3條規定：「本法所稱大眾捷運系統，指利用地面、地下或高架設施，使用專用動力車輛，行駛於導引之路線，並以密集班次、大量快速輸送都市及鄰近地區旅客之公共運輸系統（第1項）。前項大眾捷運系統，依使用路權型態，分為下列二類：一、完全獨立專用路權：全部路線為獨立專用，不受其他地面交通干擾。二、非完全獨立專用路權：部分地面路線以實體設施與其他地面運具區隔，僅在路口、道路空間不足或其他特殊情形時，不設區隔設施，而與其他地面運具共用車道（第2項）。大眾捷運系統爲非完全獨立專用路權者，其共用車道路線長度，以不超過全部路線長度四分之一爲限。但有特殊情形，經中央主管機關報請行政院核准者，不在此限（第3項）。第二項第二款之大眾捷運系統，應考量路口行車安全、行人與車行交通狀況、路口號誌等因素，設置優先通行或聲光號誌（第4項）。」

再者，本條所稱「有前條第一項所列得逕行舉發之情形者」，其第1項規定如下：「汽車駕駛人之行爲有下列情形之一，當場不能或不宜攔截製單舉發者，得逕行舉發：一、闖紅燈或平交道。二、搶越行人穿越道。三、在道路收費停車處所停車，不依規定繳費。四、不服指揮稽查而逃逸，或聞消防車、救護車、警備車、工程救險車、毒性化學物質災害事故應變車之警號不立即避讓。五、違規停車或搶越行人穿越道，經各級學校交通服務隊現場導護人員簽證檢舉。六、行經收費之道路，不依規定繳費。七、經以科學儀器取得證據資料證明其行爲違規。」

參、綜論

交通部指出，爲配合現行道交條例第7條之3及第8條之1對於大眾捷運系統車輛駕駛人行駛於共用通行道路，若違反汽車行駛規定時，須依各相關條文處罰及製單舉發的規定，違反道路交通管理事件統一裁罰基準及處理細則第2條[49]、第11條[50]、第15條、第25條[51]及第70條[52]新增了關於大眾捷運系統車輛駕駛人違規處罰及舉發通知單應塡載事項，並以其營運機構爲被通知人等相關規定；另外，爲使公路主管及警察機關對違規行爲進行稽查時，其舉發方式及法令依據能更趨周延，也增訂了當場舉發、逕行舉發、職權舉發、肇事舉發、民眾檢舉舉發等各類型舉發的方式[53]。

另一方面，値得探討之問題有二：一者本條規範爲大眾捷運系統車輛駕駛人之行爲，以「有前條第一項所列得逕行舉發之情形者」係屬於「汽車駕駛人之行爲」；二

49 「違反道路交通管理事件統一裁罰基準及處理細則」第2條第4項：「大眾捷運系統車輛行駛共用通行道路，其駕駛人違反本條例第二章汽車行駛規定條文者，依各該條規定處罰。」

50 同上細則第11條第1項第5款：「大眾捷運系統車輛駕駛人之行爲，有本條例第七條之二第一項所列得逕行舉發之情形者，應記明其車輛違規地點、時間、行駛方向等可資辨明之資料，以其營運機構爲被通知人製單舉發。」

51 同上細則第25條第4項：「以大眾捷運系統營運機構爲被通知人舉發違反道路交通管理事件者，移送其營運機構監督機關所在地處罰機關處理。」

52 同上細則第70條第2項：「汽車駕駛執照點數計算，包含駕駛大眾捷運系統車輛違規點數。」

53 捷運駕駛違規比照汽車行駛處罰 違反道路交通管理事件統一裁罰基準及處理細則修正，法源法律網，https://www.lawbank.com.tw/news/NewsContent.aspx?NID=130628，最後瀏覽日期：2023/12/26。

者在性質與實務運作及執法特性上有許多差異，以之類推適用來加以舉發，其合適性顯不無疑義。實應另定對大眾捷運系統車輛之逕行舉發規定。又，本條明定「應記明其車輛違規地點、時間、行駛方向等可資辨明之資料，以其營運機構爲被通知人製單舉發」，以「營運機構」作爲執法客體，是否妥適？亦值得探討。

第 8 條（處罰機關）

違反本條例之行為，由下列機關處罰之：

一、第十二條至第六十八條及第九十二條第七項、第八項由公路主管機關處罰。

二、第六十九條至第八十四條由警察機關處罰。

前項處罰於裁決前，應給予違規行為人陳述之機會。

第一項第一款之處罰，公路主管機關應設置交通裁決單位辦理；其組織規程由交通部、直轄市政府定之。

壹、導言

一、立法目的

本條分三項，其立法目的分別爲違反道交條例之行爲有關處罰權責區分、當事人陳述意見權利之賦予及交通裁決單位之設置與授權訂定組織規程之機關。

二、立法沿革

2013年1月30日修正本條文僅增訂第1項第1款之內容，新增「……及第九十二條第七項、第八項……」而成爲：「一、第十二條至第六十八條及第九十二條第七項、第八項由公路主管機關處罰。」

三、性質定位

本條之性質旨在區分本法相關處罰之分類承辦機關，並強調裁罰前應給予違規行爲人陳述機會之程序規定。再者，本條第3項則屬於組織法之性質，授權由交通部或直轄市政府訂定交通裁決單位之組織規程。

貳、內容解析

本條內容共區分爲三項，第1項旨在區分管轄機關；第2項明定處罰於裁決前，應給予違規行爲人陳述之機會；第3項則授權設置交通裁決單位辦理公路主管機關依法應辦理之處罰事項，並明定該單位之組織規程由交通部、直轄市政府定之。茲就上述三項重點內涵分別論析如下：

一、裁處管轄機關

依據本條第1項第1款之規定區分爲二：一爲違反道交條例第12條至第68條及第92條第7項、第8項由公路主管機關處罰。按「交通部公路局組織法」第2條掌理事項第4款規定：「四、公路監理業務之規劃、執行、督導及管理；車輛行車事故之鑑定及覆議業務。」同組織法第5條第3款規定：「三、各區監理所：執行公路監理、運輸管理及車輛行車事故鑑定事項。」又直轄市、縣市另於各交通局成立其交通事件裁決所辦理相關業務；二爲違反道交條例第69條至第84條由警察機關處罰。按道交條例第二章係對「汽車」行駛而違反道交條例之行爲課予行爲規範及其處罰之法律效果。又按「道路交通安全規則[54]」第2條第1項第1款規定：「一、汽車：指在道路上不依軌道或電力架線而以原動機行駛之車輛（包括機車）。」同規則第3條規定：「汽車依其使用性質，分爲下列各類：一、客車：（一）大客車：座位在十座以上或總重量逾三千五百公斤之客車、座位在二十五座以上或總重量逾三千五百公斤之幼童專用車。其座位之計算包括駕駛人、幼童管理人及營業車之服務員在內。（二）小客車：座位在九座以下之客車或座位在二十四座以下之幼童專用車。其座位之計算包括駕駛人及幼童管理人在內。二、貨車：（一）大貨車：1.總重量逾三千五百公斤之貨車。2.自中華民國一百零九年九月四日起，新登檢領照總重量逾三千五百公斤至五千公斤且全長逾六公尺之貨車。（二）小貨車：1.總重量在三千五百公斤以下之貨車。2.自中華民國一百零九年九月四日起，新登檢領照總重量逾三千五百公斤至五千公斤且全長六公尺以下之貨車。三、客貨兩用車：（一）大客貨兩用車：總重量逾三千五百公斤，並核定載人座位，或全部座位在十座以上，並核定載重量之汽車。（二）小客貨兩用車：總重量在三千五百公斤以下，或全部座位在九座以下，並核定載人座位及載重量，其最後一排座椅固定後，後方實際之載貨空間達一立方公尺以上之汽車。四、代用客車：（一）代用大客車：大貨車兼供代用客車者，爲代用大客車，其載客人數包括駕駛人在內不得超過二十五人。（二）代用小客車：小貨車兼供代用客車者，爲代用小客車，其載客人數包括駕駛人在內不得超過九人。五、特種車：（一）大型特種車：總重量逾三千五百公斤，或全部座位在十座以上之特種車。（二）小型特種車：總重量在三千五百公斤以下，或全部座位在九座以下之特種車。六、機車：（一）重型機車：1.普通重型機車：(1)汽缸總排氣量逾五十立方公分且在二百五十立方公分以下之二輪或三輪機車。(2)電動機車之馬達及控制器最大輸出馬力逾五馬力

54　本規則係依道交條例第92條第1項規定訂定之「法規命令」。

且在四十馬力（HP）以下之二輪或三輪機車。2.大型重型機車：(1)汽缸總排氣量逾二百五十立方公分之二輪或三輪機車。(2)電動機車之馬達及控制器最大輸出馬力逾四十馬力（HP）之二輪或三輪機車。（二）輕型機車：1.普通輕型機車：(1)汽缸總排氣量在五十立方公分以下之二輪或三輪機車。(2)電動機車之馬達及控制器最大輸出馬力在五馬力（HP）以下、一點三四馬力（電動機功率一千瓦）以上或最大輸出馬力小於一點三四馬力（電動機功率小於一千瓦），且最大行駛速率逾每小時四十五公里之二輪或三輪機車。2.小型輕型機車：電動機車之馬達及控制器最大輸出馬力小於一點三四馬力（電動機功率小於一千瓦），且最大行駛速率在每小時四十五公里以下之二輪或三輪機車。（三）前二目三輪機車以車輪爲前一後二或前二後一對稱型式排列之機車爲限。」

再者，有關上述第1項第2款規定「第六十九條至第八十四條由警察機關處罰」，其中含括道交條例第三章「慢車」、第四章「行人」及第五章「道路障礙」之相關規範與罰則。該項內容主要且首先規範「慢車」（第69條至第77條之1）之定義，並明定其行爲規範及違反之處罰，其含括慢車種類及名稱如下：（一）腳踏自行車；（二）電動輔助自行車；（三）微型電動二輪車；（四）其他慢車：1.人力行駛車輛；2.獸力行駛車輛；3.個人行動器具等。再者，道交條例第四章第78條至第81條之1係規範「行人」之違反構成要件與法律效果。繼而道交條例第五章第82條至第84條則規範「道路障礙」之阻礙交通行爲及其處罰。

二、違規行爲人之陳述機會

本條第2項規定：「前項處罰於裁決前，應給予違規行爲人陳述之機會。」再者，依「違反道路交通管理事件統一裁罰基準及處理細則」第37條規定：「違反道路交通管理事件之處罰機關，得於適當地點設置陳述室，供違規行爲人於裁決前，陳述被舉發之違規事實。」又同細則第40條規定：「違反本條例行爲之處罰，處罰機關於裁決前，應給予違規行爲人陳述之機會；違規行爲人陳述時，得交付違反道路交通管理事件陳述單，請其自行塡明或由處罰機關指定人員代爲塡寫，並由陳述人簽章後處理之。」雖本條第2項有此「陳述意見」規定，但論者指出：「道路交通管理處罰條例雖有規定交通警察爲交通稽查、取締的執行者，但未規定取締交通違規相關程序，原則上在於執行道路交通稽查勤務，適用行政程序法的相關規定[55]。」其更指出：「行政處分前『預告』後，當事人仍違反行政機關規定，此時行政機關在作成行政處分前應定期限請當事人陳述意見，說明理由[56]。」

55 方文宗，交通法律問題評析，元照，2008年初版，第129頁。

56 方文宗，交通法律問題評析，元照，2008年初版，第140頁。

三、交通裁決單位之組織設置

本條第3項規定：「第一項第一款之處罰，公路主管機關應設置交通裁決單位辦理；其組織規程由交通部、直轄市政府定之。」再者，「違反道路交通管理事件統一裁罰基準及處理細則」第7條規定：「依本條例第二章各條款或第九十二條第六項至第八項規定舉發之違反道路交通管理事件，得由中央及直轄市公路主管機關委任所屬機關處罰。」然而，1969年8月21日內政部（58）台內警字第332238號、交通部（58）交路字第580810740號、司法行政部（58）台布參字第6061號令會銜訂定「交通事件裁決所設置辦法」。當時於該辦法第2條規定：「直轄市、縣（市）應由該管警察機關會同公路主管機關聯合設立交通事件裁決所，專責處理道路交通管理處罰條例第二章各條所定之違反道路交通管理事件。其編組表應報請行政院核備（第1項）。交通事件較少之縣（市），得由省警政主管機關會同省公路主管機關核定免設交通事件裁決所，並分別報請內政部、交通部、法務部備查（第2項）。」同辦法第3條規定：「交通事件裁決所，由警察機關管理，其業務分別受各該業務主管機關監督。」惟該辦法於1999年12月8日廢止。

參、綜論

一、違規行為人之陳述機會，本條第2項規定：「前項處罰於裁決前，應給予違規行為人陳述之機會。」如下之陳述書規定，可能產生適用疑義，值得進一步討論。

二、行政作用法中明定「組織」之設置，違反「中央行政機關組織基準法」之規定：按本條第3項規定：「第一項第一款之處罰，公路主管機關應設置交通裁決單位辦理；其組織規程由交通部、直轄市政府定之。」道交條例之性質原則上屬於「行政作用法」中之「制裁處罰」法制之性質。卻在此行政作用法中明定組織設置，且授權訂定「組織規程」，顯然有違背「中央行政機關組織基準法」第5條第3項規定：「本法施行後，除本法及各機關組織法規外，不得以作用法或其他法規規定機關之組織。」未來應有加以檢討修正之必要。

三、本條第3項所定「公路主管機關應設置交通裁決單位辦理；其組織規程由交通部、直轄市政府定之」，其中「其組織規程由交通部、直轄市政府定之」等字句，中央交通部設置有「交通部公路總局各區監理所組織通則」為依據，惟有關「交通事件裁決所設置辦法」已廢止，現地方政府監理僅由各直轄市政府分別訂定「組織規程」，例如「新北市政府交通事件裁決處組織規程」，以為依據。

四、鑑於本條規範內容將處罰機關分別歸由公路主管機關及警察機關處罰，論者將之稱為「雙主管機關[57]」。然而，論者亦指出：「立法者及掌理處罰條例法案修正之主管機關交通部與內政部，為何將交通秩序罰之處罰主體區分為二，於立法理由、審查及討論上均未見明確[58]。」然而，此二種相關處罰規定係屬於歐陸法系（Civil Law System）國家才有，乃規定由「行政機關」（行政權）加以裁處，不服才會救濟到法院；然相對地，海洋法系（Common Law System）國家則對於交通違規之處罰與救濟均係歸由法院裁定。

五、按行政訴訟法第二編第一程序之第三章「交通裁決事件訴訟程序」，係以專章規定，分別於該法第237條之1至第237條之9規定交通裁決事件提起行政訴訟應遵守之事項。例如，第237條之1第1項第1款明定交通裁決事件之範圍：「一、不服道路交通管理處罰條例第八條及第三十七條第六項之裁決，而提起之撤銷訴訟、確認訴訟。」又交通裁決事件，得由原告住所地、居所地、所在地或違規行為地之地方行政法院管轄[59]。司法實務上之法院判決理由亦指出：「汽車駕駛人若違反道路交通管理處罰條例第8條及第37條第5項規定，應由公路主管機關處罰，違規行為人不服處罰裁決提起撤銷訴訟、確認訴訟，應以原處分機關為被告，由原告住所地、居所地、所在地或違規行為地之地方法院行政訴訟庭管轄[60]。」

第 8 條之 1（大眾捷運系統車輛違規準用汽車行駛規定之處罰）
大眾捷運系統車輛行駛共用通行道路，其駕駛人違反第二章汽車行駛規定條文者，依各該條規定處罰。

壹、導言

一、立法目的

本條2015年新增，主要考量未來相關地方政府所規劃之大眾捷運系統共用通行道路路線布設方式及車輛行駛規定可能未盡相同，為避免逐條式列舉大眾捷運系統車輛違反規定之處罰，無法符合大眾捷運系統實際發展需要，未來尚須修正道交條例相

57 林家賢，司法對交通秩序罰審查問題之研究——以普通法院交通法庭審查為中心，新學林，2007年初版，第68頁。轉引自：錢建榮，交通事件處理及救濟程序相關案例之檢討——以舉發通知單為中心，臺灣桃園地方法院93年度司法研究發展報告，臺灣桃園地方法院，2004年，第8頁。

58 同前註。

59 行政訴訟法第237條之2明定交通裁決事件之管轄法院。

60 最高行政法院104年度裁字第769號裁定，2015年4月30日。

關條文，爰參照第32條動力機械違規行駛道路處罰之體例，增訂大眾捷運系統車輛行駛共用通行道路，其駕駛人違反第二章汽車行駛規定條文者，依各該條規定處罰之規定。

現行汽車駕駛人駕駛車輛行駛道路違反道交條例規定行爲者，除處罰鍰外，另有應接受道路交通安全講習，並應受處罰記違規點數、吊扣或吊銷其駕駛執照等之處分，考量大眾捷運系統其車輛量體大，行駛共用通行道路時應更注意行車安全，爰嚴格規範大眾捷運系統車輛行駛共用通行道路，其駕駛人違反第二章汽車行駛規定條文者，依各該條規定而有受罰鍰、接受道路交通安全講習、受處罰記違規點數、吊扣或吊銷其汽車駕駛執照等之處罰，均應適用之。

二、立法沿革

2015年5月20日總統華總一義字第10400058181號令修正公布增訂本條條文；施行日期，由行政院以命令定之。因而行政院於2015年8月10日以院臺交字第1040041233號令發布，定自2015年8月15日施行。

三、性質定位

本條旨在闡明大眾捷運系統車輛行駛共用通行道路，其駕駛人違反第二章汽車行駛規定條文者，依各該條規定處罰，故此規定內涵並非行爲規範，而是教示有關大眾捷運系統車輛行駛共用通行道路係適用道交條例第二章汽車行駛規定處罰。因此，本條規範在性質上係爲立法經濟原則，而採取直接共同適用道交條例第二章之規定。

貳、內容解析

交通部指出，爲配合現行道交條例第7條之3及第8條之1對於大眾捷運系統車輛駕駛人行駛於共用通行道路，若違反汽車行駛規定時，須依各相關條文處罰及製單舉發的規定，違反道路交通管理事件統一裁罰基準及處理細則第2條、第11條、第15條、第25條及第70條新增了關於大眾捷運系統車輛駕駛人違規處罰及舉發通知單應填載事項，並以其營運機構爲被通知人等相關規定[61]。

本條規定「大眾捷運系統車輛行駛共用通行道路，其駕駛人違反第二章汽車行駛規定條文者，依各該條規定處罰」，可知一般行使汽車之道路，亦可能提供大眾捷運

---

61 捷運駕駛違規比照汽車行駛處罰 違反道路交通管理事件統一裁罰基準及處理細則修正，法源法律網，https://www.lawbank.com.tw/news/NewsContent.aspx?NID=130628，最後瀏覽日期：2023/12/25。

系統車輛行駛，而成爲共用通行道路。因此，大眾捷運系統車輛行駛於共用通行道路時，其駕駛人亦可能違反第二章所定之汽車行駛規定條文，則本條明定該違規之大眾捷運系統車輛之駕駛人，依各該條規定處罰。

依據道路交通安全規則第2條第1項第25款定義：「大眾捷運系統車輛：指大眾捷運法所定大眾捷運系統使用之專用動力車輛。」同規則第61條之1第3項規定：「駕駛大眾捷運系統車輛駕駛人，應持有小型車以上職業駕駛執照。」再者，違反道路交通管理事件統一裁罰基準及處理細則第25條第4項規定：「以大眾捷運系統營運機構爲被通知人舉發違反道路交通管理事件者，移送其營運機構監督機關所在地處罰機關處理。」此係補充違規裁處管轄地區。另同細則第70條第2項規定：「汽車駕駛執照點數計算，包含駕駛大眾捷運系統車輛違規點數。」

參、綜論

一般而言，「大眾捷運系統車輛」與「汽車」應有其特性與規範差異，本條如此簡要規定其適用方式，是否符合明確性與相關法理，不無疑義。又在實務運作上，是否適用合宜？應有加以析論之必要。

再者，道路交通安全規則第94條第4項規定：「汽車行駛於大眾捷運系統車輛共用通行之車道時，聞或見大眾捷運系統車輛臨近之聲號或燈光時，應即依規定變換車道，避讓其優先通行，並不得在後跟隨迫近。但道路主管機關另有規定者，不在此限。」加上同規則第104條之1規定：「汽車行駛至有大眾捷運系統車輛共用通行之交岔路口，除應依標誌、標線或號誌之指示行駛外，並應遵守下列規定：一、行至設有聲光號誌之交岔路口，警鈴已響，閃光號誌已顯示，駕駛人應暫停俟大眾捷運系統車輛通過後，看、聽兩方無大眾捷運系統車輛駛來，始得通過。二、行至聲光號誌故障而無交通指揮人員指揮之交岔路口時，駕駛人應暫停、看、聽兩方無大眾捷運系統車輛駛來，始得通過。」另同規則第130條之1對慢車亦有相同之規定。再者，同規則第126條第5項規定：「慢車行駛於大眾捷運系統車輛共用通行之車道時，聞或見大眾捷運系統車輛臨近之聲號或燈光時，應即依規定變換車道，避讓其優先通行，並不得在後跟隨迫近。但道路主管機關另有規定者，不在此限。」再者，同規則第135條之1亦規定：「行人通過大眾捷運系統車輛共用通行之交岔路口、行人穿越道及行人徒步區，除應依標誌、標線或號誌之指示通過外，並應遵守下列規定：一、行至設有聲光號誌之交岔路口，聲光號誌已顯示時，應即靠邊停止，不得通過。二、行至聲光號誌故障而無交通指揮人員指揮之交岔路口時，應暫停、看、聽兩方無大眾捷運系統車輛駛來，始得通過。」以上針對汽車、慢車及行人遇大眾捷運系統車輛之進行原則加以明定，以利遵行。又同規則第110條規定略以：「……大眾捷運系統車輛共用通行交岔路口且為大眾捷運系統車輛導引路線上等危險地帶，不得倒車。但因讓車、停車或起駛有倒車必要者，不在此限。」以上此些規定旨在明定大眾捷運系統車輛原則上具有通行優先權。但本條規定其駕駛人違反第二章汽車行駛規定條文者，依各該條規定處罰，此違反之處罰規定不為區分，是否合宜，亦不無疑義。

第9條（罰鍰之處罰）
本條例所定罰鍰之處罰，受處罰人接獲違反道路交通管理事件通知單後，於三十日內得不經裁決，逕依第九十二條第四項之罰鍰基準規定，向指定之處所繳納結案；不服舉發事實者，應於三十日內，向處罰機關陳述意見；其不依通知所定期限前往指定處所聽候裁決，且未依規定期限繳納罰鍰結案或向處罰機關陳述意見者，處罰機關得逕行裁決之。
本條例之罰鍰，應提撥一定比例專款專用於改善道路交通；其分配、提撥比例及運用等事項之辦法，由交通部會同內政部、財政部定之。

壹、導言

一、立法目的

本條共分兩項，第1項之立法目的旨在明確接獲違反道交條例之交通罰單後之繳納規定、不服舉發之救濟程序及得逕行裁決等現象之規定；第2項係在規定道路交通違規罰鍰收入分配及運用，並授權由交通部會同內政部、財政部會銜訂定「道路交通違規罰鍰收入分配及運用辦法」。

二、立法沿革

本條於1968年新定道交條例時尚無此規定，係於1975年道交條例全文修正時新增，當時之本條內容為：「本條例所定罰鍰之處罰，行為人接獲違反道路交通管理事件通知單後，應於十日內到達指定處所聽候裁決。但行為人認為舉發之事實與違規情形相符者，得不經裁決，逕依各該條款罰鍰最低額自動繳納結案（第1項）。前項罰鍰繳納處理程序及適用範圍，由交通部會同內政部定之（第2項）。」再分別經2002年、2005年、2014年、2015年各次修正成現行條文。特別是在2002年修法前內容分三項：「本條例所定罰鍰之處罰，行為人接獲違反道路交通管理事件通知單後，於十五日內得不經裁決，逕依規定之罰鍰標準，向指定之處所繳納結案；不服舉發事實者，應於十五日內，向處罰機關陳述意見或提出陳述書。其不依通知所定限期前往指定處所聽候裁決，且未依規定期限陳述意見或提出陳述書者，處罰機關得逕行裁決之（第1項）。前項罰鍰標準、罰鍰繳納處理程序及繳納機構，由交通部會同內政部定之（第2項）。本條例之罰鍰分配等事項之辦法，由交通部會同內政部、財政部定之（第3項）。」然此第2項隨後在2002年修法將之納入第1項中明定「逕依第九十二條第三項之罰鍰基準規定」繳納，亦即當年修法時將之納入「違反道路交通管理事件統一裁罰基準及處理細則[62]」。

三、性質定位

本條之性質係屬程序規範，旨在明確交通罰單之罰鍰繳納規定、不服舉發之救濟程序及得逕行裁決等現象之規定；另一方面係規定道路交通違規罰鍰收入分配及運用。

貳、內容解析

本條區分兩項內容，分別就罰鍰繳納與不服救濟之程序規定，以及授權訂定道交條例罰鍰專用於改善道路交通之比例及其分配辦法之授權。茲分別析論如下：

一、本條第1項內容可區分爲三個重點

（一）罰鍰之繳納方式

「本條例所定罰鍰之處罰，受處罰人接獲違反道路交通管理事件通知單後，於三十日內得不經裁決，逕依第九十二條第四項之罰鍰基準規定，向指定之處所繳納結案。」此明定違反道交條例之受處罰人自動繳納罰鍰之時限，符合法安定性原則。再者，除依「違反道路交通管理事件統一裁罰基準及處理細則」第七章自動繳納罰鍰之第48條至第59條規定外，其同細則第41條亦規定：「本條例所定罰鍰之處罰事件已依限期到案，除有繼續調查必要外，其有下列情形之一者，得不經裁決逕依基準表期限內自動繳納之規定收繳罰鍰結案：一、行爲人對舉發事實承認無訛。二、行爲人委託他人到案接受處罰（第1項）。行爲人逾指定應到案日期後到案，而有前項第一款、第二款情形者，得逕依基準表逾越繳納期限之規定，收繳罰鍰結案（第2項）。處罰機關依前二項規定收繳罰鍰時，應於通知單或違規查詢報表內，塡註其違反法條及罰鍰金額，並加蓋有裁決員職名及日期之章戳，以備查核。但以電腦傳輸違反道路交通管理事件資料者，得於電腦檔案輸入裁罰條款、金額、日期、操作員代號等資料

62 原稱「違反道路交通管理事件統一裁罰標準及處理細則」，於2002年8月30日由交通部會同內政部廢止，而新訂現行之「違反道路交通管理事件統一裁罰基準及處理細則」。

代之（第3項）。處罰機關對於非屬第一項情形之案件，或行爲人到案陳述不服舉發者，應使用違反道路交通管理事件裁決書裁決之（第4項）。」

（二）不服舉發之救濟方式

「不服舉發事實者，應於三十日內，向處罰機關陳述意見。」此與「違反道路交通管理事件統一裁罰基準及處理細則」第九章不服裁決之處理並不相同，本項規定尚在「不服舉發事實」之階段，尚未達違反道路交通管理事件之受處分人「不服處罰」，依法提起行政訴訟[63]之情形。實務上，接獲違規通知單（紅單），受處分人如對被舉發之違規事實不服，依據道交條例第8條第2項、第9條第1項及違反道路交通管理事件統一裁罰基準及處理細則第59條第2項規定，得檢具相關資料向處罰機關或原舉發機關提出陳述[64]。一般得以填寫「違反道路交通管理事件陳述單」提出意見陳述。提出若對陳述結果不服者，則可依道交條例第87條規定[65]，先申請製發裁決書，並於收受裁決書後30日內繕具起訴狀向地方法院提起行政訴訟。另於司法實務上曾有民眾依本條提出相關救濟之陳述內容指陳員警之執法態度及方式不當，因措辭嚴重指摘，而遭提起「誣告」公訴，然經終審法院認申訴民眾係依事實及法定有據而不成立。法院認該申訴民眾係依本條規定，且法院指：「誣告罪之成立，必須以虛構事實爲其前提要件，所謂事實，係指關於具體事實存否或眞僞之事件，評價、判斷、形容、指摘某人行爲不當或態度不佳等，因僅涉及指稱者個人評價或判斷問題，自不能認係虛構『事實』[66]。」

（三）得逕行裁決之要件

「其不依通知所定期限前往指定處所聽候裁決，且未依規定期限繳納罰鍰結案或向處罰機關陳述意見者，處罰機關得逕行裁決之。」依道交條例第9條規定，受處罰人接獲違反道路交通管理事件通知單後，於30日內得不經裁決，逕依第92條第4項之罰鍰基準規定，向指定之處所繳納結案；不服舉發事實者，應於30日內，向處罰機關陳述意見；其不依通知所定期限前往指定處所聽候裁決，且未依規定期限繳納罰鍰結案或向處罰機關陳述意見者，處罰機關得逕行裁決之。向應到案處所或舉發單位提出

---

63 違反道路交通管理事件統一裁罰基準及處理細則第65條訂有明文。

64 參考交通違規裁罰，臺南市政府交通局，https://traffic.tainan.gov.tw/transportation/violation-penalty/detail?id=a53b68c9-3f80-4030-bbc1-09ebbb74b4c5，最後瀏覽日期：2023/10/25。

65 道交條例第87條明定提起訴訟及撤銷期間之限制：「受處分人不服第八條或第三十七條第六項處罰之裁決者，應以原處分機關爲被告，逕向管轄之地方法院行政訴訟庭提起訴訟；其中撤銷訴訟之提起，應於裁決書送達後三十日之不變期間內爲之。」

66 臺灣高等法院108年度上訴字第3044號刑事判決，2019年11月20日。

陳述者，附上違規單影本或掃描檔案，敘明原由送由到案處所或原舉發單位辦理[67]。

二、本條第2項內容重點爲罰鍰之用途與比例及其分配辦法之授權訂定

（一）罰鍰之用途與比例

「本條例之罰鍰，應提撥一定比例專款專用於改善道路交通。」例如，「民眾所繳交的交通違規罰鍰都用在何種用途上？」其回答民眾之內容爲：「有關交通違規罰鍰之運用，係依據道路交通管理處罰條例第9條第2項：『本條例之罰鍰，應提撥一定比例專款專用於改善道路交通；其分配、提撥比例及運用等事項之辦法，由交通部會同內政部、財政部定之。』桃園市政府交通事件裁決處收繳之交通違規罰鍰悉數解繳市庫，並依交通部會同內政部、財政部訂定之道路交通違規罰鍰收入分配及運用辦法辦理[68]。」

（二）分配辦法之授權

「其分配、提撥比例及運用等事項之辦法，由交通部會同內政部、財政部定之。」因此，乃由交通部會同內政部、財政部訂定「道路交通違規罰鍰收入分配及運用辦法」（下稱「本辦法」）以資適用。其性質上屬於「法規命令」，係依本條第2項規定訂定之，旨在依法律授權以明定針對違反道路交通管理事件罰鍰收入分配及運用依本辦法之規定辦理。本辦法第3條明定：「違反本條例第二章之罰鍰，經處罰機關收繳後，分配比例如下：一、直轄市、縣（市）政府舉發案件：（一）百分之七十五分配予各直轄市、縣（市）政府。（二）百分之二十四分配予各處罰機關。（三）百分之一解繳國庫。二、內政部警政署所屬專業警察機關（國道公路警察局除外）舉發案件：（一）百分之七十解繳國庫。（二）百分之三十分配予各處罰機關。三、內政部警政署國道公路警察局舉發案件：（一）百分之五十三解繳國庫。（二）百分之三十分配予各處罰機關。（三）百分之十七分配予國道公路建設管理基金。四、公路監理機關舉發案件，由處罰機關收繳處理（第1項）。違反本條例第三章、第四章及第五章之罰鍰，由處罰機關收繳處理之（第2項）。第一項第三款第三目分配予國道公路建設管理基金之比例自九十二年一月一日起施行，其九十一年度依比例分配之經費解繳國庫（第3項）。」再者，本辦法第4條亦明定：「直轄市、縣

67 交通違規救濟，新北市政府警察局交通警察大隊，https://www.traffic.police.ntpc.gov.tw/cp-915-5150-27.html，最後瀏覽日期：2023/10/25。

68 民眾所繳交的交通違規罰鍰都用在何種用途上？，桃園市政信箱，https://taotalk.tycg.gov.tw/main/PageCtrl?p=k_2&KBId=KB2017022317107，最後瀏覽日期：2023/10/25。

（市）政府分配之罰鍰收入，應至少提撥百分之十二作爲交通執法與交通安全改善經費，其優先支應項目如下：一、道路交通違規案件舉發處理費用。二、購置及檢定交通執法裝備器材費用。三、交通執法資訊電腦化費用。四、設置或租用違規車輛保管場所或卸貨分裝場地費用。五、交通執法與安全宣導費用。六、交通執法教育訓練及考察費用。」更在本辦法第6條規定：「內政部警政署所屬專業警察機關分配之罰鍰收入，應作爲交通執法相關經費使用。」另一方面，本辦法第5條規定：「各級政府對於處理道路交通安全人員應給予適當獎勵（第1項）。前項獎勵方式及預算由各級政府依其權責分別定之（第2項）。」另第7條規定：「國道公路建設管理基金分配之罰鍰收入，應依其隸屬基金之收支保管及運用辦法規定運用。」以資明確適用。

參、綜論

本條第1項規定，旨在明定道交條例所定罰鍰之處罰之繳納期限、程序與不服之處理方式，並強調「其不依通知所定期限前往指定處所聽候裁決，且未依規定期限繳納罰鍰結案或向處罰機關陳述意見者，處罰機關得逕行裁決之」。由於道交條例大多數條文屬於明定「違規構成要件」與其「法律效果」之內容，而鮮少有關職權程序或執行強制規範條文，爲使各相關規範性質相同或近似之條文，應可考量猶如「社會秩序維護法」而另於道交條例中另定相關專章規範之。再者，本條第1項所稱「陳述意見」之法律性質爲何？仍有探討之空間。因爲其明文規定係向「處罰機關」，而非「舉發機關」，此前後二者應有不同，則此可能已非於取締交通違規時之當場異議，應係指事後才向「處罰機關」提出陳述意見，對於違規現場及時間已經改變，是否有其實益，不無疑義。

本條第1項之規定，曾有聲請人以其違反道交條例之案件，因逾期未爲繳納罰鍰，經依「違反道路交通管理事件統一裁罰標準及處理細則」及「違反道路交通管理事件統一裁罰標準表」予以處法定罰鍰最高額。因此，該聲請人依司法院釋字第423號解釋之同一法理，僅以受處分人到案時間爲裁決罰鍰下限之唯一標準，且逾越母法授權、創設逾期倍罰規定，與法律保留原則有違爲由，雖因違反道路交通安全管理處罰條例而課予行政罰，但該行政處分似應屬違法、不當而侵害聲請人之財產權，提起並窮盡各項救濟程序，既已盡訴訟程序，乃本於憲法第15條對人民財產權之保障及相關法律，依司法院大法官審理案件法（按：現爲「憲法訴訟法」，2019年1月4日總統華總一義字第10800001301號令修正公布名稱及全文95條；並自公布後三年施行，已於2023年7月7日施行）第5條第1項第2款及第8條之規定，以聲請書敘明理由事項，向司法院聲請解釋憲法。案經司法院釋字第511號解釋文指出：「爲加強道路交通管理，維護交通秩序，確保道路交通安全，道路交通管理處罰條例對違反該條例之行爲定有各項行政罰。同條例第九條第一項規定應受罰鍰處罰之行爲人接獲違反道路交通管理事件通知單後，得於十五日內逕依各該條款罰鍰最低額，自動繳納結案。依同條例第九十二條授權訂定之違反道路交通管理事件統一裁罰標準及處理細則第四十一條第一項及第四十八條第一項僅係就上開意旨爲具體細節之規定，並未逾越母法之授權，與法律保留原則亦無違背，就此部分與本院釋字第四二三號解釋所涉聲請事件尙屬有間。至上開細則第四十一條第二項規定，行爲人逾指定應到案日期後到案，另同細則第四十四條第一項規定，違反道路交通管理事件行爲人未依規定自動繳納罰鍰，或未依規定到案聽候裁決者，處罰機關即一律依標準表規定之金額處以罰鍰，此屬法律授權主管機關就裁罰事宜所訂定之裁量基準，其罰鍰之額度並未逾越法律明定得裁罰之上限，且寓有避免各行政機關於相同事件恣意爲不同裁罰之功能，亦非法所不許。上開細則，於憲法保障人民財產權之意旨並無牴觸[69]。」

另一方面，有關本條第2項明定因違反道交條例之罰鍰應提撥一定比例專款專用於改善道路交通及訂定其分配、提撥比例及運用等事項之辦法，因有關國家或地方政府之財政收入與支出另有專法明確規範，本項規定是否有其必要性及其規範性質是否合宜，均有疑義。

第9條之1（繳清尚未結案之罰鍰）
汽車所有人或駕駛人應於向公路監理機關辦理車輛過戶、停駛、復駛、繳交牌照、註銷牌照、換發牌照或駕駛執照前，繳清其所有違反本條例第二章、第三章尚未結案之罰鍰。

壹、導言

一、立法目的

本條旨在運用相關行政機關之行政手續迫使汽車所有人或駕駛人依法繳清其所有違反道交條例第二章、第三章尚未結案之罰鍰，若不依法定程序繳納罰鍰者，本條即規定其「應於向公路監理機關辦理車輛過戶、停駛、復駛、繳交牌照、註銷牌照、換發牌照或駕駛執照前」繳納前述相關罰鍰完結，否則監理機關將配合不給予辦理上述手續。

---

69 司法院釋字第511號解釋，司法院公報，第42卷第9期，2000年7月27日，第43-50頁。

二、立法沿革

本條於2007年1月29日修正前條文內容爲：「汽車所有人或駕駛人應於向公路監理機關辦理汽車檢驗、各項登記或換發牌照、執照前，繳清其所有違反本條例尚未結案之罰鍰。」當時係以違反「本條例」尚未結案之罰鍰爲限制範圍，未避免株連過廣，不相關之行人或道路障礙之違規致遭罰鍰實不宜納入，避免不符合「比例原則」或「禁止不當聯結原則」。故在2007年1月29日修正爲：「汽車所有人或駕駛人應於向公路監理機關辦理汽車檢驗、各項登記或換發牌照、執照前，繳清其所有違反本條例第二章、第三章尚未結案之罰鍰。」此修正係將「違反本條例」修正成「違反本條例第二章、第三章」尚未結案之罰鍰。繼而又在2015年1月7日將本條修正現行條文，主要修正內容係將未依法繳交罰鍰者不得辦理「汽車檢驗」予以刪除[70]，旨在避免因未辦理檢驗通過之汽車，卻仍然開車上路，造成公眾危險。交通部進一步指出，配合現行道交條例第9條之1的規定，修正違反道路交通管理事件統一裁罰基準及處理細則第61條規定，汽車所有人或駕駛人向公路監理機關辦理「汽車檢驗」時，已無需先繳清其所有違規或尚未結案的罰鍰，且依道路交通安全規則第14條及第52條規定，車輛的行車執照及駕駛執照分別自2013年1月1日及7月1日起得免換發，所以也刪除分期繳納期限應參酌的事項[71]。

三、性質定位

本條之性質屬於行政執行之公法上金錢繳納義務之強制執行，亦即明定罰鍰繳納義務人應先履行其繳納義務後，始得辦理汽車監理相關作業程序。

貳、內容解析

本條規定：「汽車所有人或駕駛人應於向公路監理機關辦理車輛過戶、停駛、復駛、繳交牌照、註銷牌照、換發牌照或駕駛執照前，繳清其所有違反本條例第二章、第三章尚未結案之罰鍰。」由內容可知，旨在強制汽車所有人或駕駛人對違反道交

---

70 道交條例修法 未繳罰鍰可驗車，中央社，「交通部路政司說，這項條文是放寬驗車規定，讓駕駛在還未繳清罰款前，也可以驗車。不過，有關車輛過户、停駛、復駛、繳交牌照、註銷牌照、換發牌照或駕駛執照前，仍應繳清還未結案的罰鍰」，https://tw.news.yahoo.com/%E9%81%93%E4%BA%A4%E6%A2%9D%E4%BE%8B%E4%BF%AE%E6%B3%95-%E6%9C%AA%E7%B9%B3%E7%BD%B0%E9%8D%B0%E5%8F%AF%E9%A9%97%E8%BB%8A-133845836.html，最後瀏覽日期：2023/2/6。

71 捷運駕駛違規比照汽車行駛處罰 違反道路交通管理事件統一裁罰基準及處理細則修正，法源法律網，https://www.lawbank.com.tw/news/NewsContent.aspx?NID=130628，最後瀏覽日期：2023/12/25。

條例第二章、第三章尚未結案之罰鍰，應於向公路監理機關辦理車輛過戶、停駛、復駛、繳交牌照、註銷牌照、換發牌照或駕駛執照前繳清。

首先，本條之「罰鍰」應屬於「行政執行法」上之「公法上金錢給付義務」，爲強制繳納義務人能依法履行其繳納義務而規定此條款。其義務人限於「汽車所有人或駕駛人」，其交通監理作業類型限於「應於向公路監理機關辦理車輛過戶、停駛、復駛、繳交牌照、註銷牌照、換發牌照或駕駛執照」，並將「罰鍰」限於源自對違反道交條例第二章、第三章尚未結案之罰鍰，並非所有違反道交條例之罰鍰範圍。

再者，針對本條規定「汽車所有人或駕駛人應於向公路監理機關辦理車輛過戶、停駛、復駛、繳交牌照、註銷牌照、換發牌照或駕駛執照前，繳清其所有違反本條例第二章、第三章尚未結案之罰鍰」，其適用是否違背法令，且是否因而侵害人民有關憲法保障之財產權爭議，司法實務判決主張略以：「依道路交通管理處罰條例第9條之1、道路交通安全規則第8條明定對罰鍰或汽車燃料費未經繳清即不准辦理汽車過戶登記，上訴人雖因拍賣取得系爭車輛所有權，然汽車登記與所有權歸屬係屬兩事，且上訴人可經由公路主管機關取得拍賣車輛積欠稅費或罰鍰之資訊，故因車輛未繳納稅費或罰鍰而無法辦理過戶，此屬上訴人事前所得計算或推估之風險，上訴人事後主張其代繳系爭車輛積欠之費用及罰鍰，乃不當侵害其財產權云云，自不可採[72]。」

參、綜論

我國對於屬「行政執行法」上之「公法上金錢給付義務」之執行，卻以其他交通監理行政手續作爲擔保前提，其合適性與必要性均有值得進一步探討之空間。此條之規定是否符合「比例原則」及「禁止不當聯結原則」，實不無疑義。

有關本條立法目的旨在司法實務上亦有此換照前應繳清罰款之爭議案例，經交通部公路總局高雄區監理所陳明意見略以：「按汽車駕駛執照之核發或定期換發，主要目的在確保汽車駕駛人具有安全駕駛之能力，係屬對於駕駛人資格之認可，具有事前預防危害發生之性質，藉由提前排除不適格之用路人，以增進人車通行之安全，保護他人之生命、身體及財產法益，進而維持社會秩序，故對於汽車駕駛執照之核發或換發訂立前提要件，與憲法保障人民權利之意旨並無違背。而所謂安全駕駛之能力，除了須具備基本之駕駛技術外，尚應包含遵守一般交通規則之基本態度，如駕駛人對於其前違反道交處罰條例之裁罰案件，依規定受罰鍰繳納結案，則可信賴違規駕駛人有繼續遵守交通規則之意願，進而共同維護道路交通安全，故以繳清違反道交處罰條例尚未結案之罰鍰，作爲是否重新換發駕駛執照之條件，確有實質上之關聯且係爲維持

72 最高行政法院99年度裁字第2067號裁定，2010年9月9日。

社會秩序所必要，非僅人民對於國家之金錢債務如何強制執行之問題而已（最高行政法院99年度判字第209號判決參照）[73]。」

第 10 條（刑責部分之移送）
車輛所有人、駕駛人、行人、道路障礙者，違反道路交通管理，依法應負刑事責任者，分別移送該管地方檢察署、地方法院少年法庭或軍事機關處理。

壹、導言

一、立法目的

本條之立法目的旨在確定車輛所有人、駕駛人、行人、道路障礙者違反道路交通管理，若違反道交條例又依法應負刑事責任者，應如何辦理處罰程序。抑或是，基於量的差異而致同一行政違法行爲轉變爲刑事犯罪行爲時，應如何辦理是。例如，酒後駕車違法由行政裁罰轉變爲刑事犯罪偵辦時，必須依法採取何種程序，應予以法定，避免適用上爭議。

二、立法沿革

1968年制定道交條例時，即有第15條規定：「車輛所有人、駕駛人、行人違反道路交通管理，依法應負刑事責任者，除依本條例之規定處罰外，並依法移送法院處理。」並於最初立法討論時，獲得無異議通過。於1975年修法時，移至第10條，內容並未改變。然於1986年修正時，行爲主體再加入「道路障礙者」，並將「依法移送法院處理」修正爲「分別移送該管地方法院檢察處、地方法院少年法庭或軍事機關處理」。其內容成爲：「車輛所有人、駕駛人、行人、道路障礙者，違反道路交通管理，依法應負刑事責任者，除依本條例規定處罰外，分別移送該管地方法院檢察處、地方法院少年法庭或軍事機關處理。」再者，於2005年12月9日將本條內容修正爲：「車輛所有人、駕駛人、行人、道路障礙者，違反道路交通管理，依法應負刑事責任者，分別移送該管地方法院檢察署、地方法院少年法庭或軍事機關處理。」亦即於此次修法將「除依本條例規定處罰外」之字句刪除，主要應是考量行政罰法於同年2月5日制定，已經於該法第26條及第32條規定應採「刑事先行」爲原則辦理，故配合該法修正之。另一方面，基於司法改革國是會議認爲院檢應分離，乃配合法院組織法第

---

73 高雄高等行政法院112年度訴字第86號判決，2023年8月23日。

114條之2條文規定，將地方法院檢察署之「去法院化」，本條乃於2021年6月9日配合修正前條文爲：「車輛所有人、駕駛人、行人、道路障礙者，違反道路交通管理，依法應負刑事責任者，分別移送該管地方檢察署、地方法院少年法庭或軍事機關處理。」

三、本條之性質與定位

本條之性質係屬訴訟程序規定，在定位上從過去的「刑行並行」方式轉變成「刑事先行」原則。歐陸法系國家的臺灣，基於一行爲違反行政與刑事法律之行爲應如何進行裁罰或訴訟程序，乃有必要加以定性與定位。因此，自從「行政罰法」制定施行後，即以該法第26條及第32條之「刑事先行」爲原則。亦即明定車輛所有人、駕駛人、行人、道路障礙者，違反道路交通管理，依法應負刑事責任者，分別移送該管地方檢察署、地方法院少年法庭或軍事機關處理。如此，才能再依上述二條文之規定，進行行政處罰程序。

貳、內容解析

道交條例第10條規定：「車輛所有人、駕駛人、行人、道路障礙者，違反道路交通管理，依法應負刑事責任者，分別移送該管地方檢察署、地方法院少年法庭或軍事機關處理。」此乃當然之理，尤其是依據行政罰法第26條亦規定：「一行爲同時觸犯刑事法律及違反行政法上義務規定者，依刑事法律處罰之。但其行爲應處以其他種類行政罰或得沒入之物而未經法院宣告沒收者，亦得裁處之（第1項）。前項行爲如經不起訴處分、緩起訴處分確定或爲無罪、免訴、不受理、不付審理、不付保護處分、免刑、緩刑之裁判確定者，得依違反行政法上義務規定裁處之（第2項）。第一項行爲經緩起訴處分或緩刑宣告確定且經命向公庫或指定之公益團體、地方自治團體、政府機關、政府機構、行政法人、社區或其他符合公益目的之機構或團體，支付一定之金額或提供義務勞務者，其所支付之金額或提供之勞務，應於依前項規定裁處之罰鍰內扣抵之（第3項）。前項勞務扣抵罰鍰之金額，按最初裁處時之每小時基本工資乘以義務勞務時數核算（第4項）。依第二項規定所爲之裁處，有下列情形之一者，由主管機關依受處罰者之申請或依職權撤銷之，已收繳之罰鍰，無息退還：一、因緩起訴處分確定而爲之裁處，其緩起訴處分經撤銷，並經判決有罪確定，且未受免刑或緩刑之宣告。二、因緩刑裁判確定而爲之裁處，其緩刑宣告經撤銷確定（第5項）。」

按有關上述類型案件之移送辦理則依行政罰法第32條規定：「一行爲同時觸犯刑事法律及違反行政法上義務規定者，應將涉及刑事部分移送該管司法機關（第1

項）。前項移送案件，司法機關就刑事案件爲不起訴處分、緩起訴處分確定或爲無罪、免訴、不受理、不付審理、不付保護處分、免刑、緩刑、撤銷緩刑之裁判確定，或撤銷緩起訴處分後經判決有罪確定者，應通知原移送之行政機關（第2項）。前二項移送案件及業務聯繫之辦法，由行政院會同司法院定之（第3項）。」

依上相關法定內涵，在司法實務上亦曾有相關適用之爭議案例可參。例如，民眾以「交通違規行爲業經檢察官起訴，現仍繫屬橋頭地院審理中，而依行政罰法第26條第1項規定，本件應依刑事法律處罰即可，被告機關無從復就本件逕行裁罰，否則除違反前開刑事優先原則外，若日後法院予以有罪判決者，更有悖於一行爲不二罰之原則」而聲明請求原處分撤銷。案經法院判決略以：「因同時觸犯刑事法律及違反行政法上義務規定之行爲，行政機關得否科以與刑罰『相類』之行政罰處罰，端視該行爲之刑事訴追或審判程序終局結果而定，在刑事訴追、審判程序尚未終局確定前，行政機關自不得逕予裁罰；至於『沒入或其他種類行政罰』，因兼具維護公共秩序之作用，爲達行政目的，行政機關仍『得』併予裁處。又此所稱『其他種類行政罰』，係指違反行政法上之義務應受『裁罰性』之『不利處分』而言，依行政罰法第2條規定，應包括剝奪或消滅資格、權利之吊銷證照處分在內。以是，汽車駕駛人肇事逃逸時，如同時涉犯刑法第185條之4之公共危險罪者，道路交通主管機關除依上開行政罰法第26條第1項『後段』規定，處以『其他種類行政罰』外，即應依行政罰法第26條第1項前段、道路交通管理處罰條例第10條之規定，移送地方法院檢察署依刑事法律處罰之，且其後非有行政罰法第26條第2項所規定之情形，不得對行爲人裁處『罰鍰』等語，足見其實。從而被告援以上詞答辯，係就行政罰法第26條第1項規定意涵有所誤解，尚非可採。至將來本件原告所涉刑事過失傷害罪嫌部分，如經承審法院爲無罪、免訴、不受理、免刑或緩刑等裁判時，被告尚得援引同法第26條第2項（前項行爲如經不起訴處分、緩起訴處分確定或爲無罪、免訴、不受理、不付審理、不付保護處分、免刑、緩刑之裁判確定者，得依違反行政法上義務規定裁處之）規定，予以原處分內容相同之裁處，此乃行政罰法賦予被告機關之裁量、裁處權，被告機關允宜留意，一併敘明。」同判決最後略以：「因原告同一駕駛車輛違規行爲已受檢方訴追過失傷害犯行，且迄今仍在刑事審理中而未據承審法院爲行政罰法第26條第2項規定內容之裁判，依行政罰法第26條第1項規定，被告此刻即無從另就原告爲本件交通違規之『罰鍰』裁處；原告據此訴請撤銷原處分，爲有理由，應予准許。本件應俟刑事部分裁判確定後，由被告審視裁判意旨，確認是否更依行政罰法第26條第2項規定，另與裁處[74]。」

---

74 臺灣屏東地方法院112年度交字第15號判決，2023年7月24日。

參、綜論

我國刑法第185條之3規定有關「不能安全駕駛罪」即爲適例，該條內容銜接道交條例有關取締酒後駕車之行爲規範與處罰，其規定：「駕駛動力交通工具而有下列情形之一者，處三年以下有期徒刑，得併科三十萬元以下罰金：一、吐氣所含酒精濃度達每公升零點二五毫克或血液中酒精濃度達百分之零點零五以上。二、有前款以外之其他情事足認服用酒類或其他相類之物，致不能安全駕駛。三、尿液或血液所含毒品、麻醉藥品或其他相類之物或其代謝物達行政院公告之品項及濃度值以上。四、有前款以外之其他情事足認施用毒品、麻醉藥品或其他相類之物，致不能安全駕駛（第1項）。因而致人於死者，處三年以上十年以下有期徒刑，得併科二百萬元以下罰金；致重傷者，處一年以上七年以下有期徒刑，得併科一百萬元以下罰金（第2項）。曾犯本條或陸海空軍刑法第五十四條之罪，經有罪判決確定或經緩起訴處分確定，於十年內再犯第一項之罪因而致人於死者，處無期徒刑或五年以上有期徒刑，得併科三百萬元以下罰金；致重傷者，處三年以上十年以下有期徒刑，得併科二百萬元以下罰金（第3項）。」再者道交條例第86條第1項規定：「汽車駕駛人有下列情形之一，因而致人受傷或死亡，依法應負刑事責任者，得加重其刑至二分之一……。」因此，道交條例乃於總則章明定相關管轄體系之區分，有其必要性。

另一方面，道路交通主管處罰機關除有行政罰法第26條第1項但書規定得處「其他種類行政罰」之情形外，關於罰鍰部分，即應依行政罰法第26條及道交條例第10條規定，移送地方檢察署處理，於移送後，非有行政罰法第26條第2項所定不起訴處分等事由，不得再依道交條例第35條第1項第1款規定，裁處行爲人罰鍰。有關交通違規案件亦涉及刑事犯罪之法律適用問題，司法實務上亦迭有相關判決案件可資參考[75]。

第 11 條（軍用車輛及駕駛人之適用）

軍用車輛及軍用車輛駕駛人，應遵守本條例有關道路交通管理之規定，並服從執行交通勤務之警察及憲兵指揮。

國軍編制內之軍用車輛及軍用車輛駕駛人，違反前項規定之處罰，由國防部定之。

[75] 臺灣高等法院101年度交抗字第1036號刑事裁定，2012年10月31日；臺灣高等法院101年度交抗字第1034號刑事裁定，2012年10月31日；臺灣高等法院101年度交抗字第39號刑事裁定，2012年1月30日。

壹、導言

一、立法目的

本條規定旨在區分國軍編制內軍用車輛及其駕駛人之管轄與處罰規範依據，係有別於一般車輛之管理規定與方式。故本條第1項明定軍用車輛及軍用車輛駕駛人除應遵守道交條例規定之交通管理外，在交通實務上並應服從執行交通勤務之警察及憲兵指揮。更進一步於第2項規定特別處罰權限由國防部定之，係採有別於道交條例一般車輛之管轄與處罰。本條如此差異規範之目的，應係考量軍用車輛種類及其使用時機常與一般車輛有所不同，故有給予特別規定之必要。

二、立法沿革

道交條例於1968年1月24日首次制定公布施行時，第一章共有16條條文，而於最初立法時即在最後的第16條明定：「軍用車輛及軍用車輛駕駛人，應遵守本條例有關道路交通管理之規定，並服從執行交通勤務之警察及憲兵之指揮（第1項）。戰列部隊編製裝備內之軍用車輛及軍用車輛駕駛人違反前項規定之處罰，另由國防部以命令定之（第2項）。」可知本條對於軍用車輛及軍用車輛駕駛人之管轄與懲處權自始即與一般車輛及其駕駛人有所區分，而且以法律明確規定其依據，並授權由主管機關國防部另定二個屬於「法規命令」性質之辦法來進一步規範適用，其分別為「國軍編制內軍用車輛管理及處罰辦法」與「國軍編制內車輛登記領用車照辦法」。

貳、內容解析

本條適用於軍用車輛及駕駛人，採有別於一般車輛之特別規定。其內容分二項，第1項規定：「軍用車輛及軍用車輛駕駛人，應遵守本條例有關道路交通管理之規定，並服從執行交通勤務之警察及憲兵指揮。」本項規定旨在明定軍用車輛及軍用車輛駕駛人仍應與一般車輛及其駕駛人一樣遵守道交條例之各相關管理規定，惟所不同的是，在道路行使上除仍應服從執行交通勤務之警察外，另應服從憲兵指揮，此與一般車輛及其駕駛人有所差異。

本條第2項規定：「國軍編制內之軍用車輛及軍用車輛駕駛人，違反前項規定之處罰，由國防部定之。」旨在明定處罰管轄權機關為國防部，而且授權由其訂定相關法規命令性質之「國軍編制內軍用車輛管理及處罰辦法」（以下簡稱「本辦法」，係依公路法第61條第3項及道交條例第11條第2項規定訂定之）；所謂國軍編制內車輛，則另依「國軍編制內車輛登記領用車照辦法」加以管理。本條之內容解析係就本辦法加以析論如下：

本辦法第1條規定：「本辦法依公路法第六十一條第三項及道路交通管理處罰條例第十一條第二項規定訂定之。」可知本辦法之法源係由「公路法」及道交條例所授權訂定，全文共分六章，凡80條。茲就其重點析論如下：

一、第一章總則有三條規定，除首先明定此法規命令之法律授權外，次就相關名詞予以定義，如「編制內軍用車輛」：指國軍現行裝備及其他經納入國軍財產之各型車輛；「國軍人員」：指現役軍人、國防部與其所屬機關（構）、學校、部隊之文（教）職及聘雇人員。並進一步就軍車管理作業權責區分如下：（一）國防部陸軍司令部：軍車駕駛執照製發、考驗、換補、移轉等作業程序之研訂及重大交通事故之預防事項；（二）國防部憲兵指揮部：軍事需要之交通管制、重大交通事故之處理及違規統計事項；（三）國防部參謀本部後勤參謀次長室：軍車保險及重大交通事故賠償規定之研訂事項。以明相關決策與管理權責。

二、第二章軍車駕駛執照，主要係明定持有軍車駕駛執照得駕駛車種之範圍，因各車種之特性與駕駛難易度均有差異，明定以持有之執照區分之。並於本辦法第5條第1項明定：「志願役軍官、士官、志願士兵持有軍車駕駛執照者，得依國防部之規定，按持照車種及年資，於退伍時申請退役換照證明或准考證明。」並於各項次明定其申請作業程序。再者基於平時轉戰時之緊迫需求，乃有本辦法第6條之規定：「應徵、召服役人員持有民間汽車駕駛職業執照者，免試換發相同車種之軍車駕駛執照，其持有民間普通汽車駕駛執照者，經甄試合格後，換發相同車種之軍車駕駛執照（第1項）。奉准回役或再應召服役之官兵，其停役或退伍期間未滿一年者，憑發給之駕駛證明文件，換發相同車種之軍車駕駛執照，停役或退伍逾一年以上者，須經考試及格始准發照（第2項）。」上述相關作業則明定於第7條：「軍車駕駛執照製發、考驗、換補、轉移等作業程序，由陸軍司令部協調有關單位研訂後，報請國防部核定之。」

三、第三章軍車之使用管理，旨在規定軍車汽車集用場及其機件保養修護。並於本辦法第9條第2項規定：「軍車排放空氣污染物，不得超過移動污染源空氣污染物排放標準[76]，並依規定辦理車輛排放空氣污染物檢驗。」因此，軍用車輛使用仍如同一般車輛一樣，應遵守空氣污染防制法之規定標準。再者，軍車以供公務使用爲限，以及軍車限國軍人員乘用。但基於有原則即可有例外之法理，本辦法乃於第11條及第12條分別訂定其例外適用情形。又繼而在第13條前段規定：「路程在五十公里以上有火車或其他較經濟之交通工具者，不得使用軍車。」但亦有例外規定。本辦法第14條明定軍車在服勤時應隨車攜帶證照資料及安全器材，均分別詳細列示之。並進一步於第15條規定軍車搭乘人員之乘坐方式，以及於第16條

[76] 本標準依空氣污染防制法第36條第2項規定訂定之。

規定軍車裝運物品之方式。第17條規定：「軍車行駛高速公路行車之規定如下：一、懸掛（噴有）軍字號牌之小客車、客貨兩用車、大客車、大、小貨車、巡邏車及指揮車、救護車，經鑑定性能無行車安全顧慮，准行駛高速公路，演、訓及其他車輛除戰時及特定任務外不准行駛。二、應遵守高速公路交通管制規則。」第18條並有軍車行駛設有電子收費之公路、橋梁、隧道，其通行規定。第19條規定：「軍車行駛於道路上，軍車駕駛人及前、後座人員均應繫綁安全帶；騎乘軍用機車之駕駛及附載人員均應佩帶安全帽。」

四、第四章重大交通事故處理、賠償及處罰，於第20條定義「軍車重大交通事故」，繼而於第21條規定有關軍車發生重大交通事故之處罰層級與方式等。再者於第22條明定軍車發生交通事故時之處理權責與程序，並於第23條規定相關國軍車輛事故賠償事宜。再者，於本辦法第24條明定：「軍車發生重大交通事故，除刑事責任由司（軍）法審判機關依法處理外，民事賠償發生爭訟時，由車屬單位爲訴訟當事人。」第25條並明定：「軍車發生重大交通事故及違規統計，由憲兵指揮部負責，並按月列報國防部及分送有關單位備查（統計表內容及格式，由憲兵指揮部定之）。」

五、第五章違規處理及處罰，其規定條文數爲各章之冠，從第26條至第72條，然主要內涵係爲軍人駕駛車輛依各種行爲規範及其違反之罰則規定，以使之符合法律授權之明確性及行政行爲明確性原則。

六、第六章附則，於第73條即明定：「道路交通管理處罰條例規定由警察執行之事項於軍車違反交通規定時，由憲兵執行之。」並進一步於第74條規定：「軍人駕駛非軍用車輛違反交通規則者，除違紀違法部分由軍事單位依法處理外，並應負一般交通法規所規定之處罰及賠償責任。」第75條規定：「軍車違反本辦法規定事項者，由當地憲兵隊以裁決書通知車屬單位執行處罰，如不服裁決，應於收受通知十日內向原裁決之憲兵隊申請覆議，並以副本送憲兵指揮部。」以上三條旨在明定軍車駕駛人違反交通規則之裁處權責及其救濟方式。最後，於本辦法第79條規定：「軍事機關依法徵用民間之車輛，其管理規定，依本辦法辦理；另租借民間之車輛，由各軍種協調有關單位定之。」以明確一般車輛與軍事車輛互用時之性質與規範。

參、綜論

一、宜明定警察與憲兵就交通指揮及相關權責分配與協調聯繫：軍警於相關道路交通安全之管理合作，不論係平時之軍事訓練或戰時之實際對敵作戰之交通安全與管理，均有明確相關規定與落實執行，以使平戰均對相關規範明確知悉與遵守，即是本條規範之主要目的。

二、宜就平時與戰時轉換之相關規範加以對軍人及一般民眾教育訓練，使相關人員均能對此各項規定有所瞭解，避免僅有法令規定，於面臨實際作業或適用時，仍因不熟悉而影響法定目的與效果。

三、依據本條規定及其授權訂定之「國軍編制內軍用車輛管理及處罰辦法」內容分析，論者指出我國有關軍車違規之處罰主體，係屬於憲兵單位，由於其處罰主體並非公路主管機關或警察機關，以致其後處罰對象如不服憲兵單位裁決時之救濟，亦僅能依該辦法第75條規定，於收受通知後10日內向原裁決之憲兵單位申請覆議而已，而無法依道交條例第87條規定提起救濟[77]。

四、軍用車輛違規由國防部管理之法理，除依據本條及所授權訂定之管理與處罰辦法外，亦可參考最高行政法院判決：「軍用車輛是國軍人員及戰鬥物資之運輸工具，乃提升軍隊機動戰力之重要裝備。依公路法第61條第3項及道路交通管理處罰條例第11條第2項授權所訂定之國軍編制內軍用車輛管理及處罰辦法第11條規定，已揭櫫軍車以供公務使用爲限之基本原則，避免國家戰備資源流於恣意私用。而軍車除不得擅自挪爲私用外，於軍營內待命備用及配合任務出勤供用之管制，則爲鞏固軍隊戰力所需。國防部爲加強軍車管制，增強部隊戰力，依職權訂頒國軍汽車集用場及駕駛行車安全作業規定，作爲管制下級機關或下屬使用軍車所應循之業務處理方式的行政規則[78]。」

---

77 林家賢，司法對交通秩序罰審查問題之研究——以普通法院交通法庭審查爲中心，新學林，2007年初版，第69-70頁。

78 最高行政法院111年度上字第336號判決，2023年8月7日。

第二章
汽　車

第 12 條（車輛無牌照行駛及停車之處罰）

汽車有下列情形之一者，處汽車所有人新臺幣三千六百元以上一萬零八百元以下罰鍰，並禁止其行駛：

一、未領用牌照行駛。

二、拼裝車輛未經核准領用牌證行駛，或已領用牌證而變更原登檢規格、不依原規定用途行駛。

三、使用偽造、變造或矇領之牌照。

四、使用吊銷、註銷之牌照。

五、牌照借供他車使用或使用他車牌照。

六、牌照吊扣期間行駛。

七、已領有號牌而未懸掛或不依指定位置懸掛。

八、牌照業經繳銷、報停、吊銷、註銷，無牌照仍行駛。

九、報廢登記之汽車仍行駛。

十、號牌遺失不報請公路主管機關補發，經舉發後仍不辦理而行駛。

前項第一款中屬未依公路法規定取得安全審驗合格證明，及第二款、第九款之車輛並沒入之；第三款、第四款之牌照扣繳之；第五款至第七款之牌照吊銷之。

第一項第四款、第六款及第八款之汽車當場移置保管，並通知汽車所有人限期領回之。

汽車未領用有效牌照、懸掛他車號牌或未懸掛號牌於道路停車者，依第一項規定處罰，汽車並當場移置保管及扣繳其牌照。

壹、導言

本條係道交條例第二章汽車的第1條，即汽車在道路行駛應領用並懸掛牌照，汽車牌照的主要目的是識別和登記一輛特定的汽車，若無牌照而行駛於道路上，即屬違反行政上之作爲義務，應被課以罰鍰之處罰。本條就未領用牌照、無牌照之拼裝車、使用僞變造之牌照或使用已註銷之牌照等，均屬本條之適用範圍；另無牌照而行駛亦屬本條之適用態樣，包括報廢車、無牌車或號牌遺失等均屬之。

貳、內容解析

一、安全規則有關之規定

依道路交通安全規則（以下簡稱安全規則）第8條略以，汽車牌照包括號牌、行車執照及拖車使用證，爲行車之許可憑證，由汽車所有人向公路監理機關申請登記。第10條亦規定，汽車牌照不得僞造、變造或矇領，並不得借供他車使用或使用他車牌照行駛。第11條第1項則規範汽車號牌懸掛位置，除原設有固定位置外，應依各式規定位置懸掛固定。

二、處罰對象

本條的處罰對象爲汽車所有人，即車主。

三、處罰類型

本條之處罰以罰鍰爲主，其違規類型，以未領用牌照行使爲主，亦即無牌照之車輛而行駛之；而本條相當於未領用牌照之類型包括：

（一）使用僞造、變造或矇領之牌照。

（二）使用吊銷、註銷之牌照。

（三）牌照吊扣期間行駛。

（四）牌照業經繳銷、報停、吊銷、註銷，無牌照仍行駛。

（五）報廢登記之汽車仍行駛。

以上五種類型，均爲無牌照行駛而與未領用牌照之情況相當，無論其外觀是否有懸掛牌照，均不是該行駛車輛所屬之牌照。

此外，牌照借供他車使用，亦屬在幫助未領用牌照車輛行駛於道路上；使用他車牌照，本質上即該行駛車輛未領牌照或無牌照可用之，亦同上述之情形，而納入本條作爲處罰對象。

已領有號牌而未懸掛或不依指定位置懸掛，或號牌遺失不報請公路主管機關補發，經舉發後仍不辦理而行駛，這兩種情形則雖領有牌照，但前者不懸掛或掛在非指定位置而外觀難能辨識其有懸掛牌照，後者則雖有領用牌照，但遺失即應申請補發懸掛，其卻不作爲仍行駛，外觀仍屬無牌照車輛，故而均納入本條之適用處罰的類型。

四、併罰

違反本條規範之義務，除了罰鍰外，爲了確保用路人之行車安全，有必要與以下措施併罰：

（一）沒入車輛

未領用牌照行駛屬未依公路法規定取得安全審驗合格證明（本條第1項第1款）；拼裝車輛未經核准領用牌證行駛，或已領用牌證而變更原登檢規格、不依原規定用途行駛（本條第1項第2款）；報廢登記之汽車仍行駛（本條第1項第9款）等三種情形，均爲有違安全審驗合格之車輛，讓其在道路上行駛，實屬易生危害之車輛，故而有必要加以沒入處分，以維用路人之安全。

（二）扣繳牌照

使用僞造、變造或矇領之牌照（本條第1項第3款），或使用吊銷、註銷之牌照（第4款），這兩種情形所使用之牌照均屬未合法且有效之牌照，因此，該不合法或無效之牌照應予扣繳之。

（三）吊銷牌照

牌照借供他車使用或使用他車牌照（第5款）、牌照吊扣期間行駛（第6款）、已領有號牌而未懸掛或不依指定位置懸掛（第7款），這三種情況均屬雖領用有合格之牌照，但均不依規定使用，故予以吊銷該合格之牌照。

（四）當場移置保管

使用吊銷、註銷之牌照（第4款）、牌照吊扣期間行駛（第6款）、牌照業經繳銷、報停、吊銷、註銷，無牌照仍行駛（第8款），此三種情形當場禁止其駕駛，並移置保管。

五、不以行駛爲要件之處罰

汽車未領用有效牌照、懸掛他車號牌或未懸掛號牌於道路停車者，依第1項規定處罰，汽車並當場移置保管及扣繳其牌照。

參、綜論

一、本條有關之法律座談

會議次別：107年高等行政法院及地方法院行政訴訟庭業務交流法律座談會提案及研

討結果提案一。

會議日期：民國107年9月17日。

座談機關：高等行政法院及地方法院行政訴訟庭。

問題要旨：民眾向監理機關辦理汽車報廢登記並繳還牌照，其後將汽車停放路邊遭人檢舉，環保局勘查後認定未達廢棄標準非屬廢棄物，承辦員警應依道路交通管理處罰條例第12條第4項規定之未領用有效牌照於道路停車或未懸掛號牌於道路停車加以裁處？

法律問題：A將其所有之汽車（下稱系爭汽車）向監理機關辦理報廢登記，並將牌照繳還，其後A將系爭汽車停放路邊，遭人檢舉，又系爭汽車經環保局派員勘查認定爲未達廢棄標準而非屬廢棄物，則承辦員警對此應依道路交通管理處罰條例第12條第4項規定之「未領用有效牌照於道路停車」或「未懸掛號牌於道路停車」裁處？

討論意見：

甲說：未領用有效牌照說

自道路交通管理處罰條例第12條第4項規定以觀，其違規態樣有「未領用有效牌照於道路停車」、「懸掛他車號牌於道路停車」、「未懸掛號牌於道路停車」，足知「未領用有效牌照」與「未懸掛號牌」乃屬二種不同之違規事實，而參諸道路交通管理處罰條例第12條第1項對於「未領用牌照」行駛（第1款）與「已領有號牌而未懸掛」行駛（第7款）亦同樣區分爲二種不同違規樣態，再依違反道路交通管理事件統一裁罰基準表，「未領用有效牌照於道路停車」者期限內繳納或到案聽候裁決處罰鍰3,600元，而「懸掛他車號牌於道路停車」、「未懸掛號牌於道路停車」者期限內繳納或到案聽候裁決處罰鍰5,400元，兩者有所不同。準此，由前開立法文義及體系可知，所謂「未懸掛號牌」係指已領有號牌而未懸掛，自不包括「未領用有效牌照」之情形，否則立法即毋庸區別「未領用有效牌照於道路停車」與「未懸掛號牌於道路停車」、「未領用有牌照行駛」與「已領有號牌不懸掛行駛」。又所謂「未領用有效牌照」，當包括從未領用牌照與牌照業已繳銷等情形。

乙說：未懸掛號牌說

道路交通管理處罰條例第12條係於民國104年1月7日修正，其中原條文第1項第4款規定：「使用吊銷、註銷之牌照行駛。」第5款規定：「牌照借供他車使用或使用他車牌照行駛。」修正後將該等條文中之「行駛」刪除，並增訂第4項規定，考其立法意旨，乃基於使用吊銷、註銷之牌照，或牌照借供他車使用或使用他車牌照，若僅限於行駛行爲才予處罰，常導致路邊停車之違法車輛無法處理，徒添實務上執法之困擾，是不限於行駛行爲，包括停車亦屬之。而增訂之道路交通管理處罰條例第12條第4項規定之處罰型態包括「未領用有效牌照於道路停車」、「懸掛他車號牌於道路停車」及「未懸掛號牌於道路停車」。由修法歷程觀之，「未領用有效牌照於道路停車」應係本於立法者欲擴大處罰範圍之「使用吊銷、註銷之牌照行駛」而來，其處罰範圍並由「使用吊銷、註銷之牌照於道路停車」，進一步擴大為「未領用有效牌照於道路停車」（解釋上尚包括使用偽造、變造之牌照於道路停車等），而「懸掛他車號牌於道路停車」應係本於立法者欲擴大處罰範圍之「使用他車牌照行駛」而來，至「未懸掛號牌於道路停車」則係立法者所新增，由其文義本身，並相較前述「未領用有效牌照於道路停車」、「懸掛他車號牌於道路停車」，皆在規範有使用、懸掛號牌於道路停車之情形，則「未懸掛號牌於道路停車」，當指凡事實上未懸掛號牌而於道路停車者，均屬「未懸掛號牌於道路停車」範疇。

初步研討結果：多數採乙說。

高等行政法院研究意見：

（一）臺北高等行政法院：採乙說。

（二）臺中高等行政法院：多數採甲說。

（三）高雄高等行政法院：多數採甲說。

大會研討結果：

（一）地方法院行政訴訟庭表決結果：實到10人，採甲說8人，採乙說2人。

（二）高等行政法院表決結果：實到42人，採甲說31人，採乙說3人。

（三）決議採甲說。

二、本條有關之解釋

（一）發文字號：交通部交路字第1040029747號函

發文日期：民國104年9月24日。

要旨：道路交通管理處罰條例第12條第4項及第82條之1規定適用。

主旨：關於貴委員國會辦公室函為道路交通管理處罰條例第12條第4項及第82條之1規定適用乙案，復如說明，請查照。

說明：

一、復貴委員國會辦公室104年8月28日傳眞文件。

二、查104年7月1日修正施行之道路交通管理處罰條例第12條第4項修正條文，其立法意旨係為避免牌照狀態未合於規定之汽車於路邊停車無法處理，徒添實務上執法之困擾，故將未領用有效牌照、懸掛他車號牌或未懸掛號牌汽車於道路停車行為納入處罰規定，汽車並當場移置保管及扣繳其牌照，惟如屬占用道路之廢棄車輛，「占用道路廢棄車輛認定基準及查報處理辦法」已對於廢棄車輛之認定有明確規定，依特別條款優先適用原則，應依該條例第82

條之1規定處置，並非已辦理報廢登記汽車於道路停車之情形，均應依道路交通管理處罰條例第12條第4項處罰，合先說明。

三、綜上說明，執法員警查有或民眾檢舉未懸掛號牌車輛於道路停車時，執法機關應先會同環保機關確認該停放於道路之車輛是否屬於廢棄車輛，如經認定係屬廢棄車輛，則應依條例第82條之1規定處理，如經認定非屬廢棄車輛，則其停車於道路時應依條例第12條第4項規定舉發之，本部已同函副本建議內政部警政署制定一致執法標準作業流程提供所屬警員作爲執行依據。

正本：立法委員葉宜津國會辦公室。

副本：內政部警政署、交通部公路總局。

（二）發文字號：交通部交路字第1010046779號函

發文日期：民國102年1月30日。

要旨：關於農業機械行駛道路事宜。

主旨：關於貴法院函爲農業機械行駛道路事宜乙案，復如說明，請查照。

說明：

一、復貴法院101年12月12日南院勤刑元100交聲674字第1010059111號函。

二、有關貴法院所詢農業機械是否爲道路交通管理處罰條例第32條規定所稱之動力機械乙節，經查本部101年11月28日交路字第1010413357號函業已函復說明行政院農業委員會主管之農業機械，尚非屬上開條例第32條規定之動力機械在案，合先說明。

三、另本部前揭號函說明三亦已說明，農業機械其得行駛道路，係按其主管機關行政院農業委員會所訂之農業機械使用證管理作業規範規定，本部基於尊重該會所訂規定，該等依該會所訂規定領有並懸掛農機號牌之農業機械，參照道路交通管理處罰條例第12條第1項第2款相關拼裝車輛經地方政府自治規定核准領用牌證得行駛道路之規定，係可依行政院農業委員會上開規定行駛道路，惟如非依該會規定領有並懸掛農機號牌之農業機械，係不得行駛道路，若其違規行駛道路，即有道路交通管理處罰條例第12條第1項第2款規定所列拼裝車輛未經核准領用牌證行駛之處罰。

正本：臺灣臺南地方法院。

副本：行政院農業委員會、內政部警政署、交通部公路總局、臺北市政府交通局、新北市政府交通局、臺中市政府交通局、臺南市政府交通局、高雄市政府交通局。

（三）發文字號：法務部法律決字第0999024544號函

發文日期：民國99年7月14日。

要旨：關於「一行爲不二罰」係爲避免人民因法律錯綜複雜之規定，導致人民同一行爲，遭受數個不同法律之處罰，而承受過度不利之後果，此乃現代民主法治國家之基本原則，縱使於行政罰法施行前已受裁處之行政罰案件，雖無該法之適用，仍可視爲該法適用，並應擇一從重處斷之。

主旨：關於一違章行爲於行政罰法施行前業依道路交通管理處罰條例第12條第1項規定裁罰確定，稽徵機關於行政罰法施行後始依使用牌照稅法第28條規定裁罰案件，有無行政罰法第24條第1項之適用疑義乙案，本部意見如說明二、三。請查照參考。

說明：

一、復貴部99年5月31日台財稅第09904510530號函。

二、按行政罰法（下稱本法）第24條第1項及第31條第2項分別規定：「一行爲違反數個行政法上義務規定而應處罰鍰者，依法定罰鍰額最高之規定裁處。但裁處之額度，不得低於各該規定之罰鍰最低額。」「一行爲違反數個行政法上義務而應處罰鍰，數機關均有管轄權者，由法定罰鍰額最高之主管機關管轄。法定罰鍰額相同者，依前項規定定其管轄。」實務上如發生法定罰鍰額較低之主管機關先爲裁處時，則於法定罰鍰額最高之主管機關復爲裁處時，受裁罰之人將會依法提出救濟，屆時法定罰鍰額較低之主管機關可依申請撤銷其裁罰，又不得裁罰之機關或其上級機關亦可依職權撤銷其裁罰（本法第31條立法理由參照）。

三、次按「一行爲不二罰」乃現代民主法治國家之基本原則，此係避免因法律規定之錯綜複雜，致人民之同一行爲，遭受數個不同法律之處罰，而承受過度不利之後果（司法院釋字第503號解釋、最高行政法院94年6月份庭長法官聯席會議決議參照）。違反行政法上義務之行爲，於本法施行前已受裁處者，雖尚無本法之適用（本法第45條第1項），參照法院實務見解，對於該等本法施行前之行政罰案件，本法第24條第1項規定，仍可視爲法理適用，在一行爲違反數個行政法上義務而有處罰較重之法規時，應擇一從重處斷；縱使該行爲前經依處罰較輕之法規處罰在案，法定罰鍰額最高之主管機關復爲裁處，於法亦無違誤。至於該行爲曾經依處罰較輕之法規處罰，依上揭立法理由，係由受裁罰之人申請撤銷或由其裁罰機關依職權撤銷之問題（臺北高等行政法院94年度訴字第02534號，臺中高等行政法院96年度簡字第00357號及高雄高等行政法院95年度訴字第577號判決參照）。本件來函所詢疑義，請貴部參考前開說明，本於職權依法核處。

正本：財政部。

副本：本部資訊處（第1類）、本部法律事務司（4份）。

三、結語

汽車牌照的主要目的是識別和登記一輛特定的汽車。這些牌照通常被安裝在車輛的前後部分，並包含一個獨特的組合編號，以及相關的識別符號和地區代碼。汽車牌照的目的有以下幾點：

（一）**識別和登記車輛**：牌照可以確保每輛汽車都有一個獨特的識別號碼，使政府和法律執行機構能夠追蹤並登記每輛車輛。

（二）**道路安全**：牌照可以用於監控和執行交通法規，例如速限和停車限制。這有助於提高道路安全性，確保駕駛人遵守交通規則。

（三）**打擊犯罪**：牌照能夠協助執法機構解決犯罪事件，例如追蹤嫌疑犯或用於調查事故等。

（四）**稅收與保險**：車輛牌照也對車輛的稅收和保險登記具重要的作用，政府可以透過車輛牌照來追蹤和管理車輛的稅收和保險費用。

總之，汽車牌照的目的是確保車輛能夠被識別並登記，推動道路安全並幫助執法和管理相關事務。

第 13 條（車輛牌照及標明事項之違規）

汽車行駛有下列情形之一者，處汽車所有人新臺幣二千四百元以上四千八百元以下罰鍰，並責令申請換領牌照或改正：

一、損毀或變造汽車牌照、塗抹污損牌照，或以安裝其他器具之方式，使不能辨認其牌號。

二、塗改客、貨車身標明之載客人數、載重量、總重量或總聯結重量，與原核定數量不符。

三、引擎號碼或車身號碼，與原登記位置或模型不符。

壹、導言

本條首先係承續前一條規範就汽車行駛於道路上，應領用牌照外，亦應得以被清楚辨認之。故本條先針對牌照經損毀或變造、塗抹污損，或使用器具使無法辨認該號牌部分作處罰；其次，針對標示之載客、載重或總重等標示數量不符者課罰；再次，則針對引擎號碼要求位置與模型應相符，不符者亦應課罰；上述三種態樣除了課罰外，並責令改正之。

貳、內容解析

一、安全規則有關之規定

安全規則第11條第2項規定，汽車號牌不得變造損毀、塗抹或黏貼其他材料、加裝邊框或霓虹燈、裝置旋轉架、顛倒懸掛或以安裝其他器具之方式使不能辨認其牌號，並不得以他物遮蔽，如有污穢，致不能辨認其牌號時，應洗刷清楚。同條第3項並指明，汽車號牌有裁剪或扭曲懸掛者，以損毀號牌論。

二、處罰對象

本條處罰對象爲汽車所有人，即車主。

三、處罰類型

（一）不能辨認其牌號

損毀或變造汽車牌照、塗抹污損牌照，或以安裝其他器具之方式，使不能辨認其牌號者，妨礙公路主管機關人員對於車輛之管制與稽查，自有必要予以禁止，如有違反即加以課罰。

（二）與原核定數量不符

塗改客、貨車身標明之載客人數、載重量、總重量或總聯結重量，與原核定數量不符者，其可能干擾公路主管機關人員實施稽查之認定，而與原核定資料不符。

（三）與原登記位置或模型不符

引擎號碼或車身號碼，與原登記位置或模型不符，均可能干擾公路主管機關人員實施稽查之作爲等。

四、併罰——責令申請換領牌照或改正

損毀或變造汽車牌照、塗抹污損牌照等使不能辨認其牌號者，非能改正者，則應責令汽車所有人向公路主管機關申請換領牌照。

以安裝其他器具之方式，使不能辨認其牌號，或塗改客、貨車身標明之載客人數、載重量、總重量或總聯結重量，與原核定數量不符者，或引擎號碼或車身號碼，

與原登記位置或模型不符者，當責令其改正，以符規定。

參、綜論

一、本條有關之解釋

（一）發文字號：交通部交路字第0940016618號

發文日期：民國94年1月28日。

要旨：關於道路交通管理處罰條例第12條第1項第3款之「使用變造牌照」與第13條第1款之「變造汽車牌照」適用區別。

主旨：關於貴署函爲道路交通管理處罰條例第12條第1項第3款之「使用變造牌照」與第13條第1款之「變造汽車牌照」適用區別乙案，復如說明，請查照。

說明：

一、復貴署94年1月10日警署交字第0940004553號函。

二、查依道路交通管理處罰條例第12條第1項第3款及第13條第1款之立法意旨，本部贊同貴署參酌法務部釋義所提倘「車牌號碼已經改造」者，援引條例第12條第1項第3款舉發處罰，若僅以損毀、塗抹、污損牌照或加裝器物等方式，使不能辨認其牌號者，則援引第13條第1款舉發處罰。

正本：內政部警政署。

副本：臺北市政府交通局、高雄市政府交通局、福建省政府、本部公路總局。

（二）發文字號：交通部交路字第09200576450號函

發文日期：民國92年10月17日。

要旨：道交條例第13條之「不能辨認其牌號」認定，應考量正常視力、光線、距離及角度情況下，依個案具體事實認定，又裝置於車輛上之各類燈光，有擅自增、減、變更原有燈光規格致影響行車安全者，得援第16條處罰。

全文內容：一、有關道路交通管理處罰條例第13條第1項第1款所稱之「不能辨認其牌號」之認定乙節，本部同意貴署意見，應考量於正常視力、光線、距離及角度之情況下，依個案具體事實認定處理。

二、另查裝置於車輛上之各類燈光（包含號牌燈等），其燈色、裝設位置等於道路交通安全規則附件七「車輛燈光與標誌檢驗規定」已有明文規定，故有擅自增、減、變更原有燈光規格設備致影響行車安全者，本部同意貴署意見，得援引前述處罰條例第16條第1項第2款舉發處罰。

二、結語

辨識牌照的目的主要是用於交通管理和執法的需要。透過辨識牌號，交通警察和監控系統可以快速識別車輛的所有者和相關資訊，例如車輛是否合法、是否存在違規行為或涉及犯罪等情況。這樣可以提高交通安全，減少交通違法行為，並有效打擊犯罪。此外，辨識牌照還可用於收費系統，例如收費站和停車場的管理，以確保正確收取相應的費用。

車輛車身標明規定事項的目的是為了提供必要的車輛資訊，方便辨識和管理。這些規定事項可以包括車輛的牌照號碼、車牌類型、發照國家或地區、車輛型號、生產商、車身顏色等。以下是一些目的：

（一）**交通安全**：清晰可見的牌照號碼可以幫助其他道路使用者和交通監管人員識別和辨識車輛，保障交通安全。這對於交通事故調查、違規行為追蹤和警示其他司機都非常重要。

（二）**車輛辨識和追查**：車身標明的規定事項可以幫助警方和其他執法機構追查車輛，尋找失蹤車輛或嫌疑犯使用的車輛，並提供追蹤和調查線索。

（三）**稅收和費用收取**：標明車輛註冊資訊可以幫助政府部門確定應該收取的相關稅費和費用，例如道路使用費、停車費和其他註冊費用。

（四）**車輛保修和維護**：在車身標明車輛型號、生產商和其他相關資訊，可以幫助車主和修車廠辨識車輛型號、配件和維護要求，確保車輛得到正確的保修和維修服務。

總結而言，車輛車身標明規定事項的目的是確保交通安全、提高道路管理效能、強化執法追蹤能力以及維護車主權益和利益。

第14條（牌照行照違規之處罰）

汽車行駛應隨車攜帶行車執照、拖車使用證或預備引擎使用證。

汽車行駛有下列情形之一者，處汽車所有人新臺幣三百元以上六百元以下罰鍰，並責令改正、補換牌照或禁止其行駛：

一、牌照遺失或破損，不報請公路主管機關補發、換發或重新申請。

二、號牌污穢，不洗刷清楚或為他物遮蔽，非行車途中因遇雨、雪道路泥濘所致。

壹、導言

汽車行駛道路上，除了必須領用牌照外，所指牌照，依安全規則第8條規範，係包括號牌、行車執照及拖車使用證，為行車之許可憑證等。本條第1項係針對行車執照、拖車使用證或預備引擎使用證規範要隨車攜帶。另就牌照遺失或污損等要補換發；號牌要保持清楚，不能有污穢或為他物遮蔽等情形。

貳、內容解析

一、安全規則有關之規定

安全規則第11條第2項後段，汽車號牌不得以他物遮蔽，如有污穢，致不能辨認其牌號時，應洗刷清楚。

安全規則第13條規定，汽車號牌之一面或二面如遺失或損壞時，汽車所有人應向公路監理機關，重新申領牌照。汽車行車執照或拖車使用證如遺失或損壞時，應由汽車所有人或拖車使用人申請補發或換發。

二、處罰對象

本條之處罰對象為汽車所有人，即車主。

三、處罰類型

（一）牌照不重新申請或補發換發

依安全規則第13條規定，牌照遺失或破損，汽車所有人應向公路監理機關，重新申領牌照或申請補發或換發；而不報請公路主管機關補發、換發或重新申請者，即課以罰鍰，以督促其履行作為義務。

（二）號牌不保持清楚

安全規則第11條第2項後段，汽車號牌不得以他物遮蔽，如有污穢，致不能辨認其牌號者，而非行車途中因遇雨、雪道路泥濘所致時，應洗刷清楚，若有不作為者，即課以罰鍰，以督促其履行作為義務。

四、併罰──責令改正、補換牌照或禁止其行駛

對於牌照遺失或破損，應補換牌照者，則責令其向公路主管機關申請補換牌照，必要時並禁止其駕駛；號牌污穢，或為他物遮蔽，致不能辨認其牌號者，能改正者則責令其改正。

參、綜論

一、本條有關之法律座談

會議次別：106年高等行政法院及地方法院行政訴訟庭法律座談會提案及研討結果提案九。

會議日期：民國106年9月11日。

問題要旨：員警適用違反道路交通管理事件統一裁罰基準及處理細則第12條規定時，是否在攔停舉發之情形，才有免予舉發的適用？

法律問題：「違反道路交通管理事件統一裁罰基準及處理細則」（下稱「本細則」）第12條規定：「行爲人有下列情形之一，而未嚴重危害交通安全、秩序，且情節輕微，以不舉發爲適當者，交通勤務警察或依法令執行交通稽查任務人員得對其施以勸導，免予舉發：（下略）」。則員警適用此條規定對違規駕駛人免予舉發，是否以「能施以勸導」爲前提（亦即，是否在「攔停舉發」時，才有本條免予舉發的適用）？

討論意見：

甲說：肯定說

細繹本細則第12條第3項、第4項等規定，足知執行勸導時，應先斟酌「行爲人之陳述」，以判斷是否符合得施以勸導之規定，並應「當場」告知其違規事實，指導其法令規定與正確之駕駛或通行方法，並勸告其避免再次違反，且施以勸導時，「應選擇於無礙交通之處實施」，並作成書面紀錄，「請其簽名」，對於「不聽勸導者」，必要時，仍得舉發，並於通知單記明其事件情節及處理意見，供裁決參考。則由此等規定之內容以觀，本細則第12條所規定情形，應僅限於警方當場發現違規行爲而予以勸導時，始有適用餘地。

乙說：否定說

現行舉發的方式，除攔停舉發外，還有逕行舉發。在逕行舉發時，如果駕駛人之違規情節輕微，符合本細則第12條第1項規定，卻不能獲得免予舉發對待，豈非相同之違規情節，會因舉發方式不同而形成差別待遇？例如，超速未逾每小時10公里（本細則第12條第1項第11款情形），如遭員警攔停可獲免予舉發，如被測速照相攝得，遭逕行舉發則不能獲免予舉發，恐違平等原則。至於本細則第12條第3項、第4項等規定，應解釋爲在攔停舉發時的處理方式，非謂攔停舉發是本細則第12條的適用前提。

提案法院討論意見：採乙說。

高等行政法院討論意見：

（一）臺北高等行政法院：採乙說。

（二）臺中高等行政法院：多數採乙說。
（三）高雄高等行政法院：採乙說。

大會研討結果：

（一）地方法院行政訴訟庭表決結果：實到21人，採甲說0人，採乙說15人。
（二）高等行政法院表決結果：實到46人，採甲說0人，採乙說39人。
（三）決議採乙說。

二、結語

牌照遺失或破損時，可以採取以下措施進行補救：

（一）**報案**：如果牌照遺失或被竊，應立即向當地警察局報案。
（二）**申請補發**：根據相關的規定填寫相關的申請表格，並提供所需的文件和證明。例如車輛出廠證明、身分證件、報案證明以及相關的費用等。
（三）**牌照更新**：如果牌照只是破損而未遺失，可向公路主管機關申請更補換新牌照。

另將號牌上的污穢清洗乾淨有以下作用：

（一）**保持可辨識性**：號牌上的污漬可能會遮擋或模糊牌照號碼及其他識別資訊，使其難以辨識。定期清洗號牌能確保其可讀性，幫助其他道路使用者、交通警察以及監控系統正確識別車輛。
（二）**遵守法規和減少罰款**：根據許多地區的交通法規，號牌應該保持清潔和可辨識。如果號牌污損嚴重，可能會面臨罰款或其他法律後果。因此，定期洗刷號牌有助於遵守相關法規，避免罰款。
（三）**提升車輛形象**：清潔整潔的號牌可以為車輛提供良好的形象。顯示車輛及其車主對於車輛外觀和維護的重視，給人留下良好的印象。
（四）**預防腐蝕和損壞**：某些污漬，如灰塵、泥濘或化學物質，可能對號牌造成腐蝕和損壞。定期清洗號牌有助於清除這些有害物質，保護號牌的品質和耐用性。

總而言之，定期洗刷號牌對於確保號牌清晰可讀、遵守法規、提升形象和保護號牌品質都具有重要作用。

第 15 條（牌照未依規定使用之處罰）
汽車有下列情形之一者，處汽車所有人或領用人新臺幣九百元以上一千八百元以下罰鍰：
一、經通知而不依規定期限換領號牌，又未申請延期，仍使用。

二、領用試車或臨時牌照，期滿未繳還。
三、領用試車或臨時牌照，載運客貨，收費營業。
四、領用試車牌照，不在指定路線或區域內試車。
五、行車執照及拖車使用證有效期屆滿，不依規定換領而行駛。
六、領用古董車專用牌照，不依規定之時間、路線或區域內行駛。
前項第一款情形經再通知依限換領號牌，屆期仍不換領者，其牌照應予註銷；第二款、第三款、第六款之牌照應扣繳註銷；第四款應責令改正；第五款之牌照應扣繳並責令換領。

壹、導言

本條係以汽車未領有正式牌照前，得申領臨時牌照，以及汽車買賣、製造業或汽車研究機構，因業務需要試行汽車時，得申請試車牌照使用。惟臨時牌照或試車牌照之使用期限只有短短數天，並有適用的區域或路線，期滿應返還，使用期間亦應遵守不得載運客貨等規範，違反者依本條處罰。

貳、內容解析

一、安全規則有關之規定

安全規則第9條第2項規定：「汽車號牌之型式、顏色及編號變更時，公路監理機關應通知汽車所有人限期換領新型號牌，逾期未換領又未申請延期者，其牌照不得使用，經再通知逾期仍不換領號牌，其牌照應予註銷。」

安全規則第18條規定：「汽車在未領有正式牌照前，如有下列情形之一者，應申領臨時牌照：一、駛往海關驗關繳稅。二、駛往公路監理機關接受新領牌照前檢驗。三、買賣試車時。四、因出售或進口由甲地駛往乙地時。五、准許過境之外國汽車。」

安全規則第20條規定：「汽車買賣業、汽車製造業或汽車研究機構，因業務需要試行汽車時，得依附件二十四向公路監理機關申領試車牌照憑用，並應遵守下列規定：一、不得載運客貨收費營業。二、應在指定路線或區域內行駛。三、按季或按年領用，期滿仍需續用時，應於期滿十日內向原發照機關換領新照。四、請領試車牌照時，應按規定費率繳納押牌費、租牌費。五、試車牌照領用期滿或不予繼續使用時，應將所領牌照繳還原發照機關。六、試車牌照應懸掛於指定車種類別（第1項）。前項試車牌照屬於機車使用者，限由機車製造業及研究機構申領，並須遵守前項各款規定（第2項）。依法領有公司、商業或工廠登記證明文件之業者或汽車研究機構，因研究、測試業務而有試行有條件自動化、高度自動化及完全自動化駕駛車輛需要，得依附件二十一規定申領試車牌照及行駛，且行駛時應有適當管制措施，並遵守相關道路交通安全之規定（第3項）。」

二、處罰對象

本條處罰對象爲汽車所有人或領用人，區分如下：

（一）處罰汽車所有人

對於汽車號牌之型式、顏色及編號變更時，公路監理機關應通知汽車所有人限期換領新型號牌，逾期未換領又未申請延期仍使用者，即課以汽車所有人罰鍰之處罰。

（二）處罰領用人

對於汽車在未領有正式牌照前，申領臨時牌照者，或汽車買賣業、汽車製造業或汽車研究機構，因業務需要試行汽車時，向公路監理機關申領試車牌照使用時，應遵守其使用期間、路線及區域，違反者即課以領用人罰鍰之處分。

三、處罰類型

（一）不依規定換領

汽車號牌之型式、顏色及編號變更時，公路監理機關應通知汽車所有人限期換領新型號牌，不依規定期限換領號牌，又未申請延期，仍使用者；或行車執照及拖車使用證有效期屆滿，不依規定換領而行駛者，均屬不依規定換領而得課以罰鍰，以督促其履行作爲義務。

（二）期滿未繳還或載運客貨營利

領用試車或臨時牌照，期滿未繳還者，或領用試車或臨時牌照，載運客貨，收費營業者，即違反使用規定，而得課以罰鍰，以促其改正。

（三）不依規定時間路線或區域

領用試車牌照，不在指定路線或區域內試車者，或領用古董車專用牌照，不依規定之時間、路線或區域內行駛者，即屬本類型之違反義務者，而得課以罰鍰。

四、併罰

（一）註銷牌照

經通知而不依規定期限換領號牌，又未申請延期，仍使用者，其牌照應予註銷（第1款）。

（二）扣繳註銷或責令換領牌照

領用試車或臨時牌照，期滿未繳還（第2款）、領用試車或臨時牌照，載運客貨，收費營業（第3款）、領用古董車專用牌照，不依規定之時間、路線或區域內行駛（第6款）等三種情形，其牌照應扣繳註銷；行車執照及拖車使用證有效期屆滿，不依規定換領而行駛（第5款），其牌照應扣繳並責令換領。

（三）責令改正

領用試車牌照，不在指定路線或區域內試車者（第4款），應予以責令改正。

參、綜論

一、試車牌照目的

試車牌照的目的是爲了在車輛製造、銷售或進口過程中進行臨時牌照的使用，以便進行試車或測試車輛的活動。其目的：

（一）**車輛測試**：試車牌照允許製造商或銷售商在車輛生產或銷售過程中對車輛進行測試。這包括性能測試、安全測試、環保測試和技術驗證等。

（二）**試乘試駕**：試車牌照允許潛在買家或顧客進行試乘和試駕以瞭解車輛的性能、舒適度和符合需求程度，有助於消費者作出購買決策。

（三）**展示和展覽**：試車牌照也用於展示和展覽活動，例如汽車展覽和產品發布，使製造商能夠展示其新車型或產品並讓觀眾試車體驗。

（四）**運輸和運送**：在某些情況下，試車牌照還可以用於臨時運輸或運送車輛，例如將車輛從工廠運送到銷售點或展覽場地。

二、臨時牌照作用

另臨時牌照的使用，有以下作用：

（一）**合法行駛**：臨時牌照允許車輛在未獲得正式牌照之前合法行駛。這對於新車的所有者或車輛交易的雙方來說是必要的，因爲正式牌照可能需要一段時間才能辦理完成。

（二）**遵守法規**：臨時牌照要求通常是根據相應的交通法規制定的，車主需要遵守規定以確保合法行駛，包括限速、交通信號、停車規定等，以維護道路安全和交通秩序。

（三）**車輛識別**：臨時牌照使車輛能夠被其他道路使用者、監控系統和執法機構辨識。這對於識別車輛、追蹤行車紀錄以及執行交通違規處理等方面都至關重要。

（四）**買賣交易**：臨時牌照在車輛買賣交易中起著重要的作用，它提供了一個臨時的合法證明，允許買賣雙方進行試駕、運輸或必要的程序，直到正式牌照辦理完成。

第 16 條（各種異動未依規定之處罰）

汽車有下列情形之一者，處汽車所有人新臺幣九百元以上一千八百元以下罰鍰：

一、各項異動，不依規定申報登記。

二、除頭燈外之燈光、雨刮、喇叭、照後鏡、排氣管、消音器設備不全或損壞不予修復，或擅自增、減、變更原有規格致影響行車安全。

三、尾燈、煞車燈、倒車燈、方向燈、後霧燈、第三煞車燈、輪廓邊界標識燈污穢不予清潔或為他物遮蔽，致影響正常辨識。

四、未依規定於車身標明指定標識。

五、計程車，未依規定裝置自動計費器、車頂燈、執業登記證插座或在前、後兩邊玻璃門上，黏貼不透明反光紙。

六、裝置高音量或發出不合規定音調之喇叭或其他產生噪音器物。

前項第一款至第五款並應責令改正、反光紙並應撤除；第六款除應依最高額處罰外，該高音量或發出不合規定音調之喇叭或噪音器物並應沒入。

壹、導言

本條係針對汽車的各項異動，應依規定申報登記，未申報者即予處罰。另對燈光設備、雨刮、喇叭、照後鏡、排氣管等各項設備維持正常可用、或不影響正常辨識；計程車，亦應依規定裝設自動計費器、車頂燈、執業登記證插座等；違反者除了應課以罰鍰外，亦一併責令改正或撤除。

貳、內容解析

一、安全規則有關之規定

（一）安全規則第23條

「汽車車身式樣、輪胎隻數或尺寸、燃料種類、座位、噸位、引擎、車架、車身、頭燈等設備或使用性質、顏色、汽車所有人名稱、汽車主要駕駛人、地址等如有變更，均應向公路監理機關辦理登記（第1項）。前項變更登記，除汽車所有人名稱、汽車主要駕駛人、地址等變更時，免予檢驗外，餘均須檢驗合格（第2項）。引擎或車架變更，以型式及燃料種類相同者爲限（第3項）。第一項汽車設備規格之變更應符合附件十五之規定（第4項）。」

（二）安全規則第23條之1

「汽車下列設備規格不得變更：一、底盤設備：（一）方向盤位置。（二）傳動系統設備：指汽車之排檔型式、驅動方式、變速箱及齒輪箱。（三）煞車作用設備：指煞車作用種類（總泵、分泵及油管）及防滑煞車系統。（四）懸吊系統：指支臂、三角架與連桿機構。（五）軸距規格。二、引擎設備：指引擎之機械或渦輪增壓系統、氮氣導入裝置設備。三、車身設備：（一）車身外附加燈飾。（二）車燈噴色或貼膠紙。但黏貼電子收費裝置後符合規定者，不在此限。四、其他經主管機關核定之項目（第1項）。機車下列設備規格不得變更：一、引擎設備：指引擎之機械或渦輪增壓系統、氮氣導入裝置設備。二、車身設備：車燈噴色或貼膠紙。三、排氣管數量或其左右側安裝位置。四、其他經主管機關核定之項目（第2項）。」

（三）安全規則第24條

「汽車變更登記，應由汽車所有人塡具異動登記書，檢同行車執照及原領之汽車新領牌照登記書車主聯，向公路監理機關申請，如變更引擎或車身者，並應繳驗來歷證件（第1項）。依第二十三條辦理汽車設備規格變更者，另應依附件十五規定繳驗相關證明文件（第2項）。使用中車輛經依規定取得車輛安全審驗合格報告者，得向公路監理機關辦理使用液化石油氣爲燃料（含單、雙燃料）、設置輪椅區或迴轉式座椅、車輛後懸部分大樑、附掛拖車、軸組荷重及總重量或總聯結重量變更登記檢驗（第3項）。中華民國九十五年十月一日至一百零九年六月三十日新登檢領照之小貨車得另辦理載重變更登記檢驗（第4項）。前二項作業規定由交通部定之（第5項）。公路監理機關於審核各項應備證件相符後，即予辦理變更登記，並換發新行車執照，變更記錄如與行車執照上所載項目無關者，免換行車執照（第6項）。」

（四）安全規則第24條之1

「計程車得設置車頂廣告看板架（第1項）。計程車設置車頂廣告看板架者，應檢具下列證明文件，向公路監理機關申請檢驗及變更登記：一、經交通部認可之專業機構審驗合格之車頂廣告看板架型式審驗報告。二、行車執照。三、汽車新領牌照登記書。四、異動登記書二份（第2項）。安裝車頂廣告看板架者應投保責任保險，並應於保險到期前辦理續保手續（第3項）。前項保險以每一型式產品爲一投保單位，每一投保單位之最低保險金額應包含下列各條件：一、每一個人身體傷亡新臺幣一百五十萬元。二、每一意外事故傷亡新臺幣四百五十萬元。三、每一意外事故財產損失新臺幣五十萬元。四、設置車頂廣告看板架審驗作業規定如附件十四（第4項）。」

二、處罰對象

本條之處罰對象爲汽車所有人，即車主。

三、處罰類型

（一）車輛異動不依規定申報登記

所指車輛各項異動，即安全規則第23條規定之汽車車身式樣、輪胎隻數或尺寸等或汽車所有人名稱、地址等如有變更，均應向公路監理機關辦理登記。如不依規定申報登記者（第1款），或裝置高音量或發出不合規定音調之喇叭或其他產生噪音器物（第6款），即符合課以汽車所有人罰鍰之要件。

（二）原有規格損變致影響行車安全

頭燈外之燈光、雨刮、喇叭、照後鏡、排氣管、消音器設備不全或損壞不予修復，或擅自增、減、變更原有規格，導致影響行車之安全者（第2款），即課以罰鍰。

（三）影響正常辨識或無法辨識

指尾燈、煞車燈、倒車燈、方向燈、後霧燈、第三煞車燈、輪廓邊界標識燈污穢不予清潔或爲他物遮蔽，致影響正常辨識者（第3款），或未依規定於車身標明指定標識，無法辨識者（第4款），即課以罰鍰。

（四）計程車未依規定裝置

計程車，未依規定裝置自動計費器、車頂燈、執業登記證插座，或在前、後兩邊玻璃門上，黏貼不透明反光紙（第5款），即具可罰性而得課以罰鍰。

四、併罰

（一）責令改正

異動不依規定申報登記、變更原有規格致影響行車安全、污穢不予清潔或爲他物遮蔽，致影響正常辨識、未於車身標明指定標識，以及計程車未依規定設置裝置或黏貼不透明反光紙者，均應一併責令其改正；計程車黏貼之不透明反光紙應予撤除。

（二）沒入

裝置高音量或發出不合規定音調之喇叭或其他產生噪音器物，應一併沒入。

參、綜論

一、本條有關之解釋

發文字號：行政院環境保護署環署空字第1010033812號函。

發文日期：民國101年5月2日。

要旨：依據道路交通安全規則第39條之2及第39條之3規定，車輛擅自變更喇叭設備之認定及裁處權責係屬公路主管機關或其委任之所屬機關。

主旨：貴局函轉屏東縣政府警察局取締民眾裝置高音量喇叭或其他噪音器物之執法疑義請本署研處案，復如說明，請查照。

說明：

一、依據噪音管制法第11條及機動車輛噪音管制標準規定，各類車輛均已訂定相關管制標準，其管制標準係量測車輛整體原地噪音及加速噪音。另依據使用中機動車輛噪音管制辦法第2條規定，使用中車輛係執行原地噪音檢驗，故裝置於車輛上之高音量喇叭或其他噪音器物之管制，非屬噪音管制法管制對象，先予敘明。

二、經查，道路交通安全規則第39條之2第1項第4款規定機器腳踏車申請牌照之檢驗項目及標準：「各種喇叭合於規定且不得裝設可發出不同音調之喇叭」，同規則第39之3第1項規定機器腳踏車臨時檢驗之標準，依申請牌照檢驗之規定。另查交通部所訂車輛安全檢測基準有關機器腳踏車喇叭音量規定，係在車身前方7公尺、距地高0.5公尺至1.5公尺範圍內，應介於80分貝（A）與112分貝（A）之間。依前述規定，車輛擅自變更喇叭設備之認定及裁處權責係屬公路主管機關或其委任之所屬機關。

三、本案屏東縣政府警察局依據道路交通管理處罰條例第16條第1項第5款規定，取締民眾於機車裝置高音量喇叭或其他產生噪音器物時，建請逕向該條例主管機關請求釋示後據以執行為宜。

二、結語

（一）雨刮、喇叭、照後鏡、排氣管或消音器設備不全之影響

如果車輛的雨刮、喇叭、照後鏡、排氣管或消音器設備不全，可能導致以下後果：

1. **安全風險**：雨刮器的不適當操作可能降低司機的視線清晰度，增加行車風險，特別是在惡劣天氣下；缺少適當的喇叭可能降低車輛的警示能力，導致事故風險增加；正確安裝並適切調整的照後鏡對於司機的視野至關重要，因為它提供了後方交通狀況的關鍵資訊。
2. **合法問題**：缺乏正確的排氣管和消音器設備可能違反當地的交通法規。這可能導致車輛無法通過技術檢測或規定的行業標準，並可能面臨罰款或設備更換的要求。
3. **環境污染**：未安裝正確的排氣管和消音器設備可能增加車輛尾氣排放的噪音和污染，這對周圍環境和居民的健康和生活品質可能產生不良影響。

綜上所述，雨刮、喇叭、照後鏡、排氣管和消音器設備的完整性對於車輛及其乘客的安全和合法行駛至關重要。

（二）尾燈、煞車燈、倒車燈、方向燈、後霧燈等不全之影響

尾燈、煞車燈、倒車燈、方向燈、後霧燈和第三煞車燈無法正常辨識可能產生以下影響：

1. **交通安全**：這些燈光是車輛在道路上行駛時的重要信號。如果無法辨識這些燈光，其他駕駛人可能無法準確判斷車輛的行駛意圖，增加發生事故的風險。例如，無法辨識煞車燈可能使跟車駕駛無法及時反應，導致追尾事故。
2. **合法問題**：車輛的燈光系統無法正常辨識可能違反當地的交通法規，這可能導致車輛無法通過檢驗或被扣留，並可能面臨罰款或其他法律後果。
3. **行駛限制**：某些情況下，無法正確辨識這些燈光可能使車輛無法合法行駛。例如，無法辨識倒車燈可能導致停車和調頭時遭遇行駛限制。
4. **能見度和識別性**：燈光系統的正常運作是在夜間或有惡劣能見度條件下提供適當的照明和識別的關鍵。對於其他道路使用者來說，無法辨識這些燈光可能使他們更難注意到和識別車輛，增加事故的發生風險。

（三）計程車規定各項裝置之目的

計程車規定各項裝置有以下目的：

1. **計程器**：計程器是計程車上必備的裝置，用於計算乘客的行程距離和時間，並根據相應的計價標準計算車費。這有助於確保乘客支付正確的車費，提供公正和透明的計程服務。
2. **燈光和警示器**：計程車上的燈光和警示器用於提供訊號和指示，以增強車輛的可見性和安全性。例如，車頂上的燈光標記可以區分計程車並通知乘客計程車的狀態。
3. **客戶隔間**：為確保乘客的私密性和安全性，計程車通常會安裝客戶隔間。這可以在司機和乘客之間建立一個物理隔離，提供一種安全的乘車體驗。
4. **計程車標誌和標識**：計程車標誌和標識用於鑑別計程車，讓乘客和其他路上使用者能夠快速識別計程車。這有助於提供可辨識的服務，並讓計程車遵守相關的運輸法規。
5. **客服設施**：一些計程車可能還配備了額外的客服設施，如出租車支付系統、安全攔截器和監控攝像頭等，以提供更便捷和安全的服務。

綜上所述，這些裝置和規定的目的是確保計程車服務的可靠性、安全性和合法性。

第 17 條（違反定期檢驗之處罰）

汽車不依限期參加定期檢驗或臨時檢驗者，處汽車所有人新臺幣九百元以上一千八百元以下罰鍰；逾期一個月以上者並吊扣其牌照，至檢驗合格後發還，逾期六個月以上者，註銷其牌照。

經檢驗不合格之汽車，於一個月內仍未修復並申請覆驗，或覆驗仍不合格者，吊扣其牌照。

壹、導言

車輛檢驗，係就車輛各種功能是否仍舊完好正常而能正常使用而言。本條即針對車輛之定期檢驗及臨時檢驗課以車主參加檢驗之責任，違反者即應課以罰鍰；另檢驗若不合格，應於一個月內修復再覆驗，否則即受吊扣牌照之處罰。

貳、內容解析

一、安全規則有關之規定

汽車檢驗應按指定日期將車輛駛往公路監理機關檢驗場所或指定地點接受檢驗。第35條至第36條規定，汽車檢驗分為申請牌照檢驗、定期檢驗及臨時檢驗三種。汽車檢驗應按指定日期將車輛駛往公路監理機關檢驗場所或指定地點接受檢驗。

汽車申請牌照檢驗之項目及基準、定期檢驗之項目及基準、機車申請牌照檢驗項目及基準等分別規定在安全規則之第39條、第39條之1及第39條之2。

另安全規則第39條之3規定，汽車臨時檢驗之基準，依定期檢驗之規定；機車臨時檢驗之基準，依申請牌照檢驗之規定。第39條之5則規定，古董車申請汽車之專用牌照檢驗、定期檢驗或臨時檢驗之項目及基準。

二、處罰對象

本條之處罰對象為汽車所有人，即車主。

三、處罰類型

汽車不依限期參加檢驗者，本條所指檢驗為定期檢驗及臨時檢驗兩者，亦即汽車所有人應依公路主管機關之規定，依期限參加檢驗，違反者即受本條之處罰。

四、併罰

（一）吊扣牌照

汽車不依限期參加定期檢驗或臨時檢驗者，逾期一個月以上者並吊扣其牌照，至檢驗合格後發還；另經檢驗不合格之汽車，於一個月內仍未修復並申請覆驗，或覆驗仍不合格者，吊扣其牌照。

（二）註銷牌照

汽車不依限期參加定期檢驗或臨時檢驗者，逾期六個月以上者，註銷其牌照。

參、綜論

一、本條有關之解釋

發文字號：交通部交路字第0950048905號函。

發文日期：民國95年9月4日。

要旨：有關道路交通管理處罰條例第17條執行疑義之見解意見。

主旨：貴局函報有關道路交通管理處罰條例第17條執行疑義之見解意見乙案，復如說明，請查照。

說明：

一、復貴局95年8月22日交路字第0950046215號函。

二、本案有關貴局依法規釋義程序研析道路交通管理處罰條例第17條規定之「參加」定期檢驗或臨時檢驗，建議採現行實務作業指完成定期檢驗或臨時檢驗程序之見解乙節，查汽車依規定「參加」檢驗，原即應依道路交通安全規則規定受檢並完成實施檢驗之作業程序，且此一程序亦爲一般生活經驗法則之認知，故現行依上開規則規定執行之實務作業程序，應無適法之疑義；至於實務上個案，民眾因個人對法規有偏頗之認知，宜及時予以解釋說明，俾化解疑慮。

正本：臺北市政府交通局。

二、結語

車輛檢驗的目的是確保車輛符合相關法規和安全標準。檢驗可以確保車輛的操控性、燈光、煞車系統、車身結構等方面都達到安全的要求。透過定期檢驗，可以降低事故發生的風險，保護駕駛人、乘客和其他道路使用者的安全。此外，檢驗也有助於確保車輛的環保性能，減少污染排放。因此，車輛檢驗的目的是確保道路上行駛的車輛都符合安全、環保的標準。

第 18 條（基本設備之變換及修復未檢驗之處置）

汽車車身、引擎、底盤、電系等重要設備變更或調換，或因交通事故遭受重大損壞修復後，不申請公路主管機關施行臨時檢驗而行駛者，處汽車所有人新臺幣二千四百元以上九千六百元以下罰鍰，並責令其檢驗。

汽車所有人在一年內違反前項規定二次以上者，並吊扣牌照三個月；三年內經吊扣牌照二次，再違反前項規定者，吊銷牌照。

壹、導言

汽車在出廠至上路前，均需經過檢驗合格始得上路使用。另汽車車身、引擎、底盤、電系等重要設備，若有變更或因交通事故等遭受損壞再修復後，均應申請臨時檢驗，並於合格後始得爲行駛。故本條係就汽車若有前述所指之變更或修復時，均應主動申請臨時檢驗，違反者除課以罰鍰外，並應責令其檢驗。本條並有規定一年內違反二次者，吊扣牌照三個月，三年內經吊扣牌照二次時，再違反者即吊銷牌照。

貳、內容解析

一、安全規則有關之規定

（一）安全規則第45條

「汽車或拖車有下列情形之一者，應申請實施臨時檢驗：一、車身、引擎、底盤、電系或其他重要設備變更調換。二、因交通事故遭受重大損壞，經送廠修復。三、出廠十年以上，辦理轉讓過戶（第1項）。機車出廠六年以上，辦理轉讓過戶者，應申請實施臨時檢驗。但自中華民國九十五年六月十五日起，機車出廠五年以上辦理轉讓過戶者，亦同（第2項）。公路監理機關於必要時，得實施臨時檢驗。對於出廠十年以上或行駛有安全之虞之汽車及拖車，應按所轄管之汽車數量比例訂定年度計畫，實施臨時檢驗（第3項）。」

（二）安全規則第46條

「檢驗不合格之汽車，責令於一個月內整修完善申請覆驗（第1項）。前項檢驗不合格部分如爲傳動、制動或轉向系統者，應即扣留其牌照，由公路監理機關發給當日有效之進廠修理證，憑以駛赴修理（第2項）。汽車修復後得憑修理廠所領之試車牌照駛赴覆驗，修理廠未領有試車牌照者，得向公路監理機關申請發給覆驗證，以當日爲有效期間（第3項）。」

二、處罰對象

本條之處罰對象爲汽車所有人，即車主。

三、處罰類型

不申請公路主管機關爲臨時檢驗而行駛者，課以汽車所有人罰鍰。本條處罰係針對汽車車身、引擎、底盤、電系等重要設備變更或調換，或因交通事故遭受重大損壞修復後，不申請公路主管機關施行臨時檢驗而行駛者課罰，並責令其檢驗之。

四、併罰

（一）吊扣牌照

汽車所有人在一年內違反重要設備變更或調換不申請公路主管機關施行臨時檢驗而行駛規定二次以上者，吊扣牌照三個月。

（二）吊銷牌照

汽車所有人在一年內違反重要設備變更或調換不申請公路主管機關施行臨時檢驗而行駛，三年內經吊扣牌照二次，再違反規定者，吊銷牌照。

參、綜論

一、本條有關之解釋

發文字號：交通部交路字第0940006192號。

發文日期：民國94年6月7日。

要旨：遊動廣告車輛固定停放路邊停車格位有無違反道路交通管理處罰條例第56條第1項第7款規定。

主旨：貴局函詢遊動廣告車輛固定停放路邊停車格位有無違反道路交通管理處罰條例第56條第1項第7款規定乙案，復請查照。

說明：

一、復貴局94年4月25日北市交三字第09431475000號函。

二、針對遊動廣告車輛長期占用現有停車資源之情事，遊動廣告如有違反「道路交通管理處罰條例」（以下簡稱處罰條例）所規範之交通行爲時，請逕依相關規定處罰（廢棄車係依處罰條例第82條之1處罰；涉未申請而變更規格（如附加框架）依處罰條例第18條處罰；異動未申報（如變更顏色）依第16條處罰；車輛（含廣告）超長、超高依處罰條例第29條規定處罰），合先敘明。

三、另旨揭遊動廣告車輛因涉營業事實之認定，又現行「道路交通安全規則」第24條之1規定營業小客車得設置車頂廣告看板架，該等營業小客車停放於路邊亦具有相同之效果，倘以旨揭條例第56條第1項第7款之規定處罰似有適用疑義。

四、貴局倘基於維護道路交通秩序之需要，可以設置標誌或公告方式限制停車，並對違反規定者，援引旨揭條例適當條文予以處罰。另鑑於遊動廣告之管理因涉及地方景觀、環境及公共安全，貴府亦可參考臺北縣、臺南市做法，依據地方制度法精神訂定相關自治法規，並規範遊動廣告之違規效果，以爲許可證廢止之行政處分或訂定相關罰則。

正本：臺北市政府交通局。

副本：內政部警政署、本部法規會。

二、結語

汽車臨時檢驗是指在特定情況下對車輛進行簡單的檢查，以確保其安全性和合規性。這種檢查通常由相關機構或單位進行，可以在特定場合或需要時要求進行。

臨時檢驗可以在車輛發生事故、參與違規行爲、違反交通規則或其他特定情況下進行。檢驗的內容可能包括車輛燈光、輪胎狀況、煞車系統、排放污染等方面的檢查。

臨時檢驗的目的是確定車輛是否安全可用、符合相關法規要求，以保障道路交通的安全和秩序。如果發現車輛存在嚴重的安全問題或不合規定，相關單位可能會要求進一步的修復或處罰。

需要進行臨時檢驗的車主應遵守相關規定，並確保車輛在檢查之前符合基本的安全要求。

第18條之1（未依規定裝設行車紀錄器等之處罰）

汽車未依規定裝設行車紀錄器、行車視野輔助系統或防止捲入裝置者，處汽車所有人新臺幣一萬二千元以上二萬四千元以下罰鍰。

汽車依前項規定裝設之行車紀錄器、行車視野輔助系統或防止捲入裝置無法正常運作，未於行車前改善，仍繼續行車者，處汽車所有人新臺幣九千元以上一萬八千元以下罰鍰。

未依規定保存第一項行車紀錄器之紀錄資料或未依規定使用、不當使用行車紀錄器致無法正確記錄資料者，處汽車所有人新臺幣九千元以上一萬二千元以下罰鍰。

違反前三項除未依規定保存第一項行車紀錄器之紀錄資料之行為外，應責令其參加臨時檢驗。

第一項應裝設行車視野輔助系統、防止捲入裝置之規格及車輛種類，由交通部定之。

第一項汽車裝設防止捲入裝置之實施、宣導、輔導及獎勵辦法，由交通部定之。

壹、導言

本條所稱之行車紀錄器，係安全規則第39條第24款所稱之具有連續記錄汽車瞬間行駛速率及行車時間功能之行車紀錄器，簡稱行車紀錄器；與坊間一般可自行裝載使用之行車影像紀錄器容有不同。且本條所規範需裝設行車紀錄器、行車視野輔助系統或防止捲入裝置者，係針對一定載重量以上之大貨車、大客車及聯結車等特定車輛。課以要裝設行車紀錄器、行車視野輔助系統或防止捲入裝置等，係爲駕駛人得以全程記錄其行車狀況，同時可掌握車輛周邊人車狀況，並達預防用路人因靠近其車輛致生危害等。故而要求車主就行車紀錄器、行車視野輔助系統或防止捲入裝置應依規定裝設，並應能正常運作使用，違反者即課以罰鍰，並責令參加臨時檢驗。

貳、內容解析

一、安全規則有關之規定

（一）安全規則第39條第24款

「汽車定期檢驗之項目及基準，依下列規定：二十四、總聯結重量及總重量在二十公噸以上之新登檢領照汽車，應裝設具有連續記錄汽車瞬間行駛速率及行車時間功能之行車紀錄器（以下簡稱行車紀錄器）。自中華民國九十年一月一日起新登檢領照之八公噸以上未滿二十公噸汽車、自中華民國九十六年七月一日起經車輛型式安全審驗及自中華民國九十七年一月一日起新登檢領照之八公噸以下營業大客車，亦同。並應檢附行車紀錄器經審驗合格之證明。」

（二）安全規則第39條第31款

「汽車定期檢驗之項目及基準，依下列規定：三十一、自中華民國一百零七年一月一日起新登檢領照之大客車與大貨車，應裝設合於規定之行車視野輔助系統。自中華民國一百零九年九月四日起，新登檢領照總重量逾三千五百公斤至五千公斤且全長六公尺以下之小貨車，亦同。」

（三）安全規則第39條之1第14款

「汽車定期檢驗之項目及基準，依下列規定：十四、大貨車及拖車左右兩側之防止捲入裝置與後方之安全防護裝置（或保險槓）合於規定。自中華民國一百零九年九月四日起，新登檢領照總重量逾三千五百公斤至五千公斤且全長六公尺以下之小貨車，亦同。」

二、處罰對象

本條之處罰對象爲汽車所有人，即車主。

三、處罰類型

（一）未依規定裝設指定裝置

一定載重量以上之大貨車、大客車及聯結車等特定車輛，未依規定裝設行車紀錄器、行車視野輔助系統或防止捲入裝置者，除課以罰鍰外，並責令其參加臨時檢驗。

（二）指定裝置行車時未能正常運作

一定載重量以上之大貨車、大客車及聯結車等特定車輛，依規定裝設之行車紀錄器、行車視野輔助系統或防止捲入裝置無法正常運作，未於行車前改善，仍繼續行車者，除課以罰鍰外，並責令其參加臨時檢驗。

（三）不當使用行車紀錄器致無法正確記錄資料

一定載重量以上之大貨車、大客車及聯結車等特定車輛，未依規定保存本條第1項行車紀錄器之紀錄資料或未依規定使用、不當使用行車紀錄器致無法正確記錄資料者，除課以罰鍰外，對未依規定使用、不當使用行車紀錄器致無法正確記錄資料者，並責令其參加臨時檢驗。

參、綜論

一、行車紀錄器之作用

行車紀錄器是指具有連續記錄汽車瞬間行駛速率、行車距離與時間功能之裝置。目前行車紀錄器大多安裝於M類（客車）及N類（貨車）車輛，一般安裝於駕駛座儀表板附近，傳統型行車紀錄器是將車輛行駛資訊，由劃針刻劃於經過特殊塗料處理紀錄紙張，要判讀行車資訊時，需拆下紀錄紙張依刻劃位置判讀。

二、行車視野輔助系統之功能

行車視野輔助系統是一種車輛安全裝置，旨在提供駕駛人更好的視野和警示，以增加行車安全性。它通常由多個鏡頭或感應器組成，可以在駕駛過程中提供以下幾種功能：

（一）**倒車攝像頭**：當駕駛人倒車時，倒車攝像頭會顯示後方的實時影像，幫助駕駛人檢視後方障礙物，防止碰撞或撞到行人。

（二）**盲點偵測**：行車視野輔助系統可以監測車輛周圍的盲點，並在有其他車輛靠近時發出警示，提醒駕駛人避免車輛相撞。

（三）**前方碰撞警示**：該系統利用前方紅外線或雷達感應器，可以監測駕駛人前方的車輛或障礙物，並發出聲音或視覺警示，提醒駕駛人及時煞車或避開障礙物，以防止碰撞事故。

（四）**車道偏離警示**：當駕駛人無意間偏離自己的車道時，行車視野輔助系統可以監測車輛位置並發出警示，提醒駕駛人注意回到正確車道，防止意外事故。

總而言之，行車視野輔助系統的作用是提高駕駛人的視野和警覺性，幫助駕駛人更好地應對道路上的風險，從而提升行車安全性。

三、車輛防止捲入裝置之作用

車輛防止捲入裝置是一種安全裝置，目的是在特定情況下防止人或物被捲入車輛的移動部件中，以確保車輛使用過程中的安全性。這些裝置的作用通常包括：

（一）**防止捲入輪胎**：車輛防止捲入裝置可以防止人體、衣物或其他物體意外進入輪胎和車輛底盤的運動部件中。它可以避免在行駛過程中發生捲入事故，從而保護乘客和行人的安全。

（二）**防止捲入引擎或傳動系統**：一些防止捲入裝置可以防止人體、工具或其他物品意外進入車輛引擎室或傳動系統中。這有助於防止意外觸及旋轉部件，從而減少受傷的風險。

（三）**感測和檢測**：車輛防止捲入裝置可能配備感應器或檢測器，用於監測車輛周圍的環境，以及檢測可能的捲入風險。當感測器檢測到潛在的危險情況時，它可以觸發相應的安全機制，例如自動停車或啓動警示。

總而言之，車輛防止捲入裝置的作用是在駕駛過程中提供額外的安全保障，防止人或物被意外捲入車輛的移動部件中。它通常包括防止捲入輪胎和避免接觸引擎或傳動系統的功能，同時具備感測和檢測的能力，以察覺潛在的捲入風險並觸發相應的安全措施。

第 19 條（煞車未完妥有效之處罰）
汽車煞車，未調整完妥靈活有效，或方向盤未保持穩定準確，仍准駕駛人使用者，處汽車所有人新臺幣一千八百元以上三千六百元以下罰鍰，並責令調整或修復。

壹、導言

煞車是指在駕駛車輛時使用的一種系統，用於減慢車輛速度或停止車輛運動。煞車系統的主要功能是提供駕駛者對車輛行駛的控制，以確保安全行駛。汽車上的方向盤是一個重要的控制裝置，它的作用是讓駕駛者控制和改變車輛的行進方向。爲了行車的安全，汽車之煞車系統及轉向之方向盤，兩者均占有極爲重要而不可或缺之角色。因此，煞車若保持靈活有效、方向盤若不能保持穩定準確，則行車將致生危險，故課予車主或駕駛人對煞車及方向盤要時時注意保持能正常並穩定之運轉。

貳、內容解析

一、安全規則有關之規定

安全規則第89條第1項第1款規定，方向盤、煞車、輪胎、燈光、雨刮、喇叭、照後鏡及依規定應裝設之行車紀錄器、載重計、轉彎及倒車警報裝置、行車視野輔助系統等須詳細檢查確實有效。

二、處罰對象

本條之處罰對象爲汽車所有人，即車主。

三、處罰類型

（一）汽車煞車未完妥有效

汽車煞車，未調整完妥靈活有效，仍准駕駛人使用者，除課以罰鍰外，並責令其調整或修復。

（二）汽車方向盤未保持穩定準確

汽車方向盤未保持穩定準確，仍准駕駛人使用者，除課以罰鍰外，並責令其調整或修復。

參、綜論

一、煞車的功能

煞車是指在駕駛車輛時使用的一種系統，用於減慢車輛速度或停止車輛運動。煞車系統的主要功能是提供駕駛者對車輛行駛的控制，以確保安全行駛。

汽車的煞車功能通常包括以下幾個方面：

（一）**停車煞車**：重要的停車安全功能，用於將車輛完全停下，避免車輛移動。

（二）**減速煞車**：用於控制車速，在行駛過程中減慢車輛速度，以適應路況和交通狀況。

（三）**緊急煞車**：在危急情況下需要迅速停車時使用，例如避免與前方車輛碰撞或避免撞擊障礙物。

二、煞車系統之組成

汽車的煞車系統通常由以下組件組成：

（一）**腳踏煞車**：由踩下腳踏煞車踏板，使剎車片與剎車盤接觸，從而減慢或停止車輛的運動。

（二）**手煞車（也稱手剎車或拉手煞車）**：獨立於腳踏煞車的煞車系統，通常用於固定車輛停在斜坡上，或作爲緊急停車的補充。

（三）**煞車液**：用於傳遞力量的液體，將踩下踏板的力量轉換爲剎車力量，使剎車片與剎車盤摩擦以產生煞車效果。

煞車系統的正常運作對於駕駛安全至關重要。因此，定期檢查煞車系統，包括剎車片磨損程度、剎車液的水平和品質、煞車盤的狀況等，並進行必要的保養和維修，是確保煞車效能的重要步驟。

三、方向盤之功能

汽車上的方向盤是一個重要的控制裝置，它的作用是讓駕駛者控制和改變車輛的行進方向。以下是方向盤的一些主要功能：

（一）**轉向**：方向盤可以透過左右轉動，使前輪往左或往右轉向，從而改變車輛的行進方向。透過方向盤的掌握和操作，駕駛者能夠在道路上準確掌握車輛的轉向運動，實現左轉、右轉或保持直線行駛。

（二）**操控感知**：方向盤的尺寸、形狀和手感都對駕駛者與車輛之間的連接起到關鍵作用。它提供了對車輛行駛狀態的感知，例如轉向的力度、響應速度和轉向時的回饋力，使駕駛者能夠準確掌握和調整車輛的操控。

（三）**操作其他控制功能**：方向盤通常上面還配備有其他控制按鈕，例如喇叭、音響、巡航控制、藍牙操作等。這些功能的設置方便了駕駛者在行駛過程中進行相應的操作，提高了行駛的安全和舒適性。

方向盤在駕駛過程中扮演著關鍵角色，藉由駕駛者對其操作，使車輛能夠準確、靈活地響應駕駛指令，從而實現安全、順暢的行駛操作。駕駛者應該時刻保持對方向盤的掌控，適時且適當地轉動方向盤以應對道路情況，確保行車的平穩和安全。

第20條（設備損壞之未修復之處罰）

汽車引擎、底盤、電系、車門損壞，行駛時顯有危險而不即行停駛修復者，處汽車所有人新臺幣一千八百元以上三千六百元以下罰鍰，並扣留其牌照，責令修復檢驗合格後發還之。檢驗不合格，經確認不堪使用者，責令報廢。

壹、導言

汽車引擎、底盤、電系、車門等若有損壞，將及行車安全，駕駛人若發現汽車引擎、底盤、電系、車門有狀況，應即停駛檢查，並予以排除狀況後，始能再爲行駛，否則除了將造成自己生命身體置於危險外，亦將造成其他用路人危害。因此本條即係課予駕駛人一旦發現汽車有引擎、底盤、電系、車門等損壞狀況，即應有停駛修復之義務，否則即課以罰鍰，並予吊扣牌照至檢驗合格後再爲發還。

貳、內容解析

一、安全規則有關之規定

（一）安全規則第23條之1第1項第1款

「汽車下列設備規格不得變更：一、底盤設備：（一）方向盤位置。（二）傳動系統設備：指汽車之排檔型式、驅動方式、變速箱及齒輪箱。（三）煞車作用設備：指煞車作用種類（總泵、分泵及油管）及防滑煞車系統。（四）懸吊系統：指支臂、三角架與連桿機構。（五）軸距規格。」由此可知，汽車底盤設備包含汽車重要之傳動系統設備、煞車作用、懸吊系統等影響行車至關重要之設備。除了不得變更外，更應維持正常與穩定之運作。

（二）安全規則第29條規定

「汽車引擎、底盤、電系、車門損壞應即停駛修護，其不堪修護使用時，應申請報廢（第1項）。公路監理機關實施定期檢驗或臨時檢驗發現汽車有前項情事經覆驗不合格時，應責令報廢（第2項）。」

二、處罰對象

本條之處罰對象爲汽車所有人，即車主。

三、處罰類型

汽車引擎、底盤、電系、車門損壞，行駛時顯有危險而不即行停駛修復者，縱容危險之發生，即具可罰性，除課以罰鍰外，並扣留其牌照，責令修復檢驗合格後發還之。檢驗不合格，經確認不堪使用者，責令報廢。

參、綜論

一、本條有關之解釋

（一）大型重型機車吊扣牌照處分

發文字號：交通部交路字第0970024729號函。

發文日期：民國97年3月31日。

要旨：大型重型機車吊扣牌照處分或辦理停駛之方式爲由機車所有人具結後，公路監理機關收繳後方號牌及行車執照一併存放；不願具結者，爲提醒汽車所有人則收繳前後兩面號牌，另於異動登記書及裁決書註記。

主旨：關於貴局再函爲550立方公分以上之大型重型機車受吊扣牌照處分或停駛時，其牌照繳銷之執行方式乙案，復如說明，請查照。

說明：

一、復貴局97年3月20日路監牌字第0970011034號函。

二、關於所擬550立方公分以上之大型重型機車吊扣牌照處分或辦理停駛時，其牌照收繳之處理建議乙節，既經貴局洽徵各公路監理機關及內政部警政署獲致共識，原則同意依所擬方式辦理，即由機車所有人具結後，公路監理機關收繳後方號牌及行車執照一併存放；惟如機車所有人不願具結者，則由公路監理機關收繳前後兩面號牌；另並均於異動登記書及裁決書註記「牌照吊扣、停駛中不得行駛」以提醒汽車所有人。

正本：公路總局。

副本：內政部警政署、臺北市政府交通局、高雄市政府交通局、金門縣公路監理所、連江縣公路監理所。

（二）營業大客車嚴重影響行車安全案

發文字號：內政部警政署警署交字第0940080602號。

發文日期：民國94年6月27日。

要旨：營業大客車在高速公路行駛，排氣管發生冒火狀況，嚴重影響行車安全案。

主旨：有關媒體報導有營業大客車在高速公路行駛時，排氣管發生冒火狀況，嚴重影響行車安全一案，請加強稽查取締類似情事，請查照。

說明：

一、依據交通部公路總局94年6月3日路監牌字第0941003516號函暨交通部94年6月23日交路字第0940037158號函辦理。

二、查有關汽車引擎、底盤、電系、車門損壞，行駛時顯有危險而不即行停駛修復之處罰，於道路交通管理處罰條例第20條已有明文，爰車輛如有上述機件故障或調校問題，致行駛時顯有危險而不即行停駛修復者，可依該條文規定予以舉發；如仍無法辨別屬何原因，可以詳記車號，通報監理機關，對其實施臨時檢驗。

正本：臺北市政府警察局、高雄市政府警察局、國道公路警察局、臺灣省各縣市警察局。

副本：交通部、交通部公路總局、本署交通組。

二、結語

汽車引擎、底盤、電系和車門的損壞可能會引發以下危險情況：

（一）**引擎故障**：引擎故障可能導致車輛突然熄火或失去動力，進而造成行駛困難或交通事故的風險。

（二）**底盤損壞**：底盤損壞可能導致懸吊系統、輪胎或操控部件的故障，影響車輛的操控性和穩定性，增加失控或翻車的危險。

（三）**電系故障**：電系故障可能導致車輛的車燈、煞車系統、安全氣囊、防盜系統等功能失效，增加事故發生風險或降低車輛安全性。

（四）**車門損壞**：車門損壞可能導致車門無法正常鎖定或關閉，在行駛中可能會意外打開而導致乘客受傷或墜落的風險。

這些危險情形強調了車輛保養和定期檢查的重要性。定期保養車輛並遵守製造商的建議，可以幫助提前發現和修復潛在的問題，確保車輛在行駛時的安全性和可靠性。另外，如果出現任何異常或損壞，應立即尋求專業技術人員的幫助，以便及早解決問題並減少潛在的風險。

第 21 條（*無照駕駛等之處罰*）

汽車駕駛人有下列情形之一者，處新臺幣六千元以上二萬四千元以下罰鍰，並當場禁止其駕駛：

一、未領有駕駛執照駕駛小型車或機車。

二、領有機車駕駛執照，駕駛小型車。

三、使用偽造、變造或矇領之駕駛執照駕駛小型車或機車。

四、駕駛執照業經吊銷、註銷仍駕駛小型車或機車。

五、駕駛執照吊扣期間駕駛小型車或機車。

六、領有學習駕駛證，而無領有駕駛執照之駕駛人在旁指導，在駕駛學習場外學習駕車。

七、領有學習駕駛證，在駕駛學習場外未經許可之學習駕駛道路或規定時間駕車。
八、未領有駕駛執照，以教導他人學習駕車為業。
九、其他未依駕駛執照之持照條件規定駕車。
汽車駕駛人於五年內違反前項規定二次以上者，處新臺幣二萬四千元罰鍰，並當場禁止其駕駛；如肇事致人重傷或死亡，得沒入該汽車。
汽車駕駛人於依本條例第三十五條第一項至第五項吊扣或吊銷駕駛執照期間，違反本條第一項第一款至第五款者，按第一項或第二項所處罰鍰加罰新臺幣一萬二千元罰鍰。
第一項第九款駕駛執照之持照條件規定，由交通部定之。
第一項第三款及第四款之駕駛執照，均應扣繳之；第五款並吊銷其駕駛執照。
汽車所有人允許第一項第一款至第五款之違規駕駛人駕駛其汽車者，除依第一項規定處罰鍰外，並吊扣其汽車牌照一個月；五年內違反二次者，吊扣其汽車牌照三個月；五年內違反三次以上者，吊扣其汽車牌照六個月。但其已善盡查證駕駛人駕駛執照資格之注意，或縱加以相當注意而仍不免發生違規者，不在此限。
十四歲以上未成年之人，違反第一項第一款或第三款規定者，交通勤務警察或依法令執行交通稽查任務人員應將違規事實以書面或其他方式通知其法定代理人或監護人。

壹、導言

本條乃針對行車需有相符之駕駛執照爲規範；故對未領有駕駛執照者課以重罰，藉以防止無照駕駛汽車，造成公共危險之狀況。另駕駛執照若經吊銷、註銷或吊扣者，抑或使用僞造、變造或矇領之駕駛執照等駕駛汽車，均屬無照駕駛之範圍，而在本條一併作規範之。且領用之各種駕駛執照，應依各種汽車適用之，不得作越級駕駛不同種類之汽車，違者均依本條規定處罰。除了對駕駛人作規範外，本條也考量到汽車所有人若有明知並允許無照之人駕駛，或允許越級駕駛其所有之汽車者，亦同作處罰，並依程度有吊扣牌照之措施。同時對學習駕駛執照之使用，亦作相應之規範；且若要以教他人駕車爲業者，必須領有駕駛執照始可爲之，違者均同本條之處罰。

貳、內容解析

一、安全規則有關之規定

（一）安全規則第50條第1項

「汽車駕駛執照爲駕駛汽車之許可憑證，由駕駛人向公路監理機關申請登記，考驗及格後發給之。汽車駕駛人經考驗及格，未領取駕駛執照前，不得駕駛汽車。」

（二）安全規則第52條第1項至第2項

「汽車駕駛執照自發照之日起每滿六年換發一次，汽車駕駛人應於有效期間屆滿前後一個月內向公路監理機關申請換發新照。但年滿六十歲之職業駕駛人經依第六十四條之一規定體格檢查判定合格者，換發有效期限一年之新照，或於原領職業駕駛執照以每年加註方式延長有效期間，至年滿六十五歲止（第1項）。逾六十五歲之職業駕駛人，前一年內未受吊扣駕駛執照處分且依第六十四條之一規定體格檢查判定合格者，得換發有效期間一年之小型車職業駕駛執照，或於小型車職業駕駛執照以每年加註方式延長有效期間，至年滿六十八歲止（第2項）。」

（三）安全規則第52條之2

「自中華民國一百零六年七月一日起，新領或未逾七十五歲駕駛人已領有之普通駕駛執照有效期間至年滿七十五歲止，其後應每滿三年換發一次，駕駛人應於有效期間屆滿前後一個月內，經第六十四條規定體格檢查合格，並檢附通過第五十二條之一所定汽車駕駛人認知功能測驗或檢附無患有中度以上失智症證明文件，向公路監理機關申請換發新照，或於駕駛執照以加註方式延長有效期間。但年滿七十五歲駕駛人首次換照，得於有效期間屆滿前一個月至屆滿後三年內辦理；未換發新照而受違規記點或吊扣駕駛執照處分者，應於公路監理機關通知後三個月內辦理換照（第1項）。中華民國一百零六年七月一日前已年滿七十五歲之駕駛人，其已領有之駕駛執照有效期間屆滿後，仍屬有效，並得免換發之。但自中華民國一百零六年七月一日起受違規記點或吊扣駕駛執照處分者，應於公路監理機關通知後三個月內，依前項規定辦理換照（第2項）。年滿七十五歲申請汽車駕駛執照考驗者，應符合第六十四條規定，並檢附通過第五十二條之一所定認知功能測驗或無患有中度以上失智症證明文件，始得向公路監理機關申請考驗，及格後核發三年有效期間之駕駛執照（第3項）。」

（四）安全規則第52條之3第1項

「患有癲癇疾病符合第六十四條第一項第一款第六目之1但書規定者，得申請機車或普通小型車駕駛執照考驗，其駕駛執照並自發照之日起每滿二年換發1次。」

（五）安全規則第53條

「汽車駕駛執照分爲下列各類：一、小型車普通駕駛執照。二、大貨車普通駕駛執照。三、大客車普通駕駛執照。四、聯結車普通駕駛執照。五、小型車職業駕駛執照。六、大貨車職業駕駛執照。七、大客車職業駕駛執照。八、聯結車職業駕駛執照。九、國際駕駛執照。十、輕型機車駕駛執照。十一、小型輕型機車駕駛執照。十二、普通輕型機車駕駛執照。十三、重型機車駕駛執照。十四、普通重型機車駕駛執照。十五、大型重型機車駕駛執照。」

（六）安全規則第54條第1項

「職業汽車駕駛人之駕駛執照，應自發照之日起，每滿三年審驗一次，並於審驗日期前後一個月內向公路監理機關申請審驗，審驗時並應檢附經第六十四條規定體格檢查合格證明。審驗不合格者，扣繳其駕駛執照，俟審驗合格後發還之。但年滿六十歲職業汽車駕駛人駕駛執照審驗時，應檢附經第六十四條之一規定體格檢查合格證明，並應每年審驗一次。」

（七）安全規則第56條

「學習小型汽車駕駛，應向公路監理機關申領學習駕駛證，學習大型車汽車駕駛，應領有小型車駕駛執照。」

（八）安全規則第58條

「學習汽車駕駛，以在駕駛學習場內學習駕駛爲原則。在學習路線駕駛時，應依公路或市區道路主管機關指定之道路及時間內爲之，並應由領有學習車類駕照之汽車駕駛人在旁指導監護（第1項）。汽車駕駛執照路考考驗之道路路線或路段，由公路監理機關指定後，送請公路主管或市區道路主管機關備查；該路線或路段並得爲學習路線（第2項）。」

（九）安全規則第59條

「學習駕駛證之學習駕車有效期間，自領證之日起以一年爲限。」

二、處罰對象

本條之處罰對象以汽車駕駛人爲主，即行爲人。

汽車所有人明知駕駛人無照仍允許駕駛其汽車者，則處罰該汽車所有人，即車主。

三、處罰類型

（一）無照駕駛

包括未領有駕駛執照駕駛小型車或機車（第1款）、使用偽造、變造或矇領之駕駛執照駕駛小型車或機車（第3款）、駕駛執照業經吊銷、註銷仍駕駛小型車或機車

（第4款）、駕駛執照吊扣期間駕駛小型車或機車（第5款）等，以上各種違反義務類型，實質上均爲無照駕駛之情形，而具可罰性，違者除課以罰鍰外，並當場禁止其駕駛。

另使用僞造、變造或矇領之駕駛執照駕駛小型車或機車（第3款）、駕駛執照業經吊銷、註銷仍駕駛小型車或機車（第4款），應扣繳其所持之駕駛執照。

（二）未依駕照之持照條件駕駛

領有機車駕駛執照，駕駛小型車（第2款越級駕駛）、其他未依駕駛執照之持照條件規定駕車（第9款），違者除課以罰鍰外，並當場禁止其駕駛。

（三）學習駕駛證不符領用規定

領有學習駕駛證，而無領有駕駛執照之駕駛人在旁指導，在駕駛學習場外學習駕車（第6款）、領有學習駕駛證，在駕駛學習場外未經許可之學習駕駛道路或規定時間駕車（第7款），違者除課以罰鍰外，並當場禁止其駕駛。

（四）無照卻教他人駕車為業

未領有駕駛執照，以教導他人學習駕車爲業（第8款），此似與經驗法則有違，故而禁止之，違者並課以罰鍰。

四、併罰

（一）沒入汽車

汽車駕駛人於五年內違反前項規定兩次以上者，除課以罰鍰外，並當場禁止其駕駛；如肇事致人重傷或死亡，得沒入該汽車。

（二）吊銷駕駛執照

駕駛執照吊扣期間駕駛小型車或機車者，除課處罰鍰外，吊銷其駕駛執照。

（三）吊扣其汽車牌照

汽車所有人允許無照之人或有照而越級駕駛之違規駕駛人駕駛其汽車者，除依第1項規定處罰鍰外，並吊扣其汽車牌照一個月；五年內違反二次者，吊扣其汽車牌照三個月；五年內違反三次以上者，吊扣其汽車牌照六個月。但其已善盡查證駕駛人駕駛執照資格之注意，或縱加以相當注意而仍不免發生違規者，不在此限。

五、未成年人違規

14歲以上未成年之人，違反未領有駕駛執照駕駛小型車或機車（第1款），或使用僞造、變造或矇領之駕駛執照駕駛小型車或機車（第3款）規定者，交通勤務警察或依法令執行交通稽查任務人員應將違規事實以書面或其他方式通知其法定代理人或監護人。

參、綜論

一、本條有關之法律座談

會議次別：105年臺灣高等法院暨所屬法院法律座談會刑事類提案第34號。

會議日期：民國105年11月16日。

座談機關：臺灣高等法院暨所屬法院。

關鍵詞：相當因果關係。

法律問題：A平日從事受僱駕駛小貨車載送貨物，並收取報酬之職業，爲從事業務之職業司機，惟其僅考領有小型車普通駕駛執照，並未考領有小型車職業駕駛執照。詎A於駕駛小貨車從事載送貨物之業務時，因未能注意車前狀況，並隨時採取必要之安全措施，且依當時具體客觀情形亦無不能注意之情形，竟疏未注意及此，導致所駕駛之小貨車猛烈撞擊前方騎乘腳踏車之B，致B送醫後不治死亡。此時A所涉之業務過失致死犯行，既屬越級駕駛行爲，是否應另依道路交通管理處罰條例第86條第1項關於「無駕駛執照駕車」規定加重其刑？

討論意見：

甲說：肯定說（應加重其刑）

（一）按汽車駕駛執照爲駕駛汽車之許可憑證，道路交通安全規則第50條第1項前段定有明文；除依該規則第61條規定，汽車駕駛人取得高一級車類之駕駛資格者，准其駕駛較低等級車類之車輛外，應按其取得何等級車類之駕駛執照，駕駛該相當等級車類之車輛，不得持較低等級車類之駕駛執照，駕駛較高等級之車類；若有違反上述規定，因其不具備所駕駛車類之相當汽車駕駛人資格，於法應認與無駕駛執照者同，始符合道路交通安全維護之立法本旨。

（二）是道路交通管理處罰條例第86條第1項所稱之汽車駕駛人「無照駕車」，除同條例第21條第1項第1款之「未領有駕駛執照駕車」外，應包括持較低等級車類之駕駛執照，而駕駛較高等級之車類在內。參以考領小型車普通駕駛執照，與考領小型車職業駕駛執照，其應考資格及應考科目不同，又持普通駕駛執照，以駕駛爲其職業者，應處罰鍰並禁止其駕駛，亦經道路交通管理處罰條例第22條第1項第2款所明定，故僅考領小型車普通駕駛執照者，竟受僱爲職業司機而駕駛小貨車執行業務，如肇事應負刑事責任時，應依無照駕車之加重條件予以加重其刑（最高法院85年度台上字第2942號判決意旨參照）。

審查意見：採甲說（肯定說）。

道路交通管理處罰條例第86條第1項所稱汽車駕駛人「無照駕車」，除同條例第21條第1項第1款所定「未領有駕駛執照駕車」外，應包括持較低等級車類之駕駛執照而駕駛較高等級車類之情形在內（最高法院82年度台上字第203號、85年度台上字第2942號、87年度台上字第3295號、96年度台上字第6105號、96年度台上字第2149號均採甲說）。

研討結果：照審查意見通過（經付表決結果：實到78人，採甲說57票，採乙說11票）。

二、本條有關之解釋

（一）一事不二罰原則之疑義

發文字號：法務部法律字第10203502330號函。

發文日期：民國102年7月3日。

要旨：行政罰法第24條、第25條、道路交通安全規則第114條等規定參照，飲酒後駕車係以「作爲」方式違反禁止飲酒駕車之不作爲義務，又未領有駕駛執照駕駛車輛違反規定予以處罰，係以「不作爲」行爲方式違反作爲義務，二者應屬數行爲，無「一行爲不二罰」原則之適用。

主旨：監察院函貴部，就現行健保支應酒醉駕車肇事致交通意外事故之醫療費用日增，相關機關有無違失所提審核意見中，關於貴部針對未領有駕駛執照者，從嚴酒精濃度標準予以處罰之修正，提出是否涉及行政法上一事不二罰原則之疑義，復如說明二至四，請查照參考。

說明：

一、復貴部102年4月22日交路字第1020013058號函。

二、按「一行爲違反數個行政法上義務規定而應處罰鍰者，依法定罰鍰額最高之規定裁處。但裁處之額度，不得低於各該規定之罰鍰最低額。」「數行爲違反同一或不同行政法上義務之規定者，分別處罰之。」行政罰法第24條第1項及第25條分別定有明文。準此，行爲人違法之行爲如評價爲一行爲（包括「自然一行爲」與「法律上一行爲」），縱違反數個行政法上義務規定，亦僅能依同法第24條規定裁罰；如認係數行爲則應依同法第25條規定分別處罰；至違法之行為究應評價為「一行為」抑或「數行為」乃個案判斷之問題，並非僅就法規與法規間之關聯或抽象事實予以抽象判斷，必須就具體個案之事實情節依據行為人主觀犯意、構成要件之實現、受侵害法益及所侵害之法律效果，斟酌被違反行政法上義務條文之文義、立法意旨、制裁之意義、期待可能性與社會通念等因素綜合判斷決定之（參本部101年1月19日法律字第1000023096號函）。

三、次按道路交通安全規則（下稱本規則）第114條規定：「汽車駕駛人有下列情形之一者，不得駕車：……三、未領有駕駛執照……，飲用酒類或其他類似物後其吐氣所含酒精濃度超過每公升零點一五毫克或血液中酒精濃度超過百分之零點零三。」係以未領有駕駛執照者駕駛車輛為特別條件，從嚴酒後駕車之酒精濃度標準，而依道路交通管理處罰條例（下稱本條例）第35條第1項第1款予以處罰，故飲酒後駕車係以「作為」之方式違反禁止飲酒（超過特定標準）駕車之不作為義務；至駕駛車輛需領有駕駛執照，未領有駕駛執照駕駛車輛違反本規則第50條第1項，依本條例第21條第1項第1款予以處罰，係以「不作為」之行為方式違反作為義務，二者應屬數行為，無「一行為不二罰」原則之適用。

正本：交通部。

副本：本部資訊處（第1類）、本部法律事務司（4份）。

（二）未領有駕駛執照等適用疑義

發文字號：交通部交路字第1020000511號函。

發文日期：民國102年1月29日。

要旨：核釋道路交通安全規則第114條第1項第3款有關「未領有駕駛執照」、「初次領有駕駛執照未滿二年」以及「職業駕駛人駕駛車輛」之適用疑義。

主旨：有關貴署函為道路交通安全規則第114條第1項第3款規定之適用事宜乙案，復如說明，請查照。

說明：

一、復貴署102年1月4日警署交字第1020040312號函。

二、旨揭規則第114條第3款有關「未領有駕駛執照」、「初次領有駕駛執照未滿二年」之適用對象乙節，經審視貴署研析意見綜整說明如次：

（一）「未領有駕駛執照」部分，查道路交通管理處罰條例第21條第1項第1款及第21條之1第1項第1款已對未領有駕駛執照駕車之行為有明確之定義，係指駕駛人未曾考領汽車或機車任一種駕駛執照之情形，至於駕駛人領有之駕駛執照已逾期或受吊扣、吊銷、註銷處分者，則尚非屬旨揭條款所規定「未領有駕駛執照」之對象範疇。

（二）「初次領有駕駛執照未滿二年」部分，係指駕駛人初次領有汽車或機車其中一種駕駛執照經歷未滿二年之情形；亦即只要曾領有公路監理機關核發之汽車或機車其中一種駕駛執照且距核發時間二年以上者，則非屬適用之對象。至於貴署所提以領照日0時0分起計算之意見，請依行政程序法第48條之規定認定。

（三）「職業駕駛人駕駛車輛」部分，係以駕駛營業車輛或正從事以駕駛爲職業之駕駛人（不論其是否具備職業駕照）爲適用之認定標準。

正本：內政部警政署。

副本：臺北市政府交通局、新北市政府交通局、臺中市政府交通局、高雄市政府交通局、臺南市政府交通局、交通部公路總局（以上均含內政部警政署前揭號函影本如附件）。

三、結語

駕駛執照的主要目的是確保駕駛人具備適當的駕駛技能和知識，以保障道路安全和公眾利益。以下是駕駛執照的幾個主要目的：

（一）**駕駛能力評估**：行車執照要求駕駛人參加一系列的駕駛測試，包括理論考試和實際駕駛考試。這些測試評估駕駛人的知識、技能和反應能力，確保他們能夠安全地操作車輛上道路。

（二）**法規和安全知識**：行車執照測試要求駕駛人熟悉交通法規、道路標誌和交通標誌的意義，以及遵守基本的交通安全準則。這有助於提高駕駛人對交通法規和道路安全的認識，降低意外事故的風險。

（三）**道路和交通管理**：行車執照的核發過程包括駕駛人學習和理解道路和交通管理的原則，例如適應不同的道路環境、掌握交通流量和車輛操作技巧等。這有助於確保駕駛人在各種道路條件下能夠安全駕駛。

（四）**識別和法律遵循**：行車執照是識別駕駛人身分和資格的重要文件。它使執法機構能夠確定駕駛人是否合法駕駛車輛，並對交通違規行爲進行處理，以維護道路秩序和安全。

總之，行車執照的目的是確保駕駛人具備必要的技能、知識和遵守交通法規的能力，以提高道路安全性，降低交通事故風險，保護公眾和駕駛人的利益。

第 21 條之 1（大車無照駕駛之處罰）

汽車駕駛人駕駛聯結車、大客車或大貨車有下列情形之一者，汽車所有人及駕駛人各處新臺幣四萬元以上八萬元以下罰鍰，並當場禁止其駕駛：

一、未領有駕駛執照駕車。

二、領有機車駕駛執照駕車。

三、領有小型車駕駛執照駕車。

四、領有大貨車駕駛執照，駕駛大客車、聯結車或持大客車駕駛執照，駕駛聯結車。

五、駕駛執照業經吊銷、註銷仍駕車。

六、使用偽造、變造或矇領之駕駛執照駕車。

七、駕駛執照吊扣期間駕車。

汽車駕駛人於五年內違反前項規定二次以上者，處新臺幣八萬元罰鍰，並當場禁止其駕駛；如肇事致人重傷或死亡，得沒入該汽車。

汽車駕駛人於依本條例第三十五條第一項吊扣或吊銷駕駛執照期間，違反本條第一項第一款至第五款者，按本條第一項或第二項所處罰鍰加罰新臺幣四萬元罰鍰。

第一項第五款或第六款之駕駛執照，均應扣繳之；第七款並吊銷其駕駛執照。

違反第一項情形，並吊扣該汽車牌照一個月；五年內違反二次者，吊扣該汽車牌照三個月；五年內違反三次以上者，吊扣該汽車牌照六個月。

汽車所有人已善盡查證駕駛人駕駛執照資格之注意，或縱加以相當之注意而仍不免發生違規者，汽車所有人不受本條之處罰。

壹、導言

本條係延續前條有關駕駛執照使用的相關規範，惟本條所規範之駕駛執照種類，以聯結車、大客車或大貨車爲規範對象，同時規範汽車所有人及駕駛人兩者；除了未領有駕駛執照駕車外，對越級駕車部分亦同作限制，經查獲時均應當場禁止其駕駛。本條亦同時吊銷駕照、吊扣牌照等措施，藉以強化落實本條規定之要求。

貳、內容解析

一、安全規則有關之規定

（一）安全規則第61條第1項

「汽車駕駛人取得高一級車類之駕駛資格者，應換發駕駛執照，並准其駕駛較低級車類之車輛，其規定如下：一、已領有聯結車駕駛執照者，得駕駛大客車（含雙節式大客車）、大貨車、代用大客車、大客貨兩用車、曳引車、小型車（含小型車附掛拖車）、輕型機車。自中華民國九十六年二月一日起已領有大貨車駕駛執照二年以上之經歷申請考驗取得聯結車駕駛執照者，不得駕駛大客車、代用大客車、大客貨兩用車。二、已領有大客車駕駛執照者，得駕駛大貨車、代用大客車、大客貨兩用車、曳引車、小型車、輕型機車。但不得駕駛雙節式大客車。三、已領有大貨車駕駛執照者，得駕駛小型車、輕型機車。四、已領有小型車駕駛執照者，得駕駛輕型機車。五、已領有大型重型機車駕駛執照者，得駕駛普通重型機車、輕型機車。六、已領有普通重型機車駕駛執照者，得駕駛輕型機車。七、已領有重型機車駕駛執照者，得駕駛普通重型機車、輕型機車。八、已領有普通輕型機車駕駛執照者，得駕駛小型輕型機車。九、已領有輕型機車駕駛執照者，得駕駛普通輕型機車、小型輕型機車。」

（二）安全規則第61條之1第1項

「道路交通管理處罰條例第二十一條第四項所稱之持照條件係指駕駛人取得駕車之行車條件，除前條規定外，包括下列規定：一、汽車駕駛人應依駕駛執照所載之持照條件駕車。二、領有小型輕型機車駕駛執照者，不得駕駛普通輕型機車。三、領有重型機車駕駛執照者，不得駕駛大型重型機車。四、領有限制駕駛未滿汽缸總排氣量五百五十立方公分之大型重型機車駕駛執照者，不得駕駛汽缸總排氣量五百五十立方公分以上或電動機車之馬達及控制器最大輸出馬力五十四馬力（HP）以上之大型重型機車。五、受終身不得考領駕駛執照處分，重新申請考驗合格後領有或換發一年有效期間駕駛執照逾期，不得使用駕車。六、領有大客車以上職業駕駛執照駕駛遊覽車，應符合汽車運輸業管理規則第八十六條所定之經歷及專業訓練條件。七、領有大客車、大貨車或小型車駕駛執照者，未經考驗合格不得駕駛小型車附掛總重逾七百五十公斤至三千公斤以下拖車。八、汽車運輸業所屬逾六十五歲大型車職業駕駛人駕駛大型營業車輛，除遊覽車客運業、汽車貨運業及汽車貨櫃貨運業依汽車運輸業管理規則第十九條之七第三項規定申經核准者外，限於上午六時至下午六時之時段行駛。」

二、處罰對象

本條之處罰對象爲汽車所有人及駕駛人，即車主及行爲人各別處罰。

三、處罰類型

（一）無照駕車

駕駛人駕駛聯結車、大客車或大貨車時，未領有駕駛執照駕車（第1款）、駕駛執照業經吊銷、註銷仍駕車（第5款）、使用僞造、變造或矇領之駕駛執照駕車（第6款）、駕駛執照吊扣期間駕車（第7款）等行爲，均相當於無照駕駛聯結車、大客車或大貨車，對汽車所有人及駕駛人各課以罰鍰，並當場禁止其駕駛。

（二）越級駕駛

駕駛人駕駛聯結車、大客車或大貨車時，領有機車駕駛執照駕車（第2款）、領有小型車駕駛執照駕車（第3款）、領有大貨車駕駛執照，駕駛大客車、聯結車或持大客車駕駛執照，駕駛聯結車（第4款）等行爲，均屬以低一級駕駛執照，駕駛高級之聯結車、大客車或大貨車，對汽車所有人及駕駛人各課以罰鍰，並當場禁止其駕駛。

四、併罰

（一）沒入汽車

汽車駕駛人於五年內違反第1項規定二次以上者，除課以罰鍰外，並當場禁止其駕駛；如肇事致人重傷或死亡，得沒入該汽車。

（二）吊銷駕駛執照

駕駛執照吊扣期間駕車者，吊銷其駕駛執照。

（三）吊扣汽車牌照

違反第1項情形，並吊扣該汽車牌照一個月；五年內違反二次者，吊扣該汽車牌照三個月；五年內違反三次以上者，吊扣該汽車牌照六個月。

五、汽車所有人可免除處罰原因

汽車所有人已善盡查證駕駛人駕駛執照資格之注意，或縱加以相當之注意而仍不免發生違規者，汽車所有人可免除處罰。

參、綜論

一、本條有關之解釋

（一）職業駕駛執照之適用疑義

發文字號：交通部交路字第1000052988號函。

發文日期：民國100年10月17日。

要旨：駕駛人以駕駛汽車為職業者，無論駕駛營業車或自用車，均應持有職業駕駛執照。

主旨：貴院所詢有關職業駕駛執照相關事宜乙案，復如說明，請查照。

說明：

一、復貴院100年9月15日中院彥刑穩100交簡上139字第93343號函。

二、查依道路交通安全規則第5條規定之汽車駕駛人分類，職業駕駛人指以駕駛汽車為職業者，普通駕駛人則指以駕駛自用車而非駕駛汽車為職業者。另依該規則第4條規定，汽車依其使用目的分為自用與營業二類，自用車輛指機關、學校、團體、公司、行號或個人自用而非經營客貨運之車輛；營業車輛係指汽車運輸業以經營客貨運為目的之車輛，合先說明。

三、本案貴院所詢事項說明如次：

（一）有關道路交通安全規則第53條、第54條所核發之職業駕駛執照乙節，查駕駛執照係駕駛汽車之許可憑證，依前揭規則第5條說明，駕駛人以駕駛汽車為職業者，當持職業駕駛執照，此無涉所駕駛車輛種類為營業車或自用車。

（二）有關道路交通管理處罰條例及道路交通安全規則所稱以駕駛（汽車）為職業者乙節，如駕駛人受雇擔任駕駛工作，自符合以駕駛為職業，應持職業駕駛執照，如駕駛人並非受雇以駕駛為職業，臨時以普通駕駛執照駕駛者，應不予處罰，惟應查明實際情形予以認定。

（三）有關道路交通管理處罰條例第22條第1項第1款所稱營業汽車乙節，查依公路法第34條規定，公路汽車運輸，分自用與營業兩種，營業汽車分九類營運，包括公路汽車客運業、市區汽車客運業、遊覽車客運業、計程車客運業、小客車租賃業、小貨車租賃業、汽車貨運業、汽車路線貨運業及汽車貨櫃貨運業；所詢以自用小客車充作運輸、載貨、載人、接洽業務等用途之車輛並非營業汽車。

（四）有關道路交通管理處罰條例第21條、第21條之1、第22條之情形是否皆符同條例第86條第1項「無駕駛執照駕車」之要件乙節，依本部84年7月26日交路（84）字第033928號函轉准法務部提供處理意見略以：「道路交通管理處罰條例並未就『無照駕車』爲定義規定，惟該條例第86條第1項之『無照駕車』因係加重刑事處罰之構成要件之一，似宜從嚴解釋爲『未領有駕駛執照駕車者』，俾符『罪刑法定』之本旨。惟遇具體個案涉訟時，應以法院確定判決所持見解爲準。」

正本：臺灣臺中地方法院。

（二）汽車所有人有善盡管理責任

發文字號：交通部交路字第1000023918號函。

發文日期：民國100年4月22日。

要旨：道路交通管理處罰條例第21條之1規定，汽車所有人有善盡管理責任，查證汽車駕駛人是否領有駕駛執照，否則應依法連同汽車駕駛人開罰，另部分公司無法有效查證駕駛人執照乃內部查核管理機制，應檢討改進爲宜。

主旨：有關貴會函建議修正道路交通管理處罰條例第21條之1相關汽車所有人之處罰規定乙案，復如說明，請查照。

說明：

一、復貴會100年3月4日（100）汽貨聯傳字第084號函。

二、查道路交通管理處罰條例第21條之1對於駕駛聯結車、大客車、大貨車之駕駛人，如有同項包括未領有駕駛執照駕車等各款之違規行爲時，應並處罰汽車所有人之規定，係爲督促汽車所有人對所僱用之駕駛人應善盡管理責任，且如汽車所有人已善盡查證駕駛人駕駛執照資格之注意，或縱加以相當之注意而仍不免發生違規者，同條第4項亦已明文汽車所有人不受該條之處罰，爰現行條文規定已兼顧實務考量，應屬妥適，仍宜維持。

三、至於貴會所提部分公司未必能有效查證駕駛人之駕駛執照狀況乙節，應屬該等公司內部查核管理機制之問題，該等公司宜檢討改善，俾落實其公司駕駛人之管理。

正本：臺灣省○○○○商業同業公會聯合會。

二、結語

領用聯結車、大客車或大貨車駕照時，有以下幾點注意事項：

（一）**駕駛執照類別**：確保所領用的駕照包含相對應的類別，可以合法駕駛該類型的車輛。

（二）**專業知識**：聯結車、大客車或大貨車通常需要更高的駕駛技能和專業知識，請確保具備相應的培訓和知識，以安全駕駛。

（三）**注意車輛尺寸**：這類型的車輛通常比一般汽車更大，對於轉彎、倒車和行駛在狹窄空間中需要更謹慎，應注意周圍的空間和障礙物。

（四）**行車限制**：特別注意有關速限、車道規則和特定地點的行駛限制，例如山坡、斜坡和隧道等。

（五）**維護保養**：確保車輛保持良好狀態，如定期檢查車輛機械部件、輪胎狀況、煞車系統等，並遵守相應的維修和保養建議。

（六）**交通安全**：請遵守道路交通法規，包括保持安全車距、使用安全帶、適時使用方向燈、遵守交通標誌和指示等。

第 22 條（違規越級駕駛之處罰）

汽車駕駛人有下列情形之一者，處新臺幣一千八百元以上三千六百元以下罰鍰，並禁止其駕駛：

一、領有普通駕駛執照，駕駛營業汽車營業。

二、領有普通駕駛執照，以駕駛為職業。

三、領有軍用車駕駛執照，駕駛非軍用車。

四、領有聯結車、大客車、大貨車或小型車駕駛執照，駕駛普通重型機車。

五、領有聯結車、大客車、大貨車或小型車駕駛執照，駕駛輕型機車。但中華民國一百十二年四月十四日修正之條文施行前已取得該汽車駕駛執照者，不在此限。

六、領有輕型機車駕駛執照，駕駛普通重型機車。

七、駕駛執照逾有效期間仍駕車。

汽車駕駛人領有聯結車、大客車、大貨車、小型車、普通重型或輕型機車駕駛執照，駕駛大型重型機車者，處新臺幣六千元罰鍰，並禁止其駕駛。

第一項第七款之駕駛執照並應扣繳之。

汽車所有人允許第一項違規駕駛人駕駛其汽車者，除依第一項規定之罰鍰處罰外，並記該汽車違規紀錄一次。但其已善盡查證駕駛人駕駛執照資格之注意，或縱加以相當注意而仍不免發生違規者，不在此限。

壹、導言

本條亦承前兩條規範，針對駕駛執照區分有聯結車、大客車、大貨車、小型車、普通重型或輕型機車駕駛執照，各種類之駕照，均適用駕駛該種類之車輛，不得有越級或跨種類作駕駛之行爲，違者均依本條處罰，並禁止其駕駛。

貳、內容解析

一、安全規則有關之規定

（一）安全規則第53條

「汽車駕駛執照分爲下列各類：一、小型車普通駕駛執照。二、大貨車普通駕駛執照。三、大客車普通駕駛執照。四、聯結車普通駕駛執照。五、小型車職業駕駛執照。六、大貨車職業駕駛執照。七、大客車職業駕駛執照。八、聯結車職業駕駛執照。九、國際駕駛執照。十、輕型機車駕駛執照。十一、小型輕型機車駕駛執照。十二、普通輕型機車駕駛執照。十三、重型機車駕駛執照。十四、普通重型機車駕駛執照。十五、大型重型機車駕駛執照。」

（二）安全規則第61條之1第1項

「道路交通管理處罰條例第二十一條第四項所稱之持照條件係指駕駛人取得駕車之行車條件，除前條規定外，包括下列規定：一、汽車駕駛人應依駕駛執照所載之持照條件駕車。二、領有小型輕型機車駕駛執照者，不得駕駛普通輕型機車。三、領有重型機車駕駛執照者，不得駕駛大型重型機車。四、領有限制駕駛未滿汽缸總排氣量五百五十立方公分之大型重型機車駕駛執照者，不得駕駛汽缸總排氣量五百五十立方公分以上或電動機車之馬達及控制器最大輸出馬力五十四馬力（HP）以上之大型重型機車。五、受終身不得考領駕駛執照處分，重新申請考驗合格後領有或換發一年有效期間駕駛執照逾期，不得使用駕車。六、領有大客車以上職業駕駛執照駕駛遊覽車，應符合汽車運輸業管理規則第八十六條所定之經歷及專業訓練條件。七、領有大客車、大貨車或小型車駕駛執照者，未經考驗合格不得駕駛小型車附掛總重逾七百五十公斤至三千公斤以下拖車。八、汽車運輸業所屬逾六十五歲大型車職業駕駛人駕駛大型營業車輛，除遊覽車客運業、汽車貨運業及汽車貨櫃貨運業依汽車運輸業管理規則第十九條之七第三項規定申經核准者外，限於上午六時至下午六時之時段行駛。」

二、處罰對象

本條之處罰對象以汽車駕駛人爲主，即行爲人。

汽車所有人明知駕駛人越級駕駛仍允許駕駛其汽車者，則處罰該汽車所有人，即車主。

三、處罰類型

（一）未依駕照之持照條件駕車

汽車駕駛人，領有普通駕駛執照，駕駛營業汽車營業（第1款）、領有普通駕駛執照，以駕駛爲職業（第2款）、領有軍用車駕駛執照，駕駛非軍用車（第3款）、領有聯結車、大客車、大貨車或小型車駕駛執照，駕駛普通重型機車（第4款）、領有聯結車、大客車、大貨車或小型車駕駛執照，駕駛輕型機車。但2023年4月14日修正之條文施行前已取得該汽車駕駛執照者，不在此限（第5款）、領有輕型機車駕駛執照，駕駛普通重型機車（第6款）等行爲，均係未依駕照持照條件駕車，違者除課以罰鍰外，並禁止其駕駛。

（二）逾有效期間

汽車駕駛人駕駛執照逾有效期間仍駕車（第7款），除課以罰鍰外，並禁止其駕駛。

四、汽車所有人之處罰

汽車所有人允許第1項違規駕駛人駕駛其汽車者，除依第1項規定之罰鍰處罰外，並記該汽車違規紀錄一次。但其已善盡查證駕駛人駕駛執照資格之注意，或縱加以相當注意而仍不免發生違規者，不在此限。

參、綜論

一、本條有關之解釋

（一）國際駕駛執照之簽證

發文字號：交通部交路字第1100408771號函。

發文日期：民國110年7月28日。

要旨：國際駕駛執照係屬短期駕車之許可憑證，國際駕駛執照之簽證最長爲一年，如屬長期居留情形，應依規定考領取得國內核發之駕駛執照。

主旨：關於貴委員國會辦公室囑請本部說明持有效國際駕駛執照但「簽證逾期」於國內仍駕車之處罰規定一案，本部研復如說明，請查照。

說明：

一、復貴委員國會辦公室110年7月9日傳眞會議紀錄。

二、國際駕駛執照係屬短期駕車之許可憑證，道路交通安全規則第55條規定國際駕駛執照之簽證最長爲一年，係參酌歐美相關國家地區對於駕駛人持有其他互惠國家所發之國際駕駛執照使用，概均規定限制僅於一定時間之使用，如屬長期居留情形，應依規定考領取得國內核發之駕駛執照。

三、本案個案持有互惠國匈牙利所發有效之國際駕駛執照，國際駕駛執照到期日爲111年（西元2022年）10月3日，惟我國國際駕駛執照之簽證已逾期，依據道路交通安全規則第55條規定不得駕車。國際駕駛執照簽證逾期，致持該國際駕駛執照不得於國內駕車，本案個案仍繼續持該逾期國際駕駛執照於國內駕車，應屬駕駛執照逾有效期間仍駕車，應以道路交通管理處罰條例第22條第1項第7款「駕駛執照逾有效期間仍駕車」規定舉發之。

正本：立法委員陳○國會辦公室。

副本：交通部公路總局。

（二）公務員不得兼任職業駕駛人

發文字號：銓敘部部法一字第1084860352號函。

發文日期：民國108年10月2日。

要旨：依據公務員服務法第14條第1項規定，公務員除法令所規定外，不論自行駕駛營業汽車營業或受雇擔任駕駛工作，皆不得兼任職業駕駛人（含Uber、多元化計程車等）。

主旨：關於公務員不得兼任各類車種職業駕駛一事，請查照轉知。

說明：

一、查公務員服務法（以下簡稱服務法）第14條第1項規定，公務員除法令所規定外，不得兼任他項公職或業務；次查本部75年4月8日75台銓華參字第17445號函意旨，上開規定所稱「公職」，依司法院釋字第42號解釋，係指各級民意代表、中央與地方機關之公務員及其他依法令從事於公務者皆屬之；至「業務」雖乏統一規定以資依據，惟依司法院以往就業務之個案所爲解釋，其須領證執業，且須受主管機關監督者，例如醫師，係屬業務範圍，此外，其工作與本職之性質或尊嚴有妨礙者，就兼任而言，均屬該條法律精神所不許。

二、復查道路交通安全規則（以下簡稱安全規則）第5條規定：「汽車駕駛人分類如下：一、職業駕駛人：指以駕駛汽車爲職業者。二、普通駕駛人：指以駕駛自用車而非駕駛汽車爲職業者。」第53條規定：「汽車駕駛執照（以下簡稱駕照）分爲下列各類：……五、小型車職業駕照。六、大貨車職業駕照。七、大客車職業駕照。八、聯結車職業駕照。……。」第54條規定：「職業汽車駕駛人之駕駛執照，應自發照之日起，每滿三年審驗一次，並於審驗日期前後一個月內向公路監理機關申請審驗……。」再查道路交通管理處罰條例（以下簡稱處罰條例）第22條第1項規定略以，汽車駕駛人領有普通駕照，駕駛營業汽車營業或以駕駛爲職業者，處以罰鍰並禁止其駕駛。又查交通部100年10月17日交路字第1000052988號函略以，有關處罰條例及安全規則所稱以駕駛（汽車）爲職業者一節，如駕駛人受雇擔任駕駛工作，自符合以駕駛爲職業，應持職業駕照。

三、近年新型態職業駕駛（如Uber、多元化計程車）興起，迭有公務員詢及公餘時間得否兼任各類車種職業駕駛疑義，依據前開安全規則及處罰條例等規定，汽車駕駛人駕駛營業汽車營業或以駕駛汽車爲職業者，均爲職業駕駛人，須領有職業駕照始得爲之，且該職業駕照須定期經主管機關審驗。是該等職業駕駛人（含Uber、多元化計程車等）不論自行駕駛營業汽車營業或受雇擔任駕駛工作，均屬服務法第14條第1項所稱之「業務」，故除法令所規定外，公務員尙不得兼任之。

正本：中央暨地方各主管機關人事機構、全國政府機關電子公布欄。

副本：行政院人事行政總處。

二、結語

未依照持照條件駕駛車輛可能帶來以下危險：

（一）**缺乏技能和知識**：持照條件設置是爲了確保駕駛者擁有相應的技能和知識來應對特定類型的車輛或行駛情境。如果未按要求持有相應的駕照，可能意味著缺乏應對這些車輛的適當技能和知識。

（二）**駕駛控制問題**：不熟悉特定類型的車輛或未擁有相應的駕照，可能會導致駕駛者在操作和控制車輛時出現問題，無法適應車輛的尺寸、模式、擺動和性能。

（三）**安全風險**：某些類型的車輛需要特別的駕駛技巧和經驗，例如大型卡車、客運車等。未依持照條件駕駛這些車輛可能增加事故的風險，對道路使用者和自己的安全構成威脅。

（四）**保險問題**：保險公司通常根據持照類型和駕駛紀錄來評估保險費用。未依持照條件駕駛車輛可能導致保險無效或保險費用增加的風險。

爲了確保安全且法律合規，請確保持有適當的駕照並依照持照條件駕駛相應類型的車輛。

第 23 條（駕照借人之處置）

汽車駕駛人有下列情形之一者，吊扣其駕駛執照三個月：

一、將駕駛執照供他人駕車。

二、允許未領有駕駛執照、駕駛執照經吊銷、註銷或吊扣之人，駕駛其車輛。

壹、導言

本條係針對將駕照借供他人駕車使用，或車輛借給無照之人，或其駕照已遭吊銷、註銷或吊扣之人駕駛其車輛；其處罰對象爲汽車駕駛人，而處罰種類爲吊扣其駕照三個月。

貳、內容解析

一、安全規則有關之規定

安全規則第50條第1項：「汽車駕駛執照爲駕駛汽車之許可憑證，由駕駛人向公路監理機關申請登記，考驗及格後發給之。汽車駕駛人經考驗及格，未領取駕駛執照前，不得駕駛汽車。」

二、處罰對象

本條之處罰對象爲汽車駕駛人爲主，即行爲人。

三、處罰類型

（一）駕駛執照供他人駕車

將駕駛執照供他人駕車者，吊扣其駕駛執照三個月。

（二）允許無照之人駕駛其車輛

允許未領有駕駛執照、駕駛執照經吊銷、註銷或吊扣之人，駕駛其車輛，吊扣其駕駛執照三個月。

參、綜論

將駕照借給他人駕車使用可能帶來以下危險：

一、法律風險

將駕照借給他人使用可能違反交通法規和法律。這將導致罰款、處罰、駕照吊扣或吊銷等後果。

二、責任問題

如果借出駕照的人在駕駛過程中造成事故或違法行爲，持有駕照的人也可能被追究相關責任。這包括可能導致傷害、損壞或財務損失。

三、保險問題

保險公司通常根據駕駛者的姓名和駕照資料來評估保險費用和支付索賠。如果他人借用駕照並參與事故，可能使保險無效或導致保險公司拒絕支付索賠。

允許無照之人駕駛其汽車，亦將負有與上述相當之責任與風險。

第 24 條（不接受參加安全講習之處罰）

汽車駕駛人或汽車所有人違反本條例規定者，除依規定處罰外，並得令其或其他相關之人接受道路交通安全講習。

公路主管機關對於道路交通法規之重大修正或道路交通安全之重要措施，必要時，得通知職業汽車駕駛人參加道路交通安全講習。

前二項之人，無正當理由，不依規定接受道路交通安全講習者，處新臺幣一千八百元罰鍰。經再通知依限參加講習，逾期六個月以上仍不參加者，其為汽車駕駛人者，吊扣其駕駛執照六個月；其為汽車所有人者，吊扣違規汽車之牌照六個月。

汽車駕駛人、汽車所有人依第一項規定於接受道路交通安全講習後一年內，再次違反本條例規定，須接受道路交通安全講習時，應增加其或其他相關之人講習時數。

壹、導言

本條係規範特定對象參加道路交通安全講習；所指對象，除了以違反道交條例規定者外，另針對道路交通法規之重大修正或道路交通安全之重要措施，將職業汽車駕駛人亦納入道路交通安全講習。當課以汽車駕駛人或職業汽車駕駛人參加道路交通安全講習義務時，其無正當理由不依規定參加者，將處以罰鍰，且再次通知其依限參加講習，否則將吊扣駕駛執照或汽車牌照。

貳、內容解析

一、處罰對象

本條之處罰對象爲汽車駕駛人或汽車所有人，即行爲人或車主兩者均爲處罰對象。

二、處罰類型

（一）違規行為之道路交通安全講習

汽車駕駛人或汽車所有人違反道交條例規定者，除依規定處罰外，並得令其或其他相關之人接受道路交通安全講習（第1項）。

（二）交通法規修正之道路交通安全講習

公路主管機關對於道路交通法規之重大修正或道路交通安全之重要措施，必要時，得通知職業汽車駕駛人參加道路交通安全講習。

（三）不依規定接受道路交通安全講習

無正當理由，不依規定接受道路交通安全講習者，除課以罰鍰外，經再通知依限參加講習，逾期六個月以上仍不參加者，其爲汽車駕駛人者，吊扣其駕駛執照六個月；其爲汽車所有人者，吊扣違規汽車之牌照六個月。

參、綜論

一、本條有關之法律座談

會議次別：111年度高等行政法院及地方法院行政訴訟庭業務交流提案第2號。

會議日期：民國111年11月21日。

座談機關：高等行政法院及地方法院行政訴訟庭。

法律問題：道路交通管理處罰條例第54條規定，汽車駕駛人，駕車在鐵路平交道有該條各款之行爲者，處新臺幣1萬5,000元以上9萬元以下罰鍰，並吊扣其駕駛執照一年；因而肇事者，吊銷其駕駛執照。因此該當「肇事」要件，即涉及應適用道路交通管理處罰條例第54條前段「吊扣駕駛執照一年」或適用第54條後段「吊銷駕駛執照」之差異。試問：汽車駕駛人有該條第1款之情形，並因而撞斷遮斷器、警鈴及閃光號誌設備，是否構成「肇事」之要件？

討論意見：

乙說：肯定說

（一）依道路交通管理處罰條例第54條第1款、第24條第1項第4款、第67條第1項、第67條之1第1項第4款，道路交通事故處理辦法第2條第1款，道路交通安全規則第104條第1項第1款，鐵路立體交叉及平交道防護設施設置標準與費用分擔規則第14條第1項，交通部臺灣鐵路管理局號誌裝置養護檢查作業程序第291條第1點等規定可知，汽車駕駛人駕駛汽車行經設有遮斷器之鐵路平交道，如警鈴已響、閃光號誌已顯示時，駕駛人即應暫停，此時遮斷器會在警報動作開始後約6至8秒始啓動、下降。又遮斷器乃主管機關所設置，作爲管制交通安全，避免重大交通事故發生，保障人民生命安全之交通防護設施，自爲道路交通事故處理辦法第2條第1款所稱之財物，則參酌上開規定之意涵，可知道路交通管理處罰條例第54條所稱之「肇事」自係指汽車駕駛人，未遵守法令義務駕駛汽車，致生有人受傷或死亡，或致車輛、動力機械、財物損壞之道路交通事故。是以，汽車駕駛人於鐵路平交道警鈴已響、閃光號誌已顯示或遮斷器已開始放下，並未暫停行駛，猶強行闖越平交道以致遮斷器毀損，自爲道路交通管理處罰條例第54條規定所稱之肇事行爲。

（二）至於該規定對於闖越平交道之駕駛人是否「因而肇事」，其處罰內容雖有「吊扣駕駛執照一年」及「吊銷駕駛執照」之差異，但此法律效果乃立法形成之範疇，尚難僅因其法律效果差異過大，而遽認道路交通管理處罰條例第54條所稱之「肇事」不包含因財物受損之情形。

初步研討結果：多數採乙說。

高等行政法院研究意見：

（一）臺北高等行政法院：採乙說

（二）臺中高等行政法院：即初步研討結果。

（三）高雄高等行政法院：採乙說。

大會研討結果：

（一）本件設題部分，原提案「試問：汽車駕駛人有該條第1款之情形，並因而撞斷遮斷器，是否構成『肇事』之要件？」修改爲「試問：汽車駕駛人有該條第1款之情形，並因而撞斷遮斷器、警鈴及閃光號誌設備，是否構成『肇事』之要件？」

（二）地方法院行政訴訟庭表決結果：實到16人，採甲說4人，乙說12人。

（三）高等行政法院表決結果：實到44人，採甲說3人、乙說28人。

（四）決議採乙說。

二、結語

道路交通安全講習的目的在於提高駕駛者和道路使用者的意識和知識，促進道路交通的安全性。以下是道路交通安全講習的幾個主要目的：

（一）**提供基礎知識**：道路交通安全講習向參與者提供有關交通法規、標誌、標線和交通信號等基礎知識，這有助於確保駕駛者對道路設施的使用和交通規則的理解。

（二）**培養良好的駕駛行爲和技能**：講習通常強調正確的駕駛技巧、合理的速度控制、安全的超車和轉彎等重要技能。這有助於養成良好的駕駛習慣，提高道路使用者的安全意識和駕駛能力。

（三）**強調道路交通安全重要性**：講習旨在提高參與者對道路交通安全的重視和認識。透過示範事故情境、引導討論和分享眞實案例，強調遵守交通法規、注意行人和其他駕駛者、避免酒醉駕駛等行爲的重要性。

（四）**降低事故風險**：講習旨在減少交通事故的發生，從而降低傷亡和財物損失。透過教育和提供實用的安全建議，幫助駕駛者更好地認識和應對潛在的危險和風險。

綜上所述，道路交通安全講習的目的是促進駕駛者和道路使用者的安全行為和意識，以創造更安全的道路環境和減少交通事故。它是確保道路上所有人的安全的重要一環。

第25條（駕照不依規定變更或換發之處罰）
駕駛汽車應隨身攜帶駕駛執照。
汽車駕駛人，有下列情形之一者，處新臺幣三百元以上六百元以下罰鍰，並責令補辦登記、補照、換照或禁止駕駛：
一、姓名、出生年、月、日、住址，依法更改而不報請變更登記。
二、駕駛執照遺失或損毀，不報請公路主管機關補發或依限期申請換發。

壹、導言

本條規範駕車應隨身攜帶駕駛執照，但若違反本規範，因交通員警已可經由隨身電腦配備來查詢駕駛人的駕照與行照之有效性，故本規範已無可罰性存在，而不再課以罰鍰，僅為宣示性之規範。另對駕駛人之姓名、出生年、月、日、住址如有更改，應報請變更登記；駕駛執照遺失或損毀者，亦應報請補發或換發，若未報請變更登記或補換發者，即具可罰性，而應依本條規定處罰。

貳、內容解析

一、安全規則有關之規定

（一）安全規則第23條第1項

「汽車車身式樣、輪胎隻數或尺寸、燃料種類、座位、噸位、引擎、車架、車身、頭燈等設備或使用性質、顏色、汽車所有人名稱、汽車主要駕駛人、地址等如有變更，均應向公路監理機關辦理登記。」

（二）安全規則第75條

「汽車駕駛人或汽車修護技工申請變更、換照、補照、登記，規定如下：一、汽車駕駛人或汽車修護技工之姓名、國民身分證統一編號、外來人口統一證號、出生年、月、日、住址有變更者應填具異動登記書，檢同身分證或戶口名簿、停留或居留證明，向公路監理機關申請。二、變更姓名、國民身分證統一編號、外來人口統一證號、出生年、月、日者，應將原照註銷，換發新照；變更住址，就原照背面地址欄簽註之。三、汽車駕駛執照或汽車修護技工執照遺失或損毀時，應填具異動登記書，並繳驗第五十條第六項第二款至第四款規定之身分證明文件或有效之汽車駕駛執照向公路監理機關申請補發或換發。」

二、處罰對象

本條之處罰對象爲汽車駕駛人，即行爲人。

三、處罰類型

（一）駕照不報請變更登記

汽車駕駛人之姓名、出生年、月、日、住址，依法更改而不報請變更登記者（第1款），除課以罰鍰外，並責令補辦登記、補照、換照或禁止駕駛。

（二）駕照不報請補發換發

駕駛執照遺失或損毀，不報請公路主管機關補發或依限期申請換發者（第2款），除課以罰鍰外，並責令補辦登記、補照、換照或禁止駕駛。

參、綜論

一、本條有關之解釋

發文字號：臺北市政府法規委員會北市法一字第09431551500號函。

發文日期：民國94年8月29日。

要旨：本案私人停車場既屬賣場所附設，不論其是否自訂有內部管理規定限制使用人資格，其性質上應屬提供至該賣場購物之不特定多數人使用以進出通行，似已與交通部函示見解有所不符，亦即未排除處罰條例之適用。

主旨：有關來函所詢賣場附設道路外私人停車場相關疑義乙節，本會意見復如說明，請查照。

說明：

一、復貴局94年8月23日北市交一字第09433715000號函。

二、依來函所附交通部84年11月28日交路字第048060號函示意旨，建築物附設停車場或公私立路外停車場，如自訂有內部管理規定，對使用人資格加以限制，且未具有供公眾通行之功能，當二項要件均不具備時，則不符道路交通管理處罰條例（以下簡稱處罰條例）所稱「道路」之範圍，自不能適用該處罰條例相關規定；今有關市民在賣場所附設之道路外私人停車場內遭警舉發違反道路交通管理處罰條例乙事，自應依前揭函示審認該私人停車場是否自訂有內部管理規定限制使用人資格，以及該私人停車場是否具有供公眾通行之功能以定。自來函所述以觀，該私人停車場既屬賣場所附設，不論其是否自訂有內部管理規定限制使用人資格，其性質上應屬提供至該賣場購物之不特定多數人（即供公眾）使用以進出通行，似已與前揭交通部函示意旨有所不符，亦即未排除處罰條例之適用，惟個案仍請貴局依權責審酌事實後認定。

三、另縱依前揭交通部函示意旨認定該私人停車場內不適用處罰條例之規定，惟該私人停車場既屬賣場所附設，若該市民係自行駕車至該賣場購物，則依經驗法則推論亦必然有於私人停車場外道路上駕駛車輛之事實，此時如經警察機關查知，並於個案認定確未隨身攜帶駕駛執照者，應可認當事人於私人停車場外駕駛車輛時，仍有違反處罰條例第25條第3款規定之嫌，並請參酌。

二、結語

不報請變更駕照姓名等年藉資料異動可能帶來以下影響：

（一）**法律違規**：未按規定報請變更駕照上的姓名可能違反當地的交通法規和法律。根據法律要求，駕駛者需要確保個人證件和駕照的資料保持一致。

（二）**辨識問題**：駕駛時，警察或其他執法機構可能對駕駛者身分進行查驗。如果駕駛者的駕照姓名與其個人證件上的姓名不一致，可能引起質疑，並可能產生不必要的麻煩和延誤。

（三）**保險問題**：許多保險公司基於駕駛者的姓名和駕照資料來評估保險費用和支付索賠。如果姓名未在駕照上正確反映，可能會影響保險資訊的準確性，並可能導致保險無效或引發保險索賠的問題。

為確保順利且合法地駕駛車輛，如姓名年藉資料依法更改時，允宜及時報請變更駕照上的姓名，以保持個人證件和駕照資料的一致性。

第 26 條（職業駕照未參加審驗之處罰）

職業汽車駕駛人，不依規定期限，參加駕駛執照審驗者，處新臺幣三百元以上六百元以下罰鍰；逾期一年以上者，逕行註銷其駕駛執照。

前項經逕行註銷駕駛執照之職業汽車駕駛人，得申請換發同等車類之普通駕駛執照。

壹、導言

職業汽車駕駛人之駕駛執照，自發照之日起，每滿三年應審驗一次；本條針對職業汽車駕駛人應參加駕駛執照審驗，若未依規定期限審驗者，即課以罰鍰；逾期一年以上者，則逕行註銷其職業駕駛執照。

貳、內容解析

一、安全規則有關之規定

安全規則第54條第1項規定：「職業汽車駕駛人之駕駛執照，應自發照之日起，每滿三年審驗一次，並於審驗日期前後一個月內向公路監理機關申請審驗，審驗時並應檢附經第六十四條規定體格檢查合格證明。審驗不合格者，扣繳其駕駛執照，俟審驗合格後發還之。但年滿六十歲職業汽車駕駛人駕駛執照審驗時，應檢附經第六十四條之一規定體格檢查合格證明，並應每年審驗一次。」

二、處罰對象

本條之處罰對象爲汽車駕駛人，即行爲人。

三、處罰類型

職業汽車駕駛人，不依規定期限，參加駕駛執照審驗者，除課以罰鍰外，逾期一年以上者，逕行註銷其駕駛執照。

參、綜論

一、本條有關之解釋

發文字號：交通部交路字第0990039448號函。

發文日期：民國99年7月15日。

要旨：職業駕駛人若未依規定參加駕駛執照審驗者，若逾期一年以上，應可依道路交通管理處罰條例規定，逕行註銷其駕駛執照。

主旨：有關貴局函爲職業駕駛人逾期審驗一年以上，是否依道路交通管理處罰條例第26條規定，再行掣單舉發之疑義乙案，復如說明，請查照。

說明：

一、復貴局99年6月17日北市交管字第09930314800號函。

二、查職業駕駛人不依規定期限，參加駕駛執照審驗，於道路交通管理處罰條例

第26條定有處罰規定，如逾期一年以上者，同條第1項後段「逕行」註銷其駕駛執照之規定字義已甚明確，宜先說明。

三、針對職業駕駛人逾期審驗舉發、裁處及逕行註銷作業流程及相關作業細節，前業經高雄市政府交通局會同包括貴局等相關機關研商獲致共識，本部並以96年7月16日交路字第0960041489號函同意備查在案，仍請參考。

四、另有關前揭說明相關經研商獲致共識之作業細節所涉程式修正與測試事宜，同函並副請高雄市政府交通局儘速依本部前揭號函示原則辦理完成。

正本：臺北市政府交通局。

副本：高雄市政府交通局、本部公路總局、福建省連江縣政府、金門縣政府。

二、結語

職業汽車駕駛人需要參加駕駛執照審驗的主要原因如下：

（一）**職業要求**：某些職業需要從事汽車駕駛工作，如公共交通司機、卡車司機、專業運輸人員等。這些職業可能涉及較大型的車輛或特定類型的運輸，因此需要確保駕駛人具備相關的技能、知識和能力。

（二）**安全保障**：職業駕駛人通常負責載運乘客或貨物，其行爲直接關係到公眾的安全。駕駛執照審驗旨在確保職業駕駛人具備足夠的駕駛技能和安全意識，以減少事故發生的風險。

（三）**法律要求**：根據法律規定，從事商業或職業駕駛的人需要擁有相應的駕駛執照。駕駛執照審驗是確定駕駛人是否符合法律要求的程序，並確保他們已經接受適當的培訓和履行法律義務。

（四）**專業成就**：駕駛執照審驗也是證明駕駛人在特定職業領域中具備專業能力和經驗的一種方式，這有助於提高職業駕駛人的專業形象和聲譽。

總之，駕駛執照審驗是職業汽車駕駛人確保自身安全、保障公眾安全，並符合法律要求的重要程序。透過參加駕駛執照審驗，職業駕駛人可以展示其在技能和專業領域的合格程度。

第 27 條（不依規定繳費之處罰）

汽車行駛於應繳費之公路或橋樑，汽車所有人或駕駛人未繳費者，應補繳通行費；主管機關應書面通知補繳，逾期再不繳納，處新臺幣三百元罰鍰。

汽車行駛於應繳費之公路，強行闖越收費站逃避繳費者，處汽車所有人或駕駛人新臺幣三千元以上六千元以下罰鍰，並追繳欠費。

汽車駕駛人因前項行為，致收費人員受傷或死亡者，吊銷其駕駛執照。

壹、導言

本條係規範汽車行駛於應繳費之公路或橋梁，若有未繳費者，主管機關應書面通知其補繳，如有逾期不繳時，則可課予罰鍰。另如有強行闖越收費站逃避繳費者，則予以重罰，且若有致收費人員受傷或死亡者，則吊銷其駕駛執照。

貳、內容解析

一、處罰對象

本條之處罰對象爲汽車駕駛人或汽車所有人，即行爲人或車主兩者均爲處罰對象。

二、處罰類型

（一）主管機關應書面通知補繳逾期不繳納

汽車行駛於應繳費之公路或橋梁，汽車所有人或駕駛人未繳費者，應補繳通行費；主管機關應書面通知補繳，逾期再不繳納，課以罰鍰之處分。

（二）強行闖越收費站逃避繳費

汽車行駛於應繳費之公路，強行闖越收費站逃避繳費者，除課以汽車所有人或駕駛人罰鍰外，並追繳欠費。

三、併罰——吊銷駕駛執照

汽車駕駛人因強行闖越收費站逃避繳費之行爲，致收費人員受傷或死亡者，吊銷其駕駛執照。

參、綜論

一、本條有關之法律座談

會議次別：97年臺灣高等法院暨所屬法院法律座談會刑事臨時類提案第1號。

會議日期：民國97年11月12日。

座談機關：臺灣高等法院暨所屬法院。

法律問題：關於汽車行駛國道高速公路於應繳納通行費之ETC車道而當場未扣款成功者，其違規行爲成立之日，應爲欠費行爲之「行爲終了日」（即扣款未成功之時），抑或是「通知其欠費補繳期限終止之次日」？

討論意見：

乙說：

（一）按道路交通管理處罰條例第27條第1項著眼在於我國以往使用公路、橋梁、隧道或渡輪之收費均採人工收費方式，故駕駛人行駛於上開地點不依規定繳費，乃明知未繳費而強行通過收費處所之行為，難諉為疏忽所致；但邇來電子收費設備之採用，部分取代傳統人工收費方式，駕駛人於行駛前雖有注意票證餘額是否足敷繳費之義務，惟其駕駛過程中難以時刻觀察該票證餘額，且通過收費處所發覺餘額不足時，亦難有立即停止駕駛並補足餘額之機會，此於高速行駛之公路上尤其明顯，是若駕駛人行駛於採用電子收費設備之上開地點不依規定繳費，是否仍一致認定其確有不繳費之故意及具有規範違反性，已非無疑。據此，本於上開條例第27條第1項汽車行駛於應繳費之公路應繳納之通行費及第56條第2項在道路收費停車處所停車應繳納之停車費均屬公法上金錢給付義務之特質，於該條例第27條第1項在非人工收費之電子設備收費情形，未及比照同條例第56條第2項修正為「通知駕駛人補繳……逾期再不繳納」前，仍應作相同之解釋，即認在行駛於應繳費並使用電子收費設備之上開處所此特殊情形下，該條例第27條第1項之「不依規定繳費」應解釋為「經通知補繳後逾期仍未繳納」之行為。

（二）復按公路法第24條第2項授權交通部訂立之公路通行費徵收管理辦法及交通部臺灣區國道高速公路局電子收費申裝及欠費追繳作業注意事項第17點：「除第16點外，用路人可自行於規定期限內至指定地點繳納通行費及『欠費自動補繳作業處理費』，因系統因素致無法完成扣款交易者，不另收『欠費自繳作業處理費』」「逾規定期限未繳納者，由本局查明車主資料後，交營運單位寄發『補繳通行費及作業處理費通知單』通知補繳通行費及『欠費通知補繳作業處理費』，因系統因素致無法完成扣款交易者，不另收『欠費通知補繳作業處理費』」「用路人應於通知單所列之繳費期限內完成補繳程序，逾期未繳納則移送相關警察單位依法處理」，本件關於汽車行駛於應繳納通行費之國道高速公路未依規定繳納，應由營運單位即遠通電收股份有限公司寄發補繳通行費通知單通知駕駛人補繳通行費，逾期未繳納者，再移送警察單位依道路交通管理處罰條例第27條第1項規定依法舉發之。

（三）同條例第90條創設舉發機關之舉發權時效之概念，且與處罰機關之裁處權時效同時併存，係為保障人民權益，且有督促舉發機關就交通秩序罰為迅速、及時之處理，不致因無時效之規定而導致人民將永久受到追訴處罰之不確定性，殊值贊同，然舉發權之行使，究需以舉發權之存在為前提，易言之，需駕駛人有違反道路交通管理處罰條例之行為存在，警察機關方有舉發權應及時行使之義務發生。揆諸前揭同條例第27條之說明，是駕駛人在經通知補繳期限前，是否有「汽車行駛於應繳費之公路不依規定繳費」之違規事實，仍屬不確定狀態，警察機關尚無舉發權，應於補繳期限屆滿後仍未補繳費用，其違規行爲方屬成立（臺灣高等法院97年度交抗字第800號、第802號、第803號、第804號、第866號、第873號至第926號裁定參照）。

初步研討結果：（從略）。

審查意見：多數採乙說。

研討結果：採乙說（經付表決結果：實到69人，採甲說7票，採乙說50票）。

二、本條有關之解釋

發文字號：交通部交路字第0950009048號函。

發文日期：民國95年9月21日。

要旨：行經高速公路收費站未依規定繳費依道路交通管理處罰條例第27條處罰。

主旨：貴局函爲行經高速公路收費站未依規定繳費應如何裁罰乙案，復如說明，請查照。

說明：

一、復貴局95年8月29日北市交裁字第09541193700號函。

二、查汽車行駛於應繳費之公路，不依規定繳費者，處汽車所有人或駕駛人新臺幣3,000元以上6,000元以下罰鍰，並追繳欠費，於道路交通管理處罰條例第27條已有明文，故行經高速公路收費站未依規定繳費，當可援依上開規定處罰並無疑義。

三、另針對行經高速公路收費站未依高速公路及快速公路交通管制規則第23條規定及相關標誌標線指示行駛過站者，如非電子收費使用者行駛電子收費車道或未持用回數票行駛回數票專用道等，則依道路交通管理處罰條例第33條第3項規定處罰，亦已明確於違反道路交通管理事件統一裁罰基準表規定備註說明。惟汽車行經收費站未依指示車道過站而續有未依規定繳費之行，當另有前揭說明同條例第27條規定處罰之適用。

四、至於所提道路交通管理處罰條例第33條第1項第12款「不繳交通行費闖收費站」規定，未於統一裁罰基準表列示規定裁罰基準乙節，經查上開條款與同條例第27條係屬競合規定，且兩者罰鍰上下限規定相同，對於現行違規舉發處罰應尚無實務窒礙；惟爲利完整適當，並請貴局併本部95年9月13日交路字第0950008787號函示因應第二階段處罰例條例第9條修正條文施行之分工原則，將本條款裁罰基準納入檢討修正作業。

正本：臺北市政府交通局。

副本：內政部警政署、高雄市政府交通局、金門縣公路監理所、連江縣公路監理所、本部公路總局、高速公路局。

三、結語

汽車行駛於應繳費之公路或橋梁，汽車所有人或駕駛人未繳費者，應補繳通行費；主管機關應書面通知補繳，逾期再不繳納，始為課以罰鍰處罰。另汽車駕駛人駕車行經徵收道路工程受益費之收費站時，多不依規定繳費，且常有超速行駛衝過，逃避繳費，本條現行規定逃避繳費並須有傷害收費人員之情事，始可予以吊照之處罰，致逃避繳費之案件無法取締，影響工程受益費之徵收及行車秩序。又收費人員亦常有被汽車駕駛人於通過收費站時被撞傷之情事，如不防止，後果堪虞。故對此為加重處罰，俾能阻止類似行為，減少傷害。

第28條（刪除）

第29條（違反汽車裝載之處罰）

汽車裝載時，有下列情形之一者，處汽車所有人新臺幣三千元以上一萬八千元以下罰鍰，並責令改正或禁止通行：

一、裝載貨物超過規定之長度、寬度、高度。

二、裝載整體物品有超重、超長、超寬、超高，而未請領臨時通行證，或未懸掛危險標識。

三、裝載危險物品，未請領臨時通行證、未依規定懸掛或黏貼危險物品標誌及標示牌、罐槽車之罐槽體未檢驗合格、運送人員未經專業訓練合格或不遵守有關安全之規定。

四、貨車或聯結汽車之裝載，不依規定。

五、汽車牽引拖架或附掛拖車，不依規定。

六、大貨車裝載貨櫃超出車身之外，或未依規定裝置聯鎖設備。

七、未經核准，附掛拖車行駛。

汽車裝載，違反前項第一款至第四款規定者，並記汽車違規紀錄一次。

第一項第一款至第四款情形，應歸責於汽車駕駛人時，除依第一項處汽車駕駛人罰鍰外，汽車所有人仍應依前項規定記該汽車違規紀錄一次。

汽車駕駛人有第一項情形，因而致人受傷者，吊扣駕駛執照一年；致人重傷或死亡者，吊銷其駕駛執照。

壹、導言

1968年2月5日原訂定第28條汽車裝載違規者，處汽車所有人100元以上500元以下罰鍰，並責令改正或禁止通行，原規定之罰鍰數額偏低，不足以達成法律上之目的，1986年5月21日將罰鍰部分修正提高。嗣因該規定對於汽車違反裝載規定者，究應處罰汽車所有人或駕駛人，執行單位在裁決時常發生困擾，且汽車所有人違規時無法記點，致使處罰效果不彰，1997年1月22日就本條與第30條規定合併，將可歸責於汽車所有人部分劃歸於第29條，可歸責於駕駛人部分劃歸於第30條，俾使規定明確，執行時不致發生困難，並增列第2項予以記汽車違規紀錄一次，爲免汽車所有人違反本條第2項時，可藉故將超載責任推諉於所受僱之駕駛人，逃避第2項計次之規定，增列第3項規定，並再度修正提高罰鍰額度。2001年1月17日爲遏止本條第1項各款之行爲，增列第4項規定。2002年7月3日將原規定於道路交通安全規則第84條，裝載危險物品運送之相關安全規定，修正第1項第3款，增列相關規定，落實法律保留之精神。2005年12月28日將第62條第4項已有規定之：「肇事車輛機件及車上痕跡證據尚須檢驗、鑑定或查證者，得予暫時扣留處理，其扣留期間不得超過三個月。」予以刪除，2021年6月9日再次修正如現行條文。

貳、內容解析

本條部分情形係汽車所有人狀態責任之規範，汽車所有人爲其汽車的狀態負責。所謂「狀態責任」係指物之所有人或對物有事實管領力之人，基於對物之支配力，就物之狀態所產生之危害，負有防止或排除危害之自己責任。狀態責任人通常非因其行爲而受行政罰，而係因其處於特定之法律上地位，對於事物狀態是最能掌握之人，而被課以行政法上之義務，並以此被作爲行政罰之基礎。

本條第1項第1款規定：「裝載貨物超過規定之長度、寬度、高度。」依道路交通安全規則第79條第1項第3款規定，裝載物必須在底板分配平均，不得前伸超過車頭以外，體積或長度非框式車廂所能容納者，伸後長度最多不得超過車輛全長30%，廂式貨車裝載貨物不得超出車廂以外。第4款規定：「裝載貨物寬度不得超過車身。」第5款規定：「裝載貨物高度自地面算起，大型車不得超過四公尺，小型車不得超過二點八五公尺。」道路交通安全規則第80條第1項第1款復規定裝載整體物之長度、高度、寬度超過前條之規定者，應塡具申請書，繪製裝載圖，向公路監理機關申請核發臨時通行證，憑證行駛，即規定汽車爲裝載整體物高度超過四公尺以上者，應一律向公路監理機關申請核發臨時通行證，憑證行駛，如有超過四公尺高度而未申領臨時通行證者，無論行駛高速公路或一般公路、道路均屬違規，應予取締[1]。例如貨車裝載非整體物，超過四公尺，行駛高速公路，應依道交條例第29條規定處罰[2]。

本條第1項第2款規定：「裝載整體物品有超重、超長、超寬、超高，而未請領臨時通行證，或未懸掛危險標識。」汽車裝載貨物超過核定之總重量者，對道路易造成損害，亦影響行車安全。整體物品之體積、型態固定，重量動輒以噸計，其對道路行車安全之危害，較之散裝物品，有過之而無不及。然爲顧及整體物品無從分割裝載之特性，及兼顧道路行車安全及整體物品運送之需求，道路交通安全規則第80條第1項第2款、第6項規定：「貨車裝載整體物品有左列情形之一者，『應』塡具申請書，繪製裝載圖，向起運地或車籍所在地公路監理機關申請核發臨時通行證，憑證行駛：……二、裝載整體物品之軸重、總重量或總聯結重量超過第三十八條第一項第二款、第三款限制者（第1項）。……裝載第一項、第二項物品之汽車，行駛路線經過不同之省（市）時，其臨時通行證之核發，應經該管公路主管機關之同意，經過高速公路時，除有特殊狀況外，應行駛外側車道，並禁止變換車道（第6項）。」亦即，就有裝載整體物品之必要，且裝載後重量違反規定者，明定應事先通報主管行政機關，經其審視汽車規格與所載運整體物品之規模、行駛路線道路狀況等情狀，酌定容許放寬之標準及行駛之路線、時間，始核發臨時通行證例外許其超重載運，憑證行駛。且取得臨時通行證載運時，依同條第4項、第5項規定：「裝載第一項、第二項物品，應於車輛前後端懸掛危險標識；日間用三角紅旗，夜間用紅燈或紅色反光標識，紅旗每邊之長度，不得少於三十公分（第4項）。如公路監理機關或警察機關對該項物品之裝載行駛有特別規定者，應遵守其規定（第5項）。」如有超過四公尺高度而未申領臨時通行證者，無論行駛高速公路或一般公路、道路均屬違規，應予取締，以維行車安全。何謂「整體物品」，應個案判斷。例如以鑵體車輛裝載石化液體或粉末，並非整體物品，其裝載量可自行控制，故不適用道路交通安全規則第80條之規定，以裝載整體物爲由，申請核發超重之臨時通行證[3]。貨櫃持有海關放行准單等文件，尚未經海關拆封通關放行之進出口超重貨櫃視爲整體物，應向公路監理機關申領超重通行證依規定行駛道路外，並應隨車攜帶海關貨櫃運送單，以備交通稽查人員稽查，如無海關貨櫃運送單及貨櫃封條者以無通行證論；海關放行之貨櫃如已拆封，即不能再視同整體物[4]。道交條例與道路交通安全規則並未明確定義何謂「整體物品」，均由主管機關以行政解釋方式爲之，似可列舉於法令內或授權主管機關補充

1　參照交通部74年7月8日交路字第14519號函。
2　參照交通部74年8月24日交路字第18385號函。
3　參照交通部72年12月1日交路字第26448號函。
4　參照交通部84年10月30日交路字第006338號函

公告規定，不應由行政機關以個案認定方式解釋，產生適用法條之疑義，對於道路設施與其他用路人之保護，不會產生漏洞，也不會讓民眾無從遵守。例如可於道交條例第3條或第29條內增訂其定義，「整體物：指不可分割之物品或器械[5]。」

本條第1項第3款規定：「三、裝載危險物品，未請領臨時通行證、未依規定懸掛或黏貼危險物品標誌及標示牌、罐槽車之罐槽體未檢驗合格、運送人員未經專業訓練合格或不遵守有關安全之規定。」道路交通安全規則第84條規定車輛裝載危險物品應遵守事項，所謂「危險物品」係指「歸屬於中華民國國家標準CNS 6864危險物運輸標示之危險物品、有害事業廢棄物、依毒性及關注化學物質管理法公告之第一類至第三類毒性化學物質、具有危害性之關注化學物質[6]。」例如「乙二醇」係「毒性及關注化學物質管理法」規定之危害物質，屬於道路交通安全規則第84條所稱之危險物品[7]，而「硫酸銨」並非屬「毒性及關注化學物質管理法」規定之危害物質，亦非環境部公告之毒性化學物質[8]。車輛裝載毒性化學物質是否可向「車籍所在地」公路監理機關申請核發臨時通行證，依「毒性化學物質運送管理辦法」第4條規定，毒性化學物質所有人應於運送前向「起運地」主管機關申報運送聯單。因「毒性化學物質運送管理辦法」第3條及第8條相對於道路交通安全規則第84條，係屬特別法規定，故車輛裝載毒性化學物質應向「起運地」主管機關申請核發臨時通行證[9]。例如，重型機車裝載液化石油氣之淨重逾60公斤應遵守道路交通安全規則第84條第1項第1款至第7款、第4項規定，如違反上開規定者，依道交條例第29條第1項第3款之規定予以處罰[10]

本條第1項第4款規定：「貨車或聯結汽車之裝載，不依規定。」貨車之裝載應依道路交通安全規則第79條規定，例如辦理違規停車移置作業之拖吊車輛係核定為貨車種類，載重應依道路交通安全規則第79條第1項第1款「裝載貨物不得超過核定之總重量或行駛橋樑規定之載重限制」規定[11]；聯結車輛之裝載應依同規則第81條規定。

本條第1項第5款規定：「汽車牽引拖架或附掛拖車，不依規定。」曳引車牽引拖架時應依道路交通安全規則第82條規定。同規則第85條規定，汽車非經公路監理機關核准，不得擅自附掛拖車行駛。但故障車輛應以救濟車或適當車輛牽引，牽引裝

---

5 楊信毅、蔡中志，車輛裝載整體物超重適用法令舉發疑義探討，100年道路交通安全與執法研討會，中央警察大學交通學系暨交通管理研究所，2011年9月29日至30日，第57頁。
6 道路交通安全規則第84條第3項。
7 參照交通部86年6月7日路台監字第05691號函。
8 參照交通部92年8月26日交路字第0920051966號函。
9 參照交通部92年10月9日交路字第0920058306號函。
10 參照交通部101年2月24日交路字第1010003184號函。
11 參照交通部97年9月10日交路字第0970042479號函。

置應牢固，兩車前後相隔距離不得超過五公尺，牽引車前端，故障車後端及牽引裝置應懸掛危險標識。

本條第1項第6款規定：「大貨車裝載貨櫃超出車身之外，或未依規定裝置聯鎖設備。」依道路交通安全規則第79條第1項第7款規定以大貨車裝載貨櫃者，除應有聯鎖裝置外，亦不得超出車身，例如大貨車裝載貨櫃行駛於公路超出車身以外，可依本款處罰[12]。聯結車輛「裝載之貨物及貨櫃不得伸出車尾以外，裝載貨櫃時，並應與拖車固定聯結」，其有違反者，應依本款規定舉發處罰[13]。

本條第1項第7款規定：「未經核准，附掛拖車行駛。」道路交通安全規則第85條規定，汽車非經公路監理機關核准，不得擅自附掛拖車行駛。但故障車輛應以救濟車或適當車輛牽引，牽引裝置應牢固，兩車前後相隔距離不得超過五公尺，牽引車前端，故障車後端及牽引裝置應懸掛危險標識；至於營業貨車未經申請核准而經營汽車貨櫃運輸者；或以自用貨車為他人裝載貨櫃營業者，係屬違反汽車運輸業管理規定，應依公路法第77條加以取締處罰[14]。

本條第2項規定：「汽車裝載，違反前項第一款至第四款規定者，並記汽車違規紀錄一次。」依「違反道路交通管理事件統一裁罰基準及處理細則」第57條規定：「有第四十八條第一項情形或第三十六條責任明確歸屬者，其違反行為應依本條例規定記汽車違規紀錄或駕駛人違規記點，其累計違規記次或記點數達吊扣汽車牌照或吊扣、吊銷駕駛執照處分，或依本條例規定應接受道路交通安全講習者，另依規定辦理。」機關依據道交條例第29條第1項數款規定而同時舉發二以上同條不同款之違規案，裁決單位應遵守司法院釋字第503號解釋「一事不二罰」原則，視該等違規個案情形究係一行為所致或分屬不同之數行為而定其處罰及記次數，如係二以上行為且無必然之關係者，應分別處罰。例如載運危險物品未懸掛布質三角紅旗之危險標識、駕駛人未領有訓練合格證、廠商或貨運業者未請領臨時通行證等[15]。汽車裝載整體物品有超重、超長、超寬、超高，而未請領臨時通行證之違規行為者，應屬一行為，應適用道交條例第29條第1項第2款規定[16]。

本條第3項規定：「第一項第一款至第四款情形，應歸責於汽車駕駛人時，除依第一項處汽車駕駛人罰鍰外，汽車所有人仍應依前項規定記該汽車違規紀錄一次。」本項汽車駕駛人應為其違規行為負責，係駕駛人的行為責任，而汽車所有人的汽車違規紀錄責任，則為汽車所有人的狀態責任。第4項規定：「汽車駕駛人有第一項情

---

12 參照交通部74年12月7日交路字第26399號函。

13 參照交通部65年1月29日路臺字第44500號函。

14 參照交通部74年12月7日交路字第26399號函。

15 參照交通部91年1月23日交路字第0910015995號函。

16 參照交通部104年7月28日交路字第1040016609號函。

形，因而致人受傷者，吊扣駕駛執照一年；致人重傷或死亡者，吊銷其駕駛執照。」汽車駕駛人有第1項情形致人死傷，應受吊扣或吊銷駕駛執照之行政罰。

參、綜論

汽車裝載整體物品超重且未請領臨時通行證應如何裁罰？交通部函釋認爲，依行政罰法第24條一行爲違反數行政罰競合之處理，汽車裝載整體物品有超重、超長、超寬、超高，而未請領臨時通行證之違規行爲者，應屬一行爲，應適用道交條例第29條第1項第2款規定汽車裝載整體物品有超重且未請領臨時通行證之裁罰[17]。最高行政法院102年度裁字第935號裁定認爲，道交條例第29條之2第1項係對於汽車載運超重之一般規定，第29條第1項第2款則係針對裝載整體物品超重所爲之特別規定。此兩者之差別係就整體物品不可分割載運之特性，然又有其載運之社會經濟上需求進行考量，例外基於其行車安全之條件下准其裝載，特別要求其裝載整體物品超重時應請領臨時通行證，此與一般貨物可散裝裝載之特性本不相同，本應異其處理。裝載整體物品超重，且未請領通行證者，應依道交條例第29條第1項第2款之規定論處，此乃法規競合，特別規定優於普通規定之適用結果[18]。但臺北高等行政法院104年度交上字第127號判決卻認爲，裝載整體物品超重，而未請領通行證或未懸掛危險標識即行駛，其裝載貨物超過核定重量之行爲，本即違反道交條例第29條之2第1項、第3項規定，應予處罰，就其另違反應事先申請臨時通行證、懸掛危險標識始得行駛之行政義務，道交條例第29條第1項第2款另規定處以罰鍰。道交條例第29條第1項第2款規定與第29條之2第1項、第3項規定之規範目的顯不相同[19]，並認爲最高法院102年度裁字第935號裁定僅係個案，且係針對有無涉及判決統一之必要所爲之程序裁定，臺北高等行政法院不受上開裁定及其他法院個案判決之拘束[20]。

同時同地經警察以違反道路交通安全規則第84條第1項數款規定，而依道交條例第29條舉發二件違規以上者之裁罰及繳銷、註銷牌照後尚未重新領牌期間車輛違規紀錄計算，裁決單位應遵守司法院釋字第503號解釋「一事不二罰」原則，視該等違規個案情形究係一行爲所致或分屬不同之數行爲而定其處罰及記次次數，如係二以上行爲且無必然之關係者，應分別處罰[21]。例如，重型機車載運桶裝液化石油氣違規超載之舉發適用，重型機車裝載液化石油氣之淨重逾60公斤應遵守之相關安全規定，於道

17 參照交通部104年7月28日交路字第1040016609號函。

18 最高行政法院102年度裁字第935號裁定。

19 臺北高等行政法院104年度交上字第127號判決、臺北高等行政法院103年度交上字第50號判決。

20 臺北高等行政法院104年度交上字第127號判決。

21 參照交通部90年7月26日交路字第008203號函、交通部91年1月23日交路字第0910015995號函。

路交通安全規則第84條第1項第1款至第7款、第4項已有明文，另同規則第88條第1項第1款亦規定重型機器腳踏車載物不得超過80公斤，如違反上開規定者，分別依道交條例第29條第1項第3款、第31條第5項之規定予以處罰。重型機車裝載淨重已逾60公斤之桶裝液化石油氣且總重量超過得附載之80公斤，其違規舉發適用之條款，以重型機車載液化石油氣未遵守裝載危險物品之有關規定，申請臨時通行證、懸掛標誌及標示牌等，係以「不作爲」之行爲方式違反應申請臨時通行證、懸掛危險標誌標示等之行爲義務；而附載物品超過80公斤，則係以「作爲」之方式違反禁止超載之不作爲義務，已分別違反前開規則第88條機車附載物品載重之規定及第84條裝載危險物品應遵守之安全規定，自應依道交條例第29條第1項第3款及第31條第5項規定分別處罰。

第 29 條之 1（違規使用專用車輛或車廂之處罰）
裝載砂石、土方未依規定使用專用車輛或其專用車廂未合於規定或變更車廂者，處汽車所有人新臺幣四萬元以上八萬元以下罰鍰，並當場禁止通行。
前項專用車廂未合於規定或變更車廂者，並處車廂打造或改裝業者新臺幣四萬元以上八萬元以下罰鍰。

壹、導言

本條係2001年1月17日新增，除對未依規定使用專用車輛、廂裝載砂、土方予以處罰外；另亦對專用車廂有加高裝載等予以處罰，以維護交通安全。本條立法理由係用以維護交通安全。又觀之立法者之所以將裝載砂石土方之車輛標準化，統以「砂石專用車」作爲行政管制手段，並嚴格規定砂石專用車應有一定規格之高度、外框、顏色、車廂正後方之號牌，並強制裝設載重計、轉彎及倒車警報、行車紀錄器、防捲入等安全防護及機械式可密覆裝置或備有帆布能緊密覆蓋貨廂，無非係行駛於道路之砂石車，因車體龐大，駕駛人行駛於道路多有死角，不幸發生撞擊不易警覺，且所載砂石、土方沉重、容易散逸，影響視野，苟不慎掉落，恐砸傷人車，均影響行車安全。立法意旨係以維護交通安全爲主要考量，是舉凡載運與「砂石、土方」或相類似性質之物，行車時有逸散、掉落，影響交通安全之虞時，均應有該法規之適用。

貳、內容解析

土方砂石車超載時，極易造成交通往來上之危險，且損害道路，因此必須嚴格取締超載之土方砂石車。但如果一一檢查所有載運土方砂石的車輛，或者要求一一過磅取得磅單，方可上路，勢將嚴重影響土方砂石車之營運。因此必須建立土方砂石車專用車輛制度，其目的，在於同時兼顧行政稽查便利性及避免車輛超載致生交通危險，提高查驗車輛是否超載之效率，省去車輛一一過磅之麻煩，既方便行政機關的稽查，也流暢土方砂石車的營運。因此交通主管機關依照道交條例第29條之1之規定，制頒「裝載砂石土方車輛專用車量或專用車廂規定」之行政命令。該規定第2點規定裝載砂石、土方之傾卸框式大貨車及傾卸框式半拖車，應依本規定使用專用車輛或專用車廂，違者依道交條例第29條之1規定處罰。第3點詳細規定土方砂石專用車輛或車廂所需之各項裝置以及車廂應塗漆之顏色，包含載重計、轉彎倒車警報裝置、行車紀錄器、安全防護裝置等，並且詳細規定了貨廂容積的標準。又為了方便稽查辨識，規定了貨廂外框顏色必須使用黃色。凡合於「專用車規定」第3點規定之裝置或標示者，即得登檢為「砂石專用車」。砂石車專用制度最主要的法源為道交條例第29條之1以及相關行政命令，包含專用車規定以及取締規定。

道路交通安全規則第39條之1第16款：「汽車定期檢驗之項目及標準，依下列規定：十六、裝載砂石、土方之傾卸式大貨車、傾卸式半拖車及其貨廂應符合附件二十二規定。」第42條第1項第16款：「車輛車身顏色及加漆標識，應依下列規定：十六、裝載砂石、土方之傾卸框式大貨車及半拖車，貨廂外框顏色應使用台灣區塗料油漆工業同業公會塗料色卡編號一之十九號黃顏色。其他傾卸框式大貨車及半拖車之貨廂外框顏色，不得使用該顏色。」第79條第1項第7款：「貨車之裝載，應依下列規定：……七、不符合規定之傾卸框式大貨車不得裝載砂石、土方。」第81條第6款：「聯結車輛之裝載，應依下列規定：六、不符合規定之傾卸框式半拖車不得裝載砂石、土方。」公路監理系統登檢為「砂石專用車」之車輛，除公路監理機關在公路監理電腦中註記為砂石專用車外，其行車執照及拖車使用證應加註貨廂（內框或外框）長、寬、高及「砂石專用車」字樣。

車輛載運砂石、土方，由於其體積、重量異於一般裝載物，對於駕駛人本身及其他用路人均具有較高之危險性，道交條例第29條之1規定之意旨，乃藉由車輛規格、配備之管制，以確保行車之安全，而交通部依據道交條例第29條之1及道路交通安全規則第39條、第39條之1、第42條等之規定，並為建立砂石專用車制度及加強管理砂石車輛訂定之「裝載砂石土方車輛使用專用車輛或專用車廂規定」，更就砂石專用車之載重計、貨廂容積、轉彎及倒車警報裝置、行車紀錄器、防止捲入裝置、車斗外框顏色及貨廂標示等為進一步詳細規定，並明定其行車執照須加註「砂石專用車」字樣，其目的除在方便交通監理單位之管理外，尤在於保障裝載者本身之安全，更令一般用路人得藉由車輛外觀上之特殊性提高注意度。因此，營業項目雖包括「廢棄物清除」且自用大貨車業雖經許可得以清除「建築廢棄物」，惟衡諸砂石、土方之所以應以專用車輛清運，其立法目的乃在兼顧道路交通安全，與所載運之砂石、土方是否為載運人本身業務之範圍並無關，不得以「砂石、土方」係載運人業務而得以使用非專用車輛加以裝載，否則，藉由專用車身之特殊規格設計，來保障道路交通安全之立法目的，勢將無法達成。是大貨車營利事業登記證及廢棄物清除許可證雖然爲廢棄物清除車輛，其載運營建廢棄物至廢棄物處理場，該工程廢棄物雖含石塊、泥土，仍不足以作爲砂石、土方之專用車輛清運[22]。

「裝載污泥」之清除機構的車輛亦應適用本條之規定[23]，廢棄物清除機構載運之「污泥」之違規行爲對道路交通秩序之維持及道路交通安全已生較大之影響，且污泥之外觀與成分和一般土方無異，其裝載行駛道路係應依規定使用專用車輛或車廂；道交條例與廢棄物清理法二者立法目的不同，所欲達成之行政上目的亦有不同，尚難認符合其一規範，即可排除另一法規之適用[24]。至於「水泥熟料」尚非屬砂石、土方範圍，應無道交條例第29條之1規定之適用[25]。「剩餘土石方」是蓋房子挖地基出來不要的，其乾淨而可再利用，認定爲「剩餘」土石方；如果工程有地上物或是地底有其他垃圾時，因土與垃圾混在一起，沒有辦法立即作分類，挖出來的就是「營建混合物」，至於要拆掉的地上物則是「營建廢棄物」[26]。但有法院認爲道交條例第29條之1所謂裝載「砂石、土方」，應係指有建築目的，至少有類此目的之再利用功能之「砂石、土方」，難認包括廢棄物性質之「污泥」在內[27]。垃圾焚化廠底渣，非屬砂石、土方範疇，載運垃圾焚化廠底渣之營業車輛故不適用道交條例第29條之1規定[28]。

參、綜論

「裝載砂石土方車輛使用專用車輛或專用車廂規定」之法律性質爲何？道交條例第29條之1所稱「未依規定使用專用車輛」之「規定」的法律性質爲何？有法院判決認爲，道交條例第29條之1所稱「未依規定使用專用車輛」之「規定」涉及受規範者有無可預見性，始符法明確性原則，進而有處罰明確性原則可循，除道路交通安全規則第39條、第39條之1重複「以問答問」，規定「裝載砂石、土方之傾卸框式大貨車及傾卸框式半拖車」的容積應「合於規定」，確未見規定何在外，同規則第42條亦僅就「字體及標示方向」規定由交通部另定之。交通部依據道交條例第29條之1及道路交通安全規則第39條、第39條之1及第42條等規定，所制定之「裝載砂石土方車輛使

22 臺灣新竹地方法院100年度交聲字第296號刑事裁定。
23 參照交通部100年7月13日交路字第1000041355號函。
24 參照交通部101年11月14日交路字第1010038521號函。
25 參照交通部99年8月30日交路字第0990048934號函。
26 臺灣新竹地方法院100年度交聲字第296號刑事裁定。
27 臺灣桃園地方法院104年度交字第83號行政訴訟判決。
28 參照交通部111年2月22日交路字第1100037208號函。

用專用車輛或專用車廂規定」，其第1點雖另謂「並爲建立砂石專用車制度及加強管理砂石車輛訂定之」，實看不出授權依據何在，更遑論授權目的、內容及範圍均不明確，足見屬行政程序法不欲承認之職權命令性質[29]。

總重量八公噸以下且裝載砂石、土方未逾三公噸（且未超載），或自港區駛出且出具港區過磅單之傾卸式大貨車及傾卸框式半拖車，可否行駛於港區外道路？「裝載砂石土方車輛專用車量或專用車廂規定」第5點規定，總重量八公噸以下且裝載砂石、土方未逾三公噸（且未超載），或自港區駛出且出具港區過磅單之傾卸式大貨車及傾卸框式半拖車，其貨廂容積及貨廂外框顏色，得不受同規定第3點第5款之限制，其理由在於八公噸以下小車多非專以載運砂石之用，而係多用途車輛，只要不超載，則並無限制其不得載運砂石土方之理由；而自港區駛出之傾卸框式大貨車及傾卸框式半拖車，亦多係綜合用途，如能出具港區過磅單，證明載重合乎規定而無超載，則亦可免去多次過磅之勞煩。前者即爲標示「砂石專用車（混）」之八公噸以下小車，後者情形標示爲「砂石專用車（港）」之車輛。將港區使用的砂石專用車放寬限制只要是八公噸以下的車輛，在港區行駛，可以不受專用車規定的限制，這並非開放讓港區行駛的砂石車輛行駛於道路上，而是鑑於港區行駛對於道路交通安全不至於有重大危害，爲了方便港區行駛的車輛，所爲之融通規定。不能因此推論，所有掛有砂石專用車（港）、（混）車牌的車輛只要不超載即可行駛於道路上[30]。如准（自港區駛出且出具港區過磅單之傾卸框式大貨車及傾卸框式半拖車）於港區外載運砂石土方，易與一般傾卸框式車輛（非砂石專用車）混淆，衍生管理問題，業者如有是項需求，應依規定申請變更登記爲砂石專用車，以維護營運制度與落實砂石專用車之管理，故現行規定仍宜維持，因而認爲該車應先變更登記爲砂石專用車後，始得於港區外載運砂石土方[31]。

第 29 條之 2（違規超載之處罰）

汽車裝載貨物超過核定之總重量、總聯結重量者，處汽車所有人罰鍰，並記汽車違規紀錄一次，其應歸責於汽車駕駛人時，依第三項規定處汽車駕駛人罰鍰，並記該汽車違規紀錄一次。

汽車裝載貨物超過所行駛橋樑規定之載重限制者，處汽車駕駛人罰鍰，其應歸責於汽車所有人時，依第三項規定處汽車所有人罰鍰及記該汽車違規紀錄一次。

---

29 臺灣桃園地方法院104年度交字第83號行政訴訟判決。

30 臺灣高等法院花蓮分院97年度交抗字第32號刑事裁定。

31 參照交通部95年11月24日交路字第0950059883號函。

有前二項規定之情形者，應責令改正或當場禁止通行，並處新臺幣一萬元罰鍰，超載十公噸以下者，以總超載部分，每一公噸加罰新臺幣一千元；超載逾十公噸至二十公噸以下者，以總超載部分，每一公噸加罰新臺幣二千元；超載逾二十公噸至三十公噸以下者，以總超載部分，每一公噸加罰新臺幣三千元；超載逾三十公噸者，以總超載部分，每一公噸加罰新臺幣五千元。未滿一公噸以一公噸計算。
汽車裝載貨物行經設有地磅處所五公里內路段，未依標誌、標線、號誌指示或不服從交通勤務警察或依法令執行交通稽查任務人員之指揮過磅者，處汽車駕駛人新臺幣九萬元罰鍰，並得強制其過磅。其應歸責於汽車所有人時，處汽車所有人罰鍰及記該汽車違規紀錄一次。
汽車駕駛人有第一項、第二項情形，因而致人受傷者，吊扣其駕駛執照一年；致人重傷或死亡者，吊銷其駕駛執照。

壹、導言

本條係2001年1月17日新增，第1項由原條文第29條第1項第1款移列，另裝載貨物核定含總重量、總聯結重量二者，增列總聯結重量，第2項由原條文第30條第1項第1款移列，第3項依超載程度，採取分級處罰，提高罰鍰，配合修改「違反道路交通管理事件統一裁罰標準表」之規定辦理，爲遏止超載行爲，增列第4項規定。2005年12月28日爲避免嚴重超載者採取消極方式抗拒過磅，甚至拒絕停車接受稽查等，危害行車安全，增訂第4項並將原條文第4項移列第5項；又第62條第4項（舊法）已有規定：「肇事車輛機件及車上痕跡證據尚須檢驗、鑑定或查證者，得予暫時扣留處理，其扣留期間不得超過三個月。」本條無須重複規定，該項後段予以刪除。2016年11月16日再次修法，因原條文對於汽車違規超重之稽查，以汽車行經設有地磅處所一公里內之範圍爲限，爲強化載重車輛管理，將行經設有地磅處所「一公里內」路段之範圍酌予調整至「五公里內」，以有效落實違規超重車輛之稽查，維護行車安全。爲避免違規駕駛人（業者）已將拒磅罰鍰納入營運成本，以拒絕配合過磅之方式規避重罰，使超重罰則形同具文，加重拒絕配合過磅之罰鍰金額。另，配合違規駕駛人記點以及可歸責汽車所有人時違規車輛記違規紀錄外，併記汽車駕駛人違規點數等處分，以遏止違規行爲。2023年5月3日修正如現行規定。

貳、內容解析

本條第1項汽車裝載超重規定課予汽車所有人狀態責任之規範，如應歸責於汽車駕駛人時，汽車駕駛人應對於其行爲負行爲責任。第2項汽車裝載貨物超過所行駛橋梁規定之載重限制，汽車駕駛人應對於其行爲負行爲責任，並均記汽車違規紀錄。道路交通安全規則第79條第1項第1款並載明裝載貨物不得超過核定之總重量或行駛橋梁規定之載重限制之規定；第3項規定超載情形除應責令改正或當場禁止通行外，並依超載重量不同，計算超載處罰標準；第4項處罰汽車裝載貨物行經地磅處所五公里內路段，未依標誌、標線、號誌指示或不服從交通勤務警察或依法令執行交通稽查任務人員之指揮過磅，防範超載不過磅。至於究應以活動地秤或固定磅秤爲之、汽車載重超過核定總重量與否之量測，純屬執行道交條例第29條之2規定之細節性及技術性事項，現行法規既未限制應以固定磅秤爲之，則執行機關調查事實所取得之證據，如符合科學方法，復具專業客觀性者，自得據以判斷事實之眞僞[32]。

汽車裝載貨物超過核定之總重量或總聯結重量，未逾10%，且無肇事責任之違反道路交通管理事件，依「違反道路交通管理事件統一裁罰基準及處理細則」第12條第1項第13款規定，駕駛汽車裝載貨物超過核定之總重量或總聯結重量，未逾10%之寬限值者，未嚴重危害交通安全、秩序或發生交通事故，以不舉發爲適當時，交通勤務警察或依法令執行交通稽查任務人員係得對其施以勸導，免予舉發[33]，惟寬限值僅係違規情形在10%以內時得視情況不予裁罰而已，不能因有寬限值存在，逕將違規標準提高10%，而認於10%內國家無裁罰權[34]。

本條第4項汽車裝載貨物行經設有地磅處所五公里內路段之距離應如何律定執法統一基準？有關條文五公里之距離計算，應以車輛爲警方指揮過磅時，所處位置於設有地磅處所之車行距離五公里內路段，即得依規定舉發處罰，執法員警取締貨車違規超載，以車輛爲警方指揮過磅時，查獲違規（逃避過磅）地點在設有地磅處所車行距離五公里內路段，即得依本條第4項規定舉發處罰，不因需迴轉、倒車等改變車行方向至最近地磅處所增加之路程而有不同之意見[35]。

參、綜論

汽車超載在寬限值內，國家有無裁罰權？依道交條例第29條之2訂有汽車裝載貨物超過核定之總重量、總聯結重量之處罰規定，道路交通安全規則第79條第1項第1款並載明裝載貨物不得超過核定之總重量或行駛橋梁規定之載重限制之規定。車輛所載重量經合格的秤所量，測量結果確有超載情形，機關予以裁罰並無違誤，而違反道

32 臺中高等行政法院103年度交上字第78號行政訴訟判決。

33 參照交通部99年11月18日交路（一）字第09900109411號函、交通部97年7月3日交路字第0970036008號函。

34 臺灣屏東地方法院110年度交字第31號行政訴訟判決。

35 參照交通部104年9月11日交路字第1040410726號函。

路交通管理事件統一裁罰基準及處理細則第12條第1項第13款規定10%之寬限值，僅係違規情形在10%以內時，得視情況不予裁罰而已，不能因有寬限值存在，逕將違規標準提高10%，而認於10%內國家無裁罰權[36]。

行爲人駕駛營業用大貨車，裝載原石行經某處，因有超載之疑，經執勤員警攔檢後，執行稽查員警是否有要求駕駛人前往最近地磅處所過磅之權限？又執行稽查人員要求駕駛人過磅所取得之過磅單據，如確已逾該車核定之總重量，是否得以之作爲裁罰之依據[37]？依臺灣高等法院暨所屬法院101年法律座談會刑事類提案第17號座談提出三種不同看法，甲說：行爲人駕車行經離地磅處所五公里外之地點，執行稽查人員有權要求駕駛人過磅，又執行稽查人員要求駕駛人過磅所取得之過磅單據，得爲裁罰之依據；乙說：依道交條例第29條之2第4項規定，執行稽查人員僅於設有地磅處五公里內路段，有要求汽車駕駛人過磅之權限。若有違反，所取得之過磅單據不得作爲裁罰汽車駕駛人超載之依據；丙說：依道交條例第29條之2第4項規定，執行稽查人員原則上於設有地磅處五公里內路段，有要求汽車駕駛人過磅之權限；而例外情況下，縱於設有地磅處五公里以外之路段，仍得要求汽車駕駛人過磅，且取得之過磅單據得作爲裁罰汽車駕駛人超載之依據。審查意見：採乙說。

汽車裝載整體物品超重且未請領臨時通行證應如何裁罰？交通部函釋認爲，依行政罰法第24條一行爲違反數行政罰競合之處理，汽車裝載整體物品有超重、超長、超寬、超高，而未請領臨時通行證之違規行爲者，應屬一行爲，應適用道交條例第29條第1項第2款規定汽車裝載整體物品有超重且未請領臨時通行證之裁罰[38]。最高行政法院102年度裁字第935號裁定也認爲，道交條例第29條之2第1項係對於汽車載運超重之一般規定，第29條第1項第2款則係針對裝載整體物品超重所爲之特別規定。此兩者之差別係就整體物品不可分割載運之特性，然又有其載運之社會經濟上需求進行考量，因此，例外基於其行車安全之條件下准其裝載，故特別要求其裝載整體物品超重時應請領臨時通行證，此與一般貨物可散裝裝載之特性本不相同，應異其處理。裝載整體物品超重，且未請領通行證者，應依道交條例第29條第1項第2款之規定論處，此乃法規競合，特別規定優於普通規定之適用結果[39]。但臺北高等行政法院卻認爲，裝載整體物品超重，而未請領通行證或未懸掛危險標識即行駛，其裝載貨物超過核定重量之行爲，本即違反道交條例第29條之2第1項、第3項規定，應予處罰，就其另違反應事先申請臨時通行證、懸掛危險標識始得行駛之行政義務，道交條例第29條第1

36 臺灣屏東地方法院110年度交字第31號行政訴訟判決。

37 臺灣高等法院暨所屬法院101年法律座談會刑事類提案第17號。

38 參照交通部104年7月28日交路字第1040016609號函。

39 最高行政法院102年度裁字第935號裁定。

項第2款另規定處以罰鍰。道交條例第29條第1項第2款規定與第29條之2第1項、第3項規定之規範目的顯不相同[40]。例如，裝載整體物品超重且未請領臨時通行證者，應適用罰鍰額度較輕之道交條例第29條第1項第2款規定裁處，而領得臨時通行證，惟仍超重（即超過臨時通行證核定之總重）者，則適用罰鍰額度較重之道交條例第29條之2第1項及第3項規定裁罰，豈非輕重失衡而變相鼓勵有裝載整體物品需求之汽車所有人不要申請臨時通行證，以適用處罰較輕之規定？此顯非立法本意。最高法院102年度裁字第935號裁定僅係個案，且係針對有無涉及判決統一之必要所爲之程序裁定，本院不受上開裁定及其他法院個案判決之拘束[41]。

第 29 條之 3（危險物品之運送）

危險物品運送人員，應經交通部許可之專業訓練機構訓練合格，並領有訓練證明書，始得駕駛裝載危險物品之汽車。

前項危險物品運送人員專業訓練方式、專業訓練機構資格、訓練許可、訓練場所、設備、課程、訓練證明書格式、訓練有效期限、查核及管理等事項之辦法，由交通部會商有關機關定之。

依本條例規定吊銷駕駛執照時，其領有之第一項訓練證明書亦失其效力，且其不得參加訓練之期間，依第六十七條不得考領駕駛執照之期限辦理。

危險物品運送人員專業訓練機構未依規定辦理訓練、核發訓練證明書或不遵守有關訓練之規定者，依其情節，停止其辦理訓練三個月至六個月或廢止該專業訓練機構之訓練許可。

前項未依規定核發之訓練證明書不生效力；經廢止訓練許可之訓練機構，三年內不得再申請訓練許可。

壹、導言

本條係2002年7月3日新增，因道路交通安全規則第84條第1項第5款有關危險物品運送人員應經專業訓練之規定，係課人民之義務，爲符合法律保留之精神，酌予修正增訂於第1項。有關危險物品運送人員專業訓練及管理等事項之規定，係以「危險物品運送人員專業訓練要點」予以規範，爲配合行政程序法有關法律保留之精神，於第2項明列。對於違反危險物品運送安全之嚴重行爲及未依規定辦理訓練等規定，增

40 臺北高等行政法院103年度交上字第50號判決。
41 臺北高等行政法院104年度交上字第127號判決。

列於第3項至第5項。2005年12月28日修法時將條文中「車輛」改「汽車」，俾用語一致。

貳、內容解析

本條第1項規定危險物品運送人員應經專業訓練，所謂「危險物品」，依道路交通安全規則第84條第3項規定，係指歸屬於中華民國國家標準CNS 6864危險物運輸標示之危險物品、有害事業廢棄物、依毒性及關注化學物質管理法公告之第一類至第三類毒性化學物質、具有危害性之關注化學物質。本條第2項授權交通部會商相關機關訂定危險物品運送相關規定，交通部依本條第2項授權訂定法規命令性質之「道路危險物品運送人員專業訓練管理辦法」。本條第3項規定駕駛人吊銷駕駛執照時，領有之訓練證明書亦失其效力。本條第4項及第5項規定危險物品運送人員專業訓練機構之義務與責任，行政程序法第123條第1款規定，授予利益之合法行政處分，法規准許廢止者，得由原處分機關依職權爲全部或一部之廢止。

道路交通安全規則第84條第1項車輛裝載危險物品應遵守之相關事項，例如第1款即規定廠商貨主運送危險物品，應備具危險物品道路運送計畫書及安全資料表向起運地或車籍所在地公路監理機關申請核發臨時通行證，該臨時通行證應隨車攜帶之，其交由貨運業者運輸者，應會同申請，並責令駕駛人依規定之運輸路線及時間行駛。未依規定者有處罰規定，例如道交條例第29條第1項第3款規定之汽車裝載危險物品，未請領臨時通行證、未依規定懸掛或黏貼危險物品標誌及標示牌、罐槽車之罐槽體未檢驗合格、運送人員未經專業訓練合格或不遵守有關安全之規定者；道交條例第30條第1項第8款：「裝載危險物品未隨車攜帶臨時通行證、罐槽車之罐槽體檢驗合格證明書、運送人員訓練證明書或未依規定車道、路線、時間行駛。」處以罰鍰，並責令改正或禁止通行。道交條例第63條第1項規定：「汽車駕駛人違反本條例規定，除依規定處罰外，經當場舉發者，並得依對行車秩序及交通安全危害程度記違規點數一點至三點。」第3項規定：「汽車駕駛人於一年內記違規點數每達十二點者，吊扣駕駛執照二個月；二年內經吊扣駕駛執照二次，再經記違規點數者，吊銷其駕駛執照。」依道路危險物品運送人員專業訓練管理辦法規定，物品運送人員專業訓練，應經交通部許可之專業訓練機構爲之。許可及依本辦法規定之管理及處分，交通部得委任交通部公路總局及委託直轄市公路主管機關辦理。委託事項及法規依據，交通部應公告及刊登於政府公報[42]。依行政程序法第15條規定：「行政機關得依法規將其權限之一部分，委任所屬下級機關執行之（第1項）。行政機關因業務上之需要，得依法

42 道路危險物品運送人員專業訓練管理辦法第2條。

規將其權限之一部分，委託不相隸屬之行政機關執行之（第2項）。前二項情形，應將委任或委託事項及法規依據公告之，並刊登政府公報或新聞紙（第3項）。」

道路危險物品運送人員專業訓練管理辦法自2008年3月施行，2018年12月28日修正本辦法第3條，將訓練證明書屆滿前二個月內應完成複訓之期間修正爲三個月，提高緩衝時間確保學員取得有助其實務運送執行所需之專業知識。道路危險物品運送人員取得初訓或複訓訓練證明書後，因違反道交條例規定吊銷駕照處分後，其領有之危險物品運送人員專業訓練合格證明書亦應依本辦法第20條規定失其效力，爲明確告知及提醒危險物品運送人員資格存續及效力。主管危險物品運送人員專業訓練實施之交通部訂有「危險物品運送人員專業訓練要點」，第3點規定，訓練單位應於訓練前檢附申請函及訓練計畫書申請許可；第9點規定，主管機關爲確認及評估依本要點實施之訓練情形及成效，得隨時派員查核訓練相關紀錄及訓練實施情形；第7點並規定：「本訓練之訓練課程應符合附件一之規定。訓練單位並應依參訓學員之類別、需要，在符合規定訓練科目下，充實訓練內容，及在符合規定之訓練總時數下，妥適調整各科目時數。」

道路危險物品運送人員專業訓練適用規定及訓練合格證明核發，依道路危險物品運送人員專業訓練管理辦法第21條第2項規定，於辦法施行前已取得訓練證明書者，得於辦法施行後二年內接受複訓，換發有效之訓練證明書，且已依原「危險物品運送人員專業訓練要點」規定取得訓練證明書者，係依原要點規定訓練合格，已具辦法第3條規定初訓之目的，應無就原訓練證明書逾有效期間者，另再規定要求參加初訓之必要。同條第1項規定，現行實務訓練合格後，依規定發給二年有效期間之訓練證明書，並無區分「罐槽車裝載運送訓練」或「其他貨車裝載運送訓練」使用，宜維持其續使用至其二年有效期間屆滿，再依規定選擇參加複訓換發[43]。

參、綜論

交通部主管危險物品運送管理，爲完善管理危險物品運送，2020年6月30日修正道路交通安全規則第84條。修法主要情形及理由如下：一、聯合國制定之「危險物品運輸建議書」爲各國提供危險物品運輸模式之統一規範，經濟部標準檢驗局於2006年10月12日已依該建議書修訂公告國家標準CNS 6864危險物品運輸標準，「汽車裝載危險物品分類表」九大類危險物品分類及各類別定義亦係以上開國家標準爲依據；惟勞動部訂定之「危害性化學品標示及通識規則」規定適用之危害物質，係參照聯合國紫皮書制定之國家標準CNS 15030化學品危害分類標準爲依據，相較於CNS 6864

43 參照交通部97年12月12日交路字第0970056143號函。

危險物品運輸標準，除分類不同外，並新增對勞工有慢性健康危害之化學品，且非屬國際上道路危險物品運輸之規範對象，造成實務上廠商貨主運送該等物品時，屢發生國外與國內就危險物品適用規範不一致情形，爲利明確依據並避免致生實務危險物品認定疑義，且CNS 6864所列危險物品含括爆竹煙火管理條例規定適用之爆竹煙火，修正本條文所稱危險物品係指歸屬於中華民國國家標準CNS 6864危險物運輸標示之危險物品、有害事業廢棄物、依毒性及關注化學物質管理法公告之第一類至第三類毒性化學物質、具有危害性之關注化學物質；二、行政院環境保護署2019年1月16日修正「毒性化學物質管理法」爲「毒性及關注化學物質管理法」，配合修正第3項及第5項；三、參考毒性化學物質運送管理辦法第9條第2項規定，運作人應參照安全資料表（SDS）及危害特性，備具適當之個人防護裝備，以發揮其應變及防護作用，配合修訂第1項第7款；四、毒性及關注化學物質管理法係由行政院環境保護署訂定，且廢棄物清理法第2條已明定有害事業廢棄物定義，爲簡化條文，修正第3項文字；五、第3項危險物品應符合各目的事業主管機關所定法令並取得核准證明文件，如行政院原子能委員會所定有關放射性物質運送、經濟部所定有關事業用爆炸物運送、行政院環境保護署所定有關第一類至第三類毒性化學運送或具有危害性之關注化學物質、有害事業廢棄物清除處理或內政部所定有關爆竹煙火管理之法令，爲簡化條文，修正第5項文字。危險物品運送已邁入全球化，而陸、海、空運等國際複合運輸更是日益緊密，國際間以聯合國「危險物品運輸建議書」爲危險物品運輸準則，其中海空運送因涉及國際運輸課題，自當遵循上開建議書之律定，惟爲求全球化運輸之需求，國內公路之危險物品運送亦應以該建議書爲依歸，以利與國際接軌。

第 29 條之 4（罐槽車之管理）

罐槽車之罐槽體屬常壓液態罐槽車罐槽體者，應經交通部許可之檢驗機構檢驗合格並發給檢驗合格證明書，始得裝載危險物品。

前項常壓液態罐槽車罐槽體檢驗方式、檢驗機構資格、檢驗許可、檢驗場所條件、檢測儀器設備、檢測人員資格、檢驗標準、檢驗合格證明書格式、檢驗有效期限、查核及管理等事項之辦法，由交通部會商有關機關定之。

常壓液態罐槽車罐槽體檢驗機構未依規定辦理罐槽體檢驗、核發檢驗合格證明書或不遵守有關檢驗之規定者，依其情節，停止其辦理檢驗三個月至六個月或廢止該檢驗機構之檢驗許可。

前項未依規定核發之檢驗合格證明書不生效力；經廢止檢驗許可之檢驗機構，三年內不得再申請檢驗許可。

壹、導言

本條係2002年7月3日新增，因道路交通安全規則第84條第1項第4款，有關裝載危險物品之罐槽車之罐槽體應經檢驗合格，始得裝載危險物品之規定，係課予人民之義務，爲符合法律保留之精神，酌予修正後增訂於第1項。第2項有關常壓液態罐槽車罐槽體檢驗及管理等事項之規定，係以「常壓液態罐槽車罐槽體檢驗及管理要點」予以規範，爲配合行政程序法有關法律保留之精神，於第2項明列。未依規定辦理罐槽體檢驗之處分列於第3項。未依規定核發之罐槽體檢驗合格證明書，不生效力之規定，列於第4項。

貳、內容解析

本條第1項規定，罐槽車之罐槽體屬常壓液態罐槽車罐槽體者，應經交通部許可之檢驗機構檢驗合格並發給檢驗合格證明書，始得裝載危險物品，第2項授權交通部會商有關機關，訂定法規命令性質之「常壓液態罐槽車罐槽體檢驗及管理辦法」，第3項及第4項分別規定常壓液態罐槽車罐槽體檢驗機構未依規定辦理罐槽體檢驗、核發檢驗合格證明書或不遵守有關檢驗之規定者，依其情節，停止其辦理檢驗三個月至六個月或廢止該檢驗機構之檢驗許可，未依規定核發之檢驗合格證明書不生效力；經廢止檢驗許可之檢驗機構，三年內不得再申請檢驗許可等法律效果。常壓液態罐槽車罐槽體檢驗及管理辦法全文計22條，第2條規定：「本辦法所稱常壓液態罐槽車罐槽體有下列二種：一、指架裝於車輛之固定式罐槽體。二、指以框式或平板式車輛裝載之非固定式罐槽體。」第3條第1項規定，常壓液態罐槽車罐槽體之檢驗，應由交通部許可之檢驗機構並得委任公路總局辦理，依行政程序法第15條第1項規定，行政機關得依法規將其權限之一部分，委任所屬下級機關執行之。同辦法第4條規定，申請辦理本檢驗之檢驗機構，以曾從事機械或設備之研究、設計、檢查等工作二年以上著有成績之非營利法人爲限，其應檢具申請函及檢驗計畫書二份向交通部申請許可。第5條規定，交通部受理申請後，應先審查所送檢驗計畫書及各項文件，並應派員實地查核其檢驗作業流程及各項文件所載內容與實際情形是否相符。經查核合格者始予許可。交通部辦理前揭審查及查核作業，必要時，得邀請與罐槽車罐槽體檢驗相關之機關或專業人士組成審查小組協助爲之。第8條規定，檢驗機構之檢測儀器設備應包含下列項目：一、罐槽體水壓測試設備（含壓力錶）；二、安全閥測試設備（含壓力錶）；三、排洩閥水壓測試設備（含壓力錶）；四、含氧量濃度測定儀；五、有毒及可燃性氣體濃度測定儀；六、超音波測厚儀；七、送（通）風設備；八、捲尺、卡尺、銅鎚、銅刷。第13條規定，裝載常壓液態非危險物品罐槽車之罐槽體，每五年應經檢驗機構定期檢驗一次。裝載常壓液態危險物品罐槽車之罐槽體，應依下列規定經檢驗機構定期檢驗：一、未滿15年之罐槽體每三年應檢驗一次；二、15年以上未滿20年之罐槽體每二年應檢驗一次；三、滿20年以上之罐槽體每一年應檢驗一次。經公路監理機關、警察機關或檢驗機構等發現有安全之虞之罐槽體，公路監理機關應通知該罐槽車實施臨時檢驗。依道路交通安全規則第39條第25款規定，應查驗罐槽車之罐槽體檢驗（查）合格之有效證明書。高壓罐槽車之罐槽體應依勞動部所定有關高壓容器檢查之法令辦理；常壓液態罐槽車之罐槽體應依常壓液態罐槽車罐槽體檢驗及管理辦法規定辦理。道交條例第29條第1項第3款規定，汽車裝載危險物品，未請領臨時通行證、未依規定懸掛或黏貼危險物品標誌懸掛或黏貼危險物品標誌及標示牌、罐槽車之罐槽體未檢驗合格、運送人員未經專業訓練合格或不遵守有關安全之規定者；道交條例第30條第1項第8款規定，裝載危險物品未隨車攜帶臨時通行證、罐槽車之罐槽體檢驗合格證明書、運送人員訓練證明書或未依規定路線、時間行駛者，得處以罰鍰，並責令改正或禁止通行。

參、綜論

灑水車、消防車、掃街車之罐槽體、液化石油氣瓦斯桶、ISO TANK槽體櫃，是否須要辦理罐槽體檢測？常壓液態罐槽車罐槽體檢驗及管理辦法，係規定罐槽車之罐槽體應經檢測合格，惟對於灑水車、消防車、掃街車等特種車，因其並非一般罐槽體式貨車，故得不依該辦法規定辦理罐槽體檢測[44]。至於液化石油氣瓦斯桶檢驗之運輸管理，依道路交通安全規則第84條第1項第4款規定：「裝載危險物品罐槽車之罐槽體，應依主管機關規定檢驗合格，並隨車攜帶有效之檢驗（查）合格證明書。」同規則第39條第25款並規定：「應查驗罐槽車之罐槽體檢驗（查）合格之有效證明書。高壓罐槽車之罐槽體應依勞動部所定有關高壓容器檢查之法令辦理；常壓液態罐槽車之罐槽體應依常壓液態罐槽車罐槽體檢驗及管理辦法規定辦理。」裝載危險物品罐槽車之罐槽體應經檢驗合格，其所稱罐槽車之罐槽體，並不包括裝填液化石油氣瓦斯桶等小體積鋼瓶之檢驗[45]。車輛載運由船務公司所提供之ISO TANK槽體櫃（分離式）裝載危險物品，行駛於道路上是否需隨車攜帶有效之槽體檢驗合格證明？國外製造之ISO TANK，於生產時應向當地主管機關申請各種認證檢驗，並於完成所有認證檢驗後核發認可證書，且在槽體上以固定的方式加裝標示牌；載運ISO TANK之車輛有隨車攜帶相關國際檢驗合格證明者，即符合道路交通安全規則第84條第1項第4款之規定[46]。

44　參照交通部路政司89年9月21日路臺監字第18058號函。
45　參照交通部92年3月17日交路字第0920019469號函。
46　參照交通部92年3月17日交路字第0920019469號函。

第30條（違反汽車裝載之處罰）

汽車裝載時，有下列情形之一者，處汽車駕駛人新臺幣三千元以上一萬八千元以下罰鍰，並責令改正或禁止通行：

一、裝載整體物品有超重、超長、超寬、超高情形，而未隨車攜帶臨時通行證或未依規定路線、時間行駛。

二、所載貨物滲漏、飛散、脫落、掉落或氣味惡臭。

三、貨車運送途中附載作業人員，超過規定人數，或乘坐不依規定。

四、載運人數超過核定數額。但公共汽車於尖峰時刻載重未超過核定總重量，不在此限。

五、小客車前座或貨車駕駛室乘人超過規定人數。

六、車廂以外載客。

七、載運人客、貨物不穩妥，行駛時顯有危險。

八、裝載危險物品未隨車攜帶臨時通行證、罐槽車之罐槽體檢驗合格證明書、運送人員訓練證明書或未依規定車道、路線、時間行駛。

前項各款情形，應歸責於汽車所有人時，除依前項處汽車所有人罰鍰及記該汽車違規紀錄一次。

前二項情形，因而致人受傷者，吊扣其駕駛執照一年；致人重傷或死亡者，吊銷其駕駛執照。

壹、導言

本條係1968年2月5日制定，1975年7月24日、1986年5月21日作部分修正並調高罰鍰額度，再於1997年1月22日爲加強管理效果，提高罰鍰額度，並將貨幣單位由銀元改爲新臺幣，特種車載運非其專門用途所必須附載之人員或物品行駛，係特種車輛之使用規定問題，非道交條例管理之範疇，予以刪除。2001年1月17日將裝載貨物超過所行駛橋梁規定之載重限制者，移列修正條文第29條之1，加重處罰，其餘款次依序往前遞移；第2項酌作文字修正。爲遏止本條第1項各款行爲，增列第3項吊扣吊銷駕駛執照規定。2002年7月3日因罐槽車之行車安全規定，係規範於道路交通安全規則第84條，爲落實有關法律保留之精神，修正增列爲第1項第8款。2005年12月28日因道交條例第62條第4項已有規定：「肇事車輛機件及車上痕跡證據尚須檢驗、鑑定或查證者，得予暫時扣留處理，其扣留期間不得超過三個月。」本條無須重複規定，第3項後段爰予刪除。2020年6月10日修正，鑑於自用及營業用貨車裝載運輸量，以及車輛數皆有所提升趨勢之際，實應將裝載貨物之脫落、掉落，以及裝載危險物品未依規定車道行駛，皆增訂爲受罰鍰情形。加強杜絕該情形造成後車駕駛座人員傷亡，或行車間輪胎損害之失去控制等危險情事，並將最高罰鍰額度新臺幣9,000元處罰修正爲1萬8,000元。2023年5月3日再次修正如現行條文。

貳、內容解析

本條第1項共有八款，第1款規定：「裝載整體物品有超重、超長、超寬、超高情形，而未隨車攜帶臨時通行證或未依規定路線、時間行駛。」道路交通安全規則第80條第1項第1款規定，貨車裝載整體物品之長度、高度、寬度超過前條之規定者，應填具申請書，繪製裝載圖，向起運地或車籍所在地公路監理機關申請核發臨時通行證，憑證行駛。同規則第82條第2項規定，拖架裝載整體物品裝載後全長超過18公尺，或裝載物品後超過曳引車核定之總聯結重量及拖架核定之總重量者，應依照貨車裝載整體物品之規定向公路監理機關申請核發臨時通行證，憑證行駛。例如車輛聯結超寬之半拖車，已依同規則第80條規定領有臨時通行證而未依規定路線行駛者，應以道交條例第30條第1項第1款處罰[47]。裝載危險物品車輛於高速公路違規占用內側車道或中線車道行駛，其違規人爲汽車駕駛人，依道交條例第30條第1項第1款舉發汽車駕駛人，並於有可歸責汽車所有人情事時，依同條第2項處罰汽車所有人[48]。

本條第1項第2款規定：「所載貨物滲漏、飛散、脫落、掉落或氣味惡臭。」例如砂石車載運砂石所滴之水是否屬道交條例第30條第1項第2款所規範處罰之「滲漏」？道交條例第30條第1項第2款係對「所載貨物滲漏、飛散、脫落、掉落或氣味惡臭」之處罰，其立法之主要意旨係在防止所裝載之貨物滲漏、飛散、脫落、掉落或臭氣外洩致生危害交通安全或污染道路環境之行爲，故砂石車載運砂石所滴之水，如有危害交通安全之虞，則應有本條第1項第2款處罰之適用[49]。道路交通安全規則第77條第1項第1款規定之主要意旨係在防止所裝載之貨物滲漏、飛散或臭氣外洩，避免危害交通安全及污染道路環境，而非規範其綑紮、覆蓋或封固之形式，貨車載運瀝青行駛於一般道路如查明其裝載之瀝青有滲漏、飛散之具體事實時，應依本條第1項第2款規定予以舉發處罰[50]。

本條第1項第3款規定：「貨車運送途中附載作業人員，超過規定人數，或乘坐不依規定。」違反道路交通安全規則第77條後車廂之貨物上不得附載人員、小型汽車應依核定附掛拖車、行駛中不得附載人員；同規則第86條規定貨車必須附載隨車作業

---

47 參照交通部93年10月13日交路字第0930056888號函。

48 參照交通部90年5月10日交路字第034445號函。

49 參照交通部91年3月25日交路字第0910024929號函。

50 參照交通部89年11月13日交路字第062908號函。

人員之人數限制，宜引用道交條例第30條第1項第3款對貨車乘坐不依規定處罰[51]。

本條第1項第4款規定：「載運人數超過核定數額。但公共汽車於尖峰時刻載重未超過核定總重量，不在此限。」例如，幼童專用車載運七歲以上學童，依道路交通安全規則有關幼童專用車為專供載運未滿七歲兒童之客車及其僅核定有駕駛人、幼童管理人及未滿七歲兒童承載座位等之明文規定，專用車載運七歲以上學童，應適用本條第1項第4款規定稽查處罰。惟幼童專用車係為相關幼教及托育機構所備之車輛設備，其如有未依規定使用載運，同時涉有相關業管法令規定（如違反兒童及少年福利與權益保障法、幼兒教育及照顧法）而有行政罰法第24條第1項規定之情形時，仍應依規定由權責管轄機關依法定最高罰鍰裁處[52]。能控制載運人數之車輛（例如學校租用遊覽車、校車、交通車），為維護行車安全，應依核定載客人數搭載，違者依本條第1項第4款處罰[53]。

本條第1項第5款規定：「小客車前座或貨車駕駛室乘人超過規定人數。」道路交通安全規則第77條第1項第3款規定，汽車裝載時貨車駕駛室或小客車之前座乘人不得超過規定之人數；同規則第41條第1項第4款規定，貨車駕駛室連駕駛人座位不得超過三個座位。但貨車駕駛室具前後二排座位且另有不同車身做為載貨空間使用者，小貨車連駕駛人座位不得超過七個座位，大貨車連駕駛人座位不得超過九個座位。至於廂型小貨車後座可否加裝座椅？貨車核定之座位數連駕駛人座位不得超過三個座位，於道路交通安全規則第41條第1項第4款已有明文，該等車種後座不可加裝座椅[54]。

本條第1項第6款規定：「車廂以外載客。」道路交通安全規則第77條第1項第4款規定，汽車裝載時，車廂以外不得載客。例如貨車車斗載客，依本條第1項第6款規定舉發。

本條第1項第7款規定：「載運人客、貨物不穩妥，行駛時顯有危險。」汽車行駛中，乘客將頭、身體伸出車頂天窗外之行為，其身體必已離開車廂內固定座位，為維護行車安全，應依本條第1項第7款規定舉發[55]。

本條第1項第8款規定：「裝載危險物品未隨車攜帶臨時通行證、罐槽車之罐槽體檢驗合格證明書、運送人員訓練證明書或未依規定車道、路線、時間行駛。」依道路交通安全規則第84條第1項第1款規定，廠商貨主運送危險物品，應備具危險物品道路運送計畫書及安全資料表向起運地或車籍所在地公路監理機關申請核發臨時通行

---

51 參照交通部91年11月5日交路字第0910063834號函。

52 參照交通部98年4月29日交路字第0980030845號函。

53 參照交通部93年10月18日交路字第0930010720號函。

54 參照交通部100年9月13日交路字第1000048723號函。

55 參照交通部91年4月24日交路字第0910030391號函。

證，該臨時通行證應隨車攜帶之，其交由貨運業者運輸者，應會同申請，並責令駕駛人依規定之運輸路線及時間行駛。

本條第2項規定汽車所有人的狀態責任，汽車裝載違反第1項情形處汽車所有人罰鍰及記該汽車違規紀錄一次，應歸責於汽車所有人時，依道交條例第63條第1項規定，汽車駕駛人得依對行車秩序及交通安全危害程度記違規點數一點至三點。

本條第3項規定因致人死傷之吊扣或吊銷駕駛執照之行政罰。依違反道路交通管理事件統一裁罰基準及處理細則第2條規定，汽車駕駛人駕駛營業汽車有處罰條例第29條、第30條或第33條應予記點情形，除原定記點外，並加記違規點數二點；汽車駕駛人於一年內記違規點數每達12點者，吊扣駕駛執照二個月，二年內經吊扣駕駛執照二次，再經記違規點數者，吊銷其駕駛執照。

參、綜論

行爲人違規時間、地點均相同，且違規事實均涉及貨物裝載之安全性，行爲應屬同一，係一行爲違反道交條例第33條第1項第11款裝載貨物未依規定覆蓋、捆紮之違規，及第30條第1項第7款載運人客、貨物不穩妥，行駛時顯有危險規定，應如何論處？一行爲違反數個行政法上義務，依一行爲不二罰原則及行政罰法第24條第1項規定：「一行爲違反數個行政法上義務規定而應處罰鍰者，依法定罰鍰額最高之規定裁處。但裁處之額度，不得低於各該規定之罰鍰最低額。」應僅擇法定罰鍰額最高之規定即道交條例第30條第1項第7款裁處，不得就同一駕駛行爲，援引同條例第33條第1項第11款及第30條第1項第7款規定分別處罰之[56]。

第 30 條之 1（車輛機件、設備、附著物不穩妥或脫落之處罰）

汽車行駛道路，車輛機件、設備、附著物不穩妥或脫落者，處汽車駕駛人新臺幣一千元以上六千元以下罰鍰，並責令改正或禁止通行。

前項情形，因而致人受傷者，吊扣其駕駛執照一年；致人重傷或死亡者，吊銷其駕駛執照。

56　臺灣宜蘭地方法院97年度交聲字第229號刑事裁定。

壹、導言

車上的機件、設備、附著物不穩妥或脫落的情形，如行車時不慎掉落，恐將造成交通事故，並因此而違規受罰，因而致人受傷時，並吊扣駕照一年；致人重傷或死亡者，吊銷駕駛執照。2023年5月3日修正新增本條，並將道交條例第33條第1項第16款「車輪、輪胎膠皮或車輛機件脫落」規定配合刪除。

貳、內容解析

本條第1項規定汽車行駛道路，車輛機件、設備、附著物不穩妥或脫落者，處駕駛人罰鍰並責令改正或禁止通行。依「高速公路及快速公路交通管制規則」第14條規定，汽車行駛高速公路及快速公路前，應妥爲檢查車輛，在行駛途中不得有車輛機件、設備、附著物不穩妥或脫落等情事。例如，車輛上路時如果有車輪、胎皮掉落、車輛上吊臂未收妥、掛勾未固定、廂式貨車後車門未固定、附著於車廂之廣告看板未妥善固定等情形，皆屬本條第1項違規行爲而受罰，處駕駛人罰鍰並責令改正或禁止通行。民眾對於違反本條第1項之行爲者，得敘明違規事實並檢具違規證據資料，向公路主管或警察機關檢舉。

參、綜論

車輛機件、設備、附著物不穩妥或脫落之情形如發生於高速公路或快速公路所生危害更甚於一般道路，道交條例第33條第1項第16款原來對車輛於高速公路或快速公路有車輪、輪胎膠皮或車輛機件脫落定有處罰規定，因增訂第30條之1併予規範於一般道路、高速公路及快速公路有上開情形時對汽車駕駛人之處罰。然道交條例第33條第1項所定處罰爲3,000元以上6,000元以下罰鍰。增訂道交條例第30條之1對於汽車行駛道路，車輛機件、設備、附著物不穩妥或脫落者之處罰規定，而刪除原第33條第1項第16款規定，則駕駛人爲相同行爲（於高速公路或快速公路有前述情形）之處罰，將因第30條之1並未區分一般道路或高速公路，致罰鍰反低於原來第33條之處罰3,000元以上6,000元以下罰鍰而降低爲1,000元以上6,000元以下。

第31條（安全帶、幼童安全椅之處罰）

汽車行駛於道路上，其駕駛人、前座或小型車後座乘客未依規定繫安全帶者，處駕駛人新臺幣一千五百元罰鍰；營業大客車駕駛人未依規定繫安全帶者，處駕駛人新臺幣二千元罰鍰。但營業大客車、計程車或租賃車輛代僱駕駛人已盡告知義務，乘客仍未繫安全帶時，處罰該乘客。
汽車行駛於高速公路或快速公路，違反前項規定或大型車乘載四歲以上乘客未依規定繫安全帶者，處駕駛人新臺幣三千元以上六千元以下罰鍰。但營業大客車、計程車或租賃車輛代僱駕駛人已盡告知義務，乘客仍未繫安全帶時，處罰該乘客。
小型車附載幼童未依規定安置於安全椅者，處駕駛人新臺幣一千五百元以上三千元以下罰鍰；有關其幼童安置方式、宣導及其他應遵行事項之辦法，由交通部會商內政部等有關機關定之。
汽車駕駛人對於六歲以下或需要特別看護之兒童，單獨留置於車內者，處駕駛人新臺幣三千元罰鍰。
機車附載人員或物品未依規定者，處駕駛人新臺幣三百元以上六百元以下罰鍰。
機車駕駛人或附載座人未依規定戴安全帽者，處駕駛人新臺幣五百元罰鍰。
第一項、第二項繫安全帶之正確使用、實施方式、因特殊事由未能依規定繫安全帶之處理、宣導及其他相關事項之辦法，由交通部定之。

壹、導言

本條於1975年7月24日修正機器腳踏車附載人員、物品未依規定處罰，1981年7月29日修正機器腳踏車駕駛人駕駛機器腳踏車及附載人員均應依規定戴安全帽，以為宣導執行之依據，1986年5月21日修正將附載人員、物品未依規定者所定罰鍰部分提高，1997年1月22日修正小客車駕駛人及前座乘客繫上安全帶，對於其因而肇事後之生命、身體安全之保障甚大，故比照先進國家規定於公告之專用快速公路亦應繫安全帶，增訂第1項。另將貨幣單位由銀元改為新臺幣，並作換算。鑑於機車駕駛人肇事後，頭部受傷之可能性較大且較為嚴重，為減少社會成本之支出，規定機車駕駛人或附載人員均應戴安全帽，增訂於第3項。2001年1月17日修正強制規範有關未繫安全帶、未戴安全帽及違規附載之處罰。2005年12月28日修正汽車駕駛人對於六歲以下或需要特別看護之兒童，單獨留置於車內者，處駕駛人新臺幣罰鍰額度。2011年5月11日修正第1項規定小型車行駛於道路，其後座乘客亦應繫安全帶，並於第1項及第2項條文，增列「但計程車駕駛人已盡告知義務，乘客仍未繫安全帶時，處罰該乘客」等文字。至如何妥適安全地繫安全帶、兒童、孕婦、醫療特殊情形或計程車搭載兒童乘客等需特別考量相關處理配套及實施方式等事項，一併授權由交通部定之。道交條例第33條已規定快速公路與高速公路適用相同之特別行車管制，修正第2項規定，增列快速公路，俾使相關條文規定一致。第3項適用範圍應包含小型客貨兩用車，將「小客車」修正為「小型車」。2012年5月30日「機器腳踏車」用語修正為「機車」。2013年5月8日將「計程車駕駛人」已盡告知義務，乘客仍未繫安全帶時，處罰該乘客，修正為「營業大客車或計程車駕駛人」已盡告知義務，乘客仍未繫安全帶時，處罰該乘客。2015年1月7日修正針對計程車駕駛及大客車駕駛因無法強制管理乘客而訂定除外責任，以避免引發駕駛與乘客間之糾紛，釐清權責，並將租賃車輛代僱駕駛人一併納入除外責任範圍。2021年12月15日修正繫安全帶之正確使用、實施方式、因特殊事由未能依規定繫安全帶之處理、宣導及其他應遵行事項之辦法，由交通部定之。2023年5月3日修正如現行條文。

貳、內容解析

本條第1項規定汽車行駛中，駕駛人及乘客未依規定繫安全帶者，處駕駛人罰鍰；營業大客車駕駛人未依規定繫安全帶者，處駕駛人罰鍰，倘若營業大客車、計程車或租賃車輛代僱駕駛人已盡告知義務，乘客仍未繫安全帶時，則處罰該乘客。至於車內設有輪椅區載運坐輪椅者是否應依規定繫安全帶？本條第1項及2項所規定小型車後座乘客應依規定繫安全帶，係適用其乘客乘坐於車輛依規定應裝設安全帶之座椅，乘坐輪椅以束縛系統固定於已拆除座椅所設置輪椅區，該乘坐於輪椅者不適用應繫安全帶之規定[57]。未依規定方式繫安全帶是否違反道交條例第31條第1項規定？汽車行駛於道路上，其駕駛人或前座乘客使用安全帶之規範，應依「汽車駕駛人及乘客繫安全帶實施及宣導辦法」第3條規定辦理，違反規定者，有道交條例第31條之適用[58]。

本條第2項規定汽車行駛於高速公路或快速公路，違反第1項規定或大型車乘載四歲以上乘客未依規定繫安全帶者，處駕駛人罰鍰；倘若營業大客車、計程車或租賃車輛代僱駕駛人已盡告知義務，乘客仍未繫安全帶時，則處罰該乘客。

本條第3項授權交通部會商內政部訂定法規命令性質之「小型車附載幼童安全乘坐實施及宣導辦法」，該辦法第2條規定小型車：指自用或租賃小客車、小貨車及小客貨兩用車（不包括營業小客車及救護車）；幼童：指年齡在四歲以下，且體重在18公斤以下之兒童；安全椅：指國家標準（CNS）11497汽車用兒童保護裝置中所稱之攜帶式嬰兒床及幼童用座椅。第4條第1項規定小型車附載幼童行駛於道路時，應將幼童依規定方式安置於安全椅。第5條規定小型車附載幼童不受第4條限制之情形。

本條第4項規定汽車駕駛人對於六歲以下或需要特別看護之兒童，單獨留置於車內者，處駕駛人罰鍰。

本條第5項規定機車附載人員或物品未依規定者之處罰，道路交通安全規則第88

---

57 參照交通部101年2月9日交路字第1010003455號函。
58 參照交通部96年2月2日交路字第0960018157號函。

條第1項規定機車附載人員或物品之相關規定。例如載物者，小型輕型不得超過20公斤；普通輕型不得超過50公斤；重型不得超過80公斤，高度不得超過駕駛人肩部，寬度不得超過把手外緣10公分，長度自座位後部起不得向前超伸，伸出車尾部分，自後輪軸起不得超過半公尺；具封閉式貨箱之電動三輪重型機車不得超過200公斤，裝載貨物不得超出貨箱以外。小型輕型機車不得附載人員，重型及普通輕型機車在駕駛人後設有固定座位者，得附載一人。附載坐人後，不得另載物品。但零星物品不影響駕駛人及附載人員之安全者，不在此限。附載坐人不得側坐。裝載容易滲漏、飛散、氣味惡臭之貨物，能防止其發洩者，應嚴密封固，裝置適當。附載坐人、載運貨物必須穩妥，物品應捆紮牢固，堆放平穩等。

本條第6項規定機車駕駛人或附載座人未依規定戴安全帽者之處罰，道路交通安全規則第88條第2項規定機車駕駛人及附載座人配戴安全帽之相關規定，例如安全帽應爲乘坐機車用之安全帽，經經濟部標準檢驗局檢驗合格，並於帽體貼有商品檢驗標識。帽體及相關配件必須齊全，並無毀損、鬆脫或變更之情事。配帶時安全帽應正面朝前及位置正確，於顎下繫緊扣環，安全帽並應適合頭形，穩固戴在頭上，不致上下左右晃動，且不可遮蔽視線。機車駕駛人及附載座人同時未依規定戴安全帽時，依本條第6項規定，駕駛人及附載座人均得加以處罰[59]。民眾牽引機車行走未戴安全帽，如因機件失靈或其他事故，僅藉人力推動穿越道路時，因無涉騎乘行爲，應以不舉發處罰爲宜，惟仍應依具體個案事實查明該駕駛人有無未戴安全帽騎乘機車之行爲，俾避免駕駛人藉機規避所涉相關違規行爲之稽查[60]。配戴安全帽不符道路交通安全規則第88條第2項各款規定者，依道交條例第31條第6項規定處罰[61]。

本條第7項授權交通部訂定法規命令性質之「汽車駕駛人及乘客繫安全帶實施及宣導辦法」，該辦法第2條規定小型車：指自用、營業或租賃小客車、小貨車及小客貨兩用車（不包括救護車及幼童專用車）；大型車：指自用、營業或租賃大客車、大貨車及大客貨兩用者、代用大客車及大型特種車；安全帶：係指國家標準（CNS）3972定義之汽車用座椅安全帶，或符合交通部車輛安全檢測基準規定之安全帶。第3條第1項規定，汽車行駛於道路上，其汽車駕駛人、前座乘客或小型車後座乘客，應依規定使用安全帶。第5條規定，汽車駕駛人、前座乘客、小型車後座乘客或大型車乘載之四歲以上乘客得不適用第3條繫安全帶之情形。

---

59 參照交通部101年8月9日交路字第1010026989號函。

60 參照交通部100年11月11日交路字第1000053668號函。

61 參照交通部88年8月30日交路字第043167號函。

參、綜論

機車附載座人未依規定戴安全帽之規違行爲，未依行政罰法第19條之規定予以免罰，是否有裁量怠惰、裁量逾越或裁量濫用之違法情事？「機車附載座人未依規定戴安全帽」之違規行爲，該當道交條例第31條第6項規定，舉發員警得本於其所具執行交通稽查勤務法定職權之行使，斟酌事實及違反情節而製單舉發。附載之後座乘客未依規定配戴安全帽之違規行爲，其所生之風險不因當時爲日間、夜間、車流稀少、路況尚佳的情況下而減少風險，均非行政罰法第19條第1項「情節輕微」之審酌要件，據此加以裁罰，難認有何裁量瑕疵。再者，此違規情形，亦非屬「違反道路交通管理事件統一裁罰基準及處理細則」第12條第1項「得施以勸導，免予舉發」之違規行爲，原舉發單位亦無裁量免予舉發之權責[62]。

計程車乘客違反道交條例第31條規定，以該乘客爲處罰對象時，其舉發違規通知單，應移送該乘客駕籍地或行爲地處罰機關處理？依道交條例第31條規定，計程車駕駛人倘已盡告知義務，但乘客仍未依規定繫安全帶時，應處罰該乘客，對於乘客違反道路交通管理事件通知單舉發後移送處罰機關之處理，依「違反道路交通管理事件統一裁罰基準及處理細則」第25條規定，以乘客爲處罰對象者，移送其駕籍地處罰機關處理，乘客未領有駕駛執照且無法查明其戶籍所在地或居留地，移送行爲地處罰機關處理[63]。

第 31 條之 1（有礙駕駛安全電子產品或其應用程式或吸菸之處罰）

汽車駕駛人於行駛道路時，以手持方式使用行動電話、電腦或其他相類功能裝置進行撥接、通話、數據通訊或其他有礙駕駛安全之行為者，處新臺幣三千元罰鍰。

機車駕駛人行駛於道路時，以手持方式使用行動電話、電腦或其他相類功能裝置進行撥接、通話、數據通訊或其他有礙駕駛安全之行為者，處新臺幣一千元罰鍰。

汽機車駕駛人行駛於道路，手持香菸、吸食、點燃香菸致有影響他人行車安全之行為者，處新臺幣六百元罰鍰。

警備車、消防車及救護車之駕駛人，依法執行任務所必要或其他法令許可者，得不受第一項及第二項之限制。

第一項及第二項實施及宣導辦法，由交通部定之。

62 高雄高等行政法院108年度交上字第70號判決。
63 參照交通部101年1月13日交路字第1015000814號函。

壹、導言

本條係2001年1月17日修正新增，為有效防止汽車駕駛人於行車中使用手持式行動電話進行撥接或通話對安全造成影響，增訂第1項處罰規定；機器腳踏車係二輪機動車輛，若單手駕駛將造成煞車等行車危險，增訂第2項，對駕駛人使用手持式行動電話進行撥接或通話者，處以罰鍰；為使授權明確，增列第3項。2012年5月30日第1項條文修正為：「汽車駕駛人於行駛道路時，以手持方式使用行動電話、電腦或其他相類功能裝置進行撥接、通話、數據通訊或其他有礙駕駛安全之行為者，處新臺幣三千元罰鍰。」第2項條文修正為：「機車駕駛人行駛於道路時，以手持方式使用行動電話、電腦或其他相類功能裝置進行撥接、通話、數據通訊或其他有礙駕駛安全之行為者，處新臺幣一千元罰鍰。」2014年1月8日修正明定警備車、消防車及救護車之駕駛人，依法執行任務所必要或其他法令許可者，得不受前二項之限制。警備車包括警用巡邏車（含汽、機車）、偵防車及其他特殊用途之警用車輛。2015年1月7日修正機車駕駛人或汽車駕駛人打開車窗行駛於道路或遇交通號誌等停時，駕駛人如吸菸，周邊其他機車駕駛受限於鄰近車輛，無法任意移動，而被強迫忍受其二手菸，影響其健康，新增第3項。

貳、內容解析

本條第1項及第2項規定汽車及機車駕駛人行駛道路時，以手持方式使用行動電話、電腦或其他相類功能裝置進行撥接、通話、數據通訊或其他有礙駕駛安全之行為者之處罰，有效防止汽車駕駛人於行車中該等行為對安全之影響。「收發簡訊」及「閱讀簡訊」型態，應屬數據通訊使用狀態之行為[64]。本條第3項規定汽機車駕駛人行駛於道路，手持香菸、吸食、點燃香菸致有影響他人行車安全之行為者之處罰。舉發「手持香菸、吸食、點燃香菸致有影響他人行車安全之行為者」，執法應注意以下事項[65]：一、舉發要件：（一）舉發對象須為汽車、機車或動力機械駕駛人；（二）須在道路範圍內；（三）其周邊有其他車輛；（四）香菸須點燃（不包含市售電子菸）；（五）致有影響他人行車安全之行為。例如，駕駛人於行駛中，手持香菸、吸食、點燃香菸（汽車則須打開車窗或天窗），而周邊（約3.5公尺範圍內）有其他車輛，致有影響他人行車安全之行為。駕駛人停等紅燈，手持香菸、吸食、點燃香菸（汽車則需打開車窗或天窗），而周邊（約3.5公尺範圍內）有其他停等車輛。駕駛人隨意丟棄未熄滅之菸蒂，而周邊（約3.5公尺範圍內）有其他停等車輛，致有影響

64　參照交通部95年3月7日交路字第0950023388號函。

65　參照交通部104年7月6日交路字第1040018614號函。

他人行車安全之行為。

本條第4項規定警備車、消防車及救護車之駕駛人依法執行任務所必要或其他法令許可者，排除第1項及第2項之限制。道路交通安全規則第90條規定：「駕駛人駕駛汽車，除應遵守道路交通標誌、標線、號誌之指示，並服從交通指揮人員之指揮外，並應遵守下列規定：一、禁止操作或觀看娛樂性顯示設備。二、禁止操作行車輔助顯示設備。三、禁止以手持方式使用行動電話、電腦或其他相類功能裝置進行撥接、通話、數據通訊或其他有礙駕駛安全之行為（第1項）。警備車、消防車及救護車之駕駛人，依法執行任務所必要或其他法令許可者，得不受前項第三款之限制（第2項）。」

本條第5項授權交通部訂定具法規命令性質之「汽車駕駛人行駛道路禁止以手持方式使用行動電話相關裝置實施及宣導辦法」，該辦法第3條規定：「本條例第三十一條之一第一項及第二項規定所稱其他相類功能裝置，指相類行動電話、電腦並具有下列各款之一功能之裝置：一、撥接、通話、數據通訊。二、發送、接收或閱覽電子郵件、簡訊、語音信箱。三、編輯或閱覽電子文書檔案。四、顯示影音、圖片。五、拍錄圖像、影像。六、連線網際網路社群或其他平臺服務。七、執行應用程式。」第4條規定：「本條例第三十一條之一第一項及第二項規定所稱其他有礙駕駛安全之行為，指以手持方式使用行動電話、電腦或前條規定之相類功能裝置，操作或啓動前條各款所列功能之行為。」第5條規定：「執法人員於攔檢汽車駕駛人行駛道路以手持方式使用行動電話、電腦或其他相類功能裝置進行撥接、通話、數據通訊或其他有礙駕駛安全之行為時，應以不妨礙交通秩序及行車安全為原則，必要時可以錄影或照相採證方式辦理。舉發時應明確記載違規事實與相關事證。」

參、綜論

駕駛營業小客車在車內手持行動電話並觀看螢幕，警員目睹認其有「駕車時以手持方式使用行動電話」之違規事實，予以攔停，可否當場填製舉發違反道路交通管理事件通知單予以舉發？舉發之警員受有專業訓練者，對於執行交通勤務所見事項之觀察程度，自遠較一般人更為專注，其所為之舉發自有高度之可信性，又警員執行公務時，本身即受有行政懲處責任之監督，衡情警員當不致冒行政懲處之風險，僅為開單即蓄意構陷汽車駕駛人且為不實之職務報告；苟汽車駕駛人係因「充電線壓在駕駛座下遂拿起手機挪移充電線」，則該動作應僅屬瞬間之事，且亦無觀看手機之必要，警員又豈能輕易查覺且誤認其係「駕車時以手持方式使用行動電話」，警員所為職務報告之內容即核無不可採信之理[66]。

66 臺灣新北地方法院109年度交字第802號行政訴訟判決。

第31條之2（幼童之定義）
第三十一條第三項所稱幼童，係指年齡在四歲且體重在十八公斤以下之兒童。

壹、導言

本條係2005年12月28日新增，因評估四歲以下兒童在身體發育狀況無法應付行車突發狀況，需藉助兒童安全椅來保護其乘車之安全，特將道交條例所稱之幼童範圍，明定在四歲且體重在18公斤以下之兒童。

貳、內容解析

幼童，係指年齡在四歲且體重在18公斤以下之兒童，本條以立法解釋方式，就道交條例第31條第3項關於小型車附載幼童未依規定安置於安全椅所稱之「幼童」加以定義，避免執法者於適用法律時，因解釋用語見解之不同，而發生適用上之困難，以利法律適用的明確性。幼童必須所謂年齡在四歲且體重在18公斤以下，四歲以下包含四歲在內，體重在18公斤以下包含18公斤。年齡計算方式係採週年計算法，而非曆年計算法。

參、綜論

年齡與民法期間的計算不同，例如：一、始日的計算，依民法第120條第2項規定：「以日、星期、月或年定期間者，其始日不算入。」一般的情形考量「始日」通常不滿一日，故規定始日不計入，均自次日起算。但涉及年齡計算的出生日則不同，人一出生即享權利能力，不可能遲自第二天才起算，所以依行政程序法第48條第2項、民法第124條規定可知，有關其年齡之計算，自應以其出生之日起算，即自始日就起算；二、期間末日的計算，民法第121條第2項規定：「期間不以星期、月或年之始日起算者，以最後之星期、月或年與起算日相當日之前一日，爲期間之末日。」即期間的末日係計至「與起算日相當日之前一日」，計算年齡時應如何解釋期間之末日與足歲、滿一定歲數之關係？實務見解並不一致，有認爲「生日前一天即爲滿一定歲數者」，例如，最高法院90年台上字第3891號刑事判決、最高法院94年台上字第464號刑事判決；有採「生日當天才算滿一定歲數者」，例如，臺北高等行政法院94年度訴字第3873號判決、臺灣新北地方法院107年度簡字第42號行政訴訟判決、內政部民國100年1月26日台內訴字第90190150號訴願決定書。關於年齡之計算，若無其他特別規定，應依週年計算法，以實足年齡計算，自出生之日起算足一年爲一歲，較爲可採。

第 32 條（無證行駛動力機械之處罰）
非屬汽車範圍而行駛於道路上之動力機械，未依規定請領臨時通行證，或其駕駛人未依規定領有駕駛執照者，處所有人或駕駛人新臺幣三千元以上九千元以下罰鍰，並禁止其行駛。
前項動力機械駕駛人，未攜帶臨時通行證者，處新臺幣三百元罰鍰，並禁止其行駛。
第一項動力機械行駛道路，違反本章汽車行駛規定條文者，依各該條規定處罰。

壹、導言

因本條1975年7月24日規定之罰鍰數額偏低，顯不足以達成法律上之目的斟酌實際情形，1986年5月21日將罰鍰部分修正提高，增列「並禁止其行駛」以維行車安全。2005年12月28日修正本條第1項，並配合第92條第1項道路交通安全規則增列規範其駕駛人應領有之駕駛執照種類，同時酌將罰鍰提高。為落實管理行駛於道路上之動力機械其行駛路線與時間及稽查違規，增訂第2項，未攜帶臨時通行證處罰之規定。原條例對動力機械違規行駛並無明文處罰規定，增訂第3項予以明文規定，倘其違反本章四輪以上汽車行駛及停車規定之條文者，依各該條文規定處罰之。

貳、內容解析

何謂非屬汽車範圍之「動力機械」，依道路交通安全規則第83條第1項規定，非屬汽車範圍之動力機械，係指下列各款之一之機械：一、不經曳引而能以原動機行駛之工程重機械；二、屬裝配起重機械專供起重用途且無載貨容量之起重機車或其他自力推動機械；三、其他特定用途設計製造，不經曳引而能以原動機行駛之機械。同條第2項規定，動力機械應先向公路監理機關申請登記領用牌證，並比照同規則第80條之規定申請核發臨時通行證後，方得憑證行駛道路。本條第1項及第2項即規定非屬汽車範圍而行駛於道路上之動力機械，未依規定請領、攜帶臨時通行證，或其駕駛人未依規定領有駕駛執照者之處罰並禁止行駛等行政罰。本條第3項規定非屬汽車範圍之動力機械行駛道路，違反本章汽車行駛規定條文者之處罰。

動力機械通常為不依軌道或電力架線且不經曳引而能以原動機行駛之機械，因其構造特殊，且無特定規格，又其速度緩慢故不列入汽車範圍[67]，例如，刮路機、推土機、挖土機、堆高機等非屬汽車範圍，亦非屬於道路交通安全規則第2條第1項第7款

---

[67] 參照交通部62年6月28日路臺字第37938號函。

規定之「特種車」，而係屬於「動力機械」，動力機械行駛於道路時，依道路交通安全規則第83條第2項規定，其駕駛人必須領有小型車以上之駕駛執照，惟動力機械如僅在道路以外之工作場地操作，則與道路交通安全無關，現行法令並未規定其操作人須領有汽車駕駛執照[68]。非屬汽車範圍必須行駛於道路之動力機械，依道路交通安全規則第83條第2項規定，應比照第80條之規定向公路監理機關申請核發臨時通行證，憑證行駛；未領用牌照或拼裝車輛未經領用牌照行駛者，依道交條例第12條處罰，並禁止其行駛[69]。又「堆高機」因不具備行車安全性，不宜行駛公路[70]。農用曳引機雖非屬該動力機械之範疇，且農用曳引機行駛速度緩慢，又以農地爲其操作範圍，農用曳引機於道路行駛，駕駛人仍應持用「普通小型車以上之汽車駕駛執照」[71]。動力機械已登記領用牌證並依規定請領臨時通行證但未懸掛牌證者，喪失臨時通行證核准之資格條件，應有行政程序法第123條所規定未履行授益處分附負擔而可廢止原核准臨時通行證行政處分之適用，如屬經「廢止原核准臨時通行證行政處分」而未重新申領臨時通行證行駛道路者，則有道交條例第32條第1項「未依規定請領臨時通行證」之處罰適用[72]。

參、綜論

動力機械行駛道路未配置前導及後衛車輛違規應如何認定？依本條規定，動力機械行駛道路未依規定請領臨時通行證，處所有人或駕駛人新臺幣3,000元以上9,000元以下罰鍰，並禁止其行駛，執法機關如查有動力機械未依規定請領臨時通行證而行駛道路者，可依本條第1項規定舉發；動力機械已登記領用牌證並依規定請領臨時通行證，但未配置前導及後衛車輛隨行行駛道路，其中，動力機械應懸掛牌證及配置前導、後衛車輛隨行行駛道路之規定，於道路交通安全規則第83條之2第2項第2款及第5款分別定有明文，並爲現行核發臨時通行證所載明應遵守及負擔之事項；實務上部分動力機械申請領有臨時通行證後，但實際行駛道路未依規定者，已喪失其臨時通行證核准之資格條件，應有行政程序法第123條所規定未履行受益處分附負擔而可廢止原核准臨時通行證行政處分之適用，動力機械經申請領有臨時通行證後，但實際行駛道路未依規定配置前導、後衛車輛隨行者，公路總局可廢止原核准臨時通行證之行政處分[73]。

---

68 參照交通部74年11月11日交路字第24477號函、交通部路政司66年9月29日路臺字第1205號函。

69 參照交通部87年1月16日交路字第058362號函。

70 參照交通部87年3月9日交路字第016199號函。

71 參照行政院農業委員會96年10月17日農授糧字第0960156987號函。

72 參照交通部103年12月2日交路字第1030033611號函。

73 參照交通部110年9月9日交路字第1100000543號函。

第 32 條之 1（行駛或使用動力器具之處罰）
非屬汽車、動力機械及個人行動器具範圍之動力載具、動力運動休閒器材或其他相類之動力器具，於道路上行駛或使用者，處行為人新臺幣一千二百元以上三千六百元以下罰鍰，並禁止其行駛或使用。

壹、導言

道路上已發現相關廠商製造或進口相關動力之器具名為電動休閒車、電動滑板車等，因該等器具不符合領用牌照之規定屬不得行駛於道路之器具，只能在公園、廣場等非道路範圍內使用為運動、休閒等目的，另沙灘摩托車等亦為不得領用汽車牌照之動力載具，為避免該等器具之所有人或使用人不當使用行駛於道路，危害交通安全，2005年12月28日新增本條規定予以處罰；至於衛生福利部公告屬於醫療器材之「醫療用電動三輪車」、「動力式輪椅」等，其使用目的及功能有別於一般車輛，應視為行人活動之輔助器材，其於道路上應遵守一般行人之管制規定，不適用本條規範。2022年5月4日修正增列「及個人行動器具範圍」讓條文更明確。

貳、內容解析

本條係於道路行駛或使用非屬汽車、動力機械及個人行動器具範圍之動力器具處罰之規定，道交條例第69條第1項第2款第3目規定：「個人行動器具：指設計承載一人，以電力為主，最大行駛速率在每小時二十五公里以下之自平衡或立式器具。」並歸類為慢車。道路交通安全規則第83條之3規定，非屬汽車及動力機械範圍之動力載具、動力運動休閒器材或其他相類之動力器具，不得於道路上行駛或使用，在道路範圍內行駛或使用電動獨輪車、電動滑板車或電動雙輪車等「個人行動器具」，已違反本條規定，將處行為人新臺幣1,200元以上3,600元以下罰鍰，並禁止其行駛或使用。非屬汽車及動力機械範圍之動力載具、動力運動休閒器材或其他相類之動力器具違規停放於道路應如何適用法令？依本條之立法理由說明推知，該條文所稱「於道路上行駛或『使用』」，其「使用」規定，應係泛指「行駛」以外其他利用上開動力器具於道路之態樣而言[74]。

---

74 參照交通部100年12月5日交路字第1000061006號函。

參、綜論

電動代步車是否適用本條規定？電動代步車如係經衛生福利部公告屬於醫療器材之「醫療用電動三輪車」、「動力式輪椅」等，其使用目的及功能有別於一般車輛，係視爲行人活動之輔助器材，其於道路上則應遵守一般行人之管制規定。另若非屬衛生福利部公告之醫療器材，而係目前廠商製造或進口之電動休閒車等之動力載具，除依規定經型式審驗合格，並規定領用牌照或取得審驗合格標章者（電動自行車及電動輔助自行車）得行駛道路外，其餘係不得於道路上行駛或使用，該等載具之所有人或使用人如違規使用行駛於道路，有本條規定之適用[75]。

三輪或四輪電動載具可否行駛都市計畫劃定特定園區內之一般道路？依道交條例第69條規定，慢車種類係包括腳踏自行車、以人力爲主電力爲輔之電動輔助自行車及以電力爲主之微型電動二輪車等自行車與三輪以上人力或獸力行駛車輛，且按經濟部國家標準CNS及道交條例第69條規定，微型電動二輪車及電動輔助自行車均屬二輪之車輛，三輪或四輪電動載具尚非屬道交條例規定所稱之慢車種類。道交條例第3條第1項對於「道路」已有例示性和概括性之說明，都市計畫劃定特定園區內道路如依其使用納入道路範圍，非屬慢車之電動載具如於道路上行駛或使用者，則有本條規定之適用[76]。

第33條（高速公路、快速公路不遵道路管制規則之處罰）

汽車行駛於高速公路、快速公路，不遵使用限制、禁止、行車管制及管理事項之管制規則而有下列行為者，處汽車駕駛人新臺幣三千元以上六千元以下罰鍰：

一、行車速度超過規定之最高速限或低於規定之最低速限。

二、未保持安全距離。

三、未依規定行駛車道。

四、未依規定變換車道。

五、站立乘客。

六、不依規定使用燈光。

七、違規超車或跨行車道。

八、違規減速、臨時停車或停車。

九、未依規定使用路肩。

75 參照交通部98年3月11日交路字第0980023644號函。

76 參照交通部102年5月31日交路字第1020015968號函。

十、未依施工之安全設施指示行駛。
十一、裝置貨物未依規定覆蓋、捆紮。
十二、未依標誌、標線、號誌指示行車。
十三、進入或行駛禁止通行之路段。
十四、連續密集按鳴喇叭、變換燈光或其他方式迫使前車讓道。
十五、行駛中向車外丟棄物品或廢棄物。
十六、輪胎胎紋深度不符規定。
前項道路內車道應為超車道，超車後，如有安全距離未駛回原車道，致堵塞超車道行車者，處汽車駕駛人新臺幣六千元以上一萬二千元以下罰鍰。
除前二項外，其他違反管制規定之行為，處駕駛人新臺幣六百元以上一千二百元以下罰鍰。
不得行駛或進入第一項道路之人員、車輛或動力機械，而行駛或進入者，處新臺幣三千元以上六千元以下罰鍰。
前四項之行為，本條例有較重之處罰規定者，適用該規定。
第一項之管制規則，由交通部會同內政部定之。

壹、導言

1968年2月5日訂定本條，1975年7月24日修正提高罰鍰並增訂必要時，得暫時扣留其車輛，1981年7月29日修正將其罰鍰之上下限均提高爲二倍，1997年1月22日修正，將汽車行駛高速公路不遵管制規定因而肇事致人受傷者吊扣駕駛執照六個月，2001年1月17日修正增列「致人重傷或死亡者，吊銷其駕駛執照」之規定，2002年7月3日修正將第92條關於高速公路交通管制規則之規定，移列至第3項，並明列該管制規則之訂定內容，使授權訂定該規則之目的、內容及範圍具體明確，2005年12月28日、2012年5月30日再度修正，2015年1月7日再修正第1項所列出之15款違規態樣，處汽車駕駛人新臺幣3,000元以上6,000元以下罰鍰以外，其他違反管制規定之行爲，處駕駛人新臺幣600元以上1,200元以下罰鍰，並配合道路交通安全規則修正，予以國道行車管理適度配套，原條文第1項增列第16款、第17款，對車輛行駛高速公路或快速公路時，若有車輪、輪胎膠皮或車輛機件脫落、輪胎胎紋深度不符規定等情事，處汽車駕駛人新臺幣3,000元以上6,000元以下罰鍰。最近則爲2023年5月3日修正如現行條文。

貳、內容解析

一、本條各項之規定

本條規定汽車行駛於高速公路、快速公路，不遵管制規則之處罰，本條第1項計有16款違規情形。本條第2項規定內車道應爲超車道，超車後，如有安全距離未駛回原車道，致堵塞超車道行車者，處汽車駕駛人罰鍰。高速公路及快速公路交通管制規則第8條第1項第3款規定，內側車道爲超車道，但小型車於不堵塞行車之狀況下，得以該路段容許之最高速限行駛於內側車道。本條第3項規定違反第1項或第2項以外管制規定之處罰，例如汽車行駛至高速公路出口匝道之變換車道、跨行車道違規，涉及本條第1項第4款、第3項規定[77]。

本條第4項規定不得行駛或進入本條第1項道路之人員、車輛或動力機械，而行駛或進入者之處罰，例如行人或騎腳踏車進入高速公路或快速公路之情形，應依本條第4項規定處罰，其屬道交條例第7條之2規定之民眾可檢舉交通違規項目。

本條第5項規定，針對本條前四項之行爲，道交條例有較重之處罰規定者，適用該規定。

本條第6項授權交通部會同內政部訂定法規命令性質之高速公路及快速公路交通管制規則，係爲執行母法所爲之細節性、技術性規定，且未逾越母法授權意旨與範圍，自得爲交通事件裁決處執法之依據[78]。

二、本條第1項各款之規定

本條第1項第1款規定，行車速度超過規定之最高速限或低於規定之最低速限。高速公路各「路段」之行車速限，係依據「速限不得高於設計速率」及「大區段統一速限」之原則訂定，主線車道最高限速原則爲每小時100公里或110公里，少數路段爲每小時60公里、80公里或90公里。用路人可於高速公路局網站參閱國道各主要路段速限規定，或依現場速限標誌來行駛高速公路及快速公路。高速公路及快速公路交通管制規則第5條規定，汽車行駛高速公路及快速公路，應依速限標誌指示。但遇有濃霧、濃煙、強風、大雨或其他特殊狀況，致能見度甚低時，其時速應低於40公里或暫停路肩，並顯示危險警告燈。遇大雨或迷霧視線不清下，在高速公路行車無法達到最低速度時限時是否屬於違規？因天候惡劣輕重程度不一，遇此特殊情形，雖無明文規定「不屬違規」，但執行取締之公路警察或肇事鑑定者，似可衡情適當處理，不予採用或降低採用違規之條款[79]。

---

77 參照交通部109年11月17日交路字第1090019425號函。

78 臺中高等行政法院109年度交上字第94號判決。

79 參照交通部臺灣區高速公路工程局66年4月5日管字第66163912號函。

本條第1項第2款規定，未保持安全距離。依高速公路及快速公路交通管制規則第11條第3款規定，汽車在行駛途中，變換車道或超越前車時，應依標誌、標線、號誌指示，並不得有未保持安全距離及間隔等情形。

本條第1項第3款規定，未依規定行駛車道。例如在高速公路上非超車而沿途占用內線車道與超速行駛，依違反道路交通管理事件統一裁罰基準及處理細則第3條與道交條例第33條各分別處罰鍰[80]，並記違規點數一點。

本條第1項第4款規定，未依規定變換車道。高速公路及快速公路交通管制規則第11條規定，汽車行駛於高、快速公路時，如需變換車道，應先顯示方向燈告知前後車輛，並保持安全距離及間隔，方得變換車道。如駕駛人行駛高速公路及快速公路途中有驟然或任意變換車道之情形者，係有本條第1項第4款「未依規定變換車道」之處罰適用，至如駕駛人欲超越前車或變換車道時，未顯示方向燈告知前後車輛者，則係適用本條第6款之規定舉發處罰[81]。車輛已自加速車道變換至主線車道行駛後，再行任意變換車道至加速車道之行為，已違反高速公路及快速公路交通管制規則第11條第1款規定，有本條第1項第4款未依規定變換車道罰則之適用[82]。

本條第1項第5款規定，站立乘客。依高速公路及快速公路交通管制規則第9條第1項第7款規定，大型客車行駛高速公路及快速公路不得有站立乘客之行為。

本條第1項第6款規定，不依規定使用燈光。依高速公路及快速公路交通管制規則第9條第1項第9款規定，汽車行駛高速公路及快速公路不得有夜間行車時未使用燈光，或同向前方100公尺內有車輛行駛，仍使用遠光燈。

本條第1項第7款規定，違規超車或跨行車道。依高速公路及快速公路交通管制規則第9條第1項第1款規定，汽車行駛高速公路及快速公路不得有跨行車道、迴車、倒車或逆向行駛；第2款規定不得在路肩上行駛，或利用路肩超越前車；第3款規定不得在加速車道、減速車道或單車道之匝道上超越前車；第4款規定不得由主線車道變換車道至加速車道、減速車道、輔助車道或爬坡道超越前車。例如據報載曾有小客車疑似要下國道一號北向五股出口，可能以為自己下錯了交流道，竟跨越槽化線變換回主線，往前行駛後又直接停在車道上倒車，再向右跨越槽化線下五股交流道。

本條第1項第8款規定，違規減速、臨時停車或停車。依高速公路及快速公路交通管制規則第10條規定，汽車在行駛途中，除遇特殊狀況必須減速外，不得驟然減速或在車道中臨時停車或停車。

本條第1項第9款規定，未依規定使用路肩。高速公路及快速公路路肩之使用，

---

80 參照交通部74年9月21日交路字第20559號函。

81 參照交通部102年1月11日交路字第1010045728號函。

82 參照交通部109年5月13日交路字第1090002435號函。

除供緊急事故之救援使用，或爲暫時疏解特定期間交通壅塞現象等公益目的，於指定時段開放特定路段之路肩使用外，以禁止使用爲原則，而開放路段、時段均有明確告示，對於未告示之路段或時段，駕駛人應遵守禁止行駛路肩之規定[83]。交流道係高速公路與快速公路或其他道路相連，以匝道構成立體相交之部分，匝道則係交流道中爲加減速車道及主線車道與其他道路間之連接部分，均係高速公路與其公路立體相交部分，係屬高速公路結構之一部分，並均規範於高速公路及快速公路交通管制規則內，其當然屬高速公路範圍內。國道高速公路禁行路肩之目的，係提供有特殊狀況之車輛暫停及救護車、警車、公務車於執行公務時或救援時使用，故應認爲車輛未依規定行駛在交流道或匝道或高速公路主線道之路肩均構成本條第1項第9款之要件，始能達救護車等車輛能快速通過路肩之救援目的[84]。

本條第1項第10款規定，未依施工之安全設施指示行駛。依高速公路及快速公路交通管制規則第9條第1項第12款汽車行駛高速公路及快速公路，不得有於日間或夜間遇道路施工時，未按布設之施工安全設施指示行駛。

本條第1項第11款規定，裝置貨物未依規定覆蓋、捆紮。依高速公路及快速公路交通管制規則第21條規定，貨車行駛高速公路及快速公路，裝載物品應嚴密覆蓋、捆紮牢固。裝載砂石等粒狀物品，除應嚴密覆蓋外，並不得超出車廂高度。載運獸類、家畜、魚類之車輛，應有防止滲漏及盛裝排泄物之裝置，並不得任意傾倒。

本條第1項第12款規定，未依標誌、標線、號誌指示行車。依道路交通標誌標線號誌設置規則第二章標誌第一節通則之規定觀之，該設置規則對於標誌之顏色、體型、牌面大小、文字書寫方式、設置位置、材質等事項均有詳細規定，其目的在於使駕駛人能在適當距離內辨認清楚標誌內容、理解標誌含義，且以不妨礙行車及行人交通爲原則。該設置規則對於標誌設置，係要求標誌本體須明顯足供駕駛人及行人辨識其內容[85]。交通標誌及交通標線，二者均屬具行政處分性質之一般處分，皆用以表示道路上之遵行、禁止、限制等特殊規定，告示車輛駕駛人及行人嚴格遵守。故除法令特別規定外，對於同一路段僅需設置其一，即足以發生規制效力，無須二者兼具爲必要，其亦非該標誌及標線一般處分之法定生效要件[86]。依高速公路及快速公路交通管制規則第9條第1項第11款規定，汽車在行駛途中，變換車道或超越前車時，應依標誌、標線、號誌指示。例如，在高速公路的出口匝道跨越槽化線，被依「行駛高速公路未依標線指示行車（跨越槽化線）」舉發。

---

83 臺北高等行政法院107年度交上字第203號判決、臺北高等行政法院107年度交上字第222號判決。

84 臺中高等行政法院106年度交上字第114號判決。

85 臺北高等行政法院104年度交上字第156號判決。

86 臺中高等行政法院106年度交上字第67號判決。

本條第1項第13款規定，進入或行駛禁止通行之路段。依道路交通安全規則第84條第1項第17款規定，車輛裝載危險物品行經高速公路及快速公路時，除另有規定外，應行駛外側車道，並禁止變換車道。但行經公告之交流道區前後路段，得暫時利用緊鄰外側車道之車道超越前車。

本條第1項第14款規定，連續密集按鳴喇叭、變換燈光或其他方式迫使前車讓道。連續密集按鳴喇叭、變換燈光或其他方式迫使前車讓道，是出於違反行政法上義務之單一意思，該當於一個違反行政法上義務之行爲[87]。

本條第1項第15款規定，行駛中向車外丟棄物品或廢棄物。車輛行駛高速公路、快速公路涉違反廢棄物清理法，依廢棄物清理法第50條規定，除處罰鍰外，經限期改善，屆期仍未完成改善者，按日連續處罰，復依本條第1項第15款規定，汽車行駛於高速公路、快速公路向車外丟棄物品或廢棄物之行爲，處罰鍰，故針對汽車行駛高速公路、快速公路如有上開情形者，係有行政罰法第24條第1項從重裁處規定之適用，上開二法之法定罰鍰最高額均爲新臺幣6,000元，其管轄權之認定則應依同法第31條第1項規定，由處理在先之機關管轄之[88]。

本條第1項第16款規定，輪胎胎紋深度不符規定。即四輪以上汽車、大型重型機車輪胎胎紋深度不符高速公路及快速公路交通管制規則第14條規定之胎紋深度：四輪以上汽車，輪胎胎面磨損至中華民國國家標準CNS 1431汽車用外胎（輪胎）標準或CNS 4959卡客車用翻修輪胎標準所訂之任一胎面磨耗指示點；大型重型機車，任一點不足一公釐。

參、綜論

高速公路設有爬坡車道處，是否可視爲同向三車道？爬坡車道如視爲正常車道，則行駛於爬坡車道之車輛其速率低於最低速限，如一律舉發，則有違爬坡車道設置之原意，故爬坡車道不宜視爲正常車道。關於載重車或聯結車行駛於爬坡路段，其時速低於最低速限時，除有特殊狀況外，則須依高速公路及快速公路交通管制規則第8條第1項第5款之規定行駛爬坡車道，違反者應依本條舉發並裁罰。大型車行駛於同向二車道路段（爬坡車道不宜視爲正常車道），如行車速率高於最低速限且爲超越同一車道之前行車時，得暫時利用內側車道超越前車，而若非超越前車，則不得行駛內側車道，違反者依本條規定舉發並裁罰[89]。

員警駕駛大型重型機車，執行特種警衛勤務時，得否行駛高（快）速公路？高速

---

87 最高行政法院105年10月份第1次庭長法官聯席會議決議文。

88 參照交通部99年9月10日交路字第0990048828號函。

89 參照交通部80年10月4日交路字第039309號函。

公路及快速公路交通管制規則第19條第2項明文，擔任國賓車隊護衛及開導任務之憲警或執行緊急勤務之警察，其使用之機車係得不受同條第1項不得行駛及進入高速公路及快速公路之限制。特種勤務之執行，臨時勤務部分應可屬緊急勤務範疇，然一般執行特種勤務多屬預定且經規劃之勤務，似難以歸類為緊急勤務。考量現況，若欲以員警駕駛大型重型機車保護安全維護對象並管制一般民眾車輛，在高速行駛狀態下，除執勤員警自身安全顧慮外，其適法性易受民眾質疑，恐難達其任務。高（快）速公路未全面開放一般大型重型機車行駛，考量執勤員警之執勤安全及民眾觀感下，除擔任國賓車隊護衛、開導任務及緊急勤務外，執行一般特種勤務時，在主管機關公告全面開放一般大型重型機車行駛高（快）速公路前，不宜駕駛大型重型機車行駛未經公告開放之高（快）速公路路段[90]。

汽車駕駛人行駛於高速公路非隧道路段，持續於變換車道時，未依規定顯示方向燈應如何處罰？該行為違反本條第1項第4款規定，依道交條例第85條之1第2項第1款之規範目的，如其違規地點相距未達六公里、違規時間相隔未達六分鐘或未行駛經過一個路口，即應論以單一違規行為；若其違規地點相距六公里以上、違規時間相隔六分鐘以上或行駛經過一個路口以上，則得連續舉發，此於交通勤務警察或依法令執行交通稽查任務人員依道交條例第7條之2規定逕行舉發案件，固得直接適用，然公路主管或警察機關受理處罰條例第7條之1規定的民眾檢舉舉發案件，因同具當場不能製單舉發之情形，而有本質上之類似性，亦應類推適用上開規定之違反義務次數判斷標準，以評價檢舉之違規行為次數後，製單舉發，始符道交條例第85條之1第2項第1款之規範意旨。是以，連續二次為穿越白虛線之行為，應屬變換車道之行為，應遵守變換車道之相關規定而使用方向燈。於變換車道全程均未使用方向燈，其有「行駛高速公路未依規定變換車道」違規事實。惟先後兩次違規相差約一分鐘，其違規地點在六公里內（應認係屬同一地點），依行駛路徑及外觀判斷，違反者均係違反同一條項款規定，應符合道交條例第85條之1第2項第1款之立法意旨，且參酌該條之立法意旨及司法院釋字第604號解釋之旨，不論係民眾舉發或逕行舉發，均應符合比例原則，不得連續舉發，亦不得分次論罰甚明[91]。

109年高等行政法院及地方法院行政訴訟庭業務交流提案第5號，問題要旨：駕駛人駕駛車輛「夜間未依規定使用燈光」，經員警攔查而逃逸，員警依道交條例第60條第1項規定舉發「不服指揮稽查而逃逸」違規時，得否舉發非「同條例第7條之2第1項所列各款」之同條例第33條第1項第6款「不依規定使用燈光」之違規事由[92]？討

---

90 參照內政部警政署102年1月7日警署交字第1020180584號函。

91 臺灣士林地方法院110年度交字第60號行政訴訟判決。

92 高等行政法院及地方法院行政訴訟庭109年業務交流提案第5號。

論意見爲以下三種看法：（一）道交條例第7條之2第1項已列舉各款得逕行舉發之違規事由，若有非屬上開得逕行舉發之違規事由，員警應僅能當場予以攔截製單舉發其違規。「不依規定使用燈光」並未在同條例第7條之2第1項各款之列，自不得逕行舉發[93]；（二）「不依規定使用燈光」之違規，不在道交條例第7條之2第1項各款事由之中，故員警對駕駛人僅能當場舉發，而不能逕行舉發，若駕駛人不理會攔查，員警亦追逐未果，員警僅能舉發「不服指揮稽查而逃逸」之違規，不能舉發「不依規定使用燈光」，如此，似易使駕駛人產生法律僅處罰「不服指揮稽查而逃逸」，而不處罰「不依規定使用燈光」之印象，對於未必知悉不服指揮稽查而逃逸之高額罰鍰（新臺幣1萬元以上3萬元以下罰鍰）或未必知悉舉發程序之駕駛人而言，將提高逃避稽查之誘因，反而有害交通安全。駕駛人之行爲在法律上固應評價爲各自不同之兩行爲，然駕駛人係爲逃避「不依規定使用燈光」之攔查，進而爲「不服指揮稽查而逃逸」之行爲，兩行爲間時間密接，有密切關聯，應認爲兩行爲得以相同方式舉發，方能貫徹加強道路交通管理，維護交通秩序，確保交通安全之目的，應許對「不依規定使用燈光」逕行舉發；（三）本提案雖不得逕行舉發，但如符合職權舉發之條件，法院則不予撤銷[94]。本提案最後結論爲：本題不作決議，表決結果供審判上參考。

違反本條第4項規定，以該人員爲處罰對象時，其舉發通知單移送處罰機關應如何處理[95]？依高速公路及快速公路交通管制規則第19條第1項已明文規定人員、車輛不得行駛及進入高速公路及快速公路之各款情形，違反規定者，依道交條例第33條第4項處罰之，對於該等人員違反道路交通管理事件通知單舉發後移送處罰機關之處理，與現行違反道路交通管理事件統一裁罰基準及處理細則第25條有關駕駛人或乘客違規舉發移送相同規定辦理，即移送其駕籍地處罰機關，如該人員未領有駕駛執照者，則移送其戶籍地處罰機關處理。

第34條（汽車駕駛人之處罰——連續駕車超時、患病駕駛）

汽車駕駛人，連續駕車超過八小時經查屬實，或患病足以影響安全駕駛者，處新臺幣一千二百元以上二千四百元以下罰鍰，並禁止其駕駛；如應歸責於汽車所有人者，得吊扣其汽車牌照三個月。

93 臺灣臺中地方法院103年度交字第210號行政訴訟判決。

94 高等行政法院及地方法院行政訴訟庭109年業務交流提案第5號。

95 參照交通部101年8月16日交路字第1010024079號函。

壹、導言

1968年2月5日訂定本條，1975年7月24日、1986年5月21日修正提高罰鍰額度，2001年1月17日修正將患病足以影響安全駕駛者與本條相關，故由原條文第35條第1項第4款移列至本條後段規範之。

貳、內容解析

疲倦會讓駕駛人的注意力與判斷力降低，疲勞駕駛是眾多交通事故發生主因，疲勞駕駛所致車禍事故相當嚴重，往往導致國人生命、財產重大損失。依據研究指出，駕駛如果只睡四小時就開車，發生車禍機率將提升10倍，「疲勞駕駛」絕不可輕忽。本條規定汽車駕駛人連續駕車超過八小時經查屬實，或患病足以影響安全駕駛者處罰鍰、禁止駕駛，如應歸責於汽車所有人，並得吊扣汽車牌照三個月之處罰，暫時限制汽車所有人之使用權。道路交通安全規則第114條規定汽車駕駛人有連續駕車超過八小時、患病影響安全駕駛者，不得駕車。

對汽車所有人之吊扣汽車牌照處罰，其立法目的係慮及汽車所有人擁有支配管領汽車之權限，對於汽車之使用方式、用途、供何人使用等，得加以篩選控制，非無擔保其汽車之使用者具備法定資格及駕駛行爲合於交通管理規範之義務，因汽車所有人「提供」汽車予汽車駕駛人，致於道路上發生有本條項連續駕車超過八小時經查屬實，或患病足以影響安全駕駛情形，係在對汽車所有人於其「提供」汽車予駕駛人前，未能以有效方法，監督防範駕駛人於占有汽車後爲上開駕駛行爲之其「故意容任或過失未善盡防範之行爲」爲處罰；亦即提供汽車供汽車駕駛人爲駕駛之汽車所有人，係上開駕駛之工具（即汽車）之提供者，對該可能發生之危險，法律上自應有監督防範危險發生之義務。本條規定之「如應歸責於汽車所有人者，得吊扣其汽車牌照三個月」明定以汽車所有人未善盡查證、管理責任或不履行一定義務之可歸責於汽車所有人之事由[96]。

參、綜論

本條「如應歸責於汽車所有人者，得吊扣其汽車牌照三個月」規定，汽車所有人得否經由舉證證明其無故意及過失而免罰？有關「如應歸責於汽車所有人者，得吊扣其汽車牌照三個月」之規定，其立法目的係慮及汽車所有人擁有支配管領汽車之權限，對於汽車之使用方式、用途、供何人使用等，得加以篩選控制，非無擔保其汽車之使用者具備法定資格及駕駛行爲合於交通管理規範之義務，否則無異縱容汽車所有

[96] 臺灣高等法院暨所屬法院98年法律座談會刑事類提案第21號討論意見。

人放任其所有之汽車供人恣意使用，徒增道路交通之風險，關於吊扣汽車牌照之處分，應係針對汽車所有人所設之特別規定，自不得僅以汽車所有人已依道交條例第85條第1項規定，指出汽車之實際使用人即遽認無道交條例第34條後段規定適用之餘地。惟吊扣汽車牌照之特別規定，究屬行政義務違反之處罰，於條文或立法過程，並未排除行政罰法第7條第1項「違反行政法上義務之行為非出於故意或過失者，不予處罰」及道交條例第85條第4項推定過失等規定之適用，是汽車所有人自仍得經由舉證證明其無故意及過失而免罰[97]。

第 35 條（汽車駕駛人之處罰——酒駕吸毒駕駛之處罰）

汽機車駕駛人，駕駛汽機車經測試檢定有下列情形之一，機車駕駛人處新臺幣一萬五千元以上九萬元以下罰鍰，汽車駕駛人處新臺幣三萬元以上十二萬元以下罰鍰，並均當場移置保管該汽機車及吊扣其駕駛執照一年至二年；附載未滿十二歲兒童或因而肇事致人受傷者，並吊扣其駕駛執照二年至四年；致人重傷或死亡者，吊銷其駕駛執照，並不得再考領：

一、酒精濃度超過規定標準。

二、吸食毒品、迷幻藥、麻醉藥品或其相類似之管制藥品。

汽車駕駛人有前項應受吊扣情形時，駕駛營業大客車者，吊銷其駕駛執照；因而肇事且附載有未滿十二歲兒童之人者，按其吊扣駕駛執照期間加倍處分。

本條例中華民國一百零八年四月十七日修正公布條文施行之日起，汽機車駕駛人於十年內第二次違反第一項規定者，依其駕駛車輛分別依第一項所定罰鍰最高額處罰之，第三次以上者按前次違反本項所處罰鍰金額加罰新臺幣九萬元，並均應當場移置保管該汽機車、吊銷其駕駛執照，公路主管機關得公布其姓名、照片及違法事實；如肇事致人重傷或死亡者，吊銷其駕駛執照，並不得再考領。

汽機車駕駛人有下列各款情形之一者，處新臺幣十八萬元罰鍰，並當場移置保管該汽機車、吊銷其駕駛執照；如肇事致人重傷或死亡者，吊銷其駕駛執照，並不得再考領：

一、駕駛汽機車行經警察機關設有告示執行第一項測試檢定之處所，不依指示停車接受稽查。

二、拒絕接受第一項測試之檢定。

三、接受第一項測試檢定前，吸食服用含酒精之物、毒品、迷幻藥、麻醉藥品或

---

97 臺灣高等法院暨所屬法院98年法律座談會刑事類提案第21號討論意見，採丙說：肯定說，惟可舉證不罰。

其相類似之管制藥品。
四、發生交通事故後，在接受第一項測試檢定前，吸食服用含酒精之物、毒品、迷幻藥、麻醉藥品或其相類似之管制藥品。
本條例中華民國一百零八年四月十七日修正公布條文施行之日起，汽機車駕駛人於十年內第二次違反第四項規定者，處新臺幣三十六萬元罰鍰，第三次以上者按前次違反本項所處罰鍰金額加罰新臺幣十八萬元，並均應當場移置保管該汽機車、吊銷其駕駛執照，公路主管機關得公布其姓名、照片及違法事實；如肇事致人重傷或死亡者，吊銷其駕駛執照，並不得再考領。
汽機車駕駛人肇事拒絕接受或肇事無法實施第一項測試之檢定者，應由交通勤務警察或依法令執行交通稽查任務人員，將其強制移由受委託醫療或檢驗機構對其實施血液或其他檢體之採樣及測試檢定。
汽機車所有人，明知汽機車駕駛人有第一項各款情形，而不予禁止駕駛者，依第一項規定之罰鍰處罰，並吊扣該汽機車牌照二年，於移置保管該汽機車時，扣繳其牌照。
汽機車駕駛人，駕駛汽機車經測試檢定吐氣所含酒精濃度達每公升零點二五毫克或血液中酒精濃度達百分之零點零五以上，年滿十八歲之同車乘客處新臺幣六千元以上一萬五千元以下罰鍰。但年滿七十歲、心智障礙或汽車運輸業之乘客，不在此限。
汽機車駕駛人有第一項、第三項至第五項之情形之一，吊扣該汽機車牌照二年，並於移置保管該汽機車時，扣繳其牌照；因而肇事致人重傷或死亡，得沒入該車輛。
租賃車業者已盡告知本條處罰規定之義務，汽機車駕駛人仍駕駛汽機車違反第一項、第三項至第五項規定之一者，依其駕駛車輛分別依第一項、第三項至第五項所處罰鍰加罰二分之一。
汽機車駕駛人有第一項、第三項至第五項之情形之一，同時違反刑事法律者，經移置保管汽機車之領回，不受第八十五條之二第二項，應同時檢附繳納罰鍰收據之限制。
前項汽機車駕駛人，經裁判確定科以罰金低於第九十二條第四項所定最低罰鍰基準規定者，應依本條例裁決繳納不足最低罰鍰之部分。

壹、導言

本條係1968年2月5日訂定，1975年7月24日修正提高罰鍰，1986年5月21日修正再提高罰鍰並刪除第3款「精神疲勞、意識模糊」，1997年1月22日修正，增列吸食毒品或迷幻藥駕車者，及酒後及吸食毒品迷幻藥駕車拒絕受儀器檢定之行為之處罰，以落實取締。2001年1月1日修正提高罰鍰，以遏阻違規，並增列明定汽車駕駛人違反第1項規定，於駕駛執照吊扣期間，再有第1項情形者，加重其處罰，提高罰鍰並吊銷駕駛執照。增列第4項，明定汽車駕駛人肇事拒絕接受或肇事無法實施第1項第1款及第2款測試之檢定者，應移請受委託機構對其強制實施檢測。2002年7月3日將第1項中「禁止其駕駛」修正為「移置保管其車輛」，第2項及第3項中「並吊銷」修正為「並當場移置保管其車輛及吊銷」。2005年12月28日修正增列「汽車駕駛人駕駛營業大客車有前項應受吊扣情形者，吊銷其駕駛執照。」「汽車駕駛人有第一項、第三項或第四項之情形，同時違反刑事法律者，經移置保管汽車之領回，不受第八十五條之二第二項，應同時檢附繳納罰鍰收據之限制。」「前項汽車駕駛人，經裁判確定處以罰金低於本條例第九十二條第三項所訂最低罰鍰基準規定者，應依本條例裁決繳納不足最低罰鍰之部分。」2011年1月19日將原第2項條文：「汽車駕駛人駕駛營業大客車有前項應受吊扣情形者，吊銷其駕駛執照。」修正為：「汽車駕駛人有前項應受吊扣情形時，駕駛營業大客車者，吊銷其駕駛執照；因而肇事且附載有未滿十四歲之人者，按其吊扣駕駛執照期間加倍處分。」2012年5月30日修正，為保護兒童，且配合兒童定義，只要有酒醉、吸毒等情況下又附載未滿12歲兒童，即加倍吊扣其駕駛執照期間。2013年1月30日修正，將第1項規定罰鍰上限，由6萬元提高至道交條例最高之罰鍰9萬元，下限仍維持現行規定。為遏止汽車駕駛人心存僥倖及酒後違規駕車不當行為，現行對於汽車駕駛人違反第1項規定受吊扣駕駛執照處罰，在吊扣期間再有第1項情形者，其罰鍰即依最高額處罰，並當場移置保管該汽車及吊銷其駕駛執照，為達有效嚇阻汽車駕駛人心存僥倖屢次再犯，修正第3項規定汽車駕駛人五年內違反第1項規定二次以上者，依最高罰鍰額處罰。為防制遏阻酒後違規駕車，執行酒精濃度測試已為重點執法勤務，為有效防杜駕駛人拒絕停車接受稽查，強行闖越危及執法人員安全，將罰鍰修正為9萬元，另同時施以道路交通安全講習。2019年4月17日修正酒駕再犯罰鍰累計加重、拒檢或拒測罰更大、連坐處罰同車乘客、酒駕肇事致人重傷死亡沒入車輛、酒駕重新考照須加裝酒精鎖、慢車酒駕也加重處罰。2022年1月28日修正酒駕累犯認定期限延長為10年，除現行加重處罰規定外，並得公布汽機車駕駛人之姓名、照片及違法事實；酒測前故意飲酒或吸毒，視同「拒絕酒測」加以處罰；酒駕者之18歲以上同車乘客連坐罰鍰提高至新臺幣6,000元以上1萬5,000元以下；酒駕及毒駕之初犯吊扣汽機車牌照二年，因而肇事致人重傷或死亡則依行政罰法沒入其車輛；租賃車業者已盡告知處罰規定之義務，汽機車駕駛人仍違規酒駕或毒駕者，依其所處罰鍰加罰二分之一；酒駕者重新考領駕照，應申請登記配備有酒精鎖（車輛點火自動鎖定裝置）之汽車，不依規定駕駛配備酒精鎖之汽車處新臺幣6萬元以上12萬元以下罰鍰。2023年5月3日修正因酒駕吊扣（銷）駕駛執照再無照駕駛者，加罰1萬

2,000元（機車、小型車）或4萬元（大型車）。

貳、內容解析

本條規範汽機車駕駛人酒駕吸毒駕駛之處罰，修正次數已達12次，全文共12項。第1項爲汽機車駕駛人酒精濃度超過規定標準或吸食毒品、迷幻藥、麻醉藥品及其相類似之管制藥品駕駛汽機車，處罰鍰、當場移置保管該汽機車、吊扣、吊銷駕駛執照之處罰。依道路交通安全規則第114條規定，汽車駕駛人有飲用酒類或其他類似物後其吐氣所含酒精濃度達每公升0.15毫克或血液中酒精濃度達百分之0.03以上者；吸食毒品、迷幻藥、麻醉藥品或其相類似管制藥品者，不得駕車。酒駕、毒駕等不能安全駕駛之處罰，所保護之法益，乃維護道路交通之安全與順暢運作，藉由抽象危險犯之構成要件，以刑罰或行政罰制裁力量嚇阻酒駕或毒駕之行爲，進而確保參與道路交通往來人車之安全。所謂「駕駛」行爲，係指行爲人有移動交通工具之意思，並在其控制或操控下而移動動力交通工具。若行爲人已酒醉僅爲休息、檢查、修理、收拾或取物而上車，然無使車輛移動之意思，縱已啓動引擎，因不致引發交通往來危險，即難以酒醉不能安全駕駛罪相繩[98]。例如行爲人案發時吐氣所含酒精濃度雖達每公升0.25毫克，惟當時行爲人所乘坐之機車停放在人行道上，僅有發動，非屬行駛之狀態，尚難認被告有飲酒後騎乘機車上路，自難僅以機車引擎發動之狀態，即推認主觀上具有駕駛該機車移動之意思[99]。本條駕駛行爲之客體係汽機車，依道路交通安全規則第2條第1項第1款規定，汽車係指在道路上不依軌道或電力架線而以原動機行駛之車輛（包括機車），與刑法第185條之3規定之「動力交通工具」範圍不完全相同。「重傷」之認定標準，則依刑法第10條規定。「相類似管制藥品」之範圍，應與毒品、迷幻藥、麻醉藥品相類似管制藥品爲限[100]。飲酒後駕車係以「作爲」方式違反禁止飲酒駕車之不作爲義務，又未領有駕駛執照駕駛車輛係以「不作爲」行爲方式違反作爲義務，二者應屬數行爲，無「一行爲不二罰」原則之適用[101]。依道路交通安全講習辦法第4條規定，汽車駕駛人違反本條第1項至第5項規定，除依道交條例處罰外，並應施以講習。汽車駕駛人有本條情事者，既受罰鍰並當場禁止其駕駛及吊扣駕駛執照處分，依道交條例第63條第2項之規定，不予記點[102]。當場吊扣駕駛執照吊扣之起始日，因執勤員警當場扣留駕照（即當場暫代保管駕照）對該駕駛人已生不得駕駛之

---

98 最高法院107年度台上字第4254號刑事判決。

99 臺灣臺北地方法院109年度交易字第18號刑事判決。

100 參照交通部106年4月24日交路字第1060006615號函。

101 參照法務部102年7月3日法律字第10203502330號函。

102 參照交通部87年1月16日交路字第000435號函。

處罰效果，吊扣處分期間溯及自扣照當日起算[103]。可否回溯推斷酒測值？有認爲可依交通部運輸研究所提出的人體酒精代謝率每小時每公升0.0628毫克換算，回溯推算酒後駕駛汽機車時的酒測值，但不同看法認爲，酒精代謝率因個人體質而異，該回溯推算的數據可能出現誤差[104]。

本條第2項規定駕駛營業大客車之駕駛人，有本條第1項應受吊扣情形時，吊銷其駕駛執照；因而肇事且附載有未滿12歲兒童之人者，按其吊扣駕駛執照期間加倍處分。

本條第3項規定，汽機車駕駛人於10年內第二次以上違反本條第1項規定之處罰，亦即最近10年有二次以上酒駕累犯之加重罰鍰處罰、應當場移置保管該汽機車、吊銷其駕駛執照，並得公布其姓名、照片及違法事實、肇事致人重傷或死亡者，吊銷其駕駛執照，並不得再考領。酒駕累犯依道交條例第67條第5項規定，汽車駕駛人曾依本條規定吊銷駕駛執照，未依規定完成酒駕防制教育或酒癮治療，不得申請考領駕駛執照。道交條例第35條之1規定，汽車駕駛人經依第67條第5項規定考領駕駛執照後，不依規定駕駛或使用配備車輛點火自動鎖定裝置汽車者，處新臺幣6萬元以上12萬元以下罰鍰，並當場移置保管該汽車。

本條第4項規定不依指示受稽查、拒絕測試檢定、接受第1項測試檢定前，吸食服用含酒精之物、毒品、迷幻藥、麻醉藥品或其相類似之管制藥品、發生交通事故後，在接受測試檢定前吸食服用酒精或毒品等情形，處罰鍰、當場移置保管該汽機車、吊銷其駕駛執照；如肇事致人重傷或死亡者，吊銷其駕駛執照，並不得再考領。汽車駕駛人酒後駕車，經進行酒精濃度測試，惟行爲人不配合或以其他方式干擾，經多久時間未獲結果，始得認定符合本條第4項「拒絕接受酒精濃度測試」，有關「拒絕接受酒精濃度測試」構成要件，應以警方明確告知駕駛人酒精濃度測試標準流程及方法後，駕駛人仍積極或消極拒絕測試，即可判定爲「拒絕接受酒精濃度測試」[105]。本條第4項規定之汽車駕駛人，駕駛汽車行經警察機關設有告示執行本條第1項測試檢定之處所，不依指示停車接受稽查，或拒絕接受本條第1項測試之檢定者之情形，其違規類型包括兩種：一、駕駛汽車行經警察機關設有告示執行本條第1項測試檢定之處所，不依指示停車接受稽查；二、駕駛汽車拒絕接受本條第1項測試之檢定。其中「不依指示停車接受稽查」，僅需汽車駕駛人駕駛汽車行經警察機關設有告示執行本條第1項測試檢定之處所，不依指示停車接受稽查，即構成該項違規，並不以違規

---

103 參照交通部87年3月18日交路字第001837號函。

104 李立法，又見回溯推算酒測值超標爭議！一審判有罪 二審改判無罪，自由時報，https://news.ltn.com.tw/news/society/breakingnews/3895663，最後瀏覽日期：2024/1/15。

105 參照內政部警政署90年8月23日（90）警署交字第175739號函。

行爲人經攔查停車後，經員警懷疑飲酒而表明拒絕接受稽查爲必要，亦不以違規行爲人有飲酒之事實爲必要。再按「警察於公共場所或合法進入之場所，得對於下列各款之人查證其身分：……六、行經指定公共場所、路段及管制站者。」警察職權行使法第6條第1項定有明文。員警執行酒精濃度測試檢定之處所，係屬於警察職權行使法第6條第1項第6款之「管制站」，員警依據警察職權行使法所爲之交通檢查，而以特定原因如酒測等爲發動要件，駕駛人行經警察機關設有告示執行本條第1項測試檢定之處所，遭員警攔查，即有停車接受稽查之義務。準此，警察機關依警察職權行使法第6條第1項第6款在所謂「易酒駕路段」，以抽象性時間、地點標準，於道路上設置路障，經員警觀察過濾後要求該時段經過該特定道路之交通工具，行經警察機關設有告示執行酒測檢定之處所，如不依指示停車接受稽查，即已直接違反本條第4項規定而得予處罰[106]。拒絕接受測試檢定與酒後駕車二者違反行政法上義務並不同，分屬數行爲，應分別處罰，無「一行爲不二罰」原則適用[107]。員警對於已發生危害或依客觀合理判斷易生危害之交通工具，得予攔停並採行相關措施，員警固不能毫無理由地對駕駛人實施酒測，然只要有事實足認駕駛人有酒後駕車之可能，其發動門檻已足，而得對易生危害之交通工具駕駛人實施酒測。員警對於進入酒測站之所有交通工具，爲確認駕駛人之身分，無須合理懷疑即得攔停，駕駛人行經該處遭員警攔查，即有停車受稽查之義務。警察機關設置一測試檢定處所，告示牌是否合法設置，及駕駛人所行經者，是否爲主管機關長官所指定而設置告示牌之路段，均會影響駕駛人是否違反本條第4項第1款規定之認定，至關重要[108]。

本條第5項規定最近10年二次以上不依指示受稽查、拒絕測試檢定、接受本條第1項測試檢定前，吸食服用含酒精之物、毒品、迷幻藥、麻醉藥品或其相類似之管制藥品，處以罰鍰，第三次以上者按前次所處罰鍰金額加罰新臺幣18萬元，並均應當場移置保管該汽機車、吊銷其駕駛執照、公路主管機關得公布其姓名、照片及違法事實；如肇事致人重傷或死亡者，吊銷其駕駛執照，並不得再考領。另依道路交通安全講習辦法第4條規定，汽車駕駛人違反本條第1項至第5項規定，除依道交條例處罰外，並應施以講習。道路交通安全講習，係爲增進受講習人之安全駕駛適格，確保其未來從事道路交通之安全，預防未來危險之發生，並非在究責，不具裁罰性，雖不利於汽車駕駛人，尙非行政罰，自不在「告知始得處罰」之範圍[109]。公布姓名或名稱、公布照片屬於影響名譽之處分之行政罰，民眾酒駕被處罰後，依法還可以申訴等法規

106 臺中高等行政法院109年度交上字第41號判決。
107 參照法務部102年7月2日法律字第10203505020號函。
108 臺北高等行政法院110年度交上字第138號判決、最高行政法院103年度判字第174號判決。
109 最高行政法院103年判字第174號判決。

救濟程序，因此會等到裁決書出去後才公布，而不是當下就舉發，公布姓名、照片係由處罰機關公布，照片來源會以裁決所、監理處手邊握有的基本資料爲主，也就是駕照上的照片，不過駕照照片可能會有「年代久遠」的問題。

本條第6項規定駕駛人肇事拒絕接受或肇事無法實施第1項測試之檢定，強制移由受委託醫療或檢驗機構對其實施血液或其他檢體之採樣及測試檢定。憲法法庭111年憲判字第1號判決[110]指出，本條規定，汽車駕駛人肇事拒絕接受或肇事無法實施測試者，應由交通勤務警察或依法令執行交通稽查任務人員，將其強制移由受委託醫療或檢驗機構對其實施血液或其他檢體之採樣及測試檢定，已牴觸憲法，至遲於屆滿二年時失其效力。判決公告日起二年期間屆滿前或完成修法前的過渡階段，交通勤務警察就駕駛人肇事拒絕接受或肇事無法實施吐氣酒測，認有實施血液酒精濃度測試，以檢定其體內酒精濃度值的合理性與必要性時，其強制取證程序之實施，應報請檢察官核發鑑定許可書。若情況急迫時，交通勤務警察得將肇事者先行移由醫療機構實施血液檢測，並應於實施後24小時內陳報該管檢察官許可，檢察官認爲不應准許者，應於三日內撤銷；受測試檢定者，得於受檢測後10日內，聲請由法院撤銷。道路交通事故處理辦法第10條第5項原規定：「肇事之汽車駕駛人拒絕接受或無法實施酒精濃度測試，或疑似吸食毒品、迷幻藥、麻醉藥品及其相類似之管制藥品者，警察機關應將其強制移由受委託醫療或檢驗機構對其實施血液或其他檢體之採樣及測試檢定。」2022年7月7日配合憲法法庭111年憲判字第1號判決意旨，修正道路交通事故處理辦法第10條第5項，刪除關於警察機關得移由受委託機構對其強制實施檢測之規定；並自2024年2月25日本條第6項有關駕駛人血液酒精濃度測試強制取證程序，回歸適用刑事訴訟法第205條之1規定，於強制抽血前應先報請檢察官核發鑑定許可[111]。

本條第7項規定汽機車所有人，明知汽機車駕駛人有本條第1項各款情形，而不予禁止駕駛，處罰鍰、吊扣該汽機車牌照二年，於移置保管該汽機車時，扣繳其牌照。本項課予汽機車所有人在明知汽機車駕駛人有酒後駕車情事時，負有禁止其駕車的義務，否則將受相應之行政處罰，爲汽機車所有人之連坐處罰責任。所謂「明知」應指明知且有意使其發生之「直接故意」。

本條第8項規定汽機車駕駛人，駕駛汽機車經測試檢定吐氣所含酒精濃度達每公升0.25毫克或血液中酒精濃度達百分之0.05以上，年滿18歲之同車乘客處罰鍰，亦即乘客連坐處罰規定，但年滿70歲、心智障礙或汽車運輸業之乘客，不在此限。心智障礙者係指發展遲緩、精神障礙、智能障礙、自閉症者，以及伴隨智能障礙的多重障礙者。汽機車駕駛人吐氣所含酒精濃度達每公升0.25毫克或血液中酒精濃度達百分之

---

110 憲法法庭111年憲判字第1號判決。

111 參照內政部警政署113年2月22日警署交字第1130071333號函。

0.05以上，已經構成刑法第185條之3之不能安全駕駛罪。

本條第9項規定汽機車駕駛人有第1項、第3項至第5項之酒駕、毒駕、不依指示停車稽查、拒測、接受第一次測試檢定前吸食酒精類之物或毒品等行爲之一，吊扣該汽機車牌照二年，並於移置保管該汽機車時，扣繳其牌照；因而肇事致人重傷或死亡，得沒入該車輛。係課予汽車所有人應對其車輛善盡管理責任，避免酒駕違規危害道路交通公共安全，汽車運輸業者對於其所有車輛仍亦有相同應善盡管理之責任。酒駕吊扣牌照屬行政罰法第2條之行政罰，本條第9項規定之處罰仍可依行政罰法第7條非出於故意或過失不予處罰規定之適用，汽車運輸業針對所僱用之駕駛人酒後駕駛汽車運輸業所有車輛，業者（汽車所有人）如已事前善盡督導之義務，可提供相關證明文件後，依規定向處罰機關申請免予吊扣該汽車牌照，例如於工作規範、規章、安全守則、僱傭契約書、行車憑單、派車單及其他派任駕駛人工作文件等明定受僱駕駛人不得酒駕，並經駕駛人簽名確認已足顯示每次確實傳達受僱駕駛人瞭解該規定，或是每次營業出車前相關留存之酒測紀錄皆可作爲舉證不罰之證明文件[112]。依交通部公路總局沒入車輛或物品移送保管處理辦法第6條規定，公路監理機關，對於沒入車輛之違規案件，應於規定限期內裁決，並於裁決確定後三個月內公開拍賣之，其不適合公開拍賣或公開拍賣無人應買者銷毀之。

本條第10項規定租賃業者已盡告知酒駕處罰義務，承租車輛之駕駛人仍違規酒駕、毒駕、不依指示停車稽查、拒測，接受第一次測試檢定前吸食酒精類之物或毒品等行爲，加罰二分之一罰鍰。係爲加重駕駛人處罰之規定，非舉證免責之規定，其與租賃業者舉證是否善盡告知義務得免予處罰事宜無涉[113]。

本條第11項規定汽機車駕駛人同時違反刑事法律者，移置保管汽機車領回，不受應同時檢附繳納罰鍰收據之限制。道交條例第85條之2第2項規定，車輛所有人違反本條規定者，領回車輛應同時檢附繳納罰鍰收據。汽車駕駛人酒精濃度超過規定標準並同時移送依刑事法律論處之違反道路交通管理事件，仍有行政罰法第26條規定之適用[114]，基於刑事優先原則，無從先行繳交罰鍰，移置保管汽機車領回時，不受應同時檢附繳納罰鍰收據之限制。一行爲同時觸犯刑事法律及違反行政法上義務規定者，依刑事法律處罰之。但駕駛人經檢測呼氣酒精濃度（或血液中酒精濃度）已達移送法辦標準者，除依規定移送法辦外，爲達行政目的，及兼具維護公共秩序之作用，仍應依規定當場製單舉發移送及移置保管該車輛[115]。

112 參照交通部111年6月22日交路字第1110015912號函。
113 參照交通部111年8月10日交路字第1110018615號函。
114 參照交通部95年6月28日交路字第0950006493號函。
115 參照警政署95年2月7日警署交字第0950025393號函。

本條第12項規定汽機車駕駛人，經裁判確定科以罰金低於道交條例第92條第4項所定最低罰鍰基準規定者，應繳納不足最低罰鍰之部分。裁判確定處以「罰金」，以受刑事法律裁判確定受「罰金」宣告之刑名者爲適用，尙不包括裁判確定後執行之易科罰金結果[116]。檢察官依刑事訴訟法第253條之2第1項第4款命被告向公庫或該管檢察署指定之公益團體、地方自治團體所支付一定之金額，是否屬本條第12項規定所謂「經裁判確定處以罰金」？如將「經裁判確定科以罰金」之範圍，擴張解釋至包含緩起訴處分金，似與本條第12項規定文義不符[117]。行爲人因酒後駕車之行爲，違反刑法第185條之3，經檢察官爲緩起訴處分，針對行爲人同一違反道交條例第35條第1項第1款規定之行爲，裁決、監理機關於緩起訴處分期間屆滿確定後，再裁罰之；至於行爲人已依緩起訴處分命令支付公益捐款之數額得扣抵裁處罰鍰數額[118]。本條第12項規定裁判確定科以罰金低於道交條例第92條第4項所定最低罰鍰基準規定者，繳納不足最低罰鍰，參照司法院釋字第808號解釋是否構成一行爲重複處罰，違反一行爲不二罰原則，值得思考[119]。

參、綜論

某甲酒後騎乘機車酒測要件具備，遇員警執行取締酒駕巡邏勤務攔查，卻不依員警指示停車而加速駛離，員警一路在後跟追，鳴按喇叭與響警笛要求某甲停車，某甲未予理會，直至某甲行駛進入其居住之封閉式社區（或上有屋簷前與道路相鄰之住家庭院或地下室停車場）內停妥機車，員警跟車進入上前稽查某甲並欲對某甲實施酒測，某甲以實施酒測地點在私人領域並非道路爲由表示無配合接受酒測之義務，員警因而告以某甲拒絕接受酒測之法律效果後，某甲仍拒絕接受酒測，員警即對某甲開單告發，則員警對於某甲進行酒測稽查之過程是否合法[120]？本案例係108年度高等行政法院及地方法院行政訴訟庭業務交流提案第6號法律問題，討論意見有採否定與肯定不同見解，表決結果多數採肯定見解，主要理由約如下：一、員警發現某甲酒後騎乘機車行跡可疑之情事，即自後跟隨要求某甲停車接受盤查，並於某甲不依要求停車受檢時一路跟隨，追至某甲封閉式社區（或上有屋簷前與道路相鄰之住家庭院或地下室停車場）停車時，仍屬員警發動盤查之狀態，即員警發現某甲酒後騎乘機車行跡可疑

116 參照交通部95年9月19日交路字第0950008951號函。

117 參照法務部99年6月15日法律字第0999013638號函。

118 參照交通部100年3月28日交路字第100026187號函。

119 黃清德，從司法院釋字第808號解釋觀察道交條例第35條第11項規定，2021交通法制學術研討會論文集，高雄大學法學院，2021年12月10日，第68頁以下。

120 高等行政法院及地方法院行政訴訟庭108年業務交流提案第6號。

後，依警察職權行使法第8條第1項規定，認依客觀合理判斷有生危險之虞，開啓攔停盤查程序；二、某甲先就員警要求停車均置之不理，員警於某甲進入其封閉式社區（或上有屋簷前與道路相鄰之住家庭院或地下室停車場）停車時，自仍得要求某甲進行酒測，員警所爲係屬上開合法要求某甲接受攔停情狀之延續，所爲之要求某甲進行酒測並未違法；三、員警如在道路上已開啓攔停程序，因受攔停人無故拒絕攔停者，員警則密切跟隨，直至受攔停人停車受檢之狀態，皆屬上開合法攔停盤查之狀態，況依警察職權行使法第8條第1項第3款之規定，員警依客觀合理判斷，認駕駛人有發生危害之危險時，本得攔停，要求駕駛人接受酒測，並不以員警認在行駛中車輛駕駛人有酒後駕車狀況，始得要求駕駛人接受酒測；四、員警既基於合法攔停盤查之程序，要求某甲進行酒精濃度檢測接受酒測，亦經員警告以某甲拒絕接受酒測之法律效果後，某甲仍拒絕接受酒測，員警遂以某甲拒測製單舉發，並無違背警察職權行使法第8條之規定。以上理由第三部分，「員警如在道路上已開啓攔停程序，因受攔停人無故拒絕攔停者，員警則密切跟隨，直至受攔停人停車受檢之狀態，皆屬上開合法攔停盤查之狀態」應特別注意[121]。

駕駛汽車行經警察機關設有告示執行酒精測試檢定之處所，不依指示停車接受稽查，與駕駛汽車拒絕接受酒精測試之檢定有何區別？本條第4項針對「拒絕接受酒測」類型之行政裁罰條款，依司法院釋字第535號解釋基於保障人民行動自由與隱私權利之意旨，固要求警察人員「不得不顧時間、地點及對象任意臨檢、取締或隨機檢查、盤查」，因此闡釋關於警察臨檢之對象，必須針對「已發生危害或依客觀合理判斷易生危害之交通工具」。依此，警察職權行使法第8條第1項第3款也本於此旨立法規定：「警察對於已發生危害或依客觀合理判斷易生危害之交通工具，得予以攔停並採行下列措施：……三、要求駕駛人接受酒精濃度測試之檢定。」易言之，警察機關只有在警察職權行使法上開規定之要件情事具備下，方得對於已發生危害或依客觀合理判斷易生危害之交通工具予以攔停後，對具備上情之交通工具駕駛人要求接受酒測。是以針對本條第4項之拒絕酒測者課罰之要件，司法審查必須於逐案實質審查警察機關是否確依警察職權行使法第8條第1項第3款之行政不法證據調查授權規定而執法，亦即，個案具體實際情狀受攔停取締之交通工具是否確有「已發生危害」之情形，例如已駕車肇事；或有「依客觀合理判斷易生危害」之情形，例如車輛蛇行、猛然煞車、車速異常等。換言之，無論「已發生危害」或者「依客觀合理判斷易生危害」，皆必須具有「相當事由」或「合理事由」，可資建立駕駛人有酒駕之合理可疑性，此即爲司法院釋字第699號解釋就道交條例第35條第4項規定所爲之闡釋。駕駛汽車行經警察機關設有告示執行酒精測試檢定之處所，不依指示停車接受稽查；與駕

121 黃清德，從道路追逐到私人庭院酒測，玄奘法律學報，第38期，2022年12月，第33-65頁。

駛汽車拒絕接受酒精測試之檢定，二者規範目的、審查要件、構成要件均屬有別，不容混淆。因違反「駕駛汽車行經警察機關設有告示執行本條第一項測試檢定之處所，不依指示停車接受稽查」而裁罰，並非以「駕駛汽車拒絕接受第一項測試之檢定」而裁罰，即不以違規行爲人有「已發生危害」或者「依客觀合理判斷易生危害」情事，經攔查停車後，經員警懷疑飲酒而表明拒絕接受稽查爲必要[122]。

酒後駕車拒絕接受酒測，違反本條第4項規定，如員警執勤時，並未完整告知拒絕酒測之「全部法律效果」，得否裁罰？目前實務見解並不一致，以臺北高等行政法院判決見解爲例，有採肯定與否定見解，情形如下：

一、肯定說

道交條例並無員警應踐行法律效果之告知義務及告知內容之明文規定，司法院釋字第699號解釋意旨就員警之告知義務內容應爲何，亦未予以揭明。內政部警政署訂定之「取締酒後駕車作業程序」之作業規定，僅係主管機關爲規範執行酒駕之取締業務，就相關程序事項所訂頒之技術性、細節性規定，而屬行政程序法第159條規定之行政規則，僅生內部效力，不具外部法規命令之規制效力，其規定員警對拒絕接受酒測者，應踐行告知之內容爲罰鍰、當場移置及保管車輛及吊銷其駕駛執照等之法律效果，尙難據爲員警對拒絕接受酒測者應踐行告知義務內容之法律依據，就取締酒駕作業程序而言，道交條例第35條規定之處罰，固限制駕駛執照持有人受憲法保障之行動自由，惟駕駛人本有依法配合酒測之義務，且由於酒後駕駛，不只危及他人及自己之生命、身體、健康、財產，亦妨害公共安全及交通秩序，是其所限制與所保護之法益間，尙非顯失均衡，業經司法院釋字第699號解釋意旨予以載明。基此，在此所謂程序瑕疵是否重大，應以受保護之公益及受限制之私益是否顯然失衡爲斷，如受保護之公益大於受限制之私益，程序上縱然有些微瑕疵，即難認此瑕疵爲重大，而有違程序正義（臺北高等行政法院102年度交上字第20號判決）。

二、否定說

內政部警政署所訂頒之「取締酒後駕車作業程序」規定：「駕駛人拒測：經值勤人員勸導並告知拒測之處罰規定（處罰鍰，並吊銷駕駛執照，三年內不得再考領）後，如受測人仍拒絕接受檢測，即依道路交通管理處罰條例第三十五條第四項規定製單舉發（錄音或錄影）。」上開作業程序，依其訂定內容及過程，雖僅屬拘束公務員作爲而非直接對外發生法規範效力行政規則，惟該規定既係針對所屬員警實施酒測之

122 臺中高等行政法院109年度交上字第41號判決。

程序所爲規範，且以行政之自我拘束及信賴保護原則爲基礎，而形成行政規則之事實上效力或間接對外效力，人民自得依據該行政規則之間接對外效力請求權利保護。警員執勤時，應先行勸導並告知拒絕之「全部法律效果」，在此情形下如受檢人仍拒絕接受酒測，始得加以處罰。員警未告知拒絕酒測之「全部法律效果」旋即開單舉發，已違反正當法律程序，不符憲法要求（臺北高等行政法院102年度交上字第37號、102年度交上字第50號、102年度交上字第53號、102年度交上字第61號、102年度交上字第92號、102年度交上字第120號、102年度交上字第126號判決參照）。

第 35 條之 1（車輛點火自動鎖定裝置）

汽車駕駛人經依第六十七條第五項規定考領駕駛執照，應申請登記配備有車輛點火自動鎖定裝置之汽車後，始發給駕駛執照；不依規定駕駛配備車輛點火自動鎖定裝置汽車者，處新臺幣六萬元以上十二萬元以下罰鍰，並當場移置保管該汽車。

汽車駕駛人依前項規定申請登記而不依規定使用車輛點火自動鎖定裝置者，處新臺幣一萬元以上三萬元以下罰鍰，並當場移置保管該汽車。

第一項車輛點火自動鎖定裝置由他人代為使用解鎖者，處罰行為人新臺幣六千元以上一萬二千元以下罰鍰。

第一項車輛點火自動鎖定裝置之規格功能、應配置車種、配置期間、管理及其他應遵行事項之辦法，由交通部會同內政部定之。

壹、導言

本條係2019年4月17日修正新增，車輛點火自動鎖定裝置制度在2020年3月實施，規定酒駕再犯、酒駕致人重傷或死亡、酒駕拒（檢）測等三種違規而被吊銷駕照的駕駛人，在符合規定的情況下，重新考得駕照後，一年內必須駕駛裝有酒精鎖的車輛以避免酒駕行爲。酒精鎖系統會連結車輛啓動系統，經吐氣未檢出酒精濃度，才能啓動車輛行駛。裝設費用由酒駕者自付。2022年1月28日修正，2022年3月31日施行，未安裝酒精鎖的罰鍰也提高至新臺幣3萬元。

貳、內容解析

道交條例第67條第1項規定，汽車駕駛人曾依第35條第1項、第3項後段、第4項後段、第5項後段規定吊銷駕駛執照者，終身不得考領駕駛執照。但有第67條之1所定情形者，不在此限。第5項復規定，汽車駕駛人曾依第35條規定吊銷駕駛執照，未依規定完成酒駕防制教育或酒癮治療，不得考領駕駛執照。亦即酒駕累犯在完成酒駕防制教育或酒癮治療並重新考領駕照後，必須依本條規定駕駛，或使用配備車輛點火自動鎖定裝置汽車，違者會再罰款。

本條第1項規定酒駕累犯考領駕駛執照，應申請登記配備有車輛點火自動鎖定裝置之汽車後，始發給駕駛執照，係新增發照條件之要求，依道交條例第67條第5項規定已「考領」駕駛執照者，且在申請登記配備有車輛點火自動鎖定裝置之車輛後，始得發給駕駛執照[123]；不依規定駕駛配備車輛點火自動鎖定裝置汽車者處罰鍰並當場移置保管該汽車。車輛點火自動鎖定裝置，係指連接至汽車（包含機車）啓動系統且具備可測量吐氣酒精濃度分析器之裝置，該裝置於受測者吐氣所測得之吐氣酒精濃度超標時可防止汽車啓動，並具有於汽車啓動後可隨機進行重新試驗及記錄試驗結果之功能[124]。「車輛點火自動鎖定裝置」又稱作「酒精鎖」，其主要可分爲呼氣分析儀及控制盒，控制盒連接至車輛啓動系統並鎖定車輛，駕駛啓動車輛前透過呼氣分析儀執行吐氣酒精濃度試驗，確認駕駛當下是否因飲酒而導致超過裝置所設定之酒精濃度限制值，若超過酒精濃度限制值時，車輛將維持鎖定狀態以防止酒駕，反之則解鎖，即可啓動車輛；酒精鎖可透過額外加裝如攝影鏡頭及4G傳輸模組等配件達到身分記錄、資料即時傳送等加強監控之功能[125]。

本條第2項規定汽車駕駛人申請登記而不依規定使用車輛點火自動鎖定裝置者，處罰鍰並當場移置保管該汽車。其中「當場移置保管該汽車」其本質即包含禁止駕駛人繼續駕駛之行爲，於保管原因消失後，可持保管收據行車執照同時檢附繳納罰鍰收據領回車輛[126]。

本條第3項規定車輛點火自動鎖定裝置由他人代爲使用解鎖者，處罰行爲人罰鍰。受限駕駛人啓動管制車輛前應啓動車輛點火自動鎖定裝置進行吐氣酒精濃度試驗，並於車輛點火自動鎖定裝置未檢出吐氣酒精濃度時，始得啓動。駕駛人駕駛管制車輛，不得由他人代爲解鎖車內配備之車輛點火自動鎖定裝置[127]。車輛點火自動鎖定裝置安裝及管理辦法要求受限駕駛人發動車輛前之吐氣酒精濃度試驗之吐氣酒精濃度必須爲「未檢出」，其含義並非要求受測者所呼出之吐氣酒精濃度爲每公升0毫克，而係參考裝置極限值後設定之最低吐氣酒精濃度標準，故參考EN 50436-1之規

123 參照交通部111年4月1日交路字第1110008299號函。

124 車輛點火自動鎖定裝置安裝及管理辦法第2條。

125 鄭碩群，車輛點火自動鎖定裝置安裝及管理辦法介紹 車安中心，財團法人車輛安全審驗中心，http://vsccdms.vscc.org.tw/webfile/Epaper/500000233/File/e3edbae4-27ce-49a3-a265-40e43133f198.pdf，最後瀏覽日期：2024/1/15。

126 參照交通部109年10月22日交路字第1090009143號函。

127 車輛點火自動鎖定裝置安裝及管理辦法第2條。

範值設定為每公升0.09毫克[128]。本條第4項授權交通部會同內政部訂定法規命令性質之「車輛點火自動鎖定裝置安裝及管理辦法」。

參、綜論

本條裝設酒精鎖及第67條第5項規定接受酒駕防制教育或酒癮治療之適用對象為何？行政罰法所指之行政罰，係以「違反行政法上義務」而應受「裁罰性」之「不利處分」為要件；如非屬裁罰性之不利處分，即無行政罰法適用。汽車駕駛人申請考領駕駛執照前需先完成「酒駕防制教育或酒癮治療」部分，係道交條例第67條第5項之規定，依該條規定觀之，應為申請考領駕駛執照之資格要件，非屬行政罰；至於「考領駕駛執照後一定期間需依規定駕駛裝設有酒精鎖之車輛」部分，如係指「受限駕駛人經考驗合格後發給註記一年內僅能使用管制車輛之駕駛執照，並應依持照條件規定駕車」，係屬駕駛執照發給及持照條件，性質上亦非屬行政罰，故無行政罰法規定之適用，無行政罰法第5條「從新從輕」原則之適用，毋庸考量違反本條之時點究係於新法或舊法時期。汽車駕駛人於2020年3月1日後申請考領駕照，應適用新法規定接受酒駕防制教育或酒癮治療，汽車駕駛人於2020年3月1日本條及第67條第5項修正施行後始重新考領有駕駛執照者，自應依新施行之本條相關規定駕駛裝有酒精鎖車輛[129]。

第35條之2（汽車運輸業者懲罰性損害賠償金）

汽車運輸業所屬之職業駕駛人因執行職務，駕駛汽車有違反第三十五條第一項、第三項、第四項或第五項之情形，致他人受有損害而應負賠償責任者，法院得因被害人之請求，依侵害情節，酌定損害額三倍以下之懲罰性損害賠償金令該汽車運輸業者賠償。但選任受僱人及監督其職務之執行，已盡相當之注意而仍不免發生損害者，汽車運輸業者不負賠償責任。

前項懲罰性損害賠償金請求權，自請求權人知有損害及賠償義務人時起二年間不行使而消滅；自賠償原因發生之日起逾五年者，亦同。

---

128 鄭碩群，車輛點火自動鎖定裝置安裝及管理辦法介紹 車安中心，財團法人車輛安全審驗中心，http://vsccdms.vscc.org.tw/webfile/Epaper/500000233/File/e3edbae4-27ce-49a3-a265-40e43133f198.pdf，最後瀏覽日期：2024/1/15。

129 參照法務部109年2月26日法律字第10903502920號函。

壹、導言

本條係2019年4月17日修正新增，為了保障酒駕肇事的被害人，規定在汽車運輸業的駕駛人酒駕肇事，導致別人受有傷害或死亡時，業者除非是選任或監督已盡相當之注意，而仍不免發生損害之情形，否則被害人可以請求三倍以下的懲罰性賠償金。

貳、內容解析

本條第1項規定汽車運輸業所屬之職業駕駛人，有違反道交條例第35條第1項、第3項、第4項或第5項之情形，亦即執行職務有「酒駕」或「拒測」的情形，致他人受有損害而應負賠償責任者，法院得因被害人之請求，依侵害情節，酌定損害額三倍以下的懲罰性損害賠償金。但選任受僱人及監督其職務之執行，已盡相當之注意而仍不免發生損害者，汽車運輸業者不負賠償責任。所謂「懲罰性損害賠償金」，是一種以懲罰加害人主觀上惡性為出發點的賠償制度，而非以被害人實際所受損害來定賠償數額，懲罰性之賠償金，應包括財產上與非財產上損害額[130]。被害人實際所受損害，充其量只是作為計算懲罰性損害賠償金時的基準或參考而已，與一般損害賠償制度係以填補損害的情形不同。選任受僱人及監督其職務之執行，已盡相當之注意而仍不免發生損害者，汽車運輸業者不負賠償責任，例如，業者證明盡到監督義務，像是出車前做酒測等，法院可判業者不須負賠償責任。

本條第2項係懲罰性損害賠償金請求權時效之規定，採時效消滅說，自請求權人知有損害及賠償義務人時起二年間不行使而消滅；自賠償原因發生之日起逾五年者，亦同。民法第144條第1項規定：「時效完成後，債務人得拒絕給付。」依此規定，債權本身並不消滅，僅賦予債務人拒絕給付之抗辯權。損害賠償請求權之消滅時效，應以請求權人實際知悉損害及賠償義務人時起算[131]。另民法第129條第1項規定：「消滅時效，因左列事由而中斷：一、請求。二、承認。三、起訴。」其中所稱之「請求」，係指債權人對債務人請求履行債務之催告而言[132]。本項後段規定，自賠償原因發生之日起逾五年，所稱「賠償原因發生」，係指請求權人之知有損害及賠償義務人與否均在所不問，純以客觀上發生損害之時為起算點[133]。

---

130 最高法院民事大法庭108年度台上大字第2680號裁定。

131 最高法院94年度台上字第1350號民事判決、法務部105年1月18日法律字第10503500350號函。

132 最高法院48年台上字第936號民事判決。

133 參照法務部100年7月5日法律字第1000014401號函。

參、綜論

同時請求慰撫金及懲罰性損害賠償金，有無重複處罰問題？最高法院向來認爲民法第18條第2項、第195條規定之「相當之金額」或慰撫金，係爲賠償被害人非財產上之損害，而爲塡補性賠償，且係供賠償人格權遭受侵害之非財產上損害，以被害人精神受有痛苦爲必要。雖另有少數裁判於酌定慰撫金時並斟酌加害人之故意或過失，但僅爲使賠償與非財產上損害間具相當性所爲之斟酌，並非使其成爲具懲罰性質之賠償。同時請求慰撫金及以之爲計算基礎之懲罰性損害賠償金，無重複處罰問題[134]。

第 36 條（計程車駕駛人執業登記）

計程車駕駛人，未向警察機關辦理執業登記，領取執業登記證，即行執業者，處新臺幣一千五百元以上三千六百元以下罰鍰。

計程車駕駛人，不依規定辦理執業登記，經依前項處罰仍不辦理者，吊銷其駕駛執照。

計程車駕駛人，不依規定期限，辦理執業登記事項之異動申報，或參加年度查驗者，處新臺幣一千二百元罰鍰；逾期六個月以上仍不辦理者，廢止其執業登記。

計程車駕駛人經依前項之規定廢止執業登記者，未滿一年不得再行辦理執業登記。

第一項執業登記證，未依規定安置車內指定之插座或以他物遮蔽者，處新臺幣一千五百元罰鍰。

壹、導言

1975年7月24日道交條例原第37條規定：「營業小客車駕駛人未向公路主管機關委託之警察機關辦理執業登記，領取登記證，即行執業；或所有人僱用未辦理執業登記之汽車駕駛人駕車者，各處一百元以上，三百元以下罰鍰（第1項）。前項執業登記證，駕車時未隨身攜帶者，處三十元罰鍰（第2項）。」爲配合相關法令規定修正規定，主要理由約爲：公路法及汽車運輸業管理規則將「營業小客車」一詞修正爲「計程車」，爲符實際，將本條「營業小客車」修正爲「計程車」。汽車運輸業管理規則第91條第1項第7款，對計程車客運業者不得將車交予無有效執業登記證之人駕駛，已訂有明文，違者依公路法處罰，道交條例無需重複規定。「計程車駕駛人，不依規定辦理執業登記，經依規定處罰仍不辦理者，吊銷其駕駛執照。」增訂本條第2項，使民眾易於明瞭及執行時條文之援引。計程車駕駛人執業登記，係屬權利

134 最高法院民事大法庭108年度台上大字第2680號裁定。

許可之一種，其違反相關規定，宜以「廢止」作爲行政處分，將修正條文第3項「註銷其執業登記」修正爲「廢止其執業登記」。廢止計程車駕駛人執業登記者，應有一定時間之限制才得再行辦理，否則即失去廢止之意義，增列第4項之規定。1986年5月21日修正條次變更爲第36條，並提高罰鍰數額，另增訂營業小客車駕駛人應依規定期限辦理職業登記事項之異動申報並參加年度查驗，執業登記證應依規定安置車內指定之插座，以利乘客識別。1997年1月22日修正配合「營業小客車駕駛人執業登記管理辦法」已明定營業小客車駕駛人執業登記證係向警察機關辦理申請，非爲公路主管機關之委託，刪除第1項「公路主管機關委託」等字。2005年12月28日修正，配合公路法及汽車運輸業管理規則將本條第1項、第2項「營業小客車」一詞修正爲「計程車」，以符實際。

貳、內容解析

本條第1項規定計程車駕駛人，未向警察機關辦理執業登記，領取執業登記證即行執業者，處以罰鍰，本條第2項規定不依規定辦理執業登記，經處罰仍不辦理者，吊銷其駕駛執照。汽車駕駛人以從事計程車駕駛爲業者，應於執業前向執業地直轄市、縣（市）警察局申請辦理執業登記，領有計程車駕駛人執業登記證及其副證，並領取有效職業駕駛執照，始得執業[135]。汽車駕駛人領有有效職業駕駛執照，且無道交條例第36條第4項或第37條第1項至第4項所定不得辦理執業登記情形之一者，得申請辦理執業登記[136]。汽車駕駛人申請辦理執業登記，應檢具下列書件：一、申請書二份；二、國民身分證、職業駕駛執照及相關證明文件；三、最近三個月內所攝彩色脫帽、未戴有色眼鏡、五官清晰、正面半身、白色背景之兩吋相片（以下簡稱規格相片）二張[137]。汽車駕駛人申請辦理執業登記，應先參加測驗及執業前講習，並取得合格成績單；其未取得合格成績單者，應重新申請辦理執業登記[138]。汽車駕駛人應於領得合格成績單六個月內，檢附該成績單、國民身分證、職業駕駛執照及執業事實證明文件等，向原申請之警察局辦妥執業登記，始發給執業登記證及其副證；逾期者，該成績單失效，並應重新申請辦理執業登記[139]。計程車駕駛人於不同直轄市、縣（市）執業，應向新執業地警察局申請參加地理環境測驗；測驗及格者，應於領得成績單六個月內，檢附該成績單、國民身分證、職業駕駛執照及執業事實證明文件等，並向新

135 計程車駕駛人執業登記管理辦法第2條。
136 計程車駕駛人執業登記管理辦法第3條。
137 計程車駕駛人執業登記管理辦法第4條。
138 計程車駕駛人執業登記管理辦法第5條。
139 計程車駕駛人執業登記管理辦法第7條。

執業地警察局申請辦理執業登記，且於換領新執業登記證及其副證後，始得執業。但有下列情形之一者，免予參加地理環境測驗及檢附成績單：一、於測驗講習區域劃分前，在同一營業區域內之執業地異動；二、於測驗講習區域劃分後，曾在同一測驗講習區域內參加測驗及執業前講習合格；三、五年內曾於新執業地直轄市、縣（市）警察局辦理執業登記[140]。計程車駕駛人未辦理執業登記證即行營業，經依道交條例第36條處罰後於辦理執業登記期間，被第二次舉發仍應依道交條例第36條規定處罰[141]。持有小型車普通駕駛執照駕駛計程車營業之違規行爲，係同時違反道交條例第22條第1項第1款及本條第1項規定之適用，並應依道交條例第22條第1項第1款舉發處較重處罰。本條處罰之對象所定「計程車駕駛人」，係指駕駛計程車之人，並未侷限於取得職業駕駛執照之駕駛人[142]。計程車駕駛人僅以執業測驗及格爲由，未取得執業登記證即行駕車營業，依道交條例第36條第1項處罰[143]。

本條第3項規定計程車駕駛人，不依規定期限辦理執業登記事項之異動申報，或參加年度查驗者，處以罰鍰，逾期六個月以上仍不辦理者，廢止其執業登記。計程車年度查驗之期限於計程車駕駛執業登記管理辦法第12條規定執業登記證及其副證每年查驗一次，計程車駕駛人自領得執業登記證及其副證之翌年起，應於每年出生日前後一個月內檢具文件，向原發證之警察局申請查驗。換言之，當計程車駕駛人逾出生日一個月仍未辦理年度查驗時，警察機關應即時依本條第3項規定予以舉發，至若逾期六個月以上仍不辦理者，廢止其執業登記[144]。計程車駕駛人未依規定辦理執業登記事項之異動申報或參加年度查驗逾期六個月以上，應依程序廢止執業登記，不應併處罰鍰[145]。計程車駕駛人執業登記證未依規定辦理查驗，經通知查驗或廢止，無法送達者，以登報公告催辦或廢止方式辦理[146]。

本條第4項規定計程車駕駛人經廢止執業登記者，未滿一年不得再行辦理執業登記。本條第5項規定執業登記證，未依規定安置，處以罰鍰。計程車駕駛人執業登記證爲專屬證明文件之一，凡有駕駛行爲，其駕駛車輛係營業小客車，則須領取執業登記證並依規定放於車上指定插座。駕駛計程車載運親戚，雖無收費營業行爲，但卻有「駕駛行爲」，應依照規定領取執業登記證，並置放於車上指定插座。如否，可依本條第1項或第3項之規定予以處罰[147]。

---

140 計程車駕駛人執業登記管理辦法第9條。
141 參照交通部72年5月12日交路字第9926號函。
142 參照交通部99年7月15日交路字第0990041141號函。
143 參照內政部警政署83年1月28日警署交字第8563號函。
144 參照交通部95年12月22日交路字第0950060166號函。
145 參照交通部93年10月22日交路字第0930010943號函。
146 參照交通部75年4月1日路臺監字第03005號函。
147 參照內政部警政署77年5月11日警署交字第32101號函。

參、綜論

主管機關依本條第3項後段規定「廢止」計程車駕駛人執業登記時，是否須以「已先依同條項前段規定裁處罰鍰」爲必要[148]？臺灣高等法院98年4月份刑事庭庭長法律問題研討會決議認爲：應先罰鍰。理由如下：按人民工作權、生存權應予保障，憲法第15條定有明文，受處分人身爲計程車駕駛人，而其執業登記證乃爲其職業駕駛計程車之形式要件，若有權機關爲撤銷此等執業登記，係足以改變或剝奪受處分人之執業身分、地位，自應踐行正當之法律程序並以侵害最小之方式先行爲之，方合乎比例原則，始合致憲法上所保障工作權之本旨；例如先以通知或予罰鍰之告誡或警告性處分，如受處分人未予遵循，始爲後續之廢止其執業登記之重大處置，若未有通知或罰鍰之先行前置處分，而逕予廢止其執業登記，造成受處分人之突襲，與憲法第8條所保障之正當法律程序有違，觀諸道交條例第8條第1項第1款及第2項規定，公路主管機關於裁決前，應給予違規行爲人陳述之機會，是以道交條例第36條第3項規定：「計程車駕駛人，不依規定期限，辦理執業登記事項之異動申報，或參加年度查驗者，處新臺幣一千二百元罰鍰；逾期六個月以上仍不辦理者，廢止其執業登記。」在解釋上，計程車駕駛人如不依規定期限辦理年度查驗，主管機關應先行告發罰緩，如告發罰鍰後受處分人仍未參加年度查驗，且已逾六個月以上仍不辦理者，始得廢止其執業登記[149]。

第 37 條（計程車駕駛人之消極資格）

曾犯下列各罪之一，經有罪判決確定，或曾依檢肅流氓條例裁定應為交付感訓確定者，不得辦理計程車駕駛人執業登記：

一、故意殺人、故意重傷、搶劫、搶奪、強盜、恐嚇取財或擄人勒贖。

二、刑法第一百八十四條、第一百八十五條或第一百八十五條之三。

三、刑法第二百二十一條至第二百二十九條、兒童及少年性交易防制條例第二十四條至第二十七條或兒童及少年性剝削防制條例第三十三條至第三十七條。

四、槍砲彈藥刀械管制條例第七條或第八條。

五、懲治走私條例第四條至第六條。

---

148 臺灣高等法院98年4月份刑事庭庭長法律問題研討會決議第1號。

149 臺灣高等法院98年度交抗字第697號刑事裁定、97年度交抗字第1464號刑事裁定、97年度交抗字第1128號刑事裁定、第1953號刑事裁定、95年度交抗字第691號刑事裁定、交通部95年12月22日交路字第0950060166號函採此見解。

六、組織犯罪防制條例第三條、第四條或第六條。
七、毒品危害防制條例。
犯前項第三款以外各款之罪，而有下列情形之一，於申請執業登記前十二年以內未再受刑之宣告或執行，不受前項規定之限制：
一、緩刑期滿，而緩刑之宣告未經撤銷。
二、受有期徒刑之宣告，經執行完畢或赦免，或曾依檢肅流氓條例裁定應為交付感訓期滿。
計程車駕駛人，犯第一項所列各罪之一，經第一審法院判決有罪後，吊扣其執業登記證。其經法院判處有罪判決確定者，廢止其執業登記。除符合前項規定之情形外，不得再辦理計程車駕駛人執業登記與執業。
計程車駕駛人犯故意傷害、刑法第二百三十一條之一至第二百三十五條及第三百十五條之一各罪之一，或利用職務上機會，犯竊盜、詐欺、妨害自由，經第一審法院判決有期徒刑以上之刑者，吊扣其執業登記證。其經法院判決有期徒刑逾六個月確定而未受緩刑之宣告者，廢止其執業登記，且三年內不得辦理。利用職務上機會犯侵占罪，經第一審法院判決有罪者，吊扣其執業登記證；其經法院判處有罪判決確定者，廢止其執業登記，且三年內不得辦理。
計程車駕駛人，受前二項吊扣執業登記證之處分，未將執業登記證送交發證警察機關者，廢止其執業登記。
計程車駕駛人違反前條及本條規定，應廢止其執業登記或吊扣其執業登記證者，由警察機關處罰，不適用第八條第一項第一款規定。
經廢止執業登記者，其執業登記證由警察機關收繳之。
計程車駕駛人執業資格、執業登記、測驗、執業前、在職講習與講習費用收取、登記證核發及管理等事項之辦法，由內政部會同交通部定之。

壹、導言

道交條例有關於「辦理營業小客車駕駛人執業登記」資格限制之規定，首見於1981年增訂道交條例第37條之1時，後於1986年全文修正時變更條次，併於第37條中，始具現行規範之雛形。

1996年時，「爲遏止歹徒利用計程車作案，確保乘客安全」而修正本條，將營業小客車駕駛人執業登記之限制趨嚴，只要一旦犯有本條列舉之罪，即不得辦理；2001年時增列槍砲彈藥刀械管制條例犯行；2019年時則將「刑法第二百二十一條至第二百二十九條、兒童及少年性交易防制條例第二十四條至第二十七條或兒童及少年性剝削防制條例第三十三條至第三十七條」以外之罪，放寬為曾有犯行，但「緩刑期滿，而緩刑之宣告未經撤銷」或「受有期徒刑之宣告，經執行完畢或赦免，或曾依檢肅流氓條例裁定應為交付感訓期滿」且申請執業登記前12年以內未再受刑之宣告或執行，即不再受禁止辦理營業小客車駕駛人執業登記之限制。

至其餘細節修正，除歷經1999年刑法第十六章章名之修正，略修正列舉之罪名外；2005年時，將各項中之「營業小客車」修正為「計程車」，將「吊銷執業登記證」修正為「廢止其執業登記」，並明文將該業務交由警察機關辦理；2016年時，因應兒童及少年性交易防制條例全文修正並更名為兒童及少年性剝削防制條例，調整名稱、條次，並相應增列應受限制之罪行。

貳、內容解析

一、規範對象

本條所欲規範之對象，涵蓋欲擇計程車駕駛為業之人（本條第1項及第2項），以及已擇計程車駕駛為業之人（本條第3項至第8項）。汽車駕駛執照為駕駛汽車之許可憑證，區分為普通及職業駕照，由駕駛人向公路監理機關申請登記，考驗及格後發給之，汽車駕駛人經考驗及格，未領取駕駛執照前，不得駕駛汽車（道路交通安全規則第50條第1項），故選擇以駕駛為職業者，首先即以領有職業駕駛執照為前提要件[150]；另外，以駕駛計程車為職業者，尚須於執業前，向執業地直轄市、縣（市）警察局申請辦理執業登記，領取執業登記證，始得營業[151]。我國現行對於計程車駕駛人資格之相關規範，除得見於道交條例、公路法等法律外，考量法律之規定不能鉅細靡遺，對於各種專門職業之執業方式、範圍等，亦得授權有關機關以命令為必要之規定，例如本條第8項即就「計程車駕駛人執業資格、執業登記、測驗、執業前、在職講習與講習費用收取、登記證核發及管理等事項之辦法」，授權由內政部會同交通部訂定「計程車駕駛人執業登記管理辦法」，使計程車駕駛人執業登記之目的、內容及範圍，更為具體明確，以資遵循[152]。

本條所稱「計程車駕駛人」，應係指已合法取得計程車執業資格之駕駛人，亦即

150 錢建榮，終身不得考領駕駛執照合憲性之檢討——兼論釋字531號解釋，月旦法學雜誌，第128期，2006年1月，第72-73頁。

151 計程車駕駛人執業登記管理辦法第2條：「汽車駕駛人以從事計程車駕駛為業者，應於執業前向執業地直轄市、縣（市）警察局申請辦理執業登記，領有計程車駕駛人執業登記證（以下簡稱執業登記證）及其副證，並領有有效職業駕駛執照，始得執業。」

152 依據道交條例授權訂定之道路交通安全規則、計程車駕駛人執業登記管理辦法，以及依據公路法授權訂定之汽車運輸業管理規則、計程車客運服務業申請核准經營辦法等，均屬與計程車駕駛人有密切關聯之命令。

以領有職業駕駛執照及計程車執業登記證之駕駛人爲限，並於其犯有特定罪時，依據本條第3項至第6項，吊扣或廢止其已合法持有之執業登記證。此與道交條例第36條所稱「計程車駕駛人」，係指「駕駛計程車之人」[153]，有所不同。

二、選擇駕駛計程車爲業之工作權限制

本條針對計程車駕駛人消極資格之相關規定，對於人民選擇駕駛計程車爲職業之權利，勢必將造成一定之限制，而該限制是否與憲法保障人民工作權之意旨相符，司法院釋字第584號解釋及第749號解釋中，雖均肯認其目的正當，亦屬達成目的之有效手段，但在必要性原則之審查中，司法院釋字第749號解釋延續司法院釋字第584號解釋理由書最末[154]，語重心長地指出：立法者鑑於有犯罪紀錄之計程車駕駛人以曾犯竊盜、詐欺、贓物及妨害自由罪較多，並爲強化婦女乘客安全之保障，將犯竊盜、詐欺、贓物、妨害自由及妨害風化各罪列入定期禁業之範圍，然而，刑法同一罪章內所列各罪之危險性與侵害法益之程度容有不同，甚至有與乘客安全未必具備直接關聯者。且計程車駕駛人縱觸犯上開之罪，並經法院宣告有期徒刑以上之刑，若法院斟酌其犯意、犯罪後態度及犯罪情節等各項因素後，僅宣告短期有期徒刑，甚或宣告緩刑，則此等計程車駕駛人是否均具有危害乘客安全之實質風險，而均須給予相同之禁業限制，亦有檢討之必要。觀諸立法資料及有關機關迄今所提出之統計或研究，仍不足以推論曾經觸犯竊盜、詐欺、贓物、妨害自由或刑法第230條至第236條各罪之一者，在一定期間內均有利用業務上之便利，再觸犯上開之罪，致有危害乘客安全之實質風險[155]，是道交條例僅以計程車駕駛人所觸犯之罪及經法院判決有期徒刑以上之刑爲要件，而不問其犯行是否足以顯示對乘客安全具有實質風險，一律吊扣其執業登記證、廢止其執業登記，就此而言，對計程車駕駛人工作權之限制，已逾越必要程度，不符憲法第23條比例原則，與憲法第15條保障人民工作權之意旨有違。

三、計程車駕駛執業登記之消極要件（第1項）

欲選擇計程車駕駛爲職業之人，於領有職業駕駛執照後，尚須於執業前，申請執業登記，取得執業登記證，始得營業，但有本條第1項所定情形者，不得辦理計程車

---

[153] 道交條例第36條處罰之對象所定「計程車駕駛人」，係指駕駛計程車之人，並未侷限於取得職業駕駛執照之駕駛人，請參考交通部99年7月15日交路字第0990041141號函。

[154] 司法院釋字第584號解釋理由書最末指出：「……上述營業小客車駕駛人消極資格之終身限制規定，係基於現階段營業小客車管理制度所採取保障乘客安全之不得已措施，但究屬人民職業選擇自由之限制，自應隨社會治安之改進，犯罪預防制度之發展，駕駛人素質之提昇，營業小客車管理或其他營運制度之健全，就各該犯罪類型與乘客安全確保之直接關連性，消極資格限制範圍之大小，及有無其他侵害職業自由之較小替代措施等，隨時檢討改進。」

[155] 司法院釋字第749號解釋理由書第10段、第11段參照。

駕駛人執業登記。因此，若曾犯下列各罪之一，經有罪判決確定，或曾依檢肅流氓條例裁定應為交付感訓確定者，不得辦理計程車駕駛人執業登記：

（一）故意殺人、故意重傷、搶劫、搶奪、強盜、恐嚇取財或擄人勒贖（本項第1款）。

（二）刑法第184條（妨害舟車及航空機行駛安全罪）、第185條（妨害公眾往來安全罪）或第185條之3（不能安全駕駛罪）（本項第2款）。

（三）刑法第221條至第229條（妨害性自主罪章）、兒童及少年性交易防制條例第24條至第27條（強制、買賣、圖利使兒童與少年為性交猥褻罪）或兒童及少年性剝削防制條例第33條至第37條（妨害兒童與少年性隱私及不實性影像罪）（本項第3款）。

（四）槍砲彈藥刀械管制條例第7條（製造販賣或運輸重型槍砲罪）或第8條（製造販賣或運輸輕型槍砲罪）（本項第4款）。

（五）懲治走私條例第4條至第6條（走私罪）（本項第5款）。

（六）組織犯罪防制條例第3條（組織犯罪組織行為之處罰）、第4條（招募他人加入犯罪組織）或第6條（資助犯罪組織）（本項第6款）。

（七）毒品危害防制條例（本項第7款）。

針對計程車執業登記之申請，申請人是否具有本條第1項所定消極資格，其採計期間得鬆綁，限於申請執業登記前12年以內，但須屬犯本條第1項第3款以外各款之罪，且未再受刑之宣告或執行，並有下列情形之一者：

（一）緩刑期滿，而緩刑之宣告未經撤銷。

（二）受有期徒刑之宣告，經執行完畢或赦免，或曾依檢肅流氓條例裁定應為交付感訓期滿。

因此，若係曾犯刑法第221條至第229條、兒童及少年性交易防制條例第24條至第27條或兒童及少年性剝削防制條例第33條至第37條之罪者，考量此類犯罪類型，對乘客仍具有一定安全危害程度，故一旦經有罪判決確定，即終身不得辦理計程車駕駛人執業登記。

前述規定主要係以駕駛人之犯罪紀錄為考量重心，因「據調查有犯罪紀錄之營業小客車駕駛人，依所犯案類分析，以曾犯竊盜罪者最多，詐欺罪次之。其犯罪趨勢仍在不斷增加之中，對社會治安及乘客安全構成重大威脅，且其工作富流動性，接觸單身女性及攜帶大批財物旅客之機會甚多，並易於控制，如不予以防止，後果至為嚴重[156]」；1996年12月31日修法時，「為遏止歹徒利用計程車作案，確保乘客安全，對

[156] 本條最初係於1981年7月17日增訂於第37條之1中，此為當時於立法理由中之說明。該條後於1986年5月13日初次修正時，移列至第37條。

於曾犯故意殺人、搶劫、搶奪、強盜、恐嚇取財或擄人勒贖之罪者，不得辦理營業小客車駕駛人執業登記[157]」；又，2001年1月2日立法院再次以「爲保障營業小客車乘客之安全及依全國治安會議決議，將營業小客車駕駛人資格從嚴限制」爲由，增列多部刑法特別法之規範，作爲其從業消極資格[158]；因應2017年6月2日公布之司法院釋字第749號解釋，道交條例於2019年3月26日之修法，亦曾就本條予以修正，增列「故意重傷」，並更精確地將違犯之特別刑法條次予以明列，並增列第2項規定，除曾有性犯罪紀錄者外，其餘各罪若符合「緩刑期滿，而緩刑之宣告未經撤銷」或「受有期徒刑之宣告，經執行完畢或赦免，或曾依檢肅流氓條例裁定應爲交付感訓期滿」，只要在申請執業登記前12年以內未再受刑之宣告或執行，即不受「不得辦理計程車駕駛人執業登記」之限制，形成目前現行法之樣貌。

四、計程車駕駛人資格之管制（第3項）

針對已以駕駛計程車爲業者，其執業之行爲，仍受到高度管制，必須確保其所持執業登記證之有效性，因此，若因其行爲導致執業登記證失效之情形，自將對其擔任計程車駕駛人之適格性產生影響。計程車駕駛人於執業中，遭吊扣或廢止其執業登記證，依據現行法規，將導致其無法繼續擔任計程車駕駛之結果。其要件主要與道交條例第37條第1項所定「不得辦理計程車駕駛人執業登記之情形」有密切關聯，該等情形，不僅不得於申辦執業登記時存在，取得執業登記證後亦同。

（一）執業登記證之吊扣

依據本條第3項規定，有道交條例第37條第1項所定不得辦理計程車駕駛人執業登記之情形者，經第一審法院判決有罪後，吊扣其執業登記證。另外，針對計程車駕駛人犯故意傷害、刑法第231條之1至第235條及第315條之1各罪之一，或利用職務上機會，犯竊盜、詐欺、妨害自由，經第一審法院判決有期徒刑以上之刑者，亦應吊扣其執業登記證；若計程車駕駛人利用職務上機會犯侵占罪，經第一審法院判決有罪者，同樣應吊扣其執業登記證（本條第4項）。

計程車駕駛人應吊扣其執業登記證者，由警察機關處罰，不適用道交條例第8條第1項第1款規定（本條第6項）。依據警察機關辦理計程車駕駛人執業登記管理事項作業要點第14點第2項，經裁決吊扣執業登記證者，應於裁決書之主文載明吊扣執業登記證，並註明應受吊扣之執業登記證名稱、號碼及吊扣期間。執業登記證未於裁決

157 1996年12月31日修正道交條例第37條立法理由參照。

158 該次新增之特別刑法包括：兒童及少年性交易防制條例（後於2016年10月21日修正時，配合「兒童及少年性剝削防制條例」之法規名稱連動修改）、槍砲彈藥刀械管制條例、懲治走私條例以及毒品危害防制條例與檢肅流氓條例。

時吊扣者，計程車駕駛人應於裁決書送達後送交原發證警察局；計程車駕駛人因本條第3項及第4項規定，執業登記證遭吊扣，於該處分法定救濟期間經過後或訴訟經法院駁回確定後，若仍未將執業登記證送交發證警察機關者，其執業登記將遭廢止（本條第5項）。

計程車駕駛人之執業登記證遭吊扣，得於原因消滅後申請領回，原發證警察局應先審查其是否符合執業資格，符合者再予領回；不符執業資格者，應視其情節另為處理（警察機關辦理計程車駕駛人執業登記管理事項作業要點第14點第6項）[159]。

（二）執業登記之廢止

依本條所應廢止計程車駕駛執業登記之情形，首先，為計程車駕駛人「有道交條例第37條第1項所定不得辦理計程車駕駛人執業登記之情形者，……其經法院判處有罪判決確定」之情況，惟若符合道交條例第37條第2項之鬆綁規定，仍得於一定期間，再次辦理計程車駕駛人執業登記並執業。其次，依據本條第4項：「計程車駕駛人犯故意傷害、刑法第二百三十一條之一至第二百三十五條及第三百十五條之一各罪之一，或利用職務上機會，犯竊盜、詐欺、妨害自由，……其經法院判決有期徒刑逾六個月確定而未受緩刑之宣告者」或「利用職務上機會犯侵占罪，……其經法院判處有罪判決確定者」，亦廢止其執業登記，且三年內不得辦理。最後，計程車駕駛人若受道交條例吊扣執業登記證之處分，但未將執業登記證送交原發證警察局者，其執業登記亦將遭廢止（本條第5項）。

計程車駕駛人違反本條規定，應廢止其執業登記者，由警察機關處罰之（本條第6項）；經廢止執業登記者，其執業登記證由警察機關收繳之（本條第7項）。

參、綜論

針對本條第3項至第6項所稱「計程車駕駛人」，應係指已合法領有計程車駕駛人執業登記證之駕駛人，其與道交條例第36條所稱「計程車駕駛人」，係指「駕駛計程車之人」有所不同。同一法律中，針對相同之「計程車駕駛人」之用語，有不同之解釋，恐易致生混淆，參考計程車駕駛人執業登記管理辦法之用語，於尚未取得執業登記證之駕駛人，似以「汽車駕駛人」稱之，較為妥適。

對於本條第1項所定消極資格，由該條文之沿革可知，對於曾經有何犯罪紀錄之

---

159 司法院釋字第749號公布後，即曾出現以原處分機關未就「計程車駕駛人所觸犯之罪及經法院判決有期徒刑以上之刑，審論其犯行是否足以顯示對乘客安全具有實質風險為要件」為由，撤銷吊扣執業登記證處分之判決，例如：臺灣新北地方法院107年度交字第105號行政訴訟判決及臺北高等行政法院107年度交上字第174號判決。

人，屬不適於擔任計程車駕駛人之規定，並非一成不變，過去「係基於現階段營業小客車管理制度所採取保障乘客安全之不得已措施，但究屬人民職業選擇自由之限制，自應隨社會治安之改進，犯罪預防制度之發展，駕駛人素質之提昇，營業小客車管理或其他營運制度之健全，就各該犯罪類型與乘客安全確保之直接關聯性，消極資格限制範圍之大小，及有無其他侵害職業自由之較小替代措施等，隨時檢討改進[160]」，若「……立法資料及有關機關迄今所提出之統計或研究，仍不足以推論曾經觸犯系爭規定一所定之罪者，在一定期間內均有利用業務上之便利，再觸犯上開之罪，致有危害乘客安全之實質風險」，其是否宜維持作爲計程車駕駛人之消極資格，應即有討論之空間。隨著新型態之多元化計程車逐漸普及，立法及行政機關，實應對於計程車駕駛人之消極資格是否仍足認對乘客安全具特別危險，持續進行滾動式之檢討，適時調整選擇計程車駕駛爲業之限制，於維護公共福祉之範圍內，妥適衡平人民工作權之保障[161]。

第 38 條（違規攬客營運、任意拒載或故意繞道之處罰）

汽車駕駛人，於鐵路、公路車站或其他交通頻繁處所，違規攬客營運，妨害交通秩序者，處新臺幣一千五百元以上三千元以下罰鍰；其所駕駛之汽車，如屬營業大客車者，並記該汽車違規紀錄一次。

計程車駕駛人，任意拒載乘客或故意繞道行駛者，處新臺幣六百元以上一千二百元以下罰鍰。

壹、導言

關於「營業小客車駕駛人任意拒載短途乘客或故意繞道行駛」之處罰規定，首見於1975年道交條例第三次修正時之第38條中。1986年第五次修正時，增訂第38條第1項，將「汽車駕駛人或他人於鐵路、公路車站或其他處所違規攬客營運，妨害交通秩序」之行爲納入處罰；而原條文改列爲第2項，並因應社會經濟情況變動，將罰鍰

---

160 司法院釋字第584號解釋理由書第二段參照。

161 臺北高等行政法院爲審理臺北高等行政法院108年度訴字第579號有關交通事務案件，曾針對2016年11月9日公布，2017年1月1日施行之道交條例第37條第1項規定，曾犯刑法第221條之罪（不包含刑法第222條至第229條之罪），經判決罪刑確定者不得辦理計程車駕駛人執業登記之部分，認有牴觸憲法第15條、第23條規定之確信，向憲法法庭提出釋憲聲請，並經憲法法庭受理（108年度憲三字第57號）。本案雖於2023年4月17日經聲請人聲請撤回，但審理過程中，已累積相當豐富之討論，例如專家諮詢意見書、法庭之友意見書及鑑定人意見書等，對於曾有特定犯罪之人與擔任計程車駕駛人職業之關聯性，有精彩的論述與辯證，值得參考。

額度提高二倍。1997年第六次修正時，考量本章規範對象僅汽車駕駛人，故將原稱「他人」，移至道交條例第81條之1，分別予以規範；並將「其他處所」改稱「其他交通頻繁處所」，以明確處罰要件；此外，爲有效約束汽車所有人加強所屬駕駛人之管理，亦增列「其所駕駛之車輛，如屬營業大客車者，並記該汽車違規紀錄一次」之處罰；同時提高罰鍰額度，並將貨幣單位由銀元改爲以新臺幣計算。時至2005年第15次修正，配合法條用語修正，將原「營業小客車駕駛人」改爲「汽車駕駛人」；「車輛」改爲「汽車」，形成現行條文之全貌。

貳、內容解析

一、規範對象

（一）汽車駕駛人

汽車駕駛人於鐵路、公路車站或其他交通頻繁處所，違規攬客營運，妨害交通秩序者，應依本條第1項規定處罰之，其處罰行爲主體爲汽車駕駛人。由於道交條例並未就「汽車」加以定義，較爲相近者，爲道交條例第3條第8款所定義之「車輛」，其係「指非依軌道電力架設，而以原動機行駛之汽車（包括機車）、慢車及其他行駛於道路之動力車輛」，故依道交條例第3條第8款用詞定義規定，汽車應包括機車。

透過道交條例第92條第1項之規定，立法者將車輛分類、汽車牌照申領、異動、管理規定、汽車載重噸位、座位立位之核定、汽車檢驗項目、基準、檢驗週期規定、汽車駕駛人執照考驗、換發、證照效期與登記規定、車輛裝載、行駛規定、汽車設備變更規定、動力機械之範圍、駕駛資格與行駛規定、車輛行駛車道之劃分、微型電動二輪車牌照申領、異動、管理規定、行人通行、道路障礙及其他有關道路交通安全事項之規則，授權交通部會同內政部訂定行政規則，即道路交通安全規則[162]。而針對「車輛分類」部分，道路交通安全規則將「汽車」定義爲「在道路上不依軌道或電力架線而以原動機行駛之車輛（包括機車）」（道路交通安全規則第2條第1項第1款）；但若同規則中之同一條文或相關條文就機車另有規定者，則其所指「汽車」，將限縮爲狹義之理解，即僅指排除機車以外之四輪以上車輛（道路交通安全規則第2條第2項）。另外，若由使用目的觀之，汽車可分爲「自用」及「營業」[163]之車輛；而「汽車駕駛人」，可分爲以駕駛汽車爲職業之「職業駕駛人」，以及以駕駛自用車

---

162 道路交通安全規則由交通部會銜內政部訂定發布於1968年，至今歷經124次之修正，最近一次修正於2024年。

163 道路交通安全規則第4條：「汽車依其使用目的，分爲下列二類：一、自用：機關、學校、團體、公司、行號或個人自用而非經營客貨運之車輛。二、營業：汽車運輸業以經營客貨貨運爲目的之車輛。」

而非駕駛汽車爲職業之「普通駕駛人」等二類（道路交通安全規則第5條）。

綜上所述，依道交條例第3條第8款規定，汽車係包括機車。另，依道路交通安全規則第2條第1項第1款及第2項規定，汽車包括機車，屬一般性規定，如在同一條文或相關條文就機車另有規定者，方屬以特別規定排除對汽車規定之適用[164]，故本條所稱「汽車」，應採廣義，指非依軌道或電力架設，而以原動機行駛之車輛，包括（狹義之）汽車及機車；而駕駛此類車輛之人，不論職業駕駛人或普通駕駛人，均應有本條之適用[165]。

（二）計程車駕駛人

本條第2項所稱「計程車駕駛人」，應係指已合法領有計程車執業登記證及有效職業駕駛執照之駕駛人，請參考第37條「貳、一、規範對象」之相關說明。

二、禁止之行爲態樣

（一）違規攬客營運

本條第1項係處罰汽車駕駛人於鐵路、公路車站或其他交通頻繁處所，違規攬客營運，妨害交通秩序之行爲。禁止違規攬客之處所，「包括鐵路車站及公路車站，凡設置車站所使用之站所、停車場、候車室等之範圍均屬之[166]」，另外，高鐵車站、轉運站、大眾捷運站等，應亦得列屬「交通頻繁處所」，而爲禁止違規攬客之範圍。針對違規之攬客營運行爲，須依該汽車駕駛人有無招攬、議價行爲，就個案事實認定之，例如計程車駕駛人不使用計費器收費，任意喊價攬客，致乘客未上車搭乘者，似已構成違規攬客之行爲[167]，但其處罰仍應限於已導致「妨害交通秩序」之情形。

本條第1項所稱「違規攬客營運」之行爲，應係指駕駛人主動招攬、議價等行爲，若駕駛人僅因乘客招呼，在車站、公共汽車招呼站、交岔路口或公共場所出、入口等禁止臨時停車或禁止停車之處所，違規臨時停車或停車載客者，由於駕駛人並無主動招攬乘客之舉動，即與本條規定不符，故僅得就駕駛人違規臨時停車或違規停車之行爲處罰[168]。又例如火車站前設有空計程車禁止進入標誌及計程車招呼站，計程車載客至車站前下客，未至計程車招呼站排班，即復搭載乘客上車營運，應依道交條例

---

164 交通部103年7月2日交路字第1030018987號函。轉引自：林振勇，道路交通管理處罰條例法令解釋輯要，交通部公路局嘉義區監理所，2015年8版，第312頁。

165 交通部90年11月5日交路字第011637號函。轉引自：林振勇，道路交通管理處罰條例法令解釋輯要，交通部公路局嘉義區監理所，2015年8版，第269-270頁。

166 關於「車站之範圍」之說明，請參考交通部62年7月14日交路字第12815號函。

167 交通部79年1月23日交路字第000045號函。

168 臺灣基隆地方法院97年度交聲更（一）字第10號刑事裁定。

第60條第2項第4款[169]規定，依法舉發[170]；若係空計程車進入車站前臨停、觀望，則已違反該處設立之空計程車禁止進入標誌之指示，應依道交條例第60條第2項第3款[171]規定予以處罰；若該駕駛人或他人有招攬、議價行爲，應即屬本條第1項所稱違規攬客營業行爲[172]。

（二）任意拒載或故意繞道行駛

本條第2項係針對計程車駕駛人任意拒載乘客或故意繞道行駛之行爲，處以罰鍰。相同意旨之規定得見道路交通安全規則第78條第3款：「客車之載運，應依下列規定：……三、計程車不得任意拒載乘客或故意繞道行駛。」計程車司機拒載乘客之行爲，須爲「任意」，屬計程車駕駛人有意思而爲法律所禁止之行爲[173]，例如於計程車招呼站排班之計程車駕駛人，如在輪值期間，僅因路程較短而表示拒載，恐即構成任意拒載[174]。然而，若是計程車駕駛人載客至交通繁忙之火車站附近下車，但拒絕在該處再搭載另名乘客，考量該地點交通頻繁，本即不宜攬客營運，故計程車駕駛人若拒絕在該處搭載乘客營運，即難謂屬本條第2項所欲處罰之「任意拒載」行爲[175]。

計程車駕駛人所選擇行駛路線，是否屬本條第2項所稱「繞道」，實務上多以行車紀錄器的錄音影像、Google地圖暨建議路線示意圖、建議路線之預估車資資料等，認定行駛路線之合理性；另，由於處罰繞道行駛之行爲，限於「故意」之情形[176]，因此，針對計程車駕駛人選擇特定行駛路線時，其主觀之責任條件是否該當「故意」，仍須依個案事實，斟酌如計程車駕駛人對於該區域之熟悉程度、對當時路況之判斷，甚或是否就行駛之路線，告知並取得乘客同意等，再行認定[177]。

169 道交條例第60條第2項第4款：「汽車駕駛人駕駛汽車有下列情形之一，而本章各條無處罰之規定者，處新臺幣九百元以上一千八百元以下罰鍰：四、計程車之停車上客，不遵守主管機關之規定。」

170 道路交通安全規則第78條第4款針對客車之載運，亦規定「計程車在設有停車上客處標誌之路段，應在指定之上客處搭載乘客，不得沿途攬載。」所謂「客車」，依據道路交通安全規則第2條第1項第2款，係「指載乘人客四輪以上之汽車」。

171 道交條例第60條第2項第3款：「汽車駕駛人駕駛汽車有下列情形之一，而本章各條無處罰之規定者，處新臺幣九百元以上一千八百元以下罰鍰：三、不遵守道路交通標誌、標線、號誌之指示。」

172 交通部82年4月27日交路字第009932號函。

173 臺灣臺北地方法院108年度簡字第193號行政訴訟判決中，針對有關行政罰法律所指「任意」行爲，認其：「概可解爲『無故』行爲，屬行爲人有意思而爲之，但非各該法律准許之行爲。」

174 臺灣臺中地方法院96年度交聲字第1219號刑事裁定。

175 臺灣高雄地方法院96年度交聲字第1101號刑事裁定。

176 道交條例於此明定僅處罰計程車駕駛人之故意行爲，而排除過失行爲之處罰，相較於行政罰法第7條處罰故意及過失行爲之規定，屬特別規定而應優先適用。洪家殷，行政罰上之有責性原則適用於道路交通管理處罰條例之探討，月旦法學雜誌，第346期，2024年3月，第24頁。

177 臺灣新北地方法院111年度交字第58號行政訴訟判決。

三、法律效果

（一）第1項

本條第1項係針對汽車駕駛人於鐵路、公路車站或其他交通頻繁處所，違規攬客營運，妨害交通秩序者，處新臺幣1,500元以上3,000元以下罰鍰。而就罰鍰額度之裁量，則是依據道交條例第92條第4項授權訂定之違反道路交通管理事件統一裁罰基準及處理細則行之，其中第2條第2項之附件違反道路交通管理事件統一裁罰基準表（以下簡稱基準表）中，針對違反道交條例第38條之裁罰基準，係先將違規車種區分爲「大客車[178]」或「大客車以外之其他汽車」；再以「期限內繳納或到案聽候裁決」、「逾越應到案期限三十日內，繳納罰鍰或到案聽候裁決」、「逾越應到案期限三十日以上六十日以內，繳納罰鍰或到案聽候裁決」及「逾越應到案期限六十日以上，繳納罰鍰或逕行裁決處罰」爲標準，針對逾越應到案期限越久之汽車駕駛人，處以越重之罰鍰：大客車依序處新臺幣2,100元、2,400元、2,700元及3,000元；若屬營業大客車者，並記該汽車違規紀錄一次；大客車以外之其他汽車則依序處新臺幣1,500元、1,600元、1,800元及1,900元。

（二）第2項

本條第2項係針對計程車駕駛人任意拒載乘客或故意繞道行駛者，處新臺幣600元以上1,200元以下罰鍰。而就罰鍰額度之裁量，於基準表中，係將違規行爲區分爲「任意拒載乘客」或「故意繞道行駛」二種情形；再以「期限內繳納或到案聽候裁決」、「逾越應到案期限三十日內，繳納罰鍰或到案聽候裁決」、「逾越應到案期限三十日以上六十日以內，繳納罰鍰或到案聽候裁決」及「逾越應到案期限六十日以上，繳納罰鍰或逕行裁決處罰」爲標準，針對逾越應到案期限越久之汽車駕駛人，處以越重之罰鍰：針對「任意拒載乘客」之情形，依序處新臺幣600元、700元、800元及900元；若屬「故意繞道行駛」之情形，則依序處新臺幣900元、1,000元、1,100元及1,200元。

另外，違反本條之行爲，因非屬違反道路交通管理事件統一裁罰基準及處理細則第12條第1項第1款所定得施以勸導，免予舉發之範圍，故交通勤務警察或依法令執行交通稽查任務之人員，仍應予以舉發；但由於違反本條行爲，應處罰鍰之最高額均屬新臺幣3,000元以下，屬行政罰法第19條第1項規定之微罪[179]，若其情節輕微，認以

---

[178] 依據道路交通安全規則第3條第1款第1目，汽車若依其使用性質分類，「大客車」，係指「座位在十座以上或總重量逾三千五百公斤之客車、座位在二十五座以上或總重量逾三千五百公斤之幼童專用車。其座位之計算包括駕駛人、幼童管理人及營業車之服務員在內。」

[179] 關於道交條例中處罰之規定，因具有秩序罰之性質，除有特別規定外，作爲一般總則性規定之

不處罰爲適當者，作爲處罰機關之公路主管機關（道交條例第8條第1項第1款），應仍得免予處罰，改對違規之汽車駕駛人施以糾正或勸導，並作成紀錄，命其簽名。

參、綜論

司法院釋字第802號解釋指出：「對人民違反行政法上義務之行爲處以罰鍰，涉及對人民財產權之限制，其處罰固應視違規情節之輕重程度爲之，俾符合憲法責罰相當原則，惟立法者針對違反行政法上義務行爲給予處罰，如已預留視違規情節輕重而予處罰之範圍，對於個案處罰顯然過苛之情形，並有適當調整機制者，應認係屬立法形成自由範疇，本院原則上應予尊重[180]。」裁量基準之訂頒，應得避免下級機關於相同事件恣意爲不同裁罰，有助於裁罰之一致性及可預期性之提升。針對道交條例裁罰標準之定額裁罰規定是否違憲之疑義，司法院釋字第511號解釋亦曾指出：「至上開細則第41條第2項規定，行爲人逾指定應到案日期後到案，另同細則第44條第1項規定，違反道路交通管理事件行爲人未依規定自動繳納罰鍰，或未依規定到案聽候裁決者，處罰機關即一律依標準表規定之金額處以罰鍰，此屬法律授權主管機關就裁罰事宜所訂定之裁量基準，其罰鍰之額度並未逾越法律明定得裁罰之上限，且寓有避免各行政機關於相同事件恣意爲不同裁罰之功能，亦非法所不許。」然而，針對違反道交條例第38條行爲所處罰鍰，現行基準表雖有依違規車種類別區分，但主要仍係以是否依限期到案及其逾越期間長短，作爲劃分裁量罰鍰金額級距之標準，其是否得充分反映個案中汽車駕駛人違規行爲之動機、目的、所生影響、因違反行政法上義務所得之利益，以及考量受處罰者之資力等不同面向[181]，應仍有討論空間。若因此引起爭議，於救濟程序中，有權機關實應積極判斷並裁量，以確保行政機關確實已依據個案具體情況爲最適目的之考量，以實現「個案正義」[182]。

另外，針對汽車駕駛人有本條第1項「違規攬客營運」之行爲，其判斷上可能須與道交條例第60條第2項第3款之汽車駕駛人駕駛汽車「不遵守道路交通標誌、標線、號誌之指示」，及第4款所規定「計程車之停車上客，不遵守主管機關之規定」，爲進一步之區辨。由於道交條例第60條係於「本章各條無處罰之規定」時，方有其適用，故宜先針對本條第1項之構成要件進行審認，以確認適用法條。另外，道路交通安全規則第78條第4款所規定「計程車在設有停車上客處標誌之路段，應在

行政罰法，應仍有補充適用之餘地。洪家殷，行政罰上之有責性原則適用於道路交通管理處罰條例之探討，月旦法學雜誌，第346期，2024年3月，第24頁。

180 司法院釋字第802號解釋理由書第13段參照。

181 行政罰法第18條第1項：「裁處罰鍰，應審酌違反行政法上義務行爲應受責難程度、所生影響及因違反行政法上義務所得之利益，並得考量受處罰者之資力。」

182 李震山，行政法導論，三民，2019年11版，第286-287頁。

指定之上客處搭載乘客，不得沿途攬載」，究應依本條第1項裁處新臺幣1,500元以上3,000元以下罰鍰，抑或依道交條例第60條第2項第3款或第4款處新臺幣900元以上1,800元以下罰鍰，亦屬本條適用時，須依個案再行認定者。

第 39 條（汽車駕駛人之處罰——未靠右駕車）
汽車駕駛人，不在未劃分標線道路之中央右側部分駕車者，處新臺幣六百元以上一千二百元以下罰鍰。但單行道或依規定超車者，不在此限。

壹、導言

本條係針對汽車駕駛人「不在未劃分標線道路之中央右側部分駕車」之行爲予以處罰，其於1968年道交條例制定時，即明定於第39條。1975年第三次修正時，將原先「三十元以上五十元以下」之罰鍰金額，調升爲「一百元以上、二百元以下」。續考量社會經濟情況變動，罰鍰額度已嫌偏低，故於1986年第五次修法時，斟酌實際情形，再將罰鍰金額修正爲「二百元以上四百元以下」，期得妥適達成法律上之目的。本條最近一次修正係於2001年，將罰鍰金額改以新臺幣計算，調整爲「新臺幣六百元以上一千二百元以下罰鍰」，形成現行法之樣貌。

貳、內容解析

一、規範對象

本條所欲規範之對象爲汽車駕駛人，請參考第38條「貳、一、規範對象」之說明。

二、禁止之行爲態樣

道路標誌、標線及號誌之設置，其目的在於提供駕駛人及行人有關道路路況之警告、禁制、指示等資訊，以便利行旅並確保交通安全[183]。汽車駕駛人駕駛汽車，應遵守道路交通標誌、標線、號誌之指示、警告、禁制規定。但針對行駛於未劃分標線[184]之道路，本條亦明定汽車駕駛人應遵循之規則：汽車駕駛人行駛於未劃分標線之道

183 道交條例第4條第1項參照。

184 所謂「標線」，依據道交條例第3條第6款，係「指管制道路交通，表示警告、禁制、指示，而在路面或其他設施上劃設之線條、圖形或文字」。

路時，應靠中央右側部分駕車；而相同意旨亦可見於道路交通安全規則第95條第1項之規定中：「汽車除行駛於單行道或指定行駛於左側車道外，在未劃分向線或分向限制線之道路，應靠右行駛。」但此一靠右行駛之要求，仍有其例外，若汽車駕駛人係依規定超車、行駛於單行道或指定行駛於左側車道者[185]，則不在此限。但汽車駕駛人遇有特殊情況，必須行駛左側道路時，除應減速慢行外，並應同時注意前方來車及行人[186]。

另外，道路交通安全規則第99條第1項針對機車行駛於無標誌或標線之車道時，亦針對其行駛之位置有相關之規定，包括「在未劃分快慢車道之道路，應在最外側二車道行駛；單行道應在最左、右側車道行駛」（第1款）及「在已劃分快慢車道之道路，雙向道路應在最外側快車道及慢車道行駛；單行道道路應在慢車道及與慢車道相鄰之快車道行駛」（第2款）。

三、法律效果

本條針對汽車駕駛人「不在未劃分標線道路之中央右側部分駕車」之行為，處以罰鍰，其額度為新臺幣600元以上1,200元以下。而就罰鍰額度之裁量，道交條例第92條第4項將罰鍰基準、舉發或輕微違規勸導、罰鍰繳納、應記違規點數之條款、點數與其通知程序、向處罰機關陳述意見或裁決之處理程序、分期繳納之申請條件、分期期數、不依限期繳納之處理、分期處理規定、繳納機構及其他相關事項，授權由交通部會同內政部訂定處理細則，即為違反道路交通管理事件統一裁罰基準及處理細則，並於第2條第2項之附件違反道路交通管理事件統一裁罰基準表（以下簡稱基準表）中，訂定處理違反道路交通管理事件之統一裁罰基準，其中，違反道交條例第39條之裁罰基準，係先區分違規車種類別屬「機車或小型車」或「大型車」；再以「期限內繳納或到案聽候裁決」、「逾越應到案期限三十日內，繳納罰鍰或到案聽候裁決」、「逾越應到案期限三十日以上六十日以內，繳納罰鍰或到案聽候裁決」及「逾越應到案期限六十日以上，繳納罰鍰或逕行裁決處罰」為標準，針對逾越應到案期限越久之汽車駕駛人，處以越重之罰鍰：機車或小型車依序處新臺幣600元、700元、800元及900元；大型車則依序處新臺幣900元、1,000元、1,100元及1,200元。但汽車駕駛人行駛於單行道，或依規定超車時，不罰。

另外，違反本條之行為，因非屬違反道路交通管理事件統一裁罰基準及處理細則

---

185 依據道路交通安全規則第95條第1項規定，於指定行駛於左側車道之道路行駛，亦應可不受「靠右行駛」規則之拘束。

186 道路交通安全規則第95條第1項但書：「但遇有特殊情況必須行駛左側道路時，除應減速慢行外，並注意前方來車及行人。」

第12條第1項第1款所定得施以勸導，免予舉發之範圍，故交通勤務警察或依法令執行交通稽查任務之人員，仍應予以舉發；但由於違反本條行爲，應處罰鍰之最高額爲新臺幣1,200元以下，屬行政罰法第19條第1項規定之微罪，若其情節輕微，認以不處罰爲適當者，作爲處罰機關之公路主管機關（道交條例第8條第1項第1款），應仍得免予處罰，改對違規之汽車駕駛人施以糾正或勸導，並作成紀錄，命其簽名[187]。

參、綜論

針對違反本條所處罰鍰，依據基準表所爲裁量，是否有助於審酌個案中不同違規行爲之應罰程度，請參考第38條「參、綜論」之說明。

第 40 條（違反速限之處罰）
汽車駕駛人，行車速度，超過規定之最高時速，或低於規定之最低時速，除有第四十三條第一項第二款情形外，處新臺幣一千二百元以上二千四百元以下罰鍰。

壹、導言

針對「汽車駕駛人，行車速度，超過規定之最高時速，或低於規定之最低時速」之行爲，於1968年道交條例制定之初，即於第40條中明定其處罰。1975年道交條例第三次修正時，將罰鍰金額由原先之「五十元以上二百元以下」，調整爲「二百元以上、四百元以下」；同時，針對應歸責於汽車所有人之超速行駛行爲，增訂「吊扣其汽車牌照一個月」之規定。1986年第五次修正時，爲防止駕駛人規避取締超速行駛，危害交通安全，故明文禁止汽車駕駛人「裝用測速雷達感應器」；並因應社會經濟情況變動，斟酌實際情形，將違反速限及裝用測速雷達感應器之罰鍰，修正爲「四百元以上、八百元以下」，並針對測速雷達感應器，增訂沒入之處罰。2001年道交條例第九次修正時，將罰鍰金額改以新臺幣計算，調整爲「新臺幣一千二百元以上二千四百元以下罰鍰」。2005年底道交條例迎來第15次修正，考量測速雷達感應器並未經其主管機關公告爲違禁品，亦未禁止廠商製造販售，且衛星定位導航，亦有

---

187 行政罰法第19條規定：「違反行政法上義務應受法定最高額新臺幣三千元以下罰鍰之處罰，其情節輕微，認以不處罰爲適當者，得免予處罰（第1項）。前項情形，得對違反行政法上義務者施以糾正或勸導，並作成紀錄，命其簽名（第2項）。」關於道交條例之處罰規定與行政罰法之適用，請參考洪家殷，行政罰上之有責性原則適用於道路交通管理處罰條例之探討，月旦法學雜誌，第346期，2024年3月，第23-24頁。

提醒前方路段設有固定桿測速雷達之功能；又測速雷達感應器與主管機關所設告示牌之功能相同，因時空環境因素變遷，及基於道交條例係在維護交通秩序與安全，而非以處罰爲目的，裝用測速雷達感應器應無再予禁止之必要，故刪除有關裝設感應器之處罰[188]，而既已刪除裝用感應器之處罰，則已無歸責於汽車所有人之可能，故一併刪除第2項[189]；另，因該次修正已於道交條例第43條第1項增列第2款，對於超過最高速限60公里以上者加重處罰，故增訂若「有第四十三條第一項第二款情形」，則優先適用該條處罰，排除本條之適用。

貳、內容解析

一、規範對象

本條所欲規範之對象爲汽車駕駛人，請參考第38條「貳、一、規範對象」之說明。

二、禁止之行爲態樣

汽車駕駛人之行車速度，應依速限標誌或標線之規定，不論是超過規定之最高時速，或低於規定之最低時速，均屬本條所欲處罰之違反速限行爲。但考量汽車駕駛人駕駛汽車，若行車速度超過最高時速40公里，其危險性較高，已屬情節嚴重之違規行爲，故將其移列道交條例第43條第1項第2款，處以較重之罰鍰，而排除本條之適用[190]。另外，即使是相同「行車速度超過規定之最高速限或低於規定之最低速限」之行爲，若係行駛於高速公路、快速公路，相較於一般道路，其危險性亦屬較高，故另於道交條例第33條第1項第1款規定其處罰。

一旦汽車駕駛人駕駛汽車，行經無速限標誌或標線之道路時，其行車速度不得超過50公里，但在設有快慢車道分隔線之慢車道，時速不得超過40公里，未劃設車道線、行車分向線或分向限制線之道路，時速不得超過30公里（道路交通安全規則第93條第1項第1款）。另外，行車速度之限制，亦有例外不適用之情形，道路交通安全規則第93條第2項針對消防車、救護車、警備車、工程救險車及毒性化學物質災

---

188 請參考2005年12月28日修正道交條例第40條立法理由第1點。

189 請參考2005年12月28日修正道交條例第40條立法理由第3點。

190 汽車駕駛人如有駕駛汽車行車速度超過規定之最高時速40公里以上者，道交條例第43條第1項第2款對此種高速危險駕駛行爲定有加重處罰規定，應屬本條有關一般道路行車超速處罰之特別規定，故不論汽車駕駛人行駛何種道路，其行車速度超過規定之最高時速40公里以上之重大違規行爲，自應依道交條例第43條第1項第2款規定舉發處罰。交通部96年10月18日交路字第0960052469號函參照。轉引自：林振勇，道路交通管理處罰條例法令解釋輯要，交通部公路局嘉義區監理所，2015年8版，第277頁。

害事故應變車執行任務時，明定其得不受行車速度之限制，且於開啓警示燈及警鳴器執行緊急任務時，得不受標誌、標線及號誌指示之限制。但爲免其適用範圍過大，影響道路交通秩序與安全，仍應視上開車輛執行之任務性質，作個案之認定，倘其任務性質無須以高於速限之速度行駛者，仍不應主張其不受行車速度之限制，另外，亦應「考量該等車輛違反『速限』及『標誌、標線、號誌』管制之行爲與其任務之關聯性、必要性、急迫性等原則[191]」。以救護車執行任務爲例，救護車若運送重病患者或垂死病人自動出院返家臨終者，可視爲救護車執行緊急任務，依緊急醫療救護法第17條第2項規定，可使用警鳴器及紅色閃光燈；「惟救護車若運送遺體，則不得視爲執行緊急任務」，故除不得使用警鳴器及紅色閃光燈外，其亦應遵守相關行車速度之規定[192]。

三、法律效果

本條係針對汽車駕駛人行車速度超過規定之最高時速，或低於規定之最低時速之行爲，處以新臺幣1,200元以上2,400元以下罰鍰。針對汽車駕駛人違反本條之行爲，若當場不能或不宜攔截製單舉發，則依據道交條例第7條之2第1項第7款，得以科學儀器取得證據資料證明其行爲違規後，逕行舉發。但於取締執法路段，在一般道路應於100公尺至300公尺前，在高速公路、快速公路應於300公尺至1,000公尺前，設置測速取締標誌（道交條例第7條之2第3項）。而針對汽車行車速度超過規定之最高速限或低於規定之最低速度之行爲，依道交條例第7條之2逕行舉發後，若其違規地點相距六公里以上、違規時間相隔六分鐘以上或行駛經過一個路口以上，持續相同違規行爲，則得連續舉發；但其違規地點在隧道內者，不在此限（道交條例第85條之1第2項第1款）[193]。

191 交通部92年7月23日交路字第0920043877號函參照。轉引自：林振勇，道路交通管理處罰條例法令解釋輯要，交通部公路局嘉義區監理所，2015年8版，第276頁。

192 請參考行政院衛生署92年5月7日衛署醫字第0920201983號函、行政院衛生署94年3月14日衛署醫字第0940201494號函。轉引自：林振勇，道路交通管理處罰條例法令解釋輯要，交通部公路局嘉義區監理所，2015年8版，第276頁。

193 針對違規行爲次數之認定，司法院釋字第604號解釋曾指出：「依中華民國八十六年一月二十二日增訂公布第八十五條之一規定，係對於汽車駕駛人違反同條例第五十六條第一項各款而爲違規停車之行爲，得爲連續認定及通知其違規事件之規定，乃立法者對於違規事實一直存在之行爲，考量該違規事實之存在對公益或公共秩序確有影響，除使主管機關得以強制執行之方法及時除去該違規事實外，並得藉舉發其違規事實之次數，作爲認定其違規行爲之次數，從而對此多次違規行爲得予以多次處罰，並不生一行爲二罰之問題，故與法治國家一行爲不二罰之原則，並無牴觸（解釋文第一段）。」但其亦強調：「立法者固得以法律規定行政機關執法人員得以連續舉發及隨同多次處罰之遏阻作用以達成行政管制之目的，但仍須符合憲法第二十三條之比例原則及法律授權明確性原則。鑑於交通違規之動態與特性，則立法者欲藉連續舉發以警惕及遏阻違規行爲人任由違規事實繼續存在者，得授權主管機關考量道路交通安全等相關因素，將連續舉發之條件及前後舉發之間隔及期間以命令爲明確之規範（解釋文第二段）。」

而就罰鍰額度之裁量，則是依據道交條例第92條第4項授權訂定之違反道路交通管理事件統一裁罰基準及處理細則行之，其中第2條第2項之附件違反道路交通管理事件統一裁罰基準表（以下簡稱基準表）中，針對違反道交條例第40條之裁罰基準，首先，區分爲「行車速度超過規定之最高時速二十公里內（第一類型）」、「行車速度超過規定之最高時速逾二十公里至四十公里以內（第二類型）」及「行車速度低於規定之最低時速（第三類型）」等三種類型。針對第一種及第二種類型，進一步區分違規車種屬「機車」、「汽車」或「載運危險物品車輛」；再以「期限內繳納或到案聽候裁決」、「逾越應到案期限三十日內，繳納罰鍰或到案聽候裁決」、「逾越應到案期限三十日以上六十日以內，繳納罰鍰或到案聽候裁決」及「逾越應到案期限六十日以上，繳納罰鍰或逕行裁決處罰」爲標準，針對逾越應到案期限越久之汽車駕駛人，處以越重之罰鍰[194]。針對第三類型，則未區分違規車種，僅依據是否逾期到案及逾期期間，定其罰鍰額度[195]。另外，違法本條之行爲，因非屬違反道路交通管理事件統一裁罰基準及處理細則第12條第1項第1款所定得施以勸導，免予舉發之範圍，故交通勤務警察或依法令執行交通稽查任務之人員，原則上仍應予以舉發[196]；但由於違反本條行爲，應處罰鍰之最高額爲新臺幣2,400元以下，屬行政罰法第19條第1項規定之微罪，若其情節輕微，認以不處罰爲適當者，依據道交條例第8條第1項第1款規定，作爲處罰機關之公路主管機關，仍得免予處罰，改對違規之汽車駕駛人施以糾正或勸導，並作成紀錄，命其簽名[197]。

另外，依據道交條例第63條第1項及第92條第4項規定，授權於違反道路交通管理事件統一裁罰基準及處理細則第2條中，針對違反道交條例應並予記點之違規事項加以規定，依據違反道路交通管理事件統一裁罰基準及處理細則第2條第5項第1款第4目，汽車駕駛人若有於一般道路超速40公里以內或低於速限行駛之違規事實，記違規點數一點。

194 第一類型及第二類型之裁罰額度，機車爲依序處新臺幣1,200元／1,400元，1,300元／1,500元，1,400元／1,600元，1,500元／1,800元；汽車則依序處新臺幣1,600元／1,800元，1,700元／1,900元，1,900元／2,100元，2,000元／2,300元；載運危險物品車輛部分，則無論何時到案，亦無論其超速程度，均處最高額之新臺幣2,400元。

195 第三類型之裁罰額度，依序處新臺幣1,200元、1,300元、1,400元、1,500元。

196 但警政署針對本條之執行，就行車速度在郊區不超過限速10公里，市區不超過五公里者，仍得以勸導代替舉發，然若屬於肇事案件，爲期公平、公正處理，縱使超速三公里亦應依法舉發處罰。內政部警政署81年8月5日警署交字第51637號函參照。

197 行政罰法第19條規定：「違反行政法上義務應受法定最高額新臺幣三千元以下罰鍰之處罰，其情節輕微，認以不處罰爲適當者，得免予處罰（第1項）。前項情形，得對違反行政法上義務者施以糾正或勸導，並作成紀錄，命其簽名（第2項）。」關於道交條例之處罰規定與行政罰法之適用，請參考洪家殷，行政罰上之有責性原則適用於道路交通管理處罰條例之探討，月旦法學雜誌，第346期，2024年3月，第23-24頁。

參、綜論

針對違反本條所處罰鍰，依據基準表所爲裁量，是否有助於審酌個案中不同違規行爲之應罰程度，請參考第38條「參、綜論」之說明。另外，基準表就汽車駕駛人駕駛載運危險物品車輛，行車速度超過規定之最高時速時，一律均處最高額之新臺幣2,400元，若參考司法院釋字第786號解釋中，針對公職人員利益衝突迴避法中以新臺幣100萬元爲罰鍰最低額之規定，曾指出「惟立法者未衡酌違規情節輕微之情形，一律處以100萬元以上之罰鍰，可能造成個案處罰顯然過苛而有情輕法重之情形，不符責罰相當原則，……」之意旨，則立法者於訂定行政罰時，若將個案裁量一般化，未預留視違規情節輕重區分處罰之程度，反而推導向類似裁量收縮至零之效果，恐不無疑義[198]。

第 41 條（汽車駕駛人之處罰——按鳴喇叭不依規定或超過音量）
汽車駕駛人，按鳴喇叭不依規定，或按鳴喇叭超過規定音量者，處新臺幣三百元以上六百元以下罰鍰。

壹、導言

對於汽車駕駛人「按鳴喇叭不依規定，或按鳴喇叭超過規定音量」之行爲，道交條例於1968年制定之初，即於第41條定有處罰規定。1975年道交條例第三次修正時，移除「不依標誌之指示」與「超過道路交通安全規則之規定音量」之要件外，並將罰鍰金額，由原先之「十元以上三十元以下」，調高至「五十元以上、一百元以下」。1986年道交條例第五次修正時，立法者考量社會經濟情況變動，原罰鍰金額顯不足以達成法律上之目的，爰斟酌實際情形，將其提高至「一百元以上二百元以下」。2001年時，則將罰鍰金額改以新臺幣計算，修正爲「新臺幣三百元以上六百元以下」，始呈現現行條文全貌。

---

198 蘇大法官俊雄於司法院釋字第511號解釋所提部分不同意見書中指出：「這種裁量行使的一般性規則，仍然是依抽象性之『典型案件』爲適用對象，而無法及於所有的現實樣態；也因此，爲符合授權法律規定之應依個案決定的裁量要求，這種裁量基準不應被理解爲得作爲『唯一』或『絕對』的判斷依據，而必須留給實際決定機關在面對『非典型』案件時，得有衡量原先裁量基準未納入考量但與立法目的及個案正義實現有關的情事。亦即，立法所授權者仍爲個案中的衡量，而非如同空白構成要件規定一般，授權行政機關爲裁量法規的訂定。由此，沒有斟酌餘地的裁量基準就是違反了法律的規定，也是剝奪了實際決定機關（往往是下級機關）的裁量權限。」另請參考洪家殷，行政罰上之有責性原則適用於道路交通管理處罰條例之探討，月旦法學雜誌，第346期，2024年3月，第23頁。

貳、內容解析

一、規範對象

本條所欲規範之對象爲汽車駕駛人，請參考第38條「貳、一、規範對象」之說明。

二、禁止之行爲態樣

本條係針對汽車駕駛人按鳴喇叭不依規定，或按鳴喇叭超過規定音量之行爲，予以處罰。汽車於申請牌照檢驗時，應確認「各種喇叭應合於規定且不得裝設可發出不同音調之喇叭[199]」。而針對按鳴喇叭，應以單響爲原則，並不得連續按鳴三次，每次時間不得超過半秒鐘（道路交通安全規則第92條第2項）；而得按鳴喇叭之情形，依據道路交通安全規則第92條第1項，包括：

（一）行近急彎，上坡道頂端視距不良者。

（二）在郊外道路同一車道上行車欲超越前行車時。

（三）遇有緊急或危險情況時。

另外，汽車欲超越同一車道之前車時，依據道路交通安全規則第101條第1項第3款，須先按鳴喇叭兩單響或變換燈光一次，但不得連續密集按鳴喇叭或變換燈光迫使前車允讓。然而，若以連續密集按鳴喇叭方式，迫使前車讓道之行爲，係發生行駛於高速公路、快速公路時，相較於一般道路，其危險性較高，故另於道交條例第33條第1項第14款中，加重其處罰，而非適用本條規定。

針對按鳴喇叭超過規定音量之舉發與處罰，應限於警察機關執行任務時發現之情況[200]，警察機關執行任務發現按鳴喇叭，音量超過規定時，應依道交條例第41條規定舉發，並由公路主管機關處罰。處罰時，程序上應依道交條例第17條第2項之原則，責令其至監理處所站接受覆驗，確認其喇叭音量已按規定改正後，始予受理罰鍰結案[201]。

三、法律效果

本條針對汽車駕駛人按鳴喇叭不依規定，或按鳴喇叭超過規定音量之行爲，處新臺幣300元以上600元以下罰鍰。依據道交條例第92條第4項之授權，於違反道路交通

---

199 道路交通安全規則第39條第6款及第39條之2第1項第4款，分別針對汽車及機車申請牌照檢驗有相關規定。

200 若係公路監理機關實施檢驗時發現，則應依道交條例第16條第1項第6款，由公路監理機關舉發並裁罰。處罰時，程序上應責令其先至監理處所站接受覆驗，確認其喇叭音量已按規定改正後，始予受理罰鍰結案。參照交通部路政司65年5月12日路臺字第45231號函。

201 參照交通部路政司65年7月29日路臺字第45829號函。

管理事件統一裁罰基準及處理細則第2條中，針對違反道交條例之罰鍰額度提供了裁量之基準，依據違反道路交通管理事件統一裁罰基準表（以下簡稱基準表），違反道交條例第41條之裁罰基準，係以「期限內繳納或到案聽候裁決」、「逾越應到案期限三十日內，繳納罰鍰或到案聽候裁決」、「逾越應到案期限三十日以上六十日以內，繳納罰鍰或到案聽候裁決」及「逾越應到案期限六十日以上，繳納罰鍰或逕行裁決處罰」爲標準，依序處以新臺幣300元、400元、500元及600元之罰鍰，即對逾越應到案期限越久之汽車駕駛人，處以越重之罰鍰。

依據違反道路交通管理事件統一裁罰基準及處理細則第12條第1項第1款規定，行爲人有違反本條之情形，而未嚴重危害交通安全、秩序，且情節輕微，以不舉發爲適當者，交通勤務警察或依法令執行交通稽查任務人員得對其施以勸導，免予舉發；另，由於違反本條行爲應處罰鍰之最高額爲新臺幣600元，依據行政罰法第19條第1項之規定，若其情節輕微，認以不處罰爲適當者，本條之處罰機關，即公路主管機關，亦得免予處罰，改對違規之汽車駕駛人施以糾正或勸導，並作成紀錄，命其簽名[202]。

參、綜論

針對違反本條所處罰鍰，依據基準表所爲裁量，是否有助於審酌個案中不同違規行爲之應予責罰之程度，請參考第38條「參、綜論」之說明。

第 42 條（汽車駕駛人之處罰——燈光使用）
汽車駕駛人，不依規定使用燈光者，處新臺幣一千二百元以上三千六百元以下罰鍰。

壹、導言

道交條例1968年制定時，即於第42條中針對汽車駕駛人未依規定使用燈光之行爲，明定處罰，但當時將禁止行爲限於「遇雨霧或夜間駕車」或「在無燈光設備之道路上停車」，不燃亮前後車燈，以及「夜間駕車在會車時，或在市區照明清楚之

---

202 行政罰法第19條規定：「違反行政法上義務應受法定最高額新臺幣三千元以下罰鍰之處罰，其情節輕微，認以不處罰爲適當者，得免予處罰（第1項）。前項情形，得對違反行政法上義務者施以糾正或勸導，並作成紀錄，命其簽名（第2項）。」關於道交條例之處罰規定與行政罰法之適用，請參考洪家殷，行政罰上之有責性原則適用於道路交通管理處罰條例之探討，月旦法學雜誌，第346期，2024年3月，第23-24頁。

處，不改用近光燈」之情形。1975年道交條例第三次修正時，調整為「不依規定使用燈光」，並將罰鍰金額由原先之「五十元以上一百元以下」，提高至「一百元以上、二百元以下」。道交條例1986年第五次修正時，考量社會經濟情況變動，原罰鍰金額顯不足以達成法律上之目的，爰斟酌實際情形，將其提高為「二百元以上四百元以下」。2005年第15次修正時，則將罰鍰金額改以新臺幣計算，修正為「新臺幣一千二百元以上三千六百元以下」，形成現行條文。

貳、內容解析

一、規範對象

本條所欲規範之對象為汽車駕駛人，相關說明請參考第38條「貳、一、規範對象」之說明。

二、禁止之行為態樣

本條係處罰汽車駕駛人不依規定使用燈光之行為。而關於燈光之使用，依據道路交通安全規則第109條第1項規定，汽車行駛時，應依下列規定使用燈光：

（一）夜間應開亮頭燈。
（二）行經隧道、調撥車道應開亮頭燈。
（三）遇濃霧、雨、雪、天色昏暗或視線不清時，應開亮頭燈。
（四）非遇雨、霧時，不得使用霧燈。
（五）行經公路主管機關或警察機關公告之山區或特殊路線之路段，涵洞或車行地下道，應依標誌指示使用燈光。
（六）夜間會車時，或同向前方100公尺內有車輛行駛，除同規則第101條第3款所定「變換燈光一次」情形外，應使用近光燈[203]。

而針對方向燈之使用，道路交通安全規則第109條第2項規定，汽車駕駛人於起駛前應顯示方向燈（第1款）。左（右）轉彎時，應先顯示車輛前後之左（右）邊方向燈光；變換車道時，應先顯示欲變換車道方向之燈光，並應顯示至完成轉彎或變換車道之行為（第2款）。超越同一車道之前車時應顯示左方向燈並至與前車左側保持半公尺以上之間隔超過，行至安全距離後，再顯示右方向燈駛入原行路線（第3款）。

另外，汽車欲超越同一車道之前車時，依據道路交通安全規則第101條第1項第3款，須先按鳴喇叭兩單響或變換燈光一次，但不得連續密集按鳴喇叭或變換燈光迫使

---

[203] 道路交通安全規則第100條第6款亦得見相同規定。

前車允讓。然而，若變換燈光迫使前車讓道之行爲，係發生行駛於高速公路、快速公路時，相較於一般道路，其危險性較高，故另於道交條例第33條第1項第6款中，加重其處罰，而非適用本條規定。

三、法律效果

本條針對汽車駕駛人不依規定使用燈光之行爲，處以新臺幣1,200元以上3,600元以下罰鍰。依據道交條例第7條之1第1項第5款規定，汽車駕駛人違反本條之行爲，得由民眾敘明違規事實並檢具違規證據資料，向公路主管或警察機關檢舉。若違反本條之汽車駕駛人與汽車所有人，係屬不同人，而經舉發受處罰者，爲汽車所有人時，其得依據道交條例第85條第1項及違反道路交通管理事件統一裁罰基準及處理細則第36條第1項規定，向處罰機關告知應歸責人，處罰機關應即另行通知應歸責人到案，若經查證屬實，則應以應歸責人爲裁罰之對象[204]。

罰鍰額度之裁量，則是依據道交條例第92條第4項授權訂定之違反道路交通管理事件統一裁罰基準及處理細則行之，其中第2條第2項之附件違反道路交通管理事件統一裁罰基準表（以下簡稱基準表）中，針對違反道交條例第42條之裁罰基準，係先將違規車種區分屬「機車或小型車」或「大型車」；再以「期限內繳納或到案聽候裁決」、「逾越應到案期限三十日內，繳納罰鍰或到案聽候裁決」、「逾越應到案期限三十日以上六十日以內，繳納罰鍰或到案聽候裁決」及「逾越應到案期限六十日以上，繳納罰鍰或逕行裁決處罰」爲標準，針對逾越應到案期限越久之汽車駕駛人，處以越重之罰鍰：機車或小型車依序處新臺幣1,200元、1,300元、1,400元及1,500元；大型車則依序處新臺幣2,800元、3,000元、3,300元及3,600元；針對違反道路交通安全規則第109條第2項者，則一律處新臺幣1,200元罰鍰。

另外，依據道交條例第63條第1項及第92條第4項規定，授權於違反道路交通管理事件統一裁罰基準及處理細則第2條中，針對違反道交條例應並予記點之違規事項加以規定，依據違反道路交通管理事件統一裁罰基準及處理細則第2條第5項第1款第5目，汽車駕駛人若有不依規定使用燈光之違規事實，記違規點數一點。

---

204 例如105年度高等行政法院及地方法院行政訴訟庭法律座談會中，即曾提案討論：當汽車駕駛人係駕駛租賃車輛違規，且警察機關未能當場舉發，而係在事後憑所獲悉事證，以逕行舉發方式，裁罰汽車出租公司，是否適法？最終研討結果認爲，以車輛所有人爲裁罰對象，並無違誤，惟所有人可辦理歸責程序，請求裁罰機關改以眞正違反行政法義務之承租人。反之，若其逾期未依規定辦理，應即以所有人爲裁罰對象。請參考高等行政法院及地方法院行政訴訟庭法律座談會提案四（09/05/1996）。

參、綜論

針對違反本條所處罰鍰，依據基準表所爲裁量，是否有助於審酌個案中不同違規行爲之應罰程度，請參考第38條「參、綜論」之說明。另外，基準表就汽車駕駛人未依道路交通安全規則第109條第2項規定使用方向燈之情形，一律均處新臺幣1,200元，似有將個案裁量一般化，而未預留視個案違規情節輕重而予處罰之範圍，是否妥適，應有討論空間[205]。

第43條（汽車駕駛人之處罰——危險駕駛及噪音）

汽車駕駛人駕駛汽車有下列情形之一者，處新臺幣六千元以上三萬六千元以下罰鍰，並當場禁止其駕駛：

一、在道路上蛇行，或以其他危險方式駕車。

二、行車速度，超過規定之最高時速四十公里。

三、任意以迫近、驟然變換車道或其他不當方式，迫使他車讓道。

四、非遇突發狀況，在行駛途中任意驟然減速、煞車或於車道中暫停。

五、拆除消音器，或以其他方式造成噪音。

六、在高速公路或快速公路迴車、倒車、逆向行駛。

汽車駕駛人違反前項第一款至第四款情形因而肇事者，並吊銷其駕駛執照；違反前項第五款情形，於一年內再度違反者，並吊扣其駕駛執照六個月。

二輛以上之汽車共同違反第一項規定，或在道路上競駛、競技者，處汽車駕駛人新臺幣三萬元以上九萬元以下罰鍰，並當場禁止其駕駛及吊銷其駕駛執照。

汽車駕駛人有第一項或前項行為者，並吊扣該汽車牌照六個月；經受吊扣牌照之汽車再次提供為違反第一項第一款、第三款、第四款或前項行為者，沒入該汽車。

未滿十八歲之汽車駕駛人違反第一項、第三項規定者，得由警察機關公布其法定代理人或監護人姓名。

壹、導言

道交條例針對危險駕駛及造成噪音行爲之處罰規定，首見於1975年第三次修正時之第43條：「機器腳踏車駕駛人，在道路上以超速、蛇行，或僅以後輪著地等危險方式駕車，或拆除消音器造成噪音者，處三百元以上、六百元以下罰鍰；因而肇事者，並吊銷其駕駛執照。」1986年第五次修法時，考量道交條例第40條針對超速

205 類似情況亦出現於道交條例第40條。

已有處罰規定，故將前段之「超速」二字刪除，而僅處罰「危險駕車」及「造成噪音」之駕駛行爲，並增列「或以其他方式」六字，以利實務執行。時至2001年第九次修正時，將處罰對象之文字，由原先之「機器腳踏車駕駛人」，修正爲「汽車駕駛人」，並明定禁止之行爲，包括「在道路上蛇行，或以其他危險方式駕車」或「拆除消音器，或以其他方式造成噪音」。2014年第24次修正時，再增訂「任意以迫近、驟然變換車道或其他不當方式，迫使他車讓道」與「非遇突發狀況，在行駛途中任意驟然減速、煞車或於車道中暫停」等二類危險駕駛行爲。2023年第45次修法時，進一步納入「高速公路或快速公路迴車、倒車、逆向行駛等行爲」，並將嚴重超速行爲之認定標準，由原先超過規定之最高時速60公里，修正爲超過最高時速40公里。

針對危險駕駛及造成噪音之行爲，其所處罰鍰額度，自1975年之「三百元以上、六百元以下罰鍰」；至1986年時，考量社會經濟情況變動，原罰鍰金額顯不足以達成法律上之目的，爰斟酌實際情形，提高至「六百元以上一千二百元以下罰鍰」；2001年時，因改以新臺幣計算罰鍰額度，故修正爲「新臺幣六千元以上二萬四千元以下罰鍰」，除原先之當場禁止駕駛及吊銷駕駛執照外，增訂吊扣車輛牌照、沒入違規汽車、道路交通安全講習[206]及公布姓名等處罰，並針對「二輛以上車輛駕駛人共同危險方式駕車或製造車輛噪音而肇事，或在道路上競駛、競技」之情形，爲相應之處罰規定；時至2023年修法時，再提高罰鍰之最高限額至新臺幣3萬6,000元。

貳、內容解析

一、規範對象

本條所欲規範之對象爲汽車駕駛人，請參考第38條「貳、一、規範對象」之相關說明。

二、禁止之行爲態樣

（一）危險駕駛

1. 在道路上蛇行，或以其他危險方式駕車（第1項第1款）

汽車駕駛人駕駛車輛，應注意車前狀況及兩車並行之間隔，並隨時採取必要之安全措施，道交條例第43條第1項第1款係禁止汽車駕駛人在道路上蛇行，或以其他

---

206 2001年修法時，對「二輛以上之汽車共同違反第一項規定，或在道路上競駛、競技」情形，增訂道路交通安全講習之相關規定；2023年時，針對應接受道路安全講習之情形，另授權訂定於道路交通安全講習辦法中，故相關規定予以刪除。但依據道路交通安全講習辦法第4條第1項第9款之規定，違反本條之汽車駕駛人，仍應受相同之處分。

危險方式駕車之行為。其將「蛇行」與「其他危險方式駕車」並列，故「蛇行」應屬「危險駕車方式」之例示[207]。但針對「蛇行」之駕車方式，於道交條例或道路交通安全規則中，並未有定義性之規定。所謂「蛇行」，依文義解釋，應係指汽車沿途任意變換車道，且於車道上穿梭行駛之危險駕車方式；亦即，倘駕駛人駕駛汽車有多次連續、密集驟然或任意變換車道之行為，駕駛人可預見其行為極有可能造成其他用路人遭追撞之結果，即屬於「蛇行」[208]。

相同意旨之規定，得見於道路交通安全規則第94條第3項：「汽車行駛時，駕駛人應注意車前狀況及兩車並行之間隔，並隨時採取必要之安全措施，不得在道路上蛇行，或以其他危險方式駕車。」另外，針對機車部分，道路交通安全規則第99條第3項亦明定：「機車不得在道路上蛇行，或僅以後輪著地或以其他危險方式駕車，……。」而大型重型機車部分，依據道路交通安全規則第99條之1，則係比照小型汽車適用其行駛規定。

2. 行車速度，超過規定之最高時速40公里（第1項第2款）

汽車駕駛人之行車速度，應依速限標誌或標線之規定。針對「行車速度，超過規定之最高時速」，道交條例第40條即定有「新臺幣一千二百元以上二千四百元以下」處罰；但考量汽車駕駛人駕駛汽車，若行車速度超過最高時速40公里，其危險性較高，已屬情節嚴重之違規行為，故於本條第1項第2款中予以特別規定，加重處罰[209]。另外，本條係適用於汽車駕駛人於一般道路之超速行為，若係行駛於高速公路、快速公路，則另依道交條例第33條第1項第1款處罰之。

3. 任意以迫近、驟然變換車道或其他不當方式，迫使他車讓道（第1項第3款）

汽車在同一車道行駛時，後車與前車之間應保持隨時可以煞停之距離，以策安全，不得任意以迫近、驟然變換車道或其他方式，迫使前車讓道[210]。若有超車之需要，亦應依道交條例第47條規定為之。本條係適用於汽車駕駛人於一般道路之行為，若係行駛於高速公路、快速公路，「連續密集按鳴喇叭、變換燈光或其他方式迫使前車讓道」，則另依道交條例第33條第1項第14款處罰之。

---

207 臺灣桃園地方法院111年度交字第572號行政訴訟判決。

208 臺灣桃園地方法院111年度交字第572號行政訴訟判決、臺灣臺中地方法院110年度交字第462號行政訴訟判決。

209 參照交通部96年10月18日交路字第0960052469號函。轉引自：林振勇，道路交通管理處罰條例法令解釋輯要，交通部公路局嘉義區監理所，2015年8版，第281頁。

210 相同意旨之規定得見道路交通安全規則第94條第1項：「汽車在同一車道行駛時，除擬超越前車外，後車與前車之間應保持隨時可以煞停之距離，不得任意以迫近或其他方式，迫使前車讓道。」

4. 非遇突發狀況，在行駛途中任意驟然減速、煞車或於車道中暫停（第1項第4款）

汽車駕駛人行駛於車道期間，不得任意驟然減速、煞車或於車道中暫停[211]。如遇突發狀況須減速暫停，汽車駕駛人應預先顯示燈光或手勢告知後車，後車駕駛人應隨時注意前車之行動（道路交通安全規則第94條第2項）。

5. 在高速公路或快速公路迴車、倒車、逆向行駛（第1項第6款）

汽車行駛於高速公路或快速公路，應遵守其管制之規定（道路交通安全規則第105條）。道交條例中，針對汽車駕駛人違規迴車及倒車之行爲，區分不同之路段，依其所造成之危險程度不同，分別訂定處罰；而本條則係處罰汽車駕駛人於高速公路或快速公路迴車、倒車或逆向行駛之行爲[212]；針對汽車駕駛人於一般道路之違規迴車或倒車行爲之處罰，則係分別規定於道交條例第49條及第50條中；而在鐵路平交道迴車或倒車之處罰，則規定於道交條例第54條第3款中。

（二）拆除消音器，或以其他方式造成噪音（第1項第5款）

依據道路交通安全規則第39條及第39條之1，汽車申請牌照檢驗及定期檢驗之項目及基準，均要求須「消音器作用正常」。針對汽車消音器設備不全或損壞不予修復，或擅自增、減、變更原有規格致影響行車安全者，依據道交條例第16條第1項第2款，處汽車所有人新臺幣900元以上1,800元以下罰鍰。而若係於汽車駕駛人駕駛汽車時，有拆除消音器之情形，則依本條第5款處罰之[213]。機車部分，道路交通安全規則第99條第3項亦明定：「機車……，亦不得拆除消音器或以其他方式造成噪音。」

而針對以其他方式造成噪音部分，例如於車輛加裝設高音量音響進行高音量播放，其噪音之檢測及其標準，則另依噪音管制法及依其授權訂定之機動車輛噪音管制標準與使用中機動車輛噪音管制辦法等法規命令，予以管制[214]。其中，直轄市、縣（市）主管機關依據使用中機動車輛噪音管制辦法，執行使用中車輛原地噪音檢驗測定或行駛噪音測定，必要時得會同有關機關辦理。原地噪音檢驗測定，係指使用中車輛於原地在一定引擎轉速下，測量其原地噪音量，由地方主管機關不定期於停車場（站）、路旁、柴油車動力計排煙檢測站、港區或其他適當地點執行；行駛噪音測定則係以架設固定或非固定式之科學儀器，測定使用中車輛於車道行駛之噪音（使用中

211 實務上常見之情形如停等紅燈時，逕行把機車臨停在距離路口好幾公尺的陰影處，造成後方車輛追撞。

212 但針對汽車行駛於高速公路、快速公路，不遵使用限制、禁止、行車管制及管理事項之管制規則之違規行爲，則係規定於道交條例第33條中。

213 參照交通部71年7月2日交路字第15427號函。

214 參照交通部路政司98年8月19日路臺監字第0980400984號函。

機動車輛噪音管制辦法第2條）。而車輛所發出之聲音，依據噪音管制法第11條第1項規定，不得超過由中央主管機關環境部會同交通部訂定之機動車輛噪音管制標準中所定之噪音管制標準值。

三、法律效果

本條係處罰汽車駕駛人危險駕駛及造成噪音之行爲，依據道交條例第7條之1第1項第6款規定，汽車駕駛人違反本條第1項第1款（在道路上蛇行，或以其他危險方式駕車）、第3款（任意以迫近、驟然變換車道或其他不當方式，迫使他車讓道）、第4款（非遇突發狀況，在行駛途中任意驟然減速、煞車或於車道中暫停）或第3項（二輛以上之汽車共同違反第1項規定，或在道路上競駛、競技者）之行爲，除得由民眾敘明違規事實並檢具違規證據資料，向公路主管或警察機關檢舉外[215]，若得當場攔截違規汽車，警察機關應即「當場禁止其駕駛」；若當場不能或不宜攔截製單舉發，則依據道交條例第7條之2第1項第7款，得以科學儀器取得證據資料證明其行爲違規後，逕行舉發。但若違反本條之汽車駕駛人與汽車所有人，係屬不同人，而經舉發受處罰者，爲汽車所有人時，其得依據道交條例第85條第1項及違反道路交通管理事件統一裁罰基準及處理細則第36條第1項規定，向處罰機關告知應歸責人，處罰機關應即另行通知應歸責人到案，若經查證屬實，則應以應歸責人爲裁罰之對象[216]。而就罰鍰額度之裁量，則是依據道交條例第92條第4項授權訂定之違反道路交通管理事件統一裁罰基準及處理細則行之，其中第2條第2項之附件違反道路交通管理事件統一裁罰基準表（以下簡稱基準表）中，針對違反道交條例第43條第1項下各款或第3項之行爲，分別訂定裁罰基準。

另外，依據道交條例第63條第1項及第92條第4項規定，授權於違反道路交通管理事件統一裁罰基準及處理細則中，針對違反道交條例應並予記點之違規事項加以規定，依據違反道路交通管理事件統一裁罰基準及處理細則第2條第5項第3款第1目，汽車駕駛人若有違反本條第1項下各款之違規事實，各記違規點數三點，但針對已受吊扣或吊銷駕駛執照處分者，則不予記違規點數（道交條例第63條第2項）。

---

[215] 針對檢舉違反本條第1項第1款至第4款規定行爲者，經查證屬實，依據道交條例第91條第4款，應予獎勵，由內政部警政署所屬專業警察機關、直轄市、縣（市）警察機關，隨時評定獎勵並公開表揚之（促進道路交通安全獎勵辦法第7條）。

[216] 例如105年度高等行政法院及地方法院行政訴訟庭法律座談會中，即曾提案討論：當汽車駕駛人係駕駛租賃車輛違規，且警察機關未能當場舉發，而係在事後憑所獲悉事證，以逕行舉發方式，裁罰汽車出租公司，是否適法？最終研討結果認爲，以車輛所有人爲裁罰對象，並無違誤，惟所有人可辦理歸責程序，請求裁罰機關改以眞正違反行政法義務之承租人。反之，若其逾期未依規定辦理，應即以所有人爲裁罰對象。請參考高等行政法院及地方法院行政訴訟庭法律座談會提案四（09/05/1996）。

（一）第1項第1款

針對汽車駕駛人駕駛汽車，有道交條例第43條第1項第1款「在道路上蛇行，或以其他危險方式駕車」之行爲，基準表中先依違規車種及違規情節區分爲「機車」、「汽車」及「一年內有二次以上違反第一項第一款、第三款或第四款行爲」；再以「期限內繳納或到案聽候裁決」、「逾越應到案期限三十日內，繳納罰鍰或到案聽候裁決」、「逾越應到案期限三十日以上六十日以內，繳納罰鍰或到案聽候裁決」及「逾越應到案期限六十日以上，繳納罰鍰或逕行裁決處罰」爲標準，針對逾越應到案期限越久之汽車駕駛人，處以越重之罰鍰：機車依序處新臺幣1萬2,000元、1萬3,200元、1萬5,600元及1萬8,000元；汽車則依序處新臺幣1萬8,000元、1萬9,800元、2萬3,400元及2萬4,000元；不論是前開機車或汽車，若一年內累積二次違規行爲者，則依序處新臺幣2萬4,000元、2萬6,400元、3萬1,200元及3萬6,000元。

針對汽車駕駛人在道路上蛇行，或以其他危險方式駕車之行爲，除處以罰鍰外，依據本條第4項規定，針對汽車所有人提供汽車駕駛人有本條第1項第1款行爲之汽車，尚應吊扣該汽車牌照六個月，而經受吊扣牌照之汽車，若再次提供爲違反同條第1項第1款、第3款、第4款或第3項行爲者，則沒入該汽車[217]。另外，違規之汽車駕駛人，須接受道路安全講習[218]；若汽車駕駛人未滿18歲，則其法定代理人或監護人應同時接受講習[219]，警察機關並得依據本條第5項公布其法定代理人或監護人姓名。汽車駕駛人若因而肇事，依據本條第2項前段，並吊銷其駕駛執照，且三年內不得考領駕駛執照[220]。

---

217 交通部路政司101年4月23日路臺監字第1010403917號函指出，由於違反道交條例第43條規定之事件，係屬影響道路交通安全甚鉅或重大危害交通秩序之違規行爲，故同條中規定處汽車記點或吊扣牌照等之處罰，立法意旨係爲督促汽車所有人善盡其保管車輛之責，以遏止其汽車有重大違規之使用；另，汽車駕駛人因違反道交條例第43條，經受吊扣汽車牌照處分後，如再嚴重累犯者，方有同條第4項沒入該汽車之處罰，故應無一罪多罰之情形。

218 關於道路交通安全講習之實施，另訂於依據道交條例第92條第3項授權訂定之道路交通安全講習辦法中。依據道路交通安全講習辦法第4條第1項第9款規定：「汽車駕駛人有下列情形之一者，除依本條例處罰外，並應施以講習：……九、違反本條例第四十三條第一項或第三項規定；未滿十八歲之駕駛人與法定代理人或監護人應同時施以講習。」

219 現行處罰機關原則係對其法定代理人或監護人中之一人裁處罰鍰，並製開道路交通安全講習通知單付郵交寄送達或當場交付法定代理人或監護人簽執後，對未滿18歲之汽車駕駛人及其法定代理人或監護人同時施以道路交通安全講習，請參照交通部101年10月1日交路字第1010411102號函。轉引自：林振勇，道路交通管理處罰條例法令解釋輯要，交通部公路局嘉義區監理所，2015年8版，第283頁。

220 道交條例第67條第2項規定：「汽車駕駛人曾依……第四十三條第二項、第三項……規定吊銷駕駛執照者，三年內不得考領駕駛執照；……。」

（二）第1項第2款

針對汽車駕駛人「行車速度，超過規定之最高時速四十公里」之違規行為，若得當場攔截，應即「當場禁止其駕駛」；若當場不能或不宜攔截製單舉發，依據道交條例第7條之2第1項第7款，得以科學儀器取得證據資料證明其行為違規後，逕行舉發。但於取締執法路段，在一般道路應於100公尺至300公尺前，在高速公路、快速公路應於300公尺至1,000公尺前，設置測速取締標誌（道交條例第7條之2第3項）。而針對汽車行車速度超過規定之最高速限之行為，依道交條例第7條之2逕行舉發後，若其違規地點相距六公里以上、違規時間相隔六分鐘以上或行駛經過一個路口以上，持續相同違規行為，則得連續舉發；但其違規地點在隧道內者，不在此限（道交條例第85條之1第2項第1款）。

而針對汽車駕駛人違反本條第1項第2款之超速行為，所處新臺幣6,000元以上3萬6,000元以下罰鍰，基準表中先依違規車種及違規情節區分為「行車速度超過規定之最高時速逾四十公里至六十公里以內（第一類型）」、「行車速度超過規定之最高時速逾六十公里至八十公里以內（第二類型）」及「行車速度超過規定之最高時速逾八十公里（第三類型）」等三種類型。針對第一種及第二種類型，進一步區分違規車種屬「機車或小型車」、「大型車」或「載運危險物品車輛」；再以「期限內繳納或到案聽候裁決」、「逾越應到案期限三十日內，繳納罰鍰或到案聽候裁決」、「逾越應到案期限三十日以上六十日以內，繳納罰鍰或到案聽候裁決」及「逾越應到案期限六十日以上，繳納罰鍰或逕行裁決處罰」為標準，針對逾越應到案期限越久之汽車駕駛人，處以越重之罰鍰[221]。針對第三類型，則未區分違規車種及逾期到案期間，一律處最高額罰鍰新臺幣3萬6,000元。

針對汽車駕駛人「行車速度，超過規定之最高時速四十公里」之行為，除處以罰鍰外，依據本條第4項前段規定，針對汽車所有人提供汽車駕駛人有本條第1項第2款行為之汽車，尚應吊扣該汽車牌照六個月。另外，違規之汽車駕駛人，須接受道路安全講習；若汽車駕駛人未滿18歲，則其法定代理人或監護人應同時接受講習[222]，警察機關並得依據本條第5項公布其法定代理人或監護人姓名。汽車駕駛人若因而肇事，

---

221 第一類型及第二類型之裁罰額度，機車或小型車依序處新臺幣1萬2,000元／1萬6,000元，1萬3,200元／1萬7,600元，1萬5,600元／2萬800元，1萬8,000元／2萬4,000元；大型車則依序處新臺幣1萬8,000元／2萬4,000元，1萬9,800元／2萬6,400元，2萬3,400元／3萬1,200元，2萬4,000元／3萬6,000元；載運危險物品車輛部分，則無論何時到案，亦無論其超速程度，均處最高額之新臺幣3萬6,000元。

222 關於道路交通安全講習之實施，另訂於依據道交條例第92條第3項授權訂定之道路交通安全講習辦法中。依據道路交通安全講習辦法第4條第1項第9款規定：「汽車駕駛人有下列情形之一者，除依本條例處罰外，並應施以講習：……九、違反本條例第四十三條第一項或第三項規定；未滿十八歲之駕駛人與法定代理人或監護人應同時施以講習。」

依據本條第2項前段，並吊銷其駕駛執照，且三年內不得考領駕駛執照（道交條例第67條第2項）；若因而致人受傷或死亡，依法應負刑事責任者，得加重其刑至二分之一（道交條例第86條第1項第6款）。

（三）第1項第3款或第4款

針對汽車駕駛人駕駛汽車，有道交條例第43條第1項第3款「任意以迫近、驟然變換車道或其他不當方式，迫使他車讓道」或第4款「非遇突發狀況，在行駛途中任意驟然減速、煞車或於車道中暫停」之行為，基準表中均先依違規車種及違規情節區分為「機車」、「汽車」及「一年內有二次以上同款之行為」；再以「期限內繳納或到案聽候裁決」、「逾越應到案期限三十日內，繳納罰鍰或到案聽候裁決」、「逾越應到案期限三十日以上六十日以內，繳納罰鍰或到案聽候裁決」及「逾越應到案期限六十日以上，繳納罰鍰或逕行裁決處罰」為標準，針對逾越應到案期限越久之汽車駕駛人，處以越重之罰鍰：機車依序處新臺幣1萬6,000元、1萬7,600元、2萬800元及2萬4,000元；汽車則依序處新臺幣2萬4,000元、2萬6,400元、3萬1,200元及3萬6,000元；不論是機車或汽車，若一年內累積二次以上相同違規行為者，則一律處最高額新臺幣3萬6,000元。

除罰鍰外，依據本條第4項規定，針對汽車所有人提供汽車駕駛人有本條第1項第3款或第4款行為之汽車，應同時吊扣該汽車牌照六個月，而經受吊扣牌照之汽車，若再次提供為違反同條第1項第1款、第3款、第4款或第3項行為者，則沒入該汽車。另外，違規之汽車駕駛人，須接受道路安全講習；若汽車駕駛人未滿18歲，則其法定代理人或監護人應同時接受講習（道路交通安全講習辦法第4條第1項第9款），警察機關並得依據本條第5項公布其法定代理人或監護人姓名。汽車駕駛人若因而肇事，依據本條第2項前段，並吊銷其駕駛執照，且三年內不得考領駕駛執照[223]。

（四）第1項第5款

針對汽車駕駛人「拆除消音器，或以其他方式造成噪音」之違規行為，除「當場禁止其駕駛」外，基準表中，係以「期限內繳納或到案聽候裁決」、「逾越應到案期限三十日內，繳納罰鍰或到案聽候裁決」、「逾越應到案期限三十日以上六十日以內，繳納罰鍰或到案聽候裁決」及「逾越應到案期限六十日以上，繳納罰鍰或逕行裁決處罰」為標準，依序處以新臺幣6,000元、6,600元、7,800元及9,000元之罰鍰，即對逾越應到案期限越久之汽車駕駛人，處以越重之罰鍰。

除罰鍰外，依據本條第4項規定，針對汽車所有人提供汽車駕駛人有本條第1項

---

223 道交條例第67條第2項參照。

第5款行為之汽車，應同時吊扣該汽車牌照六個月。另外，違規之汽車駕駛人，須接受道路安全講習；若汽車駕駛人未滿18歲，則其法定代理人或監護人應同時接受講習（道路交通安全講習辦法第4條第1項第9款），警察機關並得依據本條第5項公布其法定代理人或監護人姓名。汽車駕駛人若於一年內再度違反，依據本條第2項後段，並吊扣其駕駛執照六個月。

（五）第1項第6款

針對汽車駕駛人駕駛汽車，有「在高速公路或快速公路迴車、倒車、逆向行駛」之行為，除「當場禁止其駕駛」外，基準表中先依違規車種區分屬「機車」、「汽車」或「載運危險物品車輛」；再以「期限內繳納或到案聽候裁決」、「逾越應到案期限三十日內，繳納罰鍰或到案聽候裁決」、「逾越應到案期限三十日以上六十日以內，繳納罰鍰或到案聽候裁決」及「逾越應到案期限六十日以上，繳納罰鍰或逕行裁決處罰」為標準，針對逾越應到案期限越久之汽車駕駛人，處以越重之罰鍰：機車依序處新臺幣1萬6,000元、1萬7,600元、2萬800元及2萬4,000元；汽車則依序處新臺幣2萬4,000元、2萬6,400元、3萬1,200元及3萬6,000元；載運危險物品車輛則一律處最高額新臺幣3萬6,000元。

除罰鍰外，依據本條第4項規定，針對汽車所有人提供汽車駕駛人有本條第1項第6款行為之汽車，應同時吊扣該汽車牌照六個月。另外，違規之汽車駕駛人，須接受道路安全講習；若汽車駕駛人未滿18歲，則其法定代理人或監護人應同時接受講習（道路交通安全講習辦法第4條第1項第9款），警察機關並得依據本條第5項公布其法定代理人或監護人姓名。汽車駕駛人若因而肇事，依據本條第2項，並吊銷其駕駛執照，且三年內不得考領駕駛執照[224]。

（六）第3項

針對汽車駕駛人駕駛汽車，有「二輛以上之汽車共同違反第一項規定，或在道路上競駛、競技」之行為，若得當場攔截，應即「當場禁止其駕駛」，並「吊銷其駕駛執照」，且三年內不得考領駕駛執照，另處汽車駕駛人新臺幣3萬元以上9萬元以下罰鍰。基準表中依違規車種及違規情節區分為「機車或小型車」、「大型車」及「一年內有二次以上相同違規行為」；再以「期限內繳納或到案聽候裁決」、「逾越應到案期限三十日內，繳納罰鍰或到案聽候裁決」、「逾越應到案期限三十日以上六十日以內，繳納罰鍰或到案聽候裁決」及「逾越應到案期限六十日以上，繳納罰鍰或逕行裁決處罰」為標準，針對逾越應到案期限越久之汽車駕駛人，處以越重之罰鍰：機車或

---

[224] 道交條例第67條第2項參照。

小型車依序處新臺幣3萬元、3萬3,000元、3萬9,000元及4萬5,000元；大型車則依序處新臺幣6萬6,000元、7萬2,600元、8萬5,800元及9萬元；不論是機車、小型車或大型車，若一年內累計二次以上違規行爲者，則一律處最高額新臺幣9萬元。

除罰鍰外，依據本條第4項規定，針對汽車所有人提供汽車駕駛人有本條第3項行爲之汽車，應同時吊扣該汽車牌照六個月，而經受吊扣牌照之汽車，若再次提供爲違反同條第1項第1款、第3款、第4款或第3項行爲者，則沒入該汽車。另外，違規之汽車駕駛人，須接受道路安全講習；若汽車駕駛人未滿18歲，則其法定代理人或監護人應同時接受講習（道路交通安全講習辦法第4條第1項第9款），警察機關並得依據本條第5項公布其法定代理人或監護人姓名。

參、綜論

針對違反本條所處罰鍰，依據基準表所爲裁量，是否有助於審酌個案中不同違規行爲之應罰程度，請參考第38條「參、綜論」之說明。另外，基準表中有一律處最高額罰鍰之情形，包括汽車駕駛人駕駛載運危險物品車輛，行車速度超過規定之最高時速或在高速公路或快速公路迴車、倒車、逆向行駛；不論車輛種類，行車速度超過規定之最高時速逾80公里；一年內有二次以上違反「任意以迫近、驟然變換車道或其他不當方式，迫使他車讓道」、「非遇突發狀況，在行駛途中任意驟然減速、煞車或於車道中暫停」或「二輛以上之汽車共同違反第一項規定，或在道路上競駛、競技」，均一律處最高額罰鍰，似有將個案裁量一般化，而未預留視個案違規情節輕重而予處罰之範圍，是否有助於細緻化區分個案之情節給予相應裁罰，值得思考[225]。

依司法院釋字第503號解釋就一事不二罰原則之闡明：「除處罰之性質與種類不同，必須採用不同之處罰方法或手段，以達行政目的所必要者外，不得重複處罰，乃現代民主法治國家之基本原則。」故如處罰之目的不同，其處罰之性質與種類不同，必須採用不同之處罰方法或手段，以達行政目的所必要，非不得重複處罰。針對汽車駕駛人駕駛汽車造成噪音，依據本條第1項第5款，係處新臺幣6,000元以上3萬6,000元以下罰鍰，並當場禁止其駕駛；並依本條第4項，吊扣汽車牌照六個月。而依據噪音管制法第11條第1項規定：「機動車輛、民用航空器所發出之聲音，不得超過機動車輛、民用航空器噪音管制標準；其標準，由中央主管機關會同交通部定之。」因此，汽車駕駛人駕駛汽車是否造成噪音，仍須依據機動車輛噪音管制標準予以審認。由於噪音管制法第26條針對「違反依第十一條第一項所定標準者，……處機動車輛所有人或使用人新臺幣一千八百元以上三千六百元以下罰鍰，並通知限期改善；屆期仍

---

225 類似之情況亦得見於道交條例第40條及第42條中。

未完成改善者，按次處罰」。其與本條之處罰，應注意避免一行爲二罰之情形。

關於處罰之對象，除汽車駕駛人外，本條第4項中亦有處罰汽車所有人之規定。汽車所有人提供其汽車予他人使用，雖應盡注意義務，但若其已盡注意義務卻仍無法避免其發生時，則該處罰是否可能造成不公之情形？行政罰法第7條第1項規定：「違反行政法上義務之行爲非出於故意或過失者，不予處罰。」基於「有責任始有處罰」之原則，對於違反行政法上義務之處罰，應以行爲人主觀上有可非難性及可歸責性爲前提。道交條例第85條第3項雖明定：「依本條例規定逕行舉發或同時併處罰其他人之案件，推定受逕行舉發人或該其他人有過失。」但對於汽車所有人而言，汽車牌照之吊扣或汽車之沒入，確實將使其所有權受到相當之限制，且帶來不利益之效果，其是否得參考道交條例第21條第6項、第21條之1第6項或第22條第4項等規範之方式，亦訂定相關免責之要件以爲衡平，值得思考[226]。

除此之外，本條第5項對於未滿18歲之汽車駕駛人違反本條第1項、第3項規定者，得由警察機關公布其法定代理人或監護人姓名。考量未成年人之發展尚未成熟，法定代理人或監護人因此負保護及教養之義務，並須共同承擔未成年人行爲之法律效果。然而，針對未滿18歲汽車駕駛人之違規行爲，是否皆應以公布姓名之方式，處罰其法定代理人或監護人，處罰機關仍應善用立法者所給予之裁量空間，審酌其是否具備故意過失之責任要件及於個案中可歸責之情形，而非一律歸屬法定代理人或監護人之責任[227]。

汽車駕駛人駕駛汽車，有違反本條第1項第1款、第3款、第4款之行爲，於基準表中均有加重處罰之規定。但各款之規定未盡相同。其中，就違反本條第1項第3款、第4款及第3項者，是以「一年內是否有二次以上違反相同規定行爲」作爲對其加重處罰之要件。然而，就違反本條第1項第1款者，則將「在道路上蛇行，或以其他危險方式駕車（本條第1項第1款）」、「任意以迫近、驟然變換車道或其他不當方式，迫使他車讓道（本條第1項第3款）」及「非遇突發狀況，在行駛途中任意驟然減速、煞車或於車道中暫停（本條第1項第4款）」擬制爲同一類型之違規行爲，並共同累計作爲對其加重處罰之要件。此一差異，是否係主管機關基於道路安全秩序考量的有意安排？將不同種違規行爲之重複違反，計入屬相同行爲，是否有違反不當聯結禁止之原則？前開問題，皆值得思考。

---

226 洪家殷，行政罰上之有責性原則適用於道路交通管理處罰條例之探討，月旦法學雜誌，第346期，2024年3月，第26-28頁。法務部107年9月6日法律字第10703513360號函。

227 洪家殷，行政罰上之有責性原則適用於道路交通管理處罰條例之探討，月旦法學雜誌，第346期，2024年3月，第25-26頁。

第 44 條（違反減速慢行之處罰）

汽車駕駛人，駕駛汽車有下列情形之一者，處新臺幣六百元以上一千八百元以下罰鍰：

一、行近鐵路平交道，不將時速減至十五公里以下。

二、行近未設行車管制號誌之行人穿越道，不減速慢行。

三、行經設有彎道、坡路、狹路、狹橋或隧道標誌之路段或道路施工路段，不減速慢行。

四、行經設有學校、醫院標誌之路段，不減速慢行。

五、未依標誌、標線、號誌指示減速慢行。

六、行經泥濘或積水道路，不減速慢行，致污濕他人身體、衣物。

七、因雨、霧視線不清或道路上臨時發生障礙，不減速慢行。

汽車駕駛人，駕駛汽車行近行人穿越道或其他依法可供行人穿越之交岔路口，有行人穿越時，不暫停讓行人先行通過者，處新臺幣一千二百元以上六千元以下罰鍰。

汽車駕駛人，駕駛汽車行近行人穿越道或其他依法可供行人穿越之交岔路口，遇有攜帶白手杖或導盲犬之視覺功能障礙者時，不暫停讓視覺功能障礙者先行通過者，處新臺幣二千四百元以上七千二百元以下罰鍰。

汽車駕駛人有前二項規定之情形，因而肇事致人受傷或死亡者，處新臺幣七千二百元以上三萬六千元以下罰鍰。致人受傷者，吊扣駕駛執照一年；致人重傷或死亡者，吊銷其駕駛執照。

壹、導言

針對汽車駕駛人駕駛汽車未依規定減速慢行之行爲，1968年於道交條例制定之初，即有所規範[228]，1975年道交條例第三次修正時，方移列至第44條。而就應減速之情形，亦經多次修正[229]，直至2019年第36次修正後，始形成現行法之樣貌，汽車駕駛

---

228 1968年公布施行之道交條例第43條：「汽車駕駛人有左列情形之一不減速慢行者，處五十元以上一百元以下罰鍰。一、駕車行近平交道，不遵標誌指示者。二、駕車行近斑馬紋、行人穿越道者。三、駕車行經彎道、坡路、狹路、橋上、隧道、輸油管、交岔路口、道路修理地段者。四、駕車行近工廠、學校、醫院、車站、會堂、娛樂、展覽、競技等公共場所出入口不遵標誌指示者。五、會車及因雨霧視線不清或道路上臨時發生障礙者。六、駕車進入市區或人口聚居處所，不依規定或不照標誌指示者。七、駛至圓環路口不讓已進入圓環之車輛先行者。八、支線道車不讓幹線道車先行，或兩線均爲幹線道或支線道時，左方車不讓右方車先行者。九、聞消防車、救護車、警備車、工程救險車之警號不立即避讓者。不遵前項第九款之規定因而肇事者，並得吊扣其駕駛執照二個月。」

229 道交條例於1986年時曾將「駕駛汽車發生輕微肇事，不將車輛移置路邊，妨礙交通者」，列入當時之第8款，但後於1996年修法時，考量該款與本條「對駕駛汽車不減速慢行之處罰規定」不

人應減速之情形，包括行近鐵路平交道；行近行人穿越道；行經特定路段，如彎道、坡路、狹路、狹橋、隧道、施工路段；行經特定場所，如學校、醫院等；依標誌、標線、號誌指示減速慢行；行經泥濘或積水道路；會車及因雨霧視線不清或道路上臨時發生障礙時。

2005年道交條例第15次修法時，將原與其他各項汽車減速慢行合併規範的行人穿越道優先路權之規定，單獨移至第2項，並提高罰鍰金額，藉以樹立行人穿越道的安全性和權威性；2019年第36次修法時，更進一步增訂第3項規定，關注視覺障礙者之道路安全，要求汽車（包括機車）駕駛人必須採取各種可能的措施，包括減速慢行、暫停後再啓動，以禮讓攜帶白手杖或使用導盲犬的視覺功能障礙者，未禮讓者，課以較未禮讓其他行人金額更高之罰鍰。但考量該規定與道交條例第48條第3項[230]有所重疊，故於2023年修法時，將其整併於現行第44條第3項中，同時針對肇事致人受傷或死亡者，增訂第4項，加重其罰責。

貳、內容解析

一、規範對象

本條所欲規範之對象為汽車駕駛人，請參考第38條「貳、一、規範對象」之相關說明。

二、禁止之行為態樣

本條所定禁止行為之態樣，其一為汽車駕駛人未減速慢行之情形，規定於本條第1項下共7款中；另外，則是於本條第2項及第3項中，明確揭示「以人為本」之原則，要求汽車駕駛人應禮讓行人優先通行。

（一）應減速慢行之情形

汽車駕駛人駕駛汽車時，應遵守行車速度之要求，依速限標誌或標線之規定；無速限標誌或標線時，「行車時速不得超過五十公里。但在設有快慢車道分隔線之慢車道，時速不得超過四十公里，未劃設車道線、行車分向線或分向限制線之道路，時速不得超過三十公里」（道路交通安全規則第93條第1項第1款）。但行經特定路段

盡相符，故改列於第62條第2項。2005年修正時，於第1項新增第5款「未依標誌、標線、號誌指示減速慢行」之行為納入處罰，並將原「在未劃有分向標線之道路，或鐵路平交道，或不良之道路交會時，不減速慢行」之規定刪除。

230 2019年5月22日公布修正之道交條例第48條第3項：「汽車駕駛人轉彎時，除禁止行人穿越路段外，行近攜帶白手杖或導盲犬之視覺功能障礙者時，不暫停讓視覺功能障礙者先行通過者，處新臺幣二千四百元以上七千二百元以下罰鍰。」

時，考量視線障礙、煞車距離長、閃避不易、視線不佳、交通動線複雜或路況較差等各種因素，爲降低危險發生之可能，故要求汽車駕駛人應減速慢行，視當時行車及交通情況，酌量減速至可以隨時停車之準備，以策安全[231]。

1. 行近鐵路平交道，不將時速減至15公里以下（第1項第1款）

依據道路交通安全規則第104條第1項規定，汽車行駛中，駕駛人看到鐵路平交道標誌或標線後，應即將速度減低至時速15公里以下。而依據道路交通標誌標線號誌設置規則第22條第5款規定，鐵路平交道附近，應設警告標誌，包括「有柵門鐵路平交道標誌」，用以警告車輛駕駛人注意慢行或及時停車，設於車輛駕駛人無法直接察覺有柵門鐵路平交道將近之處（道路交通標誌標線號誌設置規則第35條）；以及「無柵門鐵路平交道標誌」，用以警告車輛駕駛人注意慢行，提高警覺，確定平交道上無火車行駛時，方得通過，設於無柵門之鐵路平交道將近之處（道路交通標誌標線號誌設置規則第36條第1項），其均寓有提醒汽車駕駛人減速慢行之意。除此之外，於距離近端外側軌道三公尺至五公尺處，應設鐵路平交道標誌，用以告示車輛駕駛人及行人必須暫停、看、聽，確認安全時方得通過，穿越電化鐵路平交道時，應注意上方之高壓電線（道路交通標誌標線號誌設置規則第72條第1項）；若屬無看守人員之鐵路平交道，則依據道路交通標誌標線號誌設置規則第157條劃設近鐵路平交道線，用以指示前有鐵路平交道，警告車輛駕駛人謹慎行車，並禁止超車。

2. 行近未設行車管制號誌之行人穿越道，不減速慢行（第1項第2款）

汽車駕駛人駕車行近未設行車管制號誌之行人穿越道前，應減速慢行[232]。由於行人穿越道多劃設於行人穿越眾多之地點，雖未設行車管制號誌，汽車駕駛人仍得透過行人穿越道之相關標誌、標線或號誌，得知行近行人穿越道，而減速預作停車之準備。關於行人穿越道之相關標誌、標線或號誌，例如於行人易肇事路段，或在行人穿越道標線將近之處，或駕駛人不易察覺行人穿越之道路，得設「當心行人標誌」，用以促使車輛駕駛人減速慢行，注意行人（道路交通標誌標線號誌設置規則第41條）[233]。標線部分，例如設於交岔路口之枕木紋行人穿越道線（道路交通標誌標線號誌設置規則第185條第1項）[234]；設於有行人專用時相之號誌路口之對角線行人穿越道線（道路交通標誌標線號誌設置規則第185條之1第1項）；設於道路中段行

---

231 參照交通部路政司59年9月22日路臺字第31330號函。

232 相同意旨之規定，得見道路交通安全規則第103條第1項。

233 另外，針對兒童及身心障礙者，道路交通標誌標線號誌設置規則第42條及第43條亦有設置標誌之規定。

234 所謂「交岔路口」，係指兩條或兩條以上道路平面相交，其交叉處，請參照交通部路政司72年5月27日路臺監字第03832號函。

人穿越眾多之地點之斑馬紋行人穿越道線（道路交通標誌標線號誌設置規則第186條第1項）[235]，並於距斑馬紋行人穿越道50公尺處，設「慢」字警告標線，用以警告駕駛人前方路況變遷，應減速慢行（道路交通標誌標線號誌設置規則第163條第2項第2款）。行人穿越道號誌部分，其設於斑馬紋行人穿越道標線前，以並列之圓形雙閃黃色燈號，警告接近之車輛應減速慢行，如有行人穿越，須暫停於停止線[236]前，讓行人優先通行（道路交通標誌標線號誌設置規則第210條）。

有關汽車通過有行人行走在行人穿越道以外之兩側時，依據道路交通安全規則第103條規定，汽車行近行人穿越道或未劃設行人穿越道之交岔路口，遇有行人穿越時，無論有無交通指揮人員指揮或號誌指示，均應暫停讓行人先行通過，故行人行走在各類行人穿越道線鄰近兩側，汽車駕駛人仍應暫停行駛讓行人通行。另依據內政部警政署針對汽車駕駛人行經行人穿越道，不禮讓行人已律定執法取締標準：路口無人指揮時，汽車在行人穿越道上以距離行人行進方向一個車道寬（約三公尺）以內及前懸已進入行人穿越道上爲取締認定基準，違反者得依道交條例第44條第2項舉發之[237]。

3. 行經設有彎道、坡路、狹路、狹橋或隧道標誌之路段或道路施工路段，不減速慢行（第1項第3款）

基於本條第1項第3款所列特殊路段，或因前方路況不明，或因路幅狹窄，或因交通動線複雜等原因，汽車駕駛人駕車應減速慢行，作隨時停車之準備，以避免意外事故之發生。因本條係針對「設有彎道[238]、坡路[239]、狹路[240]、狹橋[241]、隧道[242]標誌之路

235 道路交通標誌標線號誌設置規則第229條第3款：「行人穿越道號誌：道路中段設有斑馬紋行人穿越道標線，應設置行人穿越道號誌。」

236 道路交通標誌標線號誌設置規則第149條第1項第1款第6目規定，如遇路口未設行人穿越道時，以雙白虛線，作爲未劃設行人穿越道時讓路線之停止線。

237 參照交通部110年3月30日交路字第1090037825號函。

238 有關彎道之解釋，查道路路線係由直線與曲線所組成，曲線部分即爲彎道，較諸直線部分行車均須減速，但設置標誌之處，僅限於急彎與連續彎道，其目的在加強促使駕駛人提高警覺小心慢行，以免危險，並準備防範應變之措施，設置標誌於彎道路段之規定，係依據道路交通標誌標線號誌設置規則第24條之規定，道路標準低於該表之曲線半徑及視距路段應設置彎路標誌。參照交通部81年4月20日交路字第012217號函。

239 道路交通標誌標線號誌設置規則第26條第1項，險坡標誌設於道路縱坡在7%以上之路段，用以促使車輛駕駛人小心駕駛。另外，道路交通標誌標線號誌設置規則第100條第1項亦規定，於距離爬坡道起點150公尺之處，設爬坡道預告標誌，用以指示前方最右側車道爲慢速車爬坡之專用車道。

240 道路交通標誌標線號誌設置規則第27條第1項規定，狹路標誌設於雙車道路面寬度縮減爲六公尺以下路段起點前方，用以促使車輛駕駛人注意路面狹窄情況，遇有來車應予減速避讓。

241 依據道路交通標誌標線號誌設置規則第29條，狹橋標誌設於淨寬不足六公尺之橋梁，用以警告車輛駛人不得在橋上會車。狹橋長度若在300公尺以上者，宜設置號誌，管制交通。已設號誌之狹橋，即得免設狹橋標誌。

242 依據道路交通標誌標線號誌設置規則第48條，隧道標誌設於隧道將近之處，用以促使車輛駕駛人注意慢行。

段或道路施工路段[243]」進行管制，其以該等標誌設立處爲適用起點認定，應無疑義；至於其終點，原則應以依規定所設附牌說明之長度爲認定基準，如依規定並無須設附牌說明者，則應依情況消失處爲認定原則較宜，而不宜逕以與情況消失無關之其他標誌設立處認定[244]。另，本款所指汽車駕駛人駕駛汽車行經彎道、坡路，並未附其他條件限制，故汽車行經該等路段時，不論車道上有無中心線道路標線，或屬上、下坡車，均應減速慢行，作隨時停車之準備[245]。

道路交通安全規則第93條第1項第2款中，亦針對本條第1項第3款所定路段，有相同減速慢行之規定：「行車速度，依速限標誌或標線之規定，無速限標誌或標線者，應依下列規定：……二、行經設有彎道、坡路、狹路、狹橋、隧道、學校、醫院標誌之路段、道路施工路段、泥濘或積水道路、無號誌之交岔路口及其他人車擁擠處所，或因雨霧致視線不清或道路發生臨時障礙，均應減速慢行，作隨時停車之準備。」

4. 行經設有學校、醫院標誌之路段，不減速慢行（第1項第4款）

本條第1項第4款規定，汽車駕駛人行經設有學校、醫院標誌之路段，均應減速慢行，作隨時停車之準備。依據道路交通標誌標線號誌設置規則第126條第1項規定，學校標誌設於學校附近之處，用以指示學校地區；而醫院標誌係用以指示規模較大之醫院所在地，設於醫院附近之處[246]。汽車駕駛人駕駛汽車，行經依道路交通標誌標線號誌設置規則設有學校或醫院標誌之路段，應注意禁聲並減速慢行。相同之規定得見於道路交通安全規則第93條第1項第2款。

5. 未依標誌、標線、號誌指示減速慢行（第1項第5款）

依據道路交通標誌標線號誌設置規則，除了本條第1項第1款至第4款分別提及路段或處所，其所設置之標誌、標線或號誌，意在提醒汽車駕駛人減速慢行外，尚有許多標誌、標線或號誌亦寓有「減速慢行」之指示，例如岔路標誌（第30條）、路面顚簸標誌（第37條）、路面高突標誌（第38條）、路面低窪標誌（第39條）、慢行標誌（第59條）、減速標線（第159條）、讓路線（第172條）等，汽車駕駛人駕駛汽

---

243 施工標誌，依據道路交通標誌標線號誌設置規則第142條第1項，設於施工路段附近，用以告示前方道路施工，車輛應減速慢行或改道行駛。

244 參照交通部95年12月6日交路字第0950059239號函。

245 參照交通部65年11月13日交路字第10423號函。

246 道路交通標誌標線號誌設置規則第126條第1項：「學校標誌『指62』，用以指示學校地區，車輛駕駛人應注意禁聲慢行。設於學校附近之處。」第127條第1項：「醫院標誌『指63』，用以指示規模較大之醫院所在地，車輛駕駛人應注意禁聲慢行。設於醫院附近之處。」

車行近該等路段，應即依標誌、標線、號誌指示減速慢行[247]。

6. 行經泥濘或積水道路，不減速慢行，致污濕他人身體、衣物（第1項第6款）

汽車駕駛人，駕駛汽車行經泥濘或積水道路，考量路況不佳且周邊有行人，故應減速慢行，若因未減速而噴濺泥污或水花，導致他人身體、衣物污濕，則得依本條第1項第6款，處新臺幣600元以上1,800元以下罰鍰[248]。

7. 因雨、霧視線不清或道路上臨時發生障礙，不減速慢行（第1項第7款）

汽車駕駛人，駕駛汽車，因雨、霧視線不清或道路上臨時發生障礙，均可能因視線不佳或路況不明，而提高行車危險發生之可能，故於該情況排除前，應減速慢行，以確保道路交通之安全[249]。

（二）強化行人之優先路權

爲樹立行人穿越道的安全性和權威性，道交條例於2005年修正時，將行人穿越道優先路權之規定，單獨移至第2項，要求汽車駕駛人，駕駛汽車行近行人穿越道或其他依法可供行人穿越之交岔路口，遇有行人穿越時，應暫停讓行人先行通過，違者處新臺幣1,200元以上6,000元以下罰鍰。透過2023年公布之道路交通安全基本法，亦再次確立維護、改善道路交通安全，建立「以人爲本」之安全用路環境，應爲各級政府、事業及國民應共同追求之目標（道路交通安全基本法第2條）。

另，爲實施聯合國2006年身心障礙者權利公約（The Convention on the Rights of Persons with Disabilities），維護身心障礙者權益，保障其平等參與社會、政治、經濟、文化等之機會，促進其自立及發展，我國於2014年公布施行身心障礙者權利公約施行法（身心障礙者權利公約施行法第1條）。針對身心障礙者之路權，身心障礙者權利公約第9條規定：「爲使身心障礙者能夠獨立生活及充分參與生活各個方面，締約國應採取適當措施，確保身心障礙者在與其他人平等基礎上，無障礙地進出物理環境，使用交通工具，利用資訊及通信，包括資訊與通信技術及系統，以及享有於都市與鄉村地區向公眾開放或提供之其他設施及服務。……」由於公約所揭示保障身心障礙者人權之規定，具有國內法律之效力（身心障礙者權利公約施行法第2條），因此，各級政府機關行使職權，應符合公約有關身心障礙者權利保障之規定，積極促進

247 相同意旨之規定可見道路交通安全規則第93條第1項第3款：「行車速度，依速限標誌或標線之規定，無速限標誌或標線者，應依下列規定：……三、應依減速慢行之標誌、標線或號誌指示行駛。」

248 相同意旨規定，得見道路交通安全規則第93條第1項第2款。

249 相同意旨規定，得見道路交通安全規則第93條第1項第2款。

各項身心障礙者權利之實現[250]。本條第3項中，針對攜帶白手杖或導盲犬之視覺功能障礙之行人，明文要求汽車駕駛人，駕駛汽車行近行人穿越道或其他依法可供行人穿越之交岔路口時，應暫停讓其先行通過。並針對違反本條第3項規定者，處以新臺幣2,400元以上7,200元以下罰鍰，較違反第2項規定者爲重。

內政部警政署針對汽車駕駛人是否有確實停讓行人先行，揭示以下執法取締標準[251]：

1. 路口無人指揮時，汽車在行人穿越道上以距離行人行進方向一個車道寬（約三公尺）以內及前懸已進入行人穿越道上爲取締認定基準。
2. 路口有人指揮時，不聽從指揮強行通過者，得逕予認定舉發。
3. 以攔停舉發方式執行爲原則，但當場不能或不宜攔截製單舉發者，得直接逕行舉發。

本條第2項及第3項之規定，確立了行人，包括一般行人及視覺功能障礙者所擁有之優先路權，汽車駕駛人於行近行人穿越道或依法可供行人穿越之交叉路口，即便未劃設行人穿越道，亦無論有無交通指揮人員指揮或號誌指示，均應暫停讓行人、視覺功能障礙者先行通過[252]。

三、法律效果

本條係處罰汽車駕駛人未減速慢行及禮讓通行之行爲，依據道交條例第7條之1第1項第7款規定，汽車駕駛人違反本條第1項第2款（行近未設行車管制號誌之行人穿越道，不減速慢行）、第2項（暫停並讓行人先行）或第3項（暫停並讓視障者先行）之行爲，得由民眾敘明違規事實並檢具違規證據資料，向公路主管或警察機關檢舉。但若違反本條之汽車駕駛人與汽車所有人，係屬不同人，而經舉發受處罰者，爲汽車所有人時，其得依據道交條例第85條第1項及違反道路交通管理事件統一裁罰基準及處理細則第36條第1項規定，向處罰機關告知應歸責人，處罰機關應即另行通

---

250 身心障礙者權利公約施行法第4條：「各級政府機關行使職權，應符合公約有關身心障礙者權利保障之規定，避免侵害身心障礙者權利，保護身心障礙者不受他人侵害，並應積極促進各項身心障礙者權利之實現。」

251 爲維護路口安全及行人路權，將自9月1日起實施全國同步路口安全大執法，提升用路人守法觀念，交通安全入口網，https://168.motc.gov.tw/theme/safety/post/2008211812261，最後瀏覽日期：2024/2/1。

252 相同意旨之規定，得見於道路交通安全規則第103條第2項：「汽車行近行人穿越道，遇有行人穿越、攜帶白手杖或導盲犬之視覺功能障礙者時，無論有無交通指揮人員指揮或號誌指示，均應暫停讓行人、視覺功能障礙者先行通過。」第3項：「汽車行近未劃設行人穿越道之交岔路口，遇有行人、攜帶白手杖或導盲犬之視覺功能障礙者穿越道路時，無論有無交通指揮人員指揮或號誌指示，均應暫停讓行人、視覺功能障礙者先行通過。」

知應歸責人到案，若經查證屬實，則應以應歸責人爲裁罰之對象[253]。而就罰鍰額度之裁量，則是依據道交條例第92條第4項授權訂定之違反道路交通管理事件統一裁罰基準及處理細則行之，其中第2條第2項之附件違反道路交通管理事件統一裁罰基準表（以下簡稱基準表）中，針對違反道交條例第44條第1項下各款、第2項及第3項之行爲，分別訂定裁罰基準。

（一）第1項第1款、第3款至第7款

針對汽車駕駛人違反本條第1項所規定「行近鐵路平交道，不將時速減至15公里以下」（第1款）、「行經設有彎道、坡路、狹路、狹橋或隧道標誌之路段或道路施工路段，不減速慢行」（第3款）、「行經設有學校、醫院標誌之路段，不減速慢行」（第4款）、「未依標誌、標線、號誌指示減速慢行」（第5款）、「行經泥濘或積水道路，不減速慢行，致污濕他人身體、衣物」（第6款）或「因雨、霧視線不清或道路上臨時發生障礙，不減速慢行」（第7款）之行爲，基準表中均係以「期限內繳納或到案聽候裁決」、「逾越應到案期限三十日內，繳納罰鍰或到案聽候裁決」、「逾越應到案期限三十日以上六十日以內，繳納罰鍰或到案聽候裁決」及「逾越應到案期限六十日以上，繳納罰鍰或逕行裁決處罰」爲標準，依序處以新臺幣600元、700元、800元及900元之罰鍰，即對逾越應到案期限越久之汽車駕駛人，處以越重之罰鍰。

依據違反道路交通管理事件統一裁罰基準及處理細則第12條第1項第1款規定，行爲人有違反本條第1項第1款、第3款至第7款之情形，而未嚴重危害交通安全、秩序，且情節輕微，以不舉發爲適當者，交通勤務警察或依法令執行交通稽查任務人員得對其施以勸導，免予舉發。另，由於違反本條行爲應處罰鍰之最高額爲新臺幣1,800元，依據行政罰法第19條第1項之規定，若其情節輕微，認以不處罰爲適當者，得免予處罰，改對違規之汽車駕駛人施以糾正或勸導，並作成紀錄，命其簽名[254]。

---

253 例如105年度高等行政法院及地方法院行政訴訟庭法律座談會中，即曾提案討論：當汽車駕駛人係駕駛租賃車輛違規，且警察機關未能當場舉發，而係在事後憑所獲悉事證，以逕行舉發方式，裁罰汽車出租公司，是否適法？最終研討結果認爲，以車輛所有人爲裁罰對象，並無違誤，惟所有人可辦理歸責程序，請求裁罰機關改以眞正違反行政法義務之承租人。反之，若其逾期未依規定辦理，應即以所有人爲裁罰對象。請參考高等行政法院及地方法院行政訴訟庭法律座談會提案四（09/05/1996）。

254 行政罰法第19條規定：「違反行政法上義務應受法定最高額新臺幣三千元以下罰鍰之處罰，其情節輕微，認以不處罰爲適當者，得免予處罰（第1項）。前項情形，得對違反行政法上義務者施以糾正或勸導，並作成紀錄，命其簽名（第2項）。」關於道交條例之處罰規定與行政罰法之適用，請參考洪家殷，行政罰上之有責性原則適用於道路交通管理處罰條例之探討，月旦法學雜誌，第346期，2024年3月，第23-24頁。

（二）第1項第2款

針對汽車駕駛人「行近未設行車管制號誌之行人穿越道，不減速慢行」之行爲，基準表中依違規車種區分屬「機車或小型車」或「大型車」；再以「期限內繳納或到案聽候裁決」、「逾越應到案期限三十日內，繳納罰鍰或到案聽候裁決」、「逾越應到案期限三十日以上六十日以內，繳納罰鍰或到案聽候裁決」及「逾越應到案期限六十日以上，繳納罰鍰或逕行裁決處罰」爲標準：機車或小型車依序處以新臺幣1,200元、1,300元、1,400元及1,500元之罰鍰；大型車依序處以新臺幣1,400元、1,500元、1,600元及1,800元之罰鍰，即對逾越應到案期限越久之汽車駕駛人，處以越重之罰鍰。由於違反本條第1項第2款之行爲，應處罰鍰之最高額爲新臺幣1,800元，屬行政罰法第19條第1項規定之微罪，若處罰機關，即道交條例第8條第1項第1款所定公路主管機關，認其情節輕微，以不處罰爲適當者，亦得免予處罰，改對違規之汽車駕駛人施以糾正或勸導，並作成紀錄，命其簽名。

另外，依據道交條例第63條第1項及第92條第4項規定，授權於違反道路交通管理事件統一裁罰基準及處理細則中，針對違反道交條例應並予記點之違規事項加以規定，依據違反道路交通管理事件統一裁罰基準及處理細則第2條第5項第1款第6目，汽車駕駛人若有違反本條第1項第2款之違規事實，記違規點數一點。

（三）第2項及第3項

1. 第2項

針對汽車駕駛人行近行人穿越道或其他依法可供行人穿越之交岔路口，「有行人穿越時，不暫停讓行人先行通過者，處新臺幣一千二百元以上六千元以下罰鍰」，基準表係依違規車種類別及違規情節，區分屬「機車」、「機車，且一年內有二次以上本項行爲」或「汽車」；再以「期限內繳納或到案聽候裁決」、「逾越應到案期限三十日內，繳納罰鍰或到案聽候裁決」、「逾越應到案期限三十日以上六十日以內，繳納罰鍰或到案聽候裁決」及「逾越應到案期限六十日以上，繳納罰鍰或逕行裁決處罰」爲標準：機車依序處以新臺幣1,200元、1,300元、1,400元及1,500元之罰鍰；機車駕駛人若於一年內有二次以上相同違規行爲，則不再區分違規車種及逾期到案期間，一律處以最高額之新臺幣6,000元罰鍰；汽車部分，亦未區分違規車種及逾期到案期間，一律處最高額新臺幣6,000元罰鍰。

2. 第3項

針對汽車駕駛人行近行人穿越道或其他依法可供行人穿越之交岔路口，「遇有攜帶白手杖或導盲犬之視覺功能障礙者時，不暫停讓視覺功能障礙者先行通過者，處新臺幣二千四百元以上七千二百元以下罰鍰」，基準表進一步依違規車種及違規情節，區分屬「機車」、「機車，且一年內有二次以上本項行爲」或「汽車」；再以「期限內繳納或到案聽候裁決」、「逾越應到案期限三十日內，繳納罰鍰或到案聽候裁決」、「逾越應到案期限三十日以上六十日以內，繳納罰鍰或到案聽候裁決」及「逾越應到案期限六十日以上，繳納罰鍰或逕行裁決處罰」爲標準，機車依序處以新臺幣2,400元、2,600元、2,800元及3,100元之罰鍰；機車駕駛人若於一年內有二次以上相同違規行爲，則不再區分違規車種及逾期到案期間，一律處以最高額之新臺幣7,200元罰鍰；汽車部分，亦未區分違規車種及逾期到案期間，一律處最高額新臺幣7,200元罰鍰。

針對汽車駕駛人駕駛汽車，不依本條第2項及第3項規定禮讓行人或視障者先行時，依據違反道路交通管理事件統一裁罰基準及處理細則第2條第5項第3款第2目，記違規點數三點。

（四）第4項

另外，本條第4項針對汽車駕駛人違反本條第2項或第3項，「因而肇事致人受傷或死亡者，處新臺幣七千二百元以上三萬六千元以下罰鍰。致人受傷者，吊扣駕駛執照一年；致人重傷或死亡者，吊銷其駕駛執照」，且三年內不得考領駕駛執照[255]。基準表中先依及違規情節區分屬「輕傷」、「重傷」或「死亡」；再以「期限內繳納或到案聽候裁決」、「逾越應到案期限三十日內，繳納罰鍰或到案聽候裁決」、「逾越應到案期限三十日以上六十日以內，繳納罰鍰或到案聽候裁決」及「逾越應到案期限六十日以上，繳納罰鍰或逕行裁決處罰」爲標準，肇事致人輕傷部分，依序處以新臺幣7,200元、8,000元、9,500元及1萬2,000元之罰鍰；肇事致人重傷之情形，則依序處以新臺幣1萬8,000元、2萬元、2萬4,000元及3萬元之罰鍰；肇事致死之情形，則一律處最高額新臺幣3萬6,000元之罰鍰。

參、綜論

針對違反本條所處罰鍰，依據基準表所爲裁量，是否有助於審酌個案中不同違規行爲之應罰程度，請參考第38條「參、綜論」之說明。另外，基準表中有一律處最高額罰鍰之情形，包括機車駕駛人一年內有二次以上違反本條第2項及第3項之行爲、汽車駕駛人有違反本條第2項及第3項之行爲，以及汽車駕駛人違反本條第2項或第3項

---

[255] 道交條例第67條第2項規定：「汽車駕駛人曾依……第四十四條第四項……規定吊銷駕駛執照者，三年內不得考領駕駛執照：……。」

之規定，因而肇事致人死亡，均一律處最高額罰鍰，似有將個案裁量一般化，而未預留視個案違規情節輕重而予處罰之範圍，是否有助於細緻化區分個案之情節給予相應裁罰，值得思考[256]。

觀諸道交條例第45條第1項所定汽車駕駛人爭道行駛之行爲中，包括第10款汽車駕駛人起駛前，應讓行人優先通行，及第14款禮讓幼童專用車、校車、教練車，或減速慢行之規定，於體例上，似與本條之「減速慢行」及「禮讓行人先行」之意旨更爲相符。另外，相較於本條第1項下所定汽車駕駛人應減速慢行路段，道路交通安全規則第93條第1項第2款中，要求行經「無號誌之交岔路口及其他人車擁擠處所」時，亦應減速慢行，作隨時停車之準備，或可思考一併納入本條第1項下爲規範。

第45條（汽車駕駛人之處罰——爭道行駛及聞警號車不避讓）

汽車駕駛人，爭道行駛有下列情形之一者，處新臺幣六百元以上一千八百元以下罰鍰：

一、不按遵行之方向行駛。

二、在單車道駕車與他車並行。

三、不依規定駛入來車道。

四、在多車道不依規定駕車。

五、插入正在連貫行駛汽車之中間。

六、駕車行駛人行道。

七、行至無號誌之圓環路口，不讓已進入圓環之車輛先行。

八、行經多車道之圓環，不讓內側車道之車輛先行。

九、支線道車不讓幹線道車先行。少線道車不讓多線道車先行。車道數相同時，左方車不讓右方車先行。

十、起駛前，不讓行進中之車輛、行人優先通行。

十一、聞消防車、救護車、警備車、工程救險車、毒性化學物質災害事故應變車之警號，在後跟隨急駛，或駛過在救火時放置於路上之消防水帶。

十二、任意駛出邊線，或任意跨越兩條車道行駛。

十三、機車不在規定車道行駛。

十四、遇幼童專用車、校車、教練車不依規定禮讓，或減速慢行。

十五、行經無號誌交叉路口及巷道不依規定或標誌、標線指示。

256 類似情形亦得見於道交條例第40條、第42條及第43條。

十六、占用自行車專用道。
十七、聞或見大眾捷運系統車輛之聲號或燈光，不依規定避讓或在後跟隨迫近。
十八、行經設有停車再開標誌、停標字或閃光紅燈號誌之交岔路口，不依規定停讓。
聞消防車、救護車、警備車、工程救險車、毒性化學物質災害事故應變車之警號，不立即避讓者，處汽車駕駛人新臺幣三千六百元罰鍰，並吊銷駕駛執照。
前項情形致人死傷者，處汽車駕駛人新臺幣六千元以上九萬元以下罰鍰，並吊銷駕駛執照。

壹、導言

道交條例第45條針對汽車駕駛人「不當爭道行駛」及「聞警號不立即避讓特定車輛」之行爲，明定其處罰。「不當爭道行駛」之規定，係於道交條例1975年第三次修正時增訂，而針對爭道行駛有何種情形，方達本條所欲處罰之程度，曾經以下多次修正：

一、1986年第5次修正時，將該條原第2款「在單行道或雙車道」，修正爲「在單車道」，以期語意明確；就第7款則於「圓環路口」之前，增列「無號誌之」等字，俾與實際情況相符；第11款則由原「聞消防車、救護車、警備車、工程救險車之警號，不立即避讓」，擴張其範圍，將「在後跟隨急駛或駛過在救火時放置於路上之消防水帶」之行爲，亦納入處罰，以策交通安全，而利消防。

二、2001年第9次修正時，考量近來一般車輛未禮讓幼童專用車、校車致使事故頻傳，故增訂第14款，將「遇幼童專用車、校車不依規定禮讓，或減速慢行者」納入處罰；同時，爲推動「無號誌交叉路口全停再開依序離開」等路權使用觀念，增訂第15款，處罰「行經無號誌交叉路口及巷道不依規定或標誌、標線指示」之汽車駕駛人。

三、2005年第15次修正時，則考量支線道與幹線道之定義不明，而且並非以線道多少區分，常有編列爲幹線道之車道少於支線道之車道，造成駕駛人誤認，故修正第9款之規定，以求明確。

四、2014年第27次修正時，爲確立自行車專用道之行車安全，保障自行車專用道不被汽車占用，於第1項增訂第16款，明文將汽車駕駛人占用自行車專用道之行爲納入罰鍰。

五、2015年第30次修正時，參照大眾捷運法規定賦予非獨立完全專用路權大眾捷運系統行經共用通行交岔路口具有優先通行意旨及爲維護大眾捷運系統運行安全，增訂第1項第17款，汽車駕駛人「聞或見大眾捷運系統車輛之聲號或燈光，不依規定避讓或在後跟隨迫近」之處罰規定[257]，以資應變。

六、2023年修正時，除將與「教練車」不當爭道行為，亦列入第1項第14款之處罰範圍外[258]，進一步針對「行經設有停車再開標誌、停標字或閃光紅燈號誌之交岔路口，不依規定停讓」之行為，增訂第1項第18款，明列屬不當爭道行駛行為。

而針對「聞警號不立即避讓特種車輛」之行為，於道交條例制定之初之第43條第1項第9款中，可見針對「聞消防車、救護車、警備車、工程救險車之警號不立即避讓」之處罰，但其係以汽車駕駛人「不減速慢行」且「不立即避讓」之行為為其要件；1975年道交條例第三次修正時，將其移列第45條中，並改以「爭道行駛」且「不立即避讓」之行為作為處罰要件；2011年第22次修正時，增訂「聞消防車、救護車、警備車、工程救險車之警號，不避讓者，並吊扣駕駛執照三個月」之規定，將「不避讓特定車輛」之行為，獨立置於第45條第2項；2015年第30次修正時，將處罰要件修正為「不『立即』避讓」，並增加處「新臺幣三千六百元罰鍰」之處罰，且將原「吊扣駕駛執照」，改為「吊銷駕駛執照[259]」：2019年第35次修正時，將原罰鍰提高至「新臺幣六千元以上九萬元以下」，並就致人死傷之情形，增訂第3項，「處汽車駕駛人新臺幣六千元以上九萬元以下罰鍰，並吊銷駕駛執照」。

貳、內容解析

一、規範對象

本條所欲規範之對象為汽車駕駛人，請參考第38條「貳、一、規範對象」之相關說明。

---

257 值得注意的是，此次修法於修正理由第4點中說明：「為維護大眾捷運系統運行安全，大眾捷運系統車輛量體大，其前後方需保持一定淨空空間，考量未來相關地方政府所規劃之大眾捷運系統車輛行駛規定可能未盡相同，道路交通安全規則將配合定明汽車原則不得在大眾捷運系統車輛後方跟隨，但主管機關另有規定允許在後跟隨之情形者，不在此限。」

258 自2017年起，我國汽車考照增加道路考驗後，因新手上路考驗頻繁，公路總局特別設置黃底黑字「駕駛考驗路線請禮讓考驗車」標示提醒用路人，並於同年修正道路交通安全規則第101條，除原指之教練車以外，遇執行道路駕駛考驗之考驗用車，亦須禮讓。然而，若未禮讓者，該規則並無罰鍰處分。是2023年修法時，修訂本條第1項第14款，將與「教練車」不當爭道行為，亦列入規範標的。

259 該次修正理由第2點：「縱然經過新店救護車阻擋事件後，立法院已修正道路交通管理處罰條例相關條文內容，加重罰則，阻擋救護車之事仍然沒有減少；為阻遏相關不當事件持續發生，爰修正原條文第二項，明定『聞消防車、救護車、警備車、工程救險車、毒性化學物質災害事故應變車之警號，不立即避讓者，處汽車駕駛人新臺幣三千六百元罰鍰，並吊銷駕駛執照。』」

二、禁止行為類型

（一）不按遵行之方向行駛（第1項第1款）

本條第1項第1款係處罰汽車駕駛人不按遵行之方向爭道行駛之行為。道路交通安全規則第96條針對汽車在單行道行駛時，亦有「應在快車道上按遵行方向順序行駛」之類似規定。

（二）在單車道駕車與他車並行（第1項第2款）

本條第1項第2款係處罰汽車駕駛人於單車道駕車，與他車並行之行為，由於單車道屬「同向僅有一線之車道[260]」，考量行車空間較為受限，與他車並行，恐難保持適當之安全距離，而易致生危險，故予禁止。

（三）不依規定駛入來車道（第1項第3款）

道路交通安全規則第97條第1項第2款規定，汽車在未劃設慢車道之雙向二車道行駛，於劃有分向限制線之路段，汽車駕駛人不得駛入來車之車道內。

（四）在多車道不依規定駕車（第1項第4款）

本條第1項第4款係處罰汽車駕駛人在多車道不依規定駕車之行為，例如汽車駕駛人行駛於機車專用道或於交岔路口占用機車專用道等候號誌通行之行為[261]；汽車若無起駛、準備轉彎、準備停車或臨時停車之情形，任意行駛慢車道上之公車停靠區，均應有本項第4款規定處罰之適用[262]。所謂「多車道」，係指同向具有二線以上之車道[263]，關於多車道之駕車規則，例如道路交通安全規則第98條針對「汽車在同向二車道以上之道路」所規定之行駛規則、第102條第1項第10款「行經多車道之圓環，應讓內側車道之車輛先行」皆為適例。

（五）插入正在連貫行駛汽車之中間（第1項第5款）

本條第1項第5款係處罰汽車駕駛人爭道行駛，插入正在連貫行駛汽車之中間之行為[264]。針對汽車駕駛人是否合致本款所定行為，多認為「只要連貫車隊形成，未由

---

260 參照交通部74年5月3日交路字第08500號函。

261 參照交通部74年2月22日交路字第02265號函。

262 參照交通部95年9月1日交路字第0950047407號函。

263 參照交通部74年5月3日交路字第08500號函。

264 類似之規定，得見高速公路及快速公路交通管制規則第11條第4款：「汽車在行駛途中，變換車道或超越前車時，應依標誌、標線、號誌指示，並不得有下列情形：……四、駛離主線車道未依序排隊，插入正在連貫駛出主線之汽車中間。」

排隊起點依序排隊，而插入車隊中間行駛，即符合違規構成要件；雖插隊車輛沿途有使用方向燈，逐漸、緩慢地插隊，或連貫車隊前後車輛因速差、起步延誤，所產生之間距足夠插隊車輛駛入，仍屬插隊違規；前述足夠間距係後車與前車之安全距離，非供插隊車輛駛入之間距[265]」。

（六）駕車行駛人行道（第1項第6款）

依據道交條例第3條第3款，人行道係「爲專供行人通行之騎樓、走廊，及劃設供行人行走之地面道路，與人行天橋及人行地下道」。人行道之範圍，得透過行人專用標誌或人行道標線予以區隔：行人專用標誌多設於該路段或人行道起迄點顯明之處，用以告示該段道路或騎樓以外之人行道專供行人通行，其他車輛不准進入，並以行人通行爲優先（道路交通標誌標線號誌設置規則第67條之1）；人行道標線，係用以指示路面上僅限於行人行走之專用道，車輛不得進入（道路交通標誌標線號誌設置規則第174條之3第1項）。因此，經劃設爲人行道之區域，汽車駕駛人不得駕車行駛於人行道。由於空間之限制，行駛於人行道者，一般以機車及慢車較爲常見，故道路交通安全規則第99條第1項第6款及第124條第3項第3款即分別針對機車及慢車行駛之車道，明定其不得在人行道行駛。

（七）行至無號誌之圓環路口，不讓已進入圓環之車輛先行（第1項第7款）

本條第1項第7款明定汽車駕駛人駕駛汽車進入圓環時，應禮讓已進入圓環之車輛先行，道路交通安全規則第102條第1項第9款亦有相同之規定：「汽車行至無號誌之圓環路口時，應讓已進入圓環車道之車輛先行。」於接近圓環之處，或可見圓環標誌，促使車輛駕駛人注意慢行，並讓內環車輛優先通行（道路交通標誌標線號誌設置規則第34條）。另，於道路中心線與圓環外緣相交或圓環其他顯明之處，設有圓環遵行方向標誌，用以告示車輛駕駛人駛近圓環時，應讓內環車輛優先通行，左轉車輛則應繞行圓環（道路交通標誌標線號誌設置規則第66條）。

（八）行經多車道之圓環，不讓內側車道之車輛先行（第1項第8款）

汽車駕駛人行經多車道之圓環，應讓內側車道之車輛先行[266]。所謂「多車道」，係指同向具有二線以上之車道[267]，而依據道路交通安全規則第102條第3項規定，同向

---

265 內政部警政署國道公路警察局106年1月3日國道警交字第1050911072號函。轉引自：臺灣臺北地方法院109年度交字第499號行政訴訟判決、臺灣臺北地方法院109年度交字第421號行政訴訟判決。

266 相同意旨之規定，請見道路交通安全規則第102條第1項第10款。

267 參照交通部74年5月3日交路字第08500號函。

有二以上之車道者，左側車道為內側車道，右側車道為外側車道。

（九）支線道車不讓幹線道車先行；少線道車不讓多線道車先行；車道數相同時，左方車不讓右方車先行（第1項第9款）

本條第1項第9款針對汽車駕駛人爭道行駛時，規定其優先順序為支線道車應暫停讓幹線道車先行；少線道車應讓多線道車先行；車道數相同時，左方車應讓右方車先行。若屬汽車行駛至無號誌或號誌故障而無交通指揮人員指揮之交岔路口，其行進或轉彎之規則，依據道路交通安全規則第102條第1項第2款規定，支線道車應暫停讓幹線道車先行；未設標誌、標線或號誌劃分幹、支線道者，少線道車應暫停讓多線道車先行；車道數相同時，轉彎車應暫停讓直行車先行；同為直行車或轉彎車者，左方車應暫停讓右方車先行。但在交通壅塞時，應於停止線前暫停與他方雙向車輛互為禮讓，交互輪流行駛。

關於幹、支道之區分，道路交通標誌標線號誌設置規則中，就幹、支道訂有不同道路交通設施設置之原則[268]，如：交岔路口若設有閃光紅燈或「讓」、「停」等標誌、標線之道路則為支線道，設有閃光黃燈或未設上述相關標誌、標線道路為幹線道，藉此告示汽車駕駛人必須慢行或停車，觀察幹道行車狀況，讓幹道車優先通行後認為安全時，才得續行[269]。

（十）起駛前，不讓行進中之車輛、行人優先通行（第1項第10款）

道路交通安全規則第89條第1項第7款針對行車前應注意之事項予以規定：「起駛前應顯示方向燈，注意前後左右有無障礙或車輛行人，並應讓行進中之車輛行人優先通行。」

（十一）聞消防車、救護車、警備車、工程救險車、毒性化學物質災害事故應變車之警號，在後跟隨急駛，或駛過在救火時放置於路上之消防水帶（第1項第11款）

消防車、救護車、警備車、工程救險車及毒性化學物質災害事故應變車執行任務時，得不受道路交通安全規則第93條第1項行車速度之限制，且於開啓警示燈及警鳴器執行緊急任務時，得不受標誌、標線及號誌指示之限制（道路交通安全規則第93條第2項），且內外側車道均可行駛（道路交通安全規則第98條第1項第3款）。有鑑於此類車輛於此際之行駛方式甚為危險，汽車駕駛人若在後跟隨急駛，勢必造成道路交

---

268 關於幹線道及支線道之道路交通設施設置原則，請參考道路交通標誌標線號誌設置規則第59條、第172條、第211條、第224條、第226條、第229條及第231條等規定。

269 參照交通部90年9月20日交路字第054902號函、交通部91年9月12日交路字第0910008816號函。

通更多的不確定情況。因此，依據本條第1項第11款，汽車駕駛人聞有執行緊急任務車輛之警號時，應立即避讓，並不得在後跟隨急駛、併駛或超越，亦不得駛過在救火時放置於路上之消防水帶[270]。

（十二）任意駛出邊線，或任意跨越兩條車道行駛（第1項第12款）

本條第1項第12款，係處罰汽車駕駛人任意駛出邊線，或任意跨越兩條車道行駛之違規行爲，例如：跨越雙白線變換車道[271]；兩車車速相當，或並行或一車稍前，其非意在超車、交會或爭道行駛狀況下，其中一方欲變換車道行駛，不慎撞及另一方而肇事[272]；汽車任意駛出快慢車道分隔線[273]。依據道路交通安全規則第96條規定：「汽車在單行道行駛時，應在快車道上按遵行方向順序行駛，劃有路面邊線者，除起駛、準備停車或臨時停車外，不得駛出路面邊線。」汽車若行駛於未劃設慢車道之雙向二車道，除準備停車或臨時停車外，均不得駛出路面邊線（道路交通安全規則第97條第1項第4款）。汽車在同向二車道以上之道路（車道數之計算，不含車種專用車道、機車優先道及慢車道），除準備停車或臨時停車外，不得駛出路面邊線或跨越兩條車道行駛（道路交通安全規則第98條第1項第5款）。針對機車，道路交通安全規則第99條第1項第5款亦規定，機車行駛之車道，應依標誌或標線之規定行駛；無標誌或標線者，除起駛、準備停車或臨時停車外，不得駛出路面邊線。

（十三）機車不在規定車道行駛（第1項第13款）

機車行駛之車道，應依標誌或標線之規定行駛；無標誌或標線者，依據道路交通安全規則第99條第1項，應遵守下列規定：

1. 在未劃分快慢車道之道路，應在最外側二車道行駛；單行道應在最左、右側車道行駛。
2. 在已劃分快慢車道之道路，雙向道路應在最外側快車道及慢車道行駛；單行道道路應在慢車道及與慢車道相鄰之快車道行駛。
3. 變換車道時，應讓直行車先行，並注意安全距離。
4. 由同向二車道進入一車道，應讓直行車道之車輛先行，無直行車道者，外車道之車輛應讓內車道之車輛先行。但在交通壅塞時，內、外側車道車輛應互爲禮讓，逐車

---

270 道路交通安全規則第101條第3項第1款：「汽車聞有消防車、救護車、警備車、工程救險車、毒性化學物質災害事故應變車等執行緊急任務車輛之警號時，應依下列規定避讓行駛：一、聞有執行緊急任務車輛之警號時，不論來自何方，均應立即避讓，並不得在後跟隨急駛、併駛或超越，亦不得駛過在救火時放置於路上之消防水帶。……」

271 參照交通部75年9月1日交路字第19567號函、交通部99年7月26日交路字第0990044737號函。

272 參照交通部83年3月4日交路字第005553號函。

273 參照交通部85年11月25日交路字第049090號函。

交互輪流行駛，並保持安全距離及間隔。

5. 除起駛、準備停車或臨時停車外，不得駛出路面邊線。

6. 不得在人行道行駛[274]。

未依標誌或標線或上開規定行駛之機車，則屬本條第1項第13款之違規爭道行駛行爲。

（十四）遇幼童專用車、校車、教練車不依規定禮讓，或減速慢行（第1項第14款）

本條第1項第14款規定，汽車駕駛人駕駛汽車遇幼童專用車、校車、教練車時，應禮讓其先行或減速慢行。除此之外，道路交通安全規則第101條第2項中，將身心障礙者用特製車或執行道路駕駛考驗之考驗用車亦納入，要求汽車駕駛人應予禮讓。

（十五）行經無號誌交叉路口及巷道不依規定或標誌、標線指示（第1項第15款）

依據道路交通安全規則第102條第1項第2款規定，汽車行經交岔路口[275]之通行權，依序爲：有交通警察指揮者，以交通警察之指揮爲優先；無交通警察指揮者，以燈光號誌之指示爲優先[276]。若遇無號誌或號誌故障且無交通指揮人員指揮之交岔路口[277]，支線道車應暫停讓幹線道車先行。於未設標誌、標線或號誌劃分幹、支線道時，少線道車應暫停讓多線道車先行；車道數相同時，轉彎車應暫停讓直行車先行[278]；同爲直行車或轉彎車者，左方車應暫停讓右方車先行[279]。

（十六）占用自行車專用道（第1項第16款）

依據道路交通標誌標線號誌設置規則第67條之1，行人及自行車專用標誌係用以

---

274 例如：機車若利用橫向道路之行人穿越道行駛穿越交岔路口，應有本條第1項第13款處罰規定之適用。參照交通部96年1月2日交路字第0950062017號函。

275 兩條或兩條以上道路平面相交，其交叉處，即爲交岔路口。交岔路口之起算，於設有停止線者，自停止線起算；未設有停止線者，自轉角處起算。參照交通部路政司72年5月27日路臺監字第03832號函。

276 請參考道交條例第48條第2款及道路交通安全規則第102條第1項第1款。

277 道交條例及道路交通安全規則規定之「無號誌之交岔路口」或「無號誌及無交通警察指揮之交岔路口」，應指「免設及未設道路交通號誌者而言」或「免設及未設道路交通號誌以及無交通警察指揮者而言」。參照交通部70年9月7日交路字第18646號函。

278 依據道路交通安全規則第102條第2項規定，車道數係以進入交岔路口之車道計算，含快車道、慢車道、左、右轉車道、車種專用車道、機車優先道及調撥車道。

279 交通部101年7月25日交路字第1010016557號函：「道路交通安全規則第102條第1項第2款規定之『左方車應暫停讓右方車先行』，係課以左方車駕駛人行經交岔路口時應暫停讓右方車先行之義務，並應暫停後再交岔路口視界安全無虞且能以通過路口不發生行車事故爲停讓之原則，……。」

告示該段道路或騎樓以外之人行道專供行人及自行車通行，其他車輛不准進入，並以行人通行為優先。設於該路段或人行道起迄點顯明之處，中途得視需要增設之。其通行有其他規定者，應在其附牌內說明之。汽車駕駛人若爭道行駛，而有占用自行車道之情形，即屬違反本款之行為。

（十七）聞或見大眾捷運系統車輛之聲號或燈光，不依規定避讓或在後跟隨迫近（第1項第17款）

依據大眾捷運法第3條第4項規定，針對非完全獨立專用路權之大眾捷運系統[280]，應考量路口行車安全、行人與車行交通狀況、路口號誌等因素，設置優先通行或聲光號誌，故依道路交通標誌標線號誌設置規則第229條第5款，於大眾捷運系統車輛行經之交岔路口，應設置大眾捷運系統聲光號誌。汽車駕駛人，聞或見大眾捷運系統車輛之聲號或燈光時，應依下列規定行駛：

1. 行經有大眾捷運系統車輛共用通行之交岔路口，除應依標誌、標線或號誌之指示行駛外，並應遵守下列規定：
   (1) 行至設有聲光號誌之交岔路口，警鈴已響，閃光號誌已顯示，駕駛人應暫停俟大眾捷運系統車輛通過後，看、聽兩方無大眾捷運系統車輛駛來，始得通過。
   (2) 行至聲光號誌故障而無交通指揮人員指揮之交岔路口時，駕駛人應暫停、看、聽兩方無大眾捷運系統車輛駛來，始得通過（道路交通安全規則第104條之1）。
2. 行駛於大眾捷運系統車輛共用通行之車道時，聞或見大眾捷運系統車輛臨近之聲號或燈光時，應即依規定變換車道，避讓其優先通行，並不得在後跟隨迫近。但道路主管機關另有規定者，不在此限（道路交通安全規則第94條第4項）。

（十八）行經設有停車再開標誌、停標字或閃光紅燈號誌之交岔路口，不依規定停讓（第1項第18款）

汽車駕駛人駕駛汽車行經設有停車再開標誌、停標字或閃光紅燈號誌之交岔路口，均應依標誌指示停讓。停車再開標誌，設置於安全停車視距不足之交岔道路支線道之路口，用以告示車輛駕駛人必須停車觀察，認為安全時，方得再開（道路交通標誌標線號誌設置規則第58條第1項）；「停」標字，用以指示車輛至此必須停車再開，設於停止線將近之處，其與「停車再開」標誌得同時設置或擇一設置（道路交通標誌標線號誌設置規則第177條第1項）；閃光紅燈表示「停車再開」，車輛應減速

[280] 依據大眾捷運法第3條第2項第2款規定，非完全獨立專用路權，係指「部分地面路線以實體設施與其他地面運具區隔，僅在路口、道路空間不足或其他特殊情形時，不設區隔設施，而與其他地面運具共用車道。」

接近，先停止於交岔路口前，讓幹線道車優先通行後認為安全時，方得續行（道路交通標誌標線號誌設置規則第211條第1項第2款）。

（十九）聞警號不立即避讓特定車輛（第2項）

汽車駕駛人爭道行駛，聞消防車、救護車、警備車、工程救險車、毒性化學物質災害事故應變車之警號，不立即避讓者，處汽車駕駛人新臺幣3,600元罰鍰，並吊銷駕駛執照。若致人死傷，加重罰鍰至新臺幣6,000元以上9萬元以下，並吊銷駕駛執照。針對汽車駕駛人駕駛汽車遇鳴有警號之消防車、救護車、警備車、工程救險車[281]、毒性化學物質災害事故應變車等執行緊急任務車輛，應依據道路交通安全規則第101條第3項規定，避讓行駛：

1. 聞有執行緊急任務車輛之警號時，不論來自何方，均應立即避讓，並不得在後跟隨急駛、併駛或超越，亦不得駛過在救火時放置於路上之消防水帶。
2. 在同向或雙向僅有一車道之路段，應即減速慢行向右緊靠道路右側避讓，並暫時停車於適當地點，供執行緊急任務車輛超越。
3. 在同向二車道以上路段，與執行緊急任務車輛同車道之前車，應即向相鄰車道或路側避讓，相鄰車道之車輛應減速配合避讓，並作隨時停車之準備。
4. 執行緊急任務車輛得利用相鄰二車道間之車道線行駛，而在車道線左右兩側車道之車輛，應即減速慢行分向左右兩側車道避讓，並作隨時停車之準備。
5. 執行緊急任務車輛行經交岔路口時，已進入路口之車輛應駛離至不妨害執行緊急任務車輛行進動線之地點；同向以外未進入路口車輛應減速暫停，不得搶快進入路口，以避讓執行緊急任務車輛先行。

三、法律效果

本條係處罰汽車駕駛人爭道行駛或聞警號不立即避讓之行為，而就罰鍰額度之裁量，則是依據道交條例第92條第4項授權訂定之違反道路交通管理事件統一裁罰基準及處理細則行之，其中第2條第2項之附件違反道路交通管理事件統一裁罰基準表（以下簡稱基準表）中，針對違反道交條例第45條第1項下各款及第2項之行為，分別訂定裁罰基準。另外，依據道交條例第63條第1項及第92條第4項規定，授權於違反道路交通管理事件統一裁罰基準及處理細則第2條中，針對違反道交條例應並予記點之違規事項加以規定。依據該細則第2條第5項第1款第7目，汽車駕駛人若有違反本條第1項各款之違規事實，各記違規點數一點。此外，由於違反本條行為，應處

[281] 瓦斯災害搶修具有急迫性，為減少災害，維護公共安全，瓦斯公司之車輛如裝有搶修工程設備經認定者，可列為「工程救險車」。參照交通部82年11月15日交路字第044387號函。

罰鍰之最高額爲新臺幣1,800元，屬行政罰法第19條第1項規定之微罪，若其情節輕微，處罰機關，即公路主管機關（道交條例第8條第1項第1款），認以不處罰爲適當者，應亦得免予處罰，改對違規之汽車駕駛人施以糾正或勸導，並作成紀錄，命其簽名[282]。

依據道交條例第7條之2第1項第4款規定，汽車駕駛人有不服指揮稽查而逃逸，或聞消防車、救護車、警備車、工程救險車、毒性化學物質災害事故應變車之警號，不立即避讓之行爲，若當場不能或不宜攔截製單舉發者，得逕行舉發。另外，針對汽車駕駛人違反本條第1項第1款（不按遵行之方向行駛）、第3款（不依規定駛入來車道）、第4款（在多車道不依規定駕車）、第6款（駕車行駛人行道）、第10款（起駛前，不讓行進中之車輛、行人優先通行）、第11款（聞消防車、救護車、警備車、工程救險車、毒性化學物質災害事故應變車之警號，在後跟隨急駛，或駛過在救火時放置於路上之消防水帶）、第13款（機車不在規定車道行駛）、第16款（占用自行車專用道）及第2項（不立即避讓特種車輛）之行爲，依據道交條例第7條之1第1項第8款規定，亦得由民眾敘明違規事實並檢具違規證據資料，向公路主管或警察機關檢舉。但若違反本條之汽車駕駛人與汽車所有人，係屬不同人，而經舉發受處罰者，爲汽車所有人時，其得依據道交條例第85條第1項及違反道路交通管理事件統一裁罰基準及處理細則第36條第1項規定，向處罰機關告知應歸責人，處罰機關應即另行通知應歸責人到案，若經查證屬實，則應以應歸責人爲裁罰之對象[283]。

（一）第1項第1款、第2款及第5款

針對汽車駕駛人違反本條第1項所規定「不按遵行之方向行駛」（第1款）、「在單車道駕車與他車並行」（第2款）或「插入正在連貫行駛汽車之中間」（第5款）之行爲，基準表中並未區分違規車輛類別或違規情節，而均係以「期限內繳納或到案聽候裁決」、「逾越應到案期限三十日內，繳納罰鍰或到案聽候裁決」、「逾越應到案期限三十日以上六十日以內，繳納罰鍰或到案聽候裁決」及「逾越應到案期限六十日以上，繳納罰鍰或逕行裁決處罰」爲標準，依序處以新臺幣900元、1,000元、

282 關於道交條例中處罰之規定，因具有秩序罰之性質，除有特別規定外，作爲一般總則性規定之行政罰法，應仍有補充適用之餘地。洪家殷，行政罰上之有責性原則適用於道路交通管理處罰條例之探討，月旦法學雜誌，第346期，2024年3月，第24頁。

283 例如105年度高等行政法院及地方法院行政訴訟庭法律座談會中，即曾提案討論：當汽車駕駛人係駕駛租賃車輛違規，且警察機關未能當場舉發，而係在事後憑所獲悉事證，以逕行舉發方式，裁罰汽車出租公司，是否適法？最終研討結果認爲，以車輛所有人爲裁罰對象，並無違誤，惟所有人可辦理歸責程序，請求裁罰機關改以眞正違反行政法義務之承租人。反之，若其逾期未依規定辦理，應即以所有人爲裁罰對象。請參考高等行政法院及地方法院行政訴訟庭法律座談會提案四（09/05/1996）。

1,100元及1,200元之罰鍰，即對逾越應到案期限越久之汽車駕駛人，處以越重之罰鍰。

（二）第1項第3款

針對汽車駕駛人「不依規定駛入來車道」之行爲，基準表中依違規車種區分屬「機車或小型車」或「大型車」；再以「期限內繳納或到案聽候裁決」、「逾越應到案期限三十日內，繳納罰鍰或到案聽候裁決」、「逾越應到案期限三十日以上六十日以內，繳納罰鍰或到案聽候裁決」及「逾越應到案期限六十日以上，繳納罰鍰或逕行裁決處罰」爲標準，機車或小型車依序處以新臺幣900元、1,000元、1,100元及1,200元之罰鍰；大型車依序處以新臺幣1,400元、1,500元、1,600元及1,800元之罰鍰，即對逾越應到案期限越久之汽車駕駛人，處以越重之罰鍰。

（三）第1項第4款

針對汽車駕駛人「在多車道不依規定駕車」之行爲，基準表中依違規車種區分屬「機車或小型車」或「大型車」；再以「期限內繳納或到案聽候裁決」、「逾越應到案期限三十日內，繳納罰鍰或到案聽候裁決」、「逾越應到案期限三十日以上六十日以內，繳納罰鍰或到案聽候裁決」及「逾越應到案期限六十日以上，繳納罰鍰或逕行裁決處罰」爲標準，機車或小型車依序處以新臺幣600元、700元、800元及900元之罰鍰；大型車依序處以新臺幣900元、1,000元、1,100元及1,200元之罰鍰，即對逾越應到案期限越久之汽車駕駛人，處以越重之罰鍰。

（四）第1項第6款至第8款、第10款、第12款、第13款

針對汽車駕駛人違反本條第1項所規定「駕車行駛人行道」（第6款）、「行至無號誌之圓環路口，不讓已進入圓環之車輛先行」（第7款）、「行經多車道之圓環，不讓內側車道之車輛先行」（第8款）、「起駛前，不讓行進中之車輛、行人優先通行」（第10款）、「任意駛出邊線，或任意跨越兩條車道行駛」（第12款）、「機車不在規定車道行駛」（第13款）之行爲，基準表中並未區分違規車輛類別或違規情節，而均係以「期限內繳納或到案聽候裁決」、「逾越應到案期限三十日內，繳納罰鍰或到案聽候裁決」、「逾越應到案期限三十日以上六十日以內，繳納罰鍰或到案聽候裁決」及「逾越應到案期限六十日以上，繳納罰鍰或逕行裁決處罰」爲標準，依序處以新臺幣600元、700元、800元及900元之罰鍰，即對逾越應到案期限越久之汽車駕駛人，處以越重之罰鍰。

（五）第1項第9款、第15款及第18款

針對汽車駕駛人「支線道車不讓幹線道車先行。少線道車不讓多線道車先行。車道數相同時，左方車不讓右方車先行」（第9款）、「行經無號誌交叉路口及巷道不依規定或標誌、標線指示」（第15款）或「行經設有停車再開標誌、停標字或閃光紅燈號誌之交岔路口，不依規定停讓」（第18款）之行爲，基準表中，係先將違規車種區分屬「機車」、「小型車」或「大型車」；再以「期限內繳納或到案聽候裁決」、「逾越應到案期限三十日內，繳納罰鍰或到案聽候裁決」、「逾越應到案期限三十日以上六十日以內，繳納罰鍰或到案聽候裁決」及「逾越應到案期限六十日以上，繳納罰鍰或逕行裁決處罰」爲標準，針對逾越應到案期限越久之汽車駕駛人，處以越重之罰鍰：機車依序處新臺幣1,200元、1,300元、1,400元及1,500元；小型車依序處新臺幣1,500元、1,600元、1,700元及1,800元；大型車則不再區分逾期到案期間，一律處以最高額之新臺幣1,800元罰鍰。

（六）第1項第11款

針對汽車駕駛人「聞消防車、救護車、警備車、工程救險車、毒性化學物質災害事故應變車之警號，在後跟隨急駛，或駛過在救火時放置於路上之消防水帶」之行爲，基準表中，係先將違規車種區分屬「機車或小型車」或「大型車」；再以「期限內繳納或到案聽候裁決」、「逾越應到案期限三十日內，繳納罰鍰或到案聽候裁決」、「逾越應到案期限三十日以上六十日以內，繳納罰鍰或到案聽候裁決」及「逾越應到案期限六十日以上，繳納罰鍰或逕行裁決處罰」爲標準，針對逾越應到案期限越久之汽車駕駛人，處以越重之罰鍰：機車或小型車依序處新臺幣900元、1,000元、1,100元及1,200元；大型車則不再區分逾期到案期間，一律處以最高額之新臺幣1,800元罰鍰。

（七）第1項第14款

針對汽車駕駛人「遇幼童專用車、校車、教練車不依規定禮讓，或減速慢行」之行爲，基準表中並未區分違規車種及逾期到案期間，一律處以最高額之新臺幣1,800元罰鍰。

（八）第1項第16款

針對汽車駕駛人「占用自行車專用道」之行爲，基準表中，係先將違規車種區分屬「機車或小型車」或「大型車」；再以「期限內繳納或到案聽候裁決」、「逾越應到案期限三十日內，繳納罰鍰或到案聽候裁決」、「逾越應到案期限三十日以上六十日以內，繳納罰鍰或到案聽候裁決」及「逾越應到案期限六十日以上，繳納罰鍰或逕

行裁決處罰」爲標準，針對逾越應到案期限越久之汽車駕駛人，處以越重之罰鍰：機車或小型車依序處新臺幣600元、700元、800元及900元；大型車則依序處新臺幣900元、1,000元、1,100元及1,200元。

（九）第1項第17款

針對汽車駕駛人「聞或見大眾捷運系統車輛之聲號或燈光，不依規定避讓或在後跟隨迫近」之行爲，基準表中，係先將違規車種區分屬「機車或小型車」或「大型車」；再以「期限內繳納或到案聽候裁決」、「逾越應到案期限三十日內，繳納罰鍰或到案聽候裁決」、「逾越應到案期限三十日以上六十日以內，繳納罰鍰或到案聽候裁決」及「逾越應到案期限六十日以上，繳納罰鍰或逕行裁決處罰」爲標準，針對逾越應到案期限越久之汽車駕駛人，處以越重之罰鍰：機車或小型車依序處新臺幣900元、1,000元、1,100元及1,200元；大型車則依序處新臺幣1,400元、1,500元、1,600元及1,800元。

（十）第2項及第3項

本條第2項規定：「聞消防車、救護車、警備車、工程救險車、毒性化學物質災害事故應變車之警號，不立即避讓者，處汽車駕駛人新臺幣三千六百元罰鍰，並吊銷駕駛執照。」其並就裁罰額度留有裁量空間，故不論違規車種及逾期到案期間，一律處以最高額之新臺幣3,600元罰鍰，並吊銷駕駛執照。

但若因汽車駕駛人聞警號未立即避讓，而致人死傷者，本條第3項明定：「處汽車駕駛人新臺幣六千元以上九萬元以下罰鍰，並吊銷駕駛執照。」且三年內不得考領駕駛執照[284]。基準表中先將違規情節區分爲「受傷」、「重傷」及「死亡」三種情形，於「受傷」及「重傷」之情形中，再依據違規車輛類別，區分屬「機車」、「小型車」或「大型車」；再以「期限內繳納或到案聽候裁決」、「逾越應到案期限三十日內，繳納罰鍰或到案聽候裁決」、「逾越應到案期限三十日以上六十日以內，繳納罰鍰或到案聽候裁決」及「逾越應到案期限六十日以上，繳納罰鍰或逕行裁決處罰」爲標準，針對逾越應到案期限越久之汽車駕駛人，處以越重之罰鍰：機車依序處新臺幣6,000元／2萬5,000元、6,600元／2萬7,500元、7,800元／3萬2,500元及9,000元／3萬7,500元；小型車依序處新臺幣1萬元／3萬5,000元、1萬1,000元／3萬8,500元、1萬3,000元／4萬5,500元及1萬5,000元／5萬2,500元；大型車則依序處新臺幣1萬5,000元／4萬5,000元、1萬6,500元／4萬9,500元、1萬9,500元／5萬8,500元及2萬2,500元／6萬

[284] 道交條例第67條第2項規定：「汽車駕駛人曾依……第四十五條第三項……規定吊銷駕駛執照者，三年內不得考領駕駛執照；……。」

7,500元。於致人「死亡」之情形，不再區分違規車輛類別及逾期到案期間，一律處以最高額之新臺幣9萬元罰鍰。

參、綜論

針對違反本條所處罰鍰，依據基準表所爲裁量，是否有助於審酌個案中不同違規行爲之應罰程度，請參考第38條「參、綜論」之說明。另外，基準表中，有部分一律處最高額罰鍰之情形，包括大型車之駕駛人有「支線道車不讓幹線道車先行。少線道車不讓多線道車先行。車道數相同時，左方車不讓右方車先行」（第9款）、「聞消防車、救護車、警備車、工程救險車、毒性化學物質災害事故應變車之警號，在後跟隨急駛，或駛過在救火時放置於路上之消防水帶」（第11款）、「行經無號誌交叉路口及巷道不依規定或標誌、標線指示」（第15款）或「行經設有停車再開標誌、停標字或閃光紅燈號誌之交岔路口，不依規定停讓」（第18款）之行爲，或是汽車駕駛人聞警號不立即避讓，致人死亡時，一律處最高額罰鍰，似有將個案裁量一般化，而未預留視個案違規情節輕重而予處罰之範圍，是否有助於細緻化區分個案之情節給予相應裁罰，值得思考。

本條第1項第14款關於減速慢行及禮讓之規定，與道交條例第44條關於「減速慢行」之相關規定相似，應可整合至第44條中規定，體例上似更相符。另外，本條第1項第14款規定與道路交通安全規則第101條第2項中應禮讓之車輛類型，未盡相符，應可將目前道路交通安全規則中所定「身心障礙者用特製車或執行道路駕駛考驗之考驗用車」，亦納入本條予以規範。

第 46 條（汽車駕駛人之處罰——違規交會）

汽車駕駛人交會時，有下列情形之一者，處新臺幣六百元以上一千八百元以下罰鍰：

一、未保持適當之間隔。

二、在峻狹坡路，下坡車未讓上坡車先行，或上坡車在坡下未讓已駛至中途之下坡車駛過，而爭先上坡。

三、在山路行車，靠山壁車輛，未讓道路外緣車優先通過。

壹、導言

針對汽車駕駛人於車輛交會時之禁止行爲，道交條例於1975年第三次修正時，明定於第46條，至今除提高罰鍰額度及文字微幅修正外，並未就禁止行爲之要件爲修正；1986年第五次修正時，考量社會經濟情況變動，原罰鍰金額顯不足以達成法律上之目的，爰斟酌實際情形，將原「一百元以上、三百元以下罰鍰」，提高至「二百元以上六百元以下罰鍰」；2005年第15次修正時，配合法制用語，將「左」列改爲「下」列，各款中「者」刪除，並將罰鍰金額改以新臺幣計算，修正爲「新臺幣六百元以上一千八百元以下罰鍰」。

貳、內容解析

一、規範對象

本條所欲規範之對象爲汽車駕駛人，請參考第38條「貳、一、規範對象」之說明。

二、禁止之行爲態樣

本條明定，汽車駕駛人駕駛汽車交會時，應遵守下列要求：

（一）保持適當之間隔（第1款）

所謂「適當之間隔」，依據道路交通安全規則第100條第5款之規定，會車相互之間隔不得少於半公尺。

（二）在峻狹坡路交會（第2款）

針對汽車駕駛人在峻狹坡路交會，下坡車應停車讓上坡車先行駛過，但上坡車尚在坡下而下坡車已駛至坡道中途者，上坡車應讓下坡車駛過後，再行上坡，道路交通安全規則第100條第3款亦得見相同意旨之規定。所謂「峻狹坡路」，應可參考道路交通標誌標線號誌設置規則第26條及第27條規定，採道路縱坡在7%以上，或雙車道路面寬度縮減爲六公尺以下路段，屬峻狹坡路之見解；但實務上仍應依個案道路與交通狀況，實質認定[285]。

（三）在山路行車交會（第3款）

在山路交會時，靠山壁車輛應讓道路外緣車優先通過，道路交通安全規則第100條第2款亦得見相同意旨之規定。

除前述規定外，針對汽車交會時，道路交通安全規則第100條中尚有下列規定：

---

285 參照交通部98年10月12日交路字第0980053985號函。

在未劃有分向標線之道路，或鐵路平交道，或不良之道路交會時，應減速慢行（第1款）；雙向車道上之單車道橋梁，設有號誌或行車管制人員者，應依其指示行駛；未設號誌或行車管制人員者，如同時有車輛自兩端行近橋口時，應先暫停並視情況，由一方亮停車燈或以手勢表示允讓後，他方始得行駛通過（第4款）；夜間會車應用近光燈（第6款[286]）；單車道[287]之橋梁及隧道不得交會（第7款）。

三、法律效果

本條係就汽車駕駛人違規交會之行爲，處以新臺幣600元以上1,800元以下罰鍰。而就罰鍰額度之裁量，則是依據道交條例第92條第4項授權訂定之違反道路交通管理事件統一裁罰基準及處理細則行之，其中第2條第2項之附件違反道路交通管理事件統一裁罰基準表（以下簡稱基準表）中，針對違反本條所定裁罰基準，以下將分別說明之。

（一）第1款及第3款

本條第1款係處罰汽車駕駛人於交會時，未保持適當之間隔；第3款則係處罰汽車駕駛人在山路行車交會時，靠山壁車輛未讓道路外緣車優先通過之行爲。針對此二款違規交會行爲之裁量，不論違規車種類別或違規情節爲何，均依「期限內繳納或到案聽候裁決」、「逾越應到案期限三十日內，繳納罰鍰或到案聽候裁決」、「逾越應到案期限三十日以上六十日以內，繳納罰鍰或到案聽候裁決」及「逾越應到案期限六十日以上，繳納罰鍰或逕行裁決處罰」之標準，針對逾越應到案期限越久之汽車駕駛人，處以越重之罰鍰，依序處新臺幣600元、700元、800元及900元。

（二）第2款

本條第2款係處罰汽車駕駛人在峻狹坡路交會時，下坡車未讓上坡車先行，或上坡車在坡下未讓已駛至中途之下坡車駛過，而爭先上坡之行爲。基準表將違規車種類別區分屬「機車或小型車」或「大型車」；再以「期限內繳納或到案聽候裁決」、「逾越應到案期限三十日內，繳納罰鍰或到案聽候裁決」、「逾越應到案期限三十日以上六十日以內，繳納罰鍰或到案聽候裁決」及「逾越應到案期限六十日以上，繳納罰鍰或逕行裁決處罰」爲標準，針對逾越應到案期限越久之汽車駕駛人，處以越重之罰鍰：機車或小型車依序處新臺幣600元、700元、800元及900元；大型車則依序處新臺幣1,400元、1,500元、1,600元及1,800元。

---

286 道路交通安全規則第109條第1項第6款亦得見相同規定。

287 所謂「單車道」，係指「同向僅有一線之車道」。參照交通部74年5月3日交路字第08500號函。

由於違反本條行爲，應處罰鍰之最高額爲新臺幣1,800元，屬行政罰法第19條第1項規定之微罪，若處罰機關，即道交條例第8條第1項第1款所定公路主管機關，認其情節輕微，以不處罰爲適當者，亦得免予處罰，改對違規之汽車駕駛人施以糾正或勸導，並作成紀錄，命其簽名[288]。

參、綜論

針對違反本條所處罰鍰，依據基準表所爲之裁量，是否有助於審酌個案中不同違規行爲之應罰程度，相關說明請參考第38條「參、綜論」之說明。

對汽車駕駛人交會時所應遵守之規定，本條及道路交通安全規則第100條分別以負面及正面表列之方式爲規範，但觀諸道路交通安全規則第100條下之七款規定，其中第2款、第3款及第5款，對應於本條第3款、第2款及第1款之規定，雖皆得使其更爲具體、明確，但第1款、第4款、第6款及第7款之規定，卻並未得爲本條各款所規範之禁止行爲所涵納，故其是否屬道交條例明定之違規交會行爲，而得依據本條裁罰，恐不無疑義，若確實有處罰之必要，建議相關要件應提升位階於道交條例中明確規定爲宜。

另外，關於汽車駕駛人交會時使用燈光之規定，於道路交通安全規則第100條第6款及同規則第109條第1項第6款中，皆得見相同意旨之規定。但針對違反該等規定之處罰，究應認屬道交條例第42條之「不依規定使用燈光」，處新臺幣1,200元以上3,600元以下罰鍰，抑或歸類爲道交條例第46條之「違規交會」，處新臺幣600元以上1,800元以下罰鍰，恐亦須於個案中再爲認定。

第 47 條（汽車駕駛人之處罰——違規超車）

汽車駕駛人超車時，有下列情形之一者，處新臺幣一千二百元以上二千四百元以下罰鍰：

一、駕車行經設有彎道、險坡、狹橋、隧道、交岔路口標誌之路段或道路施工地段超車。

二、在學校、醫院或其他設有禁止超車標誌、標線處所、地段或對面有來車交會或前行車連貫二輛以上超車。

---

[288] 關於道交條例中處罰之規定，因具有秩序罰之性質，除有特別規定外，作爲一般總則性規定之行政罰法，應仍有補充適用之餘地。洪家殷，行政罰上之有責性原則適用於道路交通管理處罰條例之探討，月旦法學雜誌，第346期，2024年3月，第24頁。

三、在前行車之右側超車，或超車時未保持適當之間隔，或未行至安全距離即行駛入原行路線。
四、未經前行車表示允讓或靠邊慢行，即行超車。
五、前行車聞後行車按鳴喇叭或見後行車顯示超車燈光，如車前路況無障礙，無正當理由，不表示允讓或靠邊慢行。
前項所稱超車，指汽車於同向或雙向僅有一車道超越前車之行為。

壹、導言

針對超車之規定，於1968年道交條例制定之初，得見於第45條中[289]。至1975年第三次修正時，移列至第47條，並增訂第5款，將「前行車聞後行車按鳴超車喇叭後，如車前路況無障礙，無正當理由不表示允讓或靠邊慢行」之行爲一併納入處罰。1986年第五次修正時，於第5款中，除原先「前行車聞後行車按鳴喇叭」之情形外，增列「見後行車顯示超車燈光」，以應實際需要；同時，考量社會經濟情況變動，原罰鍰金額顯不足以達成法律上之目的，斟酌實際情形，由「二百元以上、四百元以下罰鍰」，提高爲「四百元以上八百元以下罰鍰」。2001年時，將罰鍰金額改以新臺幣計算，修正爲「新臺幣一千二百元以上二千四百元以下罰鍰」。2005年第15次修正時，配合法制用語，就法條用語進行文字微調，將「左」列改爲「下」列，並刪除各款之末字「者」。2023年修法時，爲釐清超車與變換車道超越前行車之行爲之不同，增訂第2項，將超車定義爲「指汽車於同向或雙向僅有一車道超越前車之行爲」，以求明確。

貳、內容解析

一、規範對象

本條所欲規範之對象爲汽車駕駛人，請參考第38條「貳、一、規範對象」之說明。

[289] 1968年道交條例第45條：「汽車駕駛人有左列情形之一超車者，處五十元以上一百元以下罰鍰：一、駕車行經彎道、陡坡、狹路、橋樑、隧道、交岔路、平交道、單行道道路修理地段者。二、在學校、醫院或其他設有禁止超車標誌標線之處所或地段超車者。三、在前行車之右側或對面有來車交會者。四、未經前行車表示允讓或靠邊慢行即行超車者。」

二、禁止之行爲態樣

本條乃針對汽車駕駛人違規超車之行爲予以處罰，所謂「超車」，係「指汽車於同向或雙向僅有一車道超越前車之行爲」（本條第2項）。汽車駕駛人若行駛於未劃設慢車道之雙向二車道時，其超車行爲，除應遵守道路交通安全規則第101條之規定外，亦應依據道路交通安全規則第97條第1項第3款規定：「在劃有行車分向線之路段，超車時得駛越，但不能並行競駛。」若係行駛於四車道，則應屬變換車道超越，而應依道路交通安全規則第98條規定[290]。

本條第1項明定，汽車駕駛人超車時，不得有下列五種之情形：

（一）駕車行經設有彎道、險坡、狹橋、隧道、交岔路口標誌之路段或道路施工地段超車（第1項第1款）

相類之規定得見道路交通安全規則第101條第1項第1款：「汽車超車時，應依下列規定：一、行經設有彎道、陡坡、狹橋、隧道、交岔路口標誌之路段或鐵路平交道、道路施工地段，不得超車。」於交岔路口將近之處，設有岔路標誌，用以促使車輛駕駛人減速慢行，注意橫向來車相交，其圖案視道路交岔形狀定之[291]（道路交通標誌標線號誌設置規則第30條第1項）。另，關於彎道、險坡、狹橋、隧道標誌之路段或道路施工地段之定義與說明，請參考道交條例第44條第1項第3款。

（二）在學校、醫院或其他設有禁止超車標誌、標線處所、地段或對面有來車交會或前行車連貫二輛以上超車（第1項第2款）

相同之規定得見道路交通安全規則第101條第1項第2款：「汽車超車時，應依下列規定：二、在設有學校、醫院標誌或其他設有禁止超車標誌、標線之處所、地段或對面有來車交會或前行車連貫二輛以上者，不得超車。」禁止超車標誌，係設於超車視距不足及其他禁止超車路段之起點，用以告示車輛駕駛人禁止超車，已設有禁止超車線或分向限制線者，得免設之（道路交通標誌標線號誌設置規則第76條）；禁止超車線，設於視距不足或接近交岔路口之路段，用以表示禁止超車[292]（道路交通標誌標線號誌設置規則第166條）。另，關於學校、醫院標誌之說明，請參考道交條例第44

---

290 參照交通部71年5月17日交路字第11583號函。

291 但道路交通標誌標線號誌設置規則第30條第4項，亦訂有得免設岔路標誌之情形，包括：視界良好，易於察覺岔路來車動態之交岔路口；設有號誌管制之交岔路口；設有「停」、「讓」、「慢」、「注意號誌」、「地名方向」等標誌之交岔路口；相交道路交通流向互不干擾之交岔路口；相交道路任一道路之交通量每小時低於50輛之交岔路口；市區街道行車速限低於每小時40公里路段之交岔路口。

292 另外，路寬變更線、近障礙物線及近鐵路平交道線，亦皆有警告汽車駕駛人禁止超車之意，請參考道路交通標誌標線號誌設置規則第155條、第156條及第157條。

條第1項第4款之說明。

（三）在前行車之右側超車，或超車時未保持適當之間隔，或未行至安全距離即行駛入原行路線（第1項第3款）

針對本款所稱「適當之間隔」，雖並無明確規範其距離，但應可參考道路交通安全規則第101條第1項第5款之規定，認後車應與前車右側保持半公尺以上之間隔爲當。

（四）未經前行車表示允讓或靠邊慢行，即行超車（第1項第4款）

本款明定，後行車汽車駕駛人欲超車，須經前行車表示允讓後，始得爲之。前行車得透過減速靠邊或以手勢或亮右方向燈之方式，表示允讓。超車時，應顯示左方向燈並於前車左側保持半公尺以上之間隔超過，行至安全距離後，再顯示右方向燈駛入原行路線（道路交通安全規則第101條第1項第5款）。

（五）前行車聞後行車按鳴喇叭或見後行車顯示超車燈光，如車前路況無障礙，無正當理由，不表示允讓或靠邊慢行（第1項第5款）

汽車駕駛人欲超越同一車道之前車時，須先按鳴喇叭二單響或變換燈光一次，但不得連續密集按鳴喇叭或變換燈光迫使前車允讓（道路交通安全規則第101條第1項第3款）。而前行車聞後行車按鳴喇叭或見後行車顯示超車燈光，如車前路況無障礙，應即允讓或靠邊慢行，若無正當理由而不爲之，即屬本條第1項第5款所欲處罰之行爲。相類之規定得見道路交通安全規則第101條第1項第4款：「汽車超車時，應依下列規定：四、前行車駕駛人聞後行車按鳴喇叭或見後行車顯示超車燈光時，如車前路況無障礙，應即減速靠邊或表示允讓，並注意後行車超越時之行駛狀況。」

三、法律效果

本條係就汽車駕駛人違規交會之行爲，處以新臺幣1,200元以上2,400元以下罰鍰。依據道交條例第7條之2第2項第3款，汽車駕駛人違規超車，若當場不能或不宜攔截製單舉發，則得以科學儀器取得證據資料證明其行爲違規後，逕行舉發。除此之外，汽車駕駛人違反本條第1項之行爲，亦得由民眾敘明違規事實並檢具違規證據資料，向公路主管或警察機關檢舉（道交條例第7條之1第1項第9款）。但若違反本條之汽車駕駛人與汽車所有人，係屬不同人，而經舉發受處罰者，爲汽車所有人時，其得依據道交條例第85條第1項及違反道路交通管理事件統一裁罰基準及處理細則第36條第1項規定，向處罰機關告知應歸責人，處罰機關應即另行通知應歸責人到案，若經查證屬實，則應以應歸責人爲裁罰之對象[293]。而就罰鍰額度之裁量，則是依據道交條例第92條第4項授權訂定之違反道路交通管理事件統一裁罰基準及處理細則行之，其中第2條第2項之附件違反道路交通管理事件統一裁罰基準表（以下簡稱基準表）中，針對違反本條所定裁罰基準，以下將分別說明之。

（一）第1項第1款至第3款

針對違反本條第1項第1款至第3款所定違規超車行爲之裁量基準，係將違規車種類別區分屬「機車或小型車」、「大型車」或「載運危險物品車輛」；再以「期限內繳納或到案聽候裁決」、「逾越應到案期限三十日內，繳納罰鍰或到案聽候裁決」、「逾越應到案期限三十日以上六十日以內，繳納罰鍰或到案聽候裁決」及「逾越應到案期限六十日以上，繳納罰鍰或逕行裁決處罰」爲標準，針對逾越應到案期限越久之汽車駕駛人，處以越重之罰鍰：機車或小型車依序處新臺幣1,200元、1,300元、1,400元及1,500元；大型車則依序處新臺幣1,800元、1,900元、2,100元及2,400元；載運危險物品車輛，則一律處新臺幣2,400元罰鍰。

另外，依據道交條例第63條第1項及第92條第4項規定，授權於違反道路交通管理事件統一裁罰基準及處理細則第2條中，針對違反道交條例應並予記點之違規事項加以規定，依據違反道路交通管理事件統一裁罰基準及處理細則第2條第5項第1款第8目，汽車駕駛人若有違反本條第1項第1款至第3款之違規事實，各記違規點數一點。

（二）第1項第4款及第5款

針對違反本條第1項第4款及第5款之裁量基準，係將違規車種類別區分屬「載運危險物品車輛」或「其他車種類別車輛」，前者不論違規情節爲何，一律處新臺幣2,400元罰鍰；後者則依「期限內繳納或到案聽候裁決」、「逾越應到案期限三十日內，繳納罰鍰或到案聽候裁決」、「逾越應到案期限三十日以上六十日以內，繳納罰鍰或到案聽候裁決」及「逾越應到案期限六十日以上，繳納罰鍰或逕行裁決處罰」之標準，針對逾越應到案期限越久之汽車駕駛人，處以越重之罰鍰，依序處新臺幣1,200元、1,300元、1,400元及1,500元。

---

293 例如105年度高等行政法院及地方法院行政訴訟庭法律座談會中，即曾提案討論：當汽車駕駛人係駕駛租賃車輛違規，且警察機關未能當場舉發，而係在事後憑所獲悉事證，以逕行舉發方式，裁罰汽車出租公司，是否適法？最終研討結果認爲，以車輛所有人爲裁罰對象，並無違誤，惟所有人可辦理歸責程序，請求裁罰機關改以眞正違反行政法義務之承租人。反之，若其逾期未依規定辦理，應即以所有人爲裁罰對象。請參考高等行政法院及地方法院行政訴訟庭法律座談會提案四（09/05/1996）。

由於違反本條行為，應處罰鍰之最高額為新臺幣2,400元，屬行政罰法第19條第1項規定之微罪，若處罰機關，即道交條例第8條第1項第1款所定公路主管機關認其情節輕微，以不處罰為適當者，亦得免予處罰，改對違規之汽車駕駛人施以糾正或勸導，並作成紀錄，命其簽名[294]。

參、綜論

針對違反本條所處罰鍰，依據基準表所為裁量，是否有助於審酌個案中不同違規行為之應罰程度，相關說明請參考第38條「參、綜論」之說明。另外，基準表就汽車駕駛人駕駛載運危險物品車輛違規超車時，一律均處最高額之新臺幣2,400元，似有將個案裁量一般化，而未預留視個案違規情節輕重而予處罰之範圍，甚至推導向與裁量收縮至零類似之效果，恐亦不無疑慮。

第48條（汽車駕駛人之處罰——違規轉彎或變換車道）

汽車駕駛人轉彎或變換車道時，有下列情形之一者，處新臺幣六百元以上一千八百元以下罰鍰：

一、不注意來、往行人，或轉彎前未減速慢行。

二、不依標誌、標線、號誌指示。

三、行經交岔路口未達中心處，占用來車道搶先左轉彎。

四、在多車道右轉彎，不先駛入外側車道，或多車道左轉彎，不先駛入內側車道。

五、道路設有劃分島，劃分快、慢車道，在慢車道上左轉彎或在快車道右轉彎。但另設有標誌、標線或號誌管制者，應依其指示行駛。

六、轉彎車不讓直行車先行。

七、設有左、右轉彎專用車道之交岔路口，直行車占用最內側或最外側或專用車道。

壹、導言

針對禁止汽車駕駛人於轉彎或變換車道時之行為，於1968年道交條例制定之初

---

[294] 關於道交條例中處罰之規定，因具有秩序罰之性質，除有特別規定外，作為一般總則性規定之行政罰法，應仍有補充適用之餘地。洪家殷，行政罰上之有責性原則適用於道路交通管理處罰條例之探討，月旦法學雜誌，第346期，2024年3月，第24頁。

之第46條中，可見相關規定[295]。1975年道交條例第五次修正時，將該規定移列第48條，增訂3款規定，包括「四車道以上道路，設有劃分島劃分快慢車道，在慢車道上左轉彎」（第5款）、「轉彎車不讓直行車先行，或直行車尚未進入交岔路口而轉彎車已開始轉彎，直行車不讓轉彎車先行」（第6款）、「設有左右轉彎專用車道之交岔路口，直行車佔用最內側或最外側或專用車道者」（第7款），均被納入汽車駕駛人轉彎時之禁止行爲態樣；並將罰鍰額度由原「五十元以上一百元以下罰鍰」，提高爲「一百元以上、三百元以下罰鍰」。1986年第五次修正時，考量社會經濟情況變動，原罰鍰金額顯不足以達成法律上之目的，故斟酌實際情形，將罰鍰提高至「二百元以上六百元以下罰鍰」。2005年第15次修正時，增訂第2項，處罰汽車駕駛人「除禁止行人穿越路段外，不暫停讓行人優先通行」之行爲。2014年第28次修正時，原條文第1項首句，除原先「轉彎」外，亦將「變換車道」納入，修正爲「汽車駕駛人轉彎或變換車道時……」。2019年第36次修正時，於第3項增列車輛駕駛人須禮讓攜帶白手杖或使用導盲犬的視覺功能障礙者之規定[296]。然而，考量此一規範與道交條例第44條第3項，僅有行駛方向之差異，故於2023年修法時，將其整併，統一規定於第44條第3項中；第2項關於禮讓行人優先通行之規定[297]，亦一併移置於第44條第2項規範之。

貳、內容解析

一、規範對象

本條所欲規範之對象爲汽車駕駛人，請參考第38條「貳、一、規範對象」之說明。

二、禁止之行爲態樣

本條係處罰汽車駕駛人轉彎或變換車道時之違規行爲，所謂「已開始轉彎」，「指車輛在直線行駛中，欲向左或右轉彎，除事先已依規定，在距轉彎點之交叉口30

---

[295] 1968年道交條例第46條：「汽車駕駛人有左列情形之一轉彎者，處五十元以上一百元以下罰鍰：一、在轉彎或變換車道前，未使用方向燈或表示手勢或未減速慢行者。二、不依號誌、標誌、標線指示者。三、交岔路口未達中心處，佔用來車道搶先左彎者。四、多車道右彎，不先駛入外側車道者；多車道左彎，不先駛入內側車道者。」

[296] 2019年第36次修正後之道交條例第48條第3項：「汽車駕駛人轉彎時，除禁止行人穿越路段外，行近攜帶白手杖或導盲犬之視覺功能障礙者時，不暫停讓視覺功能障礙者先行通過者，處新臺幣二千四百元以上七千二百元以下罰鍰。」

[297] 2005年經第15修正後之道交條例第48條第2項：「汽車駕駛人轉彎時，除禁止行人穿越路段外，不暫停讓行人優先通行者，處新臺幣一千二百元以上三千六百元以下罰鍰。」

公尺前，即已顯示燈光與手勢外，其車頭已由原行駛方向轉彎朝另一方向，前後車輪亦已成弧形狀，是謂已開始轉彎[298]」。汽車駕駛人轉彎或變換車道時之違規行爲態樣，包括：

（一）不注意來、往行人，或轉彎前未減速慢行（第1款）

汽車駕駛人於轉彎或變換車道時，應注意來、往行人，由於轉彎車輛會影響行車車流之順暢，故欲轉彎車輛應開啓方向燈並讓直行車優先通行[299]，轉彎時並應減速慢行。

（二）不依標誌、標線、號誌指示（第2款）

道交條例第48條第2款係對於汽車駕駛人轉彎或變換車道時，不依標誌、標線、號誌指示之處罰規定。而類似規定得見於道路交通安全規則第102條第1項，其針對「汽車行駛至交岔路口，其行進、轉彎」時，應如何依標誌、標線及號誌行駛，亦有相關規範，包括應遵守燈光號誌或交通指揮人員之指揮，遇有交通指揮人員指揮與燈光號誌並用時，以交通指揮人員之指揮爲準（第1款）；若交岔路口因特殊需要，另設有標誌、標線者，並應依其指示行車（第11款）；汽車駕駛人行至有號誌之交岔路口，遇紅燈應依車道連貫暫停，不得逕行插入車道間，致交通壅塞，妨礙其他車輛通行（第12款）；若於有號誌之交岔路口，遇有前行或轉彎之車道交通壅塞時，汽車駕駛人應在路口停止線前暫停，不得逕行駛入交岔路口內（第13款）。

另外，汽車駕駛人闖紅燈轉彎之行爲，固亦屬違反第48條第2款之行爲，但因道交條例第53條對於行經有燈光號誌之交岔路口闖紅燈者有明文規定處罰，故應優先適用第53條之規定予以處罰[300]。

（三）行經交岔路口未達中心處，占用來車道搶先左轉彎（第3款）

道路交通安全規則第102條第1項第5款：「汽車行駛至交岔路口，其行進、轉彎，應依下列規定：五、左轉彎時，應距交岔路口三十公尺前顯示方向燈或手勢，換入內側車道或左轉車道，行至交岔路口中心處左轉，並不得占用來車道搶先左轉。」

---

298 林振勇，道路交通管理處罰條例法令解釋輯要，交通部公路局嘉義區監理所，2015年8版，第304頁。

299 參照交通部75年2月28日交路字第00279號函。

300 參照司法院70年6月22日院臺廳字第02613號函、交通部98年2月16日交路字第0980019528號函。

（四）在多車道右轉彎，不先駛入外側車道，或多車道左轉彎，不先駛入內側車道（第4款）

汽車駕駛人於多車道右轉彎時，應先駛入外側車道，即右側車道；若為左轉彎，則應先駛入內側車道，即左側車道[301]。道路交通安全規則第102條第1項第4款，進一步針對汽車行駛至交岔路口，欲右轉彎時，要求汽車駕駛人應距交岔路口30公尺前顯示方向燈或手勢，換入外側車道、右轉車道或慢車道，駛至路口後再行右轉。但由慢車道右轉彎時，則應於距交岔路口30公尺至60公尺處，換入慢車道。另，為提高鄰近路口右轉彎車輛之行駛空間，道路交通標誌標線號誌設置規則第183條之1亦規定劃設快慢車道分隔線之道路，其鄰近路口得採車道線劃設，劃設長度以60公尺為原則，以減少交岔路口右轉彎車與慢車道直行車之衝突[302]。

（五）道路設有劃分島，劃分快、慢車道，在慢車道上左轉彎或在快車道右轉彎。但另設有標誌、標線或號誌管制者，應依其指示行駛（第5款）

相同之規定，得見於道路交通安全規則第102條第1項第6款：「汽車行駛至交岔路口，其行進、轉彎，應依下列規定：六、設有劃分島劃分快慢車道之道路，在慢車道上行駛之車輛不得左轉，在快車道行駛之車輛不得右轉彎。但另設有標誌、標線或號誌管制者，應依其指示行駛。」

（六）轉彎車不讓直行車先行（第6款）

汽車駕駛人轉彎或變換車道時，直行車應優先於轉彎車先行，相同意旨之規定，得見道路交通安全規則第102條第1項第7款：「汽車行駛至交岔路口，其行進、轉彎，應依下列規定：七、轉彎車應讓直行車先行[303]。」其適用範圍，除於對向車道之適用外，於號誌化路口紅燈允許右轉車輛與橫向直行車輛，或同為幹線道或支線道其車輛直行、轉彎等之情形，均有適用[304]。

（七）設有左、右轉彎專用車道之交岔路口，直行車占用最內側或最外側或專用車道（第7款）

左、右轉彎專用車道，應係用以指示僅限於特定行車方向車輛之專用車道，非該

---

[301] 道路交通安全規則第102條第3項：「同向有二以上之車道者，左側車道為內側車道，右側車道為外側車道。」

[302] 參照交通部98年6月6日交路字第0980035345號函。

[303] 交通部63年12月11日交路字第11245號函針對汽車行經交岔路口時之行車規則，亦認：「一、汽車行經交岔路口右轉應讓右側慢車道直行之各型車輛先行。二、遵照號誌指示紅燈可以右轉之車輛應讓綠燈路線之車輛先行。」

[304] 參照交通部路政司96年11月13日路臺監字第0960415712號函。

行進方向之車輛不得進入。因此，直行車若占用最內側或最外側或專用車道，導致妨礙左、右轉彎汽車轉彎，則屬違反本條第7款之違規行爲[305]。依據道路交通標誌標線號誌設置規則第176條之規定，行車方向專用車道標字，用以指示該車道車輛行至交岔路口時，應遵照指定之方向左彎、右彎或直行。其設於接近交岔路口之行車方向專用車道上，自該專用車道之起點開始標寫，標字之前方應標繪指向線，每隔30公尺標繪一組，連續至交岔路口，並得視需要配合禁止變換車道線使用。

三、法律效果

本條係就汽車駕駛人違規轉彎或變換車道之行爲，處以新臺幣600元以上1,800元以下罰鍰。依據道交條例第7條之2第2項第6款，汽車駕駛人未依規定轉彎及轉換車道，若當場不能或不宜攔截製單舉發，則得以科學儀器取得證據資料證明其行爲違規後，逕行舉發。除此之外，汽車駕駛人違反本條第1款、第2款、第4款、第5款或第7款之行爲，亦得由民眾敘明違規事實並檢具違規證據資料，向公路主管機關或警察機關檢舉（道交條例第7條之1第1項第10款）。但若違反本條之汽車駕駛人與汽車所有人，係屬不同人，而經舉發受處罰者，爲汽車所有人時，其得依據道交條例第85條第1項及違反道路交通管理事件統一裁罰基準及處理細則第36條第1項規定，向處罰機關告知應歸責人，處罰機關應即另行通知應歸責人到案，若經查證屬實，則應以應歸責人爲裁罰之對象[306]。而就罰鍰額度之裁量，則是依據道交條例第92條第4項授權訂定之違反道路交通管理事件統一裁罰基準及處理細則行之，其中第2條第2項之附件違反道路交通管理事件統一裁罰基準表（以下簡稱基準表）中，即針對違反本條各款行爲訂有裁罰基準。另外，依據道交條例第63條第1項及第92條第4項規定，授權於違反道路交通管理事件統一裁罰基準及處理細則第2條中，針對違反道交條例應並予記點之違規事項加以規定，依據違反道路交通管理事件統一裁罰基準及處理細則第2條第5項第1款第9目，汽車駕駛人若有違反本條之違規事實，各記違規點數一點。

（一）第1款

針對「不注意來、往行人，或轉彎前未減速慢行」之汽車駕駛人，基準表將違規

---

305 相同意旨之規定，亦得見於道路交通安全規則第98條第2項：「設有左右轉彎專用車道之交岔路口，直行車不得占用轉彎專用車道。」

306 例如105年度高等行政法院及地方法院行政訴訟庭法律座談會中，即曾提案討論：當汽車駕駛人係駕駛租賃車輛違規，且警察機關未能當場舉發，而係在事後憑所獲悉事證，以逕行舉發方式，裁罰汽車出租公司，是否適法？最終研討結果認爲，以車輛所有人爲裁罰對象，並無違誤，惟所有人可辦理歸責程序，請求裁罰機關改以眞正違反行政法義務之承租人。反之，若其逾期未依規定辦理，應即以所有人爲裁罰對象。請參考高等行政法院及地方法院行政訴訟庭法律座談會提案四（09/05/1996）。

車種類別區分屬「載運危險物品車輛」或「其他車種類別車輛」，前者不論違規情節爲何，一律處新臺幣1,800元罰鍰；後者則依「期限內繳納或到案聽候裁決」、「逾越應到案期限三十日內，繳納罰鍰或到案聽候裁決」、「逾越應到案期限三十日以上六十日以內，繳納罰鍰或到案聽候裁決」及「逾越應到案期限六十日以上，繳納罰鍰或逕行裁決處罰」之標準，針對逾越應到案期限越久之汽車駕駛人，處以越重之罰鍰，依序處新臺幣900元、1,000元、1,100元及1,200元。

（二）第2款、第3款、第4款、第5款及第7款

違反本條第2款、第3款、第4款、第5款及第7款時，不論違規車種類別或違規情節爲何，均依「期限內繳納或到案聽候裁決」、「逾越應到案期限三十日內，繳納罰鍰或到案聽候裁決」、「逾越應到案期限三十日以上六十日以內，繳納罰鍰或到案聽候裁決」及「逾越應到案期限六十日以上，繳納罰鍰或逕行裁決處罰」之標準，針對逾越應到案期限越久之汽車駕駛人，處以越重之罰鍰，依序處新臺幣600元、700元、800元及900元。

（三）第6款

針對汽車駕駛人「轉彎車不讓直行車先行」之行爲，基準表係先將違規車種類別區分屬「機車或小型車」、「大型車」或「載運危險物品車輛」；再以「期限內繳納或到案聽候裁決」、「逾越應到案期限三十日內，繳納罰鍰或到案聽候裁決」、「逾越應到案期限三十日以上六十日以內，繳納罰鍰或到案聽候裁決」及「逾越應到案期限六十日以上，繳納罰鍰或逕行裁決處罰」爲標準，針對逾越應到案期限越久之汽車駕駛人，處以越重之罰鍰：機車或小型車依序處新臺幣900元、1,000元、1,100元及1,200元；大型車則依序處新臺幣1,400元、1,500元、1,600元及1,800元；載運危險物品車輛，則一律處新臺幣1,800元罰鍰。

由於違反本條行爲，應處罰鍰之最高額爲新臺幣1,800元，屬行政罰法第19條第1項規定之微罪，若處罰機關，即道交條例第8條第1項第1款所定公路主管機關，認其情節輕微，以不處罰爲適當者，亦得免予處罰，改對違規之汽車駕駛人施以糾正或勸導，並作成紀錄，命其簽名[307]。

---

307 關於道交條例中處罰之規定，因具有秩序罰之性質，除有特別規定外，作爲一般總則性規定之行政罰法，應仍有補充適用之餘地。洪家殷，行政罰上之有責性原則適用於道路交通管理處罰條例之探討，月旦法學雜誌，第346期，2024年3月，第24頁。

參、綜論

針對違反本條所處罰鍰，依據基準表所爲裁量，是否有助於審酌個案中不同違規行爲之應罰程度，相關說明請參考第38條「參、綜論」之說明。另外，基準表就汽車駕駛人行駛載運危險物品車輛，「不注意來、往行人，或轉彎前未減速慢行」，或有「轉彎車不讓直行車先行」之行爲時，一律均處最高額之新臺幣1,800元，似有將個案裁量一般化，而未預留視個案違規情節輕重而予處罰之範圍，甚至推導向與裁量收縮至零類似之效果，恐亦有疑慮。

與本條密切相關之道路交通安全規則第102條第1項，雖然對於汽車駕駛人轉彎或變換車道時，禁止行爲之態樣，有更爲具體之規範，但其適用限於「汽車行駛至交叉路口，其行進、轉彎」時，與本條所定「轉彎或變換車道」，仍有所不同，故需依具體個案之情況，再爲法規適用之認定。

第 49 條（汽車駕駛人之處罰——違規迴車）

汽車駕駛人迴車時，有下列情形之一者，處新臺幣六百元以上一千八百元以下罰鍰：

一、在設有彎道、坡路、狹路、狹橋或隧道標誌之路段迴車。

二、在設有禁止迴車標誌或劃有分向限制線、禁止超車線或禁止變換車道線之路段迴車。

三、在禁止左轉路段迴車。

四、行經圓環路口，不繞行圓環迴車。

五、迴車前，未依規定暫停，顯示左轉燈光，或不注意來、往車輛、行人，仍擅自迴轉。

壹、導言

針對「違規迴車」行爲之規定，首見於1968年道交條例之第47條中[308]。1975年第三次修正時，移列第49條，將原第3款「不依禁止迴車標誌指示」移至第2款外，並將其修正爲「在設有禁止迴車標誌或劃有黃色中心標線之路段迴車」，以求明確；另外，將「在禁止左轉路段迴車」及「迴車前，未依規定暫停，顯示左轉燈光，或不注

[308] 1968年道交條例之第47條：「汽車駕駛人有左列情形之一迴車者，處五十元以上一百元以下罰鍰：一、行經彎道、坡路、狹路、橋樑、隧道、平交道者。二、行經圓環路口未依規定繞行圓環者。三、不依禁止迴車標誌指示者。」

意來往車輛、行人，仍擅自迴轉」之行爲，分別納入第3款、第5款予以處罰；並將罰鍰額度由原「五十元以上一百元以下罰鍰」，提高爲「一百元以上、三百元以下罰鍰」。1986年道交條例第五次修正時，將第2款之「劃有黃色中心標線之路段」，修正爲「劃有分向限制線、禁止超車線或禁止變換車道線之路段」；同時，考量社會經濟情況變動，原罰鍰金額顯不足以達成法律上之目的，故斟酌實際情形，將罰鍰提高至「二百元以上六百元以下罰鍰」。2005年第15次修正時，則配合法制用語，將原條文「左」列改爲「下」列，並刪除各款之「者」；罰鍰金額則改以新臺幣計算，故修正爲「新臺幣六百元以上一千八百元以下罰鍰」。

貳、內容解析

一、規範對象

本條所欲規範之對象爲汽車駕駛人，請參考第38條「貳、一、規範對象」之說明。

二、禁止之行爲態樣

本條規定係處罰汽車駕駛人違規迴車之行爲，所謂「迴車」，乃指車輛越過道路中心線橫越道路而行[309]，包括汽車在雙車道道路之本車道內直行，左轉穿越道路至左側路邊之行爲[310]。另外，於劃設行車分向線之路段，按道路交通標誌標線號誌設置規則有關讓路線之規定，尚無不得跨越對向車道之限制；惟於該等路段，如需跨越黃虛線至對向車道左轉時，係屬於迴車，應即遵守有關迴車之規定[311]。針對汽車駕駛人迴車時，本條明定禁止之情形共有五款：

（一）在設有彎道、坡路、狹路、狹橋或隧道標誌之路段迴車（第1款）

除了於設有彎道、坡路、狹路、狹橋或隧道標誌之路段[312]，禁止迴車外，依據道路交通安全規則第106條第1款之規定[313]，不得迴車之地點，尚有「鐵路平交道」，惟

309 關於「迴車」之定義，請參考臺灣高等法院臺中分院109年度交上易字第1315號刑事判決、臺灣高等法院臺南分院90年度交上易字第1689號刑事判決、臺灣苗栗地方法院108年度交易字第402號刑事判決、臺灣苗栗地方法院109年度苗簡字第635號民事判決、臺灣橋頭地方法院109年度交訴字第24號刑事判決。

310 參照交通部路政司61年7月4日交路字第35693號函。

311 參照交通部路政司98年11月16日路臺監字第0980415803號函。

312 關於彎道、坡路、峽路、狹橋、隧道標誌之路段，請參考道交條例第44條第1項第3款之相關說明。

313 相類之規定得見道路交通安全規則第106條第1款：「汽車迴車時，應依下列規定：一、在設有彎道、坡路、狹路、狹橋、隧道標誌之路段或鐵路平交道不得迴車。」

針對汽車駕駛人於鐵路平交道迴車行爲之處罰，則應適用道交條例第54條第3款之規定[314]。

（二）在設有禁止迴車標誌或劃有分向限制線、禁止超車線或禁止變換車道線之路段迴車（第2款）

本條第2款明定禁止迴車之路段，爲設有以下標誌或標線之路段：

1. 禁止迴車標誌

禁止迴車標誌設於禁止迴車之地點，用以告示車輛駕駛人在前段道路行車，不准迴車，已設有禁止左轉標誌或標劃分向限制線、禁止超車線之路段，得免設之（道路交通標誌標線號誌設置規則第75條）。

2. 分向限制線

分向限制線爲雙黃實線，用以劃分路面成雙向車道，禁止車輛跨越行駛，並不得迴轉，除交岔路口或允許車輛迴轉路段外，均整段劃設之（道路交通標誌標線號誌設置規則第165條）。

3. 禁止超車線

請參考道交條例第47條第1項第2款之說明。

4. 禁止變換車道線

依據道路交通標誌標線號誌設置規則第167條，禁止變換車道線，係用以禁止行車變換車道，設於交通特別繁雜而同向具有多車道之橋梁、隧道、彎道、坡道、接近交岔路口或其他認爲有必要之路段，並得於禁止變換車道處之起點路面，標繪黃色「禁止變換車道」標字。其分雙邊禁止變換車道線及單邊禁止變換車道線兩種：雙邊禁止變換車道線，爲雙白實線；單邊禁止變換車道線，爲白實線配合白虛線，在實線一面之車輛禁止變換車道，在虛線一面之車輛允許變換車道。

相同之規定，得見於道路交通安全規則第106條第2款：「汽車迴車時，應依下列規定：二、在設有禁止迴車標誌或劃有分向限制線，禁止超車線、禁止變換車道線之路段，不得迴車。」

---

[314] 道交條例第54條第3款：「汽車駕駛人，駕車在鐵路平交道有下列情形之一者，處新臺幣一萬五千元以上九萬元以下罰鍰，並吊扣其駕駛執照一年。因而肇事者，吊銷其駕駛執照：三、在鐵路平交道超車、迴車、倒車、臨時停車或停車。」

（三）在禁止左轉路段迴車（第3款）

相同之規定得見道路交通安全規則第106條第3款：「汽車迴車時，應依下列規定：三、禁止左轉路段，不得迴車。」

（四）行經圓環路口，不繞行圓環迴車（第4款）

汽車駕駛人行經圓環路口，若有迴車之需要，原則上應繞行圓環迴車。但依據道路交通安全規則第106條第4款之規定[315]，若圓環路口設有專用迴車道，則得不繞行圓環迴車。

（五）迴車前，未依規定暫停，顯示左轉燈光，或不注意來、往車輛、行人，仍擅自迴轉（第5款）

相同之規定得見道路交通安全規則第106條第5款：「汽車迴車時，應依下列規定：五、汽車迴車前，應暫停並顯示左轉燈光或手勢，看清無來往車輛，並注意行人通過，始得迴轉。」另外，汽車駕駛人不得迴轉之情形，依據道路交通安全規則第106條第6款，尚包括「聯結車不得迴轉」，所謂「聯結車」，係「指汽車與重型拖車所組成之車輛。但不包括小型車附掛總重逾七百五十公斤至三千公斤以下拖車[316]」。

三、法律效果

本條係就汽車駕駛人違規迴車之行為，處以新臺幣600元以上1,800元以下罰鍰。依據道交條例第7條之1第1項第11款規定，汽車駕駛人違反本條之行為，得由民眾敘明違規事實並檢具違規證據資料，向公路主管或警察機關檢舉。但若違反本條之汽車駕駛人與汽車所有人，係屬不同人，而經舉發受處罰者，為汽車所有人時，其得依據道交條例第85條第1項及違反道路交通管理事件統一裁罰基準及處理細則第36條第1項規定，向處罰機關告知應歸責人，處罰機關應即另行通知應歸責人到案，若經查證屬實，則應以應歸責人為裁罰之對象[317]。而就罰鍰額度之裁量，則是依據道交條例第

315 道路交通安全規則第106條第4款：「汽車迴車時，應依下列規定：四、行經圓環路口，除設有專用迴車道者外，應繞圓環迴車。」

316 參考道路交通安全規則第2條第1項第13款。

317 例如105年度高等行政法院及地方法院行政訴訟庭法律座談會中，即曾提案討論：當汽車駕駛人係駕駛租賃車輛違規，且警察機關未能當場舉發，而係在事後憑所獲悉事證，以逕行舉發方式，裁罰汽車出租公司，是否適法？最終研討結果認為，以車輛所有人為裁罰對象，並無違誤，惟所有人可辦理歸責程序，請求裁罰機關改以真正違反行政法義務之承租人。反之，若其逾期未依規定辦理，應即以所有人為裁罰對象。請參考高等行政法院及地方法院行政訴訟庭法律座談會提案四（09/05/1996）。

92條第4項授權訂定之違反道路交通管理事件統一裁罰基準及處理細則行之，其中第2條第2項之附件違反道路交通管理事件統一裁罰基準表（以下簡稱基準表）中，即針對違反本條各款之行爲訂有裁罰基準。另外，依據道交條例第63條第1項及第92條第4項規定，授權於違反道路交通管理事件統一裁罰基準及處理細則第2條中，針對違反道交條例應並予記點之違規事項加以規定，依據違反道路交通管理事件統一裁罰基準及處理細則第2條第5項第1款第10目，汽車駕駛人若有違反本條各款之違規事實，各記違規點數一點。

（一）第1款及第2款

針對汽車駕駛人「在設有彎道、坡路、狹路、狹橋或隧道標誌之路段迴車」及「在設有禁止迴車標誌或劃有分向限制線、禁止超車線或禁止變換車道線之路段迴車」之行爲，基準表係先將違規車種類別區分屬「機車或小型車」或「大型車」；再以「期限內繳納或到案聽候裁決」、「逾越應到案期限三十日內，繳納罰鍰或到案聽候裁決」、「逾越應到案期限三十日以上六十日以內，繳納罰鍰或到案聽候裁決」及「逾越應到案期限六十日以上，繳納罰鍰或逕行裁決處罰」爲標準，針對逾越應到案期限越久之汽車駕駛人，處以越重之罰鍰：機車或小型車依序處新臺幣900元、1,000元、1,100元及1,200元；大型車則依序處新臺幣1,400元、1,500元、1,600元及1,800元。

（二）第3款、第4款及第5款

違反本條第3款、第4款及第5款時，不論違規車種類別或違規情節爲何，均以「期限內繳納或到案聽候裁決」、「逾越應到案期限三十日內，繳納罰鍰或到案聽候裁決」、「逾越應到案期限三十日以上六十日以內，繳納罰鍰或到案聽候裁決」及「逾越應到案期限六十日以上，繳納罰鍰或逕行裁決處罰」爲標準，針對逾越應到案期限越久之汽車駕駛人，處以越重之罰鍰。針對違反本條第3款及第4款之汽車駕駛人，依序處新臺幣900元、1,000元、1,100元及1,200元；而違反本條第5款之汽車駕駛人，依序處新臺幣600元、700元、800元及900元。

由於違反本條行爲，應處罰鍰之最高額爲新臺幣1,800元，屬行政罰法第19條第1項規定之微罪，若處罰機關，即道交條例第8條第1項第1款所定公路主管機關，認其情節輕微，以不處罰爲適當者，亦得免予處罰，改對違規之汽車駕駛人施以糾正或勸導，並作成紀錄，命其簽名[318]。

---

[318] 關於道交條例中處罰之規定，因具有秩序罰之性質，除有特別規定外，作爲一般總則性規定之行政罰法，應仍有補充適用之餘地。洪家殷，行政罰上之有責性原則適用於道路交通管理處罰條例之探討，月旦法學雜誌，第346期，2024年3月，第24頁。

參、綜論

針對違反本條所處罰鍰，依據基準表所爲裁量，是否有助於審酌個案中不同違規行爲之應罰程度，相關說明請參考第38條「參、綜論」之說明。

對汽車駕駛人迴車時所應遵守之規定，本條及道路交通安全規則第106條均有所規範，但觀諸道路交通安全規則第106條下之第6款「聯結車不得迴轉」之規定，並未規範於道交條例中，此更進一步之限制規定，是否應認屬道交條例明定之違規迴車行爲，而得依據本條裁罰，恐不無疑義。針對汽車駕駛人違反道路交通安全規則之行爲，雖得依據道交條例第61條之規定，若肇事致人死亡，吊銷其駕駛執照（第1項第4款）；若致人重傷，吊扣其駕駛執照三個月至六個月（第3項）。若針對聯結車迴轉之處罰，並不待其肇事，即有處罰之必要，則建議相關要件應提升位階，於道交條例中明確規定爲宜。

第 50 條（汽車駕駛人之處罰——違規倒車）

汽車駕駛人倒車時，有下列情形之一者，處新臺幣六百元以上一千二百元以下罰鍰：

一、在設有彎道、坡路、狹路、狹橋、隧道、圓環、單行道標誌之路段、快車道或大眾捷運系統車輛共用通行交岔路口且為大眾捷運系統車輛導引路線上倒車。

二、倒車前未顯示倒車燈光，或倒車時不注意其他車輛或行人。

三、大型汽車無人在後指引時，不先測明車後有足夠之地位，或促使行人避讓。

壹、導言

道交條例針對違規倒車行爲之處罰，於1968年制定之初，即明文規定於當時之第48條中[319]。1975年道交條例第三次修正時，移至第50條，將罰鍰額度調高爲「一百元以上、二百元以下罰鍰」；並新增第2款「倒車前未顯示倒車燈光或手勢，或倒車時不注意其他車輛或行人者」。道交條例於1986年進行第五次修正時，除考量社會經濟情況變動，原罰鍰金額顯不足以達成法律上之目的，爰斟酌實際情形，將罰鍰

[319] 1968年之道交條例第48條規定：「汽車駕駛人有左列情形之一倒車者，處五十元以上一百元以下罰鍰：一、在彎道、狹路、橋樑、隧道、平交道、單行道、交岔路口、危險地帶或車輛交通頻繁之處所倒車者。二、大型汽車無人在後指引時，不先測明車後有足夠之地位或促使行人避讓者。」

提高至「二百元以上四百元以下」；並刪除第2款首句「或手勢」三字。2005年時，將罰鍰單位改爲新臺幣，並配合法制用語，進行微幅文字修正[320]。2015年道交條例進行第30次修正時，爲確保維護大眾捷運系統車輛之營運效率與安全，於原條文第1款中，將汽車駕駛人在「大眾捷運系統車輛共用通行交岔路口且爲其導引路線上倒車」之行爲，一併納入處罰。

貳、內容解析

一、規範對象

本條所欲規範之對象爲汽車駕駛人，請參考第38條「貳、一、規範對象」之說明。

二、禁止之行爲態樣

本條針對汽車駕駛人倒車時，有下列三款之情形，予以處罰，包括：

（一）在設有彎道、坡路、狹路、狹橋、隧道、圓環、單行道標誌之路段、快車道或大眾捷運系統車輛共用通行交岔路口且為大眾捷運系統車輛導引路線上倒車（第1款）

本條第1款列出禁止倒車之危險路段，包括：

1. 設有彎道、坡路、狹路、狹橋、隧道標誌之路段

請參考道交條例第44條第1項第3款之相關說明。

2. 設有圓環標誌之路段

請參考道交條例第45條第1項第7款之相關說明。

3. 設有單行道標誌之路段

依據道路交通標誌標線號誌設置規則第63條，單行道標誌，設於單行道入口起點處，用以告示該道路爲單向行車，已進入之車輛應依標誌指示方向行車。

4. 快車道

依據道路交通標誌標線號誌設置規則第183條之1，快慢車道分隔線，透過該分隔線劃分快車道與慢車道之界線，用以指示快車道外側邊緣之位置。

---

320 將左列改下列，並刪除原先各款中之末字「者」。請參考2005年道交條例第50條修正立法理由第1點。

5. 大眾捷運系統車輛共用通行交岔路口且爲大眾捷運系統車輛導引路線

依據道路交通安全規則第2條第1項第25款，所謂「大眾捷運系統車輛」，係「指大眾捷運法所定大眾捷運系統使用之專用動力車輛[321]」。依據大眾捷運法第3條第2項，大眾捷運系統依其使用路權型態，得分爲「完全獨立專用路權：全部路線爲獨立專用，不受其他地面交通干擾（第1款）」及「非完全獨立專用路權：部分地面路線以實體設施與其他地面運具區隔，僅在路口、道路空間不足或其他特殊情形時，不設區隔設施，而與其他地面運具共用車道（第2款）」等二類。大眾捷運法第44條第2項明定，非大眾捷運系統之車輛或人員，原則上不得進入大眾捷運系統之路線、橋梁、隧道、涵管內及站區內非供公眾通行之處所，但若係屬非完全獨立專用路權之大眾捷運系統，其與其他運具共用現有道路之車道部分，其道路交通之管理，則依道路交通管理處罰條例及其相關法規辦理（大眾捷運法第40條第2項）。

針對非完全獨立專用路權之大眾捷運系統，應考量路口行車安全、行人與車行交通狀況、路口號誌等因素，設置優先通行或聲光號誌（大眾捷運法第3條第4項），故依道路交通標誌標線號誌設置規則第189條之2第1項劃設大眾捷運系統車輛行駛界線，用於提供大眾捷運系統車輛通過時之運行範圍，指示車輛及行人避讓，視需要設於大眾捷運系統車輛行經之交岔路口；另，於大眾捷運系統車輛行經之交岔路口，應設置大眾捷運系統聲光號誌（道路交通標誌標線號誌設置規則第229條第5款）。汽車駕駛人行經大眾捷運系統車輛共用通行交岔路口且爲大眾捷運系統車輛導引路線之路段時，應避免進入該等區域倒車，以免造成危險。

除前述彎道、坡路、狹路、狹橋、隧道、圓環、單行道標誌之路段、快車道、大眾捷運系統車輛共用通行交岔路口且爲大眾捷運系統車輛導引路線上等危險地帶外，道路交通安全規則第110條第1款亦將「鐵路平交道」例示爲不得倒車之地點[322]，惟針對汽車駕駛人於鐵路平交道倒車行爲之違規行爲，則應另依道交條例第54條處罰[323]。另外，道路交通安全規則第110條第1款另外訂定排除適用之情形，即汽車駕駛人「因

---

321 大眾捷運法第3條第1項：「本法所稱大眾捷運系統，指利用地面、地下或高架設施，使用專用動力車輛，行駛於導引之路線，並以密集班次、大量快速輸送都市及鄰近地區旅客之公共運輸系統。」

322 道路交通安全規則第110條第1款：「汽車倒車時，應依下列規定：一、在設有彎道、狹路、坡路、狹橋、圓環、隧道、單行道標誌之路段或鐵路平交道、快車道、大眾捷運系統車輛共用通行交岔路口且爲大眾捷運系統車輛導引路線上等危險地帶，不得倒車。但因讓車、停車或起駛有倒車必要者，不在此限。」

323 道交條例第54條第3款：「汽車駕駛人，駕車在鐵路平交道有下列情形之一者，處新臺幣一萬五千元以上九萬元以下罰鍰，並吊扣其駕駛執照一年。因而肇事者，吊銷其駕駛執照：三、在鐵路平交道超車、迴車、倒車、臨時停車或停車。」

讓車、停車或起駛有倒車必要者」，仍得於危險路段倒車。

（二）倒車前未顯示倒車燈光，或倒車時不注意其他車輛或行人（第2款）

汽車駕駛人於倒車時，應顯示倒車燈光或手勢，即由駕駛人表示左臂平伸，手掌向後並前後擺動之手勢（道路交通安全規則第91條第1項第5款），謹慎緩慢後倒，並應注意其他車輛及行人[324]。

（三）大型汽車無人在後指引時，不先測明車後有足夠之地位，或促使行人避讓（第3款）

大型汽車倒車時，須派人在車後指引，如無人在車後指引時，應先測明車後有足夠之地位，並促使行人及車輛避讓（道路交通安全規則第110條第3款）。

三、法律效果

本條係就汽車駕駛人違規迴車之行為，處以新臺幣600元以上1,200元以下罰鍰。而就罰鍰額度之裁量，則是依據道交條例第92條第4項授權訂定之違反道路交通管理事件統一裁罰基準及處理細則行之，其中第2條第2項之附件違反道路交通管理事件統一裁罰基準表（以下簡稱基準表）中，針對違反本條各款所定裁罰基準，以下將分別說明之。

（一）第1款

針對汽車駕駛人「在設有彎道、坡路、狹路、狹橋、隧道、圓環、單行道標誌之路段、快車道或大眾捷運系統車輛共用通行交岔路口且為大眾捷運系統車輛導引路線上倒車」之行為，基準表係先將違規車種類別區分屬「機車或小型車」或「大型車」；再以「期限內繳納或到案聽候裁決」、「逾越應到案期限三十日內，繳納罰鍰或到案聽候裁決」、「逾越應到案期限三十日以上六十日以內，繳納罰鍰或到案聽候裁決」及「逾越應到案期限六十日以上，繳納罰鍰或逕行裁決處罰」為標準，針對逾越應到案期限越久之汽車駕駛人，處以越重之罰鍰：機車或小型車依序處新臺幣600元、700元、800元及900元；大型車則依序處新臺幣900元、1,000元、1,100元及1,200元。

---

324 相類之規定得見道路交通安全規則第110條第2款：「汽車倒車時，應依下列規定：二、應顯示倒車燈光或手勢後，謹慎緩慢後倒，並應注意其他車輛及行人。」

（二）第2款及第3款

違反本條第2款及第3款時，不論違規車種類別或違規情節爲何，均以「期限內繳納或到案聽候裁決」、「逾越應到案期限三十日內，繳納罰鍰或到案聽候裁決」、「逾越應到案期限三十日以上六十日以內，繳納罰鍰或到案聽候裁決」及「逾越應到案期限六十日以上，繳納罰鍰或逕行裁決處罰」爲標準，針對逾越應到案期限越久之汽車駕駛人，處以越重之罰鍰，依序處新臺幣600元、700元、800元及900元。

由於違反本條行爲，應處罰鍰之最高額爲新臺幣1,200元，屬行政罰法第19條第1項規定之微罪，若處罰機關，即道交條例第8條第1項第1款所定公路主管機關，認其情節輕微，以不處罰爲適當者，亦得免予處罰，改對違規之汽車駕駛人施以糾正或勸導，並作成紀錄，命其簽名[325]。

參、綜論

針對違反本條所處罰鍰，依據基準表所爲裁量，是否有助於審酌個案中不同違規行爲之應罰程度，相關說明請參考第38條「參、綜論」之說明。

針對禁止倒車之地點，道路交通安全規則第110條第1款除了例示「設有彎道、狹路、坡路、狹橋、圓環、隧道、單行道標誌之路段或鐵路平交道、快車道、大眾捷運系統車輛共用通行交岔路口且爲大眾捷運系統車輛導引路線上等危險地帶」外，另於但書規定「但因讓車、停車或起駛有倒車必要者，不在此限」，鬆綁於危險路段倒車之限制。然而，道交條例第50條第1款中，並未有此排除適用之規定，由於涉及裁罰與否之認定，該但書要件仍宜於法律中明文規定爲宜。

第51條（汽車駕駛人之處罰——違規上下坡）
汽車駕駛人，駕車行經坡道，上坡時蛇行前進，或下坡時將引擎熄火、空檔滑行者，處新臺幣六百元以上一千二百元以下罰鍰。

壹、導言

道交條例針對汽車駕駛人違規上下坡行爲之處罰規定，首見於1975年第三次修正時所增訂之第51條中。1986年道交條例第三次修正時，考量社會經濟情況變動，

---

325 關於道交條例中處罰之規定，因具有秩序罰之性質，除有特別規定外，作爲一般總則性規定之行政罰法，應仍有補充適用之餘地。洪家殷，行政罰上之有責性原則適用於道路交通管理處罰條例之探討，月旦法學雜誌，第346期，2024年3月，第24頁。

原罰鍰金額顯不足以達成法律上之目的，爰斟酌實際情形，將原先「一百元以上、二百元以下罰鍰」，提高爲「二百元以上四百元以下罰鍰」。2001年道交條例第九次修正時，則將罰鍰金額修正以新臺幣計算，呈現現行條文全貌。

貳、內容解析

一、規範對象

本條所欲規範之對象爲汽車駕駛人，請參考第38條「貳、一、規範對象」之說明。

二、禁止之行爲態樣

本條所禁止者，係汽車駕駛人駕車行經坡道，「上坡時蛇行前進」或「下坡時將引擎熄火、空檔滑行」等二種行爲[326]。依據道路交通標誌標線號誌設置規則第100條第1項，爬坡道設置預告標誌，係「用以指示前方最右側車道爲慢速車爬坡之專用車道。設於距離爬坡道起點一五〇公尺之處」，作爲提醒汽車駕駛人即將進入坡道，而有本條之適用。

針對上坡時蛇行前進之駕車行爲，其中就「蛇行」之說明，請參考第43條「貳、二、（一）1.」之說明。在交通特別繁雜而同向具有多車道之坡道，依據道路交通標誌標線號誌設置規則第167條第1項規定，應劃設禁止變換車道線，用以禁止行車變換車道，並得於禁止變換車道處之起點路面，標繪黃色「禁止變換車道」標字。由於「蛇行」顯非單純之驟然或任意變換車道，而應有沿途多次、密集、連貫地驟然或任意變換車道，而在車流中穿梭之意，由於此種危險駕駛行爲特別容易使四周車輛反應不及，或使駕駛人自身操控失當，產生追撞、自撞之危險，故應予以禁止[327]。

而汽車駕駛人於下坡時，不得將引擎熄火、空檔滑行。所謂「熄火」應係指使車輛的引擎停止運轉[328]；而「空檔」，則是指汽車停駛時，齒輪停在不轉動位置[329]。由於將引擎熄火、空檔滑行，均係使汽車處於無動力之狀態，讓其自行移動，一旦處於

---

326 相同意旨之規定，亦得見於道路交通安全規則第107條：「汽車行經坡道，上坡時不得蛇行前進，下坡時不得將引擎熄火，空檔滑行。」

327 臺灣桃園地方法院111年度交字第572號行政訴訟判決、臺北高等行政法院105年度交上字第16號判決參照。

328 熄火，請參考教育部重編國語辭典修訂本，https://dict.revised.moe.edu.tw/dictView.jsp?ID=104748&la=0&powerMode=0，最後瀏覽日期：2024/1/12。

329 空檔，請參考教育部重編國語辭典修訂本，https://dict.revised.moe.edu.tw/dictView.jsp?ID=79072&la=0&powerMode=0，最後瀏覽日期：2024/1/12。

下坡之地形，遭遇緊急狀況需要動力，就會大幅提高其危險性，故亦明文列爲本條之禁止行爲。

三、法律效果

本條係就汽車駕駛人違規上下坡之行爲，處以新臺幣600元以上1,200元以下罰鍰。罰鍰額度之裁量，乃依據道交條例第92條第4項授權訂定之違反道路交通管理事件統一裁罰基準及處理細則行之，其中第2條第2項之附件違反道路交通管理事件統一裁罰基準表（以下簡稱基準表）中，針對違反本條行爲所定裁罰基準，係先將違規車種類別區分屬「機車或小型車」或「大型車」；再以「期限內繳納或到案聽候裁決」、「逾越應到案期限三十日內，繳納罰鍰或到案聽候裁決」、「逾越應到案期限三十日以上六十日以內，繳納罰鍰或到案聽候裁決」及「逾越應到案期限六十日以上，繳納罰鍰或逕行裁決處罰」爲標準，針對逾越應到案期限越久之汽車駕駛人，處以越重之罰鍰：機車或小型車依序處新臺幣600元、700元、800元及900元；大型車則依序處新臺幣900元、1,000元、1,100元及1,200元。

由於違反本條行爲，應處罰鍰之最高額爲新臺幣1,200元，屬行政罰法第19條第1項規定之微罪，若處罰機關，即道交條例第8條第1項第1款所定公路主管機關，認其情節輕微，以不處罰爲適當者，亦得免予處罰，改對違規之汽車駕駛人施以糾正或勸導，並作成紀錄，命其簽名[330]。

參、綜論

針對違反本條所處罰鍰，依據基準表所爲裁量，是否有助於審酌個案中不同違規行爲之應罰程度，相關說明請參考第38條「參、綜論」之說明。

第 52 條（汽車駕駛人之處罰——違規行經渡口）
汽車駕駛人，駕車行經渡口不依規定者，處新臺幣六百元以上一千二百元以下罰鍰。

---

330 關於道交條例中處罰之規定，因具有秩序罰之性質，除有特別規定外，作爲一般總則性規定之行政罰法，應仍有補充適用之餘地。洪家殷，行政罰上之有責性原則適用於道路交通管理處罰條例之探討，月旦法學雜誌，第346期，2024年3月，第24頁。

壹、導言

道交條例中針對汽車駕駛人違規行經渡口之處罰規定，首見於1975年第三次修正時所增訂之第52條中[331]。1986年第五次修正時，考量社會經濟情況變動，原罰鍰金額顯不足以達成法律上之目的，爰斟酌實際情形，將原先「一百元以上、二百元以下罰鍰」，提高為「二百元以上四百元以下罰鍰」。2001年道交條例第九次修正時，則將罰鍰金額修正以新臺幣計算，呈現現行條文全貌。

貳、內容解析

一、規範對象

本條所欲規範之對象為汽車駕駛人，請參考第38條「貳、一、規範對象」之說明。

二、禁止之行為態樣

本條乃針對汽車駕駛人未依規定駕車行經渡口之行為予以處罰。依據道路交通標誌標線號誌設置規則第124條第1項規定，渡口標誌，係用以指示前方設有渡口，備有渡船可供車輛過渡，設於距離渡口150公尺附近顯明之處，並得以附牌指示方向及距離。因此，所謂「渡口」，應係指「備有渡船可供車輛過渡」之場所。

針對汽車駕駛人駕車行經渡口時，應遵守之規定，於道路交通安全規則第108條中，可見共有五款規定，包括：除有特別規定外，應按指定碼頭及到達先後次序過渡，不得爭先搶渡（第1款）；待渡車輛，須靠路邊右側停放，順序排列（第2款）；待渡車輛駕駛人員，應坐於駕駛室內，受渡口管理人員之調度，嚴守秩序（第3款）；客車過渡，乘客一律下車（第4款）；貨車過渡，其總重量超過渡船規定之重量者，須將逾重物品卸下，分別渡過（第5款）。

三、法律效果

本條係就汽車駕駛人駕車行經渡口不依規定之行為，處以新臺幣600元以上1,200元以下罰鍰。罰鍰額度之裁量，乃依據道交條例第92條第4項授權訂定之違反道路交通管理事件統一裁罰基準及處理細則行之，其中第2條第2項之附件違反道路交通管理

[331] 1975年道交條例第三次修法過程中，行政院提案版本中所載立法理由即說明：「汽車駕駛人駕車行經渡口，應依道路交通安全規則之規定，本條特予增訂，以策安全。又汽車駕駛人駕車行經渡口，應遵守之規定，情形複雜，有一般規定，亦有特殊規定，故本條條文採概括式而不予列舉，以利適用。」

事件統一裁罰基準表（以下簡稱基準表）中，針對違反本條行爲所定裁罰基準，係先將違規車種類別區分屬「機車或小型車」或「大型車」；再以「期限內繳納或到案聽候裁決」、「逾越應到案期限三十日內，繳納罰鍰或到案聽候裁決」、「逾越應到案期限三十日以上六十日以內，繳納罰鍰或到案聽候裁決」及「逾越應到案期限六十日以上，繳納罰鍰或逕行裁決處罰」爲標準，針對逾越應到案期限越久之汽車駕駛人，處以越重之罰鍰：機車或小型車依序處新臺幣600元、700元、800元及900元；大型車則依序處新臺幣900元、1,000元、1,100元及1,200元。

依據違反道路交通管理事件統一裁罰基準及處理細則第12條第1項第1款規定，行爲人有違反本條之情形，而未嚴重危害交通安全、秩序，且情節輕微，以不舉發爲適當者，交通勤務警察或依法令執行交通稽查任務人員得對其施以勸導，免予舉發。另，由於違反本條行爲，應處罰鍰之最高額爲新臺幣1,200元，亦屬行政罰法第19條第1項規定之微罪，若處罰機關，即道交條例第8條第1項第1款所定公路主管機關，認其情節輕微，以不處罰爲適當者，亦得免予處罰，改對違規之汽車駕駛人施以糾正或勸導，並作成紀錄，命其簽名[332]。

參、綜論

針對違反本條所處罰鍰，依據基準表所爲裁量，是否有助於審酌個案中不同違規行爲之應罰程度，相關說明請參考第38條「參、綜論」。

第 53 條（汽車駕駛人之處罰 —— 闖紅燈）
汽車駕駛人，行經有燈光號誌管制之交岔路口闖紅燈者，處新臺幣一千八百元以上五千四百元以下罰鍰。
前項紅燈右轉行為者，處新臺幣六百元以上一千八百元以下罰鍰。

壹、導言

道交條例中針對汽車駕駛人闖紅燈行爲之處罰規定，首見於1975年第三次修正時[333]，至今歷經三次修正：於1986年道交條例第五次修正時，考量社會經濟情況變

---

[332] 關於道交條例中處罰之規定，因具有秩序罰之性質，除有特別規定外，作爲一般總則性規定之行政罰法，應仍有補充適用之餘地。洪家殷，行政罰上之有責性原則適用於道路交通管理處罰條例之探討，月旦法學雜誌，第346期，2024年3月，第24頁。

[333] 行政院提案版本之立法理由說明：「汽車駕駛人駕車行經有燈光號誌管制之交岔路口，闖紅燈

動，原罰鍰金額顯不足以達成法律上之目的，故斟酌實際情形，將原先「三百元以上、六百元以下罰鍰」，提高至「六百元以上一千二百元以下罰鍰」，並將原先「因而肇事者，並吊扣其駕駛執照三個月」之規定刪除，於道交條例第63條第1項第2款中[334]，改以記點之方式處罰。然而，考量闖紅燈之種類繁多，危險性各不相同[335]，處罰時應有不同的裁量空間，故於2001年第九次修正時，放寬裁量空間，將罰鍰區間擴張爲「新臺幣一千八百元以上五千四百元以下罰鍰」。續於2006年第15次修法時，進一步考量汽車紅燈右轉之違規行爲，其嚴重性未若闖紅燈直行、左轉彎或迴轉者，故增訂第2項「前項紅燈右轉行爲者，處新臺幣六百元以上一千八百元以下罰鍰」，另爲罰則之規定。

貳、內容解析

一、規範對象

本條所欲規範之對象爲汽車駕駛人，請參考第38條「貳、一、規範對象」之說明。

二、禁止之行爲態樣

本條係針對汽車駕駛人行經有燈光號誌管制之交岔路口闖紅燈，包括紅燈右轉、搶先左轉、車流稀少時慢行通過、侵犯路權強行通過或遇紅燈不停而強行穿越等行爲，均屬處罰之範圍。道路交通安全規則第102條第1項第12款亦明文規定：「汽車行駛至交岔路口，其行進、轉彎，應依下列規定：十二、行至有號誌之交岔路口，遇紅燈應依車道連貫暫停，不得逕行插入車道間，致交通擁塞，妨礙其他車輛通行。」

（一）行經有燈光號誌管制之交岔路口闖紅燈（第1項）

本條第1項所禁止之闖紅燈行爲，應包括闖紅燈直行、左轉彎或迴轉[336]。有關

最易肇事，故本條例特予增訂，以策安全。」立法院議案關係文書（1974），院總第756號政府提案第1402號》，第77頁，https://lis.ly.gov.tw/lgcgi/lgmeetimage?cfcecacccfcacfcfc5cccdcad2ccc7ca，最後瀏覽日期：2024/1/12。

[334] 1986年修正之道交條例第63條第1項第2款規定爲：「汽車駕駛人，違反左列各款所列條款之一者，除依原條款處罰鍰外，並予記點：二、違反第二十九條第一款、第三款至第五款、第三十五條第一項第一款、第四十三條、第五十三條或第五十四條者，各記違規點數二點。」其立法理由說明：「原汽車駕駛人違規之記次制度，規定過寬，難收糾正之效，爰參照外國交通管理實例並採納各方建議將記次改爲記點，按汽車駕駛人違規影響交通秩序之情形於本條第一項中分款列舉應予記點之違規條款及點數，……」

[335] 2001年1月17日道交條例第53條修正理由中，舉例說明：「如紅燈右轉、搶先左轉、車流稀少時慢行通過；反之，侵犯路權強行通過或遇紅燈不停而強行穿越，較具危險性。」

[336] 關於汽車駕駛人違規迴車，道交條例第49條亦有相關規定。但若依具體違規事實認定，屬「闖

「闖紅燈」行爲之認定，由於道交條例中並未見相關之規定，交通部曾於1993年3月27日召開闖紅燈認定標準研商會議，就面對圓形紅燈時超越停止線或闖紅燈之認定，提供相關認定標準[337]：

1. 車輛面對紅燈時仍逕予穿越路口至銜接路段，含左轉、直行及迴轉，均視爲闖紅燈之行爲。
2. 有繪設路口範圍者：車輛無視於紅燈警示，有穿越路口之意圖，而車身已伸入路口範圍亦視同闖紅燈；若僅伸越停止線而未達路口範圍者，則視爲不遵守標線指示，依道交條例第60條第3項之規定處罰。
3. 無繪設路口範圍者：以車輛無視於紅燈號誌，而有穿越路口之企圖，其車身已伸越停止線並足以妨害其他方向人（若有行人穿越道）、車通行者亦以闖紅燈論處；若僅車身伸越停止線則以不遵守標線指示視之。
4. 目前交岔路口已繪設網狀黃線區者暫以該範圍視作路口，未繪設者請公路主管機關視路況車況繪設路口範圍。
5. 另路口設有照相設施者並請有關單位依會議結論之認定標準配合調整以更能明確認定。

而針對「交叉路口」範圍之認定，若設有號誌燈者，自燈柱起算；劃設有停止標線者，自停止標線起算[338]；劃設有停止線而又有燈光號誌兩種設施之交叉路口，應自停止線起算；未劃設停止線，又無裝設號誌燈之一般交叉路口，則以行人到白線或路面邊線之延長或連接線所圍之面積計算[339]。

汽車駕駛人若行駛於設有左轉彎專用號誌之路口，於圓形紅燈亮起時停止於該路口前方劃設之左彎待轉區之行爲，參酌道路交通標誌標線號誌設置規則第184條第1項規定：「左轉待轉區線，用以指示左轉車輛可在直行時相時段進入待轉區，等候左轉，左轉時相終止時，禁止在待轉區內停留。」故車輛面對與圓形紅燈同亮之直行、右轉箭頭綠燈時，依上開規定係得進入左轉待轉區內停等，並非屬本條第1項所定闖紅燈之行爲[340]。

紅燈迴車」之行爲，則因其違規行爲於本條第1項中特別定有明文，故應優先適用本條第1項規定處罰之。類似意旨請參照司法院70年6月22日院臺廳字第02613號函、交通部98年2月16日交路字第0980019528號函。

337 參照交通部82年4月22日交路字第009811號函。

338 參照交通部62年7月14日交路字第12815號函。

339 參照交通部67年5月18日交路字第05341號函。

340 惟如該車輛面對圓形紅燈且無箭頭綠燈亮起時，穿越停止線停止於左轉待轉區之情形，係涉道交條例第60條第2項第3款所規定不遵守標誌、標線、號誌指示之處罰適用。參照交通部100年8月16日交路字第1000041932號函。

（二）行經有燈光號誌管制之交岔路口闖紅燈右轉（第2項）

本條第2項所禁止之闖紅燈行爲，應僅針對闖紅燈右轉，考量其相較於同條第1項之行爲，危險性較低，故於2006年修法時，將其獨立訂定於第2項，並調降罰鍰金額，故自上開修正於2006年7月1日施行後，汽車駕駛人「紅燈右轉」之違規行爲，應適用本條第2項之規定[341]。

另外，由於本條所規制之「汽車駕駛人」，亦包括機車駕駛人在內，因此，針對駕駛人騎乘機車行進，遇圓形紅燈改以牽引方式進入人行道、行人穿越道等處所後繼續騎乘，亦應有本條之適用。而針對機車駕駛人以牽引方式進入人行道、行人穿越道等處所，雖交通部曾於1976年發布函釋，認爲「機器腳踏車或腳踏車駕駛人，如因『機件失靈』或『其他事故』，僅藉人力推動穿越道路時，可視同行人走路行爲，並應遵守相關行人管制規定[342]」，惟面對機車駕駛人牽引機車之行爲趨向多樣化，警政署於2012年針對機車駕駛人牽引機車進入人行道、行人穿越道等處所，研訂違規之認定及執法原則如下[343]，以利第一線執法人員認定：

1. 機車駕駛人牽引機車進入人行道，並將車停放於機車停車格內：
   (1) 行爲人認定：視同行人。
   (2) 違規認定：無違規。
2. 機車駕駛人行駛至路口處（行車管制號誌爲紅燈），下車牽引機車通過停止線並進入行人穿越道，橫越道路至對向，迴轉後逕騎車駛離：
   (1) 行爲人認定：視同機車駕駛人。
   (2) 違規認定：該行爲人駕駛機車行至路口處，於行車號誌顯示紅燈狀態下，超越停止線並迴轉至對向車道，應以道交條例第53條第1項規定舉發。
3. 機車駕駛人行駛至路口處（行車管制號誌顯示紅燈），下車牽引機車右轉後，逕騎車駛離：
   (1) 行爲人認定：視同機車駕駛人。
   (2) 違規認定：駕駛人騎乘機車行進遇圓形紅燈改以牽引方式右轉後繼續騎乘，認應依道交條例第53條第2項規定舉發[344]。
4. 機車駕駛人行駛至路口處（行車管制號誌顯示紅燈），在行人專用號誌爲綠燈之狀況下，下車牽引機車通過行人穿越道至機慢車待轉區內暫停，俟橫向行車號誌變換

---

341 參照交通部99年2月4日路臺監字第0990402869號函。

342 參照交通部65年10月12日交路字第10858號函。轉引自：林振勇，道路交通管理處罰條例法令解釋輯要，交通部公路局嘉義區監理所，2015年8版，第319頁。

343 參照內政部警政署101年10月26日警署交字第1010148162號函。轉引自：林振勇，道路交通管理處罰條例法令解釋輯要，交通部公路局嘉義區監理所，2015年8版，第319-320頁。

344 參照交通部101年8月16日交路字第1010024025號函。

爲綠燈後，逕騎車駛離：

(1) 行爲人認定：視同機車駕駛人。

(2) 違規認定：該行爲人駕駛機車行至路口處，於行車號誌顯示紅燈狀態下，超越停止線並通過行人穿越道至右前方機慢車左轉待轉區停等，應以道交條例第53條第1項規定舉發。

三、法律效果

本條係處罰汽車駕駛人闖紅燈之行爲，依據道交條例第7條之2第1項規定，若當場不能或不宜攔截製單舉發，警察機關得逕行舉發；另，亦得由民眾敘明違規事實並檢具違規證據資料，向公路主管或警察機關檢舉（道交條例第7條之1第1項第12款）。但若違反本條之汽車駕駛人與汽車所有人，係屬不同人，而經舉發受處罰者，爲汽車所有人時，其得依據道交條例第85條第1項及違反道路交通管理事件統一裁罰基準及處理細則第36條第1項規定，向處罰機關告知應歸責人，處罰機關應即另行通知應歸責人到案，若經查證屬實，則應以應歸責人爲裁罰之對象[345]。而就罰鍰額度之裁量，乃依據道交條例第92條第4項授權訂定之違反道路交通管理事件統一裁罰基準及處理細則行之，其中第2條第2項之附件違反道路交通管理事件統一裁罰基準表（以下簡稱基準表）中，針對違反本條各項所定裁罰基準，以下將分別說明之。

（一）第1項

針對汽車駕駛人「行經有燈光號誌管制之交岔路口闖紅燈」之行爲，基準表係先將違規車種類別區分屬「機車」、「小型車」、「大型車」或「載運危險物品車輛」；再以「期限內繳納或到案聽候裁決」、「逾越應到案期限三十日內，繳納罰鍰或到案聽候裁決」、「逾越應到案期限三十日以上六十日以內，繳納罰鍰或到案聽候裁決」及「逾越應到案期限六十日以上，繳納罰鍰或逕行裁決處罰」爲標準，針對逾越應到案期限越久之汽車駕駛人，處以越重之罰鍰：機車依序處新臺幣1,800元、1,900元、2,300元及2,700元；小型車則依序處新臺幣2,700元、2,900元、3,500元及4,000元；大型車則依序處新臺幣3,600元、3,900元、4,600元及5,400元；載運危險物品車輛，則一律處最高額之新臺幣5,400元罰鍰。

---

345 例如105年度高等行政法院及地方法院行政訴訟庭法律座談會中，即曾提案討論：當汽車駕駛人係駕駛租賃車輛違規，且警察機關未能當場舉發，而係在事後憑所獲悉事證，以逕行舉發方式，裁罰汽車出租公司，是否適法？最終研討結果認爲，以車輛所有人爲裁罰對象，並無違誤，惟所有人可辦理歸責程序，請求裁罰機關改以眞正違反行政法義務之承租人。反之，若其逾期未依規定辦理，應即以所有人爲裁罰對象。請參考高等行政法院及地方法院行政訴訟庭法律座談會提案四（09/05/1996）。

另外，依據道交條例第63條第1項及第92條第4項規定，授權於違反道路交通管理事件統一裁罰基準及處理細則中，針對違反道交條例應並予記點之違規事項加以規定，依據違反道路交通管理事件統一裁罰基準及處理細則第2條第5項第3款第3目，汽車駕駛人若有違反本條第1項之違規事實，記違規點數三點。

（二）第2項

針對違反本條第2項之行爲，基準表係先將違規車種類別區分屬「機車或小型車」或「大型車」；再以「期限內繳納或到案聽候裁決」、「逾越應到案期限三十日內，繳納罰鍰或到案聽候裁決」、「逾越應到案期限三十日以上六十日以內，繳納罰鍰或到案聽候裁決」及「逾越應到案期限六十日以上，繳納罰鍰或逕行裁決處罰」爲標準，針對逾越應到案期限越久之汽車駕駛人，處以越重之罰鍰：機車或小型車依序處新臺幣600元、700元、800元及900元；大型車則依序處新臺幣1,400元、1,500元、1,600元及1,800元。另外，依據違反道路交通管理事件統一裁罰基準及處理細則第2條第5項第1款第11目，記違規點數一點。

另外，由於違反本條第2項之行爲，應處罰鍰之最高額爲新臺幣1,800元，屬行政罰法第19條第1項規定之微罪，若處罰機關，即道交條例第8條第1項第1款所定公路主管機關，認其情節輕微，以不處罰爲適當者，亦得免予處罰，改對違規之汽車駕駛人施以糾正或勸導，並作成紀錄，命其簽名[346]。

參、綜論

針對違反本條所處罰鍰，依據基準表所爲裁量，是否有助於審酌個案中不同違規行爲之應罰程度，例如是否屬於一定時間內有連續違反之行爲、是否係爲避免他人緊急危難或情況急迫等之考量[347]，而於罰鍰額度中給予相應之考量，相關說明請參考第38條「參、綜論」之說明。

---

346 關於道交條例中處罰之規定，因具有秩序罰之性質，除有特別規定外，作爲一般總則性規定之行政罰法，應仍有補充適用之餘地。洪家殷，行政罰上之有責性原則適用於道路交通管理處罰條例之探討，月旦法學雜誌，第346期，2024年3月，第24頁。

347 例如司法院曾提出討論，針對計程車司機爲急救因車禍受嚴重傷害之人，在鬧區闖紅燈，是否適用免罰之法律效果？研討意見認爲，非執行緊急救護車輛，出於緊急避難而有違規之行爲，應僅屬可酌情處以低度之罰鍰；惟司法院第二廳研究意見則認爲，其應合於「因避免他人之緊急危難而出於不得已」之要件，應適用不罰之效果。請參照司法院70年10月28日廳刑一字第1104號函。

第 53 條之 1（於與捷運系統共用路口闖紅燈之處罰）

汽車駕駛人，行經有燈光號誌管制之大眾捷運系統車輛共用通行交岔路口闖紅燈者，處新臺幣三千六百元以上一萬零八百元以下罰鍰。

前項紅燈右轉行為者，處新臺幣一千二百元以上三千六百元以下罰鍰。

壹、導言

本條規定闖紅燈行爲之處罰較前條爲重，其理由係因考量於有大眾捷運系統車輛行經且設有燈光號誌管制之交岔路口，如汽車駕駛人違規闖紅燈或紅燈右轉，將影響大眾捷運系統車輛運行安全甚鉅，故增訂較前條更重之處罰規定，俾防制汽車駕駛人違規行爲之發生。

貳、內容解析

汽車駕駛人，行經有燈光號誌管制之大眾捷運系統車輛共用通行交岔路口，應依號誌之管制停止或行進。所稱「號誌」，係指管制道路交通，表示行進、注意、停止，而以手勢、光色、音響、文字等指示之訊號而言。當有燈光之號誌顯示紅燈時，即應停止，不得前進。闖越或右轉者，均應依本條規定處罰。

所稱「大眾捷運系統車輛」，係指大眾捷運法所定大眾捷運系統使用之專用動力車輛（道交條例第3條第9款）。依大眾捷運法第3條規定：「本法所稱大眾捷運系統，指利用地面、地下或高架設施，使用專用動力車輛，行駛於導引之路線，並以密集班次、大量快速輸送都市及鄰近地區旅客之公共運輸系統（第1項）。前項大眾捷運系統，依使用路權型態，分爲下列二類：一、完全獨立專用路權：全部路線爲獨立專用，不受其他地面交通干擾。二、非完全獨立專用路權：部分地面路線以實體設施與其他地面運具區隔，僅在路口、道路空間不足或其他特殊情形時，不設區隔設施，而與其他地面運具共用車道（第2項）。……第二項第二款之大眾捷運系統，應考量路口行車安全、行人與車行交通狀況、路口號誌等因素，設置優先通行或聲光號誌（第4項）。」因完全獨立專用路權者不受其他地面交通干擾，自無與其他地面運具共用車道、路口之問題，故會有與大眾捷運系統車輛共用通行之交岔路口者，應指非完全獨立專用路權之大眾捷運系統車輛。

非完全獨立專用路權之大眾捷運系統，解釋上應包括有軌和無軌電車，前者如高雄之環狀輕軌系統，後者如已停駛之台中無軌電車（BRT）。二者都是由高架電車線供電、馬達驅動，無軌電車一般沒有獨立路權，其正常行走容易受到共用道路的其他車輛和行人的影響。輕軌列車則有自己專用的軌道系統，只是不一定與其他一般車輛完全隔離，可在一般路面上混合行駛，通常配合號誌優先通行，例如高雄環狀輕軌、淡海輕軌等。列車車廂可以有單節和多節編組的設計，但是總長度受到相當的限制而不至於太長，主要是為了避免造成路口交通不暢。

由於無軌和輕軌電車都是可以與一般車輛混行，部分路段共享路權，所以才會有本條規定汽車駕駛人行經有燈光號誌管制之大眾捷運系統車輛共用通行交岔路口闖紅燈或紅燈右轉之情形。

至於列車較長、體量較重、運輸量較大、速度較快的中、重運量系統，例如臺北捷運的紅、藍、綠、橘線等，雖然也是大眾捷運系統，但享有完全獨立專用路權，而不與一般汽、機車混行，也不共享路權，故其列車應認為並非屬本條所稱之「大眾捷運系統車輛」。

再者，這種中、重運量系統之列車，因列車較長、體量較重、運輸量較大、速度較快，而與一般長途運輸之火車、電聯車沒有什麼不同，闖入其軌道所造成之危害，比本條所規定之於與無軌、輕軌電車等捷運系統車輛共同通行之交岔路口闖紅燈或紅燈右轉所造成之危害，不可等量齊觀，應予區別。故即使與一般道路有交叉處，未採立體交叉，而採平面交叉，也應理解為一般鐵路的平交道，而不應理解為本條所稱之「大眾捷運系統車輛共用通行交岔路口」較為合理。

參、綜論

本條對於大眾捷運系統車輛未區分能與一般汽、機車混合通行之無軌、輕軌電車，和通常不與一般汽、機車混合通行之中、重運量（重軌）電車，容易造成適用上之混淆和爭議。其影響將涉及中、重運量（重軌）電車如採非完全獨立專用路權之方式時，其與一般道路之交叉處，究應理解為本條所規定之與大眾捷運系統車輛共用通行交岔路口，還是應理解為鐵路平交道，即生疑義。

例如，在訴訟實務上，即有訴訟代理人主張：「道路交通管理處罰條例第53條之1第1項規定：『汽車駕駛人，行經有燈光號誌管制之大眾捷運系統車輛共用通行交岔路口闖紅燈者，處新臺幣三千六百元以上一萬零八百元以下罰鍰。前項紅燈右轉行為者，處新臺幣一千二百元以上三千六百元以下罰鍰。』……其遭開立罰單之地點為臺北市復興南路一段與信義路四段路口，雖有兩條捷運經過，但一為高架，另一為地下，該平面道路交岔路口並未與大眾捷運系統有任何『共用通行』的交岔路口，顯然與本條項規定並不該當，執法員警據此法令開立罰單與被告所為之裁決顯然違法[347]。」言下之意，如果該大眾捷運系統與一般汽、機車之道路採平面交叉，就是與大眾捷運系統有「共用通行」的交岔路口，可以適用本條規定。然而，如果這樣理解

347 臺灣新北地方法院109年度交字第699號判決。

本條規定，雖符合條文文義，但如上所述，本條不論在立法上或在解釋上，都應清楚區分與一般汽、機車混合通行之無軌、輕軌電車等大眾捷運系統，和通常不與一般汽、機車混合通行之中、重運量（重軌）電車之大眾捷運系統，方不至造成適用上之混淆和爭議。

日本之有軌電車只有路面電車（輕軌電車）適用道路交通法，至於一般中、重運量之電車，不論長途還是市內之電車，即使與一般道路採平面交叉，也都理解爲鐵路平交道[348]，而非如本條所稱之「與大眾捷運系統車輛共用通行交岔路口」，可資參考。

第54條（平交道違規之處罰）

汽車駕駛人，駕車在鐵路平交道有下列情形之一者，處新臺幣一萬五千元以上九萬元以下罰鍰，並吊扣其駕駛執照一年。因而肇事者，吊銷其駕駛執照：

一、不遵守看守人員之指示，或警鈴已響、閃光號誌已顯示，或遮斷器開始放下，仍強行闖越。

二、在無看守人員管理或無遮斷器、警鈴及閃光號誌設備之鐵路平交道，設有警告標誌或跳動路面，不依規定暫停，逕行通過。

三、在鐵路平交道超車、迴車、倒車、臨時停車或停車。

壹、導言

本條是於1975年修正時所增訂之條文，主要是鑑於當時平交道肇事案件迭有發生，而其原因多由於汽車駕駛人不守規定行車所致，故就汽車駕駛人駕車行經平交道時應遵守之事項，按平交道各種實際情況詳爲列舉，以嚴密實施平交道之管理，加重違規車輛駕駛人之處罰，維護平交道車輛、乘客及行人之安全。其後，因於鐵路平交道發生交通事故之案件並未減少，且常造成嚴重之人員傷亡與財物損失，而多次提高處罰之額度，用以有效降低平交道事故。

貳、內容解析

汽車駕駛人，駕車通過鐵路平交道時，應依交通管制之指示停止或通行。在有看守人員看守之平交道，應依看守人員之指示，或於警鈴已響，或閃光號誌已顯示，或

---

348 日本踏切道改良促進法第2條。

遮斷器已開始放下時，即應於停止線或遮斷器前停止，不得闖入；於無看守人員管理或無遮斷器、警鈴及閃光號誌設備之鐵路平交道，而僅設有警告標誌或跳動路面時，應於停止線或跳動路面前停止，確認可以安全通過時，始得前進通過。

又依道路交通安全規則第104條規定：「汽車行駛中，駕駛人看到鐵路平交道標誌或標線後，應即將速度減低至時速十五公里以下，接近平交道時，應依下列規定：一、鐵路平交道設有遮斷器或看守人員管理者，如警鈴已響、閃光號誌已顯示或遮斷器已開始放下或看守人員表示停止時，應即暫停，俟遮斷器開放或看守人員表示通行後，始得通過。如遮斷器未放下或看守人員未表示停止時，仍應看、聽鐵路兩方無火車駛來，始得通過。二、鐵路平交道設有警鈴及閃光號誌者，警鈴已響，閃光號誌已顯示，駕駛人應暫停俟火車通過後，看、聽鐵路兩方確無火車駛來，始得通過。如警鈴未響，閃光號誌未顯示，仍應看、聽鐵路兩方無火車駛來，始得通過。三、鐵路平交道上無看守人員管理或無遮斷器、警鈴、閃光號誌之設備者駕駛人應在軌道外三至六公尺前暫停、看、聽鐵路兩方無火車來時，始得通過（第1項）。汽車駛至鐵路平交道前，如前面有車輛時，應俟前車駛離鐵路平交道適當距離而後車能安全通過後，始得通過（第2項）。」故汽車駕駛人，駕車通過鐵路平交道時，即應依上述規定通行。違反者，應依本條規定處罰鍰，並吊扣其駕駛執照一年。因而肇事者，吊銷其駕駛執照。此外，於鐵路平交道不得爲超車、迴車、倒車、臨時停車或停車等行爲，違反者，亦同。

復依道交條例第67條第1項規定，汽車駕駛人曾依本條規定吊銷駕駛執照者，終身不得考領駕駛執照。但有第67條之1所定情形者，不在此限。再者，道交條例第24條第1項規定，有違反道交條例規定之情形者，應接受道路交通安全講習。也就是違反本條規定因而肇事者，除依本條罰鍰及吊銷駕駛執照之外，尚須接受道路交通安全講習且終身不得考領駕駛執照。但有第67條之1所定情形者，不在此限。

依第67條之1規定，曾依本條規定吊銷駕駛執照者，符合特定條件，得於下列各款所定期間後，向公路主管機關申請考領駕駛執照：一、肇事致人死亡案件，受處分人經吊銷駕駛執照處分執行已逾12年；二、肇事致人重傷案件，受處分人經吊銷駕駛執照處分執行已逾10年；三、肇事致人受傷案件，受處分人經吊銷駕駛執照處分執行已逾八年；四、其他案件，受處分人經吊銷駕駛執照處分執行已逾六年。公路主管機關得於其測驗合格後發給有效期間較短之駕駛執照，其期滿換領駕駛執照，應依主管機關所定條件辦理。

所謂「號誌」，係指管制道路交通，表示行進、注意、停止，而以手勢、光色、音響、文字等指示之訊號。閃光號誌亦屬號誌之一種，係以光色閃爍來表示注意或停止之號誌；所謂「標誌」，係指管制道路交通，表示警告、禁制、指示，而以文字或圖案繪製之標牌；所謂「警告標誌」，係以文字或圖案繪製，用以警告道路使用人應注意之情況。以本條第2款規定之警告標誌爲例，其即用以警告道路使用人應注意前方可能有火車或電車通過，應於停止線或跳動路面前停止，確認可以安全通過時，始得前進通過。跳動路面主要是用以促使車輛駕駛人減速慢行，無看守人員管理或無遮斷器、警鈴及閃光號誌等管制設備之鐵路平交道，因隨時會有火車或電車通過，故應停止，確認可以安全通過時，始得慢行前進通過。所謂「遮斷器」，係指在鐵路平交道系統中，控制木桿上升下降來隔離列車與公路通行者，讓列車能快速安全通過之裝置。

本條第3款規定在鐵路平交道不得超車、迴車、倒車、臨時停車或停車。所謂「超車」，係指超越前車；所謂「迴車」，係指前進中之車輛迴轉成反方向行進而言；所謂「倒車」，指車輛倒退行駛；所謂「臨時停車」，依道交條例第3條第10款之規定，係指車輛因上、下人、客，裝卸物品，其停止時間未滿三分鐘，保持立即行駛之狀態而言；所謂「停車」，依同條第11款之規定，係指車輛停放於道路兩側或停車場所，而不立即行駛。有關禁止在鐵路平交道倒車部分，依道路交通安全規則第110條第1款但書規定：「但因讓車、停車或起駛有倒車必要者，不在此限。」

鐵路平交道係指鐵路與一般道路交叉處之平交道而言。解釋上，應包括前條大眾捷運系統中之中、重運量有軌列車路線與一般道路之交叉處。

依行政罰法第7條第1項：「違反行政法上義務之行爲非出於故意或過失者，不予處罰。」意即在行政罰中，不論故意或過失之行爲，都是處罰之對象。關於本條之主觀要件，從法條文義來看，第2款謂「不依規定暫停，逕行通過」，除了故意之外，也有可能包括過失，而成爲處罰的對象。第1款謂「強行闖越」，從語意來看，既然是「強行」，就應僅限於故意，似乎難以想像有「過失的（即不注意的）」強行闖越，因爲過失（不注意）與強行理應是互斥的兩個概念。因此，本條第1款在解釋上，就文義而言，似應僅限於故意之行爲，而不包括過失行爲，屬行政罰法第7條第1項的特別規定。但就立法之目的言，因爲不注意而未遵守看守人員之指示，或因未注意警鈴已響、閃光號誌已顯示，或遮斷器開始放下，而闖越平交道，仍應在禁止之列，始能達成讓火車、電車等安全快速通行的目的。再參酌行政罰法第7條第1項之規定，故意與過失行爲都是處罰之對象，而非如刑法以處罰故意行爲爲原則，處罰過失行爲則以有特別規定者爲限。亦即依行政罰法第7條第1項之規定，對於過失行爲之處罰，並不以有特別規定者爲限。因此，所謂「強行闖越」，這樣的用語，是否也包括過失行爲？恐生疑義。未來在立法上，似可考慮予以修正。

參、綜論

有關一般車輛通過鐵路平交道，日本是規定在道路交通法第33條，該條規定：

「車輛於通過鐵路平交道時，如果沒有在鐵路平交道之前（如果道路標誌等設置了停止線，則在停止線之前）停止，並確認安全之後不得前進。但是，依號誌顯示的信號時，可以在鐵路平交道前不停止繼續前進（第1項）。車輛在即將通過鐵路平交道時，遮斷器即將關閉或已關閉，或警報器已響時，不得進入鐵路平交道（第2項）。車輛之駕駛人因車輛故障或其他原因在鐵路平交道無法駕駛車輛時，應立刻採取緊急通訊措施，讓鐵道人員或警察知道有車輛因故障或其他原因停在鐵路平交道上，並採取必要措施將車輛等移至鐵路平交道以外的地方（第3項）。」即車輛於通過鐵路平交道時，原則上應在鐵路平交道前停止並確認安全之後，始得通行，只有例外的情形，即依號誌顯示可以通行時，始得不停止繼續前進通行。如遮斷器已開始關閉，或警鈴已響，即不得進入平交道。

於此值得一提者，是其並沒有禁止在鐵路平交道倒車，而我國道交條例則於本條第3款規定禁止在鐵路平交道倒車。這樣的規定是否必要？似有可以思考之處。若車輛因故障或其他原因被迫停在鐵路平交道，則有必要採取包括倒車在內的各種可能措施，將車輛移至鐵路平交道以外的地方。於此情形，如果依照本條第3款之規定，將有窒礙難行之處。雖然交通安全規則第110條第1款但書規定「因讓車、停車或起駛有倒車必要者，不在此限」，但這樣的規定，於此種情形，未必可以適用，而有不足之虞。

其次，日本道路交通法第50條第2項規定：「車輛進入行人穿越道、自行車穿越道、『鐵路平交道』或以道路標線區畫部分，根據行駛路線前方的車輛狀況而有停止在該區塊之虞時，不得進入該區塊。」並於同法第120條第1項第5款規定處5萬日圓之罰鍰。此有關鐵路平交道淨空之規定，我國道交條例並無規定，僅於道路交通安全規則第104條第2項規定：「汽車駛至鐵路平交道前，如前面有車輛時，應俟前車駛離鐵路平交道適當距離而後車能安全通過後，始得通過。」

第55條（違規臨時停車之處罰）

汽車駕駛人，臨時停車有下列情形之一者，處新臺幣三百元以上六百元以下罰鍰：

一、在橋樑、隧道、圓環、障礙物對面、人行道、行人穿越道、快車道臨時停車。

二、在交岔路口、公共汽車招呼站十公尺內或消防車出、入口五公尺內臨時停車。

三、在設有禁止臨時停車標誌、標線處所臨時停車。

四、不依順行之方向，或不緊靠道路右側，或單行道不緊靠路邊，或併排臨時停車。

五、在道路交通標誌前臨時停車，遮蔽標誌。

接送未滿七歲之兒童、行動不便之人上、下車者，臨時停車不受三分鐘之限制。

壹、導言

本條規定禁止臨時停車之場所及其方法之限制。臨時停車及停車是伴隨汽車道路交通所必然產生的現象，當然也是構成汽車道路交通的一部分。但是，如果無限制地允許汽車在道路上臨時停車或停車，依其停車之處所和方式之不同，不僅有可能妨礙交通順暢，或造成道路上的危險，在某些情況下，甚至可能損害其他公共利益。因此，本條爲了防止道路上的危險，確保交通暢通，規定了禁止在特定的處所臨時停車，或禁止以一定的方式臨時停車[349]。

其次，臨時停車和停車雖然都是將車子停下來，但是，在時間上，後者通常比前者的時間長，所以在妨礙交通順暢的這一點上，後者妨礙交通的程度更爲嚴重。就此而言，應禁止臨時停車的處所當然也應禁止停車，但反過來說，應禁止停車的地方就不一定要禁止臨時停車。本條是規定應禁止臨時停車的處所，因此，按照道理講，這些處所也應一併規定爲禁止停車的處所才合理[350]。

貳、內容解析

所謂「臨時停車」，依道交條例第3條第10款之規定，係指車輛因上、下人、客，裝卸物品，其停止時間未滿三分鐘，保持立即行駛之狀態而言。但接送未滿七歲之兒童、行動不便之人上、下車者，臨時停車不受三分鐘之限制（本條第2項）。基此，車輛在不超過三分鐘的裝卸貨物的停止和因乘客上、下車的停止，均不屬於停車，而應視爲臨時停車。這是因爲在權衡道路交通的順暢性和公眾社會生活的便利性時，有關車輛的這些暫時性停止，應該要優先考慮公眾社會生活的便利性，也就是道路交通的順暢性，在這種情況下，應該要退讓[351]。

所謂「上、下人、客，裝卸物品」等原因，是與車輛行駛過程無直接關係的事項，而屬於車輛固有的事由。這些事由，是「作爲車輛行駛中之一環的暫時停止」（例如遇紅燈的暫時停止）以外的事由。也就是通常在車輛行駛中必要的暫時停止，諸如基於法定義務的停止（例如救護車通過時，伴隨避讓行駛所爲的暫時停止）、車輛前方有障礙物，爲了確認安全的停止、交通擁堵、車輛交會時停車等待等，不論是否係繼續性的，或是否超過三分鐘，都不是停車或臨時停車，而只是車輛行駛中必要的暫時停止，這種暫時停止是屬於車輛行駛中的一環，與停車或臨時停車是基於「作爲車輛行駛中之一環的暫時停止」以外的事由不同，應予區別。

---

349 道路交通法研究會編著，注解道路交通法，東京：立花書房，2020年5版，第202-203頁。
350 道路交通法研究會編著，注解道路交通法，東京：立花書房，2020年5版，第203頁。
351 道路交通法研究會編著，注解道路交通法，東京：立花書房，2020年5版，第34頁。

所謂「保持立即行駛之狀態」，是指該車輛在交通上造成妨礙而需要移動時可立即行駛之狀態。爲了能立即駕駛車輛，至少駕駛員需要能夠掌握現場的交通狀況，且處於車輛的附近並能夠立即上車。例如，車輛停在雜貨店門口，司機下車去雜貨店買菸時，可以認爲車輛是處於可以立即行駛的條件範圍內，但是司機離開該處所已有數十公尺之遙時，似乎應理解爲車輛是處於「不能立即行駛的狀態」，而該當「停車」的要件。

關於汽車臨時停車之限制，除了上述時間的限制之外，依本條規定，大致上有處所和方法之限制，茲分述之：

一、處所之限制

依本條第1項第1款至第3款之規定，汽車在下列處所，均不得臨時停車：

（一）橋梁、隧道、圓環、障礙物對面、鐵路平交道、人行道、行人穿越道、快車道

禁止在隧道內臨時停車，是因爲隧道內一般寬度有限，且光線比起隧道外之一般道路昏暗，車輛進入隧道內時，駕駛員之視覺容易錯亂，無法清楚確認隧道內臨時停車之車輛，而有發生碰觸、追撞之虞，故禁止在隧道內臨時停車。禁止在橋梁、圓環等處所臨時停車，也一樣是因爲橋梁、圓環等處所一般寬度有限，所以禁止臨時停車。

行人穿越道，依道交條例第3條第4款的規定，是指在道路上以標線劃設，供行人穿越道路之地方。也就是爲了可以讓行人安全穿越馬路而不會受到汽機車的危害，在道路上劃設一部分區域供行人穿越。因此，當行人想要穿越馬路時，如果附近有行人穿越道，行人就負有必須經由行人穿越道穿越馬路的義務（道交條例第78條第1項），另一方面，對於汽機車等駕駛人而言，當行人正在穿越或即將穿越行人穿越道時，必須暫時停止，以免妨礙行人通行（道交條例第44條第2項、第74條第1項第7款）。如此一來，行人穿越道必須很容易讓人辨識，如果不能輕易地讓人認識，就不能達到當初設置的目的。因此，道交條例所稱之「行人穿越道」，不採概念上的行人穿越道模式，而是只有以標線標示爲行人穿越道者，才被定義爲「行人穿越道」。換言之，本條規定的行人穿越道必須有標線標示，始能滿足行人穿越道的要件[352]。在行人穿越道上或前後停車或臨時停車，都可能阻礙行人通行或妨礙其辨識行人穿越道，故應禁止停車或臨時停車。

---

352 道路交通法研究會編著，注解道路交通法，東京：立花書房，2020年5版，第22頁。

（二）交岔路口、公共汽車招呼站10公尺內、消防車出入口五公尺內

本款所謂「交岔路口、公共汽車招呼站十公尺內」，公共汽車招呼站10公尺內在語意上固無問題，但有關交岔路口之規定，究竟是指「交岔路口」還是「交岔路口十公尺內」，在語意上並不是十分清楚。如指前者，則指交岔路口與交岔路口以外路段之交界線所圍成之區域；如指後者，則指交岔路口與交岔路口以外路段之交界線各自向外延伸10公尺所圍成之區域。

禁止於消防車出入口五公尺內臨時停車，主要不是因爲其阻礙交通暢通或有製造道路危險之虞，而是因其有妨害消防活動而損害公共利益的危險。換言之，在消防車出入口附近臨時停車，有妨害消防車等相關設施進出之虞，故予禁止。所謂「消防車出、入口五公尺內」，如果消防車之車庫臨近道路時，距離其出入口五公尺以內之路段禁止臨時停車；如果消防車之車庫是設置在與道路有一段距離且其間設有通道時，則距離該通道出入口五公尺以內之路段禁止臨時停車。

（三）設有禁止臨時停車標誌、標線處所

本款規定設有禁止臨時停車標誌、標線之處所，禁止臨時停車。設置這些標誌、標線之處所，通常是因爲如在此等處所臨時停車，有可能妨礙交通順暢、造成道路上的危險，或可能損害其他公共利益。

不過，爲了救護傷病患者而有不得已時，因在事務之性質上，至少在危及人命時，當然應犧牲交通之順暢，而以不妨礙傷病患者之救護爲宜。故於此種情形，理應例外允許其臨時停車，本款未設置例外之規定，似有未妥，未來修法時，可考慮予以修正。

另外，同條項第5款規定，不得在道路交通標誌前臨時停車，遮蔽標誌。據此，在道路交通標誌前原則上也不得臨時停車，除非臨時停車時，沒有遮蔽到標誌始可。例如大貨車、大客車、箱型車等一般車體較高，如果在道路交通標誌前臨時停車，通常會有遮蔽標誌之可能，而不得於道路交通標誌前臨時停車。車體較低之跑車、轎車，如果在道路交通標誌前臨時停車，沒有遮蔽標誌，則例外可以臨時停車。

二、方法之限制

依本條第4款之規定，臨時停車必須依下列方法爲之：

（一）依順行之方向。

（二）緊靠道路右側或於單行道緊靠路邊：所謂「緊靠路邊」，究應靠路邊多近，依道路交通安全規則第111條第2項規定，汽車臨時停車時，應依車輛順行方向緊

靠道路邊緣，其前後輪胎外側距離緣石或路面邊緣不得逾60公分，但大型車不得逾一公尺。

（三）不得併排。

併排停車或臨時停車，不但有阻礙交通順暢之虞，而且可能造成道路交通危害，故予禁止。

參、綜論

汽車之暫時停止，其作爲暫時停止的原因，如前所述，有例如因遇紅燈時的暫時停止、救護車通過時因避讓所爲之暫時停止、交通擁堵、車輛交會時的暫時停止等。此等暫時停止是屬於車輛行駛中的一環，不論其停止時間之長短，均非本條所稱的臨時停車。本條所稱之臨時停車是基於上述「作爲車輛行駛中之一環的暫時停止」以外的事由所爲的暫時停止。這些事由，依道交條例第3條第10款之規定，係指車輛因上、下人、客，裝卸物品而言。

然而，在事實上，「作爲車輛行駛中之一環的暫時停止」以外的事由所爲的暫時停止，並非僅有因車輛上、下人、客，裝卸物品而已，還有其他可能發生的事由需要臨時停車，例如爲了確認後車箱是否緊閉、爲了確認行駛時收到的手機訊息內容、爲了與跟隨一起行駛的車輛通訊聯絡等而暫時停止，雖然不是「因上、下人、客，裝卸物品」，但是這種暫時停止如果不是繼續性的，而只是短時間的話，理應理解爲臨時停車[353]。但本條之臨時停車，因第3條第10款之解釋性規定，將臨時停車之事由限定爲「因上、下人、客，裝卸物品」，而不能包括其他適當的事由，顯然並不妥當。將來修法時，應可考慮酌予放寬，例如增訂概括規定，將「上、下人、客，裝卸物品」等規定爲例示規定，而非列舉規定。

第56條（違規停車之處罰）

汽車駕駛人停車時，有下列情形之一者，處新臺幣六百元以上一千二百元以下罰鍰：

一、在禁止臨時停車處所停車。

二、在設有彎道、險坡、狹路標誌之路段、槽化線、交通島或道路修理地段停車。

三、在機場、車站、碼頭、學校、娛樂、展覽、競技、市場、或其他公共場所出、入口或消防栓之前停車。

四、在設有禁止停車標誌、標線之處所停車。

---

353 道路交通法研究會編著，注解道路交通法，東京：立花書房，2020年5版，第34-35頁。

五、在顯有妨礙其他人、車通行處所停車。
六、不依順行方向，或不緊靠道路右側，或單行道不緊靠路邊停車。
七、於路邊劃有停放車輛線之處所停車營業。
八、自用汽車在營業汽車招呼站停車。
九、停車時間、位置、方式、車種不依規定。
十、於身心障礙專用停車位違規停車。
汽車駕駛人停車時，有併排停車之情事者，處汽車駕駛人新臺幣二千四百元罰鍰。
汽車駕駛人在道路收費停車處所停車，未依規定繳費，主管機關應書面通知駕駛人於七日內補繳，並收取必要之工本費用，逾期再不繳納，處新臺幣三百元罰鍰。
第一項及第二項情形，交通勤務警察、依法令執行交通稽查任務人員或交通助理人員，應責令汽車駕駛人將車移置適當處所；如汽車駕駛人不予移置或不在車內時，得由該交通勤務警察、依法令執行交通稽查任務人員或交通助理人員為之。
第一項第十款應以最高額處罰之，第三項之欠費追繳之。
在圓環、交岔路口十公尺內，公路主管機關、市區道路主管機關或警察機關得在不妨害行人通行或行車安全無虞之原則，設置必要之標誌或標線另行規定汽車之停車處所。

壹、導言

本條是規定有關應禁止停放車輛的地方，因爲在這些地方非短暫性地停放車輛，將有妨礙一般交通之順暢，發生道路交通危險之虞，另也有妨害其他公共利益之虞。本條所規定之處所，都是若非短暫性地停放車輛則將有造成上述妨害之虞的處所，所以，除了第1項第1款之規定，即所有應禁止臨時停車的處所也當然都應禁止停車之外，與前條所列之處所不同。也就是應禁止停車的地方，未必要禁止臨時停車。

貳、內容解析

所謂「停車」，依道交條例第3條第11款之規定，係指車輛停放於道路兩側或停車場所，而不立即行駛而言。所謂「停放而不立即行駛」，例如車輛因等待乘客、貨物、裝卸貨物、故障等或其他原因而非短暫性的停止，或車輛停止且該車輛駕駛員離開車輛而處於無法立即駕駛該車的狀態即是。

車輛如停放於道路收費停車處所，自應依規定繳費，如未依規定繳費，依本條第3項規定，主管機關應書面通知駕駛人於七日內補繳，並收取必要之工本費用，逾期再不繳納，處新臺幣300元罰鍰。本條第5項後段並規定，欠費應追繳之。本條第3項所謂「道路收費停車處所」，係指以道路部分路面劃設，供公眾停放車輛之場所，與路外收費停車處所有別，應予注意。

又依道交條例第3條第10款規定，所謂「臨時停車」，係指車輛因上、下人、客，裝卸物品，其停止時間未滿三分鐘，保持立即行駛之狀態。據此，車輛在「不超過三分鐘的裝卸貨物的停止和爲了乘客上下車的停止，並保持立即行駛之狀態」，均非屬本條所稱之停車，而爲臨時停車。

綜合上述二款有關停車與臨時停車之解釋性規定來看，停車，必須是停放而不立即行駛；臨時停車，必須停止時間未滿三分鐘，並保持立即行駛之狀態。可見停車與臨時停車的差別包括了時間上的概念和行爲屬性的差別，行爲屬性包括駕駛人的意思，也就是此所謂的停車，包括駕駛人不管交通狀況如何，都打算繼續停放而不立即行駛的意思，例如車輛在交通擁堵或會車時的停止，當交通狀況允許時，車輛會立即前進，但是在等待客人或裝卸貨物等狀況時，即使在交通狀況可以行駛的情形下，只要該車輛停止的事由尚未完成，就不會啓動前進，也就不是保持立即行駛之狀態。其次，臨時停車是以不超過某種程度的時間經過爲前提，相反地，超過某種程度的時間經過，就不再被當作臨時停車，而可能被當作是停放而不立即行駛的停車。

關於汽車停車之限制，依本條規定，大致上有處所、目的和方法及車種之限制，違反者，處新臺幣600元以上1,200元以下罰鍰。交通勤務警察、依法令執行交通稽查任務人員或交通助理人員，並應責令汽車駕駛人將車移置適當處所；如汽車駕駛人不予移置或不在車內時，得由該交通勤務警察、依法令執行交通稽查任務人員或交通助理人員爲之。有關汽車停車之限制，分述如下：

一、處所之限制

（一）不得在禁止臨時停車處所停車

臨時停車和停車雖然都是把車子停下來，但是，在時間上，後者通常比前者的時間長，所以在妨礙交通順暢的這一點上，後者妨礙交通的程度更爲嚴重。就此而言，應禁止臨時停車的處所當然也應禁止停車，故本款規定禁止臨時停車的處所，也禁止停車。

（二）不得在設有彎道、險坡、狹路標誌之路段、槽化線、交通島或道路修理地段停車

本款是禁止在設有彎道、險坡、狹路標誌之路段，及設有槽化線、交通島或道路修理地段停車。所謂「槽化線」，是指劃設於交岔路口、立體交岔之匝道口或其他特殊地點，用以引導車輛駕駛人循指示之路線行駛，並禁止跨越之標線。所謂「交通

島」，爲車道間之特定區域，用以區分行車方向、分隔快慢車道、導引車流、提供行人臨時庇護及設置交通管制設施。依其功能之不同，有分隔島、槽化島、庇護島、圓環中心島。故通常係依車流導引、行車安全或保護行人之需要而設計。

（三）不得在機場、車站、碼頭、學校、娛樂、展覽、競技、市場、或其他公共場所出、入口或消防栓之前停車

在機場、車站、碼頭、學校、娛樂、展覽、競技、市場等人潮聚集之公共場所出入口停車，將有妨害出入此等公共場所之人員、車輛的交通之虞；於消防栓前停車，當發生火災時，將有妨害消防人員從消防栓取水之虞，而有損害公共利益之危險，故本款規定禁止於此等處所停車。

（四）不得在設有禁止停車標誌、標線之處所停車

本款所稱「設有禁止停車標誌、標線之處所」，係指由公路或市區道路主管機關或警察機關依交通部經由道交條例第4條第3項授權會同內政部訂定之道路交通標誌標線號誌設置規則第78條和第168條之規定所設置之禁止停車標誌或標線之處所而言。

（五）不得在顯有妨礙其他人、車通行處所停車

本款所稱「顯有妨礙其他人、車通行處所」係一概括之規定，即指上述各款規定以外顯有妨礙其他人、車通行之處所。此等處所必須是由第三人依客觀判斷可認爲顯然有妨礙其他一般人、車之通行，始屬當之。

此外，本條第6項規定，在圓環、交岔路口10公尺內，公路主管機關、市區道路主管機關或警察機關得在不妨害行人通行或行車安全無虞之原則，設置必要之標誌或標線另行規定汽車之停車處所。

二、目的和方法之限制

汽車駕駛人停車時，除不得於上述禁止停車之處所停車之外，其停車之目的和方法，並應遵守下列限制。

（一）依順行方向停車

（二）緊靠道路右側，或單行道緊靠路邊停車

所謂「緊靠路邊」，依道路交通安全規則第112條第2項規定，汽車停車時應依車輛順行方向緊靠道路邊緣，其前後輪胎外側距離緣石或路面邊緣不得逾40公分。同條第3項規定，大型重型機車及機車停車時，應依車輛順行方向緊靠道路邊緣平行、垂直或斜向停放，其前輪或後輪外側距離緣石或路面邊緣不得逾30公分。但公路主管

機關、市區道路主管機關或警察機關另有特別規定時，應依其規定。

（三）不得併排停車

汽車駕駛人停車時，有併排停車之情事，依本條第2項規定，加重其處罰，處汽車駕駛人新臺幣2,400元罰鍰。不過，因本款規定之罰鍰未逾3,000元，故依行政罰法第19條第1項之規定，違反行政法上義務應受法定最高額新臺幣3,000元以下罰鍰之處罰，其情節輕微，認以不處罰為適當者，得免予處罰。同條第2項規定，對於前項免予處罰之情形，得對違反行政法上義務者施以糾正或勸導，並作成紀錄，命其簽名。

（四）停車時間、位置、方式、車種均應依規定

停車時間、位置、方式及車種，如公路主管機關、市區道路主管機關或警察機關有特別規定時，應依其規定（道路交通安全規則第112條第1項第15款）。

在停車場內或路邊准停車處所停車時，應依規定停放，不得紊亂。於坡道不得已停車時應切實注意防止車輛滑行。停於路邊之車輛，遇視線不清時，或在夜間無燈光設備或照明不清之道路，均應顯示停車燈光或反光標識（道路交通安全規則第112條第1項第11款至第13款）。

（五）不得於路邊劃有停放車輛線之處所停車營業

於路邊劃有停放車輛線之處所固然可以停車，但停車於該處所營業，例如停車賣水果、餐飲、行動咖啡等，因其緊鄰車道，可能因營業而妨害交通安全，故予禁止。

三、車種之限制

（一）自用汽車不得在營業汽車招呼站停車

營業汽車招呼站係專供營業汽車之乘客上下車而設置，非營業之自用汽車自不得占用，否則有可能妨害營業汽車乘客上下車而發生道路交通上之危險。

（二）非身心障礙者用車不得於身心障礙專用停車位停車

身心障礙專用停車位通常設置於出入較為方便之位置，主要係為保護身心障礙或行動不便者，以確保其上下車安全及出入之便利，非乘座身心障礙或行動不便者之車輛，自不得占用身心障礙專用停車位，致妨害其上下車安全及出入之便利。否則，依本款規定得處以罰鍰。此外，依本條第5項前段之規定，違反本款之情形，應以最高額處罰之。不過，因本條規定之罰鍰未逾新臺幣3,000元，依行政罰法第19條之規定，其情節輕微，認以不處罰為適當者，得免予處罰，並得施以糾正或勸導，作成紀錄，命其簽名。

參、綜論

在前條所提到的爲了確認後車箱是否緊閉，或爲了與跟隨一起行駛的車輛通訊聯絡等而爲短暫的停止，此等停止雖非因上、下人、客，裝卸物品而停止，但如果其可以根據交通情況放棄這些意圖，則其未必是「停放而不立即行駛」。也就是這種停止，如果是短暫的而且是處於可立即行駛之狀態，停止時間也未超過三分鐘，則即使其停止並非因上、下人、客，裝卸物品，而不能被道交條例第3條第10款所稱臨時停車的定義所涵蓋，似乎也未必可以認爲是本條所稱之停車。若如此，則這一類的暫時停止，在屬性上應歸類爲何種類型，即有疑問。畢竟此等屬性上的歸類，涉及是否構成處罰的條件，以及構成何種處罰的條件，未來修法確有一併納入檢討之必要。

第 56 條之 1（違規開關車門肇事之處罰）

汽車駕駛人臨時停車或停車時，駕駛人或乘客未依規定開啓或關閉車門因而肇事者，處汽車駕駛人新臺幣二千四百元以上四千八百元以下罰鍰。但計程車駕駛人或租賃車輛代僱駕駛人已盡告知義務，乘客仍未依規定開啓或關閉車門因而肇事者，處罰該乘客。

壹、導言

本條係於2016年修正道交條例部分條文時，由立法委員提案增訂之條文。其增訂之理由，是因爲依內政部警政署當時的統計資料顯示，2014年至2016年汽車駕駛或乘客「開啓車門不當而肇事」案件，每年平均發生3,581件，造成六人死亡及4,143人受傷。另外，從2010年至2013年，臺北市、新北市與基隆市三地，有3,838人受傷，平均北北基每年有1,000多人因此受傷。爲保障機車騎士與行人之安全，及防範該違規行爲，並使警察機關執法有明確參據，而增訂本條，對於汽車駕駛人或乘客未依規定開啓或關閉車門，因而肇事者予以處罰之規定。

貳、內容解析

道路交通安全規則第112條第5項規定，汽車臨時停車或停車，汽車駕駛人或乘客開啓或關閉車門時，應遵守下列規定：一、應於汽車停妥後開啓或關閉車門；二、乘客應由右側開啓或關閉車門，但在單行道准許左側停車者，應由左側開啓或關閉車門。車輛後方設有輪椅置放區者得由後方開啓或關閉車門；三、應注意行人、其他車輛，並讓其先行；四、確認安全無虞後，再將車門開啓至可供出入幅度，迅速下車並關上車門。

汽車駕駛人臨時停車或停車時，駕駛人或乘客未依前揭規定開啓或關閉車門因而肇事者，處汽車駕駛人新臺幣2,400元以上4,800元以下罰鍰。換言之，依本條規定，開啓或關閉車門因而肇事者不論是駕駛人或乘客，受處分人均爲汽車駕駛人。但計程車駕駛人或租賃車輛代僱駕駛人已盡告知義務，乘客仍未依規定開啓或關閉車門因而肇事者，處罰該乘客。

其次，本條規定汽車駕駛人臨時停車或停車時，乘客未依規定開啓或關閉車門因而肇事者，處汽車駕駛人罰鍰。如因而造成其他用路人傷亡時，相關之刑事責任應如何歸屬，仍應分別認定，不宜混爲一談。

刑法過失傷害罪或過失致死罪係在處罰行爲人違反注意義務之行爲，乘客未注意其他車輛開啓車門之違反注意義務行爲，因而造成其他用路人傷亡時，於刑法過失傷害罪或過失致死罪之判斷上，仍應釐清造成用路人傷亡之刑事責任歸屬，不能逕以駕駛人該當本條行政罰之構成要件，即認定其須負擔刑法過失傷害罪或過失致死罪之責任。刑事司法實務亦有判決於駕駛人未上鎖車門停車等紅燈時乘坐副駕駛座之乘客突然開啓車門吐痰時，導致同方向之機車騎士撞到車門受傷之案件，認爲道交條例第56條之1之行政罰規定，係寓有於乘客違規時連帶處罰駕駛，以達促進駕駛人員於適當地點停車、督促乘客應安全開啓車門，並有迅速開罰，以減省釐清實際開啓車門行爲人時間、勞費之目的。至於刑法過失傷害罪係在處罰行爲人違反注意義務之行爲，未注意其他車輛開啓車門之違反注意義務行爲人究非駕駛人，於刑法過失傷害罪之判斷上，仍應究明駕駛人所違反之注意義務行爲是否該當該罪之構成要件，不能逕以被告身爲汽車駕駛人而該當道交條例第56條之1行政罰之構成要件，即以刑法過失傷害罪處罰駕駛人[354]。

參、綜論

如前所述，汽車駕駛人臨時停車或停車時，駕駛人或乘客未依前揭規定開啓或關閉車門因而肇事者，依本條規定，開啓或關閉車門因而肇事者不論是駕駛人或乘客，受處分人均爲汽車駕駛人。只有計程車駕駛人或租賃車輛代僱駕駛人已盡告知義務，乘客仍未依規定開啓或關閉車門因而肇事者，始處罰該乘客。

這樣的規定存在以下二個問題：

一、未依規定開啓或關閉車門因而肇事之人爲駕駛人時，處罰駕駛人，乃理所當然，

---

354 臺灣高等法院高雄分院110年度交上易字第86號刑事判決、臺灣橋頭地方法院109年度交易字第72號刑事判決。相類似之見解尚有臺灣高雄地方法院107年度交簡字第3820號刑事判決。

但違規者如爲乘客時，爲何行爲人是乘客，受處罰之人卻是駕駛人而非行爲人？如此規定，屬於轉嫁罰之規定（然而轉嫁罰理應具備一定之條件始可，例如受處罰之人對違規者負有監督之義務，且違規者因某些原因，例如無責任能力，而在法律上無法予以處罰），按理，將乘客違規行爲之處罰轉嫁給駕駛人，應以駕駛人對乘客負有監督權責且在法律上無法處罰乘客爲前提，但實際上駕駛人對乘客未必負有何等監督之權責，且在法律上也未必不能處罰乘客，例如司機開車載老闆上下班，認爲駕駛人（司機）對乘客（老闆）負有監督之權責，且在法律上無法處罰乘客（老闆），顯然並不現實。本條規定乘客（例如前例之老闆）未依前揭規定開啓或關閉車門因而肇事時，不處罰作爲乘客之行爲人（老闆）反而處罰汽車駕駛人（受僱的司機），著實令人匪夷所思。退一步言，即使可以認爲駕駛人對乘客負有監督之權責，駕駛人頂多也只屬於間接的、次要的責任，直接的、主要的責任仍應由開啓或關閉車門因而肇事之行爲人負擔才合理。

二、未依規定開啓或關閉車門因而肇事之人爲乘客之情形，爲何只有計程車駕駛人或租賃車輛代僱駕駛人已盡告知義務時始可以豁免，而其他駕駛人不能豁免？講起來，汽車駕駛人與乘客間爲何種關係，似乎應視其間本於何種身分或法律關係搭乘而定，例如親子、配偶、朋友、老闆與司機等關係，在法律上並無因乘車行爲本身而發生何種監督之法律關係。本條規定只有計程車駕駛人或租賃車輛代僱駕駛人已盡告知義務時，始例外處罰該乘客，其他情形則均依本條之本文規定只處罰駕駛人，而非處罰行爲人，顯然並不合理。

參考日本道路交通法第71條第4-3款規定：「車輛駕駛人應遵守下列事項：……四之三、在未確認安全之情況下不得打開車門或下車，爲了避免乘坐該車輛之其他人員因上述行爲而發生交通危險，並應採取必要之措施。」違反上述規定者，依同法第120條第1項第10款之規定，處5萬日圓以下罰金。日本道路交通法第120條第1項第10款處罰駕駛人，是因爲駕駛人違反同法第71條第4-3款規定所課予爲了避免乘坐該車輛之其他人員因在未確認安全之情況下打開車門或下車而發生交通危險應採取必要措施之義務。也就是說，日本道路交通法是於第71條第4-3款賦予駕駛人負有採取措施以避免乘坐該車輛之其他人員在未確認安全之情況下打開車門或下車之義務，於駕駛人違反上述義務時，始依同法第120條第1項第10款之規定處罰駕駛人。此規定應採取措施之義務人是駕駛人，而非乘客，故違反時處罰駕駛人，乃理所當然。此外，於此也存在一個前提條件，即駕駛人必須有能力採取必要措施以避免乘客在未確認安全之情況下打開車門或下車。例如駕駛人握有中控鎖，可控制全車車門之開關，未經駕駛人解鎖乘客無法開啓車門或下車。

反觀本條規定，一方面未課予駕駛人採取必要措施以防止乘客在未確認安全之情況下打開車門之義務，另一方面於乘客未依規定開啓或關閉車門因而肇事時，卻處罰駕駛人而不處罰行爲人（乘客），顯然並不合理。未來修法時，如認爲此種情形仍應處罰駕駛人，至少應在法律上課予駕駛人有採取必要措施以防止乘客未依規定打開車門之義務，且需駕駛人在實際上必須有能力採取防止乘客在未確認安全之情況下打開車門或下車之必要措施（例如上鎖車門），於其違反義務因而肇事時，始予以處罰，方屬合理。

第 57 條（汽車買賣修理業違規停車之處罰）

汽車所有人、汽車買賣業或汽車修理業，在道路上停放待售或承修之車輛者，處新臺幣二千四百元以上四千八百元以下罰鍰。

前項情形，交通勤務警察或依法令執行交通稽查任務人員於必要時，並應令汽車所有人、業者將車移置適當場所；如汽車所有人、業者不予移置，應由該交通勤務警察或依法令執行交通稽查任務人員逕為之，並收取移置費。

壹、導言

為了預防道路危險、保障交通安全暢通，原則上理應禁止在道路停車，但就實際之狀況，完全禁止在道路停車，反而給社會生活帶來不便。因此，在交通不頻繁或道路足夠寬敞的路段，同時在不妨害交通的順暢，或不會造成道路交通危險的前提下，主管機關亦得不禁止於道路邊停車或臨時停車，此等未禁止停車之處所主要係供一般駕駛人暫時停放車輛之用。汽車所有人、汽車買賣業或汽車修理業待售或承修之車輛長期停放在道路上，究與未禁止於路邊停車，而供一般駕駛人暫時停放車輛之目的不符，不應占用。故本條第1項規定：「汽車所有人、汽車買賣業或汽車修理業，在道路上停放待售或承修之車輛者，處新臺幣二千四百元以上四千八百元以下罰鍰。」爲了貫徹供一般駕駛人暫時停放車輛之目的，除上開處罰之規定外，並於第2項規定：「前項情形，交通勤務警察或依法令執行交通稽查任務人員於必要時，並應令汽車所有人、業者將車移置適當場所；如汽車所有人、業者不予移置，應由該交通勤務警察或依法令執行交通稽查任務人員逕爲之，並收取移置費。」

貳、內容解析

本條規定是禁止汽車所有人、汽車買賣業或汽車修理業，將待售或承修之車輛停放在道路上。所謂「道路」，依道交條例第3條第1款規定，係指公路、街道、巷衖、廣場、騎樓、走廊或其他供公眾通行之地方。同條第11款規定，所謂「停車」，指車輛停放於道路兩側或停車場所而不立即行駛。換言之，只要把車輛停放於道路兩側或停車場所而不立即行駛，就是道交條例所稱之停車，並無其他原因或目的上的限定。

從這樣來看，汽車所有人、汽車買賣業或汽車修理業，將待售或承修之車輛停放在道路上而無立即行駛之意，理應可以視爲道交條例所稱之停車。只是其停車之目的是待售或承修，而非諸如等待乘客、貨物、裝卸貨物、故障或其他一般駕駛人通常都可能會有的原因或目的。同樣都是停車，只是目的或原因不同，即依本條之規定予以禁止，其正當性何在？不無疑問。

講起來，設置道路之目的原本就是爲了提供車輛或行人通行之用，而非用來停車之用。如果要提供車輛停放，理應設置停車場而非道路，這是顯而易見的道理。在道路邊劃設得停車處所供車輛停放，理應是在一定條件下之例外措施，主要是爲了公眾社會生活的便利性，提供一般駕駛人暫時停放之用。此由停車場法第12條地方主管機關爲因應停車之需要，得視道路交通狀況，設置路邊停車場，此等路邊停車場，應隨路外停車場之增設或道路交通之密集狀況予以檢討廢止或在交通尖峰時段限制停車，以維道路原有功能之規定可知。待售車輛或汽車修理業承修車輛一般都是長期占用該等得停車之處所，而幾乎完全排斥一般駕駛人暫時停放之機會，如此，在道路邊例外劃設得停車處所供一般駕駛人暫時停放之目的將無法達成，使原先預定的功能大幅萎縮，故本條第1項明文禁止待售或汽車修理業承修之車輛占用此等得停車處所。

在現實上，道路上得停車處所大致上有二種情形，其一是在道路邊劃設有供公眾停放車輛之停車格者；其二是於路邊未設置禁止停車或禁止臨時停車之標誌或標線，而僅劃設白實線以作爲車輛停放線者[355]。這二種情形，其規範的意義是否相同？待售或修理之車輛是否都不可以停放？不無疑問。從本條規定的文義及道路設置之目的來看，第二種情形，禁止待售或修理之車輛停放於此等路段應不難理解，也有其正當性。因設置道路的目的是爲了供通行之用，而非作爲工商業活動之用。

至於在道路邊劃設有停車格之情形，是否也一樣禁止停放待售或修理之車輛？即頗費思量。

關於此一問題，至少涉及以下幾個問題，第一，一般公共停車場的停車格和路邊停車格有無本質上的不同？第二，待售或修理之車輛可否停放於一般公共停車場待售或等待車主取回？第三，私人非基於道路交通目的而長期占用公共停車空間的問題。

首先，一般公共停車場的停車格和路邊停車格，在設置的位置上，前者是設置於道路之外，而後者是設置於道路上之一定區域，在時間上，前者一般無時間限制，而

---

355 道路交通標誌標線號誌設置規則第149條第1項第1款第3目規定：「白實線……；設於路側者，作爲車輛停放線。……」

後者有時會有時間上的限制，除此之外，在性質上都是屬於供一般公共使用之停車空間，就這一點而言，二者並無不同。之所以要討論此二者之性質有無不同，是因爲如果待售之車輛或業者承修之車輛可以停放於一般公共停車場待售或等待車主取回，則停放在路邊停車格理應也可以才合理。因爲既然一般公共停車場的停車格和路邊停車格在性質上沒有不同，就沒有必要作不同的處理。

其次，待售或業者承修之車輛可否停放於一般公共停車場待售或等待車主取回？處理此一問題，需要一併思考第三個問題，亦即私人非基於道路交通目的而長期占用公共停車空間的問題。

公共停車空間可認爲是爲了道路交通目的所設置的附屬設施，也就是公共停車空間本身雖然不是供公眾通行的空間而非屬道路交通本身的設施，但卻是道路交通所不可或缺的附屬設施，而應視爲道路交通設施之一部分。非基於道路交通目的而占用公共停車空間，原則上應予以排除。

汽車所有人、汽車買賣業或汽車修理業將待售或承修之車輛停放在包括路邊停車格在內的公共停車空間，係出於工商業上之目的，而非基於道路交通目的，其占用公共停車空間，原則上應予以排除。除非道路交通主管機關考量道路交通目的，並基於合目的之裁量，例外允許供道路交通目的外之工商業活動使用，始另當別論。

爲了貫徹上述規定，對於違反者，其法律效果是處以新臺幣2,400元以上4,800元以下罰鍰。除此之外，本條第2項並規定，交通勤務警察或依法令執行交通稽查任務人員於必要時，並應令汽車所有人、業者將車移置適當場所；如汽車所有人、業者不予移置，應由該交通勤務警察或依法令執行交通稽查任務人員逕爲之，並收取移置費。

參、綜論

較有疑問者，是於路邊的收費停車格停放待售或承修之車輛，如已付費，爲何不能停車待售或承修，有無違反平等原則的問題。如此差別待遇主要是因待售或承修之停車與公共停車空間係爲了道路交通而設置的目的不符，有以致之，與有無收費並無重要的關係，因爲不論免費停車還是收費停車，對於一般大眾和汽車所有人、汽車買賣業或汽車修理業都是一視同仁，並無差別對待。

其次，在現實上，除了待售和承修之車輛以外，待租之汽車亦可能停放於公共停車空間待租。對於待租汽車，雖然和待售或承修之汽車都是基於私人間商業目的之停車，但因爲此等出租汽車在本質上可以認爲是一種提供一般不特定人使用之公共運輸工具，而與基於待售或承修目的之停車有明顯的不同。只是此等爲了私人間的商業行爲長期占用公共停車空間，仍應經道路交通主管機關爲合目的裁量許可才行。

換言之，待售或承修是商業行爲，待租汽車也是商業行爲，在現實上，待租車輛可以停在某些停車場待租，且爲了方便一般承租人取車、還車，似乎還必須允許其停放在各公共停車場待租，才符合一般承租人的便利性。從這一點來看，雖然同樣都是私人間的商業行爲，但因待售或承修之停車行爲與因待租之停車行爲似有明顯的不同。只是此等爲了私人間的商業行爲長期占用公共停車空間，似乎有必要經主管機關許可（公共空間之使用分配）較爲合理。

第 58 條（未保持車距等之處罰）

汽車駕駛人，駕駛汽車有下列情形之一者，處新臺幣六百元以上一千二百元以下罰鍰：

一、不依規定保持前、後車距離。

二、行至有號誌之交岔路口，遇紅燈不依車道連貫暫停而逕行插入車道間，致交通擁塞，妨礙其他車輛通行。

三、行至有號誌之交岔路口，遇有前行或轉彎之車道交通擁塞而逕行駛入交岔路口內，致號誌轉換後仍未能通過，妨礙其他車輛通行。

壹、導言

汽車駕駛人駕車，應保持前後車距離，以便在行進中能適應各種情況，而策行車安全，故於1968年制定道交條例時，於第52條規定汽車駕駛人駕車應依道路交通安全規則之規定，保持前後車距離，違反者，應受處罰。其後於1986年修正道交條例時增訂第2款、第3款，亦即汽車行駛至有號誌之交岔路口，遇紅燈應依車道連貫暫停，不得逕行插入於兩車道之間行駛，若有違反因而造成交通擁塞，妨礙其他車輛通行，即應依本條之規定處罰；或於有號誌之交岔路口，如遇有前行或轉彎之車道交通擁塞，即應於停止線前暫停，不得逕行駛入交岔路口內，若有違反致號誌轉換後仍未能通過，而妨礙其他車輛通行，亦應依本條之規定處罰。

貳、內容解析

本條第1款規定汽車駕駛人駕駛汽車不依規定保持前、後車距離者，處新臺幣600元以上1,200元以下罰鍰。所謂「不依規定」，係指不依道路交通安全之相關規定而言，例如違反道路交通安全規則第94條第1項：「汽車在同一車道行駛時，……後車與前車之間應保持隨時可以煞停之距離，……。」即屬本條所稱之不依規定保持前、後車距離。又如同規則第98條第1項第4款但書及第102條第1項第3款但書規定，汽車在同向二車道以上之道路行駛或行駛至交岔路口，其行進、轉彎，由同向二車道進入一車道，在交通壅塞時，內、外側車道車輛應互爲禮讓，逐車交互輪流行駛，並保持安全距離及間隔。同規則第98條第1項第6款規定，汽車變換車道時，應讓直行車先行，並注意安全距離。汽車駕駛人若違反上述規定未保持安全距離及間隔，均屬本款所稱之不依規定保持前、後車距離。

本款規定是爲了防止車輛在行駛中追撞的危險，而課予行駛中之車輛負有與所跟隨之前方車輛保持安全行車距離的義務。換言之，汽車行駛於同一車道之他車後方時，應與該前方車輛保持足以避免因其突然煞車而發生追撞的安全距離。如此，只要後車沒有與前車保持必要的安全距離，以致有因前車突然緊急煞車而發生追撞之危險，後車就構成本條規定之違反。此所謂「安全距離」，在實際上應依道路的結構、狀況、天氣、前車和後車的速度等各種具體情況來判斷。因爲此安全距離是爲了避免因前方車輛緊急煞車時，後方車輛來不及煞車而發生追撞所需要的距離。據此，所謂「安全距離」，應以各該車輛的煞車至停止之距離爲判斷的標準。所謂「煞車至停止之距離」，是指從汽車駕駛人目視確認對象而立即煞車，到該車輛完全停止的距離，亦即從目視確認該對象的位置到該車輛完全停止的位置間的距離。因此，「煞車停止距離」實際上會因道路的結構和狀況、天氣等各種具體情況而有不同，不過，對於一般的汽車來說，在一般的道路上以時速40公里行駛時，煞車停止距離約爲17公尺；以時速60公里行駛時，該距離約爲32公尺；以時速100公里行駛時，約爲80公尺[356]。

本條第2款規定汽車駕駛人駕駛汽車行至有號誌之交岔路口，遇紅燈不依車道連貫暫停而逕行插入車道間，致交通擁塞，妨礙其他車輛通行者，應處新臺幣600元以上1,200元以下罰鍰。道路交通安全規則第102條第1項第12款亦規定汽車行駛至有號誌之交岔路口，遇紅燈應依車道連貫暫停，不得逕行插入車道間，致交通擁塞，妨礙其他車輛通行。換言之，汽車行駛至有號誌之交岔路口，遇紅燈本應依車道連貫暫停，不得無故變換車道，或逕行插入於兩車道之間行駛，因而造成交通擁塞，妨礙其他車輛通行。如有違反，應依本條規定處以罰鍰。

本款規定是爲了防止因伴隨車輛變換車道所生之危險，而禁止車輛在一定情況下變換車道。現今道路之設計多較爲寬闊，交通流量也較大，在這些較寬闊且交通流量較大的道路上，多數車輛同時並進的交通情況下，車輛改變行進方向本身就常常伴隨著對道路交通造成危險，或有明顯阻礙交通順暢之虞。因此，本款規定車輛在一定的情況下禁止改變行進方向逕行插入車道間而跨越在兩條車道上，更不得以迫近、驟然變換車道等不當方式，迫使他車讓道，否則可能同時違反道交條例第43條第1項第3

356 道路交通法研究會編著，注解道路交通法，東京：立花書房，2020年5版，第135-136頁。

款之規定。

本條第3款規定汽車駕駛人駕駛汽車行至有號誌之交岔路口，遇有前行或轉彎之車道交通擁塞而逕行駛入交岔路口內，致號誌轉換後仍未能通過，妨礙其他車輛通行者，應處新臺幣600元以上1,200元以下罰鍰。道路交通安全規則第102條第1項第13款亦規定汽車行駛至有號誌之交岔路口，其行進、轉彎遇有前行或轉彎之車道交通擁塞時，應在路口停止線前暫停，不得逕行駛入交岔路口內，致號誌轉換後，仍未能通過妨礙其他車輛通行。如有違反，應依本條規定處以罰鍰。

在設有號誌之交叉路口，汽車駕駛人所行駛之道路方向儘管是顯示綠燈而有優先通行權，但是因前行或轉彎之車道交通擁塞，如繼續前進駛入交岔路口內，有可能在尚未駛出交岔路口前，號誌已經轉換成交叉道路方向爲綠燈，而妨礙交叉道路方向之車輛通行。爲了避免這樣的情形發生，本條第3款規定汽車駕駛人應在路口停止線前暫停，不得逕行駛入交岔路口內，如有違反，因而致號誌轉換後，仍未能通過而妨礙其他車輛之通行，即滿足本款所規定之條件，而應處以罰鍰。

總之，關於交岔路口車輛通行的優先關係，雖然原則上是先進入交岔路口之車輛有優先通行權。然而，在此原則中，如果已進入交岔路口之車輛因車道交通擁塞而無法順利駛出交岔路口，有優先通行權之車輛尚未駛入交岔路口時，即應於停止線前先行暫停，不得逕行駛入交岔路口，而阻礙其他方向之道路車輛通行。於有號誌管制之交岔路口，亦無不同，即應隨時保持交岔路口淨空，以免阻礙其他方向之道路交通順暢。

參、綜論

在路面較寬闊且交通流量較大的道路上，數輛車同時並進時，車輛變換車道本身就常常對道路交通造成危險，或有顯著危害交通順暢之虞。因此，本條第2款規定禁止車輛於行至有號誌之交岔路口，遇紅燈時不依車道連貫暫停而逕行插入二車道間，同時跨越兩條車道。如有違反，因而致交通擁塞，妨礙其他車輛通行，即得依本條規定處罰。

本款所謂「妨礙其他車輛通行」，係指如果車輛繼續或開始移動，有造成另一車輛必須突然改變其速度或方向以防止危險之虞時，而仍然繼續或開始移動而言。「妨礙其他車輛通行」在本款所規定之情形下被禁止，主要是爲了防止其造成其他車輛突然改變速度或方向因而發生危險。惟何種程度的速度或方向改變會構成這裡所稱之「突然改變」，未必清楚。解釋上，似應依一般社會通念來決定。

第 59 條（故障未依規定處理之處罰）
汽車駕駛人，駕駛汽車發生故障不能行駛，不設法移置於無礙交通之處，或於移置前，未依規定在車輛前、後適當距離樹立車輛故障標誌或事後不除去者，處新臺幣一千五百元以上三千元以下罰鍰。

壹、導言

汽車駕駛人駕駛汽車若發生故障而不能行駛時，理應採取各種安全措施，以免他車或行人遭致危險，並維護公共安全。故於本條規定汽車駕駛人於車輛發生故障而不能行駛時，應設法移置於無礙交通之處，於移置前並應依規定在車輛前、後適當距離樹立車輛故障標誌，於移置後並應除去該車輛故障標誌。如有違反，例如不設法將故障車輛移置於無礙交通之處，或於移置前，未依規定在車輛前、後適當距離樹立車輛故障標誌或事後不除去，即得依本條規定，予以處罰。

貳、內容解析

本條規定：「汽車駕駛人，駕駛汽車發生故障不能行駛，不設法移置於無礙交通之處，或於移置前，未依規定在車輛前、後適當距離樹立車輛故障標誌或事後不除去者，處新臺幣一千五百元以上三千元以下罰鍰。」所謂「未依規定在車輛前、後適當距離樹立車輛故障標誌或事後不除去者」，係指未依道路交通安全規則第112條第4項：「汽車發生故障不能行駛，應即設法移置於無礙交通之處，在未移置前或移置後均應依下列規定豎立車輛故障標誌，車輛駛離現場時，應即拆除：一、在行車時速四十公里以下之路段，應豎立於車身後方五公尺至三十公尺之路面上，車前適當位置得視需要設置。二、在行車時速逾四十公里之路段，應豎立於車身後方三十公尺至一百公尺之路面上，車前適當位置得視需要設置。三、交通擁擠之路段，應懸掛於車身之後部，車前適當位置得視需要設置。」樹立車輛故障標誌或事後不除去者而言。

依上述規定，汽車駕駛人因車輛故障而無法行駛時，應樹立車輛故障標誌，指示前有故障車輛，其目的是爲了讓其後方來車之汽車駕駛人容易看到該汽車因故障而停止，用以促使車輛駕駛人注意減速避讓。汽車在道路上發生故障，雖然是因不可抗力的因素，仍會有阻礙交通暢通，使道路發生危險之虞。故本條規定，在這種情況下，駕駛人除了應樹立車輛故障標誌之外，並應儘速採取必要措施，將該汽車移至車道以外之無礙於交通之處所，以確保交通安全、暢通。

在解釋上，所謂「不能行駛」，是指因車輛故障而在物理上無法駕駛該汽車而言，與汽車駕駛人的意思或身體狀況如何無關。亦即因汽車駕駛人之精神或身體狀況而不能行駛者，不在此限。關於所樹立之車輛故障標誌，應符合道路交通標誌標線號誌設置規則第138條所規定之車輛故障標誌[357]。所謂應將故障車輛移置於「無礙交通之處」，一般會認爲應移置於路肩、路邊或避車道等處，但除此之外，當然也包括停車場、服務區等處所[358]。所謂「應設法移置於無礙交通之處」，固然是課予駕駛人設法移置該故障車輛至無礙交通之處所，其方法應包括以人力將汽車移到路肩、使用路邊電話或請求行駛中之其他汽車駕駛人協助、請求拖吊車或道路救援車等前來救援等必要的措施。

此「設法移置」義務之履行，必須事實上有實現之可能，如汽車駕駛人在實際上無論如何都根本無履行該義務之可能，例如汽車駕駛人無足夠的力氣將該故障車輛移至無礙交通之處，又未攜帶手機，路邊亦無電話可以請求道路救援，身邊或路上又無其他可以請求其協助之人，則即使該駕駛人未設法移置該故障車輛，也因在事實上無履行該義務之可能，而不能認爲其符合本條之處罰條件，畢竟法律不應強人所難。

參、綜論

本條於汽車發生故障不能行駛時，課予駕駛人之義務包括：一、移置故障車輛；二、移置故障車輛前應樹立車輛故障標誌；三、事後應除去車輛故障標誌。從文義上來看，駕駛人此三項義務似乎均需完成，缺一不可。有移置故障車輛至無礙交通之處所，但於移置前未樹立車輛故障標誌或事後未除去車輛故障標誌；或者有樹立車輛故障標誌，但未設法移置故障車輛或事後未除去車輛故障標誌；或有樹立車輛故障標誌，也有設法移置故障車輛，但事後未除去車輛故障標誌，均屬違反本條所課予之義務。

儘管如此，在解釋上，也不應過於僵化。如果汽車駕駛人能在短時間內安全且順利地將該故障車輛移置於無礙交通之處所，是否仍有必要於移置前樹立車輛故障標誌之後，再移置該故障車輛，不無疑問。

樹立車輛故障標誌之目的，是在移置故障車輛之前，警示後方來車之駕駛人注意前方有故障車輛，以促使其減速避讓。如汽車駕駛人可在極短時間內即安全且順利地將該故障車輛移置於無礙交通之處所，其所需之時間甚至比起樹立車輛故障標誌所需之時間還短，例如車輛發生故障於平坦之外側車道，而其右前方正好有路邊停車格，

[357] 即應爲紅色中空之正等邊三角形，以鋁質或其他適當材料製作，具反光性能，反光體爲紅色，須在夜間距離200公尺處可用目力辨認清楚。邊框爲白色或銀色，採用摺疊式或整體式製作之。尺寸、樣式得依中華民國國家標準CNS 4982之規定。樹立於地面時，應加裝支撐，其底邊距離地面不得少於六公分，且須設置穩當。

[358] 道路交通法研究會編著，注解道路交通法，東京：立花書房，2020年5版，第508頁。

可立即在極短時間內以人力將該故障車輛推至路邊停車格內時，在解釋上，似乎即無必要於移置前先樹立車輛故障標誌之後，再將該故障車輛推至無礙交通之處所，只需打開雙黃警示燈後直接將故障車輛推至無礙交通之處所即可。

畢竟，此種情形，如仍解釋爲汽車駕駛人必須先到後車廂找出車輛故障標誌，步行到車身後方數十公尺，樹立好該車輛故障標誌之後，才將該故障車輛推至路邊停車格，恐怕因故障車輛停留在車道上的時間更久，反而更加危險，而與本條規定之目的不符。

第 60 條（概括處罰規定）

汽車駕駛人駕駛汽車有違反本條例之行為，經交通勤務警察或依法令執行交通稽查任務人員制止時，不聽制止或拒絕停車接受稽查而逃逸者，除按各該條規定處罰外，處新臺幣一萬元以上三萬元以下罰鍰，並吊扣其駕駛執照六個月；汽車駕駛人於五年內違反本項規定二次以上者，處新臺幣三萬元罰鍰，並吊扣其駕駛執照一年。

汽車駕駛人駕駛汽車有下列情形之一，而本章各條無處罰之規定者，處新臺幣九百元以上一千八百元以下罰鍰：

一、不服從交通勤務警察或依法令執行交通指揮、稽查任務人員之指揮或稽查。

二、不遵守公路或警察機關，依第五條規定所發布命令。

三、不遵守道路交通標誌、標線、號誌之指示。

四、計程車之停車上客，不遵守主管機關之規定。

汽車駕駛人有第二十一條第一項第一款至第五款或第二十一條之一第一項規定之情形，且經交通勤務警察或依法令執行交通稽查任務人員制止時，不聽制止或拒絕停車接受稽查而逃逸者，處新臺幣一萬五千元以上四萬五千元以下罰鍰。

壹、導言

本條之立法目的，係以交通違規涉及所有參與交通者之生命、身體及財產安全，警察依法執行稽查取締，如不服稽查制止而持續違規，難生阻絕危害發生之效；又如拒絕接受稽查而逃逸離去，當場追逐，雖非絕對不可，但衍生交通危險，有時甚至大於用路人本身之違規情節，且值勤成本也因而增高，如任其逃逸離去，則嚇阻違規之效用必將大減，事後追查，亦未必可獲知眞正違規行爲之人，使交通違規之稽查取締，徒生無謂成本，並有悖道交條例「加強道路交通管理，維護交通秩序，確保交通安全」之立法目的。再者，參與交通之人遭警攔檢稽查，如認取締有誤或別有正當理由，可當場向警察說明，若仍有不服，亦可循法定爭訟途徑謀求救濟。故如不服稽查而逃逸，除原有違規情事依法處罰外，另設本條之處罰，用以杜絕僥倖，確保公益[359]。

本條制定之初，僅有第2項之規定。計有四款，其中第1款、第3款原規定於舊法之第54條，係針對不服從交通勤務警察指揮或稽查，以及不遵守道路交通標誌、標線、號誌之指示，而本章各條無處罰規定者，處以罰鍰之規定。1975年道交條例修正全文時，將原來之第54條移列第60條，另爲使公路或警察機關依道交條例第5條規定所發布之命令得以貫徹執行，增列第2款、第4款之規定。於1997年修正時增訂第1項，規定：「汽車駕駛人，駕駛汽車有違反本條例之行爲，經交通勤務警察或依法令執行交通稽查任務人員制止時，不聽制止或拒絕停車接受稽查而逃逸者，除按各該條所規定之罰鍰處罰外，並依第六十三條規定記點。」其增訂之立法理由謂：「對於不服執法人員之交通指揮或稽查者，依本條第二項第一款之規定處以較輕之罰鍰，係爲建立交通執法者之權威性。惟少數違規被稽查取締者，不聽從執法者之制止而加速逃逸，顯然惡行較重，實有必要於追蹤取締或予逕行舉發後，按第六十三條規定予以記點爰增列第一項，俾有效遏阻。」其後於2001年修正時，將記點改爲罰鍰，其修正理由謂：「爲遏阻不聽制止或拒絕停車接受稽查而逃逸者，爰將原第一項記點之規定修正爲罰鍰。」於2018年修正時，除提高罰鍰金額之外，並增加吊扣駕駛執照之處分，同時增訂五年內違反二次以上者之加重罰則。2023年修正時，則增訂第3項。

由上述立法沿革可知，汽車駕駛人駕駛汽車在道路上固然有遵守道路交通標誌、標線、號誌之指示、公路或警察機關依道交條例第5條規定發布之命令，並服從交通勤務警察或依法令執行交通指揮、稽查任務人員之指揮或稽查之義務。如有違反，除法律另有規定外，得依本條之規定處罰。其經交通勤務警察或交通稽查人員發覺而予以攔查時，本負有須依道交條例第4條第2項規定服從其指揮的義務，否則交通勤務警察或交通稽查人員，可依第7條之2第1項第4款規定，就該違規行爲逕行舉發，且基於駕駛人違規後，若有經執法人員制止後不聽制止，或不服指揮稽查而加速逃逸者，爲有效遏阻惡性輕重不同之情事，得分別適用道交條例第60條第1項、第2項規定予以處罰，藉此建立交通執法之權威性[360]。

---

359 臺灣新北地方法院107年度交字第710號行政訴訟判決、100年度交聲字第3164號交通事件裁定、99年度交聲字第934號交通事件裁定、98年度交聲字第4346號交通事件裁定。

360 高雄高等行政法院110年度交上字第21號判決、臺灣嘉義地方法院110年度交更一字第1號行政訴訟判決。

貳、內容解析

一、有關第1項之規定

本條第1項前段規定汽車駕駛人駕駛汽車有違反道交條例之行爲，經交通勤務警察或依法令執行交通稽查任務人員制止時，不聽制止或拒絕停車接受稽查而逃逸者，除按各該條規定處罰之外，另處新臺幣1萬元以上3萬元以下罰鍰，並吊扣其駕駛執照六個月。可見本項之處罰必須汽車駕駛人先前已有其他違反道交條例之行爲，若僅單純不服從交通勤務警察指揮稽查的情形，即不符合第1項之要件，而爲是否符合本條第2項第1款「不服從交通勤務警察或依法令執行交通指揮、稽查任務人員之指揮或稽查」之問題。然而，此一規定並非處罰原本的違規行爲，而是處罰不聽制止和拒絕停車接受稽查而逃逸之行爲，應予辨明。

其次，本條第1項之適用，須以執行交通勤務警察確有制止行爲，且客觀上已足使駕駛人知悉，而駕駛人仍不聽制止或拒絕停車接受稽查而逃逸，始該當於構成要件。駕駛人若於違規行爲持續中或甫完成時，接受警察之制止及攔停，僅係拒絕出示證照或表明身分時，而在警察未另制止其離去之情形下駛離，乃係是否構成本條第2項第1款不服從交通勤務警察之指揮或稽查之情形[361]。

再者，本條第1項之「拒絕停車接受稽查而逃逸」，並非以不服從稽查即該當，尚須有「拒絕停車」及「逃逸」，導致人、車均離開現場而增加稽查障礙之情形，方可適用[362]。換言之，除須前有違反道交條例之行爲外，並須有不聽從制止，或拒絕停車接受稽查而逃逸之行爲，方足當之。若雖前有違反道交條例之行爲，但有自行停止違規行爲，或有停車但不服從稽查者，應不在本條第1項處罰範圍內，而屬是否論以較輕之第2項第1款規定問題[363]。

故本條第1項處罰規定之成立要件爲：（一）有違反道交條例之行爲；（二）經執行交通勤務之警察等公務員制止；（三）不聽制止或拒絕停車接受稽查而逃逸。至於本條第3項有關無照駕駛拒絕稽查逃逸因已另有規定，應依該項規定，而不適用本項規定。

（一）有違反道交條例之行為

按照本項規定之文義，依本項規定之處罰，須有違反道交條例之行爲始可。如果只是被認爲有違反道交條例行爲之虞，尚不符合本項之要件。因爲有無違反道交條例

---

361 臺灣屏東地方法院98年度交聲字第115號交通事件裁定。

362 高雄高等行政法院110年度交上字第21號判決、臺灣嘉義地方法院110年度交更一字第1號行政訴訟判決。

363 臺北高等行政法院109年交上字第97號判決。

之行爲，有時必須攔停查明之後，始能確認，例如有無酒駕、是否無照駕駛、有無超載等。儘管有些情形可能會使警察產生駕駛人有違規之合理懷疑，但只要不能確認其有違反道交條例之行爲，就不是本項所稱之「有違反本條例之行爲」，仍有攔停查明之必要。

（二）經執行交通勤務之警察等公務員制止

本項要件須客觀上有執行交通勤務之警察等公務員之制止行爲，才符合處罰之要件。如駕駛人有違反道交條例之行爲，例如違規闖紅燈，警察僅將違規車輛之車牌號碼記下，並未制止違規車輛，自難認爲駕駛人有何違反行經有燈光管制之交岔路口闖紅燈，經交通勤務警察制止時，不聽制止或拒絕停車接受稽查而逃逸之違規行爲，不得以駕駛人違反道交條例第60條第1項前段規定裁罰[364]。

所謂「制止」，係指於駕駛人有違規行爲時執法人員有加以限制阻止，或勸誡其應中止違規行爲而言。其與「攔停（或攔查）」有別，後者係指將行進中之車輛加以攔阻，使其停止行進，或攔阻停止中之車輛，使其不得移動。其目的係爲了稽查人、車之身分、資料或調查違法事實，而非如「制止」之用以限制阻止行爲人之違法行爲。二者不論目的或內涵均有明顯不同，不可不察。

事實上，司法實務有不少判決於適用本條項時，漏未審查「經交通勤務警察或依法令執行交通稽查任務人員制止時」之要件[365]。

（三）不聽制止或拒絕停車接受稽查而逃逸

本條第1項之處罰，尙須駕駛人有不聽制止或拒絕停車接受稽查而逃逸之行爲。所謂「不聽制止或拒絕停車接受稽查而逃逸」，係指行爲人主觀上對交通勤務警察或依法令執行交通稽查任務人員制止已有認識，且有逃逸之故意，並在客觀上有不聽制止或拒絕停車而離開之行爲而言[366]。

所謂「不聽制止」，係指駕駛人「實施違規行爲中」，不聽執法人員制止仍繼續違規之情形。例如駕駛人不理警察制止，執意於禁止載客區搭載乘客，又將車輛逕

---

364 臺灣臺北地方法院108年度交字第402號判決、臺灣桃園地方法院97年度交聲字第128號交通事件裁定。

365 臺灣新北地方法院112年度交字第24號行政訴訟判決。除此之外，另有判決謂：申訴之車輛未依規左轉警方見其有違規之行爲，遂「以警哨、手勢攔停」，但該名駕駛人見警攔查，竟立刻迴轉，此舉已違反道路交通管理處罰條例第60條第1項「違反處罰條例之行爲，拒絕停車接受稽查而逃逸」之規定（臺灣臺中地方法院107年度交字第372號行政訴訟判決）。有謂：駕駛人因有闖紅燈之違規行爲，經警察「攔停」，惟其並無停車之意思而加速逃離現場規避員警之稽查，而有「違反處罰條例之行爲，拒絕停車接受稽查而逃逸」（適用本項漏未審查「經……制止時」之要件）之違規行爲（臺灣新北地方法院110年度交字第394號行政訴訟判決）。

366 臺灣新北地方法院103年度交字第36號行政訴訟判決。

自駛離之行為，即構成本項「不聽制止」之構成要件[367]。反之，駕駛人於警察對其違規停車之汽車舉發開單時，立刻上車駛離現場，因違規停車行為已中止，不該當本項「不聽制止」要件[368]。所謂「制止」，並不限於執法人員使用強硬語氣為必要，即使執法人員以柔和方式對違規駕駛人明示其行為違反處罰條例之規定，勸誡其應中止行為，亦屬制止之態樣，駕駛人如不聽從，繼續實施違規行為，亦屬「不聽制止[369]」。

較有疑問者，是條文所稱「不聽制止或拒絕停車接受稽查而逃逸」，在解釋上，究應理解為「不聽制止」或「拒絕停車接受稽查而逃逸」，還是應理解為「不聽制止而逃逸」或「拒絕停車接受稽查而逃逸」。亦即本項可區分「不聽制止」與「拒絕停車接受稽查」二種情形，後者須有逃逸之情形，殆無疑義，但前者是否尚須「逃逸」，始該當本項之要件，不無疑義。關於此一問題，司法實務存在相互對立之見解。肯定見解認為道交條例第60條第1項可區分「不聽制止而逃逸」和「拒絕停車接受稽查而逃逸」二種情形，而所謂「不聽制止而逃逸」者，係指實施違規行為中，不聽執法人員制止仍繼續違規並逃逸之情形[370]。否定見解認為道交條例第60條第1項可分為「不聽制止」和「拒絕停車而逃逸」二種類型。前者只要對違規駕駛人明示其行為違反處罰條例之規定，勸誡其應中止行為，即屬制止，駕駛人如不聽從，繼續實施違規行為，即構成該項前段規定之處罰要件，至於駕駛人違規後有無逃逸，要非所問[371]。另有判決雖未明示不需有「逃逸」之情形，但間接表示相同之意思，謂「汽車駕駛人駕駛汽車有交通違規行為，經執法之警察或其他人員制止時，不聽制止，即構成該項前段之處罰要件，至於逃逸則屬後段處罰之構成要件[372]」。

所謂「拒絕停車接受稽查而逃逸」者，則係指經稽查取締，卻「拒絕停車」接受稽查而逃逸，且行為人對於該違規行為主觀上皆必須具有可非難性及可歸責性[373]。亦即須經執法人員稽查而具「拒絕停車接受稽查」並「逃逸」之行為樣態。實務上有判

367 臺灣臺中地方法院108年度交字第136號行政訴訟判決。

368 臺灣臺中地方法院110年度交字第159號行政訴訟判決。

369 高雄高等行政法院110年度交上字第21號判決、臺灣嘉義地方法院110年度交更一字第1號行政訴訟判決、臺灣高雄地方法院110年度交字第407號行政訴訟判決、臺灣臺中地方法院110年度交字第547號行政訴訟判決、臺灣橋頭地方法院110年度交字第212號行政訴訟判決、臺灣臺中地方法院110年度交字第159號行政訴訟判決。

370 臺灣高雄地方法院110年度交字第407號行政訴訟判決、臺灣臺中地方法院110年度交字第547號行政訴訟判決、臺灣橋頭地方法院110年度交字第212號行政訴訟判決、臺灣臺中地方法院110年度交字第159號行政訴訟判決、臺灣臺中地方法院108年度交字第136號行政訴訟判決。

371 高雄高等行政法院110年度交上字第21號判決、臺灣嘉義地方法院110年度交更一字第1號行政訴訟判決。

372 臺中高等行政法院108年度交上字第102號判決。

373 臺灣高雄地方法院110年度交字第407號行政訴訟判決、臺灣臺中地方法院110年度交字第547號行政訴訟判決、臺灣橋頭地方法院110年度交字第212號行政訴訟判決、臺灣臺中地方法院110年度交字第159號行政訴訟判決。

決認爲應包括「經警攔停時拒絕停車而直接逃逸」之積極態樣及「停車受檢後，消極不配合出示證件，或不提供可查知行爲人確實身分之文件或資料而離去現場」之消極態樣，始合乎本項之立法本旨[374]。

所謂「逃逸」，係指逃離案發現場而逸走之行爲。駕駛人（行爲人）主觀上應有逃逸之意思，客觀上有逃離案發現場而逸走之行爲，始足當之[375]。並非僅以不服從稽查爲已足，仍須有「拒絕停車」和「逃逸」的態樣，導致人、車均離開現場而增加稽查障礙之情形。

因於稽查程序時，倘人、車均逃逸，將致執法人員無法記明車輛牌照號碼、車型等可資辨明資料，而有礙於舉發之進行，甚且違規行爲人拒絕停車而逃逸過程，並有增加在場執法人員因追逐而受傷等風險。故倘汽車駕駛人於警察對其執行交通稽查之初雖曾在場，但不服從稽查，未待警察執行稽查程序完畢，逕自駕車駛離，實務上亦有判決認爲屬於拒絕停車接受稽查而逃逸之行爲樣態[376]。

反之，雖有不服從稽查，但有停車，並於稽查程序完成之後始行離去，則非屬拒絕停車接受稽查而逃逸，而係屬是否該當本條第2項第1款規定之問題[377]。

所謂「不服稽查」，內政部警政署曾有函釋謂：「交通違規不服稽查取締係指經攔停稽查而有下列情事之一者：（一）拒絕查驗駕照、行照或其他足資稽查之文件者；（二）拒絕停靠路邊接受稽查者；（三）以消極行爲不服稽查者；（四）經以警報器、喊話器呼叫靠邊停車而不靠邊停車稽查取締而逃逸者[378]。」可見道交條例第60條第1項規定之處罰要件非僅著重於「逃逸」之行爲，尚需合致其前提要件即「拒絕停車接受稽查」之要件，方得成立本項之處罰規定[379]。

若駕駛人未配合員警稽查而出示證件，但人仍停留於攔停處，若執勤警察同意其離開，或已執行稽查程序完畢，此時駕駛人離開現場，並非拒絕停車而逃逸。換言之，所謂的拒絕停車而逃逸必須是經舉發人表明停車而不停車離開或是停車後而離開。對於駕駛人之稽查程序業已完成，此時駕駛人離開，並非道交條例第60條第1項之情形[380]。

本項後段規定，汽車駕駛人於五年內違反本項規定二次以上者，處新臺幣3萬元

374 臺灣高等法院高雄分院101年度交抗字第188號刑事裁定。
375 臺北高等行政法院110年度交上字第178號行政訴訟判決。
376 臺灣基隆地方法院111年度交字第99號行政訴訟判決、110年度交字第121號行政訴訟判決、臺灣臺北地方法院109年度交字第620號行政訴訟判決。
377 臺灣嘉義地方法院110年度交更一字第1號行政訴訟判決、臺北高等行政法院109年交上字第97號判決、臺灣屏東地方法院98年度交聲字第115號交通事件裁定。
378 參照內政部警政署70年7月13日警署交字第19418號函。
379 臺灣桃園地方法院109年度交字第141號行政訴訟判決。
380 臺灣嘉義地方法院110年度交更一字第1號行政訴訟判決。

罰鍰，並吊扣其駕駛執照一年。亦即對於汽車駕駛人於五年內違反本項規定二次以上，予以加重處罰。其加重處罰之理由，似乎可認爲是因爲違規之駕駛人雖之前曾因相同之行爲被科處罰鍰，吊扣駕駛執照六個月，但仍未能記取教訓而重複違反，故比起初次違反之人理應受到更強的非難而有較重的責任[381]。

二、有關第2項之規定

本條第2項之處罰規定，計有四款，即：「汽車駕駛人駕駛汽車有下列情形之一，而本章各條無處罰之規定者，處新臺幣九百元以上一千八百元以下罰鍰：一、不服從交通勤務警察或依法令執行交通指揮、稽查任務人員之指揮或稽查。二、不遵守公路或警察機關，依第五條規定所發布命令。三、不遵守道路交通標誌、標線、號誌之指示。四、計程車之停車上客，不遵守主管機關之規定。」茲分述如下：

（一）不服從交通勤務警察或依法令執行交通指揮、稽查任務人員之指揮或稽查

本款是對於不服從執行交通勤務之警察等公務員之指揮或稽查的一般性處罰規定，如果本章其他條文另有特別之處罰規定，則應適用該特別規定，而排斥本款之適用。例如道交條例第35條第4項第1款、第2款不依指示停車接受稽查或拒絕酒測者，處18萬元罰鍰並當場移置保管汽車及吊銷駕照、道交條例第29條之2第4項汽車裝載貨物行經設有地磅處所五公里內路段，不服從交通勤務警察或依法令執行交通稽查任務人員之指揮過磅者，處9萬元罰鍰，並得強制其過磅等情形，應依各該規定處罰，不適用本款規定。這些是本章另有處罰規定之情形。

如有本條第3項之情形，自應依第3項之規定處罰，但是若未滿足拒絕稽查逃逸之條件，而只是無照駕駛不服從指揮或不服從稽查時，則非屬本條第3項之情形，而應適用本款之規定。又，於行經告示執行酒測當場不服從停車指示或酒測等（道交條例第35條第4項第1款、第2款）以外之指揮或稽查，例如拒絕提供駕行照、停車後不依指示開到路旁等情形，因屬本條第2項所稱本章各條無處罰規定，且符合本款不服從指揮或稽查之情形，而應適用本款之規定處罰之。

---

381 參照川端博，刑法總論講義，2008年2版，東京：成文堂，第677頁；団藤重光，刑法綱要總論，東京：創文社，2000年3版，第531-532頁。本項後段加重處罰規定之要件，與刑法累犯之規定有幾分相似，但於行政罰法並無相類似之加重處罰規定。如借用刑法之類似規範與法理，有關累犯加重刑罰之理由，有二種互相對立的見解：1.有認爲是因爲犯人雖曾被科處刑罰，但仍未能記取教訓而重複犯罪，故在這一點上，比起初犯的人應受到更強的非難而責任較重（川端博，刑法總論講義，東京：成文堂，2008年2版，第677頁；団藤重光，刑法綱要總論，東京：創文社，2000年3版，第531-532頁）；2.有認爲是因爲其責任比起初犯的人重，而且其性格及人格特別危險〔佐伯千仞，刑法講義（總論），1974年改訂版，第417頁；大塚仁，刑法概（總論），2005年3版增補版，第518頁〕。

此外，汽車駕駛人不服從交通勤務警察或依法令執行交通稽查任務人員依道交條例第85條之2第1項規定之禁止通行、禁止駕駛或禁止行駛，例如對於超載之汽車禁止通行（道交條例第29條），若無個別之處罰規定，且符合本款不服從指揮或稽查之情形時，亦得適用本款之處罰規定。

（二）不遵守公路或警察機關，依第5條規定所發布命令

道交條例第5條規定，公路或警察機關爲維護道路交通安全與暢通，於必要時得就下列事項發布命令：1.指定某線道路或某線道路區段禁止或限制車輛、行人通行，或禁止穿越道路，或禁止停車及臨時停車；2.劃定行人徒步區。汽車駕駛人若不遵守公路或警察機關依上述規定所發布之命令，即得依本款規定處罰之。

（三）不遵守道路交通標誌、標線、號誌之指示

汽車駕駛人駕駛汽車不遵守道路交通標誌、標線、號誌之指示，其相關之罰則於道交條例大多設有個別之規定。故本款規定是具有補充性質的概括規定，已有個別的處罰規定者，應依各該個別處罰規定，不適用本款處罰規定。

（四）計程車之停車上客，不遵守主管機關之規定

道路交通安全規則第78條第4款規定：「計程車在設有停車上客處標誌之路段，應在指定之上客處搭載乘客，不得沿途攬載。」依上述規定之反面解釋，計程車在未設有停車上客處標誌之路段，即得沿途攬載乘客。但如設有停車上客處標誌之路段，則應在指定之上客處搭載乘客，不得沿途攬載。如違反上述規定，即屬本款不遵守主管機關有關計程車停車上客之規定。

三、有關第3項之規定

本項爲2023年新增之規定，即：「汽車駕駛人有第二十一條第一項第一款至第五款或第二十一條之一第一項規定之情形，且經交通勤務警察或依法令執行交通稽查任務人員制止時，不聽制止或拒絕停車接受稽查而逃逸者，處新臺幣一萬五千元以上四萬五千元以下罰鍰。」

道交條例第21條第1項第1款至第5款規定：「汽車駕駛人有下列情形之一者，處新臺幣六千元以上二萬四千元以下罰鍰，並當場禁止其駕駛：一、未領有駕駛執照駕駛小型車或機車。二、領有機車駕駛執照，駕駛小型車。三、使用偽造、變造或矇領之駕駛執照駕駛小型車或機車。四、駕駛執照業經吊銷、註銷仍駕駛小型車或機車。五、駕駛執照吊扣期間駕駛小型車或機車。」第21條之1第1項規定：「汽車駕駛人駕駛聯結車、大客車或大貨車有下列情形之一者，汽車所有人及駕駛人各處新臺幣四

萬元以上八萬元以下罰鍰，並當場禁止其駕駛：一、未領有駕駛執照駕車。二、領有機車駕駛執照駕車。三、領有小型車駕駛執照駕車。四、領有大貨車駕駛執照，駕駛大客車、聯結車或持大客車駕駛執照，駕駛聯結車。五、駕駛執照業經吊銷、註銷仍駕車。六、使用僞造、變造或矇領之駕駛執照駕車。七、駕駛執照吊扣期間駕車。」汽車駕駛人如違反上述規定，且有本項「經交通勤務警察或依法令執行交通稽查任務人員制止時，不聽制止或拒絕停車接受稽查而逃逸」之情形，即具備本項要件，得依本項規定處罰之。

駕駛人具備本項要件，除依本項處罰之外，無照駕駛部分，即道交條例第21條第1項第1款至第5款及第21條之1第1項各款之違反部分，是否需另外處罰？亦即本項與上述條文間是處於何種競合關係？不無疑問。

從本項所規定之要件來看，似乎已包括道交條例第21條第1項第1款至第5款或第21條之1第1項各款之情形。因此，似乎可將本項規定與上述規定之各款間視爲法條競合之關係。亦即同時滿足本項之要件及道交條例第21條第1項第1款至第5款或第21條之1第1項各款之一要件時，只需適用本項之規定加以處罰即可，無需另外對該當道交條例第21條第1項第1款至第5款或第21條之1第1項各款之一行爲，依各該規定處罰之。然而，如此解釋，於汽車駕駛人有第21條之1第1項規定之情形時，並不合理，詳如後述（參、二）。

至於無照駕駛之汽車駕駛人倘先有違反道交條例之行爲，例如闖紅燈，經交通勤務警察或依法令執行交通稽查任務人員制止時，不聽制止或拒絕停車接受稽查而逃逸者，該等行爲係同時構成違反第53條第1項及本條第3項之規定，得處以第53條第1項之罰鍰及本條第3項之罰鍰。

參、綜論

一、「制止」與「攔停」

駕駛人有無違反道交條例之行爲，有時必須攔停查明之後始能確認，於確認違規之前無法逕予制止。例如前述有無酒駕、是否無照駕駛、有無超載等，未必於行駛中警察一眼就能確知，既然不能確知，如何爲必要之制止？此外，即使已然確認有違規行爲，有些違反道交條例之行爲並不具有持續性，例如闖紅燈、違規左轉等只是一瞬間的事情，於闖紅燈、違規左轉到路口中間，若予以制止將有阻礙路口交通之虞，並不適宜於違規行爲進行當中的路口予以制止，於通過路口之後，違規行爲因已成爲過去而無再予制止之必要。若無制止之行爲，即不符合本項「制止時，……」之要件，如此，於此等情形下，就不會有本項「不聽制止」之情形。實務上即有判決認爲在員警上前攔停時該違規行爲業已完成，違規行爲既然已經完成，員警自然無從制止，則其情節不該當道交條例第60條第1項「不聽制止而仍繼續違規」[382]。即使拒絕停車接受稽查而逃逸，也將因駕駛人非於執行交通勤務警察等公務員制止時拒絕停車接受稽查而逃逸，而應理解爲不符合本項之要件，不適用本項之處罰規定。

二、本條第3項與第21條第1項、第21條之1第1項之關係

如前所述，從本條第3項所規定之要件來看，似乎已包括道交條例第21條第1項第1款至第5款或第21條之1第1項各款之情形。因此，似乎可將本項規定與上述規定之各款間視爲法條競合之關係，只需適用本項之規定加以處罰即可，無需另外對該當道交條例第21條第1項第1款至第5款或第21條之1第1項各款之一行爲，依各該規定處罰之。

又，道交條例第21條第1項第1款至第5款之情形，如不另外處罰較無問題，因本項之法定罰則，是處新臺幣1萬5,000元以上4萬5,000元以下罰鍰，比道交條例第21條第1項第1款至第5款之罰則重（道交條例第21條第1項第1款至第5款之罰則是處新臺幣6,000元以上2萬4,000元以下罰鍰）。如此，本項之罰則，在解釋上，或許尚可包含第21條第1項第1款至第5款之不法內涵。且對照本條第1項和第3項規定之文理，前者明文規定「除按各該條規定處罰外，處……」，後者則無。亦即前者是明文規定專罰不聽制止或拒絕停車接受稽查而逃逸者，後者則無此明文。依「規定其一，排除其餘」之法理，亦應理解爲立法者對於後者，除依本項規定處罰之外，無另外按各該條規定處罰之意思。

但與上述情形相同之道交條例第21條之1第1項各款情形，若不另外處罰，則並不合理。因第21條之1第1項之罰則係處4萬元以上8萬元以下罰鍰，比本項之罰則重。同時符合本項及第21條之1第1項各款情形之一，若不分別處罰，則無異於違反第21條之1第1項各款情形之一，同時又該當本項之要件者，反而可以依本項規定處較輕之1萬5,000元以上4萬5,000元以下罰鍰。若分別處罰，則第21條之1第1項之情形，似乎有違反一事不二罰原則之疑慮，而有陷入兩難之困境。此似乎已非法律解釋的問題，而是立法上所要解決的問題。未來修法時，似乎應作整體性考慮，使本項及其相關規定更加公平、合理。

---

382 高雄高等行政法院110年度交上字第21號判決、臺灣嘉義地方法院110年度交更一字第1號行政訴訟判決。

第 61 條（駕車犯罪之處罰）

汽車駕駛人，駕駛汽車有下列情形之一者，吊銷其駕駛執照：

一、利用汽車犯罪，經判決有期徒刑以上之刑確定。

二、抗拒執行交通勤務之警察或依法令執行交通稽查人員之稽查或有第六十條第一項之情形，因而引起傷害或死亡。

三、撞傷正在執行勤務中之警察或依法令執行指揮交通及交通稽查任務人員。

四、違反道路交通安全規則、第三十三條之管制規則，因而肇事致人死亡。

汽車駕駛人，駕駛汽車有前項第二款、第三款情形之一者，並處新臺幣九萬元以上十五萬元以下罰鍰；汽車駕駛人於五年內違反前項第二款、第三款規定二次以上者，並處新臺幣十五萬元罰鍰。

汽車駕駛人，駕駛汽車違反道路交通安全規則、第三十三條之管制規則，致人重傷者，吊扣其駕駛執照三個月至六個月。

汽車駕駛人駕駛大客車、大貨車、聯結車或重量逾三點五公噸之動力機械，而有前項應受吊扣駕駛執照情形時，吊銷其駕駛執照。

第一項第一款情形，在判決確定前，得視情形暫扣其駕駛執照，禁止其駕駛。

壹、導言

由於在以往事例中，機車駕駛人常駕駛機車搶劫道路上行路婦女之手提包飛馳而去，或汽車駕駛人駕駛汽車以爲殺人之工具，駕車衝撞致人於死傷，並殃及無辜，亦有利用汽車撞傷正在執行指揮勤務中之交通警察，更有違規駕駛人對於稽查人員之取締以暴力抗拒，或以汽車撞傷，或以汽車拖曳成傷。至不遵道路交通安全規則，肇車致人於傷亡，更係常見之事，此種行爲，或係故意，或係過失，除應依法處刑之外，在行政方面應予以從重處罰，吊銷其駕駛執照，並視情形禁止重新考領，或限制其考領期間，以提高駕駛人之戒心，防止利用汽車犯罪，減少人命傷亡，而重交通安全[383]。乃於1968年制定道交條例時，於第55條規定：「汽車駕駛人有左列情形之一者，吊銷其駕駛執照：一、利用汽車犯罪，經判決有期徒刑以上之刑確定者。二、抗拒執行交通勤務之警察，或依法令執行交通稽查人員之取締，因而引起傷害者。三、撞傷正執行指揮勤務中之交通警察者。四、違反道路交通安全規則，因而肇事致人於傷亡者（第1項）。依前項第一款吊銷其駕駛執照者，不得重新考領；依第二款至第四款吊銷駕駛執照者，三年內不得重新考領（第2項）。」其後經多次修正而成現行第61條之條文。

383 第一屆立法院議案關係文書院總第756號（政府提案第838號），第19頁。

其中有關重新考領之相關規定，因已於道交條例第67條統一規定，故本條有關重新考領之規定即予刪除。

另有關違反道路交通安全規則，因而肇事致人於傷亡之情形，因有致死、致重傷、致輕傷等各種不同之傷亡程度，若一律處以吊銷駕駛執照，與比例原則有違。且此規定亦未考量吊銷駕駛執照之處罰對於職業駕駛人工作權之影響，而嚴重影響職業汽車駕駛人之生計。故依傷亡程度之不同，而異其處罰。即因而肇事致人死亡者，吊銷其駕駛執照；致人重傷者，吊扣其駕駛執照三個月至六個月；致人輕傷者，則不在吊扣之列。

貳、內容解析

本條第1項規定：「汽車駕駛人，駕駛汽車有下列情形之一，應吊銷其駕駛執照：一、利用汽車犯罪，經判決有期徒刑以上之刑確定。二、抗拒執行交通勤務之警察或依法令執行交通稽查人員之稽查或有第六十條第一項之情形，因而引起傷害或死亡。三、撞傷正在執行勤務中之警察或依法令執行指揮交通及交通稽查任務人員。四、違反道路交通安全規則、第三十三條之管制規則，因而肇事致人死亡。」駕駛執照是對於一般性的禁止駕駛車輛予以解除禁止所核發之許可憑證，而吊銷駕駛執照則是為了預防未來道路交通危險之行政目的所為之「行政處分」。具體而言，是對於合法持有駕駛執照之人因公益上之必要廢止其所持有之駕駛執照，使其駕駛許可向將來失去效力，性質上是一種「許可處分之廢止」，屬裁罰性之不利處分。又汽車駕駛人只要駕駛汽車，滿足上述四款情形之一，交通主管機關即應吊銷其駕駛執照，並無裁量之餘地。

關於本條第1項所規定應吊銷駕駛執照之情形，計有四種情形，茲分述如下：

一、利用汽車犯罪經判決有期徒刑以上之刑確定

利用汽車犯罪，例如以汽車為殺人或傷人之工具，駕駛汽車故意撞死或撞傷人即是。其次，本款稱「利用」汽車犯罪，亦即須有利用汽車來犯罪之意思，可知本款所稱之犯罪應以故意犯為限。因過失而構成犯罪，例如駕駛汽車過失致人於死或受傷，雖構成刑法上過失致死、致傷罪，經判決有期徒刑以上之刑確定，亦不符合本款之條件。

本款僅規定「利用汽車犯罪，經判決有期徒刑以上之刑確定」，並無經宣告緩刑確定者，得免予吊銷駕駛執照之規定。因此，在解釋上，有判決認為即使經判決有期徒刑以上之刑，但宣告緩刑確定，亦應依本項規定吊銷駕駛執照[384]。不過，依刑法第

384 臺灣屏東地方法院104年度審交訴字第73號刑事判決、臺灣新北地方法院112年度交字第100號行政訴訟判決，均採此見解。

76條本文規定：「緩刑期滿，而緩刑之宣告未經撤銷者，其刑之宣告失其效力。」亦即縱使經判決有期徒刑以上之刑確定，若該判決同時宣告緩刑，且嗣後緩刑期滿，而緩刑之宣告未經撤銷，則其刑之宣告即失其效力，吊銷駕駛執照之處分將失所依據。至於利用汽車犯罪，經判決拘役或罰金刑者，則不在此限。此外，利用汽車犯罪，在判決確定前，得視情形暫扣其駕駛執照，禁止其駕駛（本條第5項）。

關於利用汽車犯罪之地點，本款並未限定是否在道路上，亦即如果是在不適用道交條例的地方利用汽車犯罪時，有無本款之適用？如果以汽車本來的使用方法來犯罪，即使其犯罪的地點不是在道路上，也因爲其將來在道路上利用汽車來犯罪的危險性並沒有因爲是在道路上而有所改變，所以在解釋上，似乎可以理解爲也包括在不適用道交條例的地方。不過，如果不是以汽車本來的使用方法來犯罪，而只是以汽車爲交通工具前往某處犯罪，則非屬本款之情形。

二、抗拒稽查或有第60條第1項之情形因而引起傷害或死亡

符合本款之情形，除了應吊銷其駕駛執照之外，尚須依本條第2項之規定，處新臺幣9萬元以上15萬元以下罰鍰。汽車駕駛人於五年內違反本款規定二次以上者，並處新臺幣15萬元罰鍰。

本款無論行爲人係「抗拒稽查」或有第60條第1項「不聽制止或拒絕停車接受稽查而逃逸」，本質上都是對於依法執行之交通稽查或制止行爲消極逃避或積極抵制[385]。其因而引起傷害或死亡時，不但違反本款規定，且可能同時構成刑法之犯罪行爲。又，因本款行爲而受到傷害或死亡之人並不以執行交通勤務之警察或依法令執行交通稽查人員爲限，即使是其他之用路人，亦足當之。

其次，依行政罰法第26條第1項規定：「一行爲同時觸犯刑事法律及違反行政法上義務規定者，依刑事法律處罰之。但其行爲應處以其他種類行政罰或得沒入之物而未經法院宣告沒收者，亦得裁處之。」以及第2項規定：「前項行爲如經不起訴處分、緩起訴處分確定或爲無罪、免訴、不受理、不付審理、不付保護處分、免刑、緩刑之裁判確定者，得依違反行政法上義務規定裁處之。」對於違反本款規定之吊銷駕駛執照部分，並不因刑事犯罪部分之處分或判決而受影響[386]。

三、撞傷正在執行勤務中之警察或依法令執行指揮交通及交通稽查任務人員

本款處罰規定，只需駕駛人駕駛汽車撞傷正在執行交通勤務中之警察或依法令執

385 臺灣臺中地方法院107年度交字第420號行政訴訟判決。
386 臺灣臺中地方法院104年度交字第95號行政訴訟判決。

行指揮交通及交通稽查任務人員即爲已足。無論重傷或輕微傷害均應包括在內，且非僅以故意爲其處罰要件，過失亦屬當之[387]。

再者，本款僅適用於撞傷正在執行勤務中之警察或依法令執行指揮交通及交通稽查任務人員之違規情形，而本條第3項適用於違反道路交通安全規則及第33條之管制規則因而肇事致人受傷之情形，其適用範圍較爲廣泛。且就處罰效果而言，撞傷正在執行交通勤務中之警察或依法令執行指揮交通及交通稽查任務人員，除吊銷駕駛執照之外，尚須處罰鍰新臺幣9萬至15萬元（本條第2項前段）；肇事致一般用路人受重傷者，吊扣駕駛執照三個月至六個月。顯見立法者有意將撞傷正在執行交通勤務中之警察或依法令執行指揮交通及交通稽查任務人員之違規情節予以特別規範，並給予不同輕重之處罰。其立法意旨乃爲保障執行交通勤務人員之安全，故令汽車駕駛人負特別之注意義務。汽車駕駛人若於五年內違反本款規定二次以上，並須處新臺幣15萬元罰鍰（本條第2項後段）。

四、違反道路交通安全規則、第33條之管制規則因而肇事致人死亡

本款規定汽車駕駛人駕駛汽車，違反道路交通安全規則、第33條之管制規則因而肇事致人死亡，吊銷其駕駛執照。致人受重傷者，吊扣其駕駛執照三個月至六個月（本條第3項）。但若駕駛人駕駛大客車、大貨車、聯結車或重量逾3.5公噸之動力機械，而有上述應受吊扣駕駛執照情形時，則應吊銷其駕駛執照（本條第4項）。

本款規定既課予汽車駕駛人應遵守道路交通安全規則、第33條之管制規則之公法上義務於先，再以其違反義務導致死亡爲其結果要件。由此可見行爲人就其違反道路交通安全規則、第33條之管制規則所規定之義務與被害人死亡之結果間，須具有因果關係，始足當之[388]。

其次，本款違反道路交通安全規則、第33條之管制規則因而肇事致人死亡之規定，行爲人主觀上仍須出於故意或過失。行政罰法第7條第1項規定：「違反行政法上義務之行爲非出於故意或過失者，不予處罰。」故人民駕駛汽車違反法律上之義務而應受行政罰之行爲，雖不以出於故意爲必要，仍須以過失爲其責任條件。蓋現代國家基於「有責任始有處罰」之原則，對於違反行政法上義務之處罰，應以行爲人主觀上有可非難性及可歸責性爲前提，如行爲人主觀上並非出於故意或過失，而係無可非難性及可歸責性，則應不予處罰[389]。

---

387 臺灣臺中地方法院111年度交字第360號行政訴訟判決。
388 臺灣臺中地方法院111年度交字第501號行政訴訟判決。
389 臺灣臺中地方法院102年度交字第15號行政訴訟判決。

參、綜論

關於得爲吊銷駕駛執照之機關，道交條例並無明文規定。依道路交通安全規則第50條第1項規定，汽車駕駛執照爲駕駛汽車之許可憑證，由駕駛人向公路監理機關申請登記，考驗及格後發給之，以及道交條例第65條規定駕駛人經吊銷駕照未繳送者，由公路主管機關逕行註銷，可認爲得爲吊銷駕駛執照之機關爲公路主管機關，警察機關並無此權限。因此，警察於遇有道交條例所規定之應吊銷或吊扣駕駛執照時，只能依違反道路交通管理事件統一裁罰基準及處理細則第16條之規定「暫代保管」駕駛執照。

問題是所謂之「暫代保管」的性質爲何？效力如何？亦即駕駛人之駕駛執照被暫代保管後吊扣或吊銷駕駛執照之處分生效前這段期間得否駕駛車輛？並無明文規定。若從吊銷或吊扣駕駛執照之目的是爲了預防未來道路交通危險的立場來看，則於「暫代保管」期間內允許駕駛人駕駛車輛仍會造成道路交通之危險，而失去「暫代保管」駕駛執照之意義。如此，似乎應認爲於此期間內亦不得駕駛車輛。如果是這樣，則等同於該「暫代保管」之駕駛執照的效力暫時停止，而與吊扣駕駛執照本身實質上沒有不同。

因此，「暫代保管」駕駛執照不能說沒有干預相對人之權利。況且其在事實上也已占有該駕駛執照，而使相對人無法正常使用該駕駛執照。故「暫代保管」之程序理應以法律規定，且須符合正當法律程序，例如應給予相對人陳述意見之機會等。現行以違反道路交通管理事件統一裁罰基準及處理細則規定，恐有違反法律保留原則及正當法律程序之嫌。

第 62 條（肇事後處理不當之處罰）

汽車駕駛人駕駛汽車肇事，無人受傷或死亡而未依規定處置者，處新臺幣一千元以上三千元以下罰鍰；逃逸者，並吊扣其駕駛執照一個月至三個月。

前項之汽車尚能行駛，而不儘速將汽車位置標繪移置路邊，致妨礙交通者，處駕駛人新臺幣六百元以上一千八百元以下罰鍰。

汽車駕駛人駕駛汽車肇事致人受傷或死亡者，應即採取救護措施及依規定處置，並通知警察機關處理，不得任意移動肇事汽車及現場痕跡證據，違反者處新臺幣三千元以上九千元以下罰鍰。但肇事致人受傷案件當事人均同意時，應將肇事汽車標繪後，移置不妨礙交通之處所。

前項駕駛人肇事致人受傷而逃逸者，吊銷其駕駛執照；致人重傷或死亡而逃逸者，吊銷其駕駛執照，並不得再考領。

第一項及前項肇事逃逸案件，經通知汽車所有人到場說明，無故不到場說明，或不提供汽車駕駛人相關資料者，吊扣該汽車牌照一個月至三個月。
肇事車輛機件及車上痕跡證據尚須檢驗、鑑定或查證者，得予暫時扣留處理，其扣留期間不得超過三個月；未經扣留處理之車輛，其駕駛人或所有人不予或不能即時移置，致妨礙交通者，得逕行移置之。
肇事車輛機件損壞，其行駛安全堪虞者，禁止其行駛。

壹、導言

本條課予駕駛人於肇事後應為適當處置之義務，其立法目的一方面是為了防止損害之範圍擴大，另一方面在於保存肇事現場相關證據，俾日後釐清肇事責任歸屬。肇事駕駛人應視現場具體情形，依本條規定為必要處置。於無人傷亡之情形，無論肇事責任誰屬，均有義務停留肇事現場，縱未立刻與對造當事人會晤，亦應採取必要措施，並即向警察機關報告，釐清肇事責任[390]。駕駛人於肇事後，如隨即駕車駛離現場，不僅使肇事責任認定困難，更可能使被害人求償無門。換言之，車輛一旦肇事，隨之可能衍生駕駛人之法律責任，除駕駛人間已經當場自行和解者外，駕駛人應通知警察機關並停留現場，靜待警察到場查驗人別及採證處理[391]。

貳、內容解析

本條是規定有關發生交通事故時所課予相關人員之義務，並對違反義務者科以相應之處罰。關於交通事故發生後，本條所課予關係人之義務，係依有無人員受傷或死亡之不同，分別規定，茲說明如下：

一、汽車肇事無人受傷或死亡

汽車駕駛人駕駛汽車肇事，無人受傷或死亡時，應依規定處置。所謂「肇事」，必須是因為駕駛車輛在公路、街道、巷衖、廣場、騎樓、走廊或其他供公眾通行之地方招致人之傷亡或財物之損害[392]。所謂「依規定處置」，係指依道交條例第92條第5項授權訂定之道路交通事故處理辦法第3條之規定。亦即應為下列處置：（一）事故地點在車道或路肩者，應在適當距離處豎立車輛故障標誌或其他明顯警告設施，事故

390 臺灣臺中地方法院106年度交字第83號行政訴訟判決。
391 臺灣臺南地方法院109年度交字第91號行政訴訟判決。
392 參照交通部道路交通安全督導組58年10月29日交督字第0182號函。

現場排除後應即撤除；（二）發生火災時，應迅予撲救，防止災情擴大，並儘速通知消防機關；（三）通知警察機關，但當事人當場自行和解者，得不通知警察機關。對於上述規定之處置，如有違反者，應處新臺幣1,000元以上3,000元以下罰鍰。如有逃逸之情形，並吊扣其駕駛執照一個月至三個月。

依臺灣高等法院暨所屬法院66年度法律座談會之見解，認為道交條例第62條第1項之立法意旨，在於保護肇事現場以利肇事責任之鑑定，雖該汽車駕駛人並未違反道路交通安全規則，亦無任何過失情事，固不負肇事責任，但其於肇事後，未即時處理，即駛離現場，已足使現場被破壞，有礙肇事責任之鑑定，是故仍應成立該條項之違規行為。意即汽車肇事，駕駛人有無違反交通規則、有無過失，仍須待調查鑑定，並非駕駛人可以自行認定。為保持肇事現場，以利調查鑑定，肇事後駕駛人不得自認無責任後而自行離開現場。

駕駛人肇事後逃逸，應與未依規定處置而「單純駛離現場之行為」有所區別。所謂「逃逸」，應有積極逃避同條第1項前段「依規定處置」義務之主觀上惡意，換言之，「逃逸」係指肇事者除客觀上有駛離之行為外，主觀上尚有故意逃避法定義務及責任之惡意，「逃逸」行為之構成要件，應考量該汽車駕駛人有無逃避法定義務及肇事責任之意圖。汽車駕駛人於肇事後，未經他造當事人同意逕行離開肇事現場，亦未留下聯絡資料、方式，致使他造當事人或有關單位難以尋求賠償、追究責任者，即屬逃逸。至於肇事雙方責任如何、損害是否嚴重、有無下車察看等情，並非所問[393]。

若駕駛人逃逸，經通知汽車所有人到場說明，汽車所有人無故不到場說明，或不提供汽車駕駛人相關資料者，吊扣該汽車牌照一個月至三個月（本條第5項）。

若肇事之車輛尚能行駛，不論責任之歸屬為何，均應先標繪車輛位置及現場痕跡證據後，將車輛移置不妨礙交通之處所。如不儘速將汽車位置標繪移置路邊，致妨礙交通，處駕駛人新臺幣600元以上1,800元以下罰鍰（本條第2項）。換言之，標繪車輛位置及現場痕跡證據後將車輛移置不妨礙交通之處所，為發生道路交通事故而未造成傷亡，且車輛尚能行駛時法規所明定之行政法上義務，不以經當事人均同意為必要。其立法目的在促使輕微肇事之雙方當事人將車輛移置路旁和解，以免妨礙交通，而與後述肇事致人傷亡之情形不同。其次，上述有關車輛位置及現場痕跡證據之標繪，依道路交通事故處理辦法第3條第2項之規定，得採用攝影或錄影等設備記錄。

二、汽車肇事致人受傷或死亡

汽車駕駛人駕駛汽車肇事致人受傷或死亡時，應即採取救護措施及依規定處置，並通知警察機關處理，不得任意移動肇事汽車及現場痕跡證據。依此規定，汽車駕駛

393 臺灣臺北地方法院106年度交更（一）字第2號行政訴訟判決。

人負有如下之義務：（一）採取救護措施；（二）依規定處置；（三）通知警察機關處理；（四）不得任意移動肇事汽車及現場痕跡證據。如有違反，依本條第3項之規定者，處新臺幣3,000元以上9,000元以下罰鍰。所謂「依規定處置」，如前所述，係指依道交條例第92條第5項授權訂定之道路交通事故處理辦法第3條之規定。亦即應爲下列處置：（一）事故地點在車道或路肩者，應在適當距離處豎立車輛故障標誌或其他明顯警告設施，事故現場排除後應即撤除；（二）有人受傷時，應迅予救護，並儘速通知消防機關；（三）發生火災時，應迅予撲救，防止災情擴大，並儘速通知消防機關；（四）不得任意移動肇事車輛及現場痕跡證據，但當事人均同意移置車輛時，應先標繪車輛位置及現場痕跡證據後，將車輛移置不妨礙交通之處所；（五）通知警察機關，並配合必要之調查。即使當事人當場自行和解，亦應通知警察機關，這一點與汽車肇事無人受傷或死亡之情形不同。後者經當事人當場自行和解者，得不通知警察機關。

肇事之駕駛人如有逃逸之情形，依肇事之情況不同而爲不同之處理。如肇事致人受傷而逃逸者，應吊銷其駕駛執照；肇事致人受重傷或死亡而逃逸者，吊銷其駕駛執照，並不得再考領駕駛執照（本條第4項）。

駕駛人肇事致人傷亡，理應迅即採取救護措施，向警察機關報告，以維人命安全，並應依規定樹立適當之警告標誌，以防二次肇事，及配合處理事故之員警，儘速處理排除事故現場，以免妨礙人、車通行。駕駛人如未盡其義務而逃逸，依本條第4項之規定，予以加重處罰。駕駛人駕車肇事將車輛停放現場而自行離去者，亦同。至於駕駛人駕車肇事致人傷亡，將車輛駛離現場，未即時向警察機關報案處理，待事後到他轄，再向他轄警察機關報案，亦屬違反上述應即採取救護或其他必要措施之規定[394]。

本條文之處罰，應以汽車駕駛人知悉肇事之事實爲必要。汽車駕駛人對於肇事事實是否已有認識，應就客觀事實認定之。如駕駛人對於其駕車發生交通事故之事實已有認識，進而決意擅自駛離現場，則屬逃逸之情形。判斷駕駛人有無逃逸之故意，應就客觀事實判斷，如駕駛人對於危險之發生有所認識，明知已發生車禍，或知悉車禍有使人受傷害或死亡之可能，竟未下車察看，仍駕車離去，即可認定有肇事逃逸之犯意，亦即對於駕駛動力交通工具肇事致人死傷之事實，駕駛人已有所認識，並進而決意擅自逃離肇事現場之主觀心態，具有此項故意之犯意，即符合肇事逃逸罪之構成要件。又此項故意之型態，包括「直接故意」與「未必故意」，所謂「直接故意」，係指駕車肇事因而已知悉發生使人受傷害或死亡之結果，如仍決意駕車逃離現場，即係直接故意犯；而「未必故意」，係指駕駛人對於駕車有無肇事不確知，或對於有無使

394 參照交通部85年8月5日交路字第036558號函。

人受傷尚未確知，但因駕車肇事而發生使人傷亡之結果，駕駛人已有所懷疑，且對於所發生之結果為何並不在乎，是否有人員之死傷亦不在意，縱令有人死傷亦無所謂，仍決意駕車逃逸，即為有肇事逃逸之故意[395]。

駕駛人逃逸，經通知汽車所有人到場說明，汽車所有人無故不到場說明，或不提供汽車駕駛人相關資料者，應吊扣該汽車牌照一個月至三個月。

肇事責任歸屬為何，通常必須進一步調查認定，而調查正確性之基礎，即在於肇事現場之完整維護，不容許任意破壞。如肇事車輛機件及車上痕跡證據尚須檢驗、鑑定或查證者，依本條第6項之規定，得予暫時扣留處理，其扣留期間不得超過三個月；未經扣留處理之車輛，其駕駛人或所有人不予或不能即時移置，致妨礙交通者，得逕行移置之。

若肇事車輛之機件已損壞，致其行駛安全堪虞，自不得再行駕駛該肇事車輛，故本條第7項規定此種情形，應禁止其行駛。

其次，依行政罰法第1條規定：「違反行政法上義務而受罰鍰、沒入或其他種類行政罰之處罰時，適用本法。但其他法律有特別規定者，從其規定。」同法第2條規定：「本法所稱其他種類行政罰，指下列裁罰性之不利處分：……二、剝奪或消滅資格、權利之處分：……撤銷或廢止許可或登記、吊銷證照、……或其他剝奪或消滅一定資格或權利之處分。……」同法第26條第1項至第3項又規定：「一行為同時觸犯刑事法律及違反行政法上義務規定者，依刑事法律處罰之。但其行為應處以其他種類行政罰或得沒入之物而未經法院宣告沒收者，亦得裁處之（第1項）。前項行為如經不起訴處分、緩起訴處分確定或為無罪、免訴、不受理、不付審理、不付保護處分、免刑、緩刑之裁判確定者，得依違反行政法上義務規定裁處之（第2項）。第一項行為經緩起訴處分或緩刑宣告確定且經命向公庫或指定之公益團體、地方自治團體、政府機關、政府機構、行政法人、社區或其他符合公益目的之機構或團體，支付一定之金額或提供義務勞務者，其所支付之金額或提供之勞務，應於依前項規定裁處之罰鍰內扣抵之（第3項）。」違反本條之規定，其處罰種類為罰鍰、吊銷或吊扣駕駛執照或汽車牌照、禁止行駛。依上述規定，違反道交條例之規定者，亦適用行政罰法之相關規定。故違反道交條例之行為，如有上述行政罰法第26條之情形，亦得依上述規定裁處及扣抵。

參、綜論

本條的立法目的何在？頗有推敲的餘地。道交條例第1條規定之立法目的是為了

---

395 臺灣高等法院97年度交上訴字第44號判決意旨。

加強道路交通管理，維護交通秩序，確保交通安全的目的而制定道交條例。基此，汽車駕駛人駕駛汽車肇事後所課予肇事駕駛人之義務，理應是爲了達到道交條例之上述立法目的。

本條課予肇事駕駛人之義務爲：一、採取救護措施；二、包括設立警告標誌、起火時滅火、通知消防機關等在內之依規定處置；三、通知警察機關處理；四、不得任意移動肇事汽車及現場痕跡證據；五、不得逃逸。其究竟是爲了達到什麼目的？

採取救護措施、設立警告標誌、起火時滅火、通知消防及警察機關等均有利於交通秩序的恢復，確保交通安全，並不難理解。不得任意移動肇事汽車及現場痕跡證據，主要是爲了釐清肇事責任及事後的責任追究，對於維護交通秩序，確保交通安全應無直接關係，不過對於道路交通管理應有間接關係和助益。

不得逃逸之目的及所謂「逃逸」的定義爲何？例如不得逃逸是爲了讓駕駛人採取防止道路交通危險的措施？還是救護傷患？還是釐清肇事責任？還是爲了其他的目的？還是以上皆是？又如，車留下人離開、人車暫時離開之後返回、留下個人基本資料後人離開、依肇事後之相關規定處置後於警察到場前離開、爲了救護傷患離開現場等，算不算逃逸？在刑事法領域一直是一個爭議不休而長期困擾的問題。實務常以從寬的、複數的或多重的認定，雖然在實務上方便處理，但是在法理上、事理上是否有說服力，則是一個問題。

在道交條例，肇事駕駛人逃逸，就可能無法採取救護傷患、設立警告標誌等應依規定之處置，幾乎可以說是屬於全面性地違反本條規定所課予之義務，而屬嚴重的義務違反，予以加重處罰，應屬合理。

不過，如果駕駛人依肇事後之相關規定處置（包括救護傷患、設立警告標誌、通知警察機關處理等）後於警察到場前離開，是否仍應認定爲逃逸？是否還能評價爲全面性地違反肇事後的義務而屬嚴重的義務違反，予以加重處罰？不無疑問。凡此，既是法律適用上，也是立法上有待克服的問題。

日本道路交通法對於車輛駕駛人發生交通事故時，也課予應採取相關措施之義務，即於第72條規定：「發生交通事故時，肇事車輛的駕駛人和其他乘務人員（以下簡稱駕駛人等）應立即停車，救護傷患，並採取防止道路交通危險之必要措施。此時，如果現場有警察官，則車輛駕駛人等（因駕駛人死亡或受傷而不得已時，由其他乘務人員）應通知該警察官，如現場沒有警察官，則應立即將交通事故發生的日時和地點、該交通事故的傷亡人數、傷者受傷的程度、損壞的財物及其損壞的程度、該交通事故車輛載荷的貨物及針對該交通事故所採取的措施等通知最近的警察分局（包括派出所或駐在所）的警察官（第1項）。依前項後段之規定受理報案之最近的警察分局的警察官認爲有必要救護傷患或防止道路交通危險時，得命該報告的駕駛人於警察官到達現場之前不得離開現場（第2項）。在前二項之情形，現場的警察官爲了救護傷患、防止道路交通危險，或其他謀求交通安全和順暢，得對該車輛駕駛人等爲必要的指示（第3項）。從事緊急車輛、運送傷者或病人的車輛、客車、無軌電車或有軌電車等業務的駕駛人，爲了該業務而需要繼續駕駛該車輛時，不受第一項規定之拘束，得繼續駕駛該車輛，而讓其他乘務人員採取第一項前段規定的措施，或爲同項後段所規定的報告（第4項）。」

有關違反該條規定者，則分別依不同情節加以處罰。即有關違反第1項前段規定，故意未停車、救護傷患、防止道路危險者，若肇事致人死傷係起因於駕駛人自己，依同法第117條第2項規定，處10年以下有期徒刑或100萬日元以下罰金（最重）；若肇事致人死傷非起因於駕駛人自己，依同法第117條第1項規定，處五年以下有期徒刑或50萬日元以下罰金（次重）；若未停車並採取防止道路交通危險之必要措施，但無人員傷亡，依同法第117條之5第1項第1款規定，處一年以下有期徒刑或10萬日元以下罰金（中間）。違反第1項後段規定，未向警察報告交通事故發生時地、死傷人數、死傷及物損程度、載荷貨物、已採取的措施者，依同法第119條第1項第17款規定，處三月以下有期徒刑或5萬日元以下罰金（次輕）。違反第2項規定，未遵守警察所命不得在警察官到場前離開現場之命令者，依同法第120條第1項第11款規定，處5萬日元以下罰金（最輕）。

從上述不同情節及處罰程度來看，比起違反向警察報告及遵守警察命令（不得離開現場）的義務，日本道路交通法似乎更加重視有無救護傷患及採取防止道路交通危險措施的義務。再者，日本上述規定，並未以是否違反「不得移動肇事汽車及現場痕跡證據」的義務當作處罰的要件，其原因爲何，不得而知，或許是因爲其與交通秩序之維護及交通安全之確保並無直接關係。此外，也未以是否「逃逸」當作處罰或加重處罰的要件，或許也正是因爲以逃逸爲要件，有太多不易釐清的問題。反而是依各種不同的違反義務情節，訂定不同的處罰程度，似乎更加合理。

第 63 條（記點）

汽車駕駛人違反本條例規定，除依規定處罰外，經當場舉發者，並得依對行車秩序及交通安全危害程度記違規點數一點至三點。

前項情形，已受吊扣或吊銷駕駛執照處分者，不予記違規點數。

汽車駕駛人於一年內記違規點數每達十二點者，吊扣駕駛執照二個月；二年內經吊扣駕駛執照二次，再經記違規點數者，吊銷其駕駛執照。

汽車駕駛人於一年內記違規點數達六點者，得申請自費參加道路交通安全講習。完成講習後，扣抵違規點數二點；其扣抵，自記違規點數達六點之日起算，一年內以二次為限。

壹、導言

本條規定係於1986年修正時，因認爲原汽車駕駛人違規之記次制度規定過寬，難收糾正之效，而將記次改爲記點。按照汽車駕駛人違規影響交通秩序之情形於本條第1項中分款列舉應予記點之違規條款及點數，並於第3項規定違規記點在六個月內達六點以上者吊扣駕照一個月；一年內經吊扣駕照二次再違反前項所列各款之一者，吊銷其駕駛執照，以促汽車駕駛人之注意。其目的主要係希望藉由吊扣、吊銷駕駛執照處分產生嚇阻力，減少交通違規累犯機率。

其後逐步擴大記點範圍，並增加記點點數。於2023年修正時，不但大幅增加記點點數，而且將原本於本條列舉之應記點條款及點數刪除，另將應記違規點數之條款、點數與其通知程序於道交條例第92條授權交通部會同內政部定之。而於本條第1項規定汽車駕駛人違反道交條例規定者，除依規定處罰外，並得依對行車秩序及交通安全危害程度記違規點數一點至三點，另於第3項規定記違規點數達一定程度之法律效果，即吊扣或吊銷駕駛執照。

上述修正規定實施後，即因同時放寬民眾檢舉項目及增加記違規點數項目，民眾檢舉停車或臨時停車記違規點數等案件數量暴增，依第3項前段規定，一年內記違規點數每達12點者，吊扣駕駛執照二個月，相關職業工會反彈，認已嚴重影響職業駕駛人工作權，而且產生以下問題：一、逕行舉發採證照片、錄影無法得知實際駕駛人，致出現不實陳報駕駛人冒名頂替及記違規點數黃牛等亂象，悖離立法目的；二、大量逕行舉發記違規點數案件辦理轉歸責作業（第85條參照），已遠超出裁罰機關行政量能負荷，並累積大量轉歸責逾相當時間待辦理之情形；三、因記違規點數制度及後續累計吊扣駕駛執照，除涉及一般民眾駕駛車輛權益外，並攸關職業駕駛人駕駛資格及工作權，其違規行爲必須從嚴認定，亦須避免及防杜歸責不易實體審查而衍生之亂象[396]。在施行不到一年，又再次提案修正本條規定，限於經當場舉發之案件可確認實際駕駛人者，始予記違規點數。至於逕行舉發及民眾檢舉舉發則不予記違規點數。

貳、內容解析

如上所述，本條第1項規定：「汽車駕駛人違反本條例規定者，除依規定處罰外，並得依對行車秩序及交通安全危害程度記違規點數一點至三點。」並於第92條將應記違規點數之條款、點數等，授權交通部會同內政部定之。交通部會同內政部訂定違反道路交通管理事件統一裁罰基準及處理細則，於第2條第5項至第8項規定：「汽車駕駛人有下列各款情形之一經當場舉發者，除依本條例處罰外，並予記點：一、有

396 立法院議案關係文書院總第20號政府提案第11001271號，第63條說明。

本條例下列情形之一者，各記違規點數一點：（一）第三十條之一第一項。（二）第三十一條之一第一項。（三）第三十三條第一項第三款、第五款、第六款、第八款、第十款至第十六款或第二項。（四）第四十條。（五）第四十二條。（六）第四十四條第一項第二款。（七）第四十五條第一項。（八）第四十七條第一項第一款至第三款。（九）第四十八條。（十）第四十九條。（十一）第五十三條第二項。（十二）第五十五條第一項第一款於人行道及行人穿越道臨時停車。但機車及騎樓不在此限。（十三）第五十五條第一項第四款之不依順行方向臨時停車。（十四）第五十六條第一項第一款於人行道及行人穿越道停車。但機車及騎樓不在此限。（十五）第五十六條第二項。（十六）第五十六條之一。（十七）第六十條第二項第一款或第二款。（十八）第九十二條第七項。二、有本條例下列情形之一者，各記違規點數二點：（一）第二十九條第一項。（二）第二十九條之二第一項、第二項或第四項。（三）第三十條第一項第一款未依規定路線、時間行駛、第二款或第七款。（四）第三十三條第一項第一款、第二款、第四款、第七款或第九款。（五）第三十四條。（六）第三十五條之一。三、有本條例下列情形之一者，各記違規點數三點：（一）第四十三條第一項。（二）第四十四條第二項或第三項。（三）第五十三條第一項。（四）第五十三條之一（第5項）。汽車駕駛人違反本條例，因而肇事致人受傷者，記違規點數三點（第6項）。汽車駕駛人駕駛營業汽車有本條例第二十九條、第三十條或第三十三條應予記點情形者，除依第五項各款予以記點外，並加記違規點數一點（第7項）。自中華民國一百十二年六月三十日起，初次領有駕駛執照未滿一年之駕駛人，依第五項第一款或第二款規定應記違規點數者，加記違規點數一點（第8項）。」

上述之記違規點數在屬性上具有對違規者，特別是對累次違規者警告的意味，以促使其注意勿再違規。不僅如此，由於汽車駕駛人若於一年內記違規點數每達12點者，依本條第3項規定吊扣駕駛執照二個月；二年內經吊扣駕駛執照二次，再經記違規點數者，吊銷其駕駛執照。故記違規點數也是一種裁罰性的不利處分[397]，實質上具有限制駕駛人自由權利的作用，尤其對於以駕駛汽車爲業的職業駕駛人，更可能因此而限制其憑以維持生計的工作權。

此外，因所記違規點數累計的結果，是構成吊扣或吊銷駕駛執照處分之條件，已受吊扣或吊銷駕駛執照處分者，即無再予記違規點數之必要，故本條第2項規定，前項情形，已受吊扣或吊銷駕駛執照處分者，不予記違規點數。

記違規點數除了吊扣、吊銷駕駛執照之外，依道交條例第92條授權交通部會同內政部訂定之道路交通安全講習辦法第4條第1項第14款規定，汽車駕駛人依道交條例第63條第3項前段規定經吊扣駕駛執照者，並應施以講習。同條項第15款亦規定，

---

397 行政罰法第2條。

汽車駕駛人初次領有駕駛執照，於發照之日起一年內，有違反道交條例規定記違規點數達六點，並應施以講習。換言之，記違規點數亦發生道路交通安全講習之效果。

此外，依本條第4項規定，汽車駕駛人於一年內記違規點數達六點者，得申請自費參加道路交通安全講習。完成講習後，扣抵違規點數二點；其扣抵，自記違規點數達六點之日起算，但一年內以二次爲限。

關於記違規點數之程序，依違反道路交通管理事件統一裁罰基準及處理細則第48條第1項規定：「違反道路交通管理事件，行爲人認爲舉發之事實與違規情形相符者，得於接獲通知單後，親自或委託他人持該通知單，不經裁決向指定之處所，逕依裁罰基準執行並繳納罰鍰結案；其屬依本條例第六十三條第一項規定併予記點者，由處罰機關逕予登錄記點結案，免再製發裁決書送達受處罰人。」同條第3項規定：「前二項違反行爲，依法規應併執行罰鍰及除駕駛人違規記點外之其他處分者，處罰機關於收到其繳納之罰鍰後，應逕行裁決該其他處分，並於裁決書處罰主文註明罰鍰已收繳，違規點數已登錄，送達受處分人。」換言之，違反道路交通管理事件被處罰人自行繳納罰鍰者，除罰鍰之外，如尚有其他處分時，處罰機關應製作裁決書，送達受處分人。如同時也有記違規點數時，則於裁決書中並應註明罰鍰已收繳，違規點數已登錄。如屬依處罰條例第63條第1項規定併予記點案件，受處罰人如已自動到案繳納罰鍰，而除罰鍰及記違規點數之外，別無其他處分，則處罰機關得不必製作裁決書送達受處罰人，而逕予登錄記點結案。

參、綜論

關於記違規點數之程序，如上所述，依違反道路交通管理事件統一裁罰基準及處理細則第48條第3項之規定，依本條第1項規定併予記違規點數，受處罰人如已自動繳納罰鍰，而除罰鍰及記違規點數之外，別無其他處分之案件，則處罰機關得逕予登錄記點結案，而不必製作裁決書送達受處罰人。然而，此規定是否妥當？不無疑問。

依行政程序法第100條第1項之規定，書面之行政處分，應送達相對人及已知之利害關係人；書面以外之行政處分，應以其他適當方法通知或使其知悉。依本條第1項規定併予記違規點數之案件，如有作成書面之裁決書，依上開規定應載明記違規點數及其理由，送達相對人及已知之利害關係人；若未作成書面，而以書面以外之方式作成處分，則應以其他適當方法通知或使其知悉。

由於通知係行政機關基於自己之意思，使相對人及其他利害關係人知悉該處分之行爲，不僅係行政處分之生效要件，且涉及法定救濟期間之起算，故作成行政處分自應送達或以其他適當方式通知或使其知悉。

依本條第1項規定之記點處分，乃爲裁罰性之不利處分（屬行政罰法第2條第4款之警告性處分），對於該記點處分於一定期限內之累計達一定點數，更因此會受更不利之處分（吊扣、吊銷駕駛執照），是依行政程序法第95條第1項之規定，及行政罰法第44條「行政機關裁處行政罰時，應作成裁處書，並爲送達」之規定，記點處分自應送達或以其他適當方式通知或使其知悉，以利受處分人知悉及救濟。處罰機關若未依行政程序法第100條第1項之規定，以送達或其他適當方法通知受處分人或使其知悉，該記點處分應不生效力[398]。基此，處罰機關作成記違規點數之處分時，應主動將記點處分通知受處分人，使受處分人知悉，並保障其救濟權利，始合乎正當之法律程序。

再者，由本條第3項：「汽車駕駛人於一年內記違規點數每達十二點者，吊扣駕駛執照二個月；二年內經吊扣駕駛執照二次，再經記違規點數者，吊銷其駕駛執照。」亦可知其立法目的在於藉「記點」之方式，警惕駕駛人，據以造成駕駛人之壓力，使駕駛人因而可時時提醒自己不要再有任何違規記點之行爲，否則若再有違規記點行爲時，將可能遭受吊扣駕照之不利益情形。據此，駕駛人必須確已知悉其遭舉發違規，且其遭舉發之違規行爲業經裁處記違規點數，駕駛人並合法收受上開處分內容，明瞭其已遭記下之點數，之後，若再發生違規行爲，且一年內記違規點數達12點以上時，相關機關始得依據上開規定裁處駕駛人吊扣駕照之處分。二年內經吊扣駕駛執照二次，再經記違規點數者，始得吊銷其駕駛執照。否則，若駕駛人不知自己違規行爲遭舉發，或不知自己的違規行爲已遭記點，甚或不知道自己遭記的點數多寡，則將如何因記點處分而達到使駕駛人知道應警惕自己之作用？是以，處罰機關若未就記違規點數作出處分並送達被處分人或以其他適當方法通知或使其知悉，顯與規範「記點」處罰制度之目的不合，亦有違行政程序法第1條所認行政行爲應遵循公正、公開與民主程序之意旨[399]。

此外，如上所述，記違規點數在屬性上爲裁罰性之不利處分（屬行政罰法第2條第4款之警告性處分），實質上具有限制駕駛人自由權利的作用。本條原本於條文中明文規定應記違規點數之條款、點數，即是因爲記違規點數實質上對駕駛人之自由權利（包括工作權在內）具有潛在而重大的限制作用，爲了確保人權之維護與法治精神，乃於本條條文中明文規定，而非委由交通行政機關訂定。

2023年修正時，將原本於本條第1項所列舉之應記點條款及點數刪除，改爲「汽車駕駛人違反本條例規定者，除依規定處罰外，並得依對行車秩序及交通安全危害程度記違規點數一點至三點」。立法者顯然已放棄自己篩選得記違規點數行爲之權責，而將得記違規點數之規定，全面擴及於所有違反道交條例之行爲之後，再於道交條例

398 106年高等行政法院及地方法院行政訴訟庭法律座談會研討結果。
399 臺灣桃園地方法院102年度交字第208號判決意旨。

第92條授權行政機關自行決定應記違規點數之行為及點數。雖然符合法律授權之形式，但實質上恐難脫免開法治倒車之嫌。

第 63 條之 1（違規紀錄）
除第六十三條之二第四項規定外，汽車依本條例規定記違規紀錄於三個月內每達三次者，吊扣其汽車牌照一個月。

壹、導言

本條是於1996年增訂之條文，規定汽車記違規紀錄三個月內共達三次以上者，吊扣其汽車牌照一個月，係為使汽車所有人亦可採罰鍰外之手段予以記次處罰，避免汽車駕駛人與所有人相互推責，並藉此條文警惕汽車所有人約束所屬駕駛員之行為，共負維護交通安全之責，以收遏阻之效[400]。

2023年又於本條增加第63條之2第4項之除外規定，主要是配合同次修法時增訂第63條之2的緣故，將「依第六十三條之二第一項、第二項規定記違規紀錄於一年內每達三次者，吊扣其汽車牌照二個月」之規定，排除於本條適用之外。

貳、內容解析

依本條規定，汽車依道交條例規定記違規紀錄於三個月內每達三次者，吊扣其汽車牌照一個月。此吊扣汽車牌照之規定，依立法理由說明，係為使汽車所有人亦可採罰鍰外之手段，予以記次處罰，故屬行政義務違反之處罰，並未排除行政罰法第7條第1項「違反行政法上義務之行為非出於故意或過失者，不予處罰」，及道交條例第85條第3項「依本條例規定逕行舉發或同時併處罰其他人之案件，推定受逕行舉發人或該其他人有過失」之適用，汽車所有人仍得藉由舉證證明其無故意及過失而免罰。

汽車所有人若為車輛出租人，因並無免責規定，故提供汽車予汽車駕駛人駕駛之汽車所有人，於法律上仍有監督防範之義務，若未盡其監督防範之義務，仍難免過失之責。故有判決進而認為，汽車租賃業者，於出租汽車前，可藉由租賃契約約定於承租人因有違規行為致租賃汽車受有吊扣牌照之處分時，應由承租人對出租人就租賃車輛不能營業所致之損失，負損害賠償責任或給付違約金等契約條款之方式，或以對客戶違規紀錄建檔方式以評估是否繼續出租車輛方式，預先監督防範承租人於承租汽車後為違規駕駛行為，不得僅以其係汽車租賃業，即對於承租人之違規行為無防範之義

[400] 立法院公報，第83卷第35期，第76頁。

務，而解免吊扣牌照之處罰[401]。

其次，本條所稱「記違規紀錄」與「吊扣汽車牌照」係分屬不同之裁罰性不利處分[402]，且前者爲後者之基礎。如前者不存在或無效，則後者即無存在之餘地。換言之，後者之得以有效存續，係以前者之有效存續爲前提。

記違規紀錄之處分，除非具有無效之事由而無效外，具有存續力，在未經撤銷、廢止或未因其他事由失效前，其效力繼續存在。由於此處分具有構成要件效力，故作成此處分之機關以外的其他機關，除非是有權撤銷之機關，否則應尊重該處分，並以之爲行爲之基礎。亦即當「記違規紀錄處分」成爲作成「吊扣汽車牌照處分」之前提要件時，前者作成後，後者應以前者爲其構成要件事實而作爲其決定之基礎。換言之，只要記違規紀錄處分之效力繼續存在，作成吊扣汽車牌照處分之機關即應受先前各違規紀錄處分存續力之拘束。甚至有判決認爲，當「吊扣汽車牌照處分」成爲行政訴訟之訴訟對象時，由於「記違規紀錄處分」並非訴訟對象，故受訴行政法院不能審查「記違規紀錄處分」之合法性，而應由以「記違規紀錄處分」爲程序對象或訴訟對象之訴願機關或行政法院審查之[403]。

此外，道交條例第85條第2項規定：「本條例之處罰，其爲吊扣或吊銷車輛牌照者，不因處分後該車輛所有權移轉、質押、租賃他人或租賃關係終止而免於執行。」此條項規定之立法意旨，係爲避免原車輛所有人於遭吊扣或吊銷處分後，將車輛之所有權移轉或質押、租賃他人而逃避執行。是以，如車輛所有人於處分作成後，始以移轉所有權等方式企圖規避吊扣、吊銷車輛牌照之行政處罰，即應受前揭條文之規制，而使該處分效力及於繼受取得車輛所有權之人。

至於記汽車違規紀錄之處分，於該車輛所有權移轉時，是否隨車移轉由繼受取得車輛所有權之人承受該處分？道交條例並無規定。惟依交通部發布之道路交通駕駛人違規記點及汽車違規紀錄作業處理要點第9點規定：「汽車違規記次其累計次數，以其違規車號計算並隨車輛辦理異動移轉。該車輛重新申領牌照或換領牌照時亦同。」故若依上述規定，似仍與吊扣或吊銷車輛牌照一樣，隨車移轉。判決亦有認爲：「基於舉重以明輕之法理，於情節較重之吊扣汽車牌照之處分作成後，雖汽車所有權移轉，對於繼受所有人仍繼續存在，則於情節較輕之記汽車違規紀錄處分作成後，發生汽車所有權移轉之情形下，亦應作相同之解釋，使汽車違規紀錄對車輛繼受人繼續存在而採取累積計算，方符合汽車違規紀錄及本條例第63條之1之設置目的。……若繼受人得知該車輛尚有上開違規案件，而仍予以辦理過戶登記，或未盡查詢之注意義務，即逕予辦理過戶登記，均爲可歸咎於己之事由，當應依道路交通駕駛人違規記點

401 臺灣臺北地方法院101年度交聲字第540號交通事件裁定。

402 行政罰法第2條。

403 最高行政法院96年度判字第103號判決、96年度判字第122號判決意旨。

及汽車違規紀錄作業處理要點第9條前段之規定，承受該車輛之違規紀錄[404]。」

不過，解釋上，法律所未規定者，應視爲立法者有意排除。道交條例第85條第2項就吊扣或吊銷車輛牌照者，規定不因處分後該車輛所有權移轉、質押、租賃他人或租賃關係終止而免於執行。並未規定記違規紀錄者，亦作相同之處理，自應依「規定其一，排除其餘」之法理，爲否定之解釋。況且，記違規紀錄屬裁罰性之不利處分，其對汽車繼受人之財產權具有潛在的不利影響，是對繼受人財產權之限制，理應有法律規定或明確的法律授權，始得爲權利之限制，此爲法治國家對基本人權保障之基本要求。道路交通駕駛人違規記點及汽車違規紀錄作業處理要點第9點在無法律授權之情況下，以作業處理要點增加法律所沒有之限制，顯然與法律保留原則有悖。

再者，以公權力對違法行爲人之處罰，應以有責任者爲限。行政罰法第7條第1項：「違反行政法上義務之行爲非出於故意或過失者，不予處罰。」即明示過失責任之原則。記違規紀錄者，均因故意或過失違反道路交通安全法規。買受汽車之繼受人對於前手違反道路交通安全法規之行爲並未參與，亦無故意或過失，自無責任可言。以繼受人作爲其前手違反道路交通安全法規行爲之處罰對象，承受其不利處分，已違反責任原則。論者或一如上述判決謂繼受人未盡查詢前受有無記違規紀錄之注意義務即逕予辦理過戶登記爲可歸咎於己之事由。然而，縱使繼受人負有查詢之義務，此等注意義務亦與前手違反道路交通安全法規之行爲無參與關係，自無故意或過失之責任。以未盡查詢義務處罰繼受人令其承受前手之不利處分，顯與不當聯結禁止原則相違背。

參、綜論

吊銷或吊扣駕駛執照理應是駕駛人本身及其駕駛行爲對道路交通構成不被容許的危險，基於道路交通安全之考慮，而禁止該駕駛人於道路上駕駛汽車，而不是汽車本身有何安全上的問題。所以，吊銷或吊扣駕駛執照理應針對駕駛人本身及其駕駛行爲的危險性來考量。

相對地，吊銷或吊扣汽車牌照理應是汽車本身行駛於道路上，可能造成道路交通危險，基於道路交通安全之考量，而禁止該汽車在道路上行駛，而不是駕駛人及其駕駛行爲對道路交通構成之危險。故吊銷或吊扣汽車牌照理應針對汽車本身之危險性來考量，例如汽車本身的控制系統、煞車系統等有故障或其他問題存在。

記汽車違規紀錄，講起來是一個僞命題，因爲車子本身不會違規，會違規的是人。汽車違規這件事基本上並不存在，而記汽車違規紀錄只能說是被用來處罰違反道

404 臺灣桃園地方法院99年度交聲字第1460號交通事件裁定。

路交通法規之汽車所有人（實際上是在公路監理機關登記爲車主之人），畢竟最終受到處罰的是車主。這種記汽車違規紀錄的處分因本條規定於三個月內每達三次者，吊扣其汽車牌照一個月，故究其本質，是一種對汽車所有人之潛在的財產權限制。這種裁罰性的不利處分，必須因其負有故意過失責任，始得處分，否則，即有違反責任原則之虞。

汽車所有人如非駕駛人，基本上對於道路交通安全並不構成危害，只有當其參與駕駛人之駕駛行爲，例如唆使駕駛人違規駕駛，或明知駕駛人之駕駛行爲將對道路交通構成不被容許的危險而仍提供其所有之汽車予駕駛人駕駛等，才有可能因其故意或過失行爲而對道路交通安全構成危害，才須擔負責任。吊銷或吊扣汽車牌照是禁止該汽車在道路上行駛（而非禁止駕駛人駕駛汽車），屬於對汽車所有人之財產權限制。換言之，其所處罰之對象爲汽車所有人（車主）。如上所述，處罰汽車所有人，必須因其對於道路交通安全負有故意或過失責任始可，如在其無故意或過失責任之情況下，處罰汽車所有人，恐與責任原則相違背。

第 63 條之 2（逕行舉發案件之歸責及處罰）

逕行舉發案件之被通知人為自然人，且未指定主要駕駛人或未辦理歸責他人者，駕駛人之行為應接受道路交通安全講習或吊扣、吊銷汽車駕駛執照者，處罰被通知人。但被通知人無可駕駛該車種之有效駕駛執照者，依下列規定處罰被通知人：

一、駕駛人之行為應接受道路交通安全講習者，記該汽車違規紀錄一次。

二、駕駛人之行為應吊扣汽車駕駛執照者，吊扣該汽車牌照。

三、駕駛人之行為應吊銷汽車駕駛執照者，吊銷該汽車牌照。

逕行舉發案件之被通知人為非自然人，其為汽車所有人，且未指定主要駕駛人或未辦理歸責他人時，駕駛人之行為應接受道路交通安全講習或應吊扣、吊銷汽車駕駛執照者，依前項但書各款規定處罰被通知人。

逕行舉發案件之被通知人為非自然人之租用人，且未指定主要駕駛人或未辦理歸責他人時，駕駛人之行為應接受道路交通安全講習或應吊扣、吊銷汽車駕駛執照者，依下列規定處罰被通知人：

一、駕駛人之行為應接受道路交通安全講習者，處原違規行為條款之二倍罰鍰。

二、駕駛人之行為應吊扣或吊銷汽車駕駛執照者，處原違規行為條款之三倍罰鍰。

汽車依第一項、第二項規定記違規紀錄於一年內每達三次者，吊扣其汽車牌照二個月。

壹、導言

本條係於2023年5月修正道交條例時所增訂之條文，增訂本條之理由，主要是因爲道交條例第85條第1項雖已定有受處罰人得辦理歸責他人及逾期未依規定辦理者仍應受罰之規定，惟部分法院僅在罰鍰部分採認，對於記違規點數部分，並不認同得對逕行舉發案件之被通知人（汽車所有人）記違規點數。爲利明確並落實逕行舉發案件之記違規點數，乃於第1項本文規定以汽車所有人爲被通知人製單之逕行舉發案件，被通知人爲自然人且未指定主要駕駛人，或未依第85條第1項辦理歸責他人者，駕駛人之行爲應記違規點數、應接受道路交通安全講習或吊扣、吊銷汽車駕駛執照者，仍應處罰被通知人。

另考量逕行舉發案件被通知人（汽車所有人）如無可駕駛該車種之有效駕駛執照（例如自始未領有駕駛執照、駕駛執照被吊銷、註銷或所持駕駛執照種類不符），對該被通知人記違規點數恐無法產生實質處罰效果，而於第1項但書，將該等情形改記汽車違規紀錄一次或吊扣、吊銷汽車牌照，以產生可能限制其名下車輛行駛道路之處罰效果。

當逕行舉發案件之被通知人爲汽車所有人且爲非自然人（包含法人、非法人團體、機關、機構或學校等非自然人），卻未指定主要駕駛人或未辦理歸責他人時，無法以記非自然人違規點數達到處罰效果，其亦無駕駛執照可供吊扣或吊銷，而於第2項規定前揭情形改記其名下汽車違規紀錄一次、吊扣或吊銷汽車牌照，藉由產生可能限制其名下車輛行駛道路之處罰效果，促使其落實指定主要駕駛人或辦理歸責。

當逕行舉發案件之被通知人爲非自然人之租用人，且未指定主要駕駛人或未辦理歸責他人時，例如汽車所有人爲租賃業者，被通知之租用人爲法人，實際駕駛人爲員工之情形，如仍記該汽車違規紀錄、吊扣或吊銷該汽車牌照亦不合理，乃於第3項規定此類情形改以違反道路交通管理事件統一裁罰基準之裁罰金額加倍裁罰，以促使受處罰人落實指定主要駕駛人或辦理歸責。

逕行舉發案件被通知人爲無駕駛執照之非自然人，其爲汽車所有人時，將記違規點數改爲記汽車違規紀錄。然依道交條例第63條之1規定汽車違規記次之累計期間僅三個月即重新起算，難收促使汽車所有人提供實際駕駛人，以嚇阻違規之效果，遂於第4項規定，將汽車記違規紀錄之累計期間比照記違規點數累計期間定爲一年，吊扣汽車牌照期間爲二個月，俾利促使汽車所有人落實違規案件轉歸責。

本條公布施行之後，因記違規點數制度及後續累計吊扣駕駛執照，除涉及一般民眾駕駛車輛權益外，並攸關職業駕駛人駕駛資格及工作權，理應從嚴認定。又，逕行舉發之違規行爲依第85條之規定辦理轉歸責作業，其歸責不易實體審查，且逕行舉發採證照片、錄影無法得知實際駕駛人，致出現不實陳報駕駛人冒名頂替及記違規點數黃牛等亂象，而悖離立法目的。再加上大量逕行舉發記違規點數案件辦理轉歸責作業，實際上已遠超出裁罰機關所能負荷之量能，而累積大量轉歸責逾相當時間待辦理之情形[405]。而不得不於甫公布施行後，即收回逕行舉發之案件應記被通知人（即汽車車主）違規點數之規定，除修正第63條第1項，限於經當場舉發之案件可確認實際駕駛人者，始予記違規點數之外，並刪除本條第1項至第3項有關逕行舉發案件應記被通知人（即汽車車主）違規點數之規定。其立法之草率，由此可見一斑。

貳、內容解析

逕行舉發案件之被通知人（汽車所有人或車主）為自然人，而實際上違規之駕駛人並非被通知人（汽車所有人或車主），如其有指定主要駕駛人或辦理歸責他人，則應依規定處罰該汽車駕駛人，包括罰鍰、記違規點數、接受道路交通安全講習或吊扣、吊銷汽車駕駛執照等。反之，如被通知人未指定主要駕駛人或未辦理歸責他人，而駕駛人之行為依規定應接受道路交通安全講習或吊扣、吊銷汽車駕駛執照，則依本條第1項之規定，應處罰被通知人。亦即應由被通知人（汽車所有人或車主）接受道路交通安全講習或吊扣、吊銷其汽車駕駛執照。換言之，除攔查舉發違規案件外，逕行舉發案件之違規行為，如係應接受道路交通安全講習或吊扣、吊銷汽車駕駛執照者，而汽車所有人未指定主要駕駛人或未辦理歸責他人時，則應處罰被通知人（汽車所有人或車主）。

不過，如逕行舉發案件之被通知人並無可以駕駛該車種之有效駕駛執照，因無相應之駕駛執照可資吊扣、吊銷，故本條第1項但書規定，駕駛人之行為應記違規點數或應接受道路交通安全講習者，記該汽車違規紀錄一次；駕駛人之行為應吊扣汽車駕駛執照者，吊扣該汽車牌照；駕駛人之行為應吊銷汽車駕駛執照者，吊銷該汽車牌照。如非逕行舉發而係警察攔查之違規案件，因可確知駕駛人身分，故如該駕駛人為無駕駛執照者，仍應予記違規點數；如達應吊扣或吊銷駕駛執照情形，則應依道交條例相關規定限制其考領駕駛執照之期間。

逕行舉發案件之被通知人（汽車所有人或車主）為非自然人（包含法人、非法人團體、機關、機構或學校等非自然人），如有指定主要駕駛人或辦理歸責他人，則應依規定處罰該汽車駕駛人。如未指定主要駕駛人或未辦理歸責他人，依本條第2項之規定，如駕駛人之行為應接受道路交通安全講習，則應記該汽車違規紀錄一次；如駕駛人之行為應吊扣汽車駕駛執照，則應吊扣該汽車牌照；駕駛人之行為應吊銷汽車駕駛執照，則應吊銷該汽車牌照。之所以如此規定，係因無駕駛執照可供吊扣或吊銷。

---

[405] 立法院議案關係文書院總第20號政府提案第11001271號，第63條說明。

故以吊扣或吊銷汽車牌照，藉由產生可能限制其名下車輛行駛道路之處罰效果，促使其指定主要駕駛人或辦理歸責。

逕行舉發案件之被通知人爲非自然人之租用人（長期向汽車租賃業者租用汽車之非自然人），如有指定主要駕駛人或辦理歸責他人，則應依規定處罰該汽車駕駛人。如未指定主要駕駛人或未辦理歸責他人，則依本條第3項之規定，如駕駛人之行爲應接受道路交通安全講習，則處罰被通知人原違規行爲條款之二倍罰鍰；如駕駛人之行爲應吊扣或吊銷汽車駕駛執照，則處原違規行爲條款之三倍罰鍰。所謂指定「主要駕駛人」或辦理歸責「他人」，均應指特定之人或可得特定之人而言。

其次，依道交條例第63條之1規定，汽車依道交條例規定記違規紀錄於三個月內每達三次者，吊扣其汽車牌照一個月。依此規定，汽車違規記次之累計期間僅三個月即重新起算。立法者認爲逕行舉發案件被通知人（汽車所有人）爲無駕駛執照之人或爲非自然人，其所有之汽車被記違規紀錄，如亦依此規定，累計期間僅三個月即重新起算，難收促使汽車所有人提供實際駕駛人身分，以嚇阻違規之效果，而將逕行舉發案件依本條第1項、第2項規定記汽車違規紀錄者，於第4項規定爲於一年內每達三次者，吊扣其汽車牌照二個月。故依本條第1項、第2項規定記汽車違規紀錄者，其累計期間爲較長之一年，吊扣汽車牌照期間爲二個月，係有別於道交條例第63條之1之特別規定，於適用時應予注意。

另外，同一車輛如實際上同時有依道交條例第63條之1和第63條之2第4項規定所爲之記違規紀錄，其累計期間和次數應如何計算，亦即應分別計算或得合併計算？恐生疑義。例如同一汽車在三個月內被依道交條例第63條之1規定記違規紀錄累計二次和依第63條之2第4項規定記違規紀錄一次，於此情形是否應合併計算後依第63條之1之規定吊扣汽車牌照一個月？還是應分別計算？於適用上恐生疑義。

參、綜論

依增訂本條之立法理由說明，於本條規定處罰被通知人之目的，是希望藉此處罰促使汽車所有人落實違規案件之轉歸責。然而，這種處罰是否果眞能達到道交條例第1條所宣示「維護交通秩序，確保交通安全」之立法目的？令人生疑。

畢竟，道路交通安全講習、吊扣、吊銷汽車駕駛執照或汽車牌照之主要目的並不是在處罰違規人，而是在於防止道路交通危險，確保交通安全和秩序。不難想像有不少情形依本條規定之處罰，並不能達到「維護交通秩序，確保交通安全」的目的。舉例而言，喜歡飆車年滿20歲的兒子駕駛父親的車子，違規超速，遭逕行舉發，除處罰鍰之外，並應接受道路交通安全講習。被通知人爲父親，父親因考慮兒子需上班，自己已經退休，而有意不辦理歸責兒子。依本條第1項規定，應處罰被通知人，亦即應由父親接受道路交通安全講習。然而，眞正違規且可能繼續違規超速，需要接受道路交通安全講習者是兒子，並非父親，卻可以依本條第1項之規定，縱容兒子逍遙法外，而由父親代替其接受道路交通安全講習。換言之，眞正違規之人可以依本條規定「合法」地規避責任，而根本就沒有開車的父親也可以依本條規定「合法」頂替兒子接受道路交通安全講習。如此，顯然並不合理，也無法達到「維護交通秩序、確保交通安全」之立法目的，而與比例原則中之適當性原則有悖。

再者，在未能證明被通知人即爲違規行爲人之前，即依道交條例第85條第3項及本條規定處罰被通知人，亦與行政程序法第43條「行政機關爲處分或其他行政行爲，應斟酌全部陳述與調查事實及證據之結果，依論理及經驗法則判斷事實之眞僞」之規定相衝突。

第 64 條（刪除）

第 65 條（不依裁決繳照繳款之處理）

汽車所有人、駕駛人違反本條例，經主管機關裁決書送達後逾三十日之不變期間未向管轄之地方法院行政訴訟庭提起撤銷訴訟，或其訴訟經法院裁判確定，而不繳納罰鍰或不繳送汽車牌照、駕駛執照者，依下列規定處理之：

一、經處分吊銷汽車牌照或駕駛執照者，由公路主管機關逕行註銷。

二、經處分吊扣汽車牌照或駕駛執照者，按其吊扣期間加倍處分；仍不依限期繳送汽車牌照或駕駛執照者，吊銷其汽車牌照或駕駛執照。

三、罰鍰不繳納者，依法移送強制執行。

於九十五年六月三十日前，十年內，汽車所有人、駕駛人因違反前項第三款修正前罰鍰不繳納，經易處吊銷汽車牌照或駕駛執照者，得於五年內繳清罰款後，申請核發。

壹、導言

由於汽車所有人、駕駛人違反道路交通管理，經主管機關決定處罰，常有不依通知所定期限前往指定處所辦理手續，將吊扣、吊銷之牌照或駕駛執照送繳或繳納罰鍰，經吊扣或吊銷牌照或駕駛執照者，仍照常行駛，致處罰失去執行之效力，又無強制執行之手段，故為有利於處罰案件之執行，遂制定本條規定[406]。

本條原本規定不前往辦理處罰手續，原處吊銷汽車牌照或駕駛執照者，由公路主管機關逕行註銷；原處吊扣汽車牌照或駕駛執照者，按其吊扣期間加倍處分；原處罰鍰不繳納者，按其罰鍰數額易處吊扣汽車牌照或駕駛執照一個月至三個月。其後因不依規定前往繳納罰鍰或送繳吊扣、吊銷之牌照或駕駛執照，致使案件懸而未結者，為數甚多。有關加倍處分或易處之規定，亦形同具文。爰於1981年針對原處罰鍰未繳而易處吊扣汽車牌照或駕駛執照者，以及原處吊扣汽車牌照或駕駛執照未送繳而加倍處分者，增訂若再「不依限期內繳送汽車牌照或駕駛執照者，吊銷其汽車牌照或駕駛執照」。

其後，因罰鍰易處吊扣駕照制度，提供違規駕駛人規避罰鍰之機會，形成處罰漏洞。即違規駕駛人得故意不繳納罰鍰任由處罰機關易處吊扣駕駛執照一個月至三個月，然後依限送繳駕駛執照之後，待吊扣期滿再領回，吊扣期間則仍照常駕駛汽車，只要不被警察查獲，期限屆滿即得免繳罰鍰。此種情況，日益增多，而無法達到處罰之目的。另一方面，逾期未繳納罰鍰但無意規避罰鍰之違規駕駛人、汽車所有人，常不知其已被吊扣，而最後被吊銷駕駛執照或汽車牌照，亦不合理。再加上行政執行法業已賦予行政機關得強制執行。爰於2005年廢止罰鍰易處吊扣或吊銷駕駛執照或汽車牌照制度，而修正為「罰鍰不繳納者，依法移送強制執行」，終使違規罰鍰之執行步入正軌。

但由於罰鍰易處吊扣或吊銷駕駛執照或汽車牌照制度廢止之前，被易處吊銷駕駛執照或汽車牌照之人，為數不少。且罰鍰不繳納所涉及者為行政秩序罰之執行問題，與吊扣或吊銷駕駛執照或汽車牌照欠缺實質上之關聯，而被認為有違不當聯結禁止原則。2005年修法時雖將原條文修正為「罰鍰不繳納者，依法移送強制執行」，但修法前汽車所有人、駕駛人違反道交條例而罰鍰未繳納，被依修法前之規定吊銷駕駛執照或汽車牌照者，於修法後仍然繼續有效，亦即駕駛執照或汽車牌照繼續被吊銷中。因認罰鍰不繳納與吊扣或吊銷駕駛執照或汽車牌照欠缺實質上之關聯，而有違不當聯結禁止原則，而且縱使擴張其適用範圍，使之及於修法前之案件，也因法規禁止溯及既往原則，僅限於對人民不利之事項，若屬對人民有利，則無違法治國之法安定性原則及信賴保護原則，且對法律秩序無所妨害，而不在禁止之列[407]。乃於2008年增訂本條第2項規定：「於九十五年六月三十日前，十年內，汽車所有人、駕駛人因違反前項第三款修正前罰鍰不繳納，經易處吊銷汽車牌照或駕駛執照者，得於五年內繳清

---

[406] 立法院第1屆第37會期第26次會議院總第756號（政府提案第838號）議案關係文書，第51條說明。

[407] 立法院第7屆第1會期第6次會議院總第756號（委員提案第7903號之1）議案關係文書。

罰款後，申請核發。」使於2005年修法前已被易處吊扣或吊銷汽車牌照或駕駛執照者，得依本項規定申請回復。

再者，對於交通裁決不服之救濟，過去係採聲明異議之方式，由法院裁定，其後於2012年將原由普通法院審理之違反道交條例裁罰救濟事件，改依行政訴訟程序審理，並於行政訴訟法增訂「交通裁決事件訴訟程序」專章，爰配合修正本條第1項序文有關違反道路交通管理事件未依規定提起救濟程序或其訴訟經法院裁判確定，行為人不繳納罰鍰或不繳送汽車牌照、駕駛執照時，公路主管機關得據以執行之規定。

貳、內容解析

依本條第1項之規定，違反道交條例行為之處罰，經主管機關裁決並送達後，汽車所有人、駕駛人如有不服應於30日內向管轄之地方法院行政訴訟庭提起撤銷訴訟，如逾上述30日之不變期間未向管轄之地方法院行政訴訟庭提起撤銷訴訟，即發生失權之效力，不得再提起撤銷訴訟，或其訴訟經法院裁判確定，而不繳納罰鍰或不繳送汽車牌照、駕駛執照者，依下列規定處理之：一、經處分吊銷汽車牌照或駕駛執照者，由公路主管機關逕行註銷；二、經處分吊扣汽車牌照或駕駛執照者，按其吊扣期間加倍處分；仍不依限期繳送汽車牌照或駕駛執照者，吊銷其汽車牌照或駕駛執照；三、罰鍰不繳納者，依法移送強制執行。

其中，第3款「罰鍰不繳納者，依法移送強制執行」，處罰機關於違規者逾期不繳納罰鍰時，移送行政執行機關強制執行，較無疑問。第1款「經處分吊銷汽車牌照或駕駛執照者，由公路主管機關逕行註銷」，公路主管機關於違規者逾期不繳送汽車牌照或駕駛執照時，逕行註銷其汽車牌照或駕駛執照，並通知當事人，亦無問題。但第2款在實踐上產生諸多爭議，主要是違規人經處分吊扣汽車牌照或駕駛執照者，處罰機關於裁決書中除記載吊扣汽車牌照或駕駛執照，及應送繳汽車牌照或駕駛執照期限之意旨外，同時記載如未於期限內送繳，則於期限屆滿之翌日按其吊扣期間加倍處分，再不依限期繳送汽車牌照或駕駛執照者，則於期限屆滿之翌日吊銷其汽車牌照或駕駛執照之意旨。於第一次、第二次繳送期限屆滿後，裁決機關未另分別為吊扣期間加倍或吊銷駕駛執照或汽車牌照之處分並送達於受處分人，該裁決書除生吊扣駕駛執照或汽車牌照之效力外，是否亦生按吊扣期間加倍處分及吊銷之效力？司法實務多數採否定見解，認為上述裁決處分並不因受處分人未依限繳送牌照或駕照而依序發生「吊扣期間加倍」及「吊銷牌照或駕照」之法律效果。[408]

---

[408] 104年度高等行政法院及地方法院行政訴訟庭法律座談會提案二。

參、綜論

關於上述本條第1項第2款之規定，交通裁決機關於被處分人第一次、第二次繳送期限屆滿後，未另分別為吊扣期間加倍或吊銷駕駛執照或汽車牌照之處分，是否亦生按吊扣期間加倍處分及吊銷之效力？高等行政法院及地方法院行政訴訟庭法律座談會曾就此問題提案討論，大致上有如下幾種意見[409]：

一、肯定說

認為若裁決書係依本條項第2款規定，明載逾各該期日未繳送者，依序發生吊扣期間加倍、吊銷駕照或汽車牌照之處分，性質上為行政程序法第93條規定容許作成之附條件行政處分，且該處分乃因受處分人未履行上開繳送義務，所為依次加重處罰之終局決定，非屬不具效力之預告行為，屆期自無須再製作裁決書為送達，即可發生處分所載之效力。

二、肯定說但違法

認為若於處罰主文分別具體說明自特定期日起即予吊扣期間加倍或吊銷駕駛執照或汽車牌照，形式上裁決機關係以各該期日屆至未經履行為條件，預先作成依序發生吊扣期間加倍、吊銷駕駛執照或汽車牌照之處分。至於該處分是否違反執行罰關於未完成告戒即為核定之原則，或有違秩序罰僅限於對過去之違規行為予以非難之本質，以一份處分書記載多項處分內容是否合法妥適等疑義，均屬受處分人提起訴訟請求撤銷之問題，在未經依法撤銷前，並無礙於裁決書所載各該期日屆至後，即發生吊扣期間加倍或吊銷之效力。

三、否定說

認為本條項第2款之按吊扣期間加倍處分和吊銷駕駛執照或汽車牌照是原吊扣駕駛執照或汽車牌照處分之間接強制執行的方法，故裁決機關載明不依限履行時，將予如何強制執行之告誡，目的重在督促受處分人履行繳送義務，且必須告誡完成後始能核定間接強制執行之措施，故指定之送繳期限屆至後，並不當然發生吊扣期間加倍或吊銷駕駛執照或汽車牌照之法律效果，須待裁決機關嗣後調查並視執行狀況為裁處執行罰之終局決定，才會發生吊扣期間加倍或吊銷駕駛執照或汽車牌照之效力。

另一說認為依本條項第2款規定，汽車所有人或駕駛人經主管機關吊扣駕駛執照，並課予限期繳回之義務者，如果符合下列的二項構成要件，即（一）受處分人未提起撤銷訴訟，或提起撤銷訴訟，經法院裁判確定者；且（二）受處分人未於期限內

---

[409] 104年度高等行政法院及地方法院行政訴訟庭法律座談會提案二。

繳送駕駛執照或汽車牌照者，主管機關得以變更爲加重的處罰（或稱易處處分）。易言之，主管機關依法對受處分人同一交通違規事實，依法得作成依次加重處罰的三個行政處分：第一個爲吊扣駕駛執照一定期間的處分；第二個爲按吊扣期間加倍處分；第三個爲吊銷駕駛執照處分。這三個行政罰處分的構成要件各不相同，實現構成要件的時點亦不同。第二個按吊扣期間加倍處分或第三個吊銷駕駛執照處分，除具備與第一個吊扣駕駛執照一定期間的處分同一交通違規事實外，尚必須具備上述（一）、（二）等二項構成要件。性質上係屬針對受處分人過去逾期未履行本條第1項本文所定繳送牌照或駕照義務之行爲，所爲限制、剝奪汽車行駛或駕駛車輛權利之裁罰性不利處分，屬行政罰法第2條第1款、第2款所定其他種類之行政罰。且因「按吊扣期間加倍處分」及「吊銷牌照或駕照處分」均具有循序加重之「易處」性質，亦即「吊扣期間加倍處分」取代原吊扣牌照或駕照之處分，「吊銷牌照或駕照處分」則取代「吊扣期間加倍處分」，前處分經後處分取代後，前處分之法效果即爲後處分之法效果所取代，駕駛人亦因而負有依新處分所課予依限繳送之義務，及至發生「吊銷牌照或駕照處分」之效力爲止。被處分人雖不再負有繳送義務，惟並非因爲自動履行、代履行或直接強制之故，而係因爲發生吊銷效力後，公路主管機關得依本條項第1款規定逕行註銷該牌照或駕照。其非但不屬於爲督促駕駛人將來履行繳送義務之間接強制方法，更與僅載明不依限履行時將予強制執行之單純告誡有別。

從而，按吊扣期間加倍處分或吊銷駕駛執照或汽車牌照，須違規人未依限繳送駕駛執照或汽車牌照時，始得以另一行政處分易處吊扣期間加倍或吊銷駕駛執照或汽車牌照，故應各自分別作成處分並依法送達，以維護受處分人不服行政處分請求救濟之訴訟權。亦即行政機關爲行政處分時，雖可於行政處分上同時預告不履行該處分之法律效果，然此僅係行政處分之「預告行爲」，於行爲人不履行時，行政機關仍應另爲獨立之行政處分，以實現該不履行之法律效果，而非逕依上開預告行爲，未經其他行政處分程序，即執行其他易處之裁罰處分。

處罰機關於裁決書中除載明吊扣汽車牌照或駕駛執照，及應送繳汽車牌照或駕駛執照期限之意旨外，亦應同時載明如未於期限內送繳，則於期限屆滿之翌日按其吊扣期間加倍處分，再不依限期繳送汽車牌照或駕駛執照者，則於期限屆滿之翌日吊銷其汽車牌照或駕駛執照之意旨。後者性質上爲裁決機關依據行政程序法第93條第1項、第2項第2款規定，附加以相對人逾期未履行繳送義務爲停止條件之行政處分。惟於裁決書作成時，受處分人是否不服而起訴及是否逾期不繳送駕駛執照或汽車牌照的事實，均尚未發生。主管機關作成裁決書的時點，按吊扣期間加倍處分及吊銷駕駛執照或汽車牌照處分的法律構成要件尚未實現，主管機關尚未取得依本條項第2款作成該二個加重處罰的權限。

有疑義的是，主管機關得否將受處分人未於第一次或第二次繳送期限內繳送駕駛執照者，作爲停止條件？由於吊扣或吊銷駕駛執照爲行政罰，性質上不同於授益行政處分。尤其，在行政罰的法律構成要件尚未實現下，主管機關應不得預先作成裁罰性的處分，而將其法律構成要件當成附款。因爲無論刑罰或行政罰均應遵守由憲法法治國原則導出之明確性原則，且性質上不容許刑罰或行政罰處於不確定之狀態，尤其不容許附加以將來不確定發生之事實爲生效要件的停止條件。這種處罰已經不是行政處分法律效果之發生與否的問題，而是處罰的構成要件尚未實現，主管機關不能作成行政罰的問題。而且裁決機關於作成處分時尚無法確定處分書送達的日期，因而無法於裁決時預先確定何日得按吊扣期限加倍處分，及何日得吊銷駕駛執照或汽車牌照。

是以，關於本條項第2款的加重處分，主管機關應不得將法律構成要件的實現與否當作附款，而作成附停止條件的行政罰。既然主管機關作成裁決書的時點，受處分人是否起訴及是否逾期繳送駕駛執照或汽車牌照的事實都尚未發生，並不具備構成要件，則主管機關依法不能作成按吊扣期間加倍處分及吊銷駕駛執照處分。從而，裁決書縱使載明如未於期限內送繳，則於期限屆滿之翌日按其吊扣期間加倍處分，再不依限期繳送汽車牌照或駕駛執照者，則於期限屆滿之翌日吊銷其汽車牌照或駕駛執照之意旨，亦非行政處分。於第一次、第二次繳送期日屆至後，裁決機關未另分別爲按吊扣期間加倍處分及吊銷駕駛執照處分並送達受處分人，並不生其駕駛執照受吊扣期間加倍或經吊銷之效力。

因此，適用上，不論是按吊扣期間加倍處分或是吊銷汽車牌照或駕駛執照，都必須另外再作成處分並送達，始爲合法有效之處分。不得僅於第一次吊扣汽車牌照或駕駛執照處分時，一併表示若未依限期繳送汽車牌照或駕駛執照者按其吊扣期間加倍處分，或若未依限期繳送汽車牌照或駕駛執照者吊銷其汽車牌照或駕駛執照，而於被處分人在第一次、第二次繳送期日屆至後仍未依期限繳送汽車牌照或駕駛執照時，即逕予吊銷汽車牌照或駕駛執照。否則，按吊扣期間加倍處分及吊銷汽車牌照或駕駛執照均非合法有效之處分。

第 66 條（牌照經吊銷之再行請領）

汽車牌照，經吊銷或註銷者，須滿六個月，且經公路主管機關檢驗合格後，始得再行請領。

前項屬因牌照吊扣期間行駛而吊銷牌照者，應於其原違反本條例應受吊扣牌照處分期滿後，始得再依前項規定請領牌照。

壹、導言

在1968年制定道交條例之初，若汽車不依規定期限參加年度檢驗，逾期一個月以上者，應吊銷其牌照（第23條）。本條乃規定汽車牌照經吊銷或註銷後，非經公路主管機關檢驗合格，不得請領。

吊銷或註銷汽車牌照理應是汽車本身行駛於道路上，可能造成道路交通危險，基於道路交通安全之考量，而禁止該汽車在道路上行駛。因此，汽車能否請領牌照，允許其行駛於公共道路上，理應針對汽車本身之危險性來考量，若未經公路主管機關檢驗汽車合格，則其危險性不能被排除，自不得請領牌照，在道路上行駛。

其後，吊銷或註銷汽車牌照除因汽車本身的安全性問題之外，也用以作爲處罰汽車所有人（車主）的方法，也就是因爲人的因素，而非因爲車的問題而吊銷或註銷汽車牌照。爲能達到處罰的效果，乃於本條增加但書規定：「依前條第一項第一款之規定註銷者，非滿六個月不得再行請領[410]。」亦即，非因汽車本身之安全性問題，而是因汽車所有人（車主）被處罰，經吊銷汽車牌照後，不依限繳送汽車牌照而被逕行註銷者，須滿六個月，始得經公路主管機關檢驗合格後，再行請領汽車牌照。換言之，被吊銷汽車牌照，只要依限繳送汽車牌照，就不會被公路主管機關逕行註銷，而不屬但書之情形，得隨時申請公路主管機關檢驗合格後，重新請領汽車牌照，不必於逕行註銷滿六個月後，始重新請領。

相反地，吊扣汽車牌照，其吊扣期間短者一個月，長者可達二年。於是便有部分遭吊扣牌照之汽車所有人，故意以更嚴重之違規行爲遭吊銷汽車牌照處分，然後依限繳交罰鍰、繳送汽車牌照，而不構成前條第1項第1款所規定之情形，即可隨時申請檢驗汽車合格後重新請領牌照，藉以規避原須吊扣一段期間牌照而影響車輛使用之處分。爲了杜絕此種情形，乃於2023年修正成現行之規定。

貳、內容解析

依本條規定，汽車牌照經吊銷或註銷者，均須滿六個月，且經公路主管機關檢驗合格後，始得再行請領。其因於汽車牌照被吊扣期間又於道路上行駛而吊銷牌照者，應於其原違反道交條例應受吊扣牌照處分期滿後，始得再依本條第1項規定請領牌照。亦即受吊扣牌照處分，又於道路上行駛而被吊銷牌照者，應於受吊扣牌照處分期滿後，始得依本條第1項規定開始起算吊銷或註銷後之六個月，六個月期滿後始得申請公路主管機關檢驗合格後，重新請領汽車牌照。不得於被吊扣牌照期間，故意以更嚴重之違規行爲遭吊銷汽車牌照處分後，直接依本條第1項之規定，於吊銷或註銷滿

---

[410] 1975年規定爲一年，其後於1981年修正爲半年。

六個月後，申請汽車檢驗合格後，重新請領汽車牌照。例如汽車所有人（車主）被吊扣汽車牌照三個月，即使之後又因該汽車於道路上行駛而被吊銷牌照，也必須於吊扣汽車牌照三個月期滿後，才開始依本條第1項之規定，起算吊銷或註銷後之期間，滿六個月，且經公路主管機關檢驗合格後，始得再行請領汽車牌照。否則，該汽車不得再行駛於公共道路。

參、綜論

道交條例第85條第2項規定：「本條例之處罰，其爲吊扣或吊銷車輛牌照者，不因處分後該車輛所有權移轉、質押、租賃他人或租賃關係終止而免於執行。」所謂執行吊扣或吊銷車輛牌照，當然是針對該汽車執行。故汽車牌照經依道交條例之規定吊銷或註銷者，即使因買賣、贈與等原因而移轉於他人所有，須於吊銷或註銷後滿六個月，始得再行請領牌照之效力，仍隨車移轉於新車主。換言之，新車主在未有違反道交條例之行爲時，即使該汽車經檢驗合格，也因上述規定而須於吊銷或註銷後滿六個月，始得請領牌照，限制其關於該汽車之財產權，是否合理？不無商榷之餘地。

第67條（考領駕照之消極資格）

汽車駕駛人曾依第二十七條第三項、第二十九條之二第五項、第三十五條第一項、第三項後段、第四項後段、第五項後段、第五十四條、第六十一條第一項第一款、第二款、第六十二條第四項後段規定吊銷駕駛執照者，終身不得考領駕駛執照。但有第六十七條之一所定情形者，不在此限。

汽車駕駛人曾依第二十九條第四項、第三十條第三項、第三十條之一第二項、第三十五條第三項前段、第四項前段、第四十三條第二項、第三項、第四十四條第四項、第四十五條第三項、第六十一條第一項第三款、第四款、第四項、第六十二條第四項前段規定吊銷駕駛執照者，三年內不得考領駕駛執照；汽車駕駛人駕駛營業大客車，曾依第三十五條第二項規定吊銷駕駛執照者，四年內不得考領駕駛執照；依第三十五條第五項前段規定吊銷駕駛執照者，五年內不得考領駕駛執照。

汽車駕駛人曾依本條例其他各條規定吊銷駕駛執照者，一年內不得考領駕駛執照。

汽車駕駛人曾依第二項及前項規定吊銷駕駛執照，不得考領駕駛執照期間計達六年以上者，終身不得考領駕駛執照。但有第六十七條之一所定情形者，不在此限。

汽車駕駛人曾依第三十五條規定吊銷駕駛執照，未依規定完成酒駕防制教育或酒癮治療，不得考領駕駛執照。

前項酒駕防制教育及酒癮治療之實施對象、教育或治療實施機構、方式、費用收取、完成酒駕防制教育及酒癮治療之認定基準及其他相關事項之辦法，由交通部會商衛生福利部定之。

第一項至第四項不得考領駕駛執照規定，於汽車駕駛人未領有駕駛執照、駕駛執照經吊銷或註銷者，適用之。

汽車駕駛人未領有駕駛執照、駕駛執照經吊銷、註銷或吊扣期間駕車，肇事致人重傷或死亡者，除有第一項或第四項規定終身不得考領駕駛執照情形外，四年內不得考領駕駛執照。

汽車駕駛人違反本條例規定，應受吊扣駕駛執照處分，於汽車駕駛人未領有駕駛執照、駕駛執照經吊銷或註銷者，在所規定最長吊扣期間內，不得考領駕駛執照。

壹、導言

本條於1968年制定道交條例時，規定受吊銷駕駛執照的被處分人，原則上一年內不得考領駕駛執照（舊法第60條）。但是對於特別惡劣的駕駛人，則規定三年內不得考領駕駛執照（舊法第55條），包括：一、利用汽車犯罪，經判決有期徒刑以上之刑確定者；二、抗拒執行交通勤務之警察，或依法令執行交通稽查人員之取締，因而引起傷害者；三、撞傷正執行指揮勤務中之交通警察者；四、違反道路交通安全規則，因而肇事致人於傷亡者等情形。亦即除依法應受刑事處罰之外，於道路交通行政方面亦予以從重處罰，限制其考領駕駛執照期間，以提高駕駛人之戒心，減少人命傷亡，以維交通安全[411]。

其後，隨著道路交通之發展，吊銷駕駛執照者不得考領駕駛執照之期間及範圍，有關特別規定加長禁止考領期間之範圍及期間，於歷次修法中，有逐漸擴大及延長之趨勢，甚至將禁止考領之期間最長延長到終身不得考領，而導致有違憲疑慮，經提請大法官解釋，雖然未被宣告違憲，但已突顯其具有相當的爭議性，乃有後面第67條之1的增訂及本條第1項及第4項但書之規定，以緩和其嚴厲性。

再者，因本條第1項至第4項主要是針對已經取得駕駛執照之人該當上述各項規定而被吊銷駕駛執照者，禁止其於一定期間內再行考領駕駛執照。至於尚未取得駕駛執照之人，因無此等再行考領駕駛執照之限制，為防杜此不合理與不公平之現象，爰於其後修法增訂第7項至第9項不得考領駕駛執照之限制規定。

---

[411] 立法院第1屆第37次會期第26次會議院總第756號（政府提案第838號）議案關係文書，第48條說明。

貳、內容解析

吊銷駕駛執照是爲了防止發生道路交通危險之目的所採取的措施，所以被吊銷駕駛執照者，一直到該危險消失之前，當然應成爲考領駕照之不適格者。因此，關於受吊銷駕照的被處分人，依本條規定原則上一年內不得考領駕駛執照（第3項）。但是對於特別惡劣、危險的駕駛人，因需長期將其排除於道路交通場域之外，故於本條第1項、第2項、第4項特別規定某些較長之不得考領駕駛執照期間。

依第1項之規定，汽車駕駛人曾依第27條第3項（因強行闖越收費站逃避繳費，致收費人員受傷或死亡）、第29條之2第5項（裝載貨物超重因而致人重傷或死亡）、第35條第1項（酒測超過標準或吸食毒品等管制藥品駕車肇事致人重傷或死亡）、第3項後段（10年內吸毒或酒後駕車三次以上且肇事致人重傷或死亡）、第4項後段（拒絕酒測且肇事致人重傷或死亡）、第5項後段（10年內多次拒絕酒測且肇事致人重傷或死亡）、第54條（闖越平交道或於平交道超車、迴車、倒車、臨時停車或停車因而肇事）、第61條第1項第1款（利用汽車犯罪經判決有期徒刑以上確定）、第2款（抗拒交通勤務人員之稽查因而引起傷亡）、第62條第4項後段（駕車肇事致人重傷或死亡而逃逸）規定吊銷駕駛執照者，終身不得考領駕駛執照。但有第67條之1所定情形者，不在此限。

第2項規定，汽車駕駛人曾依第29條第4項（超載等因而致人重傷或死亡）、第30條第3項（超載或不依規定牽引、附掛、裝載因而致人重傷或死亡）、第30條之1第2項（車輛機件設備等不隱妥脫落致人重傷或死亡）、第35條第3項前段（10年內吸毒或酒後駕車三次以上）、第4項前段（拒絕酒測等）、第43條第2項（蛇行、嚴重超速等危險駕駛因而肇事）、第3項（二輛以上汽車共同蛇行、嚴重超速等危險駕駛、競駛、競技）、第44條第4項（行近交岔路口未讓行人、視障者先行因而肇事致人重傷或死亡）、第45條第3項（聞消防車、救護車等警笛不即避讓致人死傷）、第61條第1項第3款（撞傷執勤中之警察或交通指揮、稽查人員等）、第4款（違反道路交通安全規則、第33條之管制規則因而肇事致死）、第4項（駕駛大型車違反道路交通安全規則、第33條管制規則致重傷）、第62條第4項前段（駕車肇事致傷而逃逸）規定吊銷駕駛執照者，三年內不得考領駕駛執照；汽車駕駛人駕駛營業大客車，曾依第35條第2項（吸毒或酒後駕駛營業大客車）規定吊銷駕駛執照者，四年內不得考領駕駛執照；依第35條第5項前段（10年內吸毒或酒後駕車三次以上）規定吊銷駕駛執照者，五年內不得考領駕駛執照。

第4項規定，汽車駕駛人曾依第2項及第3項規定吊銷駕駛執照，不得考領駕駛執照期間計達六年以上者，終身不得考領駕駛執照。但有第67條之1所定情形者，不在此限。

此外，對於吸毒或酒後駕車之人，第5項規定，汽車駕駛人曾依第35條規定（吸毒或酒後駕車）吊銷駕駛執照，未依規定完成酒駕防制教育或酒癮治療，不得考領駕駛執照。主要是因爲對於酒後駕車而被吊銷駕駛執照之人，在未接受酒駕防制教育或酒癮治療之前，其危險性常未能消除，故在此之前，其考領駕照之適格性仍有疑慮，爲確保並協助其消除該危險性，乃規定其必須完成酒駕防制教育或酒癮治療，否則不得考領駕駛執照。於此順便一提，對於吸食毒品、迷幻藥、麻醉藥品或其相類似之管制藥品後駕駛汽車而被吊銷駕駛執照之人，在未完成戒癮治療或檢驗合格之前，其危險性亦未必消除，本項僅針對酒後駕車而未對吸食毒品、迷幻藥、麻醉藥品等相類似管制藥品後駕駛汽車之人加以規範，似乎存在漏洞。

總之，依上述第1項至第5項規定受吊銷駕照的受處分人，於上述規定之期間內，在法律上均屬考領駕照的不適格者。

另一方面，由於在不得考領駕照期間，不能取得駕駛車輛之許可，就現代國民日常生活對於車輛之依賴程度而言，不能取得駕駛車輛之許可，對被處分人之利益造成很大的影響。尤其吊銷駕駛執照後終身不得再考領駕駛執照的規定，是否合理？不無討論的空間。

司法院大法官釋字第531號解釋，認爲本條第1項明定，因駕車逃逸而受吊銷駕駛執照之處分者，終身不得再行考領駕駛執照，係爲維護車禍事故受害人生命安全、身體健康必要之公共政策，且在責令汽車駕駛人善盡行車安全之社會責任，屬維持社會秩序及增進公共利益所必要，與憲法第23條尚無違背。惟凡因而逃逸者，吊銷其駕駛執照後，對於吊銷駕駛執照之人已有回復適應社會能力或改善可能之具體事實者，是否應提供於一定條件或相當年限後，予肇事者重新考領駕駛執照之機會，有關機關應就相關規定一併儘速檢討，使其更符合憲法保障人民權益之意旨。換言之，大法官認爲即使立法者以吊銷駕駛執照且終身不得考領駕駛執照爲手段，以達成維護道路交通行車安全之目的，亦屬維持社會秩序及增進公共利益所必要，與憲法第23條之比例原則沒有違背。

不過，如果因精神、身體有異常狀況以致不能安全地駕駛車輛，爲了確保其自身及他人之安全，不允許其駕駛車輛，較無疑問。但如果是以吊銷駕駛執照且終身不得考領駕駛執照作爲處罰手段，則因終身不得考領駕駛執照，即等同於終身不允許其駕駛車輛至公共道路。由於現代國民日常生活對於車輛之依賴程度甚高，尤其對於居住在偏遠之山區、鄉村或極度依賴車輛作爲謀生工具之國民，不允許其取得駕駛車輛之許可，對被處分人之行動自由，乃至生活上之利益，均將造成極大的限制，再加上此等權利並非短暫而是被終身剝奪，從邏輯上來說，終身且絕對的不允許違規駕駛人駕駛車輛，與維護公共道路交通行車安全，前者之利益是被絕對的、完全的剝奪，而後者之利益則是有限的、部分的保全，在權衡利益的天平兩邊，一邊是全無、是零，另一邊是有限的、或多或少的保全，利害何輕何重？不言可喻。

況且，吊銷駕駛執照的目的，理應是爲了防止將來道路交通之危險，而不應只是純粹用來處罰違規駕駛人過去違規行爲的手段。如果駕駛人的危險性已然消除，則繼續禁止其利用公共道路駕駛車輛，並無合理的基礎。

上述大法官解釋雖然要求立法機關應對已有回復適應社會能力或改善可能之具體事實者，是否於一定條件或相當年限後，給予重新考領駕駛執照之機會，一併檢討。道交條例亦於第67條之1增訂相關放寬之規定，但是，大法官在權衡利益的天平上，仍將吊銷駕駛執照終身且絕對地不允許違規駕駛人駕駛車輛解釋爲合乎比例原則，於法治發展與人權保障上，似有不足。因爲難保哪一天立法者如果將道交條例第67條之1廢除，依前揭大法官解釋之意旨，仍屬合憲，如此，恐亦非人民之福。

另外，本條第1項所謂「汽車駕駛人曾依第二十七條第三項、第二十九條之二第五項、第三十五條第一項、第三項後段、第四項後段、第五項後段、第五十四條、第六十一條第一項第一款、第二款、第六十二條第四項後段規定吊銷駕駛執照」，是指已經公路監理機關考驗合格取得駕駛執照之人該當上述各條項款規定而被吊銷駕駛執照之情形。第2項至第4項之汽車駕駛人與本項一樣，亦均應理解爲已依法取得駕駛執照之人該當所定各條項款規定而被吊銷駕駛執照而言。至於尚未取得駕駛執照之人，則屬本條第7項至第9項之情形。即上述第1項至第4項不得考領駕駛執照之規定，於汽車駕駛人未領有駕駛執照、駕駛執照經吊銷或註銷時，亦適用之（第7項）。甚至於上述第2項、第3項之情形，如有肇事致人重傷或死亡者，因又屬無照駕駛，而加重處罰爲四年內不得考領駕駛執照（第8項）。再者，汽車駕駛人違反道交條例規定，應受吊扣駕駛執照處分，如汽車駕駛人未領有駕駛執照、駕駛執照經吊銷或註銷，因無駕駛執照可資吊扣，故於本條第9項規定，於此種情形，在所規定最長吊扣期間內，不得考領駕駛執照。

參、綜論

關於因未遵守道路交通安全規則而被吊扣、吊銷駕駛執照，除於一定期間禁止其於道路上駕駛車輛之外，理應與道路交通安全講習相結合，以促其改善，之後再允許其駕駛車輛，才能降低其危險性。關於對其講習之內容，應有利於引導、補正或改善其身體上、心理上或性格上不適合在道路上駕駛車輛之缺陷。否則，只是吊扣駕駛執照期間或吊銷後禁止考領駕駛執照期間的經過，未必能排除其於公共道路駕駛車輛之危險性。在沒有降低其危險性的情況下，允許其駕駛車輛仍是一種不合理的冒險。對道路交通安全而言，仍具有法律所不應容許的風險。現行法有部分經吊銷駕駛執照而不必接受道路交通安全講習之情形，例如第27條、第30條第3項（第1項第1款、第2

款須講習）、第30條之1第2項、第45條第3項、第61條第1項第1款、第4款及第4項、第62條第4項，似有可檢討之餘地。

第 67 條之 1（吊扣吊銷駕照處分效力之擴大）

前條第一項及第四項規定情形，符合特定條件，得於下列各款所定期間後，向公路主管機關申請考領駕駛執照：

一、肇事致人死亡案件，受處分人經吊銷駕駛執照處分執行已逾十二年。

二、肇事致人重傷案件，受處分人經吊銷駕駛執照處分執行已逾十年。

三、肇事致人受傷案件，受處分人經吊銷駕駛執照處分執行已逾八年。

四、其他案件，受處分人經吊銷駕駛執照處分執行已逾六年。

依前項規定申請者，公路主管機關得於其測驗合格後發給有效期間較短之駕駛執照，其期滿換領駕駛執照，應依主管機關所定條件辦理。

前二項所定有關特定條件、換領駕駛執照之種類、駕駛執照有效期間、換領條件等事項之辦法，由交通部會商內政部及有關機關定之。

壹、導言

本條係於2005年增訂之條文，其增訂之緣由乃基於司法院大法官釋字第531號解釋，認爲：「對於肇事逃逸經處終身吊銷駕駛執照之人，如已有回復適應社會能力或改善可能之具體事實者，是否應提供於一定條件或相當年限後，予肇事者重新考領駕駛執照之機會，有關機關應就相關規定一併儘速檢討，使其更符合憲法保障人民權益之意旨。」又因終身吊銷駕駛執照之人非僅肇事逃逸者，道交條例第67條第1項所列之各違反條款及第4項，均係處罰吊銷駕駛執照並終身不得考領，故爲求法律規定之平衡性，乃就被處分終身不得考領駕駛執照確定者，依肇事傷亡嚴重程度等因素予以分類，並參考前述司法院大法官之解釋，通盤檢討其重新考照之年限及條件，而增訂本條規定。使依前條第1項和第4項之規定被吊銷駕駛執照而終身不得考領駕駛執照者，於符合特定條件，且經一定期間後，得向公路主管機關重新申請考領駕駛執照。

又爲使終身吊銷駕照之人於重新取得駕照資格後，仍有適當之評估期間，乃規定公路主管機關就依上述規定重新申請考領駕駛執照者，得訂定有效期間較短之駕駛執照，於期滿換領駕駛執照，並應依主管機關所定條件辦理。

貳、內容解析

依本條規定，有前條第1項及第4項規定終身不得考領駕駛執照之情形，若符合特定條件，得於下列各款所定期間後，向公路主管機關申請考領駕駛執照：一、肇事致人死亡案件，受處分人經吊銷駕駛執照處分執行已逾12年；二、肇事致人重傷案件，受處分人經吊銷駕駛執照處分執行已逾10年；三、肇事致人受傷案件，受處分人經吊銷駕駛執照處分執行已逾八年；四、其他案件，受處分人經吊銷駕駛執照處分執行已逾六年。即立法者基於衡平考量，對於汽車駕駛人被裁處吊銷駕駛執照、終身不得考領者，如已有回復適應社會能力或改善可能之具體事實，而於符合特定條件及相當年限後，仍得向公路主管機關重新申請考領駕駛執照，以兼顧其權益。不過，對於依上述規定申請者，公路主管機關得於其測驗合格後發給有效期間較短之駕駛執照，其期滿換領駕駛執照，應依主管機關所定條件辦理（第2項）。

本條第3項並授權交通部會商內政部及有關機關就上述規定所定有關特定條件、換領駕駛執照之種類、駕駛執照有效期間、換領條件等事項之辦法。交通部依上述授權，訂定受終身不得考領駕駛執照處分重新申請考驗辦法。

依該辦法規定，違規人符合一定條件時，得向公路監理機關申請參加汽車駕駛執照考驗。此等條件包括：一、於下列所定期間內，無違反道交條例第21條第1項或第21條之1第1項規定（無照駕駛）情形：（一）肇事致人死亡案件，申請前12年內；（二）肇事致人重傷案件，申請前10年內；（三）肇事致人受傷案件，申請前八年內；（四）其他案件，申請前六年內；二、應受公路主管機關辦理之教育訓練合格，領有有效之訓練合格文件；三、曾依道交條例第35條規定吊銷駕駛執照者，依道交條例第67條規定完成酒駕防制教育或酒癮治療，領有證明（件）等（該辦法第2條）。

經考驗合格後發給有效期間一年之駕駛執照，並應依持照條件規定駕車（該辦法第3條）。汽車駕駛人依該辦法之規定領有一年有效期間之駕駛執照，不得申請同級車類職業駕駛執照或高一級車類駕駛執照考驗及換發國際駕駛執照（該辦法第4條）。

汽車駕駛人依上開辦法領有一年有效期間之駕駛執照後，於有效期間屆滿時，亦需符合一定條件，始能依具體情形換發新照或有效期間一年之駕駛執照。此等條件包括：需於領有駕駛執照期間無受吊扣或吊銷駕駛執照處分及無依道交條例第21條第1項、第21條之1第1項或第63條第1項記點之情形，始得申請換發新照。如於領有駕駛執照期間，有上述記點之情形，只能再申請換發一年有效期間之駕駛執照（該辦法第5條）。

如於領駕駛執照期間曾受吊扣駕照處分者，則不得申請換發新照，但得依該辦法第2條第1項第2款規定重新經教育訓練合格後，依該辦法第3條第1項規定再申請駕駛執照考驗。如曾受吊銷駕駛執照處分者，則需依下列規定重新申請駕駛執照考驗：一、依道交條例第67條規定受終身不得考領駕駛執照處分，於符合道交條例第67條之1規定後，依該辦法第2條及第3條規定辦理；二、其他受吊銷駕駛執照處分，於不得考領駕駛執照期間後，經依該辦法第2條第1項第2款規定重新經教育訓練合格，得依第3條第1項規定再申請駕駛執照考驗（該辦法第6條）。

有關該辦法第2條第1項第2款所規定之教育訓練課程，其內容包括安全駕駛道德、道路交通法令、安全防禦駕駛、肇事預防與處理、車輛保養及其他公路主管機關認爲對於道路交通安全駕駛有助益者。且其申請參加教育訓練之費用，應由汽車駕駛人負擔（該辦法第8條）。

參、綜論

本條第3項授權訂定之受終身不得考領駕駛執照處分重新申請考驗辦法第2條規定，受吊銷駕駛執照之汽車駕駛人符合一定條件時，得向公路監理機關申請參加汽車駕駛執照考驗。此等條件包括：一、於下列所定期間內，無違反道交條例第21條第1項或第21條之1第1項規定（無照駕駛）之情形：（一）肇事致人死亡案件，申請前12年內；（二）肇事致人重傷案件，申請前10年內；（三）肇事致人受傷案件，申請前八年內；（四）其他案件，申請前六年內。依上述規定，受吊銷駕駛執照之汽車駕駛人除須滿足本條第1項所規定之期間外，尚須於該等期間內沒有無照駕駛之情形，否則應重新計算。關於上述規定，有無逾越母法授權範圍之情形，在實務上，道路交通主管機關與法院曾存在不同之意見。

前者雖認爲依道交條例第67條之1第1項規定，違規駕駛人除須滿足本條第1項所規定之期間外，尚須符合本條第3項所稱之「特定條件」。依本條第3項授權訂定之辦法規定，本條第3項所謂之「特定條件」，即於上述期間內無違反道交條例第21條第1項或第21條之1第1項規定之無照駕駛情形，若於上述期間內有無照駕駛的情形，就應重新起算。此等規範係依法律授權發布對處罰之構成要件與法律效果採行明確列舉之必要規範，並無對人民之自由權利增加法律之限制，亦無逾越母法授權範圍之情形[412]。

但後者認爲雖道交條例第67條之1第1項規定中，明定除經過上述期間外，尚須於「符合特定條件」之情形下，始得申請重新考領駕駛執照，並於其第3項授權交通部會商內政部及有關機關訂定該特定條件之內容。交通部依此授權會商訂定發布受終身不得考領駕駛執照處分重新申請考驗辦法第2條第1項明定所須符合之特定條件，即

412 臺北高等行政法院102年度訴字第834號判決中被告機關之答辯意旨。

受處分人必須於上述期間內無違反道交條例第21條第1項或第21條之1第1項規定之無照駕駛情形，始得申請重新考領駕駛執照。此規定內容如加以適用，將導致受處分人於經執行吊銷駕駛執照處分已逾上述規定期間，依道交條例第67條之1第1項第1款規定，已取得得重新申請考領駕駛執照之資格，復因該考驗辦法之規定，致其已取得之該得重新申請考領駕駛執照之資格橫遭剝奪。該考驗辦法第2條第1項第1款第1目之規定，顯已牴觸母法即道交條例第67條之1第1項第1款規定，並增加母法所無之限制規定之情事[413]。

第 68 條（吊銷駕駛執照處分之範圍）

汽車駕駛人，因違反本條例及道路交通安全規則之規定，受吊銷駕駛執照處分時，吊銷其執有各級車類之駕駛執照。

領有汽車駕駛執照之汽車駕駛人，除駕駛聯結車、大客車、大貨車外之非其駕駛執照種類之車輛，違反本條例及道路交通安全規則之規定，應受吊扣駕駛執照情形時，無因而肇事致人受傷或重傷者，記違規點數五點。但一年內違規點數共達六點以上或再次應受吊扣駕駛執照情形者，併依原違反本條例應受吊扣駕駛執照處分規定，吊扣其駕駛執照。

壹、導言

本條規定係於1975年修正道交條例時所增訂之條文，依當時之立法理由說明，謂：「汽車駕駛人因違反本條例及道路交通安全規則之規定，受吊扣或吊銷駕駛執照處分時，吊扣或吊銷其持有各級小型、大型車類或輕重型機器腳踏車之駕駛執照，特予增訂，以收吊扣或吊銷駕駛執照之效。」其後於2005年修正時，認爲原條文將違法或違規駕駛人所持有各級車類之駕駛執照一併吊扣或吊銷，失之過酷，影響人民工作及生活甚鉅，而刪除吊扣駕駛執照部分。2010年修正時，鑑於本條前已刪除受吊扣駕駛執照處分，吊扣各級駕駛執照之規定，爲利明確汽車駕駛人駕駛非其駕駛執照種類之車輛，違反應受吊扣駕駛執照之處分處理，並在兼顧道交條例立法意旨下，增訂第2項得緩即予吊扣而採記違規點數及駕駛人仍無改正且再次違規之應併原吊扣處罰之規定。

---

413 臺北高等行政法院102年度訴字第834號判決。

貳、內容解析

一、「一人一照原則」及吊扣、吊銷駕照之相關爭議

汽車駕駛人因違反道交條例及道路交通安全規則之規定，受吊銷駕照處分者，一併吊銷其持有各級車類之駕駛執照。汽車駕駛執照區分係因應車輛分類所爲之區分，其考驗及格，獲准駕車行駛道路之權利則爲一致。亦即經處吊銷駕駛執照處分時，不論是否爲取得較高級車類之駕駛資格，均不得持其他等級車種駕駛執照再駕車行駛於道路。換言之，倘有違反道交條例相關規定，致須吊銷駕駛執照處分者，乃其違規行爲對道路交通秩序之維持及道路交通安全已生較大之影響，故本條第1項規定吊銷其持有各級車類之駕駛執照，以限制其繼續駕車行駛道路之權利，乃屬駕駛行爲之限制，並不因所持駕駛執照種類不同而有所差異。

依道路交通安全規則第53條規定，係將汽車駕駛執照分爲普通和職業駕駛執照，如小型車、大貨車、大客車、聯結車駕駛執照等各種不同的分類。同規則第60條對於申請各類汽車駕駛執照考驗之資格，包括年齡及經歷，均有不同之限制，由駕駛人依其需要及符合資格條件選擇申請考驗之駕照種類。同規則第61條第1項並規定：「汽車駕駛人取得高一級車類之駕駛資格者，應換發駕駛執照，並准其駕駛較低級車類之車輛……。」換言之，汽車駕駛人不論通過幾種駕駛資格考驗，都只會取得一張駕駛執照，只是得駕駛的車輛種類不同而已，此即「一人一照原則」。因此，當汽車駕駛人因違反道交條例及道路交通安全規則之規定，受吊銷駕駛執照處分時，不論其所取得之駕駛執照爲何種等級之駕駛執照，均不得駕駛所有種類之汽車。故本條第1項規定：「汽車駕駛人，因違反本條例及道路交通安全規則之規定，受吊銷駕駛執照處分時，吊銷其執有各級車類之駕駛執照。」

本條於2006年修正之前，除吊銷駕駛執照之外，吊扣駕駛執照也是如此。修正後將吊扣駕駛執照部分刪除，而只留下吊銷駕駛執照。亦即受吊扣駕駛執照處分時，不再吊扣其持有各級車類駕駛執照。當行爲人有違反道交條例規定之行爲，而須吊扣駕駛執照時，僅能吊扣行爲人當時駕駛該違規車輛所憑之駕駛執照，而不得吊扣該違規行爲人所持有而與駕駛違規車輛無關之其他車類駕駛執照。但因上述「一人一照原則」，取得高一級車類之駕駛資格，得駕駛較低級車類之車輛，所以當駕駛人憑其所領有之較高級駕駛執照，駕駛較低級車類違規致應受吊扣駕駛執照處分，道路交通行政機關仍須吊扣其駕駛該違規車輛所憑之較高級駕駛執照，因而造成爭議[414]。因如果交通行政機關所吊扣之駕駛執照是違規行爲人所持有而與駕駛違規車輛無關之其他車

414 高雄高等行政法院高等庭106年度交上字第101號判決、臺灣高等法院99年度交抗字第818號交通事件裁定所載事實。

類駕駛執照，即有逾越修正後之本條第1項規範意旨及範圍之疑慮[415]。

亦有裁判認爲汽車駕駛人擁有職業大客車駕駛執照之資格，於酒後駕駛自用小客車時，所造成用路安全之危險性，與僅擁有小型車駕駛執照者所造成之危險性無任何不同，惟一般擁有小型車駕駛執照者，於酒後駕車時，僅吊扣其小型車駕駛執照，而擁有職業大客車駕駛執照之汽車駕駛人卻須剝奪其職業大客車駕駛執照之資格，顯然係就相同案件爲不同之處理，而違反平等原則。並認爲因交通行政機關採行一人一照原則，致持有職業大客車駕駛執照者，因駕駛小型車違規，而須吊扣職業大客車駕駛執照時，所產生技術層面之困難，並不能據以作爲吊扣職業大客車駕駛執照處分之適法理由[416]。

關於上述說法，2006年修法刪除吊扣駕駛執照部分，修法的理由略以：「原條文將違法或違規駕駛人所持有各級車類之駕駛執照一併吊扣或吊銷，失之過酷，影響人民工作及生活甚鉅，爰修正之[417]。」由此來看，立法者確實有意限制吊扣駕駛執照的範圍。實務上，因一人一照原則而於需吊扣駕駛執照時吊扣汽車駕駛人唯一持有之汽車駕駛執照，以至於吊扣期間各級汽車均不得駕駛，從立法沿革及文義上來看，確實有逾越修正後之本條第1項規範意旨及範圍之疑慮。但從立法目的來看，有認爲2006年修法刪除吊扣駕駛執照部分，原條文所稱之各級車類駕駛執照，應指於行政管理上有一人數照之情形。例如駕駛重型機器腳踏車違規而受吊扣之處罰時，即不得吊扣其小型車駕駛執照。上揭修法意旨，應爲限縮解釋[418]。

至於駕駛較低級之小客車而吊扣較高級之職業大客車駕駛執照違反平等原則的說法，基本上是從處罰過去行爲的視角出發，才會認爲擁有職業大客車駕駛執照者酒後駕駛自用小客車，與僅擁有小型車駕駛執照者應受到相同的處罰，吊扣職業大客車駕駛執照相對於吊扣小型車駕駛執照，係就相同案件爲不同之處理，並得出違反平等原則的結論。然而，平等原則之適用並不包括違法之平等，亦即違法者不得主張違法之平等。而因採行一人一照原則致須吊扣較高級之職業大客車駕駛執照，恐亦非單純之吊扣技術問題，而尚涉及吊扣駕駛執照的目的及屬性問題。

二、持大型車駕照駕駛小型車違規之記點與吊扣駕照

實務上關於汽車駕駛人以其領有之聯結車、大客車或大貨車駕駛執照駕駛小型

415 臺灣新竹地方法院99年度交聲字第168號交通事件裁定即認爲此種情形逾越修正後之本條第1項規範意旨及範圍。相反地，臺灣高等法院暨所屬法院100年法律座談會刑事類提案第35號研討結果則認爲此種情形仍應吊扣其所持有之汽車駕駛執照。

416 臺灣新竹地方法院99年度交聲字第112號交通事件裁定。

417 立法院公報，第94卷第70期院會紀錄，第138頁。

418 臺灣高等法院暨所屬法院100年法律座談會刑事類提案第35號研討結果。

車，違規而依規定應吊扣駕駛執照時，常因僅得吊扣其行爲時所駕駛車級種類之駕駛執照，而無法吊扣其所領有之駕駛執照，乃於2010年增訂本條第2項：「領有汽車駕駛執照之汽車駕駛人，除駕駛聯結車、大客車、大貨車外之非其駕駛執照種類之車輛，違反本條例及道路交通安全規則之規定，應受吊扣駕駛執照情形時，無因而肇事致人受傷或重傷者，記違規點數五點。但一年內違規點數共達六點以上或再次應受吊扣駕駛執照情形者，併依原違反本條例應受吊扣駕駛執照處分規定，吊扣其駕駛執照。」

增訂本條第2項之立法理由說明略謂：「一、如駕駛人以其領有之聯結車、大客車或大貨車駕駛執照駕駛小型車，違規酒後駕車、肇事逃逸時，卻無法吊扣其所領有之駕駛執照，以限制其繼續駕車行駛道路，無法達到有效處罰及維護道路交通安全之立法目的。二、鑑於本條例前已修正刪除受吊扣駕駛執照處分，吊扣各級駕駛執照之規定，爲明確汽車駕駛人駕駛非其駕駛執照種類之車輛，違反應受吊扣駕駛執照之處分，並在兼顧本條例立法意旨下，增訂第二項得暫緩即予吊扣而採記違規點數，及駕駛人仍再犯時之應併原吊扣處罰之規定[419]。」

由於持有聯結車、大客車或大貨車等駕駛執照之人或持有職業駕駛執照之人，多數以駕駛汽車爲謀生之工作。此等汽車駕駛人因其駕駛汽車常與其作爲謀生之工作有密不可分之關係，亦即對於以駕駛汽車爲職業之駕駛人或其他工作上高度倚賴駕駛汽車爲工具者（例如送貨員、餐車業者）而言，吊扣其駕駛執照，除了使其不能駕駛汽車而涉及行動自由之限制外，同時也涉及工作權之限制[420]。其因吊扣駕駛執照所造成之權利干預，其結果相較於非以駕駛汽車爲業之人，確有明顯差異，而宜予區別對待。司法院大法官釋字第699號解釋理由書就此亦曾指出，立法者宜本其立法裁量，針對不同情況增設分別處理之規定，使執法者在能實現立法目的之前提下，斟酌個案具體情節，諸如所吊銷者是否屬其賴以維持生活之職業駕駛執照等狀況，而得爲妥適之處理。

質言之，吊扣駕駛執照之目的是爲了禁止違規之汽車駕駛人於吊扣期間再駕駛汽車，以防止其再爲危險駕駛行爲，固應禁止其駕駛所有類型之汽車。惟當吊扣其駕駛執照可能造成其無法謀生，且汽車駕駛人非經常性違規之人，違規行爲亦未因而肇事致人受傷時，始例外地暫緩予以吊扣駕駛執照。

本條第2項即是立法者針對領有較高級駕駛執照之人，爲維護交通安全並保障駕駛人之工作權及符合比例原則，視汽車駕駛人違規之行爲輕重，責以輕重不同之處罰，就領有汽車駕駛執照之汽車駕駛人，駕駛非其駕駛執照種類之小型車輛，違反本

---

419 立法院公報，第99卷第26期院會紀錄，第383-390頁。

420 司法院大法官釋字第699號解釋。

條例及道路交通安全規則之規定，應受吊扣駕駛執照時，若無肇事致人受傷或重傷，則採「緩即吊扣而先採違規記點」方式，以維護駕駛人之工作權。但若有肇事致人受傷或重傷、或一年內違規點數共達六點以上、或再次有應受吊扣駕駛執照行爲之慣犯情形者，基於保護其他道路使用人之生命、身體及財產安全，並責令駕駛人善盡行車安全之社會責任，不問其駕駛車級種類爲何，一律吊扣其領有之駕駛執照[421]。

參、綜論

在規範上之所以一般性地禁止未取得駕駛執照之人在道路上駕駛汽車，是因爲汽車在道路上行駛本身就具有高度的危險性。只有當這種危險性降低到一定程度以下，才可以允許其在道路上行駛。汽車駕駛人申請駕駛執照考驗時，除考驗駕駛技術之外，尚包括道路交通安全規則的遵守。經考驗合格後，始發給駕駛執照，允許其駕駛汽車就是因爲其在道路上行駛之危險性已然降低，故予許可。

相反地，吊銷或吊扣駕駛執照則是因爲其在道路上可能因違反道路交通法規之行爲而構成道路交通危險，爲預防未來道路交通危險之行政目的而爲廢止和暫時停止駕駛執照效力之「行政處分」[422]。亦即對於合法持有駕駛執照之人，因公益上之必要廢止或暫時停止其所持有之駕駛執照效力，使其駕駛許可憑證向將來永久和暫時失去效力，性質上是一種「許可處分之廢止或停止」。儘管其屬裁罰性之不利處分[423]，然而其裁罰之目的卻仍在嚇阻其將來之違規行爲，以預防將來之道路交通危險。換言之，吊銷或吊扣駕駛執照形式上雖是一種裁罰性的不利處分，但其實質應認爲是對將來道路交通危險之預防措施。所應考量者，應側重將來是否繼續違反道路交通法規，而非僅執著於過去之違規行爲[424]。

爲了預防將來之道路交通危險，就必須避免危險駕駛人繼續駕駛而肇事致影響公共交通安全，若駕駛人領有較高級駕駛執照（如職業聯結車、大客車駕駛執照）違規駕駛較低級之車類（如自小客車），於有重大交通違規而有必要吊銷或吊扣駕駛執照時，可以不用吊銷或吊扣其駕駛該違規車輛所憑之較高級駕駛執照，對於領有較高級駕駛執照之人，將無法產生遏止違規之作用。

詳言之，吊扣駕照之目的即在於禁止違規之汽車駕駛人於吊扣期間再駕駛汽車，以防止其危險駕駛行爲。被吊扣駕照之人若再駕駛汽車，不論所駕駛之汽車爲聯結車、大客車、大貨車或小型車，其危險性並未因所駕駛之汽車不同而有所降低。持有

421 臺灣高等法院暨所屬法院100年法律座談會刑事類提案第35號研討結果。
422 道路交通法研究會編著，注解道路交通法，東京：立花書房，2020年5版，第692頁。
423 行政罰法第2條。
424 如此，當然也就沒有違反平等原則的問題。

較高級駕駛執照之人駕駛普通小型車違規被吊扣駕駛執照，如只因其違規時所駕駛之汽車爲小型車，而僅得吊扣小型車之駕駛執照，不得吊扣其所持有之較高級駕駛執照。亦即僅得禁止其於吊扣期間駕駛小型車，而不得禁止其駕駛大型車或營業車。如此，顯然不能達到吊扣駕照以防止其危險駕駛行爲之立法目的。

再者，汽車駕駛人在道路上因違反道路交通法規之危險駕駛行爲而發生交通危險，這種危險性主要是與汽車駕駛人本身有關，而非與所駕駛汽車的種類或所持有駕駛執照的種類有關。換言之，其危險性就是因爲汽車駕駛人的不遵守交通安全規則，這一點並沒有因爲所駕駛的汽車及所持有之駕駛執照不同而有所改變，所以需要吊銷或吊扣其各級駕駛執照才能防止其在道路上駕駛汽車，也才能達到維護道路交通安全之立法目的。

第三章
慢　車

第 69 條（慢車之分類、定義及相關管理事項）

慢車種類及名稱如下：

一、自行車：

（一）腳踏自行車。

（二）電動輔助自行車：指經型式審驗合格，以人力為主、電力為輔，最大行駛速率在每小時二十五公里以下，且車重在四十公斤以下之二輪車輛。

（三）微型電動二輪車：指經型式審驗合格，以電力為主，最大行駛速率在每小時二十五公里以下，且車重不含電池在四十公斤以下或車重含電池在六十公斤以下之二輪車輛。

二、其他慢車：

（一）人力行駛車輛：指客、貨車、手拉（推）貨車等。包含以人力為主、電力為輔，最大行駛速率在每小時二十五公里以下，且行駛於指定路段之慢車。

（二）獸力行駛車輛：指牛車、馬車等。

（三）個人行動器具：指設計承載一人，以電力為主，最大行駛速率在每小時二十五公里以下之自平衡或立式器具。

前項第二款第一目至第二目其他慢車未依規定向直轄市、縣（市）政府辦理登記，領取證照即行駛道路者，處所有人新臺幣三百元罰鍰，並禁止其通行。

第一項第二款第一目至第二目其他慢車登記、發給證照、規格、指定行駛路段、時間及其他管理事項之辦法，由直轄市、縣（市）政府定之。

第一項第二款第三目個人行動器具，應依直轄市、縣（市）政府所定規格、指定行駛路段、時間、速度限制、安全注意及其他相關管理事項辦法之規定，始得行駛道路。

第一項第二款第三目個人行動器具違反前項及本章各條規定者，處行為人新臺幣一千二百元以上三千六百元以下罰鍰，並禁止其行駛或使用。

壹、導言

推動電動休閒代步車，乃1998年行政院「發展電動機車行動計畫」重點，目的在於鼓勵廠商研發電動車產業為21世紀零污染之交通工具，惟道交條例及道安規則，皆漏未規定賦予明確之法源地位，乃於2007年6月14日修正本條，並規定慢車包括自行車及三輪以上慢車，其中自行車種類為腳踏自行車、電動輔助自行車及電動自行車，另三輪以上慢車種類則為人力行駛車輛〔如三輪客、貨車、手拉（推）貨車等〕和獸力行駛車輛（如牛車、馬車等）。

2013年5月24日南投縣政府邀集相關單位召開「集集鎮申請四輪人力自行車行駛合法化研商會議」，會中南投縣政府警察局表示依道交條例及道安規則，對於慢車的定義，均僅限於「三輪」之人力客貨車或獸力行駛車輛，若對於「三輪以上」人力車輛開放行駛，似有適法性疑慮，原條文明定三輪以上慢車範圍，然卻將慢車範圍限定在人力行駛之三輪客、貨車，致使三輪以上的客、貨車不屬於慢車範圍，實有用詞疏失之疑，以致執法單位僅能依法開罰，立法院遂於2014年12月23日修正本條文，並規定人力行駛車輛係指三輪「以上」客、貨車、手拉（推）貨車等類型，俾涵蓋四輪慢車。

由於慢車因其規格尺寸與制式車輛有相當的差異，具有因地制宜使用特性，均係由各地方政府依其交通管理需要管理，又鑑於近年來全球均提倡使用環保、節能、輕型及人力為主的交通工具載運客、貨，且國內觀光推動並已朝向慢速、深入地方之方向發展，立法院乃再次修正慢車定義，將其明確分為二輪之自行車及其他慢車，並仍授權地方政府訂定管理規則，以利配合地方政府發展觀光及管理需要，得將所需之其他慢車，如關山親水公園、池上伯朗大道等風景區使用電動輔助四輪慢車、彰化縣鹿港鎮之二輪人力手拉車、南投縣集集鎮之電動輔助三輪、四輪慢車等納入管理，並據以執法。

嗣後，因民眾於道路使用電動獨輪車、電動滑板車或電動雙輪車等亂象頻仍，立法院遂於2022年4月19日修正本條，同時增訂「個人行動器具」（Personal Moving Device）並納管屬於慢車範疇，且採取「原則禁止例外開放」之立場，於第4項規定（第1項第2款第3目）個人行動器具，應依直轄市、縣（市）政府所定規格、指定行駛路段、時間、速度限制、安全注意及其他相關管理事項辦法之規定，始得行駛道路；如有違反規定者，即可依同條第5項新增規定，處行為人新臺幣1,200元以上3,600元以下罰鍰，並禁止其行駛或使用。

貳、內容解析

本條係針對「慢車」進行定義，即慢車包括「自行車」及「其他慢車」，其中自行車之範疇，主要包括「腳踏自行車」、「電動輔助自行車」及「微型電動二輪車」等類型，而有關此三者之區別，最主要即在於原始驅動力，如腳踏自行車係完全依靠人力而為驅動，至於電動輔助自行車則係以人力為主而電力為輔所為驅動，另微型電動二輪車乃完全以電力為主而進行驅動，且無論是以電力為主或電力為輔的自行車，其最大行駛速率並限制在每小時25公里以下。

除自行車外，有關「其他慢車」之類型，則包括「人力行駛車輛」、「獸力行駛車輛」及「個人行動器具」等種類，當中人力行駛車輛係指客、貨車或手拉（推）貨車等慢車，並包含以人力為主及電力為輔在內，且其最大行駛速率限制在每小時25公里以下，同時僅能行駛於指定之路段上；至於獸力行駛車輛則指牛車或馬車等以獸力為驅動力之慢車，然在體例的解釋上，自當包括以獸力為主及電力為輔之慢車在內；另個人行動器具乃指設計承載1人，以電力為主，其最大行駛速率在每小時25公里以下之自平衡或立式器具，如一般市面上常見之電動獨輪車、電動滑板車或電動雙輪車等類型。

值得一提的是，提供身心障礙者使用行駛道路之特製三輪自行車，考量其係為供腿部肢體障礙人士使用，並以手部肌力為驅動，雖不同於一般以腳踏方式驅動之腳踏自行車，惟本質上仍應為專供身心障礙者使用之特製自行車，故身心障礙者使用以手部肌力驅動之三輪自行車，其行駛道路時，自當歸屬本條第1項第1款第1目規定之「腳踏自行車」範圍，並應遵守慢車行駛道路之規定，惟如係現行身心障礙者因其需要而加裝輔助輪之特製機車，其車輛種類則屬於機車類別[1]。

此外，如民眾下車牽引腳踏車行走，則應視為行人[2]，並應遵循道交條例第四章關於「行人」相關規範，其若出現不依標誌、標線、號誌等指示或聽從警察指揮，抑或未依規定而擅自穿越車道等情事，除應依具體事實進行稽查外，自得依違反道路交通管理事件予以舉發，又如經衛生主管機關公告屬於醫療器材之「醫療用電三輪車」或「動力式輪椅」等電動代步車，因其使用目的及功能有別於一般車輛，乃視為行人活動之輔助器材，其於道路上則應遵守一般行人管制規定[3]。

除上揭慢車種類和名稱外，一般道路上亦曾出現所謂「全覆式自行車」，俗稱「躺車」，通常係以人力踩踏而進行驅動，亦包括以人力為主及電力為輔而進行驅動，如行為人駕駛該等全覆式自行車行駛於道路上，則可依道交條例第32條之1規定，即「非屬汽車、動力機械及個人行動器具範圍之動力載具、動力運動休閒器材或其他相類之動力器具，於道路上行駛或使用者，處行為人新臺幣一千二百元以上

1　參照交通部101年12月11日交路字第1010410021號函。

2　參照交通部100年3月16日交路字第1000019948號函。

3　參照交通部98年3月11日交路字第0980023644號函。

三千六百元以下罰鍰，並禁止其行駛或使用。」舉發處罰。

依據本條第2項規定，人力行駛車輛或獸力行駛車輛等其他慢車，依規定須向直轄市、縣（市）政府辦理登記，於領取證照後，始得行駛道路上，違者將處所有人新臺幣300元罰鍰，並禁止其通行，而道安規則第115條第1項亦規定，其他慢車未依規定向直轄市、縣（市）政府辦理登記，領取證照，不得行駛道路，又第2項同時規定前述之證照，駕駛人應隨身攜帶，惟依違反道路交通管理事件統一裁罰基準及處理細則第12條第1項第1款規定，本條第2項屬於得勸導項目，行爲人如未嚴重危害交通安全、秩序，且情節輕微，以不舉發爲適當者，交通勤務警察或依法令執行交通稽查任務人員得對其施以勸導，免予舉發。

根據本條第3項規定，有關客、貨車、手拉（推）貨車等人力行駛車輛，以及牛車、馬車等獸力行駛車輛，其登記、發給證照、規格、指定行駛路段、時間及其他管理事項之辦法，係由直轄市、縣（市）政府定之；另依本條第4項規定，關於電動獨輪車、電動滑板車或電動雙輪車等個人行動器具，應依直轄市、縣（市）政府所定規格、指定行駛路段、時間、速度限制、安全注意及其他相關管理事項辦法之規定，始得行駛於道路上。

綜上可知，目前我國政府對於如個人行動器具等其他慢車之管理，係採「原則禁止、例外開放」立場，而個人行動器具如違反各地方政府所定規格、指定行駛路段、時間、速度限制、安全注意及其他相關管理事項辦法之規定，抑或觸犯道交條例第三章關於「慢車」各條規定，則可依本條第5項規定，處行爲人新臺幣1,200元以上3,600元以下罰鍰，並禁止其行駛或使用，以確保其他用路人的安全。

關於違反本條慢車相關規定之處罰，依據道交條例第8條第1項規定，係由警察機關處罰之，且警察機關於裁決前，依同條第2項規定，應給予違規行爲人陳述之機會，蓋在現代國家中，行政機關作成與人民權益有關之決策，應當給予人民參與的機會，始符合民主之原則，而我國行政程序法第102條亦明文規定，應給予該處分相對人陳述意見之機會。行政程序參與制度的建立，不僅緩和公權力片面行使之色彩，更可爭取受處分人的合作與支持，同時避免或降低公民不服從之情況發生[4]。

參、綜論

目前我國政府對於慢車之管理，係採「原則禁止、例外開放」的立場，並透過道交條例授權予各直轄市、縣（市）政府訂定相關辦法，據以規範並管制其他慢車之登記、發給證照、規格、指定行駛路段、時間，乃至於速度限制、安全注意及其他相關

4 參照吳庚、盛子龍，行政法之理論與實用，三民，2020年增訂16版，第541頁。

事宜。復以，腳踏自行車等慢車管理之工作，具有因地制宜的使用特性，且停車管理亦屬地方自治管理事項[5]，故當前中央政府立法並授權地方政府管理慢車之做法，似無不妥，亦符合因地制宜且兼顧區域觀光發展等優點，理論上更能有效保障慢車駕駛人之使用慢車權益，然眞實狀況是否如此？

又近年來，全球雖鼓勵並提倡使用環保、節能、輕型或以人力爲主之交通工具載運客、貨，我國並藉此契機而順勢推動國內旅遊或觀光等熱潮，同時深化各地方文化之經營與發展，惟鑑於各地方政府區域經營的特性（色）不同，並普遍面臨管理慢車之相關人力和經費有限等困境，加上社會大眾接受綠色節能而利用慢車作爲日常生活交通工具之觀念與日俱增，在民眾駕駛慢車需求日益升高而地方政府囿於人力和經費等限制卻遲遲未能落實訂定慢車相關管理辦法的情形下，除斲傷我國政府開放慢車使用之良善美意外，更陷地方政府於「立法怠惰」之不義，嚴重影響慢車用路人之相關權益。

準此，我國中央政府道路主管機關應當儘速釐訂慢車管理之原則方針或綱要計畫，並藉此具體指示各地方政府制定所屬的慢車管理相關辦法，除可避免出現「一國多制」之管理亂象外，更能有效實現和保障慢車用路人的相關交通權益，於此同時，各級政府在規劃、推展觀光與優化旅遊品質之際，亦應妥善規劃和建構公共停車（含慢車）空間，落實民眾安全駕駛慢車教育宣導，以及加強慢車違規取締等道路交通安全之「3E政策」[6]，俾兼顧慢車使用推廣和交通安全管理等工作。

第 69 條之 1（電動自行車之行駛條件及強制責任保險）

電動輔助自行車應經檢測及型式審驗合格，並黏貼審驗合格標章後，始得行駛道路。

微型電動二輪車應經檢測及型式審驗合格，並登記、領用、懸掛牌照後，始得行駛道路。

前二項電動輔助自行車及微型電動二輪車之檢測基準、檢測方式、型式審驗、品質一致性、申請資格、審驗合格證明書有效期限、查核及監督管理等事項之辦法，由交通部定之。交通部並得委託車輛專業技術研究機構辦理之。

微型電動二輪車所有人應依強制汽車責任保險法之規定，投保強制汽車責任保險。未依規定投保者，公路監理機關不予受理登記、換照或發照。

5　參照交通部98年9月11日交航字第0980048156號函。

6　所謂交通安全之「3E政策」，係指交通工程（Engineering）、交通教育（Education）和交通執法（Enforcement）等策略。

已領用牌照之微型電動二輪車未依規定再行訂立保險契約而行駛道路，經主管機關書面通知所有人限期續保，屆期仍未訂立保險契約繼續行駛道路者，註銷其牌照。

壹、導言

本條係立法院於2007年6月14日增訂，係緣起於原道安規則第115條之1規定，將電動輔助自行車之型式檢測及審驗辦法，由交通部定之，惟此乃一「再授權」規定，明顯違反司法院大法官釋字第543號解釋，即母法（道交條例）未規定子法（道安規則）得再授權時，子法則不得再爲授權立法，立法院因而增訂本條第1項規定：「電動輔助自行車及電動自行車應經檢測及型式審驗合格，並黏貼審驗合格標章後，始得行駛道路。」以及第2項規定：「前項電動輔助自行車及電動自行車之檢測基準、檢測方式、型式審驗、品質一致性、申請資格、審驗合格證明書有效期限、查核及監督管理等事項之辦法，由交通部定之。交通部並得委託車輛專業技術研究機構辦理之。」

此外，爲強化電動自行車之安全管理工作，杜絕違法改裝或飆車等不法情事，立法院遂於2022年4月19日修訂本條內容，並增訂微型電動二輪車（前身爲電動自行車）相關規定，如於第4項規定微型電動二輪車所有人應依強制汽車責任保險法之規定，投保強制汽車責任保險，其未依規定投保者，公路監理機關不予受理登記、換照或發照；至第5項則規定已領用牌照之微型電動二輪車未依規定再行訂立保險契約而行駛道路，經主管機關書面通知所有人限期續保，屆期仍未訂立保險契約繼續行駛道路者，註銷其牌照，均旨在加強交通安全管理工作，以確保用路人行車安全。

貳、內容解析

本條第1項規定，電動輔助自行車應經檢測及型式審驗合格，並黏貼審驗合格標章後，始得行駛道路，而此規範亦同樣律定於道安規則第115條之1規定中，至於本條第2項規定，也明文揭示於道安規則第115條之2第1項規定中，即微型電動二輪車應經檢測及型式審驗合格，取得安全審驗合格證明書，並登記、領用、懸掛牌照後，始得行駛道路。此外，依據電動輔助自行車及微型電動二輪車型式安全審驗管理辦法第2條第1項第3款規定，所謂「型式安全審驗」，係指電動輔助自行車或微型電動二輪車行駛道路前，對其特定車型之安全及規格符合性所爲之審驗。

除此之外，關於電動輔助自行車及微型電動二輪車之檢測基準、檢測方式、型式審驗、品質一致性、申請資格、審驗合格證明書有效期限、查核及監督管理等事項之辦法，依據本條第3項規定，係立法授權由交通部定之，且交通部並得委託車輛專業技術研究機構辦理之。其中，所謂「品質一致性審驗」，依據電動輔助自行車及微型電動二輪車型式安全審驗管理辦法第2條第1項第8款規定，乃指爲確保電動輔助自行車或微型電動二輪車之安全品質具有一致性所爲之品質一致性計畫書審查及品質一致性核驗，又品質一致性核驗則包含成效報告核驗、現場核驗、抽樣檢測及實車查核。

申言之，根據電動輔助自行車及微型電動二輪車型式安全審驗管理辦法第3條規定，國內電動輔助自行車或微型電動二輪車之製造廠、代理商及進口人[7]，其製造或進口之電動輔助自行車或微型電動二輪車，應經檢測機構或審驗機構依交通部所定安全檢測基準檢測並出具安全檢測報告，並向審驗機構申請辦理型式安全審驗合格且取得電動輔助自行車或微型電動二輪車型式安全審驗合格證明書，又電動輔助自行車應依同辦法第11條規定黏貼審驗合格標章後，始得行駛道路，另微型電動二輪車則應向公路監理機關辦理登記、領用、懸掛牌照後，始得行駛道路。

復依據上揭辦法第4條第1項規定，交通部爲辦理型式安全審驗，得委託國內具審驗能力之車輛專業機構爲審驗機構，辦理型式安全審驗之安全檢測、監測、審查、品質一致性審驗、審驗合格證明書製發、補發、換發、檢測機構認可書面審查及實地評鑑、認可證書製發、檢測機構及其監測實驗室監督評鑑等相關事項。值得注意的是，微型電動二輪車所有人如欲申請新領牌照登記，根據道安規則第115條之2第4項規定，則應繳驗相關特定證明文件，並經公路監理機關實車查核後，始發給牌照，另對於申請新領牌照登記之實車查核，依據道安規則第115條之2第6項規定，公路監理機關得委託製造業及進口商辦理之[8]。

電動輔助自行車經型式安全審驗合格後，根據電動輔助自行車及微型電動二輪車型式安全審驗管理辦法第11條第1項規定，應由申請者向審驗機構申請審驗合格標章，另電動輔助自行車審驗合格之標章，依據同辦法第11條第2項規定，應黏貼於下管可明顯辨識處，至於審驗合格標章之格式如下（參照圖3-1）：

---

7 依據電動輔助自行車及微型電動二輪車型式安全審驗管理辦法第5條規定，型式安全審驗之申請者包括：1.國內製造之完成車，應由合格之製造廠提出申請；2.進口之完成車，應由代理商或進口人提出申請。

8 如微型電動二輪車係出廠5年以上，其辦理轉讓過户，依據道安規則第115條之2第7項規定，應向公路監理機關申請實施實車查核。

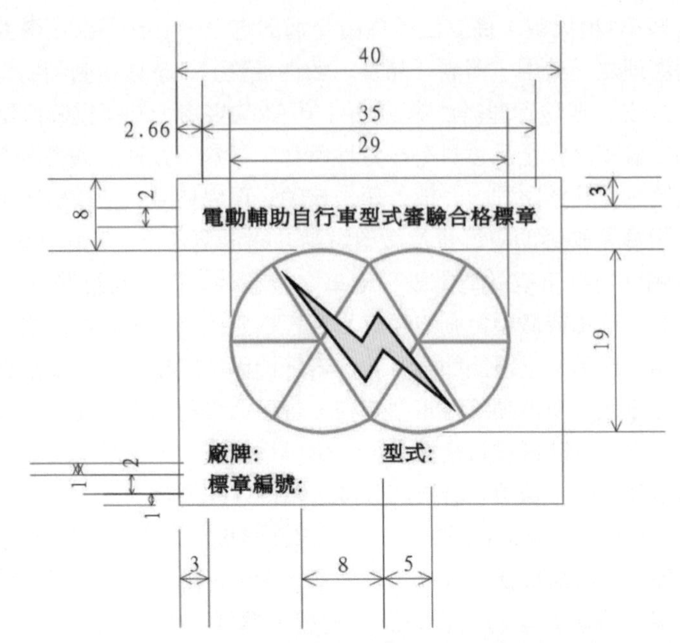

圖3-1　電動輔助自行車審驗合格標章格式圖

資料來源：電動輔助自行車及微型電動二輪車型式安全審驗管理辦法第11條第3項規定。

備註：一、合格標章之範例圖示單位為公釐。
二、合格標章之顏色規定：
（一）白底。
（二）閃電外框：黑色。
（三）閃電內：黃色填滿。
（四）其他：淡草綠色。

本條第4項規定，微型電動二輪車所有人應依強制汽車責任保險法之規定，投保強制汽車責任保險，未依規定投保者，公路監理機關不予受理登記、換照或發照，另同條第5項亦規定，已領用牌照之微型電動二輪車未依規定再行訂立保險契約而行駛道路，經主管機關書面通知所有人限期續保，屆期仍未訂立保險契約繼續行駛道路者，註銷其牌照。此外，依據強制汽車責任保險法第5條之1第1項規定，道交條例第69條第1項第1款第3目所定微型電動二輪車，視爲該法所稱之汽車，投保義務人應依該法規定訂立保險契約，如未訂立者，公路監理機關將不予受理登記、換照或發照，而同條第3項亦規定，微型電動二輪車投保義務人未曾依該法規定訂立保險契約者，其所致汽車交通事故不受該法之保障。

關於微型電動二輪車之強制汽車責任保險，其保險期間爲1年至3年，如爲新車領牌者，則保險期間爲3年，又已使用年期未達1年者，其保險期間至少爲2年，然已使用年期1年以上或保險期間屆滿辦理續保者，則保險期間至少爲1年，另領用臨時牌照或試車牌照之微型電動二輪車，其保險期間依其牌照之有效期間，最長爲1年[9]。

參、綜論

近年來，隨著全球各國陸續重視綠電或減碳等節能政策，因而順勢帶動慢車數量之急遽成長，特別是電動輔助自行車和微型電動二輪車在我國皆無需經過考照程序，如在個人經濟條件許可的前提下，一般人於購買之後，即可輕鬆駕駛上路，又因其具備輕便和省力等交通優勢，現已漸漸融入國人日常生活當中，並且慢慢成爲個人上、下班代步和家庭休閒娛樂所不可或缺的交通必需品。

目前我國電動輔助自行車和微型電動二輪車，雖說依本條規定，均應經檢測及型式審驗合格後，始得准許上路，然由於電動輔助自行車和微型電動二輪車日漸充斥國人周遭生活，同時亦爲綠能產業帶來龐大之商機與利潤，在利慾薰心之驅使下，遂有少數不肖業者爲滿足消費者私欲，於是趁機鋌而走險，除從事不法改裝外，甚至僞、變造合格審驗標章，企圖產生混淆誤認之效果，進而躲避警方或執法人員查緝。

觀察現階段在微型電動二輪車之查緝或取締等執法工作上，通常係以正確的合格標章爲基礎，並藉此來比對僞、變造之合格標章，如在正確的微型電動二輪車合格標章上，其車輛之型式、廠牌及標章編號，均能清楚予以標示，且藍色線框並有凹印痕；反之，在僞、變造之合格標章上，除未能依規標示型式、廠牌及標章編號外，其藍色線框則多半亦無凹印痕。因此，對於該等使用僞、變造合格標章之電動輔助自行車和微型電動二輪車的駕駛人，除應依刑法第216條行使僞造特種文書罪究辦外，並應依同法第212條僞造特種文書罪追查上游不法業者，以澈底消弭或減少僞、變造合格標章等不法情事的再發生。

第 69 條之 2（微型電動二輪車異動繳清尚未結案罰鍰之責任）
微型電動二輪車所有人向公路監理機關辦理車輛過戶、註銷牌照或換發牌照前，應繳清其所有違反本條例第二章、第三章尚未結案之罰鍰。

壹、導言

本條係立法院於2022年4月19日增訂，乃參照道交條例第9條之1規定，即汽車所

9　參照交通部111年11月25日交路字第11100356021號公告。

有人或駕駛人應於向公路監理機關辦理車輛過戶、停駛、復駛、繳交牌照、註銷牌照、換發牌照或駕駛執照前，繳清其所有違反道交條例第二章、第三章尚未結案之罰鍰。準此，本條遂規定微型電動二輪車所有人於辦理車輛過戶、註銷牌照或換發牌照前，應繳清相關尚未結案之罰鍰，以求法律內容之完整性。

貳、內容解析

有關本條規定內容，亦補充並見諸於道安規則第115條之2第3項規定，即微型電動二輪車牌照包括號牌及行車執照，爲行車之許可憑證，由微型電動二輪車所有人向公路監理機關申請登記，經繳清其違反道交條例第二章、第三章尚未結案之罰鍰，並實車查核與來歷證件相符後，始發給之。

微型電動二輪車辦理過戶、變更車輛所有人名稱、地址、報廢、繳銷牌照或註銷牌照時，根據道安規則第115條之4規定，應向公路監理機關申請異動登記，如微型電動二輪車牌照之登記主體不存在或不需使用時，依據道安規則第115條之5規定，則準用同規則第32條第1項（牌照之登記主體已不存在及融資性租賃車輛租用人登記主體不存在或其領用資格喪失者，其繼承人、負責人、清算人、承受人或出租人應向公路監理機關申請異動登記）、第2項（牌照不需使用時，得向公路監理機關申請繳銷）及第33條第1項至第3項[10]之申請異動登記規定。

除此之外，若微型電動二輪車所有人酒後違規駕車同時觸犯刑事法律，經檢察官爲緩起訴處分期間是否適用本條規定？基於法律體系解釋及本條立法目的等考量，此處所謂「繳清其所有違反……尚未結案之罰鍰」，應係指已作成行政裁處罰鍰而未繳納者而言，於此情況下，依據司法院秘書長前於2011年1月20日召開「交通聲明異議案件，刑事罰與行政罰競合爭議協調會」共識，各監理機關就旨揭緩起訴期間尚未屆滿之案件，因尚未能進行行政罰鍰之裁處，則應無本條規定之適用[11]。

另一方面，微型電動二輪車所有人如無法一次完納罰鍰而獲准分期繳納時，依「舉重以明輕」之法理，我國違反道路交通管理事件統一裁罰基準及處理細則第64條第1項既已規定分期繳納期間，汽車所有人或駕駛人於繳納第1期罰鍰金額後，公路監

10 道安規則第33條第1項規定，應申請異動登記之義務人未辦理異動登記者，公路監理機關得催告該義務人於15日內辦理異動登記，逾期未辦理者，或繼承人未於被繼承人死亡後1年內辦理異動登記，或經有關機關（構）依法公告後仍無人認領之車輛，公路監理機關應逕行註銷該車輛牌照；第2項規定繼承登記，義務人不能如期辦理者，得於期限屆滿前，以書面敘明理由申請延長6個月，並以1次爲限；第3項規定牌照受註銷處分者，由公路監理機關逕予登記註銷，除因未辦理繼承異動登記之情形外，應以牌照註銷處分書通知所有人，並將資料提供警察機關及稅捐機關。

11 參照交通部100年8月5日交路字第1000042252號函。

理機關得先註記其申請除車輛過戶外之車輛停駛、復駛、繳交牌照、註銷牌照、換發牌照或駕駛執照，則自得類推適用而准許微型電動二輪車所有人於繳納第1期罰鍰金額後，公路監理機關得先註記其申請除車輛過戶外之註銷牌照或換發牌照。

參、綜論

本條雖係參酌道交條例第9條之1規定，責成微型電動二輪車所有人於向公路監理機關辦理車輛過戶、註銷牌照或換發牌照等動作前，應先繳清其所有違反道交條例第二章和第三章尚未結案之罰鍰，固有維持道交條例法律內容之完整性的良善用意，然卻因此而限制財產所有權人自由處分該微型電動二輪車之權益，此舉是否符合比例原則？實則值得商榷。蓋微型電動二輪車之財產價值，一般低於或遠低於汽車的財產價值，本條規定即便於一定程度可以達到約制微型電動二輪車所有人變賣財物或脫產之效果，惟該所有人如係欲以變賣微型電動二輪車爲方法，進而籌措尚未結案之罰鍰，似有違「法律不外乎人情」之普羅大眾法感情。

職是之故，正所謂「法合人情則興，法逆人情則竭」，考量微型電動二輪車之財產價值，普遍低於汽車的財產價值，又微型電動二輪車所有人如欲以變賣該車爲清償違反道交條例第二章和第三章尚未結案之罰鍰，基於人情與義理等考量，本條或可增列第2項規定，並賦予所有人於一定條件之保證基礎下，得以辦理其微型電動二輪車之過戶手續，除可有利所有人清償尚未結案的罰鍰外，亦能同時兼顧「情、理、法」之平衡。

第 70 條（慢車淘汰後行駛之沒入與銷毀）
慢車經依規定淘汰並公告禁止行駛後仍行駛者，沒入後銷毀之。

壹、導言

本條係於1975年7月11日進行全條修正，並規定：「慢車經依規定淘汰並公告禁止行駛後仍行駛者，沒入後銷毀之。」其後因而適用迄今，由於慢車行駛於街道上時，其最高行駛速率始終有其侷限範圍，雖說慢車在功能上，一般普遍具有節能及環保效果，然過多慢車如行駛於市區道路上，在某種程度勢必變相阻礙其他同行之汽、機車正常行駛速度的發揮，甚至進而影響整體城市經濟運輸之發展，故須適當予以限制或淘汰之。

貳、內容解析

本條規定慢車經依規定淘汰並公告禁止行駛後仍行駛者，沒入後銷毀之，而此處所謂之「銷毀」，乃執行的方法或手段之一，因未發生任何法律上效果，故屬事實行爲。申言之，所謂「事實行爲」，乃指行政主體直接發生事實上效果之行爲，其與行政處分或其他基於表意行爲不同者，在於後者以對外發生法律效果或以意思表示爲要素[12]。

此外，依據道安規則第116條規定：「各直轄市、縣（市）政府因地方交通發展，對各種慢車認爲須予淘汰者，報請行政院核定後公告禁止行駛。」申言之，由於慢車最大行駛速率僅能維持每小時25公里以下，如有大量慢車行駛在主要道路上，輕則容易導致交通秩序混亂與壅塞，重則甚至影響地區整體交通運行（輸）效率，更可能因此而阻礙城市的空間規劃和經濟發展，故道安規則第116條乃明文規定地方政府得基於地區交通發展之考量，針對各種慢車進行淘汰，並於報請行政院核定後，公告禁止行駛，如遇違反禁止行駛規定而仍行駛者，則可依本條規定將該慢車沒入後銷毀之。

再者，根據道交條例第8條第1項規定，違反本條之行爲，係由警察機關處罰之，且警察機關於裁決（沒入）前，依同條第2項規定，應給予違規行爲人陳述之機會，又行爲人如對此等具有行政處分性質之「沒入」有所不服時，即得依法提起行政爭訟。

參、綜論

一般來說，慢車類型與數量之多或寡，在某種程度上，實與其都市的空間規劃和區域經濟發展，兩者關係可謂密切相關，如於都市人口稠密地區內普遍運用以綠能爲主之電動代步車，如電動輔助自行車或微型電動二輪車，除能達到節能減碳的效果外，更是城市文明進步與科技發展具體象徵之一，亦代表著國家對於低碳環保或綠色交通的重視。反之，都市區域內若充斥著手拉（推）貨車或牛、馬等獸力行駛車輛，於一定程度上，則可能阻礙或拖累城市交通的便捷與發展。

準此，我國道安規則第116條規定，各地方政府因交通發展因素，對於各種慢車認爲必須淘汰者，可報請行政院核定後，公告禁止其行駛，探究箇中原因，固有上揭城市交通發展上之斟酌或考量，惟公告特定慢車淘汰並禁止其通行之際，亦應兼顧該慢車所有人的就業狀況或經濟生活條件，如渠等係以特定慢車爲謀生工具，則行政機關於作成淘汰之公告前，自應依行政程序法相關規定踐行聽證程序，除可保障弱勢慢

---

12 參照吳庚、盛子龍，行政法之理論與實用，三民，2020年增訂16版，第439頁。

車用路族群的行車權益外，透過人民參與之民主行政聽證，亦可避免行政機關陷入專權擅斷的譏諷。

第 71 條（電動輔助自行車違反型式審驗相關態樣之處罰）
經型式審驗合格之電動輔助自行車，未黏貼審驗合格標章於道路行駛者，處駕駛人新臺幣六百元以上一千二百元以下罰鍰，並禁止其行駛。
未經型式審驗合格之電動輔助自行車，於道路行駛者，沒入之。

壹、導言

本條第1項係立法院部分委員及黨團提案，表示經型式審驗合格之電動輔助自行車應黏貼審驗合格標章，以便識別管理，而違反黏貼審驗合格標章之義務者，並應有處罰規定，爰增訂之。除此之外，爲確保交通安全，未經型式審驗合格或經檢驗不合格之電動輔助自行車於道路行駛，應予以處罰，乃增訂本條第2項規定，並處以沒入之制裁手段[13]。

貳、內容解析

審驗合格標章爲電動輔助自行車行駛於道路之憑證，行爲人駕駛經型式審驗合格的電動輔助自行車，如未黏貼審驗合格標章於道路行駛者，依本條第1項規定，將處駕駛人新臺幣600元以上1,200元以下罰鍰，並禁止其行駛，惟值得注意的是，此處係針對駕駛人未黏貼審驗合格標章之通行憑證所進行的處罰，基本上駕駛人所騎乘之電動輔助自行車已通過型式審驗合格，其最大行駛速率仍在每小時25公里以下。

然而，行爲人駕駛電動輔助自行車時速超過25公里且行駛道路部分，無論其是否經審驗合格或變更合格證明書所載規格設備超過道交條例所規定最大行駛速率每小時25公里限制者，均應依道交條例第32條之1規定：「非屬汽車、動力機械及個人行動器具範圍之動力載具、動力運動休閒器材或其他相類之動力器具，於道路上行駛或使用者，處行爲人新臺幣一千二百元以上三千六百元以下罰鍰，並禁止其行駛或使用。」舉發處罰[14]。

除此之外，若非屬於衛生主管機關公告之醫療器材，而係目前廠商製造或進口之

---

13 參照立法院公報，第110卷第61期委員會紀錄，第209頁。
14 參照交通部110年8月24日交路字第1090405477號公告。

電動休閒車等之動力載具，除依規定經型式審驗合格，並規定領用牌照或取得審驗合格標章者（含電動輔助自行車）得行駛道路外，其餘係不得於道路上行駛或使用，故該等載具之所有人或使用人如違規使用行駛於道路上，自當有道交條例第32條之1規定的適用[15]，並將處行爲人新臺幣1,200元以上3,600元以下罰鍰，同時禁止其行駛或使用。

參、綜論

有關行爲人所駕駛之電動輔助自行車，如係未經型式審驗合格者，其於道路行駛時，依本條第2項規定，將沒入該電動輔助自行車，而此處所謂「沒入」，其本質上屬於行政機關就公法上具體事件所爲之決定或其他公權力措施而對外直接發生法律效果之單方行政行爲，即符合行政程序法第92條第1項所稱之行政處分，故受處分當事人如有不服時，自得許其提起行政爭訟。

除此之外，依道交條例第8條第1項第2款規定，行爲人如有違反道交條例第69條至第84條之行爲時，係由警察機關處罰之，又據道交條例第8條第2項規定，警察機關於進行（沒入）裁決前，應給予違規行爲人陳述之機會，另據道交條例第87條規定，受處分人如不服第8條處罰之裁決者，應以原處分機關爲被告，逕向管轄之地方法院行政訴訟庭提起訴訟，其中關於撤銷訴訟之提起，應於裁決書送達後30日之不變期間內爲之。

準此，雖說本條第2項沒入之行政處分，著實對於人民財產權具有相當程度的重大影響，然警察機關在裁決沒入行爲人之電動輔助自行車前，若能依道交條例第8條第2項規定的意旨，事前確實給予違規行爲人具體陳述或提出答辯之機會，事後亦能准許受處分人依道交條例第87條規定而提起行政救濟，衡諸此等沒入之相關制裁程序，除符合正當法律程序的要求外，並充分保障人民於憲法上的訴訟權，同時亦兼顧道路交通安全秩序維護之實際需求，尚難謂過度侵害人民的財產權。

第 71 條之 1（微型電動二輪車違反牌照使用相關態樣之處罰）

微型電動二輪車有下列情形之一者，處所有人新臺幣一千二百元以上三千六百元以下罰鍰，並禁止其行駛：

一、未依規定領用牌照行駛。

二、使用偽造或變造之牌照。

[15] 參照交通部98年3月11日交路字第0980023644號函。

三、牌照借供他車使用或使用他車牌照。
四、已領有牌照而未懸掛或不依指定位置懸掛。
五、牌照業經註銷，無牌照仍行駛。
六、牌照遺失不報請該管主管機關補發，經舉發後仍不辦理而行駛。
前項微型電動二輪車屬經型式審驗合格車輛者，當場移置保管；前項微型電動二輪車屬未經型式審驗合格車輛者，沒入之；第二款、第三款之牌照扣繳之。
微型電動二輪車未領用有效牌照、懸掛他車牌照或未懸掛牌照於道路停車者，依前二項規定處罰，並當場移置保管。
本條例中華民國一百十一年四月十九日修正施行前，已經檢測及型式審驗合格，並黏貼審驗合格標章之微型電動二輪車，應於本條例一百十一年四月十九日修正施行後二年內依規定登記、領用、懸掛牌照。逾期未領用者，依第一項第一款處罰之。

壹、導言

本條係立法院於2022年4月19日增訂，乃因應微型電動二輪車懸掛牌照需要而明定相關涉及違規使用牌照之處罰規定，並參照道交條例第12條第1項規定，即第1款「未領用牌照行駛」、第3款「使用偽造、變造或矇領之牌照」、第5款「牌照借供他車使用或使用他車牌照」、第7款「已領有號牌而未懸掛或不依指定位置懸掛」、第8款「牌照業經繳銷、報停、吊銷、註銷，無牌照仍行駛」及第10款「號牌遺失不報請公路主管機關補發，經舉發後仍不辦理而行駛」等內容，經由立院黨團及部分委員協商通過。

此外，考量公路監理機關之現行作業能量及實務上作業情形（包括有些合格標章已遺失，或是原製造廠已不存在，出具證明有困難等需個案處理之案件）等問題，遂於本條第4項規定：「本條例中華民國一百十一年四月十九日修正施行前，已經檢測及型式審驗合格，並黏貼審驗合格標章之微型電動二輪車，應於本條例一百十一年四月十九日修正施行後二年內依規定登記、領用、懸掛牌照。……」申言之，即預留法規施行之緩衝期或訂定過渡條款，以避免驟然施行後，造成民眾無從預爲因應準備，而影響其權益[16]。

16 參照法務部98年8月25日法律字第0980700587號函示略以，關於各機關於制（訂）定法規時，各機關宜視個案所需，規定法規之施行日期，倘屬新制度之施行或修正者，宜預留法規施行之緩衝期或訂定過渡條款，以避免驟然施行後，造成民眾無從預爲因應準備，而影響其權益。

貳、內容解析

有關本條第1項各款之規定，係指駕駛微型電動二輪車如出現各款情形之一，將處罰「所有人」新臺幣1,200元以上3,600元以下罰鍰，並禁止「所有人」行駛，故即便受攔停或稽查當下係由他人駕駛微型電動二輪車，交通稽查人員除應依具體個案事實進行檢查，並得依行爲人所涉違反道路交通管理事件予以舉發外，另應依本條第1項規定，針對該微型電動二輪車所有人處罰之，以遏阻其出租或出借違法微型電動二輪車之不當行爲。

此外，依據道交條例第8條第1項第2款規定，違反本條規定係由警察機關處罰，故行爲人所駕駛之微型電動二輪車如屬經型式審驗合格車輛者，則依本條第2項前段規定，由警察機關當場移置保管，然若屬未經型式審驗合格車輛者，即依本條第2項後段規定，由警察機關當場沒入之，並扣繳本條第1項第2款（使用僞造或變造之牌照）和第3款（牌照借供他車使用或使用他車牌照）之牌照，且於交通執法實務上，警方在執行第3款扣繳牌照動作時，通常開具兩張舉發違反道路交通管理事件通知單。

除此之外，本條雖係參照道交條例第12條第1項規範內容而規定，惟對於本條第3項有關微型電動二輪車未領用有效牌照、懸掛他車牌照或未懸掛牌照於道路停車者，僅依本條前二項規定處罰，並當場移置保管，而未併同參考道交條例第12條第4項規定予以「扣繳其牌照」。

本條第4項乃「落日條款」規定，即對於道交條例2022年4月19日修正施行前，已經檢測及型式審驗合格，並黏貼審驗合格標章之微型電動二輪車，應於道交條例2022年4月19日修正施行後2年內依規定登記、領用、懸掛牌照，如逾期未領用者，則依本條第1項第1款處罰「所有人」。此外，依照監理機關相關規定，購買全新微型電動二輪車領牌時，需準備下列相關文件資料及費用[17]：

一、身分證明文件：（一）以個人名義申請者，應繳驗車主國民身分證正本（或軍人身分證或僑民有效居留證）；（二）以公司、行號名義申請者，繳驗公司、行號主管機關核准登記之公文（公司含登記表）或核發之登記證明書（公司行號名義）爲影本者，另繳驗該公司行號最新一期繳納營業稅證明文件影本。

二、印章：移工印章以居留證上之姓名爲主。

三、保險：辦理時有效期間超過30日以上之強制汽車責任保險證。

四、來歷證明：（一）國產車：國內製造車輛之出廠證明；（二）進口車：海關進口與貨物稅（免）稅照證。

---

17 參照監理服務網2022年12月14日公布「微型電動二輪車掛牌納保相關Q&A」。

五、統一發票：需註明受買人、車架號碼。

六、安全審驗合格證明書。

七、微電車牌照規費費額：號牌1面300元、行照1枚150元。

另外，如係使用中之微型電動二輪車領牌時，則需準備下列相關文件資料及費用[18]：

一、身分證明文件：（一）以個人名義申請者，應繳驗車主國民身分證正本（或軍人身分證或僑民居留證）；（二）以公司、行號名義申請者，繳驗公司、行號主管機關核准登記之公文（公司含登記表）或核發之登記證明書（公司行號名義）為影本者，另繳驗該公司行號最新一期繳納營業稅證明文件影本。

二、辦理時有效期間30日以上之強制汽車責任保險證。

三、來歷證明：（一）國產車：國內製造車輛之出廠證明；（二）進口車：海關進口與貨物稅完（免）稅證明書；（三）以上證件如有遺失得由原製造廠或進口商出具證明文件，若原製造廠或進口商主體已不存在，則由微電車相關產業公（協）會出具證明文件方式辦理。

四、統一發票：如有遺失得由原車主以切結方式辦理。

五、微電車牌照規費費額：號牌1面300元、行照1枚150元（2022年11月30日起至2023年12月31日止辦理「使用中微型電動二輪車領牌登記」免徵規費450元）。

值得注意的是，依據強制汽車責任保險法第5條之1第2項規定，道交條例第71條之1第4項規定施行前，已經檢測及型式審驗合格，並黏貼審驗合格標章之微型電動二輪車，投保義務人應於本條施行後2年內依該法規定訂立保險契約，並依道交條例規定登記、領用、懸掛牌照，如微型電動二輪車投保義務人未曾依該法規定訂立保險契約者，則依強制汽車責任保險法第5條之1第3項規定，其所致汽車交通事故不受該法之保障。

參、綜論

本條第1項緣因應微型電動二輪車懸掛牌照需要，遂參照道交條例第12條第1項規定，進而明定相關涉及違規使用牌照之處罰規定，而基於道交條例法律內容的完整性和交通安全之實際需要，確有訂定本條第1項之必要，惟本條第2項後段規定，微型電動二輪車有牌照借供他車使用或使用他車牌照者，除處所有人新臺幣1,200元以上3,600元以下罰鍰，並禁止其行駛外，同時扣繳其牌照，相較於道交條例第12條第2項後段規定，汽車有牌照借供他車使用或使用他車牌照者，除處汽車所有人新臺幣

18 參照監理服務網2022年12月14日公布「微型電動二輪車掛牌納保相關Q&A」。

3,600元以上1萬800元以下罰鍰，並禁止其行駛外，亦吊銷其牌照。

觀察上揭兩條第2項後段規定，同樣均爲「牌照借供他車使用或使用他車牌照」之禁止行爲，然前者微型電動二輪車係「扣繳」其牌照，而後者汽車爲「吊銷」其牌照，則皆屬同一行爲態樣之違規行爲，立法者卻分別使用「扣繳」和「吊銷」等用語，雖說依違反道路交通管理事件統一裁罰基準及處理細則第73條規定，處罰機關執行吊銷、註銷、扣繳車輛牌照、駕駛執照或微型電動二輪車牌照時，俟裁決或裁判確定後，應將收繳之駕駛執照、車輛牌照或微型電動二輪車牌照，最終均係移送該管公路監理機關「銷燬」，惟衡酌微型電動二輪車與一般輕型機車的功能相仿，其於道路交通安全所造成之行車風險，亦可謂大致雷同，復考量道交條例法律內容的結構完整性，實有統一規範兩者用詞之必要。

第 71 條之 2（微型電動二輪車污損牌照、不能辨認牌號之處罰）

微型電動二輪車損毀或變造牌照、塗抹污損牌照，或以安裝其他器具之方式，使不能辨認其牌號者，處所有人新臺幣九百元以上一千八百元以下罰鍰，並責令申請換領牌照或改正。

微型電動二輪車行駛有下列情形之一者，處所有人新臺幣一百五十元以上三百元以下罰鍰，並責令改正、補換牌照或禁止其行駛：

一、牌照遺失或破損，不報請補發、換發或重新申請。

二、牌照污穢，不洗刷清楚或為他物遮蔽，非行車途中因遇雨、雪道路泥濘所致。

壹、導言

本條係立法院於2022年4月19日增訂，乃因應微型電動二輪車懸掛牌照，經由立院黨團及部分委員協商後，遂仿照道交條例第13條及第14條等規定，即第13條第1款「損毀或變造汽車牌照、塗抹污損牌照，或以安裝其他器具之方式，使不能辨認其牌號」，以及第14條第2項第1款「牌照遺失或破損，不報請公路主管機關補發、換發或重新申請」和第2款「號牌污穢，不洗刷清楚或爲他物遮蔽，非行車途中因遇雨、雪道路泥濘所致」等內容，據以新增相關處罰規範，以避免微型電動二輪車駕駛人發生妨礙牌照辨識和遺失、污穢等情事。

貳、內容解析

本條第1項規定，亦補充說明於道安規則第115條之3第3項前段規定中，即微型電動二輪車號牌不得變造損毀、塗抹或黏貼其他材料、加裝邊框或霓虹燈、裝置旋轉架、顛倒懸掛或以安裝其他器具之方式使不能辨認其牌號，而所謂「使不能辨認其牌號」，並非單指肉眼不能辨認，凡以各種手段致科學儀器不能辨認者，亦屬之[19]。

如以反光材料塗抹（黏貼）於號牌，致造成不能以科學儀器在正常狀態下辨認其號牌之結果，係屬違反本條第1項規定之行爲，惟以透明玻璃或塑膠板覆蓋號牌，尚難認屬「損毀或塗抹」號牌之行爲[20]。若使用反光貼紙，其與「以反光材料塗抹於號牌」無異，致不能以科學儀器照相取證，顯已造成「使不能辨認其號牌」結果，則應依本條第1項規定取締處罰[21]，又加裝霓虹燈管後，辨認牌號有無困難，倘已達不能辨認其牌號之程度，即可依本條第1項規定，加以處罰[22]。

除此之外，如若涉及變造牌照，除觸犯刑法而應移送司法機關調查、處理外，同樣亦應依本條第1項規定處罰之[23]，又如所有人或駕駛人在車輛牌照表面黏貼號碼貼紙而改變車號之情形，因車牌號碼已經改造，自應論以刑法第212條變造特種文書罪，惟在車輛牌照表面安裝玻璃紙、膠膜、壓克力透明板，其是否成立上開變造特種文書罪，應視已否達改造原有車牌號碼程度而定，屬個案具體事實之認定問題[24]。

另一方面，微型電動二輪車行駛如有牌照遺失或破損，而不報請補發、換發或重新申請之情形，根據本條第2項第1款規定，將處所有人新臺幣150元以上300元以下罰鍰，並責令改正、補換牌照或禁止其行駛。一般來說，當牌照遺失或破損而報請補發、換發或重新申請時，監理機關原則上均責成申請人應檢具警察機關受（處）理案件證明單，其理由係配合警察機關防杜竊盜車輛進行拼裝、變造、矇混申請使用，或轉售過戶，且歹徒竊得車輛，多即調換其他車牌使用，以逃避警方直接發現，因而採行此項規定，以避免發生流弊[25]。

此外，觀察前述本條第1項規定，係指損毀、變造、塗抹污損或以安裝其他器具之方式，致使於正常視力、光線、距離及角度等之情況下，不能辨識其牌號時，始有本條第1項規定之適用，然關於本條第2項第2款規定，乃指非行車途中因遇雨、雪道路泥濘所致之號牌污穢或他物遮蔽號牌之情形，即有本條第2項第2款規定之適用，並非需至有「致生不能辨識號牌之結果」要件時，方有規定之適用，且依本條相關文字規定，亦無所謂應屬「主動」或「被動」等作爲之區分[26]。

---

19 參照交通部81年2月18日交路字第005578號函。

20 參照交通部79年9月3日交路字第026057號函。

21 參照內政部警政署79年6月1日警署交字第31317號函。

22 參照交通部83年7月7日交路字第022785號函。

23 參照交通部74年2月26日交路字第0158號函。

24 參照法務部79年10月9日法檢字第14578號函。

25 參照交通部路政司79年5月21日路臺監字第08436號函。

26 參照交通部100年7月11日交路字第1000040775號函。

再者，本條第2項第2款規定，亦補充說明於道安規則第115條之3第3項後段規定當中，即（號牌）並不得以他物遮蔽，如有污穢，致不能辨認其牌號時，應洗刷清楚，而此處所稱「他物」，尚包含「霓虹燈」在內，惟須查明究竟有無「他物遮蔽」之事實，倘如「爲霓虹燈管所遮蔽無法辨識者」，即應依本條第2項第2款規定論處，然該霓虹燈管如僅係圍繞於號牌四周而無「遮蔽號牌」之事實，則尚無處罰明文[27]。

參、綜論

本條係因應微型電動二輪車懸掛牌照上路，因而仿照道交條例第13條及第14條等規定，新增相關處罰規範，並藉此避免微型電動二輪車於行駛期間發生妨礙牌照辨識或遺失、污穢等情事，蓋微型電動二輪車牌照具有辨識其車輛身分之功能，且當駕駛人如不幸發生交通違規或車禍事故時，尚具有追查和究責等調查作用，故對於道路交通安全的管理及維護，具有相當程度之重要性。職是之故，我國遂立法課以微型電動二輪車所有人「應保持牌照具有可辨識性」之責，並律定不得損毀、變造或塗抹其牌照而致使不能辨識，以免危害交通安全或行車秩序。

除此之外，觀察本條相關禁止行爲之法定罰鍰的上、下限，均低於道交條例第13條或第14條所規定相關禁止行爲之法定罰鍰的上、下限，足見立法者於增訂本條規範之際，確已特別考量微型電動二輪車與汽、機車間之性能和結構等實質差異，並進而爲符合比例的不同規範強度之禁止規定。

第 72 條（擅自變更慢車相關裝置之處罰）

慢車未經核准，擅自變更裝置，或不依規定保持煞車、鈴號、燈光及反光裝置等安全設備之良好與完整者，處慢車所有人新臺幣三百元以上一千二百元以下罰鍰，並責令限期安裝或改正。

電動輔助自行車及微型電動二輪車於道路行駛或使用，擅自增、減、變更電子控制裝置或原有規格，處電動輔助自行車及微型電動二輪車所有人新臺幣一千八百元以上五千四百元以下罰鍰，並責令改正。

27 參照交通部83年5月25日交路字第018584號函。

壹、導言

考量我國電動自行車之數量日益漸多，每年銷售數量及使用族群並持續增加，惟當時電動自行車被列在道交條例「慢車」章節，故可行駛在一般道路或人行道上，加上電動自行車未經核准違法改裝後，其時速可高達60公里，已逾道交條例第69條所規定時速25公里之限制，嚴重危及用路人生命安全，且鑑於電動自行車以電力爲主要驅動方式，與傳統自行車人力方式不同，立法院乃於2019年5月31日修正本條並新增第2項規定，將電動自行車擅自增、減、變更相關裝置或原有規格等安全設備之良好與完整者之罰鍰提高，並責令改正。

然爲增加嚇阻力，本條於2022年4月19日修正時，遂提高第1項罰鍰之金額，由原本處慢車所有人新臺幣180元罰鍰，提升改至處以新臺幣300元以上1,200元以下罰鍰，另考量電動輔助自行車於道路行駛或使用，亦有賴電子控制裝置或原有規格確保其安全性，而有納入處罰之必要性，爰同步修正本條第2項規定。

貳、內容解析

有關本條第1項規定，亦揭示於道安規則第119條第1項規定當中，並律定慢車不得擅自變更裝置，並應保持煞車、鈴號、燈光及反光裝置等安全設備之良好與完整，而此處所稱之「慢車」，即指道交條例第69條規定之慢車種類及名稱，除包括「腳踏自行車」、「電動輔助自行車」和「微型電動二輪車」等「自行車」外，尚包含「人力行駛車輛」、「獸力行駛車輛」與「個人行動器具」等「其他慢車」。

此外，有關騎乘腳踏自行車行駛道路應保持燈光和反光裝置等安全設備之良好與完整，以及夜間行車應開啓燈光設備等規範要求，如腳踏自行車出廠未配備燈光時，並不因其所使用之腳踏自行車出廠或銷售時之配備情形，而有差異不同[28]，仍應依具體事實認有違反上揭規定之情事，始有本條第1項規定之適用[29]。

再者，如對於慢車擅自加裝補助引擎或馬達行駛者，則可依道安規則第119條第4項規定，以汽車之拼裝車輛相關規定處理，即以涉嫌違反道交條例第12條第1項第2款前段「拼裝車輛未經核准領用牌證行駛」規定辦理，並應依同條第2項規定沒入該等擅自加裝補助引擎或馬達行駛之慢車[30]，又此等拼裝車輛亦非道安規則第83條規定所稱之動力機械[31]。

關於本條第2項規定，同樣亦明文規範於道安規則第119條第2項規定之中，並律

---

28 參照交通部99年11月30日交路字第0990011385號函。

29 參照交通部路政司99年10月13日路臺監字第0990414349號函。

30 參照交通部90年5月24日交路字第035551號函。

31 參照交通部99年8月20日交路字第0990007786號函。

定電動輔助自行車及微型電動二輪車之安全設備，應符合電動輔助自行車及微型電動二輪車安全檢測基準規定，不得擅自增、減、變更電子控制裝置或原有規格。此外，為有效確保電動輔助自行車及微型電動二輪車之電子控制裝置或原有規格等安全性，交通部遂於2022年11月28日先後訂頒電動輔助自行車安全檢測基準[32]和微型電動二輪車安全檢測基準[33]等規範，而電動輔助自行車之車輛外觀，應符合下列構造之規範（參照圖3-2）。

圖3-2　電動輔助自行車構造規範圖

資料來源：電動輔助自行車安全檢測項目之車種及其適用規定。
備註：（一）一般自行車裝置（如車架、車把、座墊等）。
（二）電池。
（三）控制系統。
（四）電動機。
（五）電池充電器。

另一方面，在微型電動二輪車安全檢測基準之車輛規格規定上，依其實施時間及適用範圍，可以區分成兩個階段，第1階段係自2008年4月15日起至2016年6月30日止，第2階段則自2016年7月1日起迄今，至於相關規格之規範內容如下：

一、適用型式及其範圍認定原則：（一）完成車廠牌及製造國相同；（二）車輛種類相同；（三）車輛型式系列相同。

二、車輛尺度限制：

（一）自2017年1月1日起，限制如下：1.全長：不得超過175公分；2.全寬：不得超過75公分，且車把手豎桿（Handlebar Stem）禁止使用摺疊或伸縮調整型；3.全高：不得超過115公分，座墊最低位置距地高不得低於60公分。

32 參照交通部111年11月28日交路字第11150159985號令。
33 參照交通部111年11月28日交路字第11150159988號令。

（二）自2021年1月1日起，限制如下：1.全長：不得超過170公分；2.全寬：不得超過70公分，且車把手豎桿禁止使用摺疊或伸縮調整型；3.全高：不得超過110公分，座墊最低位置距地高不得低於60公分。

三、重量限制：微型電動二輪車車輛空重不含電池應在40公斤以下或車輛空重含電池應在60公斤以下。

四、輪胎尺寸：微型電動二輪車之輪胎直徑應在300公釐以上，460公釐以下，輪胎寬度在55公釐以上，120公釐以下。

五、車身各部設備：（一）微型電動二輪車不得裝置側方腳踏板；（二）微型電動二輪車後方可明顯辨識處應保留足夠空間懸掛號牌，其幾何中心應位於車輛之縱向中心平面，且號牌不得遮蔽車輛後方燈光，號牌能從車輛後方明顯辨識，不被遮蔽。

參、綜論

誠如立法者所言，我國境內慢車數量與日俱增，在節能與環保等浪潮推動之下，慢車使用族群人數可謂屢創新高，再加上免通過考照或輕便等優點，即便我國政府原則上採取禁止之立場，卻仍有許多國人透過道交條例相關規定取得慢車並駕駛之，然在實務上亦變相衍生出許多亂象，特別是慢車的違法改裝和飆車，甚至一度成爲令人痛惡之社會治安問題。有鑑於此，立法者雖提高本條第1項未經核准而擅自變更裝置之罰鍰，並針對擅自增、減、變更電動輔助自行車及微型電動二輪車之電子控制裝置或原有規格者，納入道交條例處罰的對象，然卻忽略特別預防之效果。

申言之，由於本條規定內容僅考量一般預防的嚇阻效果，惟未思考累犯或再犯等特別預防層面問題，相較於道交條例第35條第3項之規範內容，即立法者針對汽、機車駕駛人於10年內第2次或第3次違反酒精或毒、藥品等測試檢定，律定階層式或進階式的分階段處罰規定，實則有效兼顧特別預防之威嚇效果，亦有助於遏止酒（毒）駕累、再犯情事的發生。準此，本條應可比照並增訂第3項規定，即針對一定期間內再犯第1項或第2項等規定者，加重處以相關罰鍰之金額，俾發揮特別預防的嚇阻效果。

第 72 條之 1（微型電動二輪車超速行駛之處罰）

微型電動二輪車於道路行駛或使用，行駛速率超過型式審驗合格允許之最大行駛速率每小時二十五公里者，處駕駛人新臺幣九百元以上一千八百元以下罰鍰。

壹、導言

由於我國社會使用電力驅動之代步工具越來越多，其中電動輔助自行車及電動自行車的數量，更是呈現快速增長之趨勢，但其被列爲「慢車類」，規範與限制相較於機車明顯寬鬆許多，進而衍生出許多交通問題。此外，有鑑於電動輔助自行車及電動自行車時常有未經核准、擅自改裝車輛及變更車輛速度上限等情形發生，惟卻缺乏相應之罰則，恐影響道路安全。

再者，電動輔助自行車或電動自行車經改裝後，幾乎能達到一般輕型機車之速度，然因其在分類上屬於慢車，駕駛人無須考取駕照即可上路，等同於騎行機車而卻僅能使用慢車之法律，予以規範。另外，法令規定電動輔助自行車或電動自行車之最大行駛速率爲時速25公里，若以改裝手段使其超過速限規定，易混淆慢車與機車的界線，不僅造成交通管理上之問題，更可能危及駕駛人及用路人的安全。

正因改動速率上限等同於使慢車成爲機車，理應以機車之標準開罰，故立法者基於前揭種種因素考量，乃比照道交條例第16條擅自變動原有規格之罰則，即違者處新臺幣900元以上1,800元以下罰鍰，並於2019年5月31日新增本條規定，以合理規範電動自行車駕駛人之用車行爲。隨後，配合黨團協商結果，立法院復於2022年4月19日修正本條文字內容，並使用「微型電動二輪車」一詞迄今。

貳、內容解析

微型電動二輪車如果是經審驗合格者，其行駛速率超過型式審驗合格允許之最大行駛速率每小時25公里者，應依本條規定進行舉發及處罰，又超速行爲併有擅自增、減、變更電子控制裝置或原有規格者，則可再依道交條例第72條第2項規定舉發之，另微型電動二輪車如於道路行駛未黏貼懸掛合格標章時，無論其行駛道路速率是否超過每小時25公里，自當依道交條例第12條第1項第2款規定，即「拼裝車輛未經核准領用牌證行駛，或已領用牌證而變更原登檢規格、不依原規定用途行駛」舉發處罰[34]。

此外，行爲人駕駛微型電動二輪車如因超速而自摔、撞電線桿或擦撞行人時，依據強制汽車責任保險法第13條規定，因該法所稱汽車交通事故，係指使用或管理汽車致乘客或車外第三人傷害或死亡之事故，而微型電動二輪車駕駛人，若因超速而自摔、撞電線桿或擦撞行人並受傷，由於交通事故未涉及其他車輛，且該駕駛人亦非乘客或車外第三人，故無法獲得賠償。

再者，行爲人駕駛微型電動二輪車期間，如行駛速率超過型式審驗合格允許之最

---

34 參照交通部110年8月24日交路字第1090405477號公告。

大行駛速率每小時25公里，且有意識地糾合多眾併排競駛或高速飆車，並以該微型電動二輪車作爲妨害交通之工具，同時達到相當於壅塞、截斷、癱瘓道路之狀況，致使他人無法安全往來之程度者，則構成刑法第185條第1項之妨害公眾往來安全罪，可處駕駛人5年以下有期徒刑、拘役或1萬5,000元以下罰金，另如因而致人於死者，依同條第2項規定，則處駕駛人無期徒刑或7年以上有期徒刑，又致重傷者，更可處駕駛人3年以上10年以下有期徒刑[35]。

參、綜論

本條雖限制微型電動二輪車於道路行駛或使用之最大行駛速率爲每小時25公里，並對於超過行駛速率者，處以駕駛人新臺幣900元以上1,800元以下罰鍰，然本條僅針對微型電動二輪車行駛超過最大速率進行處罰，並無超速記點之相類制度或措施，如相較於違反道路交通管理事件統一裁罰基準及處理細則第2條第5項第1款第4目之規定，即汽車駕駛人行車速度超過規定之最高或最低時速，除處以罰鍰外，並記違規點數1點，而本條微型電動二輪車駕駛人如行駛超過最大速率，則未予以記點，似有失公允。

申言之，雖說行爲人駕駛微型電動二輪車，依現行規定係無需持有駕照，故無記點而吊銷駕駛執照之處罰空間，然卻可思考記點並吊扣牌照的操作可行性，蓋微型電動二輪車之功能，可謂相近於一般輕型機車，如經駕駛人違法改裝後，除可能出現道交條例第40條之超過最高時速違規外，亦可能發生道交條例第43條第1項第2款之超過最高時速40公里的違規。對於微型電動二輪車駕駛人之違法改裝行爲，固可依道交條例第72條第2項規定，處以罰鍰並責令改正，惟其改正後卻仍可能再度從事違法改裝而出現超速行爲，即便爲警查獲，卻僅能施以罰鍰和責令改正，此時若能透過記點而吊扣其牌照，當可發揮一定程度之遏止再犯效果，同時亦能產生特別預防的功效。

第 72 條之 2（未滿十四歲者違規駕駛之處罰及租賃業者相關責任）

未滿十四歲之人，駕駛微型電動二輪車或個人行動器具者，處新臺幣六百元以上一千二百元以下罰鍰，並當場禁止其駕駛，車輛移置保管。

微型電動二輪車或個人行動器具租賃業者，未於租借微型電動二輪車或個人行動器具予駕駛人前，教導駕駛人車輛操作方法及道路行駛規定者，處新臺幣六百元以上一千二百元以下罰鍰。

35　參照最高法院110年度台上字第3556號判決。

壹、導言

依道交條例第85條之4規定：「未滿十四歲之人違反本條例之規定，處罰其法定代理人或監護人。」次依行政罰法第9條第1項規定：「未滿十四歲人之行爲，不予處罰。」此外，由於電動自行車行駛道路所衍生之安全問題，有許多係源自租借使用時，欠缺足夠的使用說明，惟租賃業者本應教導租用者關於車輛機動力之安全操作與其在道路的行駛規定，或確認駕駛人之駕駛資格，故立法者基於上揭相關因素考量，乃在黨團協商程序結束後，達成修法共識，並於2022年4月19日新增本條第1項規定，限制未滿14歲之人駕駛微型電動二輪車或個人行動器具，以保障我國兒童或青少年之交通安全；另增訂第2項規定，俾加強租賃業者之教導及查證義務。

貳、內容解析

未滿14歲之人，如駕駛微型電動二輪車或個人行動器具者，依本條第1項規定，將處新臺幣600元以上1,200元以下罰鍰，並當場禁止其駕駛，同時移置保管該車輛，又依道交條例第85條之4規定，未滿14歲之人違反道交條例之規定，處罰其法定代理人或監護人，故員警填製舉發違反道路交通管理事件通知單時，依違反道路交通管理事件統一裁罰基準及處理細則第11條第1項第3款規定，應於通知單上另行查填其法定代理人或監護人之姓名、身分證統一編號及地址，並送達其法定代理人或監護人。

此外，本條所稱「未滿十四歲之人」，其可能爲少年事件處理法第2條規定之「少年」（即12歲以上18歲未滿之人），抑或爲兒童及少年福利與權益保障法第2條規定之「兒童」及「少年」（即指未滿18歲之人，其所稱兒童者，乃指未滿12歲之人，而所稱少年者，則指12歲以上未滿18歲之人），故未滿14歲之人，如駕駛微型電動二輪車或個人行動器具並與他人發生交通事故時，除可能涉嫌違反少年事件處理法和兒童及少年福利與權益保障法等相關規定外，其父母等法定代理人亦恐須連帶負損害賠償責任。

申言之，當未滿14歲的兒童或少年駕駛微型電動二輪車或個人行動器具，並與他人發生車禍且致人受傷時，其父母則涉違下列相關規定：

一、依民法第187條第1項規定，無行爲能力人或限制行爲能力人[36]，不法侵害他人之權利者，以行爲時有識別能力爲限，與其法定代理人連帶負損害賠償責任，如行爲時無識別能力者，由其法定代理人負損害賠償責任，故此時該兒童或少年之父母，即因此須連帶負損害賠償責任。

---

[36] 依據民法第13條第1項規定，未滿7歲之未成年人，無行爲能力，另同條第2項規定，滿7歲以上之未成年人，有限制行爲能力。

二、依少年事件處理法第84條第1項規定，少年之法定代理人，因忽視教養，致少年有第3條第1項（即少年保護事件及少年刑事案件）之情形，而受保護處分或刑之宣告，或致保護處分之執行難收效果者，少年法院得裁定命其接受8小時以上50小時以下之親職教育輔導，以強化其親職功能，又同條第5項規定，拒不接受親職教育輔導或時數不足者，少年法院得裁定處新臺幣6,000元以上3萬元以下罰鍰，如經再通知仍不接受者，得按次連續處罰，至其接受爲止，其經連續處罰3次以上者，並得裁定公告法定代理人之姓名，故此時該兒童或少年之父母，即因此須接受親職教育輔導。

三、依兒童及少年福利與權益保障法第49條第1項第15款規定，任何人對於兒童及少年不得有（其他）對兒童及少年或利用兒童及少年犯罪或爲不正當之行爲，同法第102條第1項第4款亦規定，父母、監護人或實際照顧兒童及少年之人有違反第49條各款規定之一者，主管機關應命其接受4小時以上50小時以下之親職教育輔導，又同條第3項則規定，不接受親職教育輔導或拒不完成其時數者，處新臺幣3,000元以上3萬元以下罰鍰，如經再通知仍不接受者，得按次處罰至其參加爲止，故此時該兒童或少年之父母，亦因此須接受親職教育輔導。

除此之外，當醫事人員、社會工作人員、教育人員、保育人員、教保服務人員、警察、司法人員、移民業務人員、戶政人員、村（里）幹事及其他執行兒童及少年福利業務人員於執行業務時，知悉兒童及少年有遭受兒童及少年福利與權益保障法第49條第1項各款之行爲，依該法第53條第1項第3款規定，應立即向直轄市、縣（市）主管機關通報，至遲不得超過24小時，又如違反通報規定而無正當理由者，依同法第100條規定，將處通報義務人新臺幣6,000元以上6萬元以下罰鍰。

另一方面，微型電動二輪車或個人行動器具租賃業者，如於租借微型電動二輪車或個人行動器具予駕駛人前，未教導駕駛人車輛操作方法及道路行駛規定者，依本條第2項規定，將處該租賃業者新臺幣600元以上1,200元以下罰鍰。此外，依據民法第184條第2項規定，違反保護他人之法律，致生損害於他人者，負賠償責任，但能證明其行爲無過失者，不在此限，故微型電動二輪車或個人行動器具租賃業者，未依規定教導駕駛人車輛操作方法及道路行駛規定，亦可能因租賃者駕駛該微型電動二輪車或個人行動器具，不幸與他人發生車禍並致人受傷，而依該法負民事上賠償責任，除非租賃業者能夠證明自己沒有過失，如證明已經善盡教導駕駛人車輛操作方法及道路行駛規定的注意義務，始可免責。

參、綜論

孩童是國家未來的主人翁，依據聯合國兒童權利公約第2條第2項前段規定，國家應採取一切適當措施，以確保兒童受到保護，而該公約第3條第1項亦規定，關於兒童的一切行動，不論是由公私社會福利機構、法院、行政當局或立法機構執行，均應以兒童的最大利益爲首要考慮。因此，爲保障身心尚未成熟之兒童[37]，並在其出生以前和以後均給予所需的特殊保護和照料，道交條例秉持兒童權利公約之精神，遂於本條第1項規定未滿14歲之人，不得駕駛微型電動二輪車或個人行動器具，即在透過法律規定而落實兒童權利公約相關內容。

觀察本條第2項規定，立法者雖期望透過法律約制之手段，以強化微型電動二輪車或個人行動器具租賃業者的社會道德責任，俾進而發揮預防慢車道路交通事故之效果，惟就交通執法或實務工作來說，此項規定恐因取證困難而不利警方進行查緝，更遑論「上有政策、下有對策」，租賃業者豈不知利用顧客簽訂租賃契約時，隨同併附車輛操作方法和道路行駛規定等書面資料於內，則租賃業者教導之責，又當如何稽查？最終恐將使本條第2項規定淪爲具文，甚至斲傷立法者藉由法制方式提升社會道德之良善美意。

第73條（慢車駕駛人不依規定行駛、危險駕車或拒測之處罰）

慢車駕駛人，有下列情形之一者，處新臺幣三百元以上一千二百元以下罰鍰：

一、不在劃設之慢車道通行，或無正當理由在未劃設慢車道之道路不靠右側路邊行駛。

二、不在規定之地區路線或時間內行駛。

三、不依規定轉彎、超車、停車或通過交岔路口。

四、在道路上爭先、爭道或其他危險方式駕車。

五、在夜間行車未開啓燈光。

六、行進間以手持方式使用行動電話、電腦或其他相類功能裝置進行撥接、通話、數據通訊或其他有礙駕駛安全之行為。

慢車駕駛人，駕駛慢車經測試檢定酒精濃度超過規定標準，或吸食毒品、迷幻藥、麻醉藥品及其相類似之管制藥品者，處新臺幣一千二百元以上二千四百元以下罰鍰，並當場禁止其駕駛；駕駛微型電動二輪車者，並當場移置保管該微型電動二輪車。

慢車駕駛人拒絕接受前項測試之檢定者，處新臺幣四千八百元罰鍰，並當場禁止其駕駛；駕駛微型電動二輪車者，並當場移置保管該微型電動二輪車。

微型電動二輪車駕駛人未依規定戴安全帽者，處駕駛人新臺幣三百元罰鍰。

---

37 依據聯合國兒童權利公約第1條規定：「爲本公約之目的，兒童係指未滿十八歲之人，但其所適用之法律規定未滿十八歲爲成年者，不在此限。」

壹、導言

考量自行車行車數輛不斷增加，爲防止自行車駕駛人因在夜間行車未開啓燈光，而造成交通意外事故，立法院乃於2013年12月24日修正本條文，並通過第1項第5款關於「在夜間行車未開啓燈光」之處罰規定，以促使自行車駕駛人裝設燈光設備，且在夜間行車時開啓燈光；另爲防止自行車駕駛人因一面駕駛，一面使用行動電話，使視覺及聽覺分神，或酒醉駕車而造成交通意外事故，立法者亦參照道交條例第31條之1及第35條等法律內容，分別針對行進間以手持方式使用行動電話、電腦或其他相類功能裝置進行撥接或通話之自行車駕駛人，以及酒醉騎乘自行車者，增訂第1項第6款及第7款等處罰規定，同時又增訂第2項規定，明定慢車駕駛人拒絕接受酒精濃度測試之檢定者，處新臺幣1,200元罰鍰。

此外，鑑於自行車肇事事故及傷亡人數逐年攀升，其中自行車酒駕肇事案件亦有增加趨勢，然按當時法規所處罰鍰之額度，實屬過低，立法院遂於2019年3月26日賡續修正本條文，並針對拒絕酒測之慢車駕駛人，將其罰鍰由原本新臺幣1,200元，提升改至新臺幣2,400元，俾以促使民眾注意騎乘之交通安全。

隨後，我國社會使用電力驅動之代步工具越來越多，其中電動自行車數量更是呈現快速增長趨勢，然其卻被列入「慢車類」範疇，致使規範與限制相較機車而言，明顯寬鬆許多，進而衍生出許多的交通問題，且依當時道安規則第115條之2規定，騎乘電動自行車應配戴安全帽，惟現行規定卻無相關罰則，立法者基於上揭相關安全因素，並考量慢車與機車兩者罰則間的比例原則，旋即於2019年5月31日新增第4項規定，即電動自行車駕駛人若未依規定配戴安全帽，則處駕駛人新臺幣300元罰鍰，以保障駕駛人之安全。

除此之外，爲增加嚇阻力，促使慢車駕駛人遵守相關規定，立法者復於2022年4月19日再次修正本條，並提高慢車駕駛人違規行爲相關罰則，特別是進一步針對慢車吸食毒品、迷幻藥、麻醉藥品及其相類似之管制藥品者，處新臺幣1,200元以上2,400元以下罰鍰，且當場禁止其駕駛，然如係駕駛微型電動二輪車者，則當場移置保管該微型電動二輪車；另對於拒絕接受酒精或毒品測試之慢車駕駛人，同樣當場禁止其駕駛，且如係駕駛微型電動二輪車者，亦當場移置保管該微型電動二輪車。

貳、內容解析

本條第1項第1款之禁止規定，係補充說明於道安規則第124條第3項第1款及第2款等規定當中，即慢車行駛之車道，依第1款規定，應在劃設之慢車道上靠右順序行駛，在未劃設慢車道之道路，應靠右側路邊行駛，然公路主管機關、市區道路主管機關或警察機關對行駛地區、路線或時間有特別規定者，應依其規定，而依第2款規定，（慢車行駛）單行道道路應在最左、右側車道行駛。此外，於道安規則第124條之1亦規定，公路主管機關、市區道路主管機關或警察機關得在不妨礙通行或行車安全無虞之原則，於人行道設置必要之標誌或標線供慢車行駛，而慢車應依標誌或標線之指示行駛，並應讓行人優先通行。

本條第1項第2款之禁止規定，同樣補充說明於道安規則第123條規定之中，即慢車上下乘客或裝卸貨物，應緊靠路邊，不得妨礙交通，但公路主管機關、市區道路主管機關或警察機關對停車之時間、地點有特別規定者，應依其規定。再者，於道安規則第124條第1項亦規定，慢車起駛前應注意前後左右有無障礙或車輛行人，並應讓行進中之車輛行人優先通行。

本條第1項第3款之禁止規定，則補充說明於道安規則第125條第1項規定當中，即慢車行駛至交岔路口，其行進或轉彎，除應依標誌、標線或號誌之規定行駛外，出現無標誌、標線或號誌之情形，應依下列規定行駛：

一、直行時，應順其遵行方向直線通過，不得蛇行搶先。

二、右轉彎時，應靠右側路邊右轉，但行駛於二車道以上之單行道左側車道或左側慢車道者，應採兩段方式右轉。

三、左轉彎時，應繞越道路中心處左轉進入規定行駛車道內行進，但行駛於同向二車道以上之單行道右側車道或右側慢車道者，應依兩段方式進行左轉。

四、在設有交通島劃分行車方向或快慢車道之道路行駛，不得左轉。

五、應讓行人優先通行。

承上，當慢車在同一車道行駛時，依道安規則第124條第4項規定，後車與前車之間應保持隨時可以煞停之距離，如變換車道時，應讓直行車先行，並應注意安全之距離，而在同條第5項亦規定慢車行駛時，駕駛人應注意車前狀況及與他車行駛間隔，且隨時採取必要之安全措施，又當慢車超車時，根據道安規則第126條第3項規定，應在慢車道可容超越前車之處，沿前車左邊超越，再駛入原行路線。

除此之外，本條第1項第4款規定之禁止行爲，亦補充揭示於道安規則第126條第2項規定之中，即慢車行駛，不得爭先、爭道、並行競駛或以其他危險方式駕駛，而此處所謂之「其他危險方式駕駛」，根據同條第4項規定，則包括吸食毒品、迷幻藥、麻醉藥品或其相類似管制藥品，或服用藥物不能對所駕車輛爲正常控制等之駕駛行爲。

此外，本條第1項第5款之禁止規定，同樣明揭於道安規則第128條規定當中，即慢車在夜間行駛應開啓燈光，至於所稱「夜間」之定義，係以交通部中央氣象署公布的夜間時間爲主，並參考刑事訴訟法第100條之3第3項規定：「稱夜間者，爲日出前，日沒後。[38]」然於夜間開啓燈光時，理論上自當包含車後燈在內，且應使用連動開關，俾同時開亮，以策夜間行車之安全[39]。

再者，本條第1項第6款之禁止規定，一樣補充說明於道安規則第120條第2項規定之中，即慢車行駛於道路時，駕駛人不得以手持方式使用行動電話、電腦或其他相類功能裝置進行撥接、通話、數據通訊或其他有礙駕駛安全之行爲，諸如慢車駕駛人所爲「收發簡訊」或「閱讀簡訊」等情形，則應屬於前開規定所稱數據通訊使用狀態之行爲[40]。

另外，本條第1項第1款（即不在劃設之慢車道通行，或無正當理由在未劃設慢車道之道路不靠右側路邊行駛）、第2款（即不在規定之地區路線或時間內行駛）、第3款（即不依規定轉彎、超車、停車或通過交岔路口）和第5款（即在夜間行車未開啓燈光）等規定，皆屬於得勸導之項目，慢車駕駛人如未嚴重危害交通安全、秩序，且情節輕微，以不舉發爲適當者，依違反道路交通管理事件統一裁罰基準及處理細則第12條第1項第1款規定，交通勤務警察或依法令執行交通稽查任務人員得對其施以勸導，免予舉發。

駕駛慢車如經測試檢定酒精濃度超過規定標準[41]，或吸食毒品、迷幻藥、麻醉藥品及其相類似之管制藥品，依據本條第2項規定，將處慢車駕駛人新臺幣1,200元以上2,400元以下罰鍰，並當場禁止其駕駛，又其係駕駛微型電動二輪車者，則同時當場移置保管該微型電動二輪車。申言之，該項規定的意旨之一，即爲防止慢車駕駛人酒駕、吸食毒品、迷幻藥、麻醉藥品及其相類似管制藥品而訂定，至其相類似管制藥品之範圍，自應與毒品、迷幻藥、麻醉藥品相類似管制藥品爲限[42]。

承上，所謂「管制藥品」係供醫院或科學上需用，醫藥上使用，除該藥品需領有藥品許可證外，皆需經醫師診斷後開立處方箋，並遵照醫囑服用，惟使用後致不能安全駕駛車輛之部分，其影響程度與疾病特性、服藥之時間、劑量及頻率、個人體質代謝及耐藥性高低等因素有關，宜就個案情況審酌、認定[43]。如一旦出現不能安全駕駛車輛之情形，或吐氣所含酒精濃度達每公升0.25毫克以上，抑或血液中酒精濃度達0.05%以上，則對於以電力驅動之慢車，即應依刑法第185條之3規定送辦。

當慢車駕駛人拒絕接受上揭測試之檢定時，依本條第3項規定，將處以新臺幣

---

38 參照交通部100年4月29日交路字第1000030226號函。

39 參照交通部路政司69年8月14日路臺監字第06534號函。

40 參照交通部95年3月7日交路字第0950023388號函。

41 道安規則第120條第1項第3款規定，慢車駕駛人飲用酒類或其他類似物後，其吐氣所含酒精濃度達每公升0.15毫克，或血液中酒精濃度達百分之0.03以上，不得駕駛或推拉車輛。

42 參照交通部106年4月24日交路字第1060006615號函。

43 參照交通部106年4月24日交路字第1060006615號函。

4,800元罰鍰，並當場禁止其駕駛，如係駕駛微型電動二輪車者，則當場移置保管該微型電動二輪車，至於有關「拒絕接受酒精濃度測試」之構成要件，應以警方明確告知駕駛人酒精濃度測試標準流程及方法後，駕駛人仍積極或消極拒絕測試，即可判定爲「拒絕接受酒精濃度測試」，然爲避免發生爭議，員警於舉發此類違規時，應將當事人拒絕接受酒精濃度測試之情形，詳載於違反道路交通管理事件通知單內，以加強證據力，俾利公路主管機關裁罰[44]，又考量實務執法之一致性，前揭規定之拒絕檢測方式，尚應包含僞造、變造、湮滅或隱匿駕駛時即含酒精濃度等行爲[45]。

對於微型電動二輪車駕駛人未依規定戴安全帽者，根據本條第4項規定，將處駕駛人新臺幣300元罰鍰，另於道安規則第115條之7亦規定微型電動二輪車駕駛人，應依下列規定配戴安全帽：

一、安全帽應爲乘坐機車用或自行車用之安全帽，且經經濟部標準檢驗局檢驗合格，並於帽體貼有商品檢驗標識。

二、帽體及相關配件必須齊全，並無毀損、鬆脫或變更之情事。

三、配戴時安全帽應正面朝前及位置正確，於顎下繫緊扣環，安全帽並應適合頭形，穩固戴在頭上，不致上下左右晃動，且不可遮蔽視線。

參、綜論

有關本條第2項之規定，即慢車駕駛人酒（毒）駕時，除處以罰鍰外，並當場禁止其駕駛，如駕駛微型電動二輪車者，並當場移置保管該微型電動二輪車，而關於慢車之測試檢定，依違反道路交通管理事件統一裁罰基準及處理細則第19條之2第1項規定，應以酒精測試儀器檢測且實施檢測過程應全程連續錄影，並依下列程序處理：

一、實施檢測，應於攔檢現場爲之，但於現場無法或不宜實施檢測時，得向受測者說明，請其至勤務處所或適當場所檢測。

二、詢問受測者飲用酒類或其他類似物結束時間，其距檢測時已達15分鐘以上者，即予檢測，但遇有受測者不告知該結束時間或距該結束時間未達15分鐘者，告知其可於漱口或距該結束時間達15分鐘後進行檢測，如有請求漱口者，提供漱口。

三、告知受測者儀器檢測之流程，請其口含吹嘴連續吐氣至儀器顯示取樣完成，受測者吐氣不足致儀器無法完成取樣時，應重新檢測。

四、因儀器問題或受測者未符合檢測流程，致儀器檢測失敗，應向受測者說明檢測失敗原因，請其重新接受檢測。

---

44 參照內政部90年8月23日警政署九十警署交字第175739號函。

45 參照交通部98年7月16日交路字第0980041569號函。

除此之外，同條第2項規定，實施檢測後，應告知受測者檢測結果，並請其在儀器列印之檢測結果紙上簽名確認，如拒絕簽名時，應記明事由，而同條第3項規定，實施檢測成功後，不論有無超過規定標準，不得實施第2次檢測，但遇檢測結果出現明顯異常情形時，應停止使用該儀器，改用其他儀器進行檢測，並應留存原異常之紀錄，又同條第4項規定，有客觀事實足認受測者無法實施吐氣酒精濃度檢測時，得於經其同意後，送由受委託醫療或檢驗機構對其實施血液之採樣及測試檢定，另同條第5項則規定，慢車駕駛人拒絕配合檢測者，應告知拒絕檢測之法律效果，並製單舉發。

承上，員警執行取締酒駕勤務時，駕駛人當有依法配合酒測之義務，而受檢人如拒絕接受酒測，警察應先行勸導並告知拒絕之法律效果，如受檢人仍拒絕接受酒測，始得加以處罰[46]。另一方面，員警合法攔停而對駕駛人實施酒測之正當程序要求，除應以檢測合格之酒精測試儀器檢測外，對於檢測過程並應全程連續錄影，此處所謂「全程」，即指檢測程序均須有錄影，至於所謂「連續」，則指錄影過程應持續連貫，不得有中斷或剪接之情形，故全程連續錄影與檢測程序規定，均應如實踐行，缺一不可，如有一違背，即屬違反實施酒測之正當法律程序，則其施測結果，即不得採為不利於行為人之認定[47]。

關於以電力驅動之慢車駕駛人，如拒絕配合酒測或肇事無法實施酒測時，員警認有對其實施血液酒精濃度測試，以檢定其體內酒精濃度值之合理性與必要性時，其強制取證程序之實施，應報請檢察官核發鑑定許可書後，始得為之，而遇有情況急迫時，交通勤務警察得將其先行移由醫療機構實施血液檢測，並應於實施後24小時內陳報該管檢察官許可，然檢察官認為不應准許者，應於3日內撤銷之，又受測試檢定者，得於受檢測後10日內，聲請該管法院撤銷之，俾保障慢車駕駛人之人身自由、身體權及資訊隱私權[48]。

第74條（慢車駕駛人不服從交通指示、不依規避讓之處罰）

慢車駕駛人，有下列情形之一者，處新臺幣三百元以上一千二百元以下罰鍰：

一、不服從執行交通勤務警察之指揮或不依標誌、標線、號誌之指示。

二、在同一慢車道上，不按遵行之方向行駛。

三、不依規定，擅自穿越快車道。

---

46 參照司法院大法官釋字第699號解釋理由書。

47 參照臺中高等行政法院112年度交字第279號判決。

48 參照憲法法庭111年憲判字第1號判決。

四、不依規定停放車輛。
五、在人行道或快車道行駛。
六、聞消防車、警備車、救護車、工程救險車、毒性化學物質災害事故應變車之警號不立即避讓。
七、行經行人穿越道有行人穿越或行駛至交岔路口轉彎時，未讓行人優先通行。
八、於設置有必要之標誌或標線供慢車行駛之人行道上，未讓行人優先通行。
九、聞或見大眾捷運系統車輛之聲號或燈光，不依規定避讓或在後跟隨迫近。
慢車駕駛人行近行人穿越道，遇有攜帶白手杖或導盲犬之視覺功能障礙者時，不暫停讓視覺功能障礙者先行通過者，處新臺幣六百元以上一千二百元以下罰鍰。
慢車駕駛人有第一項第五款或第八款之情形，導致視覺功能障礙者受傷或死亡者，處新臺幣一千二百元以上三千六百元以下罰鍰。

壹、導言

本條於1975年7月11日進行全條修正，並規定慢車駕駛人有下列情形之一者，處50元以上、100元以下罰鍰，或施1小時至2小時之道路交通安全講習：一、不服從執行交通勤務警察之指揮或不依標誌、標線、號誌之指示者；二、在同一慢車道上不按遵行之方向行駛者；三、不依規定擅自穿越快車道者；四、不依規定停放車輛者；五、在人行道或快車道行駛者；六、聞消防車、警備車、救護車、工程救險車警號不立即避讓者。

其後，衡諸時下經濟情形，陸續將罰鍰由原本50元以上、100元以下，提升改至新臺幣300元以上600元以下，並於2013年12月24日增列第7款「行經行人穿越道有行人穿越或行駛至交岔路口轉彎時，未讓行人優先通行」及第8款「於設置有必要之標誌或標線供慢車行駛之人行道上，未讓行人優先通行」等處罰規定，以建立駕駛人尊重行人路權觀念。此外，為配合原毒性化學物質管理法第24條之1規定，同時參照道交條例第45條第1項增訂第17款規定，立法者乃於2015年5月5日分別新增第6款關於慢車駕駛人聞毒性化學物質災害事故應變車之警號，應立即避讓之規定，以及第9款有關慢車駕駛人聞或見大眾捷運系統車輛之聲號或燈光，不依規定避讓或在後跟隨迫近之處罰規定。

隨後，為保障視覺功能障礙者之交通安全，立法院遂於2019年5月3日新增第2項，並規定：「慢車駕駛人行近行人穿越道，遇有攜帶白手杖或導盲犬之視覺功能障礙者時，不暫停讓視覺功能障礙者先行通過者，處新臺幣六百元以上一千二百元以下罰鍰。」以及新增第3項，並規定：「慢車駕駛人有第一項第五款（在人行道或快車道行駛）或第八款（於設置有必要之標誌或標線供慢車行駛之人行道上，未讓行人優先通行）之情形，導致視覺功能障礙者受傷或死亡者，處新臺幣一千二百元以上二千四百元以下罰鍰。」

然歷時近3年之後，立法者又於2022年4月19日修正第1項規定，並將罰鍰由原本新臺幣300元以上600元以下，提升改至新臺幣300元以上1,200元以下；另於2023年4月14日亦修正第3項規定，將罰鍰由原本新臺幣1,200元以上2,400元以下，提升改至新臺幣1,200元以上3,600元以下，俾廣收嚇阻慢車違規之功效。

貳、內容解析

本條第1項第1款之禁止規定，亦規範於道安規則第124條第2項規定中，即慢車行駛，應遵守道路交通標誌、標線、號誌之指示，並服從交通指揮人員之指揮，惟慢車駕駛人如確實未知執勤警員之指揮而繼續駕車離去，則不能責以不服從指揮[49]，另當慢車闖紅燈時，即涉違本條第1項第1款規定，而可處駕駛人新臺幣300元以上1,200元以下罰鍰。

本條第1項第2款之禁止規定，則補充說明於道安規則第124條第4項及第5項等規定當中，依第4項前段規定，慢車在同一車道行駛時，後車與前車之間應保持隨時可以煞停之距離，而依第5項規定，慢車於行駛時，駕駛人應注意車前狀況及與他車行駛間隔，並隨時採取必要之安全措施。

本條第1項第3款之禁止規定，同樣補充揭示於道安規則第124條第3項第4款規定之中，即駕駛慢車不得在禁止穿越地段穿越道路，而此規定係國家爲加強交通管理、維持交通秩序及確保交通安全，乃制定該禁止規定，俾維護人車通行之安全，進而保障人民之生命、身體及財產。

本條第1項第4款之禁止規定，則補充說明於道安規則第123條之但書規定當中，即公路主管機關、市區道路主管機關或警察機關對（慢車）停車之時間、地點有特別規定者，應依其規定，而道安規則第131條第1項亦規定，慢車不得任意停放，應在規定地點或劃設之標線以內，順序排列，又同條第2項則規定，在未設置自行車停車設施之處所，自行車得比照大型重型機車以外之機車停放。

本條第1項第5款之禁止規定，亦明揭於道安規則第124條第3項第3款規定之中，即慢車不得侵入快車道或人行道行駛，而在高速公路及快速公路交通管制規則第19條亦規定，慢車不得行駛及進入高速公路及快速公路，以避免發生重大行車意外事故。

本條第1項第6款之禁止規定，則進一步闡述於道安規則第129條規定當中，即慢

[49] 參照臺灣省警務處65年1月22日警交字第150515號函。

車行駛或停止時，聞消防車、警備車、救護車、工程救險車、毒性化學物質災害事故應變車之警號，應立即靠道路右側避讓，如於單行道應靠道路兩側避讓，並暫時停車於適當地點，供執行緊急任務車輛超越。

申言之，誠如道安規則第93條第2項規定，消防車、救護車、警備車、工程救險車及毒性化學物質災害事故應變車執行任務時，得不受行車速度之限制，且於開啓警示燈及警鳴器執行緊急任務時，得不受標誌、標線及號誌指示之限制，故救護車開啓警示燈及警鳴器執行緊急任務時，行經行人穿越道或於行人可穿越之道路範圍，應當具有優先通行權[50]。

除此之外，爲確保並完善包含行人、兒童、老年人和身心障礙人士等對象在內之交通弱勢使用者保護服務（Vulnerable Individual Protection Service, VIPS）[51]，乃於本條第1項第7款和第8款等規定當中，並分別規定行人優先通行相關保護措施，如第7款規定，慢車行經行人穿越道有行人穿越或行駛至交岔路口轉彎時，應禮讓行人優先通行，而第8款亦規定，於設置有必要之標誌或標線供慢車行駛之人行道上，慢車應禮讓行人優先通行。

本條第1項第9款規定，同樣補充說明於道安規則第126條第5項規定當中，即慢車行駛於大眾捷運系統車輛共用通行之車道時，聞或見大眾捷運系統車輛臨近之聲號或燈光時，應即依規定變換車道，避讓其優先通行，並不得在後跟隨迫近，但道路主管機關另有規定者，不在此限，又道安規則第130條之1亦進一步規定，慢車行經大眾捷運系統車輛共用通行之交岔路口，除應依標誌、標線或號誌之指示行駛外，並應遵守下列規定：

一、行至設有聲光號誌之交岔路口，警鈴已響，閃光號誌已顯示，駕駛人應暫停俟大眾捷運系統車輛通過後，看、聽兩方無大眾捷運系統車輛駛來，始得通過。

二、行至聲光號誌故障而無交通指揮人員指揮之交岔路口時，駕駛人應暫停、看、聽兩方無大眾捷運系統車輛駛來，始得通過。

然而，値得注意的是，如爲本條第1項第6款和第9款之間，兩者發生競合現象時，應當如何解決之？

一、基本上，慢車自應避讓消防車、警備車、救護車等緊急任務車輛，以及大眾捷運系統車輛，固不待言。

二、遇執行緊急任務車輛與大眾捷運系統車輛發生衝突時，一般來說，執行緊急任務車輛行經大眾捷運系統車輛共用通行之交岔路口，大眾捷運系統車輛先避讓執行緊急任務車輛雖屬可行，惟考量大眾捷運系統車輛之行車特性，其急煞停止所需

---

50 參照交通部路政司108年5月8日路臺監字第1080404656號書函。

51 參照交通部，2020年運輸政策白皮書——智慧型運輸，2019年初版，第6頁。

時間和距離，常與火車特性相似，且爲避免緊急煞停所造成大眾捷運系統之旅客的安全風險，則執行緊急任務車輛與大眾捷運系統車輛除維持聲響警示，並留意相關車輛動態外，執行緊急任務車輛與大眾捷運系統車輛，兩者間應相互禮讓，以避免事故發生[52]。

三、如發生大眾捷運系統與消防車、救護車等車輛間之路權順序衝突時，根據一般社會通念，多數認爲輕軌列車駕駛員優先避讓緊急任務車輛應爲可行，惟輕軌列車在路口前方遇到緊急任務車輛能否立即避讓？亦需考量列車量體大，以及司機員聽聞或看見緊急車輛警號而煞停所需之時間和距離，又緊急任務車輛亦宜留意輕軌列車動態，適時相互禮讓，避免發生事故[53]。

由於本條第1項各款規定，均屬於得勸導之項目，慢車駕駛人如未嚴重危害交通安全、秩序，且情節輕微，以不舉發爲適當者，依違反道路交通管理事件統一裁罰基準及處理細則第12條第1項第1款規定，交通勤務警察或依法令執行交通稽查任務人員得對其施以勸導，免予舉發。

關於本條第2項之禁止規定，旨在建構以行人爲本位的道路交通安全文化，尤其是對於視覺功能障礙之弱勢用路族群的保障，故當慢車行近行人穿越道，遇有攜帶白手杖或導盲犬之視覺功能障礙者時，不暫停讓視覺功能障礙者先行通過者，將處新臺幣600元以上1,200元以下罰鍰，以示警惕；又道安規則第126條第1項亦規定，慢車行近行人穿越道或未劃設行人穿越道之交岔路口，遇有行人穿越、攜帶白手杖或導盲犬之視覺功能障礙者時，無論有無交通指揮人員指揮或號誌指示，均應暫停讓行人、視覺功能障礙者先行通過。

對於慢車駕駛人有本條第1項第5款（即在人行道或快車道行駛）或第8款（即於設置有必要之標誌或標線供慢車行駛之人行道上而未讓行人優先通行）之禁止行爲，因而導致視覺功能障礙者受傷或死亡者，依本條第3項規定，將處以新臺幣1,200元以上3,600元以下罰鍰，而該項處罰之成立，須以慢車駕駛人違規行爲與視覺功能障礙者的受傷或死亡結果之間，存在相當因果關係爲前提，若視覺功能障礙者之受傷或死亡結果，並非慢車駕駛人的違規行爲所導致，即無本條第3項規定之適用。

參、綜論

有關本條第1項各款之規定，均屬慢車駕駛人應當遵守或禁止從事的行爲態樣，其旨在維持慢車於行駛期間之道路交通安全，惟如遇各條款間發生適用衝突的情況

52 參照交通部路政司106年10月18日路臺監字第1060411423號書函。

53 參照交通部106年10月25日交路字第1060024777號函。

時，原則上可從兩難之義務衝突觀點，透過法益權衡原則加以解決之[54]。然而，如此等義務衝突係涉及重大公共利益或特殊緊急救難等情事，諸如本條第1項第6款或第9款等「不立即避讓」之規定，考量該等規定所指涉特種勤務車輛或大眾捷運系統車輛的公益關聯性重大，其行車期間如開啓警號，即表示客觀上某種法益已存在亟待救助之急迫情境，慢車駕駛人如不立即避讓者，恐將妨害該等公益車輛救護他人生命、身體等權益，自應優先適用和遵守。

另一方面，觀察本條第2項和第3項等保護對象，均係以視覺功能障礙者爲保護客體，本條第2項和第3項能針對該等視覺功能障礙者律定相關保護規範，則交通主管機關保障弱勢用路族群之用心，殊值肯定。然而，依據身心障礙者權益保障法第5條規定，該法所稱身心障礙者，除包括第5條第2款（即眼、耳及相關構造與感官功能及疼痛）之視覺功能障礙者外，尚包含同條第7款（即神經、肌肉、骨骼之移動相關構造及其功能）的肢體障礙者，如從保障周延性之角度觀察，則本條第2項及第3項的保護對象，理應涵蓋肢體障礙者在內，俾使身心障礙者之制度性保障更臻健全。

第 75 條（慢車駕駛人鐵路平交道違規之處罰）
慢車駕駛人，駕車在鐵路平交道有第五十四條各款情形之一者，處新臺幣一千二百元以上二千四百元以下罰鍰。

壹、導言

本條係立法院於1975年7月11日進行全條修正，原規定：「慢車駕駛人駕車在鐵路平交道有第五十四條第一項各款情形之一者，處一百元以上、二百元以下罰鍰。」隨後，衡諸時下經濟情形，陸續將罰鍰由原本100元以上、200元以下，提升改至新臺幣1,200元以上2,400元以下，以預防慢車駕駛人行經鐵路平交道可能發生之交通違規行爲。

貳、內容解析

本條規定慢車駕駛人駕車行經鐵路平交道時，如有道交條例第54條各款情形，將處以新臺幣1,200元以上2,400元以下罰鍰，而此處所指各款情形，則包括：
一、不遵守看守人員之指示，或警鈴已響、閃光號誌已顯示，或遮斷器開始放下，仍

54 參照臺灣高等法院104年度交上易字第606號刑事判決。

強行闖越。

二、在無看守人員管理或無遮斷器、警鈴及閃光號誌設備之鐵路平交道，設有警告標誌或跳動路面，不依規定暫停，逕行通過。

三、在鐵路平交道超車、迴車、倒車、臨時停車或停車。

此外，依據道安規則第130條規定，慢車行經鐵路平交道，應依下列規定：

一、鐵路平交道設有遮斷器或看守人員管理者，如警鈴已響、閃光號誌已顯示或遮斷器已開始放下或看守人員表示停止時，應即靠邊暫停，俟遮斷器開放或看守人員表示通行後，始得通過，如遮斷器未放下或看守人員未表示停止時，仍應看、聽鐵路兩方無火車駛來，始得通過。

二、鐵路平交道設有警鈴及閃光號誌者，警鈴已響，閃光號誌已顯示，駕駛人應靠邊暫停俟火車通過後，看、聽鐵路兩方確無火車駛來始得通過，如警鈴未響，閃光號誌未顯示，仍應看、聽鐵路兩方確無火車駛來，始得通過。

三、鐵路平交道無看守人員管理或無遮斷器、警鈴、閃光號誌之設備者，駕駛人應靠邊暫停，看、聽鐵路兩方無火車駛來時，始得通過。

四、在鐵路平交道上，不得超車、迴車、倒車或臨時停車。

前述所稱「在鐵路平交道上」，係指在鐵路平交道之範圍而言，並在此範圍內不得超車、迴車、倒車或臨時停車，違者將依本條規定處以新臺幣1,200元以上2,400元以下罰鍰，至有關鐵路平交道範圍之認定，如有設置遮斷器之鐵路平交道者，以遮斷器界定其範圍，而未設置遮斷器之鐵路平交道者，則以停止線及其延伸界定其範圍[55]。

參、綜論

依據本條規定，慢車駕駛人如違反道交條例第54條規定各款情形之一者，將處以行為人新臺幣1,200元以上2,400元以下罰鍰，然如相比道交條例第54條規定之處罰內容，即汽車駕駛人於駕車期間同樣違反特定禁止行為時，將處其新臺幣1萬5,000元以上9萬元以下罰鍰，並吊扣其駕駛執照1年，又因而肇事者，亦將吊銷其駕駛執照，則該等駕駛人違犯相同之禁止行為態樣，卻僅因其所駕駛的車輛種類不同，即處以差距甚大之不同處罰，民意代表如此立法，恐有思慮欠周之憾。

蓋無論是汽車駕駛人或慢車駕駛人，渠等如違反道交條例第54條規定各款行為之一，均可能引發或造成鐵道運輸的重大交通風險，輕者影響無數旅客交通往來之不便，重者甚至發生天人永隔或家破人亡之悲慘後果，而渠等違規行為所造成的潛在重

55 參照交通部109年9月1日交路字第10950105311號函。

大風險，均須由普羅社會大眾概括承受，然本條僅處罰慢車駕駛人新臺幣1,200元以上2,400元以下罰鍰，相較道交條例第54條之處罰規定內容，顯失公允。職是之故，對於同樣行爲態樣所造成類似的鐵道運輸交通風險，即便考量渠等所駕車輛類別不同，則處罰類型和額度亦不宜相差甚遠，或至少應當提高本條罰鍰上限額度，俾以有效嚇阻慢車駕駛人於鐵路平交道上的不當行爲。

第76條（慢車駕駛人未依規定載運客、貨或附載幼童之處罰）

慢車駕駛人，載運客、貨有下列情形之一者，處新臺幣三百元以上六百元以下罰鍰：

一、乘坐人數超過規定數額。

二、裝載貨物超過規定重量或超出車身一定限制。

三、裝載容易滲漏、飛散、有惡臭氣味及危險性貨物不嚴密封固或不為適當之裝置。

四、裝載禽、畜重疊或倒置。

五、裝載貨物不捆紮結實。

六、上、下乘客或裝卸貨物不緊靠路邊妨礙交通。

七、牽引其他車輛或攀附車輛隨行。

腳踏自行車及電動輔助自行車駕駛人附載幼童有下列情形之一者，處新臺幣三百元以上六百元以下罰鍰：

一、駕駛人未滿十八歲。

二、附載之幼童年齡或體重超過規定。

三、不依規定使用合格之兒童座椅、腳踏自行車或電動輔助自行車。

四、未依規定附載幼童。

前項附載幼童之腳踏自行車、電動輔助自行車應遵行事項及兒童座椅之檢驗方式，由交通部定之。

壹、導言

本條係立法院於1975年7月11日進行全條修正，原第1項規定：「慢車駕駛人載運客貨有左列情形之一者，處五十元以上、一百元以下罰鍰：一、乘坐人數超過規定數額者；二、裝載貨物超過規定重量或超出車身一定限制者；三、裝載容易滲漏、飛散、有惡臭氣味及危險性貨物不嚴密封固或不爲適當之裝置者；四、裝載禽畜重疊或倒置者；五、裝載貨物不捆紮結實者；六、上下乘客或裝卸貨物不緊靠路邊妨礙交通者；七、不依規定擅自營業者；八、不依規定越區營業者；九、強行攬載者；十、牽引其他車輛或攀附汽車隨行者。」以及原第2項規定：「前項第七款至第九款之行爲，並扣留其行車執照一個月。」

隨後，衡諸時下經濟情形，陸續將罰鍰由原本50元以上、100元以下，提升改至新臺幣300元以上600元以下，並於1986年5月13日刪除本條第1項第7款（不依規定擅自營業）、第8款（不依規定越區營業）和第9款（強行攬載）等處罰規定。由於道交條例第76條規定，慢車駕駛人乘坐人數超過規定數額，處以新臺幣300元以上600元以下罰鍰，且依當時道安規則第122條規定，自行車不得附載坐人，故家長以自行車附載孩童之行爲，已超過自行車乘坐人數規定數額，屬於違反道交條例第76條之行爲。然而，自行車具有高度機動性，爲我國常見的交通工具，且以自行車取代機車，亦能減少廢氣排放，具有保護環境優點，又親子共乘乃世界潮流，於世界各國均屬常見，致使道交條例就自行車附載孩童之規定，有過度限制之虞，實有必要修正。

準此，立法者因而參考歐美等國家規範，對於自行車乘載兒童時，基於安全考量，需對騎乘者年齡、乘坐者年齡與車輛設備等三大方向有所限制，遂於2019年5月31日增訂第2項關於駕駛人未滿18歲、附載幼童年齡或體重超出規定、不依規定使用合格之兒童座椅、腳踏自行車或電動輔助自行車，以及未依規定附載幼童等處罰規定；另考量以自行車附載兒童仍有一定安全風險，亦參考歐洲標準化委員會於2004年所訂之自行車兒童座椅安全規定及測試方法，同時增訂第3項有關附載幼童的應遵行事項和兒童座椅之檢驗方式，並授權道路主管機關訂定相關子法。

貳、內容解析

本條第1項第1款之禁止規定，並揭示於道安規則第122條第1項規定當中，其於該項第1款即規定，自行車不得附載坐人，但腳踏自行車或電動輔助自行車依規定附載1名幼童者，不在此限，而同項第3款規定，其他慢車載客不得超過2人，又同項第4款後段則規定，其他慢車載重時，並不得附載乘客；上揭相關規定限制慢車之乘坐人數，旨在減少或降低慢車載運乘客所可能衍生的行車事故風險。

本條第1項第2款之禁止規定，亦揭示於道安規則第122條第1項規定之中，其於該項第2款即規定，自行車載物高度不得超過駕駛人肩部，重量不得超過20公斤，長度不得伸出前輪，並不得伸出車後1公尺，寬度不得超過車把手，而同項第4款主要規定，其他慢車載重不得超過500公斤，高度不得超過駕駛人肩部，寬度不得伸出車身兩側，長度不得伸出車後2公尺，又同項第5款則規定，手拉（推）貨車載重不得超過1,000公斤，高度自地面起不得超過2.5公尺，寬度不得伸出車身兩側，連同載物全長不得超過4公尺，另同項第6款更規定，獸力行駛車輛載重不得超過2,000公斤，高度自地面起不得超過2.5公尺，寬度不得伸出車身兩側，載物全長不得超過4公尺。

本條第1項第3款、第4款和第5款等禁止規定，同樣規範於道安規則第122條第1項規定之中，其於該項第7款即規定，裝載容易滲漏、飛散、有惡臭氣味及危險性之貨物，應予嚴密封固或適當裝置，而同項第8款則規定，裝載禽獸不得重疊或倒置，又同項第9款亦規定，裝載貨物應捆紮結實；前揭相關規定提示貨物裝載之準則，意在叮囑慢車駕駛人注意載運貨物之穩妥性，避免交通意外事件發生。

本條第1項第6款之禁止規定，一樣揭示於道安規則第123條規定當中，即慢車上下乘客或裝卸貨物時，應緊靠路邊，不得妨礙交通，但公路主管機關、市區道路主管機關或警察機關對停車之時間、地點有特別規定者，應依其規定；另本條第1項第7款之禁止規定，也同樣揭示於道安規則第127條規定之中，即慢車不得牽引其他車輛或攀附車輛隨行。

關於本條第2項各款規定之相關內容，亦揭示於道安規則第122條第2項規定當中，即年滿18歲駕駛人使用合格腳踏自行車或電動輔助自行車，並安裝合格兒童座椅之前座椅者，以附載1歲以上4歲以下且重量15公斤以下幼童為限；其屬安裝後座椅者，以附載1歲以上6歲以下且重量22公斤以下幼童為限。

由於本條第1項和第2項等規定，均屬於得勸導之項目，慢車駕駛人如未嚴重危害交通安全、秩序，且情節輕微，以不舉發為適當者，依違反道路交通管理事件統一裁罰基準及處理細則第12條第1項第1款規定，交通勤務警察或依法令執行交通稽查任務人員得對其施以勸導，免予舉發。

至於本條第3項規定，有關附載幼童之腳踏自行車、電動輔助自行車應遵行事項及兒童座椅之檢驗方式，道交條例係授權由交通部定之，而交通部並據此公告和指定財團法人自行車暨健康科技工業研究發展中心，自2020年3月1日起，為執行出具附載幼童之腳踏自行車、電動輔助自行車、自行車兒童座椅之檢測項目及標準檢測報告之檢測機構[56]。

參、綜論

基本上，道交條例對於各類慢車之管理，係採「原則禁止、例外開放」立場，其後隨著綠能環保和親子共乘等世界潮流，政府所持態度遂漸趨開放，並於參考先進國家規範後，乃針對騎乘者年齡、乘坐者年齡和車輛設備等面向進行相關規範，爰制定本條相關內容，俾有效管制和適度開放社會大眾使用慢車往來通行之交通權利。

然而，觀察本條第1項和第2項等處罰內容，對於未依規定載運客、貨之慢車駕

56 參照交通部109年2月27日交路字第10950022567號公告。

駛人，以及未依規定附載幼童的腳踏自行車與電動輔助自行車等駕駛人，其處罰均為新臺幣300元以上600元以下罰鍰，又依違反道路交通管理事件統一裁罰基準及處理細則第12條第1項第1款規定，交通勤務警察或依法令執行交通稽查任務人員，對於該等駕駛人得施以勸導而免予舉發，顯見本條第1項和第2項等禁止行為，其本質上即屬輕微違規類型，上揭細則乃進一步賦予執法人員得自由處分之裁量空間，包括是否處以罰鍰或施以勸導的決定裁量，以及如係裁處罰鍰時，應當如何律定其懲罰額度之選擇裁量。

值得注意的是，雖說本條第1項和第2項等禁止行為係屬輕微違規而得予勸導，惟若當行為人發生交通事故時，依據違反道路交通管理事件統一裁罰基準及處理細則第12條第2項規定，仍得進行舉發，又同條第4項亦規定，對於不聽勸導者，必要時，仍得舉發，並於通知單記明其事件情節及處理意見，供裁決參考，足見行政機關作成本條之行政處分與否，並非全然須受被處分人的意思表示或請求所拘束，行政機關毋庸置疑完全具備本條處分之自由決定空間。

第77條（刪除）

第77條之1（微型電動二輪車違規之逕行舉發）

微型電動二輪車駕駛人有第二章或本章違規行為，得依第七條之二方式，逕行舉發。

壹、導言

道交條係立法院於2022年4月19日增訂，乃針對微型電動二輪車駕駛人如出現違反道交條例第二章及第三章等相關行為時，且有當場不能或不宜攔截製單舉發之情形，得改採以逕行舉發方式，針對其違規行為進行取締，以確保其他用路人之道路交通安全。

貳、內容解析

道交條例第7條之2所規定對於當場不能或不宜攔截而得予逕行舉發者，除明文指出「汽車駕駛人」為適用外，亦包括本條規定之「微型電動二輪車駕駛人」在內，惟其他包含如腳踏自行車等慢車之駕駛人，則非屬道交條例第7條之2所得適用範疇，至於腳踏自行車等其他慢車如有違反道交條例規定之行爲，自可依其具體違規事實，按相關規定當場舉發之[57]。

此外，所謂「當場不能或不宜」攔截製單舉發者，乃屬於法律構成要件中之不確定法律概念，其中蘊含事實認定和價值判斷之必要性，亦即法律授權賦予警察機關（即舉發機關）對此一不確定法律概念有權先行判斷，並有其空間爲自主性的判斷，如判斷結果係符合當時普遍之價値觀時，自宜受到法院之尊重，無從任意指摘其違法[58]。

申言之，警察係屬道路交通事件之執行機關，故其依據執勤當場觀察所得，據爲交通裁罰之基礎，本係國家機關執法之具體型態之一，自難貶抑及簡化認係屬於員警個人目睹而不足採信，且道交條例第7條之2亦規定，如有當場不能或不宜攔截等情形，得由執法機關逕行舉發，顯見員警依其目睹所視，自得作爲裁罰之基礎，應無疑義，尤其交通違規態樣眾多，若干違規行爲本質上均屬瞬間（如闖紅燈、違規轉彎或未繫安全帶等行爲），則客觀上甚難要求執法員警採取科學儀器攝錄而始得舉發，否則即失國家設置交通員警維持交通秩序之目的[59]。

再者，關於本條規定之逕行舉發，如係經以科學儀器取得證據資料證明其行爲違規者，意指慢車駕駛人除道交條例第7條之2第1項第1款至第6款所列違規行爲外，其他違規行爲（如超速駕駛）無法以目擊方式逕行舉發，遂有以科學儀器取得證據資料而再行製單舉發之必要，乃於第7款特別明文規定，至於第1款至第6款所列違規行爲，其行爲態樣本即得以目擊方式逕行舉發，倘以科學儀器取得證據資料後，再行製單舉發，係屬調查證據方法之一，自得由行政機關依職權選擇適當方式爲之[60]。

除此之外，有關委託民間辦理以科學儀器取得證據資料部分，基於行政程序法第16條第1項規定：「行政機關得依法規將其權限之一部分，委託民間團體或個人辦理。」且以科學儀器取得證據資料之規定，尙無排除道交條例第7條之2第1項第1款至第6款所列違規行爲的適用，故其適用之範圍，自應爲一致性的解釋，亦即包括道交條例第7條之2第1項第1款至第6款所列之違規情形在內[61]。

另外，如以錄影取得違規證據，且足資認定行爲人之違規事實，予以逕行舉發時，則影片是否須隨案移送？對此，透過錄影所取得的違規證據，因非屬當場攔停舉發之案件，違規人通常易對違規事實提出質疑，若未將違規證據隨案移送，裁罰單位

---

57 參照交通部98年9月11日交航字第0980048156號函。
58 參照臺北高等行政法院112年度交字第670號判決。
59 參照臺北高等行政法院112年度巡交字第80號判決。
60 參照法務部91年10月24日法律字第0910037755號函。
61 參照交通部91年11月1日交路字第0910062830號函。

在無佐證情形下，似難令違規行爲人內心信服，因而極易引起紛爭，造成裁罰上之困擾，故宜將違規證據錄影帶或所列印出之相片，併卷隨案移送[62]。

另一方面，對於當場不能或不宜攔截製單而得逕行舉發之行爲，應註明車輛牌照號碼、車型等可資辨明之資料，以「慢車所有人」爲被通知人製單舉發，然受舉發違反道路交通管理事件的受處罰人，如認受舉發之違規行爲應歸責他人者，則可按道交條例第85條第1項規定，於舉發違反道路交通管理事件通知單到案日期前，檢附相關證據及應歸責人相關證明文件，向處罰機關告知應歸責人，並由處罰機關另行通知應歸責人到案依法處理[63]。

換言之，即如違反道路交通管理事件統一裁罰基準及處理細則第11條第1項第4款所規定，對於逕行舉發者，執法人員應按已查明之資料塡註車牌號碼、車輛種類、車主，或其指定之主要駕駛人姓名及地址，並於通知單上方空白處加註「逕行舉發」之文字後，再由舉發機關送達被通知人。

參、綜論

本條規定微型電動二輪車駕駛人如違規時，得依道交條例第7條之2所定方式，予以逕行舉發，而第7條之2第1項之第7款規定，即「經以科學儀器取得證據資料證明其行爲違規」，乃科技執法之明文化規範，又同條第2項亦規定，（第7款）科學儀器屬應經定期檢定合格之法定度量衡器，其取得違規證據資料之地點或路段，應定期於網站公布。

申言之，正因自動化科技執法的實施，可以有效率地取代傳統人力之交通執法，且能大大提高交通行車秩序與安全，並能降低員警線上攔查及取締違規的執勤風險，尤其對於駕駛人稍縱即逝之違規行爲，雖說員警依其目睹所視而得作爲交通裁罰的基礎，然透過人體感官據以進行開罰，著實仍無法避免招致誤解或非議，此益加突顯出自動化科技執法之必要性與重要性。

除此之外，警察機關在執行交通科技執法工作前，須先公告得使用科學儀器取締交通違規之地點，而藉由科技執法設備取締交通違規行爲，亦必須仰賴執法人員於事後檢視監視設備所拍攝之畫面內容，並詳加進行過濾與篩選，始得確知違規行爲人及違規態樣分別爲何，又對人口叢聚稠密或易生交通壅塞等路口設置科技執法設備（施）取締道路違規行爲，亦符合道交條例第7條之2第1項規定之「當場不能或不宜

62　參照內政部警政署80年6月14日警署交字第36291號函。

63　參照交通部99年11月29日交路字第0990056742號函。

攔截製單舉發」情形，則員警以科技執法逕行舉發本條違規行為，自屬理所當然[64]，惟現階段科技執法工作的推展，除取決於各級政府交通建設經費之編列外，更有賴中央或地方行政首長的識見與決心，兩者缺一不可。

64 參照臺中高等行政法院112年度交字第302號判決。

第四章 行人

第78條（行人之處罰與例外）

行人在道路上有下列情形之一者，處新臺幣五百元罰鍰：

一、不依標誌、標線、號誌之指示或警察指揮。

二、不在劃設之人行道通行，或無正當理由，在未劃設人行道之道路不靠邊通行。

三、不依規定，擅自穿越車道。

四、於交通頻繁之道路或鐵路平交道附近任意奔跑、追逐、嬉遊或坐、臥、蹲、立，足以阻礙交通。

使用行動輔具者，因人行道有障礙物致違反前項第二款規定者，不予處罰。

壹、導言

本條對於行人之路權予以限制，若有違反禁止與命令之交通法規範，仍應受罰，故本條第1項列四款有關禁止或命令之規定，違反之行人將被處罰新臺幣500元。故在此將對行人路權以及禁止命令規範予以評析，另在集會遊行中，往往透過行人路權等活動完成，因此深入論述行人在集會遊行狀態下，行使路權之特別權利。又在本條第2項規定行人使用行動輔具者，同樣擁有特別的路權，若違反相關規定，將不予處罰，在此以社會法治國之理念，予以深入探討。

貳、內容解析

一、行人路權

本條規定行人之處罰，區別於汽車與慢車等駕駛人，在於一般自然人並非駕駛操控交通工具，而因本身之交通行爲違規而應受罰。在此可明顯區分規定之不同的是第44條第2項與第3項，在第2項規定的主要目的，係汽車駕駛人在交岔路口等時，應禮讓行人穿越，否則受罰。而第44條規範目的之理論重點，在於維護行人路權，對於不禮讓行人之駕駛人予以處罰。此條要件係課予用路人遵守義務之核心，係爲汽車駕駛人駕駛汽車行經行人穿越道遇有行人穿越時，應暫停讓行人先行通過，考其立法理由係爲確立行人穿越道優先路權之觀念，並讓行人能夠信賴斑馬線而設，規範目的則係要求汽車駕駛人將汽車停在行人穿越道前等候，禮讓行人優先通過，使行人行走行人穿越道穿越馬路時，不必顧慮會有汽車通行，對行人之人身造成危險，而非僅在於保障行人的通行權利。是以，倘駕駛人於行經行人穿越道時，即應減速接近，並遇行人通過時，應先暫停而非搶先行駛[1]。相對於此，本條係規定行人路權應受限制之情況，尤其違反禁止或命令之交通規範，如不依標誌、標線指示或擅自穿越車道。

近年來，在臺灣針對交通狀況有所謂「行人地獄」之說，行人地獄是指臺灣的車輛駕駛違法不停讓行人、不尊重行人擁有道路最高優先通行的權利、人行道被違規停車等各式物品霸占、道路設計沒有服務行人等道路環境對於行人不友善與不安全的現況。由於上述情形，以及自2019年起，臺灣發生多起行人於行人穿越道行走，卻因車輛未停讓而遭撞擊致死或受傷的事故，該詞引來民眾認同，加上包括美國媒體CNN在內的眾多國際媒體專題報導，遂成爲形容臺灣道路環境讓行人備受威脅的流行語及貶義詞[2]。由此，道交條例第44條第2項與第3項，爲此因應作修正，即提高處罰之罰鍰以爲警惕與遏止。

「路權」係指用路人使用道路相關設施誰先誰後之權利（或利益），對於取得路權者具有優先通行與使用道路設施的權利，而未取得路權者則無通行權，必須等待具有路權者通過，取得路權後方可通行。而所謂的「行人路權」，也就是行人使用道路、優先通行的狀況。人行專用道和行人穿越道，是專門提供行人使用的，車輛不得侵占、行駛於行人專用道；而行人在使用穿越道時即擁有路權，其他汽機車均須禮讓其優先通行。爲保障行人安全，依道路交通安全規則第103條規定，汽車駕駛人在行近行人穿越道前，應減速慢行，遇有行人穿越時，均應暫停行人先行通過。這項規定強調了行人在行人穿越道上所擁有絕對通行權的概念。因此，當汽機車未禮讓行人優先通行時，依道交條例第44條第1項第2款規定是要處新臺幣600元以上1,800元以下罰

---

1 臺灣桃園地方法院111年度交字第584號判決。

2 有關行人地獄的起源，係自2021年12月成立的Facebook專頁「台灣是個行人地獄」，該專頁於2022年12月7日由美國媒體CNN引用，CNN報導指出：「臺灣是經濟大國和已開發國家，首都臺北市以美食小吃、美女、對國際觀光客熱情友善以及自然景觀而有強大的吸引力，國際旅客最愛臺北。但是在臺北以外的其他縣市惡名昭彰的車輛駕駛不停讓行人與不尊重行人、人行道不拓寬以及交通環境設施對行人極不友善卻讓人感受到威脅和不舒服，而國際觀光客在離開臺灣的首都臺北市之後，體認到其他縣市的行人地獄情況極度嚴重、怵目驚心，不願意再去其他縣市，在臺北旅遊就是非常的便利、安全、安心與自由。」參閱維基百科，https://zh.wikipedia.org/zh-tw/%E8%A1%8C%E4%BA%BA%E5%9C%B0%E7%8D%84?，最後瀏覽日期：2023/11/3。

鍰[3]。

行人路權是行人使用道路安全權利的保障，相同地，行人也有不能侵犯其他車輛的路權，法律規定行人應行走在劃設之人行道；不得在道路上奔跑嬉戲、阻礙交通；穿越道路時則必須經由行人穿越道、人行天橋或人行地下道，不可跨越護欄、安全島來穿越馬路等尊重其他車輛通行路權的義務。當行人在道路上有不依標誌、標線、號誌之指示或警察指揮者；不在劃設之人行道通行，或無正當理由，在未劃設人行道之道路，不靠邊通行者；不依規定，擅自穿越車道或於交通頻繁之道路或鐵路平交道附近任意奔跑、追逐、嬉遊或坐、臥、蹲、立，足以阻礙交通之情形，亦將處新臺幣1萬5,000元罰鍰，或施予一小時至二小時之道路交通安全講習。路權的概念應是相對的，不論是行人或是汽機車駕駛者在道路上行駛，都有注意路況與禮讓其他用路人的責任與義務[4]。

二、禁止與命令之規範

針對行人路權之限制，本條第1項有禁止與命令等四款規範，首先在第1款規定不依標誌、標線、號誌之指示或警察指揮。簡化此規範即爲不依指示或警察指揮，而此原本命令規範係要求行人應依指示與指揮，亦即行人應有遵守指示與指揮之義務。在此條款係針對行人，其擁有的路權，必須在遵守禁止與命令規範下實現。另人行道之設計，係爲保障行人路權，故在本項第2款規定，應遵守人行道之規範。另相對於道交條例第44條第2項與第3項，原應保障行人穿越道路的路權，如此對於在交通上處於弱勢者的行人獲得安全保障，故要求汽車駕駛人禮讓。而本條第1項第3款規定，不依規定，擅自穿越車道，仍應受罰，此係基於交通秩序與安全，限縮行人穿越車道之路權，不可擴張路權，若任意穿越車道必將影響交通。

第1項第4款則規定於特定地區，如於交通頻繁之道路或鐵路平交道，限制行人任意奔跑、追逐等行動自由的路權，若違反者仍應受罰。在此所謂交通頻繁之道路，係屬不確定法律概念，此概念過於廣泛不確定，係較難判斷之事項，容易引起執法爭議，值得檢討[5]。另本條所訂禁止與命令之規範，其係與相關法律規範配合而落實交通安全與秩序。如行人違反相關法律，亦包含著違反交通秩序，如依社會秩序維護法第71條規定：「於主管機關明示禁止出入之處所，擅行出入不聽勸阻者，處新臺幣六千元以下罰鍰。」以及第73條規定：「有左列各款行爲之一者，處新臺幣六千元以

---

[3] 參閱「尊重行人路權優先，保障行人用路安全」，臺中市政府，http://www.news.taichung.gov.tw/ct.asp?，最後瀏覽日期：2023/11/5。

[4] 參閱「尊重行人路權優先，保障行人用路安全」，臺中市政府，http://www.news.taichung.gov.tw/ct.asp?，最後瀏覽日期：2023/11/5。

[5] 李震山，行政法導論，三民，2022年修訂12版，第484頁。

下罰鍰：一、於學校、博物館、圖書館、展覽會、運動會或其他公共場所，口角紛爭或喧嘩滋事，不聽禁止者。……」另如針對鐵路平交道而言，亦可依據鐵路法整體適用維護安全，如依據鐵路法第56條之3第1項規定：「鐵路機構應確保鐵路行車之安全。」另亦有相關者，如制定鐵路行車規則，以確保鐵道交通安全等事項。

三、行人與集會遊行

在集會遊行中，往往透過行人使用路權等交通行爲與活動而完成，而本條限制行人路權之各項規定，對於集會遊行之影響與結果，值得探討。依據集會遊行法第2條規定：「本法所稱集會，係指於公共場所或公眾得出入之場所舉行會議、演說或其他聚眾活動（第1項）。本法所稱遊行，係指於市街、道路、巷弄或其他公共場所或公眾得出入之場所之集體行進（第2項）。」故從公眾得出入之場所觀察，必須要實踐交通行爲，並要維持一定的交通安全與秩序，才能完成集會的目的。而遊行主要係指人民在市街道路上等集體行進，更是典型的交通行爲。

集會遊行是實踐民主政治重要的方式，故爲憲法所保障重要基本人權之一，爲免憲法之規定流於口號或形同具文，進而保障該自由之遂行，實有賴集會遊行法之實施，所以集會遊行法頒行的主要目的就在於保障憲法賦予人民之基本權利，其次方是維持社會秩序[6]。經由許可的集會遊行，在法理上，因集會遊行而違反本條限制行人路權之規定，執法警察機關應可依義務性裁量等原則，優先保護集會遊行之基本人權，而若未造成交通實體危害，如交通事件車禍等人車之傷亡，針對違反本條禁止與命令之規範，應可依集會遊行法等法令阻卻違法，裁量免罰。但集會遊行中，依據集會遊行法亦應有配合相關交通安全秩序之措施，故依據集會遊行法第18條規定：「集會、遊行之負責人，應於集會、遊行時親自在場主持，維持秩序；……」在此當然包含集會遊行之交通秩序，另依第21條第1項規定：「集會、遊行之參加人，應服從負責人或糾察員關於維持秩序之指揮。」在此亦包含服從交通指揮。而對於妨害集會遊行之人，負責人或糾察員得予以排除。故參與集會遊行之人若有違反本條之行爲，雖未受罰，但仍應遵守集會遊行法之規定，聽從負責人或糾察員之交通指揮，否則經排除後，依法理即無受憲法集會遊行權之保障，將應受罰[7]。

---

6 Vgl. Georg Huttner, Handbuch für die Ortspolizeibehörden Baden-Württemberg, 3. Auflage, 2005, S. 166 ff.

7 李震山、黃清德、李錫棟、李寧修、陳正根、許義寶，集會遊行法逐條釋義，五南，2020年，第241-243頁。

四、社會法治國之落實

本條第2項規定：「使用行動輔具者，因人行道有障礙物致違反前項第二款規定者，不予處罰。」亦即使用行動輔具者，因人行道有障礙物致不在劃設之人行道通行，或在未劃設人行道之道路不靠邊通行，不會受處罰。在此係相對於一般用路行人違反上述前項第2款規定，應受處罰，而使用行動輔具者則免罰。行動輔具顧名思義就是幫助行動不便者，能方便、安全且平穩移動的輔助工具。而常見的行動輔具包括：輪椅、手杖、助行器、電動代步車等。行動輔具可讓身障與高齡者維持行動能力，能有助於渠等擴大生活範圍、參與社區活動、維持生活品質，並能避免受傷及延緩衰弱。

人行道係專爲行人設立的通行道，若有人行道，理應強制用路行人走人行道，故特定本條之規範，若不在劃設之人行道通行，即以處罰。而考量使用輔具者，如前述大都使用輪椅、電動代步車等，若仍視爲行人應走人行道，在交通實務上有所問題產生，如可能與其他行人同擠人行道，易發生碰撞等危險。另在未劃設人行道之道路，行人理應靠邊通行，然而使用輔具者如同小車輛，靠邊行亦將與其他行人發生擁擠碰撞之危險。故觀察本條第2項規定，係考量弱勢者在交通行爲之特別狀況，擴大行人使用輔具者之路權，並保障其交通基本權，藉以實現弱勢優先的社會國理想[8]。

參、綜論

近年來，由於行人地獄的議題，讓人們重視行人的路權，但也並非顯示行人路權之絕對優先，故違反本條規範，行人仍應受罰。行人路權是行人使用道路安全權利的保障，相同地，行人也有不能侵犯其他車輛的路權，例如本條規定行人應行走在劃設之人行道等。故路權的概念應是相對的，不論是行人或是汽機車駕駛者在道路上行駛，都有注意路況與禮讓其他用路人的責任與義務。針對行人路權之限制，本條第1項有禁止與命令等四款規範，在此最重要者，係基於交通秩序與安全，限縮行人穿越車道之路權，不可擴張路權，若任意穿越車道必將影響交通。而遊行主要係指人民在市街道路上等集體行進，更是典型的交通行爲。故應遵守集會遊行法之規定，聽從負責人或糾察員之交通指揮，否則經排除後，依法理即無受憲法集會遊行權之保障，將應受罰。另觀察本條第2項規定，係考量弱勢者在交通行爲之特別狀況，擴大行人使用輔具者之路權，並保障其交通基本權，藉以實現弱勢優先的社會國理想。

8　許育典，憲法，元照，2022年12版，第79-81頁。

第79條（刪除）

第80條（行人之處罰——闖越平交道）

行人行近鐵路平交道，有下列情形之一者，處新臺幣二千四百元罰鍰：

一、不遵守看守人員之指示，或遮斷器開始放下，或警鈴已響、閃光號誌已顯示，仍強行闖越。

二、在無看守人員管理或無遮斷器、警鈴及閃光號誌設備之鐵路平交道，不依規定暫停、看、聽、有無火車駛來，逕行通過。

壹、導言

鐵道交通安全受到極大的重視，尤其闖越平交道事故屢見不鮮，故有道交條例第54條規定有關汽車駕駛人在平交道違規之處罰，以及道交條例第75條規定慢車駕駛人在平交道違規之處罰。而本條則針對行人強行闖越與逕行通過，規定相關違規要件與法律效果。首先探討鐵路交通安全的狀況與重要性，而在鐵路與一般道路交會處，所設立的鐵路平交道係爲特殊設施，針對有看守之人、遮斷器、警鈴以及閃光號誌之平交道，違規要件係爲強行闖越；無前述者，則係爲逕行通過，在此均值得深入探討。

貳、內容解析

一、鐵道交通安全

鐵路不同於一般道路，而道交條例所適用的相關規定亦大多爲道路，依據道交條例第3條規定，道路：指公路、街道、巷衖、廣場、騎樓、走廊或其他供公眾通行之地方。故鐵路交通安全之相關規定，其主要並非在道交條例，應是在鐵路法等相關法規。然而因一般道路與鐵路有所交會，故維護鐵路交通安全，亦有道交條例相關條文之適用。在此有本條針對行人闖越平交道之處罰，另亦有道交條例第54條規定有關汽車駕駛人在平交道違規之處罰，以及道交條例第75條規定慢車駕駛人在鐵路平交道違規之處罰。在此乃意在強調立法者加重鐵路平交道違規之處罰，以有效降低平交道事故之旨[9]。由於鐵路與道路被分爲不同的交通系統，另制定鐵路法，亦包含鐵道交通

9 臺北高等行政法院109年度交上再字第33號判決。

安全的維護，主要規定於鐵路法第六章安全，有關鐵路交通設施之安全等均爲規範重點，重要者如第56條之3：「鐵路機構應確保鐵路行車之安全（第1項）。前項鐵路行車之鐵路路線、設備、車輛、裝載限制、號誌、號訊、標誌、運轉、閉塞與事故處理及其他行車應遵行事項之規則，由交通部定之（第2項）。」交通部並制定鐵路行車規則確保鐵路交通安全。

二、鐵路平交道

鐵路不同於道路，係爲自成系統的交通途徑，然而仍有與道路交會處，即爲鐵路平交道。此項設施不僅爲鐵路交通安全之重要環節，亦是行人交通可能通過之重要場所，故本條規定行人違規闖越平交道之處罰。鐵路平交道爲交通上最爲特殊的設施，主要針對道路上行人或車輛穿越鐵路幹線而設，一般傳統上又分爲有柵欄平交道與無柵欄平交道。本條第1款主要針對有柵欄平交道，又可稱有設遮斷器平交道，除了有看守人員外，另亦有以現代化電子工具，如警鈴或閃光號誌替代。而本條第2款則針對無柵欄平交道，即係在無看守人員管理或無遮斷器、警鈴及閃光號誌設備之鐵路平交道。在此有柵欄平交道之相關設計顯然重要，因係考量行車狀況，使警報、號誌先行運作，並使駕駛人可先預測柵欄將放下，預先停止通行，避免因行駛至鐵軌上方遭柵欄前後攔阻，而來不及通過發生危險，此時遮斷器自然會於警鈴、閃光號誌作用秒數後啓動，駕駛人應於警鈴、閃光號誌作用後即停止不得通行，自不得因遮斷器未開始放下即續予行駛[10]。

在平交道上，鐵路列車有優先通行的路權，當列車即將通過時，道路上的車輛或行人需要停等鐵路列車通過後，確認安全才可通過平交道。早期的平交道有人值守，當火車將通過時，看守揮動紅旗或紅燈示意所有車輛和行人停止，並使車輛和行人離開軌道。後來，引入了手動或電子的欄杆以擋住公路。欄杆用於阻攔任何車輛和行人闖入鐵路。在鐵路的早期，許多車輛都是畜力車，因此有必要設立眞正的障礙。而現代除了車輛和行人流量大的平交道仍有人看守外，大多已自動化運作而無人看守。爲防止車輛及行人闖越，有的平交道會安裝偵測器，在人車於柵欄放下後仍在平交道內時發出聲響警告，並有緊急按鈕以在車輛卡在平交道無法移開時按鈕警告列車減速停車，但仍有此類事件發生，多發生於繁忙有欄杆無人看守平交道，因此如車輛不幸被困，應撞毀遮斷桿逃生。另外會裝有自動照相機或監視器以告發闖平交道者。有一些車站受限於地形等因素，無法在月臺與站房之間設跨線天橋或地下道，也會設置平交道供搭車旅客跨越鐵軌通行[11]。

10　臺北高等行政法院地方庭112年度交字第1382號判決。

11　參閱平交道，維基百科，https://zh.wikipedia.org/zh-tw/%E5%B9%B3%E4%BA%A4%E9%81%93，最後瀏覽日期：2023/11/2。

三、強行闖越與逕行通行

本條第1款規定，類似傳統有柵欄平交道，目前現代科技即運用遮斷器、警鈴以及閃光號誌。依據通說，針對交通號誌之法律性質，被視爲一般處分。依據行政程序法第92條規定，行政行爲之對象爲特定人，其內容爲具體之事實關係者，係典型之行政處分。而一般處分，係行政處分之變體，可區分成「與人有關之一般處分」及「對物之一般處分」兩類。首先爲與人有關之一般處分：即由一般性特徵而確定其範圍之人所爲之處分，其相對人爲確定或可得確定之多數人，例如對於參與某一示威活動之多數人命令解散、警察以手勢或號誌指揮車輛之駕駛人等。其次，爲對物之一般處分：即直接對物設定、變更、廢止其公法性質或提供一般使用。例如將某一建築列入古蹟保護、開放公共設施供公眾使用、指定私有之道路爲公眾通行之道路等行爲[12]。

本條第1款所規定看守人員之指示以及遮斷器、警鈴、閃光號誌等設施，在法律性質上可視爲一般處分，就其立法意義而言，無論是一般處分或法規範，違反者均有其法律效果，在本條規定違反一般處分的內容，即有其法律效果予以行政處罰。在本條第1款中，強行闖越之行爲係最重要之要件，因不遵守看守人員與相關號誌之指示，含有高度與強烈的企圖故意，雖還未造成交通危害，但有潛在的高度危險，故予以處罰之。另第2款在無看守人員管理或無遮斷器、警鈴及閃光號誌設備之鐵路平交道，並無以指示或號誌等一般處分作爲規範內容，而以可直接適用法規予以處罰，惟須作正確行政判斷，當時用路行人是否明確違反要件：「不依規定暫停、看、聽、有無火車駛來」，始能處罰[13]。而交通秩序蘊藏於社會秩序的一環，若以社會秩序觀察，在社會秩序維護法第71條規定：「於主管機關明示禁止出入之處所，擅行出入不聽勸阻者，處新臺幣六千元以下罰鍰。」針對交通機關已設交通號誌設施，而不遵守，在此亦可爲適用參考。

參、綜論

鐵路交通安全之相關規定，其主要並非在道交條例，應是在鐵路法等相關法規。然而因一般道路與鐵路有所交會，故維護鐵路交通安全，亦有道交條例相關條文之適用。在平交道上，鐵路列車有優先通行的路權，當列車即將通過時，道路上的車輛或行人需要停等鐵路列車通過後，確認安全才可通過平交道。在本條第1款中，強行闖越之行爲係最重要之要件，雖還未造成交通危害，但有潛在的高度危險，故予以處罰之。另第2款在無看守人員管理或無遮斷器、警鈴及閃光號誌設備之鐵路平交道，須作正確行政判斷，始能處罰。

---

12 李震山，行政法導論，三民，2022年修訂12版，第320-322頁。

13 陳正根，警察與秩序法研究（三），五南，2018年，第241-243頁。

第 81 條（行人之處罰——攀跳行車）
在車輛行駛中攀登、跳車或攀附隨行者，處新臺幣五百元罰鍰。

壹、導言

本條針對行人之交通危險行爲予以處罰，故首先論述交通危險行爲，並從廣義與狹義著手，期能對此概念更清晰地理解。因爲交通危險行爲，若從廣義言，幾乎包含所有交通違規行爲，故必須從狹義交通危險行爲之觀點，才能進一步理解本條規定之意旨。而在道交條例有規定危險駕駛行爲，乃針對汽車駕駛人，故在此亦論述，同時與本條一併比較探討。另從交通危害預防的觀點，論述本條針對在車輛行駛中攀登、跳車或攀附隨行者，予以處罰之目的與效果。

貳、內容解析

一、交通危險行爲

觀察道交條例，若以廣義交通危險行爲定義，則整部道交條例所規範之行爲，可說大部分屬於交通危險行爲，從一般人民常違規之交通行爲，如違規停車、超速、超載與闖紅燈等均屬之[14]。然而若從狹義交通危險行爲定義，則應從急迫性、危害程度性以及立即性等標準定義，而道交條例所訂之危險駕駛，依據道交條例第43條規定第1項各款之交通行爲，例如：「一、在道路上蛇行，或以其他危險方式駕車。二、行車速度，超過規定之最高時速四十公里。三、任意以迫近、驟然變換車道或其他不當方式，迫使他車讓道。四、非遇突發狀況，在行駛途中任意驟然減速、煞車或於車道中暫停。五、拆除消音器，或以其他方式造成噪音。六、在高速公路或快速公路迴車、倒車、逆向行駛。」相對於一般違規行爲，前述六款視爲典型狹義交通危險行爲，其處罰有相對嚴重，係處新臺幣6,000元以上3萬6,000元以下罰鍰。

另在慢車之交通行爲上，並無如汽車有危險駕駛之規定條款，但在道交條例第75條有關越平交道之處罰，另在道交條例第73條第1項第4款規定，慢車不可在道路上爭先、爭道或其他危險方式駕車，以及第76條第1項第7款規定，不可牽引其他車輛或攀附車輛隨行等，以上可視爲較嚴重的交通危險行爲，而在道交條例慢車規章中規定。本條規範行人之交通危險行爲，在非行人本身駕車狀態下，仍會有行人之交通危險行爲，如本條規定在車輛行駛中攀登、跳車或攀附隨行者。在交通實務上，最多

14 陳正根，警察與秩序法研究（三），五南，2018年，第245頁。

的交通危險行爲應屬在車輛行駛中跳車之行爲，然而行人若因一時衝動跳車，此情況大多與駕駛者因事發生爭吵衝突或趕時間急著下車，在車輛行駛中突然開門並下車即構成違規要件，若因而導致交通事故，造成人車傷亡，除遭警方依本條開立罰單外，還得負擔民、刑事責任。而亦有其他交通實務案件，例如在遊覽車上，若在行進中，乘客起身行走，而司機遇紅燈緊急剎車，造成乘客因而摔倒受傷，乘客仍有違反本條而應負相關責任，並非全然是司機的責任[15]。

二、交通危害預防

本條之處罰，乃針對行人之交通危險行爲予以處罰，係爲交通危害之預防與警惕。本條針對行人之交通危險行爲予以處罰，冀能達成交通危害預防之目的。前述已提及交通危險行爲有廣義與狹義，且類型眾多，道交條例舉其重要者規定並作預防性之處罰。故行人之交通危險行爲亦相當多樣，如在交通實務案件中，有清潔員站在垃圾車上工作，被視爲交通危險行爲，法院判處主管機關國家賠償給清潔員，故本條所列攀登跳車或攀附隨行者，是舉其重要者規範[16]。有些行爲可以不確定法律概念規範，並由執法機關作正確行政判斷，認定爲交通危險行爲而予以處罰。此在道交條例汽車規章中，依據第60條規定，係針對汽車駕駛人相關概括行爲之處罰，其中即有包含明文規定的交通危險行爲。

針對行人之交通危險行爲，在道交條例第四章行人規章中，並無概括規定之處罰，而係舉其重要者規範於第四章相關條款，除本條外，典型者如第78條規定於交通頻繁之道路或鐵路平交道附近任意奔跑、追逐、嬉遊；第80條規定行人闖越平交道以及第81條之1條所規定違規攬客。針對行人交通危險行爲之概括規定，本條並無如汽車規章之規定處罰，係因汽車駕駛人與行人相比，所造成的危害大多比行人之行爲嚴重，故仍應以概括規定處罰，而行人部分，則以所列明文規定爲主，其餘有關行人之廣義交通危險行爲，則不予處罰。深究本條，有關車輛行駛中攀登以及跳車等行爲，常引起更嚴重交通事故，在交通實務上，亦屢見不鮮，故特定本條以達交通危害之預防效果[17]。

---

15 臺灣臺中地方法院102年度訴字第1006號民事判決：「……然查，原告即乘客張陳○梅乃係擔任該次進香團之召集人，遂於接獲同車乘客反應車輛有不穩情事，亦疏未注意在車輛行進中不得自座位上站起行走，仍起身往被告廖○淳之駕駛座方向行進，以致於被告廖○淳見紅燈貿然緊急煞停時，因站立不穩而摔落駕駛座旁樓梯受傷等情，乃爲兩造所不爭執，已如前述；則按車輛行駛中，不得攀登、跳車或攀附隨行，道路交通管理處罰條例第81條及道路交通安全規則第136條第5款定有明文，基此，原告對於系爭事故之發生，確有未注意於車輛行駛中不得起身行走之過失責任，且與伊所受傷害間有相當因果關係，須負與有過失之責甚明。」

16 臺灣澎湖地方法院110年度重國字第1號民事判決。

17 李震山、蔡庭榕、簡建章、李錫棟、許義寶，警察職權行使法逐條釋義，五南，2018年2版，第231-233頁。

參、綜論

若以廣義交通危險行爲定義，一般人民常違規之交通行爲，如違規停車、超速、超載與闖紅燈等均屬之。若從狹義交通危險行爲定義，則應從急迫性、危害程度性以及立即性等標準定義。在交通實務上，最多的交通危險行爲應屬在車輛行駛中跳車之行爲，在車輛行駛中突然開門並下車即構成違規要件，若因而導致交通事故，造成人車傷亡，除遭警方依本條開立罰單外，還得負擔民、刑事責任。針對行人交通危險行爲之概括規定，本條並無如汽車規章之規定處罰，則以所列明文規定爲主，其餘有關行人之廣義交通危險行爲，則不予處罰。

第 81 條之 1（違規攬客之處罰）
於鐵路公路車站或其他交通頻繁處所，違規攬客，妨害交通秩序者，處新臺幣一千五百元以上三千元以下罰鍰。

壹、導言

本條規定行人在鐵路公路車站或其他交通頻繁處所，違規攬客，相對於道交條例第38條規定的汽車駕駛人違規攬客，係於1996年12月新增。在此除了配合修法以外，應是因應實際交通狀況，有些民眾並非汽車駕駛人，但仍從事攬客行爲，造成交通與社會秩序的問題。故在本條，首先論述交通與社會秩序，另在違規攬客行爲上，於實務上，最重要的應是違規攬客之認定，需要明確的證據以爲判斷，在此一併論述。

貳、內容解析

一、交通與社會秩序

道交條例針對違規纜客之行爲，原僅在第38條第1項規定：「汽車駕駛人，於鐵路、公路車站或其他交通頻繁處所，違規攬客營運，妨害交通秩序者，處新臺幣一千五百元以上三千元以下罰鍰……。」主要針對汽車駕駛人爲了牟利，無視鐵公路車站等之秩序，違規攬客營運。在此條文中，因爲營運得利而違反交通秩序。由此，汽車駕駛人基於交通營運而得利，其違反行爲仍關係交通秩序。而本條所訂並非完全針對汽車駕駛人，相對人包含非汽車駕駛人，因在實務上，有並非爲自己交通營運而攬客，協助或仲介汽車駕駛或公司者，違反交通秩序而獲利也大有人在，故特設於行人專章規定行人違規攬客，無論是否爲汽車駕駛者，均應受罰。本條係於1996年

12月新增，爲配合道交條例第8條之修正，將有關行人違規取締處罰之工作統一劃規警察機關主管，爰將道交條例第38條「他人」之違規行爲移列至行人專章，予以規範。

仲介營運者並非駕駛人，違反交通秩序之行爲，仍可歸屬於社會秩序之範疇，故本條未制定之前，仍可依社會秩序維護法處罰。如依據社會秩序維護法第64條第3款規定：「車、船、旅店服務人員或搬運工人或其他接待人員，糾纏旅客或強行攬載者。」可處三日以下拘留或新臺幣1萬8,000元以下罰鍰。然而本條行人違規攬客之行爲，相較於社會秩序維護法前述規定，在要件仍有不同，因強行攬載與攬客之行爲確有不同，故難於適用，從而於1996年12月新增本條以因應交通實務之需要[18]。然而相較之下，針對強行攬客之行爲，依據社會秩序維護法之處罰相當重，故可區分較輕微行爲，則以本條之適用爲適當，且依行政罰法第19條：「違反行政法上義務應受法定最高額新臺幣三千元以下罰鍰之處罰，其情節輕微，認以不處罰爲適當者，得免予處罰（第1項）。前項情形，得對違反行政法上義務者施以糾正或勸導，並作成紀錄，命其簽名（第2項）。」可先依勸導方式解決違規攬客之問題，在現今民主時代，成爲優先考量的措施[19]。

二、違規攬客

針對違規攬客之行爲，如前述有分爲汽車駕駛人與本條所規範之行人，在實務上多爲仲介營運者。然而重點是「違規攬客」爲不確定法律概念，有待執法機關正確判斷，而據以判斷的基礎應來自有力的證據。然而基於社會秩序或增進公共利益下，針對違規妨害交通秩序之行爲，乃得檢視、複製、拍攝。而道路交通秩序安全，本屬「維護社會秩序或增進公共利益」之一環，且本條違規之行爲態樣，其要件係在交通頻繁之處所，進行違規攬客之營運，顯有妨害舉發違規地點之交通秩序及維護公共之利益。故而，執法舉發之警察可以道路監視錄影系統之檢視、複製錄影及截圖資料爲本件舉發違規之佐證，而非以單獨一項爲違規採證之唯一證據[20]。有關本條行人違規攬客行爲之判斷認定，按可參考處罰條例第38條第1項「違規攬客營運」之規定，並未區分汽車駕駛人以主動或被動方式攬客營運之行爲；亦即，無論汽車駕駛人以積極方式（如開啓車窗呼喊或鳴放喇叭、開後座車門甚而下車招攬）或以消極方式（如經乘客招手）搭載乘客，皆足當之[21]。

---

18 陳斐鈴，警察機關執行社會秩序維護法之實證研究，五南，2020年，第10-13頁。

19 蔡震榮、鄭善印，行政罰法逐條釋義，新學林，2019年3版，第302頁。

20 臺灣新北地方法院110年度交字第854號判決。

21 臺北高等行政法院地方庭112年度交字第1163號判決。

參、綜論

汽車駕駛人基於交通營運而得利，其違反行爲仍關係交通秩序。而本條所訂並非完全針對汽車駕駛人，有並非爲自己交通營運而攬客之行爲，協助或仲介汽車駕駛或公司者，故特設於行人專章規定行人違規攬客。本條增訂後，無論是否爲汽車駕駛者，違規攬客之行爲均應受罰。執法舉發之警察可以道路監視錄影系統之檢視、複製錄影及截圖資料爲本件舉發違規之佐證，而非以單獨一項爲違規採證之唯一證據。無論以積極方式，如開啓車窗呼喊或鳴放喇叭、開後座車門甚而下車招攬，或者以消極方式，如經乘客招手，招攬搭載乘客，均可視爲違規攬客。

第五章
道路障礙

第 82 條（阻礙交通之處罰）

有下列情形之一者，除責令行為人即時停止並消除障礙外，處行為人或其雇主新臺幣一千二百元以上二千四百元以下罰鍰：

一、在道路堆積、置放、設置或拋擲足以妨礙交通之物。

二、在道路兩旁附近燃燒物品，發生濃煙，足以妨礙行車視線。

三、利用道路為工作場所。

四、利用道路放置拖車、貨櫃或動力機械。

五、興修房屋使用道路未經許可，或經許可超出限制。

六、經主管機關許可挖掘道路而不依規定樹立警告標誌，或於事後未將障礙物清除。

七、擅自設置或變更道路交通標誌、標線、號誌或其類似之標識。

八、未經許可在道路設置石碑、廣告牌、綵坊或其他類似物。

九、未經許可在道路舉行賽會或擺設筵席、演戲、拍攝電影或其他類似行為。

十、未經許可在道路擺設攤位。

十一、交通勤務之警察、依法令執行指揮交通、交通稽查任務及各級學校交通服務隊現場導護人員以外之人員，於道路上攔阻人、車通行，妨礙交通。

前項第一款妨礙交通之物、第八款之廣告牌、經勸導行為人不即時清除或行為人不在場，視同廢棄物，依廢棄物法令清除之。第十款之攤棚、攤架，不問屬於受處罰人所有與否，得沒入之。

行為人在高速公路或高速公路兩旁，有第一項第一款、第二款情事者，處新臺幣三千元以上六千元以下罰鍰；致發生交通事故者，加倍處罰。

行為人在行人穿越道，有第一項各款情事者，處新臺幣三千元以上六千元以下罰鍰；致人受傷或死亡者，加倍處罰。

壹、導言

人民在交通上有關安全與秩序的維護，係現代社會重要的課題，相關義務與權益，是否為憲法基本權所保障，雖仍有討論，然而有關交通權益之保障與權益，已是現代政府不可忽視的重要任務與使命。在此人民之交通工具，在道路行駛之順暢與安全更是關鍵所在，而近年來車輛大幅增加，且因工商業發達造成許多交通不同狀況，其影響交通之順暢甚大，學理上有稱為道路交通障礙，故在道交條例第五章即規定道路障礙，而本條即規定各種道路障礙之基本型態，若違反本條規定，予以處罰。觀察本條內容，即從交通安全秩序、占用道路之探析、道路障礙之類型分析以及道路障礙之清理處置等，深入探討分析。

貳、內容解析

一、交通安全秩序

掃除清理道路障礙，其重大目的在於交通安全秩序之維護，如此也才能實踐交通基本權或確保交通權益。在我國憲法第二章所規定人民權利義務中，雖無交通基本權之明文規定，然而與交通有關係密切的基本權利則仍視為交通權益受保障之基礎，例如平等權[1]、生存權[2]、行動自由權[3]、財產權[4]、訴訟權[5]，另仍有憲法中未明文化之其他權利，如人格權、環境保護權以及身體不受傷害權等。此種廣泛相關權利應保障人民之自由往來之交通為一重要權利，而請求國家予以保障，甚至進而請求國家有義務創造一個交通安全、秩序與順暢之生活空間。綜上，有關交通上之權益係為一綜合性

---

1 平等原則與交通事務有關者，主要在於隱身於交通個別法規中，而執法機關於行政裁量應遵守平等原則，於發布命令時亦應遵守，另立法機關制定法規亦應遵守平等原則。

2 交通事故中常有傷亡情事發生，人民因為交通事故而死亡，卻是一種無法讓人民安全且安心生活的事實。交通事故的原因，個人行為固然是難脫責任，但國家交通政策之擬定與執行亦責無旁貸。基於尊重生命為現代民主法治國家施政之基本指標，並將之落實於憲法保障，因此國家實有義務及責任創造一個使人民之生命不受傷害的生活空間，此時在交通事務上，生存權之內涵就顯得相當重要。

3 行動自由可分為消極與積極兩種，前者係指任何人得消極抵抗無法律依據之違反其意志之移動措施，在此執法需有憲法與法律明確授權依據，消極行動自由包括住居不受非法入侵之自由；積極行動自由指不需他人或機關事先許可欲往何方之自由，包括使用各種交通工具之行動自由，而從使用交通工具自由又可延伸為速度之自由。

4 在交通方面與人民財產權有關者，首先為直接因交通事故而對財產造成損失者，國家對於交通事故之損失負有防止之義務與責任；其次為違規「罰鍰」之處罰，亦關係人民之財產權之運用。

5 人民對於政府之交通事務各項行為，若有所不服可以提起救濟，關於交通事件之救濟途徑，則因當事人違反之法律不同，而使得救濟途徑有所不同，如依據道交條例，不服交通處分則向普通法院提出聲明異議；而針對交通主管機關一般行政處分則應循行政爭訟，最終可向行政法院提起訴訟。

權利，在我國憲法所規定除了中央與地方政府對於交通事務權限分配外，即爲上述諸多憲法條文明定與交通事務有關之權益，此亦爲保障交通權益之基礎內涵。另憲法第22條之概括規定：「凡人民之其他自由及權利，不妨害社會秩序公共利益者，均受憲法之保障。」此一規定，學說上稱爲「憲法直接保障主義」，亦即憲法保障所有自由權利，人民之自由及權利只要消極不對社會共同體造成侵害，即應受憲法之保障[6]。當前我國憲法中雖並無明定「交通基本權」之保障，然而交通權益之保障應可經由上述規定之精神，積極落實於法律中，然後敦促主管機關執行之。

人民在交通權益之保障，仍應以不侵害社會秩序、公共利益爲前提，倘若個人爲遂行其交通基本權及往來自由，而妨害社會秩序以及公共利益，例如超速、超載、違規停車以及酒醉駕車等交通行爲，即不受保障，法律可以加以限制[7]。在法律保障主義下，行政或司法機關對人民之自由及其他權利，雖不得擅加限制，惟立法機關得以法律限制之。由此，交通權益之限制即以憲法第23條爲依據，憲法第23條規定：「以上各條列舉之自由權利，除爲防止妨礙他人自由、避免緊急危難、維持社會秩序，或增進公共利益所必要者外，不得以法律限制之。」此條文揭示了人民自由與其他權利之限制要件，基於公益動機以及其必要性而需以法律限制之。因此，爲了維持交通秩序以及公眾利益，制定以道交條例爲主的交通秩序罰則，並對於違反者施以處罰，即爲交通秩序罰，另對於惡性更重之交通違規行爲，甚至處予刑事罰等，此皆爲上述對於人民交通權益之限制規範與措施。而針對清理道路障礙，係爲維持交通安全秩序，而以相關行政手段，如調查、查報、通知、公告以及各項強制作爲等實施完成[8]。

二、占用道路之探析

依據道交條例第82條規定，有關構成道路障礙之情事而遭處罰，在法理上雖無解釋何謂道路障礙，然而其要件，最重要者應爲須有占用道路之事實。道路障礙成立，須於道路範圍內，方可依道交條例處罰。而道交條例所稱道路係指公路、街道、巷衖、廣場、騎樓、走廊或其他供公眾通行之地方。一般車輛通行道路、路面邊線旁的馬路及路旁延伸的騎樓、市場通行道路，只要是供公眾通行之路，均屬廣義道路。占用道路事實，除外觀明顯占用，妨害通行，影響交通秩序外，占用道路者有時是停於合法停車格位，因獨享停車位，影響他人停車權利及破壞國家劃設停車格位目的，

6 李惠宗，憲法要義，元照，2022年9版，第317-320頁。

7 Vgl. Antweiler/Liebschwager, Die Entwicklung des öffentlichen Verkehrsrechts in den Jahren 2019/2020, NVwZ 2021, S. 849 f.

8 Vgl. Rudolf Westerhoff, Verkehrsrecht und Verfassung-Ein Beitrag zur Bindung des Richters an das Gesetz, NJW 1985, S. 457 ff.

此種於道路上合法停車攤販仍然應受道交條例拘束。占用道路在處罰故意占用道路之不法行爲，如占用道路有正當理由及特殊理由，如民俗婚喪喜慶，須於道路上搭設攤架，並依規定向警察機關申請許可所爲之占用，即非道交條例所要處罰目的，而有阻卻事由。道路上非法妨害他人通行，影響交通秩序，即爲占據道路[9]。

道路障礙與竊占認定有時不易區分，對於占有空間如爲排除他人使用，並占爲自己使用，即爲竊占罪。而道路障礙之占有爲臨時性，並未完全排除他人使用該特定處所，因此竊占有排他性性格。竊占與道路障礙的占有有多種態樣，在判定思維時，宜就個案認定，例如攤販經警察機關多次取締仍不移置，可間接證明占有者有占有意圖。針對既成道路，若政府未徵收，地主於該處所營業，應屬於攤販與違建問題，不能成立竊占罪。另若於自己之騎樓營業，雖然道交條例中稱騎樓爲道路，屬於公共場所，但使用自己所有騎樓不成立竊占。而妨害他人通行之路霸、霸占地盤，爲當前社會問題，占地使用禁止別人停車，其是否爲竊占，宜由個案事實認定[10]。

占用道路之概念，在實務有稱爲路霸，雖非法定名詞，然而警政機關亦有在官網闡釋，在此値得參考，其路霸認定標準，有形路霸爲：（一）行爲人以「盆景、破椅子、拒馬、鐵鍊」等可移動物品或搭置活動車棚，將該路段長時間占爲己用作停車位，並妨害政府對該路段之支配權（提供公用停車位供大眾免費停車之用）；（二）賣車、洗車、修車業者占用道路爲工作場所或違規停放待售、待修、待洗車輛；（三）車輛違規裝置廣告看板長期占用道路或停車位；（四）以固定之障礙物占用道路；（五）利用道路堆積放置活動廣告物、拒馬、欄杆、桌椅、花盆及其他廢棄物占爲營業處所或供自己停車之用[11]。

無形路霸認定標準爲：（指未實際放置障礙物占用，而以行動禁止他人停車行爲）（一）占用人如破壞停放其「無形占用處所」之車輛，而被害人不在場，構成刑法第354條毀損罪，如被害人報案應受理偵辦，如被害人提出告訴即移送法辦（刑度：處二年以下有期徒刑、拘役或1萬5,000元以下罰金）；（二）占用人如僅以言語要駕駛人不要將車停放於「其無形占用處所」，而無強暴、脅迫之行爲，造成駕駛人不敢將車停放該處，雖未涉及刑法之規定，但如有駕駛人投訴仍應受理並對占用人實施告誡；（三）占用人若以言詞恐嚇駕駛人如將車停放於「其無形占用處所」，將以破壞其車輛或加害其生命、身體爲要脅，致駕駛人心生畏懼而不敢停車，依刑法第305條恐嚇罪移送法辦（刑度：處二年以下有期徒刑、拘役或9,000元以下罰金）；

---

9 方文宗，佔據道路與竊占罪取締程序與限制，律師雜誌，第300期，2004年9月，第68-70頁。

10 同前註。

11 參閱臺中市政府警察局、花蓮市政府警察局官方網站，https://www.police.taichung.gov.tw/ch/home.jsp?id=57&parentpath=0,5&mcustomize=faq_view.jsp&dataserno=201712010060&t=FAQ&mserno=201710290002，最後瀏覽日期：2021/11/25。

（四）占用人以強暴或脅迫方式使駕駛人將停放於合法供停車（指非禁止停車處所）之「無形占用處所」車輛開走或阻止駕駛人將車輛停放該處，不管有無發生爭吵，依刑法第304條強制罪移送法辦（刑度：處三年以下有期徒刑、拘役或9,000元以下罰金、未遂犯罰之）；（五）前項占用人如對駕駛人有傷害或當場破壞其車輛致不能行駛行爲，除構成刑法傷害或毀損罪外，仍構成強制罪[12]。

三、道路障礙之類型分析

占用道路爲道路障礙之基本要件，然而在我國道交條例第五章規定道路障礙，其規定從第82條至第84條，以此爲章名，亦顯示這幾個條款，均爲在道交條例所列之道路障礙，如道交條例第82條所列11款以及第82條之1有關占有道路之廢棄車輛，另包括第83條有關在道路上或規定特定地點之妨害交通行爲，以及第84條有關疏縱動物寵物在道路妨害交通等情事。由此分析，道交條例第82條所列11款，應可視爲道路障礙之基本類型，如在道路堆積、置放、設置或拋擲足以妨礙交通之物或在道路兩旁附近燃燒物品，發生濃煙，足以妨礙行車視線等，其餘本章規定之各條所列道路障礙類型可視爲特殊類型。

此所訂特殊類型即爲前述第82條之1有關占有道路之廢棄車輛，在此亦爲最典型的代表，係在實務上，隨著工商業日漸發達，車輛大增，在管理上並不容易，故在道路上產生很多廢棄車輛，形成在交通與環保間之重大問題，故成爲實務上道路障礙之最重要議題，故增列此條以利解決。而特殊類型，亦包括前述在既有規定上，所列第83條有關在道路上或規定特定地點之妨礙交通行爲，以及第84條有關疏縱動物寵物在道路妨礙交通等情事。然而值得注意的是，在學理上亦可從實務上觀察道路障礙不同類型，重要者如攤販、所有騎樓地營業、霸占地盤以及既成道路未徵收之占地營業等[13]。

依據本條所列11款有關道路障礙之基本類型，經分析第1款規定：「在道路堆積、置放、設置或拋擲足以妨礙交通之物。」此款規定應爲道路障礙之基本性質，即以物品造成障礙妨礙交通。而第2款規定：「在道路兩旁附近燃燒物品，發生濃煙，足以妨礙行車視線。」此款規定係針對實務上，有農民燃燒稻草或民眾處理物品以燃燒方式處理，其濃煙產生環保問題與妨礙交通行爲。另第3款規定：「利用道路爲工作場所。」及第4款規定：「利用道路放置拖車、貨櫃或動力機械。」此第3款、第4

---

12 參閱臺中市政府警察局、花蓮市政府警察局官方網站，https://www.police.taichung.gov.tw/ch/home.jsp?id=57&parentpath=0,5&mcustomize=faq_view.jsp&dataserno=201712010060&t=FAQ&mserno=201710290002，最後瀏覽日期：2021/11/25。

13 李建良，滯留路邊的破舊車——第一次權利保護與第二次權利保護，月旦法學雜誌，第4期，1995年8月，第54-56頁。

款係因民眾使用道路行爲產生道路交通之阻礙，在性質上相同。而第5款規定：「興修房屋使用道路未經許可，或經許可超出限制。」第6款：「經主管機關許可挖掘道路而不依規定樹立警告標誌，或於事後未將障礙物清除。」以及第7款規定：「擅自設置或變更道路交通標誌、標線、號誌或其類似之標識。」此三款所規定爲禁止命令，民眾若違反命令即構成道路障礙危害交通，如挖掘道路而不依規定樹立警告標誌，或許事實上並未實質形成道路障礙，可是經由法定命令，若違反者即視爲道路障礙。

而第8款規定：「未經許可在道路設置石碑、廣告牌、綵坊或其他類似物。」第9款規定：「未經許可在道路舉行賽會或擺設筵席、演戲、拍攝電影或其他類似行爲。」以及第10款規定：「未經許可在道路擺設攤位。」此三款所規定爲須許可事項，若有未經許可而實施該款所規定行爲，亦構成道路障礙之情事。如在道路舉行賽會或擺設宴席，無論是否實質阻礙交通，只要未經申請或申請未獲許可，均構成道路障礙。又第11款規定：「交通勤務之警察、依法令執行指揮交通、交通稽查任務及各級學校交通服務隊現場導護人員以外之人員，於道路上攔阻人、車通行，妨礙交通。」此款規定顯然是特殊型態，針對於道路上攔阻人、車通行，妨礙交通等行爲，若非屬依法維護交通安全與秩序之人，則視爲道路障礙，此爲相當廣義的涵蓋解釋，主要因應交通實務上發生的現象予以特別規範，因此種於道路上攔阻人、車通行，除了妨礙交通外，亦可能負有其他法律責任，如強制罪或民法侵權行爲等，在此特別規定係爲反映實務交通法制問題之解決[14]。

除本條所列11款有關道路障礙之基本類型以及本文主要論述第82條之1有關占用道路之廢棄車輛之外，値得觀察的是，仍有第83條關於在道路上或規定特定地點之妨礙交通行爲，其規定爲：「有下列情形之一不聽勸阻者，處行爲人或雇主新臺幣三百元以上六百元以下罰鍰，並責令撤除：一、在車道或交通島上散發廣告物、宣傳單或其相類之物。二、在車道上、車站內、高速公路服務區休息站，任意販賣物品妨礙交通。」此條規定原應可規定在道交條例第82條各款，然而應係考量此項道路障礙之行爲顯屬輕微，另立條文規定之。値得注意的是，又於第84條規定關於疏縱動物寵物在道路妨礙交通等情事，其規定爲：「疏縱或牽繫禽、畜、寵物在道路奔走，妨害交通者，處所有人或行爲人新臺幣三百元以上六百元以下罰鍰。」同樣的法理，此條原應可規定於第82條各款中，考量行爲顯屬輕微另立條款，又値得觀察，在此亦處罰所有人，係採用狀況責任人之行政罰理論，併此敘明[15]。

有關道路障礙之類型，在憲法層次亦有討論，依據司法院大法官釋字第564號意

14 林穆弘，牽取廢棄機車所可能涉及刑責，萬國法律，第69期，1993年6月，第10-11頁。
15 黃啓禎，干涉行政法上責任人之探討，當代公法新論（中），元照，2002年，第291-293頁。

旨認爲：「道路交通管理處罰條例第82條第1項第10款授予行政機關公告禁止設攤之權限，自應以維持交通秩序之必要爲限。該條例第3條第1款所稱騎樓既屬道路，其所有人於建築之初即負有供公眾通行之義務，原則上未經許可即不得擺設攤位，是主管機關依上揭條文爲禁止設攤之公告或爲道路擺設攤位之許可（參照同條例第83條第2款），均係對人民財產權行使之限制，其公告行爲之作成，宜審酌准否設攤地區之交通流量、道路寬度或禁止之時段等因素而爲之，前開條例第82條第1項第10款規定尚欠具體明確，相關機關應儘速檢討修正，或以其他法律爲更具體之規範。」因此，原2003年道交條例第82條第1項第10款禁止騎樓設攤之規定違憲，故現行已改爲：「十、未經許可在道路擺設攤位。」亦即，有關「公告禁止設攤之處」改爲在道路，較爲明確，以符合釋憲之意旨。

四、道路障礙之清理處置

有關道路障礙之清理處置，關係道路交通安全與秩序之成敗，因爲設想倘若無法解決各項道路障礙，不僅將影響交通道路之順暢，可能因此常發生交通事故而傷害人民生命、身體或財產，故此應視爲一重要課題，深入探討相關事項[16]。首先，道路障礙係規定於道交條例之專章，依據第5條規定：「爲維護道路交通安全與暢通，公路或警察機關於必要時，得就下列事項發布命令：一、指定某線道路或某線道路區段禁止或限制車輛、行人通行，或禁止穿越道路，或禁止停車及臨時停車。二、劃定行人徒步區。」以及其他相關規定，警察機關爲其主要執法機關，故清理處置道路障礙，亦爲主要負責機關[17]。

有關道路障礙之清理，依據道交條例第82條第1項規定，針對違反各款行爲，除責令行爲人即時停止並清除障礙外，處行爲人或其雇主新臺幣1,200元以上2,400元以下罰鍰。探究其中規定，有關罰鍰部分，係屬行政罰，其法律效果在於教育與警惕，達成危害預防之目的[18]。然而所存在的道路障礙，並無法完全藉由行政罰鍰達成清除，故在此規定仍責令行爲人即時停止並清除障礙。由此分析，針對道路障礙之清除，執法警察機關依據前述規定責令之行爲係爲主要關鍵行爲，因此在此第82條第1項規定產生兩種法律效果，一是行政罰鍰，另一爲責令即時停止並清除障礙[19]。

責令行爲人即時停止並清除障礙係爲行政處分，並非執行行爲，亦即行爲人或

---

16 Vgl. Markus Herbst, Hindernisse im Luftraum über der Straße, NZV 2018, S. 261 ff.

17 陳正根，論警察處分行使之法律要件與原則，臺北大學法學論叢，第57期，2005年12月，第16-18頁。

18 Vgl. Würtenberger/Heckmann/Tanneberger, Polizeirecht in Baden-Württemberg, 7. Auflage, 2017, Rn. 117 ff.

19 李惠宗，行政罰法之理論與案例，元照，2007年2版，第57-59頁。

狀況責任人應自行即時停止並清除障礙，倘若面對責令不作爲，則執法警察機關並非依據道交條例處置，而是應依據行政執行法相關規定，予以排除道路障礙，即進入行政執行程序[20]。而依據行政執行法第27條第1項規定：「依法令或本於法令之行政處分，負有行爲或不行爲義務，經於處分書或另以書面限定相當期間履行，逾期仍不履行者，由執行機關依間接強制或直接強制方法執行之。」在此係針對行爲或不行爲義務之執行，相對人若不履行責令之行政處分，經機關於處分書等限定相當期間履行，若逾期仍不履行，則進入依間接強制或直接強制方法執行之[21]。

又依據道交條例第82條第2項規定：「前項第一款妨礙交通之物、第八款之廣告牌、經勸導行爲人不即時清除或行爲人不在場，視同廢棄物，依廢棄物法令清除之。第十款之攤棚、攤架，不問屬於受處罰人所有與否，得沒入之。」依此特別規定，妨礙交通之物與廣告牌，在前述一定要件下，可視爲廢棄物，依據廢棄物清理法清除。在此項規定，即如前述道路障礙構成環保機關處理之事項，因若視爲廢棄物而依據廢棄物清理法清除，其主管機關爲環保機關，除非有警察職權行使法第28條規定適用而由警察實施即時強制處理清除[22]。

參、綜論

在給付行政與干預行政之法理下，有關人民在交通權益與保障，或者交通安全與維護，無論是否受憲法基本權之保障，均爲現代行政之重要任務。近年來，交通日漸繁忙，車輛亦大量增加，爲維持交通通行順暢，故道交條例亦有專章規定道路障礙，惟道路障礙係不確定法律概念，且亦有廣義與狹義之區分，在道交條例針對相關類型與概念應增多補充規定因應。而占用道路廢棄車輛係爲道路障礙之特殊類型，無法以一般類型規範之，故道交條例以第82條之1專條規範，尤其針對清理之相關事項。而針對道路障礙之清除，執法警察機關依據前述規定責令之行爲係爲主要關鍵行爲，因此在此第82條第1項規定產生兩種法律效果，一是行政罰鍰，另一爲責令即時停止並消除障礙。

---

20 Vgl. Thorsten Siegel, Zur Relevanz des straßenrechtlichen Nutzungsregimes, NVwZ 2013, S. 479 ff.

21 蔡震榮，行政執行法，元照，2013年5版，第85-90頁。

22 李震山、蔡庭榕、簡建章、李錫棟、許義寶，警察職權行使法逐條釋論，五南，2020年3版，第510-515頁。

第 82 條之 1（廢棄車輛之處理）

占用道路之廢棄車輛，經民眾檢舉或由警察機關、環境保護主管機關查報後，由警察機關通知車輛所有人限期清理；車輛所有人屆期未清理，或有車輛所有人行方不明無法通知或無法查明該車輛所有人情形，環境保護主管機關應先行移置或委託民間單位移置，並得向車輛所有人收取移置費及保管費。該車輛經公告一個月仍無人認領者，由該環境保護主管機關依廢棄物清除。

前項廢棄車輛之認定基準與查報處理辦法，由交通部會同內政部、法務部、行政院環境保護署定之；收取移置費及保管費之基準，由直轄市、縣（市）政府定之。

壹、導言

人民之交通工具，在道路行駛之順暢與安全係交通安全關鍵所在，而近年來車輛大幅增加，使得占用道路廢棄車輛之問題日增。而本條所規定之占用道路之廢棄車輛係爲道路障礙之一環，在此道交條例亦有專章規定，故亦擬先探究道路障礙之法制作爲立論鋪陳。綜上論述之基礎，針對清理占用道路之廢棄車輛，本條探究廢棄車輛之認定，並分析警察與環保機關之職權，而深入探究清理之相關法制問題。

貳、內容解析

一、廢棄車輛之認定

依據道交條例第82條之1，將「占有道路廢棄車輛」有關清理與處置單獨專條規定，係因應實務上大量產生之現象。否則在道交條例1996年12月未修正前，有關占用道路廢棄車輛仍屬道交條例第82條道路障礙之基本型態，其應可歸屬於道交條例第82條第1項第1款規定：「在道路堆積、置放、設置或拋擲足以妨礙交通之物。」因廢棄車輛若占用道路本就已構成置放而足以妨礙交通之物，故仍可先以道交條例第82條第1項處行政罰鍰，而適用後來增補之道交條例第82條之1，係針對如何清理占用道路之廢棄車輛，而原可依據前述道路障礙基本型態之處置方式，即責令行爲人即時停止，係因清理問題在實務上發生環保與交通相關法制問題，被認爲應屬於道路障礙之特殊型態，故在清理處置方面則另立專條規範之[23]。

前述占用道路之廢棄車輛原屬於道路障礙之一種型態，然因實務上特殊情事理由，針對清理另立專條規範，其首要情事理由在於廢棄車輛之認定，若無專業或法規

23 翁啓超，歐盟廢棄車輛指令之介紹，車輛研測資訊，2004年，第2-4頁。參閱https://www.artc.org.tw/upfiles/ADUpload/knowledge/tw_knowledge_m039_01.pdf，最後瀏覽日期：2023/11/27。

標準，並非易事，如此認定上之困難即造成後續處理法制問題。故如何認定占用道路之廢棄車輛，在道交條例第82條之1第2項規定：「前項廢棄車輛之認定基準與查報處理辦法，由交通部會同內政部、法務部、行政院環境保護署定之；收取移置費及保管費之基準，由直轄市、縣（市）政府定之。」因此交通部會同相關機關制定「占用道路廢棄車輛認定基準及查報處理辦法」，規範有關認定基準與查報處理等程序相關事項，其中第2條規定：「占用道路車輛，有下列情形之一者，認定爲廢棄車輛：一、經所有人或其代理人以書面放棄之車輛。二、車輛髒污、銹蝕、破損，外觀上明顯失去原效用之車輛。三、失去原效用之事故車、解體車。四、其他符合經中央環境保護主管機關會商相關機關公告認定基準之車輛。」並明確規定認定基準之要件，占用道路車輛之相關事實符合所列要件之一，即可認定爲廢棄車輛。故按道交條例第12條規定之標的爲「汽車」，當係指尚未經報廢，或尚未失去原效用之車輛而言，即不包括廢棄車輛查報辦法第2條定義之廢棄車輛。又道交條例第12條立法目的在於管制違規「汽車」在道路行駛或停車，此與道交條例第82條之1第1項立法目的係在規範占用道路之「廢棄車輛」的移置及清除，二者有別[24]。

值得注意的是，依我國行政釋示及民法法理，廢棄車輛，如依客觀事實可認定爲無主物者，例如廢棄不堪使用之車輛，長久停放公共巷道，經通知車主處理而逾期未處理，依客觀事實可認車主有拋棄之意思者，就一般情形而論，該物即無主物。其經環保機關代表或其他公法人先占者，由國家或其他公法人取得所有權[25]。然而針對車輛，依據上述認定基準，首先有二項要件，其一是占用道路，另一則爲認定基準之一項要件。另車輛之定義，前述辦法係爲依據道交條例之授權命令，在該授權命令有關認定基準與查報處理辦法，並無再規定何謂車輛，自然適用道交條例第3條第8款規定：「車輛：指非依軌道電力架設，而以原動機行駛之汽車（包括機車）、慢車及其他行駛於道路之動力車輛。」而由此以行政法理觀察，原先「占用道路廢棄車輛」係爲不確定法律概念，故主管機關必須行政判斷，是否合乎要件並採取後續相關程序措施。故此辦法經由母法授權，期使主管機關更精確判斷占用道路之廢棄車輛[26]。

---

24 最高行政法院107年度判字第731號判決意旨。

25 黃國瑞，無主物先占，物權法之新思與新爲——陳榮隆教授六秩華誕祝壽論文集，法源，2016年，第166-168頁。

26 陳英淙，警察公共安全與公共秩序之探討，軍法專刊，第62卷第2期，2016年4月，第6-8頁。在此進一步指出，有關不確定法律概念，其公共利益之顯示，例如：規範授權國家行使權限，國家即成爲法律的持有者，由於國家通常是法律履行的壟斷者，如刑法和社維法等相關法律，基於這種意涵，公共安全乃是所有公法法益保護的總和，各危害防止機關需依照法規範所賦予的任務，維護法秩序的保護利益。

二、警察與環保機關之職權

針對占用道路廢棄車輛之清理與處置，依據道交條例第82條之1以及占用道路廢棄車輛認定基準及查報處理辦法第3條等規定，係由警察機關與環保機關共同負責，在此兩者職權之分工與競合，值得深入探討。首先針對查報之職權，依據道交條例第82條之1規定，係經民眾檢舉或由警察機關、環保機關查報，故在占用道路廢棄車輛認定基準及查報處理辦法第3條明確規定：「警察機關及環境保護機關應主動查報，並受理民眾檢舉占用道路之廢棄車輛。」在此觀察，雖然前述規定查報機關係由警察機關與環保機關共同負責，然在道交條例明確規定，於查報後由警察機關通知車輛所有人限期清理，明顯規定主要查報機關應係警察機關，蓋著重於警察機關之調查能力[27]。

然而無論由警察機關或環保機關實施清理處置之各項行為，均應遵守正當法律程序，故在此授權法規命令占用道路廢棄車輛認定基準及查報處理辦法第4條與第5條有詳細規定各項程序，概述其重要者有在第4條第1項規定，經查報後，經張貼起七日仍無人清理，由環保機關移置指定場所存放；第2項規定，經張貼通知，警察機關查明車輛所有人，通知限期認領，逾期仍未清理與認領或無法查明車輛所有人，由環保機關公告處理；第3項規定，環保機關將廢棄車輛依廢棄物清理時，其號牌號碼等可查明者，應通知公路主管機關逕予報廢登記；第4項規定，第2項公告應於公告欄或其他適當方式公告之，其內容包括被移置車輛之類別、廠牌、顏色或引擎號碼等；另於第5條第1項規定，環保機關移置前，應詳細核對勘查紀錄，確認車輛類別、廠牌等無誤後，即移置至指定場所；第2項規定，環保機關於移置過程時，車主主張其權利，應再令其限期清理，逾期未清理，由環保機關移置並公告，一個月後無人認領，移由環保機關依廢棄物清理[28]。

基於上述有關清理處置正當程序之探析，針對警察機關與環保機關之職權區分，觀察相關規定有一個關鍵點，其在於經警察機關通知相對人後，倘若無人清理，如道交條例規定所述車輛所有人屆期未清理，或有車輛所有人行方不明無法通知或無法查明該車輛所有人情形；又如在該認定基準與查報處理辦法規定，由警察機關、環境保護機關派員現場勘查認定後，張貼通知於車體明顯處，經張貼日起七日仍無人清理者。經過無人清理階段後，則相關職權措施大多經由環保機關處置，如由環境保護主管機關先行移置或委託民間單位移置等措施。由此，警察機關在查報與認定上，負有重要職權，而環保機關著重於認定後相關移置以及視同廢棄物清理之職權[29]。

---

27 Vgl. Wolf-Rüdiger Schenke, Polizei-und Ordnungsrecht, 10. Auflage, 2018, S. 224-228.

28 Vgl. Götz/Geis, Allgemeines Polizei-und Ordnungsrecht, 16. Auflage, 2017, S. 239-241.

29 蔡進良，行政罰裁罰標準之規制、適用與司法審查，月旦法學雜誌，第141期，2007年1月，第70-72頁。

值得注意的是，警察機關或環保機關雖然負有查報與認定之主要職權，然而認定廢棄車輛應該是專業技術之工作，目前僅憑占用道路廢棄車輛認定基準及查報處理辦法第2條所列四款認定基準作爲行政判斷。尤其以第2款：「車輛髒污、銹蝕、破損，外觀上明顯失去原效用之車輛」以及第3款：「失去原效用之事故車、解體車」爲主要判斷。其中有關失去原效用之認定，完全是機械與汽車專業技術工作，由警察機關或環保機關人員認定，顯然不足。畢竟，警察機關之專長在於行政調查與偵查等危害防止與追緝任務，而環保機關之專長，在此應歸向廢棄物品之清理等工作。由此，認定工作應加入專業技術人員，在組織上至少應由交通行政機關，如交通部與交通局指派技術人員參與，或者程序上與組織上，如同車禍鑑定委員會，由相關領域專家學者組成「認定委員會」，經由查報後將相關證據與資料送由委員會決定[30]。

三、清理之相關法制問題

針對清理占用道路廢棄車輛之相關法制問題，主要可從相關各項法規探究，如道交條例、警察職權行使法、行政訴訟法以及地方自治法規等。首先，在道交條例之層面，當然關係本法第82條之1，經觀察此條規定，係屬於第五章道路障礙之專屬條款，係爲規範占用道路之廢棄車輛，然而此條並無處罰規定，僅規定如何清理。因逐條檢視第五章各條，第82條、第83條與第84條等規定，均有處罰之法律效果。在此或許針對車輛所有人行方不明無法通知或無法查明車輛所有人情形，就不需要適用處罰等法律效果之規定，然而仍有被認定爲占用車道之廢棄車輛，其車輛所有人，以書面通知其限期清理或至指定場所認領，逾期仍未清理或認領，仍有適用處罰之可能性[31]。

故針對被認定占用車道之廢棄車輛，其車輛所有人，以書面通知其限期清理或至指定場所認領，逾期仍未清理或認領，應予處罰。倘若在道交條例第82條之1未有規定罰則，則要有警惕預防再發生之效果，只能依據道交條例第82條第1項第1款，以其符合「在道路堆積、置放、設置或拋擲足以妨礙交通之物」，處予新臺幣1,200元以上2,400元以下罰鍰。然而如此行政判斷是否正確，仍待司法審查，在實務上仍少有依據該款處罰，故針對第82條之1，只期待清理，卻無警惕預防之規範，恐無法阻斷在工商業發達後，車輛大爲增加，占用道路廢棄車輛也因無嚇阻之效果規範而水漲船高，數量日增。另在法律效果之規範，應將行爲責任與狀態責任一併規定，不僅車輛所有人，若能將使用人或行爲人查明，則均應負擔清理占用道路廢棄車輛之責任，相關責任人亦應受處罰警惕且應負清理完成之責，以維護交通安全與秩序[32]。

---

30 吳庚、盛子龍，行政法理論與實用，元照，2020年增訂16版，第200-210頁。
31 江嘉琪，長期停放的髒損廣告車，月旦法學教室，第28期，2005年2月，第24-25頁。
32 臺灣新北地方法院109年度交字第909號判決。

有關警察機關清理占用道路廢棄車輛之職權，除依據道交條例第82條或第82條之1處理，亦可適用警察職權行使法。另針對道路障礙之清除，占用道路廢棄車輛係爲其特殊型態，除依據道交條例第82條第1項以及行政執行法相關規定處置，倘若道路障礙在相關情狀下，亦可能有其他處置方式。因道路障礙排除之主管機關爲警察機關，故在相關要件符合下，仍可適用警察職權行使法所規定即時強制，依據警察職權行使法第25條規定：「警察遇有天災、事變或交通上或公共安全上有危害情形，非使用或處置人民之土地、住宅、建築物、物品或限制其使用，不能達防護之目的時，得使用、處置或限制其使用。」觀察此規定，倘若道路障礙已形成交通危害，在警察比例原則考量下，可實施即時強制。同樣地，在警察職權行使法第27條規定：「警察行使職權時，爲排除危害，得將妨礙之人、車暫時驅離或禁止進入。」在此妨礙人、車構成道路障礙，警察在行政裁量下，仍可實施即時強制予以排除。另亦有可能，道路障礙已構成環保機關處理之事項，然該機關就該危害無法或不能即時制止或排除者時，警察可依警察職權行使法第28條之警察補充性原則規定，予以清理排除。另爲查明占用道路之廢棄車輛之所有權人，以便通知車輛所有人限期清理及認領之目的，環保機關得否執行開啓車門之行爲，以查詢引擎號碼或車身號碼，供警察機關查明車輛所有人，由於法規並無規定，爲避免違規占用道路之危害繼續發生，有進行即時強制之及時處置必要[33]。

而值得觀察的是，有關在此中央與地方法規之差異，經進一步探究，原則上廢棄車輛之認定基準，雖由中央主管機關制定辦法以精確規範，各地方政府針對占用道路廢棄車輛之認定，亦有制定自治規章以強化之，例如臺北市處理妨礙道路交通及久停公有停車場車輛自治條例以及臺南市處理廢棄車輛自治條例，而此二者所規定之認定基準與中央所定並無差別。值得注意的是，地方自治政府視轄區特性及實際執行情形，依占用道路廢棄車輛認定基準及查報處理辦法第6條規定訂定「占用道路廢棄車輛移置執行要點」，相關規定針對汽機車及慢車強化認定基準，而在此認定基準恐又因各地狀況有異，是否得當仍需探討。

另有關權利保護之法制問題，依據占用道路廢棄車輛認定基準及查報處理辦法第5條第2項規定：「環境保護機關於執行移置過程時，如遇車輛所有人主張其權利，經查屬實者，應再令其限期清理，逾期未清理，由環境保護機關先行移置，經公告一個月仍無人認領者，移送由環境保護主管機關依廢棄物清除。」故雖已被認定爲廢棄車輛，若車主事後仍主張爲其所有物，得請求返還並自行處理。若有爭議，如主管機關不願返還，相對人應可以結果除去請求權之法理向行政法院提起一般給付之訴。倘若

---

33 陳清秀，行政執行法之即時強制章之存廢探討，東吳公法論叢，第7期，2014年7月，第263-265頁。

車輛已遭主管環保機關清理完成，相對人針對已經執行完畢之處分，應可向行政法院提起確認行政處分違法之訴，並可依此併同提起損害賠償之訴[34]。

參、綜論

清理占用道路之廢棄車輛，首要問題在於廢棄車輛之認定，在現行法制上規定，應由警察機關與環保機關共同認定，惟本文認為，其認定工作應加入專業技術人員，組成「認定委員會」，經由查報後將相關證據與資料送由委員會決定。另道交條例第82條之1僅規範清理之程序等事項，並無法律效果之懲處，無法達到警惕預防效果，若能將使用人或行為人查明，則均應負擔清理占用道路廢棄車輛之責任，相關責任人，包括狀況責任人都應受處罰警惕且應負清理完成之責，以維護交通安全與秩序。又各地方制定「占用道路廢棄車輛移置執行要點」，相關規定針對汽機車及慢車強化認定基準，而在此認定基準恐又因各地狀況有異，是否得當仍需探討。而另亦有可能，道路障礙已構成環保機關處理之事項，然該機關就該危害無法或不能即時制止或排除者時，警察可依警察職權行使法第28條之警察補充性原則規定，予以清理排除。針對此，道交條例第82條之1等相關規定，亦可考量將警察即時強制規定納入，以因應道路障礙之急迫狀況。

第83條（動態阻礙交通之處罰）

有下列情形之一不聽勸阻者，處行為人或雇主新臺幣三百元以上六百元以下罰鍰，並責令撤除：

一、在車道或交通島上散發廣告物、宣傳單或其相類之物。

二、在車道上、車站內、高速公路服務區休息站，任意販賣物品妨礙交通。

壹、導言

本條規定繼續針對道路障礙之處罰與排除，將在車道或交通島上散發廣告物、宣傳單等行為，視為道路障礙，故在此將視為廣義道路障礙予以論述，將本條所規定事項係以動態的交通阻礙等予以探討論述。另在違規要件中，本條與其他違規行為有一大區別之處，即為針對不聽勸阻者，才予以處罰，故因有其規定特色，在此深入探

---

34 陳愛娥主筆，行政訴訟法逐條釋義第6條，翁岳生主編，許宗力、吳東都副主編，行政訴訟法逐條釋義，五南，2023年4版，第112-115頁；Hufen, Verwaltungsprozeßrecht, 12. Auflage, 2021, S. 373 f.

討。另本條規定，針對此動態之道路障礙，不僅予以處罰，並須撤除，關係到行政處罰之類型，故一併探討評析。

貳、內容解析

一、廣義道路障礙

依據道交條例第五章道路障礙之各條規定，並無道路障礙之定義，而主要規定於道交條例第82條第1項，共條列11款，規定了阻礙交通的各種型態。然而本條所規定阻礙交通之情形並未列入第82條第1項，在此應有不同的立法考量，值得探討。相對於道交條例第82條第1項與第82條之1規定，本條規定有關在道路散發廣告物以及在車道等任意販賣物品與第83條有關疏縱或牽繫禽、畜、寵物在道路奔走等情形，可視爲廣義的道路障礙。在此觀察，前述此二條款原應可規定在道交條例第82條第1項各款，然而應係考量此項道路障礙之行爲可輕微處罰，另立條文規定之。針對此二條文之處罰，均爲300元以上600元以下之處罰，遠比道交條例第82條處罰1,200元以上2,400元以下爲低。

然而若從本條違規行爲之性質與造成交通危害之結果觀察，會有不同的觀點。依據本條之違規要件，所謂在車道或交通島上散發廣告物、宣傳單或其相類之物，另在車道上、車站內、高速公路服務區休息站，任意販賣物品等行爲，其妨礙交通之行爲係屬動態，相對於第82條第1項之許多要件行爲，如道路推積置放妨礙交通之物或利用道路放置拖車等，其違規阻礙交通之情況，並無較輕微。在本條違規要件之分析上，應著重於在車道散發廣告物以及車道上販賣物品，而本條第2款有關違規要件，首先是地點，係爲在車道上、車站內、高速公路服務區休息站，其違規行爲係任意販賣物品妨礙交通。在實務上，道路上停等紅燈時，販賣玉蘭花者，或兜售物品，確實大有人在。然而是否構成妨礙交通爲另一要件，若經舉發必須由執法警察爲判斷，予以處罰[35]。

在實務上，廣告物應包括競選旗幟以及選舉時候選人之宣傳單，故在競選期間，若有在車道或交通島上散發上述物品，即構成違規行爲。然而因涉及選舉，故即使依據本條取締違規，亦常引起爭議，雖然人們常說選舉並非法律的假期，但針對候選人之競選行爲，而取締交通違規很容易引起係遭政府打壓，故執法警察應遵守行政中立法，依據本條之違規要件正確判斷執法。另本條違規要件中，相對人包括行爲人與雇主，依據法理，若行爲人係受僱於他人，此他人爲雇主，仍可作爲處罰對象，惟在舉證方面，應由執法警察舉證其係爲行爲人之雇主，如此才符合處罰要件。在此雇主爲

---

35 陳正根，警察與秩序法研究（二），五南，2013年，第248頁。

法定責任人，依據民法法理係爲連帶責任，而依據行政法法理，係對於事物有管領能力之人，而雇主針對行爲人有相當管理關係，可視爲廣義狀態責任人[36]。

二、不聽勸阻者

依據本條規定，尚有一項重要要件之構成，執法警察才可開罰，即必須有「不聽勸阻」之要件。從道交條例第五章有關道路障礙之處罰，僅有本條規定有此先決條件，即不聽勸阻。反面探析，倘若執法警察在開罰違規行爲前，若無勸阻行爲，即不能完全構成要件而處罰。由此觀察，執法警察在開罰之前，必須有所謂「勸阻」行爲。然而經整體探析，觀察道交條例各條文，在開罰前須勸阻者，僅有本條規定，故值得深入探討。在道交條例另有類似條文，僅爲前述第82條第2項規定有關妨礙交通之物與廣告牌等，經勸導行爲人不即時清除或行爲人不在場，視同廢棄物，依廢棄物法令清除之。依據此條文，係在清除前，須經勸導。然而在交通實務案件中，勸導行爲較難認定，倘若執法警察宣稱已勸導，而有違規事實，相對受罰人均很難以警察未勸導而要求不罰[37]。

故本條之立法例相當特殊，須在開罰前先經勸阻，而勸阻行爲之法律性質應爲行政事實行爲，經不聽勸阻後，即有處罰之法律效果。由此深入探討，本條之處罰與撤除均同爲行政罰，並無行政執行措施理論之適用，故勸阻行爲並不同於行政執行前的告誡，其應爲處罰本身之要件而已。然而在實務上，若有一情形出現，經勸阻後行爲人停止其違規行爲，則不須處罰。在此，針對違規行爲之勸阻應爲行政罰之一環，屬於類似行政罰法第2條第4款所訂之警告性處分，因爲倘若勸阻有效，即停止違規行爲，即應視爲警告，然而前述其並非處分，而爲事實行爲，還是不同於警告處分。惟若再進一步觀察行政罰法第19條規定，違反行政法上義務應受法定最高額新臺幣3,000元以下罰鍰之處罰，其情節輕微，認以不處罰爲適當者，得免予處罰，並得對違反行政法上義務者施以糾正或勸導，作成紀錄，命其簽名。故依據本條之本質，若已有違規行爲，依據行政罰法第19條，仍可以勸導，不須處罰。惟道交條例並不適用行政罰法第19條規定，因依據道交條例第92條第4項規定訂定「違反道路交通管理事件統一裁罰基準及處理細則」係爲特別規定，有關免罰基準規定係適用此特別規定。主要依據行政罰法第1條但書規定，其他法律有特別規定者，從其規定。不過，前揭裁量基準及處理細則僅爲行政命令，並非法律，是否符合但書規定，頗有爭議，只能

36 陳正根，警察與秩序法研究（二），五南，2013年，第277-279頁。

37 臺灣高等法院101年度交抗字第727號刑事裁定：「……本件受處分人利用道路作爲工作場所之違規事實已臻明確，則其指摘路邊攤販到處可見，警局可有能量一律告發及警方選擇辦案等情，縱係屬實，亦僅屬行政機關人力是否充足、事務分配是否適當，公權力能否及時行使之問題，並無法據爲抗告人免責之依據。」

將授權行政命令視爲廣義法律，否則仍有違法治國原則[38]。

然而依據本條規定，倘若沒有勸阻行爲，是否可以處罰，在此前述探討認定其爲違規處罰要件之一，答案應是不可以處罰。只是在實務上，如何證明執法警察已有勸阻行爲，介於執法警察與違規行爲人之間，依據交通實務情形，在認知上恐有差異。而依據法治國正當程序原則，處罰之舉證責任應爲執法警察，如何保有勸阻行爲之證據，在書面資料或影音資訊等，應有所證明舉證，未來若有爭議，相關案件救濟或受司法審查時，提出後受正確判斷，以示公允。

三、責令撤除

依據本條規定，行爲人或雇主有違規行爲，不聽勸阻者，處罰罰鍰，並責令撤除，在此撤除措施，其法律性質並非行政執行措施，而係行政罰之併同處罰。所謂併同處罰，依據行政罰法第24條第2項規定：「前項違反行政法上義務行爲，除應處罰鍰外，另有沒入或其他種類行政罰之處罰者，得依該規定併爲裁處。但其處罰種類相同，如從一重處罰已足以達成行政目的者，不得重複裁處。」故罰鍰以外，與其不同種類之行政罰，得併同處罰。而依據本條規定，施予相對人罰鍰後，在此探究責令撤除之意涵，係爲使其負擔此行政責任而命令撤去或除去所散發廣告物品等，另若在車道等地點任意販賣物品阻礙交通，亦可能考量相對責任人有擺設相關設施或物品而有販賣行爲，命令撤去或除去之意[39]。

依據行政罰法第2條所定其他種類行政罰有四大種類：限制或禁止行爲之處分、剝奪或消滅資格、權利之處分、影響名譽之處分以及警告性處分。在此責令撤除雖非明文列舉於上述四大類型範圍內，但仍可歸類於相近類型，而屬特別法種類之行政罰。經探究其應屬有關剝奪或消滅資格、權利之處分，因一但有違規行爲，不聽勸阻後，不僅予以處罰，併同時責令撤除，其所撤去與除去爲相對人散發廣告物等資格或權利，另若在道路上任意販賣物品妨礙交通，則所撤去與除去，亦爲販賣物品的資格與權利。另從行政罰法規定列舉，此項種類爲命令歇業、命令解散、撤銷或廢止許可或登記、吊銷證照、強制拆除或其他剝奪或消滅一定資格或權利之處分。從其中各類觀察，本條責令撤除之處罰與強制拆除有所相似性質，故責令撤除應可歸屬於剝奪或消滅資格、權利之處分[40]。

---

38 蔡震榮、鄭善印，行政罰法逐條釋義，新學林，2019年3版，第302頁。
39 李惠宗，行政法要義，元照，2020年8版，第540頁。
40 蔡志方，行政罰法釋義與運用解說，三民，2006年，第28頁。

參、綜論

所謂在車道或交通島上散發廣告物、宣傳單或其相類之物，另在車道上、車站內、高速公路服務區休息站，任意販賣物品等行爲，其妨礙交通之行爲係屬動態，相對於道交條例第82條第1項之許多要件行爲，其違規阻礙交通之情況，並無較輕微。依據法治國正當程序原則，處罰之舉證責任應爲執法警察，如何保有勸阻行爲之證據，應有所證明舉證。若在車道等地點任意販賣物品阻礙交通，亦可能考量相對責任人有擺設相關設施或物品而有販賣行爲，命令撤去或除去之意。在此責令撤除雖非明文列舉於上述四大行政罰類型範圍內，但仍可歸類於相近類型，而屬特別法種類之行政罰，故責令撤除應可歸屬於剝奪或消滅資格、權利之處分。

第 84 條（動物阻礙交通之處罰）

疏縱或牽繫禽、畜、寵物在道路奔走，妨害交通者，處所有人或行為人新臺幣三百元以上六百元以下罰鍰。

壹、導言

本條主要規定禽、畜、寵物等動物造成廣義道路障礙而妨害交通之情形，然而動物並非法律的主體，因此無法處罰，從而對於疏縱或牽繫動物之所有人或行爲人予以處罰。首先動物影響交通係爲秩序行政的一環，在此深入論述。然而動物關係著秩序行政，涉及飼養管理問題，故進一步探討動物權，討論在優良飼養環境下，飼養管理動物規範之落實。由於本條處罰所有人或行爲人，適用行政法狀況責任人之理論，故在此亦一併深入探討。

貳、內容解析

一、秩序行政

秩序行政以致力於創設良好公共秩序爲目的之行政，而該目的之達成，大多係以法令限制人民作爲手段，由於限制的手段具有強烈命令、禁止、干涉、取締及強制之色彩，傳統上被稱爲干涉行政[41]。干涉行政爲公權力行政中常見的行爲方式，指行政機關爲達成下命、禁止或確認之效果，所採取之抽象或具體措施，以及必要時所使用

---

[41] 李震山，行政法導論，三民，2022年修訂12版，第5-7頁。

之強制手段[42]。此類行政對自由或權利受侵害而言，固屬不利，但對維持社會秩序，避免其他社會成員之自由遭受不法侵害以及增進公共利益而言，乃爲不可缺少之手段，其對外表現之方式，多屬負擔處分或使用事實上的行爲[43]，例如即時強制或警察爲防止危害所採取之措施即爲典型的干涉行政。因爲干涉行政係對受干涉之對象，直接限制其自由或權利，自應接受較嚴格之法律羈束[44]。

本條規定，將動物妨害交通之行爲視爲一種廣義的道路障礙，亦即因動物的存在所造成的交通危害，故立法處置，此關係秩序行政。由於動物的存在，主要在本條規定因所飼養的禽、畜及寵物等，妨礙交通秩序之行爲。以目前人類飼養的寵物，最多的應是犬隻，而適用於本條，其亦是最多在道路上形成交通危害之道路障礙，故犬隻管理規範，即爲典型的探討議題。長久以來，犬隻的存在形成社會文化的一環，然而犬隻之飼養與管理卻也產生許多問題，例如犬隻本身遭受傷害問題、畜犬可能造成環境衛生危害以及流浪犬問題。然而在日常生活，飼養犬隻或其他寵物等，基於動物活動的需要，讓動物於道路奔走，成爲可能發生的情形，在此也可能形成危害交通的行爲，而本條之規範，亦是預防交通危害。從秩序法的觀點，爲了預防所產生的可能危害，應於規範中賦予飼主或責任人義務，包括對於犬隻生活環境之規定、犬隻戶外以及室內飼養之要求、於狗舍中飼養之要求等。

本條規定，疏縱或牽繫禽、畜、寵物在道路奔走，係以秩序法之觀點處罰所有人與行爲人。有關飼養寵物，在相關管理法制上，與交通行爲相關者，另有依據社會秩序維護法第70條第2款規定：「畜養之危險動物，出入有人所在之道路、建築物或其他場所者。」處三日以下拘留或新臺幣1萬2,000元以下罰鍰。在此將動物界定於危險動物，若在道路上出入，其與本條比較，則有相當重的處罰。

二、動物權

本條規定關係動物之行爲，除了秩序行政的觀點外，仍應以動物權來觀察，然而有關於動物權的討論，長期以來爭議不休，因此動物是否擁有權利之主題一直持續被討論著。在西方的哲學與宗教史上共有六種關於動物權的看法：第一，無地位理論，主張動物無文明、人類不必善待牠們，其代表爲哲學家笛卡兒與心理學家蓋洛普；第二，地位平等觀，認爲動物與人具有同等的權利，因此人類無權處理動物，也不該使用動物作實驗、不該養殖肉用動物、不該有狩獵等捕捉動物的行爲，因爲動物有天賦動物權，牠們並非人類既有的資源；第三，間接義務理論，認爲動物雖然沒有

42 林錫堯，行政罰法，元照，2012年2版，第47-49頁。
43 蔡志方，行政罰法釋義與運用解說，三民，2006年，第98-100頁。
44 吳庚、盛子龍，行政法之理論與實用，三民，2020年增訂16版，第17-19頁。

天賦的權利，但人類仍應善待牠們，因爲「一個對動物殘忍的人，也會變得對人類殘忍[45]」；第四，平等考慮理論，古典效益主義之父邊沁，認爲人類對動物的道德目的是在減少痛苦，動物能感受到快樂或痛苦，因此應該得到道德上的考慮，其後澳洲教授辛格著《動物解放》，仍以效益主義式論證法爲理論基礎，其強調痛苦的知覺是道德考量的重要基礎；第五，分級理論，此理論提出「重要需求」與「微末需求」之標準，前者指生存需求、不被傷害需求等，後者指口欲等，並否定絕對式之動物權理論，亦即認爲如果動物對我們的生存有幫助時，我們可以殺死牠們，但若是爲了口腹之欲則不應該；第六，其他理論，例如達爾文主義認爲，世界上所有之動物事件均是「物競天擇」的正常結果，動物無所謂可憐而言，又佛教認爲輪迴中掉入人畜生界，有其應有之業障，人不應管；另有動物行爲學，認爲動物之行爲是恆定的，沒有詭詐，故沒有道德可予以評估[46]。

然而深究本條規範，所涉及秩序管制行爲係爲防止交通危害，故在今日社會法治國家進展中，亦日益重視動物權。基於不同的角度與思想基礎對於動物權皆有不同的詮釋，但無論如何，動物權之存在已經受到重視，並且已經漸漸受到肯定，所不同的可能只是針對其質量或程度上的差別。而違反本條之行爲，若從動物權以及動物保護的觀點來看，仍可適用動物保護法第6條規定：「任何人不得騷擾、虐待或傷害動物。」因觀察本條之規定，疏縱或牽繫禽、畜、寵物在道路奔走，妨害交通者，依個案狀況，仍有可能騷擾、虐待或傷害動物。而前述針對問題應制定完善的畜犬管理規範，若從動物權的觀點，規範內容應包括有關犬隻飼養之優良環境、犬隻之健康與衛生、免於被棄養以及宰殺的命運等[47]。

三、狀況責任人

依據本條規定，所有人與行爲人是責任人，在於違法要件中有關疏縱或牽繫禽、畜、寵物，即有疏縱或牽繫之行爲人，另亦有前述禽、畜、寵物之所有人。然而從行政秩序法的觀點來看，本條規定之違反行爲，並非直接是相對人的行爲，而是前述動物在道路奔走，妨害交通之行爲。在此適用行政法上狀況責任人較爲妥當，所謂狀況責任人，指因物之狀況而需負責之人，需因物之本身狀況肇致危害，而無人爲因素摻雜期間（Ohne menschliches Zutun），方構成狀況責任。由於物之歸屬狀況有時相當複雜，因此狀況責任人之認定，有先後順序，一般而言是先對物有事實管領力

---

45 此句名言由13世紀經院哲學家湯瑪斯．阿奎納所稱，這種思想是美國人道協會中心思想，也是很多人都能接受的動物權思想。

46 費昌勇，動物倫理與公共政策，臺灣商務，2005年，第26-28頁。

47 陳正根，從動物權與秩序法探討畜犬管理規範，興大法學，第5期，2009年5月，第38頁。

之人，其次才是物之所有權人或其他有權利之人[48]。行爲責任是因爲行爲人所爲的行爲，與危害的發生有因果關係，而滋生責任[49]。狀態責任人的行爲對責任的發生並非一定必須具備因果關係，卻因爲享有物的管領力，對物有防止危害的效率及可能，而負有責任，所以包括對於物之權利繼承者[50]。狀況責任之種類可區分爲所有權人（Eigentümer）、對物有事實管領力之人（Inhaber der tatsächlichen Gewalt）及其他有權利人的狀況責任。

故依據狀況責任人之理論，本條規定之所有人即爲所有權人，另疏縱或牽繫之人，即是對物有事實管領力之人。而針對動物事實管領力問題，又有特殊責任問題需要討論，例如拋棄所有物之問題，倘若飼主拋棄所養之寵物，而該寵物違反秩序法或肇致危害，則有上述究責問題，亦即實務上常出現的流浪動物問題，此問題亦屬於秩序法上狀況責任中拋棄所有物之理論範圍[51]。經拋棄之物（動物）成爲無主物，亦可能肇致危害，爲防止危害產生，必須先確認無主物之狀況責任人，危害若係無主物所引起者，責任人應爲拋棄該物所有權之人[52]。

參、綜論

將動物妨害交通之行爲視爲一種廣義的道路障礙，亦即因動物的存在所造成的交通危害，故立法處置，此關係秩序行政。有關飼養寵物，在相關管理法制上，與交通行爲相關者，另有依據社會秩序維護法第70條第2款規定，係將動物界定於危險動物，若在道路上出入，其與本條比較，則有相當重的處罰。然而深究本條規範，所涉及秩序管制行爲係爲防止交通危害，係日益重視動物權。而從動物權的觀點，規範內容應包括有關動物飼養與管理，如犬隻飼養之優良環境、犬隻之健康與衛生、免於被

48 李震山，警察法論——任務編，正典，2003年，第230頁。

49 陳正根，論警察處分行使之法律要件與原則，臺北大學法學論叢，第57期，2005年12月，第16-18頁。

50 Vgl. Möller/Wilhelm, Allgemeines Polizei- und Ordnungsrecht, 5. Auflage, 2003, Rn. 140.

51 例如棄狗流竄街頭咬傷路人，棄狗的原所有人因拋棄動產的意思表示以及拋棄物權之行爲，依民法的規定，已非該物的所有人，非屬畜養動物者，無法依據社會秩序維護法第70條第1款規定「畜養危險動物，影響鄰居的安全者」科以責任。其次，棄狗與原主人之間，已因拋棄行爲而對該棄狗無事實管領力，故無法以事實管領力之狀況責任科之，在我國對此尚無明文規定，而德國則規定以拋棄物的原有人爲責任人，如此以銜接責任，維持公共利益。另「棄狗」之形成原因，究係找不回來、不想找，或是刻意拋棄，針對本文所探討秩序法上之狀況責任係爲「刻意拋棄」，應可比照德國之規定，在秩序法上訂定針對拋棄犬隻飼主之罰則，至於「找不回來」之情況則係能力問題，若科以狀況責任，則將失之過嚴，而「不想找」在認定其主觀意思上應有困難，若科以狀況責任，恐怕難以執行，因此秩序法規範狀況責任之目的應以禁止惡意遺棄犬隻爲主。Vgl. Drews/Wacke/Vogel/Martens, Gefahrenabwehr, 9. Auflage, S. 301 ff.

52 李震山，警察行政法論：自由與秩序之折衝，元照，2023年6版，第205頁。

棄養以及宰殺的命運等。依據本條規定，所有人與行爲人是責任人，在於違法要件中有關疏縱或牽繫禽、畜、寵物，即有疏縱或牽繫之行爲人，另亦有前述禽、畜、寵物之所有人。然而從行政秩序法的觀點來看，本條規定之違反行爲，並非直接是相對人的行爲，而是前述動物在道路奔走，妨害交通之行爲，在此適用行政法上狀況責任人較爲妥當。本條規定之所有人即爲所有權人，另疏縱或牽繫之人，即是對物有事實管領力之人。而針對動物事實管領力問題，又有特殊責任問題需要討論，例如拋棄所有物之問題，倘若飼主拋棄所養之寵物，而該寵物違反秩序法或肇致危害，則責任可法定爲拋棄之人。

第六章
附　則

第 85 條（處罰應歸責者之原則）
本條例之處罰，受舉發違反道路交通管理事件之受處罰人，認為受舉發之違規行為應歸責他人者，應於舉發違反道路交通管理事件通知單應到案日期前，檢附相關證據及應歸責人相關證明文件，向處罰機關告知應歸責人，處罰機關應即另行通知應歸責人到案依法處理。逾期未依規定辦理者，仍依本條例各該違反條款規定處罰。
本條例之處罰，其為吊扣或吊銷車輛牌照者，不因處分後該車輛所有權移轉、質押、租賃他人或租賃關係終止而免於執行。
依本條例規定逕行舉發或同時併處罰其他人之案件，推定受逕行舉發人或該其他人有過失。

壹、導言

車輛之所有人，如收到交通違規處罰通知單，而其並非是該違規之駕駛行爲人，原則上即無被處罰之適格[1]。依行政罰法第7條第1項規定：「違反行政法上義務之行爲非出於故意或過失者，不予處罰。」核其立法理由，係因現代國家基於「有責任始有處罰」之原則，對於違反行政法上義務之處罰，應以行爲人主觀上有可非難性及可歸責性爲前提，如行爲人主觀上並非出於故意或過失情形，應無可非難性及可歸責性，故應不予處罰。至行爲人有無故意或過失，應由國家負舉證責任[2]。

違反道交條例之行爲，分成車輛所有人與駕駛人，二者有所不同。對於逕行舉發之案件，無法當場確認駕駛人之年籍資料，依法規定得以車輛所有人爲被舉發人，

1　相關文獻，請參考洪家殷，行政罰之責任要件及行爲，月旦法學教室，第93期，2010年7月，第28-40頁；鄭善印，行政罰法及警察執法，警察法學，第14期，2015年7月，第55-88頁；陳正根，行政罰責任原則在警察與秩序法之適用，警察法學，第14期，2015年7月，第89-128頁。

2　參照法務部104年1月8日法律字第10403500110號函。

逕為告發。此時如所有人與行為人（駕駛人）不一致時，課予所有人有舉證責任，經處罰機關查證確認後，得改以實際駕駛人為被處罰人，而予處罰。車輛所有人須負有「舉證」之義務，其為基於狀態責任人之立場，對於車輛本身具有管理之責，平日該車輛由何人所使用，或該違規之時間由何人所駕駛等，均應知之。如車輛有被不法使用或竊取，依法所有人有管理或向警察機關報案之責，以釐清責任[3]。

貳、內容解析

交通違規行為，有時依當下時空環境，無法即時攔停確認行為人之身分，而必須採以車輛所有人為對象，加以通知與裁罰。此為基於行政行為有效性原則應優先考量最快速、最有效排除危險者，且責任人之選定應符合比例原則；當行為責任人與狀態責任人同時存在時，原則上應先以行為責任人為採取措施之對象；另同時兼具行為責任與狀態責任之人應優先於僅有一種責任之人被當作採取措施之對象。又不論行為責任人及狀態責任人，對於違反行政法上義務之構成要件事實仍須具備故意或過失，始得處罰[4]。依本條文第1項規定，被處罰人如欲主張免罰，須另有其他之違規行為人，或其無故意或過失，無期待可能性，如因緊急避難或屬不可抗力之行為等原因。

車輛之所有人，對車輛負有狀態責任人之地位[5]。狀態責任係賦予對物有管領支配實力者，負有維持該物之安全狀態的一般性義務，若該物形成或帶來法律上必須予以排除的危險時，經具體行政作用判定係為個案中應負起危險排除義務與相關費用負擔義務亦即具體義務人，若該具體義務人不履行其義務，違反狀態責任性質之行政法上義務者，有依法課予排除違規狀態義務之可能[6]。

對於交通違規行為之處罰種類，如屬於吊扣或吊銷車輛牌照，為對物之處罰，該處罰不因私法上之過戶、租賃等原因而影響效力。一般車輛之買賣、租賃屬於私法契約關係，所有人亦有權利處分其車輛，惟公法上之處罰效力並不因私法契約之訂定而受影響。不論第三人是屬於善意或惡意之取得或使用該車輛，均應受本項規定之限制。如原來之所有人未清楚告知該第三人有關車輛違規之事實，應負相關私法上侵權

---

3 許義寶，道交條例受處罰人舉證違規行為應歸責他人之相關法律問題研究，發表於「交通法制學術研討會」，國立高雄大學法學院主辦，2021年12月10日。

4 至於裁罰額度之高低，除法律另有規定外，應就具體個案事實依本法第18條規定之情形，予以適法及合義務性之裁量。參照法務部102年4月11日法律字第10100269850號函。

5 李震山，警察行政法論——自由與秩序之折衝，元照，2023年6版，第210頁以下。

6 狀態責任之確立，旨在排除危險義務之課予，而非處罰。因狀態責任所生義務之違反，於法律有明文規定處以罰鍰之前提下，亦得予以處罰，惟仍須具備故意或過失之要件。蔡宗珍，水土保持法上義務與義務人認定問題，水土保持法上責任與義務及其繼受問題之分析成果報告書，行政院農業委員，第103-105頁。引自法務部101年6月20日法制字第1010211369號函。

行爲責任[7]。

道交條例規定應沒入之物，不問屬於受處罰人與否，均沒入之。道交條例屬於特別法，應優先適用。從處罰平等原則而言，應受沒入之物，其所有權之歸屬，得不予區分。有問題者，在於物之所有人是否應被歸責或未盡到管理與監督之責任？於此，道交條例所規定應予沒入之物，該「物」本身即具有瑕疵，不因所有人之歸屬而有差異。

例如道交條例第16條：「汽車有下列情形之一者，處汽車所有人新臺幣九百元以上一千八百元以下罰鍰：……六、裝置高音量或發出不合規定音調之喇叭或其他產生噪音器物（第1項）。前項第一款至第五款並應責令改正、反光紙並應撤除；第六款除應依最高額處罰外，該高音量或發出不合規定音調之喇叭或噪音器物並應沒入（第2項）。」

汽車駕駛人如非汽車所有人時，依同條例規定，因違反道交條例規定而應沒入之物，不問是否屬於受處罰人所有，均沒入之，故上開規定應僅係排除行政罰法第21條「沒入之物，除本法或其他法律另有規定者外，以屬於受處罰者所有爲限」之適用。換言之，汽車駕駛人駕駛他人車輛而有道交條例第35條情形發生時，該汽車所有人仍應對於違法事實具有故意或過失，主管機關始能將該違規肇事致人重傷或死亡之車輛予以沒入[8]。

本條第3項規定，依道交條例規定逕行舉發或同時併處罰其他人之案件，推定受逕行舉發人或該其他人有過失。從法理上而言，有違法之責任意思，始得處罰，爲法治國家之基本原則。此具有憲法之層次，縱令屬於特別法之道交條例規定，亦不得違反之。司法院釋字第275號解釋理由書：「人民因違反法律上義務而應受之行政罰，係屬對人民之制裁，原則上行爲人應有可歸責之原因，故於法律無特別規定時，雖不以出於故意爲必要，仍須以過失爲其責任條件。但爲維護行政目的之實現，兼顧人民權利之保障，應受行政罰之行爲，僅須違反禁止規定或作爲義務，而不以發生損害或危險爲其要件者，推定爲有過失，於行爲人不能舉證證明自己無過失時，即應受處罰。行政法院六十二年度判字第三〇號判例謂：『行政罰不以故意或過失爲責任條件』，及同年度判字第三五〇號判例謂：『行政犯行爲之成立，不以故意爲要件，其所以導致僞報貨物品質價値之等級原因爲何，應可不問』失之寬泛。其與上開意旨不符部分，與憲法保障人民權利之本旨牴觸，應不再援用。」

依本條第3項規定之依法爲「逕行舉發或同時併處罰其他人之案件」，屬爲維護

7　參照法務部102年4月11日法律字第10100269850號函。

8　參照法務部107年9月6日法律字第10703513360號函。道交條例第35條修正草案第4項有關沒入汽車之規定，其與本法第7條第1項規定之關係，亦同。

行政目的之實現，兼顧人民權利之保障，應受行政罰之行為，推定為有過失。此時違規之被通知人，得舉反證證明本身之無違反規定。

適用行為罰規定處罰違反行政法上義務之人民時，除法律有特別規定外，應按行政罰法及其相關法理所建構之構成要件該當性、違法性（含有無阻卻違法事由）、有責性或可非難性（含有無阻卻責任事由）三個階段分別檢驗，確認已具備無誤後，方得處罰。如同刑法之適用，於行政罰領域內，行為人如欠缺期待可能性，亦可構成「阻卻責任事由」。亦即雖認定行為人有故意或過失，亦具備責任能力，但仍容許有某種「阻卻責任事由」之存在，無期待可能性即屬之，縱行政罰法或其他法律未明文，亦當容許此種「超法定之阻卻責任事由」之存在。至何種情形始可認行為人欠缺期待可能性，原則上宜視個案情節及相關處罰規定認定之[9]。

道交條例第85條第3項規定：「依本條條例規定逕行舉發或同時併處罰其他人之案件，推定受逕行舉發人或該其他人有過失。」受處罰人得舉證證明其並無違反行政法上義務之過失。實務上是否得因租賃業者舉證租賃契約已善盡告知義務得以免罰，仍應視租賃業者對承租人於事前簽訂之租賃契約，是否有明確載明告知不得違反前揭條例規定之行為，且無其他積極證據足認租賃業者對承租汽車駕駛人違規行為有何故意、過失，即得舉證後免罰[10]。曾發生一案例，即女車主將自己所有之汽車借給男性友人，該男在警方酒測攔查點拒測逃逸，警方逕行舉發，女車主收到罰單後向監理站申訴，指車子不是她開的，監理站要求補駕駛人個資，女車主未補，監理站裁處罰款18萬元，吊銷駕照三年，並須參加道路交通安全講習。女車主收到罰單後，向監理站陳述車子不是她開的，要辦理歸責，監理站經查詢開單國道警察後，要求女車主須在期限內提供駕駛人個人身分資料才能辦理歸責，但逾期未補，監理站因之開出裁罰單。法院法官認為，從國道警察提供的影片可明顯看出拒絕盤查的是穿白衣略禿頭的男子，且該駕駛行為人之男子也證明影片中的人是他，對拒絕酒測行政裁罰之歸責在他，也沒有意見，因此車主沒有行政裁罰之責，判決撤銷裁罰單[11]。

參、綜論

人民違反法律上之義務而應受行政罰之行為，法律無特別規定時，雖不以出於故意為必要，仍須以過失為其責任條件，司法院釋字第275號解釋著有明文。又「違反行政法上義務之行為非出於故意或過失者，不予處罰」亦為行政罰法第7條第1項所明

9 司法院釋字第685號解釋，林錫堯大法官提出、許宗力大法官加入之協同意見書。

10 參照交通部111年8月10日交路字第1110018615號函。

11 拒酒測車主被開罰18萬元，法官判撤銷罰單，自由時報，2021年6月28日。

定。此乃係因現代國家基於「有責任始有處罰」之原則，對於違反行政法上義務之處罰，應以行為人主觀上有可非難性及可歸責性為前提，如行為人主觀上並非出於故意或過失情形，應無可非難性及可歸責性，不予處罰[12]。

本條規定共有三項，第1項為被通知之車輛所有人，屬於物之所有人，因道交條例授權在特定原因之下，得為逕行舉發；此時如果車輛所有人並非違規之行為人，則有義務提出眞實之違規行為人，以供主管機關處理；第2項規定車輛之牌照被吊扣、吊銷處分，不因車輛之所有權移轉而有所影響，主要考量法規處罰之效力，為著眼於對物之處罰，以達遏阻之效果；第3項規定，依道交條例得併為處罰之第三人，推定為有過失。此時，如欲主張免除被罰，須提出反證加以證明。

第 85 條之 1（汽車駕駛人、所有人、買賣業、修理業違規之處理）

汽車駕駛人、汽車所有人、汽車買賣業或汽車修理業違反第五十六條第一項或第五十七條規定，經舉發後，不遵守交通勤務警察或依法令執行交通稽查任務人員責令改正者，得連續舉發之。

違反本條例之同一行為，依第七條之二逕行舉發後，有下列之情形，得連續舉發：

一、逕行舉發汽車行車速度超過規定之最高速限或低於規定之最低速度或有違反第三十三條第一項、第二項之情形，其違規地點相距六公里以上、違規時間相隔六分鐘以上或行駛經過一個路口以上。但其違規地點在隧道內者，不在此限。

二、逕行舉發汽車有第五十六條第一項、第二項或第五十七條規定之情形，而駕駛人、汽車所有人、汽車買賣業、汽車修理業不在場或未能將汽車移置每逾二小時。

壹、導言

本條為規定連續舉發之樣態。從理論上區分，連續舉發依其法律性質可分為執行罰與秩序罰之性質，而有所不同。

第1項之「**不遵守交通勤務警察或依法令執行交通稽查任務人員責令改正者，得連續舉發之**」，依法理而言，經告誡而不改善，得處以怠金；其目的不在於處罰，而是透過怠金之心理上壓力，希由此督促行為人修正與停止其違規行為，以免去行政執

---

12 司法院釋字第685號解釋，林錫堯大法官提出、許宗力大法官加入之協同意見書。

行之耗力[13]。如再不改善，依程序即處以怠金。因此，第一次之責令改善與處罰，應屬於執行罰——怠金之性質。其給予改善之指示，應合理並符合比例原則。又第1項之「**不遵守**交通勤務警察或依法令執行交通稽查任務人員責令改正者，得**連續舉發之**」，依其立法目的與處罰之法律構成要件，有不遵守、連續舉發，似較符合怠金之形式。因此，在每次連續處罰之前，應告誡、責令改正，而於不遵守時，始符合連續舉發之要求[14]。

另本條第2項規定之連續舉發，則爲秩序罰之性質[15]，名稱上稱按次處罰，較爲妥適。有關連續處罰之法理與授權，依司法院釋字第604號解釋，亦肯認對於公共利益之維護，個別行政法規亦得將自然之一行爲，因立法政策上之考量，而加以區分爲數個違規行爲。

貳、內容解析

「罰鍰」係針對義務人過去違反其行政法上之義務所爲之處罰，在學理上又稱爲秩序罰；「怠金」則在學理上稱爲執行罰，性質上係對違反行政法上不行爲義務或不可代替之行爲義務者處以一定數額之金錢，使其心理上發生強制作用，間接督促其自動履行之強制執行手段，其目的在於促使義務人未來履行其義務，本質上並非處罰，屬於間接強制方法之一，故兩者之性質不同[16]。主管機關對於有無違反行政法上義務，應逐一依職權調查事實及證據，以作爲裁罰之基礎，而非不逐次查驗，即「按日」予以處罰[17]。

本條第2項規定「依第七條之二逕行舉發後，有下列之情形，得連續舉發」，屬於秩序罰。其爲連續處罰之性質，因逕行舉發之案件無法對行爲人加以告誡，也無法期待相對人即時改正，爲免公益受到損害，逕以法律直接授權認定爲有數行爲違規，得加以連續處罰，以形成行爲人心理上之壓力，不敢任意違規。

一行爲之劃分認定，本條規定「違規地點相距六公里以上、違規時間相隔六分鐘以上或行駛經過一個路口以上」，均屬不同之一行爲。另如「違停二小時」，亦以一

---

13 相關日文文獻，請參考志堂寺和則，人間の心理特性に基づく交通行動改善，IATSS review，際交通安全学會誌，第48卷第1期，2023年6月，第21-26頁。

14 參照法務部101年5月24日法律字第10100044210號函。

15 有關連續處罰之法理，請參考李震山，行政法導論，三民，2022年12版，第408頁以下。

16 參照法務部101年5月24日法律字第10100044210號函。

17 有關「按日連續處罰」之規定，法制上建議修正爲「按次處罰」。2015年2月4日修正公布之水污染防治法已將「按日連續處罰」修正爲「按次處罰」可資參照。系爭辦法係爲執行廢棄物清理法而訂定，雖廢棄物清理法仍有「按日連續處罰」之規定，惟仍宜請主管機關適時檢討修正之；在未修正之前，實務上應「按次」而非「按日」予以處罰。法務部104年12月15日法制字第10402521270號。

行爲計算。

連續處罰涉及交通違規行爲究屬一行爲或數行爲之區分：

一、一行爲

將車輛交予無駕駛營業車輛資格之駕駛人係一行爲，而該行爲產生持續性之違法狀態，僅能對之裁罰一次。與此類似者，有客運業者變更車輛規格之行爲，亦經交通部認定爲一行爲。採此說者，並認爲數行爲說與折衷說以舉發單到達時爲切割行爲數之標準係不妥，按如客運業者變更車輛規格之情形，有恢復原狀之改善空間，是以舉發單之送達通知其改善，如不改善則重新舉發處罰，固無違誤；惟本件將車輛交付予駕駛人之行爲，無從恢復原狀，是以舉發單到達時切割行爲數，並無意義。

二、數行爲

將車輛交予無駕駛營業車輛資格之駕駛人，雖係自然意義之一行爲，惟得以舉發單到達時爲切割行爲數之時點，避免一行爲說僅得對之裁處一次，有違規情狀繼續發生、法益受侵害之狀態亦持續，而僅受一次裁處之不合理情形[18]。

行政罰上有關一行爲之理論，因行政違規行爲之次數並非純粹以自然行爲概念爲界定標準，而應從法規範所欲維護之法益狀態予以評價。易言之，藉由違規受不法利益之情形，倘不論違規行爲時間之久暫，一概論以單一行爲之行政責任，勢必誘引違規者長時間侵害法益，以圖得超出罰鍰額度之不當利益，將造成法秩序失衡之不公義現象。故從法規範之精神及其目的觀之，如立法者基於達成特定行政管制之目的，已擬制規定以侵害法益之時間長度作爲量化及區隔違反公法義務之次數者，則行爲人雖以自然意義之一行爲侵害同一法益，但因其侵害法益之時間長度已超過法律就單一違規行爲所設定之評價標準者，仍應成立數個獨立之違規行爲，分別論處其行政責任[19]。

第85條之1第2項第2款之規範目的，汽（機）車所有人或駕駛人違反道交條例第56條規定，在禁止臨時停車處所停車，其違規停車時間如在二個小時以內，固應論以單一違規停車行爲，倘超過二個小時者，其後每二個小時即得重新評價成立另一個違規行爲。故交通勤務警察或依法令執行交通稽查任務人員因當場不能或不宜攔截製單舉發，固得直接適用上開規定，逕行連續舉發，要無疑義；其受理道交條例第7條之1規定之民眾檢舉舉發案件，因亦具有當場不能製單舉發之情形，仍得援用上開規定之

18 遇具體個案涉訟時，應以法院確定判決所持見解爲準。交通部訴願實務作業手冊，第55-56頁，file:///C:/Users/ASUS/Downloads/201112221331320.pdf，最後瀏覽日期：2023/12/23。

19 臺北高等行政法院106年交上字第92號判決。

違反義務次數判斷標準，以評價檢舉之違規行爲次數，並就數個違規行爲，分別製單舉發。道交條例第56條第2項關於汽車駕駛人不在違規停放之車內時，執法人員得於舉發其違規後，使用民間拖吊車拖離違規停放之車輛，並收取移置費之規定，係立法者衡量各種維護交通秩序之相關因素後，合理賦予行政機關裁量之事項，不能因有此一規定而推論連續舉發並爲處罰之規定，違反憲法上之比例原則[20]。

對於交通違規行爲，除處罰以外，須即時制止，以免違規行爲再持續發生，造成危害。所爲責令改正爲警察下命處分，要求相對人有即時停止、修正之作爲或不作爲義務。屬於行政處分之一種，相對人如不配合警察之要求，依行政執行法規定，得採取間接強制或直接強制，以達成行政目的。

如警察發現有「在禁止臨時停車處所停車」之違規行爲，即得以代履行之方式，經由民間拖吊業者依規定將違停之車輛，移置至保管場，並收取移置費及車輛保管費。道交條例爲特別法，有關警察得相對採取之作爲，如有特別之規定，則優先適用。

依警察法規定警察依法行使下列職權：「一、發佈警察命令。二、違警處分。三、協助偵查犯罪。四、執行搜索、扣押、拘提及逮捕。五、行政執行。六、使用警械。七、有關警察業務之保安、正俗、交通、衛生、消防、救災、營業建築、市容整理、戶口查察、外事處理等事項。八、其他應執行法令事項。」又所稱警察職權，係指警察爲達成其法定任務，於執行職務時，依法採取查證身分、鑑識身分、蒐集資料、通知、管束、驅離、直接強制、物之扣留、保管、變賣、拍賣、銷毀、使用、處置、限制使用、進入住宅、建築物、公共場所、公眾得出入場所或其他必要之公權力之具體措施，此於警察法第9條及警察職權行使法第2條第2項分別定有明文。又各級警察機關之勤務指揮中心，統一調度、指揮、管制所屬警力，執行各種勤務，復爲警察勤務條例第22條所明定，是各級警察機關之勤務指揮中心於接獲民眾報案後，經該中心調度、指揮之警力即須前往報案者所指定之地點進行訪查或爲其他必要之公權力之具體措施，此時該員警即屬依法執行警察勤務之公務員[21]。

道交條例第56條第1項規定如下：「汽車駕駛人停車時，有下列情形之一者，處新臺幣六百元以上一千二百元以下罰鍰：一、在禁止臨時停車處所停車。二、在設有彎道、險坡、狹路標誌之路段、槽化線、交通島或道路修理地段停車。三、在機場、車站、碼頭、學校、娛樂、展覽、競技、市場、或其他公共場所出、入口或消防栓之前停車。四、在設有禁止停車標誌、標線之處所停車。五、在顯有妨礙其他人、車通行處所停車。六、不依順行方向，或不緊靠道路右側，或單行道不緊靠路邊停

20 臺北高等行政法院106年交上字第92號判決。
21 臺灣高等法院104年上易字第1433號刑事判決。

車。七、於路邊劃有停放車輛線之處所停車營業。八、自用汽車在營業汽車招呼站停車。九、停車時間、位置、方式、車種不依規定。十、於身心障礙專用停車位違規停車。」汽車駕駛人停車違反以上規定，處新臺幣600元以上1,200元以下罰鍰。

道交條例第57條規定：「汽車所有人、汽車買賣業或汽車修理業，在道路上停放待售或承修之車輛者，處新臺幣二千四百元以上四千八百元以下罰鍰（第1項）。前項情形，交通勤務警察或依法令執行交通稽查任務人員於必要時，並應令汽車所有人、業者將車移置適當場所；如汽車所有人、業者不予移置，應由該交通勤務警察或依法令執行交通稽查任務人員逕爲之，並收取移置費（第2項）。」汽車所有人、汽車買賣業或汽車修理業違反第57條規定，處新臺幣2,400元以上4,800元以下罰鍰。

曾有案例，報載有一名民眾駕車自國道三號引道進入信義快速道路，一分鐘內二度變換車道未打方向燈，被檢舉遭開二張罰單，案經臺北地方法院認爲二次違規時間相隔不到六分鐘，應類推適用道交條例第85條之1規定，不得連續舉發而撤銷一張罰單；另位民眾駕車行經國道三號新化系統交流道附近，三分鐘內三度變換車道未依規定使用方向燈，被民眾以行車紀錄器檢舉，遭開三張新臺幣3,000元罰單並記違規點數一點，案經臺南地方法院認其第一次未打方向燈遭罰，於法並無不合，但後續二次違規行爲密集，該裁罰違反比例原則及連續舉發規定而撤銷原處分[22]。

參、綜論

人民在行的自由上，利用交通工具，可以更快速及便利地到達目的地。但如不規定使用交通工具，將會造成公共利益上之一定妨礙。

「一行爲不二罰」原則，乃現代民主法治國家之基本原則，避免因法律規定之錯綜複雜，致人民之同一行爲，遭受數個不同法律之處罰，而承受過度不利之後果。反之，倘行爲人不同，或雖行爲人相同但非屬同一行爲，而係數行爲違反同一或不同行政法上義務之規定者，則應分別處罰之，不生是否牴觸「一行爲不二罰」原則之問題[23]。立法者固得以法律規定行政機關執法人員得以連續舉發及隨同多次處罰之遏阻作用以達成行政管制之目的，但仍須符合憲法第23條之比例原則及法律授權明確性原則。鑑於交通違規之動態與特性，則立法者欲藉連續舉發以警惕及遏阻違規行爲人任由違規事實繼續存在者，得授權主管機關考量道路交通安全等相關因素，將連續舉發之條件及前後舉發之間隔及期間以命令爲明確之規範[24]。

---

22 彭文暉，交通違規之連續舉發裁罰爭議問題研析，立法院法制局，file:///C:/Users/ASUS/Downloads/File_292737.pdf，最後瀏覽日期：2023/12/31。

23 參照法務部109年1月21日法律字第10903500560號函。

24 道交條例第85條之1得爲連續舉發之規定，就連續舉發時應依何種標準爲之，並無原則性規定。雖主管機關依道交條例第92條之授權，於2001年5月30日修正發布違反道路交通管理事件統一維護交通秩序與安全，屬於重大之公共利益。惟對於違規行爲除了處罰之外，另亦可搭配行政執行之排除措施，以即時除去該危害所造成之影響。

第 85 條之 2（車輛移置保管之領回）

車輛所有人或駕駛人依本條例規定應予禁止通行、禁止其行駛、禁止其駕駛者，交通勤務警察或依法令執行交通稽查任務人員應當場執行之，必要時，得逕行移置保管其車輛。

前項車輛所有人或其委託之第三人得於保管原因消失後，持保管收據及行車執照領回車輛。其違反本條例第三十五條規定者，應同時檢附繳納罰鍰收據。但初次違反規定且未發生交通事故者，得檢附分期繳納罰鍰收據領回車輛。

依第三十五條規定被逕行移置保管之車輛屬租賃車業者之車輛，得由車輛所有人檢具租賃契約書、違規駕駛人姓名、住址並具結後，據以取回被移置保管車輛。

壹、導言

爲交通安全目的，主管機關或依法執行職務之警察人員，得對會造成立即危險之行爲人，制止其再爲駕駛行爲，屬於本條之授權，此法律性質屬於爲防止危害之即時強制；另一種強制力之執行，爲直接強制[25]，即義務人負有行爲或不行爲之義務，而不配合自願履行該義務，由執行機關人員以實力方式，加以強制執行。本條文之規定，依具體事實構成要件認定，屬於防止立即危害者爲即時強制；而如屬於義務履行之執行，則爲直接強制。

行爲或不行爲義務之行政執行，以人民依法令直接規定，或本於法令授權行政機關就個別事件所爲之行政處分而負有行爲或不行爲義務爲前提，於符合行政執行法第27條規定時，執行機關即得依同法第28條所定間接強制或直接強制方法執行之，惟具體個案仍應注意同法第3條比例原則之規定[26]。

本條規定交通勤務警察或依法令執行交通稽查任務人員，對有依法得禁止行駛之車輛，應當場制止其駕駛，必要時，得逕行移置保管其車輛。

裁罰標準及處理細則，其第12條第4項規定，以「每逾二小時」爲連續舉發之標準，衡諸人民可能因而受處罰之次數及可能因此負擔累計罰鍰之金額，相對於維護交通秩序、確保交通安全之重大公益而言，尚未逾越必要之程度。惟有關連續舉發之授權，其目的與範圍仍以法律明定爲宜。臺北高等行政法院106年交上字第92號判決。

25 李震山，警察行政法論——自由與秩序之折衝，元照，2023年6版，第334頁以下。

26 參照法務部105年9月7日法律字第10503513460號、106年3月23日法律字第10603500370號函。

貳、內容解析

本條第1項規定：「車輛所有人或駕駛人依本條例規定應予禁止通行、禁止其行駛、禁止其駕駛者，交通勤務警察或依法令執行交通稽查任務人員應當場執行之，必要時，得逕行移置保管其車輛。」

爲防止急迫危害或避免緊急危難，行政機關得採取即時強制措施。另外，人民之行爲或不行爲義務之行政執行，以人民依法令直接規定，或本於法令授權行政機關就個別事件所爲之行政處分而負有行爲或不行爲義務爲前提，於符合行政執行法第27條規定時，執行機關即得依同法第28條所定間接強制或直接強制方法執行之[27]。

即時強制並不以人民有違反行政法上義務爲前提，此亦爲即時強制與行政上強制執行主要區別所在。又行政機關選擇強制方法之種類與強制之範圍或程序，均當符合比例原則。由於即時強制之方法對人民權益影響較大，除必須具備上開所述之緊急性與必要性之一般要件外，行政執行法第37條至第40條更規定須具備特別要件，始得實施，例如依該法第37條第1項第2款規定：「對於人之管束，以合於下列情形之一者爲限：……二、意圖自殺，非管束不能救護其生命者。」具體個案是否符合前開得予管束之要件，應考量比例原則，依個案事實由行政機關本於權責審認[28]。另警察職權行使法第19條，亦有警察對人管束職權之規定。一般警察執行道交條例之勤務，如對酒醉駕車者之扣留車輛，應優先適用警察職權行使法爲宜。

本條第2項前段規定：「前項車輛所有人或其委託之第三人得於保管原因消失後，持保管收據及行車執照領回車輛。」

酒後駕車違規人未依規定繳清罰鍰前，移置保管機關應否依照法院裁定將違規車輛交由債權人接管領回？道交條例第85條之2第2項規定：「前項車輛所有人或其委託之第三人得於保管原因消失後，持保管收據及行車執照領回車輛。其違反本條例第三十五條規定者，應同時檢附繳納罰鍰收據……。」稽其立法意旨係爲促使受處分人能迅速主動到案接受裁罰，並對違規人能即時給予處分，以達嚇阻作用，爰增列後段規定。爲達上開立法目的，該規定似不因私法上權利移轉而受影響[29]。

車輛因駕駛人酒後駕車行爲而移置保管之後，即受道交條例第85條之2第2項後段規定之限制，其領回車輛所應受之限制既已存在，於車輛依法領回前，當不因事後

---

27 在營業所已有違規使用，例如未經登記即行營業或未符合有關消防、都市計畫等規定，經處以停止營業或勒令歇業仍不遵從而繼續營業時，所採取之最後手段。相關文獻，請參考李建良，論行政強制之執行方法，政大法學評論，第63期，2000年6月，第184-186頁；蔡震榮，行政執行法，2013年5版，第208-209頁；法務部105年9月7日法律字第10503513460號。

28 參照法務部91年10月8日法律字第0910039713號函、101年6月14日法律決字第10100107440號函。

29 參照法務部92年7月30日法律字第0920029655號函。

發生之其他權利移轉而有所改變，債權人嗣後取得之權利範圍亦應以原所有權人所有之權利範圍爲限[30]。

汽車所有人於車輛移置保管期間，將違規車輛過戶他人後，新車主可否將該車領回？依民法第761條第1項：「動產物權之讓與，非將動產交付，不生效力。」汽車讓與人與受讓人雙方應於所有權移轉時方得依法辦理過戶手續，其縱已先行辦理過戶手續亦不因此影響所有權之歸屬，於車輛代保管期間無法依民法規定程序完成動產之交付，故汽車受讓人既未取得所有權當不得主張領取車輛；又如原汽車所有人僅係讓與第三人返還請求權者，則受讓人自當僅得主張原汽車所有人所得主張之權利[31]。

就道交條例第85條之2第2項後段立法之立法院議案關係文書以觀，本條之立法係「爲促使受處分人能迅速主動到案接受裁罰，並對違規人能即時給予處分」，爲符合立法精神並落實上開條例之執行，仍應維持「法既已明文規定，仍應依道路交通管理處罰條例第八十五條之二第二項後段規定，於繳納罰鍰後始能領回車輛」原則辦理，至於原汽車所有人及債權人雙方如遇有爭執時，仍宜由雙方循司法途徑解決[32]。

參、綜論

行政執行法第32條規定，行政執行以間接強制優先於直接強制爲原則，倘執行機關經間接強制不能達成執行目的，或因情況急迫，如不及時執行，顯難達成執行目的時，執行機關得依直接強制之方法執行之。另行政執行法第36條第1項規定意旨，所稱即時強制，係指行政機關爲阻止犯罪、危害之發生或避免急迫危險，而有即時處置之必要，故即時強制並不以人民有違反行政法上義務爲前提[33]。

本條規定得逕行保管其車輛，同時具有即時強制之防止急迫危害發生，另亦具有違反相關法規，如不合法之車輛上路，爲即時制止扣留保管該車輛。另在其請求返還車輛時，並明文要求須繳交相關之罰鍰。車輛之所有人爲狀態責任人，對於該違規之罰鍰，所有人亦得主張課責之歸屬責任人。惟對須繳交罰鍰始得領回車輛，爲公法上之義務，亦屬相當。

---

30 （舊）動產擔保交易法第25條規定：「抵押權人依本法規定實行占有抵押物時，不得對抗依法留置標的物之善意第三人。」亦非對債權人權利之行使無所限制。由道交條例第85條之2第2項後段立法之立法院議案關係文書以觀，本條之立法係「爲促使受處分人能迅速主動到案接受裁罰，並對違規人能即時給予處分」，爲符合立法精神並落實上開條例之執行，故交通部原則同意臺北市政府交通局意見，仍應維持交通部92年1月13日交路字第0910074125號函所示「法既已明文規定，仍應依道路交通管理處罰條例第八十五條之二第二項後段規定，於繳納罰鍰後始能領回車輛」原則辦理，至於原汽車所有人及債權人雙方如遇有爭執時，仍宜由雙方循司法途徑解決。參照法務部92年7月30日法律字第0920029655號函。

31 參照法務部92年7月30日法律字第0920029655號函。

32 參照法務部92年7月30日法律字第0920029655號函。

33 參照法務部103年12月22日法律字第10303514290號函。

第 85 條之 3（移置保管、公告拍賣處理）

第十二條第三項、第四項、第三十五條、第三十五條之一第一項、第二項、第五十六條第四項、第五十七條第二項、第六十二條第六項、第七十一條之一第二項、第三項、第七十二條之二第一項、第七十三條第二項、第三項及前條第一項之移置或扣留，得由交通勤務警察、依法令執行交通稽查任務人員逕行移置或扣留，其屬第五十六條第四項之移置，得由交通助理人員逕行為之。上述之移置或扣留，得使用民間拖吊車拖離之。

前項移置或扣留，得向車輛所有人收取移置費及保管費；其不繳納者，追繳之。

第一項移置保管或扣留之車輛，經通知車輛所有人限期領回，屆期未領回或無法查明車輛所有人，經公告三個月，仍無人認領者，由移置保管機關拍賣之，拍賣所得價款應扣除違反本條例規定應行繳納之罰鍰、移置費、保管費及其他必要費用後，依法提存。

前項公告無人認領之車輛，符合廢棄車輛認定標準者，依廢棄物清理法及其相關法規規定清除之。

依本條例應沒入之車輛或其他之物經裁決或裁判確定者，得拍賣、銷毀或依廢棄物清理法及其相關法規規定清除。

前五項有關移置保管、收取費用、公告拍賣、移送處理之辦法，在中央由交通部及內政部，在地方由直轄市、縣（市）政府依其權責分別定之。

壹、導言

對違規車輛當場移置保管之情形，例如道交條例第12條第4項規定，汽車未領用有效牌照、懸掛他車號牌或未懸掛號牌於道路停車者，依同條第1項規定處罰，汽車並當場移置保管及扣繳其牌照。

因道路上違規之車輛，有時會造成交通上立即之危害，必須即時處理之，以維護公眾往來之安全。移置或扣留爲暫時保管該車輛，事後原則上發還給有權利之人，但如有依法應沒入或拍賣之情形，則屬於例外。行政機關得委託民間業者執行拖吊作業，此屬於技術性質之業務，依其性質委由民間執行，有助於行政目的之達成，並節省行政執行之作業。委託契約一般以私法契約形式作成，業者須遵守契約之義務內容。另在具體執行上由警察人員加以認定、指揮完成拖吊作業。

道交條例第85條之3第1項規定所列移置保管車輛之違規案件，係由交通勤務警察、依法令執行交通稽查任務人員逕行移置或扣留；同條第3項規定：「第一項移置保管或扣留之車輛，經通知車輛所有人限期領回；屆期未領回或無法查明車輛所有人，經公告三個月，仍無人認領者，由移置保管機關拍賣之，拍賣所得價款應扣除違反本條例規定應行繳納之罰鍰、移置費、保管費及其他必要費用後，依法提存。」再按所謂拍賣，乃由多數應買人於公開出價中，擇其最高者，與之訂立契約之一種競爭買賣行爲[34]。

貳、內容解析

本條第1項後段規定，移置或扣留，得由交通勤務警察、依法令執行交通稽查任務人員逕行移置或扣留，其屬第56條第4項之移置，得由交通助理人員逕行爲之。

逕行移置或扣留之執行，因涉及對人民車輛執行，屬財產權之重大影響，因此，在本條第1項加以授權。

對於駕駛人不在車內之違規停車車輛依法逕行移置，因無號牌及號牌不符，致無法經由號牌查明所有人之情形，開啓車門查詢引擎號碼是否妥適？因車輛爲無號牌及號牌不符之車輛，如已無法經由開啓車門以外之方法查知車輛所有權人，則車輛屆期未領回或無法查明車輛所有人，經公告三個月仍無人認領者，將由移置保管機關拍賣，扣除相關費用後，依法提存，道路交通違規車輛移置保管及處理辦法第14條第1項、第3項亦定有明文，因事涉車輛所有人之權利，故於上開情形下，採取由公正第三人在場或全程錄影或其他適當方式，開啓車門查證引擎號碼或車內留存證件以利查知車輛所有人，俾達成依法通知車輛所有人限期領回及確保維護車輛所有人權益之目的，應認符合行政程序法第7條比例原則之規定[35]。

道交條例第85條之3第3項規定：「第一項移置保管或和留之車輛，經通知車輛所有人限期領回；屆期未領回或無法查明車輛所有人，經公告三個月，仍無人認領者，由移置保管機關拍賣之……」又依同條第5項所授權訂定之道路交通違規車輛移置保管及處理辦法第14條規定：「移置保管之車輛或動力機械逾三日無人認領，移置保管機關應查明所有人，以書面通知其限期領回；屆期未領回，或所有人行方不明無法通知或無法查明所有人，由移置保管機關公告，經公告三個月，仍無人認領者，由移置保管機關拍賣之（第1項）。前項公告應於公告欄或以其他適當方式公告之，其內容包括被移置保管車輛或動力機械之種類、廠牌、顏色、停放地點、號牌號碼或引

34 依其程序可分爲公的拍賣與私的拍賣，前者由國家機關依強制執行法等所定之程序而爲之拍賣，後者乃私人所進行之拍賣，民法第391條至第397條定有明文。林誠二，民法債編各論（上），瑞興圖書公司，2007年2版，第149頁。引自法務部101年6月6日法律字第10000064050號函。

35 參照法務部100年11月22日法律字第1000024261號函。

擎號碼或車身號碼或特徵等資料（第2項）[36]。」

有關執行拖吊責任，可分成二方面討論：一者，該違規車輛之認定，屬於公法關係由警察人員爲之，如適用法規違法或不當，由行政救濟加以撤銷該處分或罰單；其二，在執行上之損害，亦屬公權力之執行，如有因故意或過失，造成損害，亦得依法請求賠償或補償，此亦爲公法上法律關係。所謂業界慣例，屬經驗法則之一種，固得作爲裁判之基礎。惟不論係一般經驗法則或特殊經驗法則，均須具有普遍性、可驗證性，亦即具有相當客觀性（相對於個人經驗或私知）、邏輯性。又因經驗法則通常係以不完全歸納法得出，尚不能當然從前提之眞來確保結論爲眞，而有蓋然性之問題[37]。

本條第1項後段規定，屬第56條第4項之移置，得由交通助理人員逕行爲之。第56條第4項之移置原因，包括：「汽車駕駛人停車時，有下列情形之一者，處新臺幣六百元以上一千二百元以下罰鍰：一、在禁止臨時停車處所停車。二、在設有彎道、險坡、狹路標誌之路段、槽化線、交通島或道路修理地段停車。三、在機場、車站、碼頭、學校、娛樂、展覽、競技、市場、或其他公共場所出、入口或消防栓之前停車……。」（道交條例第56條第1項、第2項違規行爲）。

交通助理人員，爲警察機關之「行政助手」，其係指受行政機關之指揮監督，從事活動，且非以自己名義獨立行使公權力，以協助完成行政職務[38]。行政機關與行政助手間所定契約之性質，或屬於私法契約上之「勞務採購」，適用政府採購法規定，或屬於行政程序法第137條規定之行政契約，端就其具體契約內容而定[39]，非謂以「行政助手」方式協助完成行政職務者，即均係行政契約之性質[40]。

各機關依交通助理人員管理辦法進用之交通助理人員是否爲公務員服務法所明定之公務員，而有無該法適用之問題？交通助理人員之工作項目除執行違規停車稽查外，並得協助執行道路交通管理之稽查，其工作之性質應屬協助公權力行使之相關事務，故似可認爲僱用機關依上開管理辦法第10條規定與受僱人間所訂定之契約，性質上爲行政契約[41]，惟該契約之性質究屬公法或私法，仍宜由管理辦法之主管機關內

36 參照法務部100年11月22日法律字第1000024261號函。

37 經驗法則與形式意義之法規不同，本無定式之具體內容，故法院於運用經驗法則作爲判斷基礎時，應先就當事人主張或法院將運用之經驗法則之具體內容，在法院與當事人間形成共識，使當事人充分知悉，再賦予當事人有提出反證予以否定之機會，始符合民事訴訟法第199條規定審判長應注意令當事人就訴訟關係之事實及法律爲適當完全之辯論之意旨。最高法院105年度台上字第2014號民事判決。

38 參照法務部95年9月8日法律字第0950033384號函。

39 參照法務部97年10月8日法律字第0970031256號函。

40 參照法務部108年10月29日法律字第10803515350號函。

41 臺中高等行政法院95年度訴字第52號判決。

政部說明之。又該契約之屬性爲何，與依該契約僱用之人員是否有公務員服務法之適用，不無斟酌之餘地[42]。

本條第3項規定：「第一項移置保管或扣留之車輛，經通知車輛所有人限期領回，屆期未領回或無法查明車輛所有人，經公告三個月，仍無人認領者，由移置保管機關拍賣之，拍賣所得價款應扣除違反本條例規定應行繳納之罰鍰、移置費、保管費及其他必要費用後，依法提存。」本項規定拍賣之車輛，於拍定後，拍定人領取前，車主得否繳清罰鍰與費用領回車輛之疑義，應認本件拍賣經拍定後，買賣契約即於債務人與買受人間成立，然該買賣亦得因雙方當事人之合意解除契約，故在買受人未受領標的物前，如經買受人同意解除買賣契約，出賣人（即車主）即可繳清罰鍰與費用取回移置或扣留車輛，且直接達成本件拍賣目的[43]。

移置保管機關所爲之拍賣，非係依強制執行法所定程序而爲，性質上屬私法拍賣之一種[44]，又拍賣係屬買賣性質，其以債務人爲出賣人，拍定人爲買受人，買賣之法律乃存在於債務人與拍定人間，故移置保管機關拍賣時，其出賣人爲債務人而非移置保管機關[45]。另民法第391條規定：「拍賣，因拍賣人拍板或依其他慣用之方式而爲賣定之表示而成立。」再契約既因當事人雙方意思表示一致而成立，自亦可因互相表示一致而解除[46]。契約之解除，出於雙方當事人之合意時，無論有無可歸責於一方之事由，除經約定應依民法關於契約解除之規定外，並不當然適用民法第259條之規定，倘契約已爲全部或一部履行者，僅得依不當得利之規定請求返還其利益[47]。

由移置保管機關之拍賣，一般於公法上金錢給付義務行政執行事件，程序上由行政執行分署就義務人不動產拍賣，應命鑑定人就該不動產估定價格，經核定後，爲拍賣最低價額；行政執行分署就義務人之不動產核定底價時，應詢問移送機關等債權人及義務人之意見，此觀行政執行法第26條、強制執行法第113條、第70條第2項、第80條規定自明。行政執行分署核定之不動產價格應如何認爲相當，原屬於分署職權裁量之範圍，非當事人所可任意指摘[48]。分署核定不動產之拍賣最低價額，除應參考鑑定人所提出之估定價格外，尚須斟酌該不動產之實際狀況[49]。

---

42 參照法務部93年6月18日法律字第0930023226號函、103年6月18日法律字第10303507890號函。

43 強制執行法第58條第2項規定於拍定後徵得拍定人同意後，得撤回程序，與前述之解除契約類似，是於拍定後經雙方當事人合意解除契約，於法似無不合，且符合比例原則，亦可兼顧保全車輛所有權人之權益。參照法務部101年6月6日法律字第10000064050號函。

44 參照法務部90年5月1日法律字第012269號函。

45 參照法務部100年1月12日法政字第0999057210號函。

46 最高法院57年台上字第3211號判例。

47 最高法院59年台上字第4297號判例、63年度台上字第1989號判例。

48 最高法院88年度台抗字第13號裁判。

49 訂定拍賣最低價額，僅在限制投標人出價不得少於此數，其願出之最高價額，並無限制，如義務人被查封之財產，果眞高於拍賣最低價額，則公告拍賣時，應買人競相出價，自得以公平之民法債編有關提存之規定僅適用於私法上之債權債務關係，至公法上之權利義務，則只在法律有特別規定時始例外得爲提存（例如道交條例第85條之3第3項規定，對移置保管車輛拍賣所得價款得依法提存）。攤販違規在公告禁止設攤之處擺設攤位，經執勤員警依道交條例第82條第1項第10款規定予以舉發，並依同條第2項規定沒入攤棚、攤架者，並未明文規定得將該攤架內之有價物品予以提存[50]。此時可依警察職權行使法第22條、第23條及第24條警察扣留物品之規定辦理[51]。

本條第4項規定：「前項公告無人認領之車輛，符合廢棄車輛認定標準者，依廢棄物清理法及其相關法規規定清除之。」依道交條例第82條之1第2項規定授權訂定之「占用道路廢棄車輛認定基準及查報處理辦法」第4條第2項至第4項規定：「前項廢棄車輛張貼通知後，『警察機關應查明車輛所有人』，以書面通知其限期清理或至指定場所認領，逾期仍未清理或認領，或車輛所有人行方不明無法通知或無法查明車輛所有人情形，由環境保護機關公告，經公告一個月無人認領者，由環境保護主管機關依廢棄物清除（第2項）。環境保護主管機關將廢棄車輛依廢棄物清理時，其號牌號碼、『引擎號碼或車身號碼』可查明者，應通知公路監理機關逕予報廢登記……（第3項）。第二項公告應於公告欄或其他適當方式公告之，其內容包括被移置車輛之車輛類別、……或『引擎號碼或車身號碼』或車輛特徵等資料（第4項）[52]。」

本條第5項規定：「依本條例應沒入之車輛或其他之物經裁決或裁判確定者，得拍賣、銷毀或依廢棄物清理法及其相關法規規定清除。」有關對違規車輛之移置與沒入，依行政罰法第7條第1項規定：「違反行政法上義務之行爲非出於故意或過失者，不予處罰。」其立法理由略以：現代國家基於「有責任始有處罰」之原則，對於違反行政法上義務之處罰，應以行爲人主觀上有可非難性及可歸責性爲前提，如行爲人主觀上並非出於故意或過失情形，應無可非難性及可歸責性，故不予處罰。道交條例第35條第9項規定：「汽機車駕駛人有第一項、第三項至第五項之情形之一，吊扣

價格賣出，於義務人之權益，並無損害。而不動產進行第一次拍賣程序，無人應買，足見分署原核定之底價並無偏低之虞，如再行估價，必導致執行時間之拖延，而損及債權人、義務人之權益，且罔顧市場交易機能。臺灣高等法院暨所屬法院90年法律座談會民事執行類提案第22號研討結果、臺灣高等法院96年度抗字第164號裁判、法務部行政執行署108年度署聲議字第64號函。

50 違規攤販若拒不配合將攤架內之有價物品即時清除時，自不得將該有價物品送交法院辦理提存。司法院秘書長（90）秘台廳民三字第30555號函。

51 警察職權行使法第24條：「扣留之物無繼續扣留之必要者，應將該物返還所有人、持有人或保管人；所有人、持有人或保管人不明時，得返還其他能證明對該物有權利之人（第1項）。扣留及保管費用，由物之所有人、持有人或保管人負擔。扣留之物返還時，得收取扣留及保管費用（第2項）。物經變賣後，於扣除扣留費、保管費、變賣費及其他必要費用後，應返還其價金與第一項之人。第一項之人不明時，經公告一年期滿無人申請發還者，繳交各該級政府之公庫（第3項）。」

52 參照法務部100年11月22日法律字第1000024261號函、101年3月3日法律字第1000028223號函。

該汽機車牌照二年，並於移置保管該汽機車時，扣繳其牌照；因而肇事致人重傷或死亡，得沒入該車輛。」至於同法第7條第1項「……行爲非出於故意或過失者，不予處罰」，並未被排除，仍應有適用。換言之，汽車駕駛人駕駛他人車輛而有道交條例第35條第9項後段情形發生時，該汽車所有人仍應對於違法事實具有故意或過失，主管機關始能將該違規肇事致人重傷或死亡之車輛予以沒入[53]。

參、綜論

本條爲規定對違規車輛之移置、保管、通知領回、沒入、拍賣、提存、扣除相關執行費用之授權。將相關執行程序，予以明定。

道交條例第85條之3第3項規定：「第一項移置保管或扣留之車輛，經通知車輛所有人限期領回，屆期未領回或無法查明車輛所有人，經公告三個月，仍無人認領者，由移置保管機關拍賣之……」又依同條第5項所授權訂定之道路交通違規車輛移置保管及處理辦法第14條規定：「移置保管之車輛或動力機械逾三日無人認領，移置保管機關應查明所有人，以書面通知其限期領回；屆期未領回，或所有人行方不明無法通知或無法查明所有人，由移置保管機關公告，經公告三個月，仍無人認領者，由移置保管機關拍賣之（第1項）。前項公告應於公告欄或以其他適當方式公告之，其內容包括被移置保管車輛或動力機械之種類、廠牌、顏色、停放地點、號牌號碼或引擎號碼或車身號碼或特徵等資料（第2項）。」此係有關違規車輛之罰鍰、移置及保管等相關規定[54]。

本條第1項後段規定：「……移置或扣留，得由交通勤務警察、依法令執行交通稽查任務人員逕行移置或扣留，其屬第五十六條第四項之移置，得由交通助理人員逕行爲之。上述之移置或扣留，得使用民間拖吊車拖離之。」

車輛爲人民之財產權，對於違規車輛之扣留、沒入及拍賣，均嚴重侵犯人民之所有權，須符合相關法律保留原則及正當法律程序，始得爲之。

第 85 條之 4（未滿十四歲之人違規之處罰）

未滿十四歲之人違反本條例之規定，處罰其法定代理人或監護人。

53 參照法務部107年9月6日法律字第10703513360號函。

54 參照法務部100年11月22日法律字第1000024261號函。

壹、導言

未滿14歲爲無責任能力之人，有關其違反道交條例之行爲責任，規定處罰其法定代理人，此爲立法政策採轉嫁罰之規定。

依行政程序法第22條所稱「行政程序之行爲能力」，係指在行政程序上得有效從事或接受行政程序行爲之資格。至於責任能力則係指依行爲人年齡或精神狀態健全與否決定應負擔違法行爲之責任而言。二者意義及規範目的並非一致，易言之，有責任能力未必即有行政程序行爲能力。依道交條例第85條之4規定：「未滿十四歲之人違反本條例之規定，處罰其法定代理人或監護人。」稽其立法意旨係參酌社會秩序維護法之規定，對於未滿14歲無責任能力之人違反行政法上義務之行爲，課以法定代理人責任，處罰客體爲法定代理人，上開規定似難謂爲行政程序行爲能力之特別規定[55]。

貳、內容解析

法定代理人對未滿14歲之人，有監督管教之責任。如容任其違反道交條例，將會造成交通危害，影響用路人之安全，有必要加以約束，課予法定代理人一定之責任[56]。

道交條例第92條第3項授權訂定違反道路交通管理事件統一裁罰基準及處理細則第11條規定，乃係舉發違反道路交通管理事件通知單之應記載事項及交付處理程序，上開規定是否已針對滿14歲而未具備行政程序法第22條所定行政程序行爲能力之人，另設有關送達之特別規定，因而得以排除行政程序法第69條第1項規定[57]之適用？[58]

違反道路交通管理事件統一裁罰基準及處理細則第11條第1項第3款規定：「駕駛人或行爲人未滿十四歲者，應於通知單上另行查填其法定代理人或監護人之姓名、身分證統一編號及地址，並送達其法定代理人或監護人。」本文以爲道交條例爲特別法應優先適用，比較上述行政程序法與道交處理細則之規定，後者之規定較爲詳細，自當優先適用。

行政罰是對行爲人過去違反行政法上義務所爲之處罰，受處罰人應具備責任能力，而考量未滿14歲人身心未臻成熟，故於行政罰法第9條明定，未滿14歲人之行爲

---

55 參照法務部93年4月1日法律字第0930009249號函。

56 另請參考李震山，警察行政法論——自由與秩序之折衝，元照，2023年6版，第209頁以下。

57 行政程序法第69條第1項：「對於無行政程序之行爲能力人爲送達者，應向其法定代理人爲之。」

58 參照法務部93年4月1日法律字第0930009249號函。

不予處罰；又行政罰法係普通法，其他法律有特別規定者，不適用行政罰法之規定，故各別法律中考量其立法意旨及規範目的，認有對未滿14歲人之行為就各別具體情形規定，得處以具裁罰性之警告性處分者，仍得於各別法律中加以規範，優先適用各該特別規定[59]。

道交條例第85條之4規定：「未滿十四歲之人違反本條例之規定，處罰其法定代理人或監護人。」其立法意旨，乃係參酌社會秩序維護法之規定，對於未滿14歲無責任能力之人違反行政法上義務之行為，課以法定代理人責任。道交條例第65條第1項規定：「汽車所有人、駕駛人違反本條例，經主管機關裁決書送達後逾三十日之不變期間未向管轄之地方法院行政訴訟庭提起撤銷訴訟，或其訴訟經法院裁判確定，而不繳納罰鍰或不繳送汽車牌照、駕駛執照者，依下列規定處理之：一、經處分吊銷汽車牌照或駕駛執照者，由公路主管機關逕行註銷。二、經處分吊扣汽車牌照或駕駛執照者，按其吊扣期間加倍處分；仍不依限期繳送汽車牌照或駕駛執照者，吊銷其汽車牌照或駕駛執照。三、罰鍰不繳納者，依法移送強制執行。」依其文義以觀，本條之規範對象應為汽車所有人、駕駛人，至道交條例第85條之4受轉嫁處罰之法定代理人或監護人，如非汽車所有人或駕駛人，似無上開條例第65條第1項第3款易處規定之適用[60]。

有關監護人與受監護人之關係，依民法第1113條規定：「成年人之監護，除本節有規定者外，準用關於未成年人監護之規定。」民法第1098條規定：「監護人於監護權限內，為受監護人之法定代理人（第1項）。監護人之行為與受監護人之利益相反或依法不得代理時，法院得因監護人、受監護人、主管機關、社會福利機構或其他利害關係人之聲請或依職權，為受監護人選任特別代理人（第2項）。」第1101條規定：「監護人對於受監護人之財產，非為受監護人之利益，不得使用、代為或同意處分（第1項）。監護人為下列行為，非經法院許可，不生效力：一、代理受監護人購置或處分不動產……（第2項）。」第1103條第1項前段規定：「受監護人之財產，由監護人管理。」監護人就受監護人之財產，於監護權限內，為受監護人之利益，依上開規定，得使用、代為或同意處分，代為意思表示，並代受意思表示[61]。

舉發限制行為能力人違反道交條例案件，是否必須通知其法定代理人？行政程序法第22條所稱「行政程序之行為能力」，係指在行政程序上得有效從事或接受行政

59 參照法務部104年5月7日法律字第10403501200號函、96年6月7日法律字第0960700427號函。

60 如仍對該法定代理人或監護人為易處處分，是否有違比例原則，亦值斟酌。參照法務部90年11月25日法律字第038750號函。

61 臺灣高等法院100年度重上更（一）字第112號民事判決、臺灣桃園地方法院99年度監字第364號民事裁定、臺灣新竹地方法院105年度監宣字第291號民事裁定、法務部109年7月15日法律字第10903510890號函。

程序行為之資格。至於責任能力則係指依行為人年齡或精神狀態健全與否決定應負擔違法行為之責任而言。二者意義及規範目的並非一致，易言之，有責任能力未必即有行政程序行為能力。依道交條例第85條之4規定：「未滿十四歲之人違反本條例之規定，處罰其法定代理人或監護人。」稽其立法意旨係參酌社會秩序維護法之規定，對於未滿14歲無責任能力之人違反行政法上義務之行為，課以法定代理人責任，處罰客體為法定代理人[62]。

依違反道路交通管理事件統一裁罰基準及處理細則第11條第1項第3款規定：「駕駛人或行為人未滿十四歲者，應於通知單上另行查填其法定代理人或監護人之姓名、身分證統一編號及地址，並送達其法定代理人或監護人。」並無特定規定，須再通知其法定代理人。

舉發未成年人於違反道路交通管理事件時之送達疑義，依違反道路交通管理事件統一裁罰基準及處理細則第11條第1項第3款規定，駕駛人或行為人為未滿14歲者，裁罰機關應將舉發違反道路交通管理事件通知單（以下簡稱舉發通知單）送達其法定代理人，然對於已滿14歲而未具行政程序法第22條之行政程序行為能力人者，其舉發通知單可否逕向駕駛人或行為人送達，而無須向其法定代理人或監護人送達？經交通部認為現行舉發機關依違反道路交通管理事件統一裁罰基準及處理細則第11條規定，當場交付該行為人簽名或蓋章收受之交付處理程序，即為行政程序法第3條所稱行政機關行政行為之特別規定，而得排除行政程序法第69條第1項規定之適用，尚不生有關對無行政程序行為能力之人送達，是否須再送達其法定代理人或監護人之疑義[63]。

參、綜論

本條為轉嫁罰之規定，依規定裁罰機關應將舉發通知單送達給該未滿14歲違規人之法定代理人。

另如參考社會秩序維護法第10條規定處罰法定代理人或監護人，是否應先依同法第8條、第9條規定責由其管教或監護之後，而再有疏於管教或監護者，始有其適用？有關法定代理人或監護人之處罰，既未明文規定須以行為人再次違反為限，故縱非再次違反，而法定代理人或監護人有疏於管教或監護情事者，即有適用[64]。亦有相同之效果。

本條轉嫁罰之規定，為立法政策上之考量，似不能舉反證而免除法定代理人之法

62 參照法務部93年4月1日法律字第0930009249號函。
63 參照法務部102年3月12日法律字第10100222140號函。
64 內政部警政署81年6月1日座談結論。

律上責任，因並非併罰之規定，或屬推定爲過失之責任。法定代理人對於未滿14歲之子女，有管教之權力與義務，若任令其子女違反交通法規，造成交通危害，則有加以非難之必要。

第 85 條之 5（違規大眾捷運系統車輛之移置或扣留通知）
大眾捷運系統車輛駕駛人違反本條例規定，有依第八十五條之二或第八十五條之三規定應予移置或扣留車輛之情形，其車輛之移置或扣留，得通知其營運機構處理。

壹、導言

爲維護道路交通秩序及大眾捷運系統營運，對於該等車輛行駛共用通行道路違反道交條例規定應依規定當場移置保管或扣留車輛者，應有由營運機構即時處理之必要。本條文增訂交通勤務警察或依法令執行交通稽查任務人員得通知其營運機構處理之規定[65]。

依大眾捷運法第3條規定：「本法所稱大眾捷運系統，指利用地面、地下或高架設施，使用專用動力車輛，行駛於導引之路線，並以密集班次、大量快速輸送都市及鄰近地區旅客之公共運輸系統（第1項）。前項大眾捷運系統，依使用路權型態，分爲下列二類：一、完全獨立專用路權：全部路線爲獨立專用，不受其他地面交通干擾。二、非完全獨立專用路權：部分地面路線以實體設施與其他地面運具區隔，僅在路口、道路空間不足或其他特殊情形時，不設區隔設施，而與其他地面運具共用車道（第2項）。」

大眾捷運之營運機構，屬私經濟行政之一種，爲私法人之營運性質。雇主之地位，對於其車輛依法被保管或扣留，其營運機構亦負有連帶處理之責任。如該車輛涉及相關之交通事故，須經過一定程序之調查鑑定，在處理過程中，得通知其營運機構協助處理或保管該車輛。

貳、內容解析

依道交條例第3條第9款規定：「大眾捷運系統車輛：指大眾捷運法所定大眾捷運系統使用之專用動力車輛。」依道交條例第85條之2第1項：「車輛所有人或駕駛

---

65 立法院第8屆第7會期第1次會議議案關係文書，道路交通管理處罰條例部分條文修正草案總說明，第11頁。

人依本條例規定應予禁止通行、禁止其行駛、禁止其駕駛者，交通勤務警察或依法令執行交通稽查任務人員應當場執行之，必要時，得逕行移置保管其車輛。」

道交條例第4條第2項：「駕駛人駕駛車輛、大眾捷運系統車輛或行人在道路上，應遵守道路交通標誌、標線、號誌之指示、警告、禁制規定，並服從執行交通勤務之警察或依法令執行指揮交通及交通稽查任務人員之指揮。」同條例第4條第4項：「駕駛人駕駛車輛、大眾捷運系統車輛或行人違反第二項規定肇事或致人肇事因而致人受傷或死亡者，應依法負其刑事責任。但因執行交通勤務之警察或依法令執行指揮交通及交通稽查任務人員之指揮有明顯過失而致之者，不在此限。」因此，大眾捷運系統車輛亦有可能因違反本條文第2項規定肇事或致人肇事因而致人受傷或死亡之情形，而須依法處理。

依違反道路交通管理事件統一裁罰基準及處理細則部分條文，明定大眾捷運系統車輛駕駛人於共用通行道路上的違規行爲應依汽車行駛規定處罰。爲配合現行道交條例第7條之3及第8條之1對於大眾捷運系統車輛駕駛人行駛於共用通行道路，若違反汽車行駛規定時，須依各相關條文處罰及製單舉發的規定，違反道路交通管理事件統一裁罰基準及處理細則第2條、第11條、第15條、第25條及第70條新增關於大眾捷運系統車輛駕駛人違規處罰及舉發通知單應填載事項，並以其營運機構爲被通知人等相關規定[66]。

有關營運機構之地位，如臺北大眾捷運股份有限公司係依「公營大眾捷運股份有限公司設置管理條例」及公司法設立、經營之公司[67]。行政罰法第7條第2項規定：「法人、設有代表人或管理人之非法人團體、中央或地方機關或其他組織違反行政法上義務者，其代表人、管理人、其他有代表權之人或實際行爲之職員、受僱人或從業人員之故意、過失，推定爲該等組織之故意、過失。」大眾捷運之營運機構，爲雇主之地位，如大眾捷運車輛違規，是否得處罰其營運機構，亦值得探討。本條規定得通知其營運機構處理，增加其權責之明確性。

參、綜論

我國輕軌運輸系統與公車捷運系統，採用混合路權型態時，可能造成行人或機汽

---

66 捷運駕駛違規比照汽車行駛處罰違反道路交通管理事件統一裁罰基準及處理細則修正，法源法律網，https://www.lawbank.com.tw/news/NewsContent.aspx?NID=130628，最後瀏覽日期：2023/11/29。

67 臺北大眾捷運股份有限公司爲個資法第2條第8款之非公務機關；如基於「公民營（辦）交通運輸、公共運輸（代號029）」之特定目的，爲履行旅客運送契約，於通常情形尚無蒐集、處理或利用旅客之姓名及聯絡地址之必要。參照法務部106年1月19日法律字第10503517160號函。

車運行秩序的衝擊，衍生道路、交通工程、教育及執法問題。由於輕軌運輸系統與公車捷運系統對民眾而言，屬於新型大眾運輸系統，其營運方式與大眾捷運系統及公車系統有所不同；就現階段一般民眾對輕軌運輸系統與公車捷運系統認知的不足，對未來輕軌運輸系統與公車捷運系統的引進，勢必會造成安全上及執法上的困難[68]。

對於大眾運輸系統如有違規之情況，警察機關得依本條之規定處理及通知營運機構配合相關之措施。

第 86 條（刑責之加重及減輕）

汽車駕駛人有下列情形之一，因而致人受傷或死亡，依法應負刑事責任者，得加重其刑至二分之一：

一、未領有駕駛執照駕車。

二、駕駛執照經吊銷、註銷或吊扣期間駕車。

三、酒醉駕車。

四、吸食毒品、迷幻藥、麻醉藥品或其相類似之管制藥品駕車。

五、行駛人行道、行近行人穿越道或其他依法可供行人穿越之交岔路口不依規定讓行人優先通行。

六、行車速度，超過規定之最高時速四十公里以上。

七、任意以迫近、驟然變換車道或其他不當方式，迫使他車讓道。

八、非遇突發狀況，在行駛途中任意驟然減速、煞車或於車道中暫停。

九、二輛以上之汽車在道路上競駛、競技。

十、連續闖紅燈併有超速行為。

汽車駕駛人，在快車道依規定駕車行駛，因行人或慢車不依規定，擅自進入快車道，而致人受傷或死亡，依法應負刑事責任者，減輕其刑。

壹、導言

道路上之危險駕駛行爲，會造成一般利用道路通行之大眾一定之危害風險。立法政策上，有必要加以考量如何有效制止此種不良駕駛行爲。在本條文中列舉10項之行爲，涉犯刑事法律時，得予以加重處罰。

---

68 採預防重於治療原則，期能透過事前的教育及宣導，使大眾對輕軌運輸系統有明確的認知，同時能守法並遵守交通安全，取代執法降低交通事故發生的機會。輕軌與公車捷運系統納管之研析——教育與執法篇，交通部運輸研究所，2006年10月，第1頁。

本條之規定行爲，涉及違規及與刑事相牽連案件。一行爲同時觸犯刑事法律及違反行政法上義務規定者，依刑事法律處罰之，但其行爲應處以其他種類行政罰或得沒入之物而未經法院宣告沒收者，亦得裁處之，行政罰法第26條第1項定明文[69]。

本條例第86條第1項針對汽車駕駛人，增列「無照駕車」因而致人受傷或死亡，依法應負刑事責任者加重其刑至二分之一之規定。修正草案總說明修正要點十說明：「增訂無照駕車因而致人於受傷或死亡者之刑責：汽車駕駛人未經考驗及格領有駕駛執照而駕車，極易發生事故，……」修正條文對照表第86條說明一：「無照駕車因而致人受傷或死亡，漠視考驗制度及他人安全，宜加重其刑責，……」立法院審查說明：「加重無照駕車因而致人受傷或死亡之刑責：汽車駕駛人無照駕車，非但不諳汽車性能，尤不能適應道路交通狀況，極易發生行車事故[70]。」

貳、內容解析

以惡意逼車、惡意擋車及二輛以上之汽車在道路上競速、競技等行爲，對於道路交通安全危害甚大。刑法第185條第1項定有以「他法」致生公眾往來危險之刑責，如在道路上有撞及道路上之其他人、車或路旁之人、物，足以發生交通往來之危險，自該當上開所稱之「他法」，如逼車、擋車及競速、競技等行爲，足以生公眾往來交通之危險，亦可依刑法處置。爲提高惡意逼車之罰則，增訂本條第1項第6款至第8款，定明逼車、擋車、競駛及競技等危險駕駛行爲，如經舉證有違反刑事法律規定之適用，依法應負刑事責任時，均得加重其刑至二分之一[71]。

有關加重其刑之處罰，涉及法律明確性原則之審查標準，過去對於法律明確性原則之操作，多半強調其三項內涵：可理解、可預期、可審查確認（如釋字第594號、第617號、第690號解釋等）。至於法律明確性原則是否如法律保留原則，也會有不同密度的審查標準，則少見有系統的正面闡釋。司法院在釋字第636號解釋，就限制人身自由之法令，曾明示應採取較爲嚴格之審查標準。法令規定之文義，如果無法僅從該規定本身予以確定，司法院向來會參考其他規定而整體解釋之。亦即除文義解釋

---

69 本件上訴人酒後駕車（第二次）雖僅有一個交通違規行爲，且有關其處罰效果包括罰鍰、吊扣駕駛執照與施以道路交通安全講習等，其中「罰鍰」若經刑事判決判處易科罰金確定後，被上訴人依前揭法律但書規定，自仍得就不同種類之「吊扣駕駛執照與施以道路交通安全講習」等加以裁罰。臺北高等行政法院105年度交上字第88號判決。

70 1987年7月1日施行之修正條文，參考立法院秘書處編印，立法院公報法律案專輯第96輯交通（八）「道路交通管理處罰條例修正案」，行政院73年4月30日臺交字第6691號、交通部93年10月14日交路字第0930057089號書函。

71 道路交通管理處罰條例部分條文，討論事項（一），行政院第3800次會議，2022年4月28日，第132-134頁。

的方法外，也得使用體系解釋的方法，來確定系爭規定之文義[72]。

何謂無駕駛執照駕車？依道路交通安全規則第5條規定之汽車駕駛人分類，職業駕駛人指以駕駛汽車為職業者；普通駕駛人則指以駕駛自用車而非駕駛汽車為職業者。另依該規則第4條規定，汽車依其使用目的分為自用與營業二類，自用車輛指機關、學校、團體、公司、行號或個人自用而非經營客貨運之車輛；營業車輛係指汽車運輸業以經營客貨運為目的之車輛。有關道交條例第21條、第21條之1、第22條之情形是否皆符合同條例修正前第86條第1項「無駕駛執照駕車」之要件，依處理意見略以：道交條例並未就「無照駕車」為定義規定，惟第86條第1項之「無照駕車」因係加重刑事處罰之構成要件之一，似宜從嚴解釋為「未領有駕駛執照駕車者」，俾符「罪刑法定」之本旨[73]。

有論者指出，因應酒醉駕車問題在臺灣的嚴重性[74]，加重刑罰眞的能夠使酒駕比例降低嗎？一定要破除這方面的迷思。探究德國方面的資料，其酒駕累犯加重刑責不可能加至五年以上有期徒刑，且德國在1985年就已經廢除了累犯加重刑罰的規定，因為他們發現這樣作並不能達到預防的效果。至於其他國家，如日本、美國佛羅里達、新加坡，其酒駕初犯都是罰六個月以下有期徒刑，累犯則最多也只判一年以下有期徒刑，從相關資料可知，酒駕、酒駕致死及酒醉駕車造成他人死亡，依情節輕重來分，是不一樣的，與其加重酒駕罪的刑罰，不如加重過失致死罪的刑罰，在臺灣，過失致死罪僅處兩年以下有期徒刑，而且不一定眞的要坐牢[75]。

酒駕在刑法上屬於行為犯、舉動犯[76]，只要喝酒開車就是犯罪，如果沒有依情節

---

72 究得參考哪些其他規定？其範圍有無限制？似無單一標準。本號解釋於理由書第九段明示：系爭規定屬刑罰規定，其構成要件是否明確，「應僅以該規定文義及刑法體系整體關聯性判斷，不應再參考其他相關法律而為判斷」。強調刑罰規定之是否符合法律明確性原則，應僅就包括系爭規定在內之「刑法體系」為整體判斷，且不應另外參考其他法規，如與本案密切關聯之道交條例及其相關法令，此亦即多數意見所稱較為嚴格審查標準於本案之實際操作。司法院釋字第777號解釋，黃昭元大法官協同意見書。

73 參照交通部84年7月26日交路字第033928號函、100年10月17日交路字第1000052988號函。

74 相關日文文獻，請參考尾野裕一郎，特集飲酒運転の根絕「飲酒運転を絶対にしない、させない」、国民全体で「飲酒運転を許さない社會環境づくり」，人と車，第59卷第12期，2023年12月，第4-11頁；井上敬，通学路等における交通安全の確保及び飲酒運転の撲滅に向けた總合対策，月刊交通，道路交通研究會編，第54卷第8期，2023年8月，第18-34頁。

75 加重刑罰使酒駕比例降低公聽會，王皇玉教授發言，立法院第6屆第4會期司法委員會公聽會會議紀錄，2006年10月19日，http://www.lawspace.com.tw/digiBoard/default.asp?ID=8772，最後瀏覽日期：2023/12/23。

76 相關文獻，請參考張天一，重大危險駕駛行為入罪化之評估，台灣法律人，第17期，2022年11月，第1115-139頁；許澤天，論酒精影響下的不能安全駕駛罪，興大法學，第15期，2014年5月，第141-178頁；簡至鴻，日本危險駕駛致死傷罪之解釋現況與分析，政大法學評論，第154期，2018年9月，第1-82頁；蔡中志，酒後駕駛對交通安全之影響，警光雜誌，第522期，2000年1月，第21-23頁；張天一，「不能安全駕駛罪」與「肇事逃逸罪」之相關競合問題，月旦法

輕重來區分罪刑，只要是喝酒開車，就要被關一、兩年，目前監獄人滿爲患，根本不可能再收容這些人，而且這些人跟重大犯罪者一比，並不是十惡不赦的大壞蛋，只是對於一般人來說，與其把他們關進監牢裡，不如用其他制裁手段來嚇阻。除了加重其刑，還有其他的嚇阻方式，而且應該視其情節輕重來衡量，在立法時把條文寫得更爲細緻，把比較嚴重的情節列出來，加重處罰，甚至規定沒收車輛，亦是足以嚇阻酒駕的方式。預防酒駕的方法很多，不一定都要將人關起來才有效[77]。

本條第1項第5款規定：「行駛人行道、行近行人穿越道或其他依法可供行人穿越之交岔路口不依規定讓行人優先通行。」汽車行近行人穿越道，遇有行人穿越時，無論有無交通指揮人員指揮或號誌指示，均應暫停讓行人先行通過，道路交通安全規則第103條第2項定有明文。損害之發生或擴大，被害人與有過失者，法院得減輕賠償金額，或免除之，民法第217條第1項定有明文。此項規定之目的，在謀求加害人與被害人間之公平，故在裁判上法院得以職權減輕或免除之[78]。又法院對於酌減賠償金額至何程度，應斟酌雙方原因力之強弱與過失之輕重以定之[79]，亦即應針對損害發生之具體情形，分析其原因力及過失之強弱輕重予以決定。行爲人於行近路口時，本應注意汽機車行經行人穿越道，遇有行人穿越時，無論有無交通指揮人員或號誌指示，均應暫停讓行人先行通過，亦應注意車前狀況[80]。

惟汽車駕駛人在快車道依規定駕車行駛，因行人或慢車不依規定，擅自進入快車道，而致人受傷或死亡，依法應負刑事責任者，減輕其刑。此爲衡平性之立法政策，保障駕駛人之正當行駛及督促行人須遵守交通規則。

學教室，第188期，2018年6月，第53-58頁；劉嘉發，論警察取締交通違規之職權——以酒醉駕車爲例，中央警察大學學報，第42期，2005年7月，第51-85頁；蔡志宏，交通違規刑事、行政程序併行之合憲性探討——以酒後駕車緩起訴、緩刑之公益性負擔爲中心，交通學報，第13卷第1期，2013年5月，第25-37頁。

77 「檢察官緩起訴的比例很高，他們常常根據刑事訴訟法第253條第2項第4款來判決，要求被告向公益團體支付一定金額，不過，這樣會讓一般民眾有「花錢了事」的想法。同條同項第5款則規定被告須爲公益團體提供40小時到240小時的勞動服務，還比較有嚇阻作用，民眾不怕罰錢，怕勞動，這樣比把人捉去關好一萬倍，讓人去坐牢，這個人出來以後有前科，找不到工作，變成廢人，國家還要養他。」加重刑罰使酒駕比例降低公聽會，王皇玉教授發言，立法院第6屆第4會期司法委員會公聽會會議紀錄，2006年10月19日，http://www.lawspace.com.tw/digiBoard/default.asp?ID=8772，最後瀏覽日期：2023/12/23。

78 最高法院85年台上字第1756號判決。

79 最高法院88年度台上字第2867號判決。

80 本案依當時天候晴、日間自然光線、路面乾燥、無缺陷、無障礙物，並無不能注意之情事，惟行爲人竟疏未注意及此，與於紅燈仍於行人穿越道行走之甲發生碰撞，足見行爲人就系爭事故之發生，亦同有未減速慢行之過失。是行爲人就本件系爭事故與有過失，自應就其損害按其過失比例分擔責任。審酌甲未依號誌指示闖紅燈行走，且在違規穿越道路時先向前行，又向後退，行爲無法預測，其過失責任與行爲人未注意車前狀況，見行人違規闖紅燈，未減速慢行之過失責任相較，顯然較爲重大。臺灣新北地方法院111年度簡上字第16號民事判決。

參、綜論

駕駛人違規並致人受傷，已構成二種違法行爲，如果其違規行爲屬於故意，又同時具有特定重大之違規行爲，已造成交通安全上重大之威脅與危害，依本條之規定條款，予以加重處罰。

有論者指出，肇事是否包括無過失之情形，尚不夠明確。純就肇事二字的可能文義來看，狹義指有責肇事，廣義包括與事故之發生有客觀上因果關係而言。我國交通主管機關及法院實務向來似都認爲肇事包括無過失致生事故之情形，於此並無重大歧異，亦無難以理解、預期或審查確認的不明確[81]。

依本條之規定，大部分違反情形，應屬於故意行爲。但亦有少數之條款，例如本條第5款行近行人穿越道，不依規定禮讓行人造成行人死傷之加重處罰。此行爲亦有可能是過失造成，惟既已造成行人死傷，其嚴重性已然重大，亦有加重處罰之必要。

第 87 條（提起訴訟及撤銷期間之限制）
受處分人不服第八條或第三十七條第六項處罰之裁決者，應以原處分機關為被告，逕向管轄之地方法院行政訴訟庭提起訴訟；其中撤銷訴訟之提起，應於裁決書送達後三十日之不變期間內為之。

壹、導言

有權利即應有救濟之管道，爲法治國家之法理原則。人民於受到本條規定之交通裁罰時，如有不服，得依本條之規定，提出行政救濟。

行政訴訟法第237條之1規定：「本法所稱交通裁決事件如下：一、不服道交條例第八條及第三十七條第六項之裁決，而提起之撤銷訴訟、確認訴訟。二、合併請求返還與前款裁決相關之已繳納罰鍰或已繳送之駕駛執照、計程車駕駛人執業登記證、汽車牌照（第1項）。合併提起前項以外之訴訟者，應適用簡易訴訟程序或通常訴訟程序之規定（第2項）。第二百三十七條之二、第二百三十七條之三、第二百三十七條之四第一項及第二項規定，於前項情形準用之（第3項）。」

人民依法提出行政訴訟之法定期間，稱爲不變期間。其爲法律規定應爲某種行爲的一定期間，這種期間不得因任何事由而延長或縮短。例如：提起撤銷訴訟及課予

81 反而是應否包括故意肇事之情形，法院實務及相關學說仍有爭議。多數意見之上述見解，不僅一舉變更長期以來的法院穩定見解，且造成刑法與道路交通法制有關肇事規定，在解釋上的體系斷裂。司法院釋字第777號解釋，黃昭元大法官協同意見書。

義務訴訟，應於訴願決定書送達後二個月內爲之；提起上訴，應於高等行政法院判決送達後20日內爲之（行政訴訟法第106條、第241條），該二個月及20日均爲不變期間。但因天災或其他不可歸責於己的事由，致遲誤不變期間時，可以聲請回復原狀（行政訴訟法第91條）[82]。

依道交條例規定，受處分人如欲提起撤銷交通違規案件訴訟，可檢具行政訴訟起訴狀、裁決書、違規通知單及相關佐證資料，於裁決書送達後30日不變期間內向法院起訴。依據道交條例第87條規定，以原裁決書之處分機關爲被告，向原告（受處分人）住所地、居所地、所在地、違規行爲地或原處分機關所在地之地方法院行政訴訟庭提起訴訟。另提起行政訴訟須先向法院「按件」繳納新臺幣300元裁判費[83]。

貳、內容解析

憲法第16條規定，人民有請願、訴願及訴訟之權利。人民之權利，如受到公權力之侵害，依法可以提出行政救濟。本條有關依道交條例之處罰，人民之救濟方式爲直接向行政法院提出行政訴訟，不須經過訴願程序。

人民收到交通違規舉發通知單後，在行政程序上，亦得於期限內，向處罰機關陳述意見。依道交條例第9條第1項規定：「本條例所定罰鍰之處罰，受處罰人接獲違反道路交通管理事件通知單後，於三十日內得不經裁決，逕依第九十二條第四項之罰鍰基準規定，向指定之處所繳納結案；不服舉發事實者，應於三十日內，向處罰機關陳述意見；其不依通知所定期限前往指定處所聽候裁決，且未依規定期限繳納罰鍰結案或向處罰機關陳述意見者，處罰機關得逕行裁決之。」

行政訴訟法第237條之3規定：「交通裁決事件訴訟之提起，應以原處分機關爲被告，逕向管轄之地方行政法院爲之（第1項）。交通裁決事件中撤銷訴訟之提起，應於裁決書送達後三十日之不變期間內爲之（第2項）。前項訴訟，因原處分機關未爲告知或告知錯誤，致原告於裁決書送達三十日內誤向原處分機關遞送起訴狀者，視爲已遵守起訴期間，原處分機關並應即將起訴狀移送管轄法院（第3項）[84]。」

如人民爲交通罰單之案件合併提起其他以外之訴訟，依行政訴訟法第237條之1第2項規定：「合併提起前項以外之訴訟者，應適用簡易訴訟程序或通常訴訟程序之

---

82 名詞解釋，司法院，https://terms.judicial.gov.tw/TermContent.aspx?TRMTERM=%E4%B8%8D%E8%AE%8A%E6%9C%9F%E9%96%93&SYS=V，最後瀏覽日期：2024/1/8。

83 行政訴訟救濟，臺北市交通事件裁決所，https://www.judge.gov.taipei/cp.aspx?n=A848B03B52DFF65F，最後瀏覽日期：2023/12/23。

84 請參考王碧芳主筆，翁岳生主編，許宗力、吳東都副主編，行政訴訟法逐條釋義，五南，2023年4版，第633頁以下。

規定。」有關簡易訴訟程序或通常訴訟，依2023年8月15日施行之行政訴訟堅實第一審新制，取消各地方法院行政訴訟庭，改於高等行政法院分設「地方行政訴訟庭」及「高等行政訴訟庭」。地方行政訴訟庭受理原由各地方法院行政訴訟庭管轄之事件，及訴訟標的金（價）額新臺幣150萬元以下之稅捐、罰鍰或其附帶之裁罰性、管制性不利處分、其他公法上財產關係訴訟的第一審通常訴訟事件；高等行政訴訟庭則受理原由高等行政法院管轄之事件，及地方行政訴訟庭通常程序事件的上訴抗告事件。新制維持既有審級，不影響人民的審級利益，並以「巡迴法庭」、「線上起訴」、「遠距審理」等配套措施，兼顧人民訴訟便利性[85]。

有關違規車輛由交通勤務警察拖吊移置保管之行政救濟，因違反道路交通管理處罰條例第12條、第35條、第56條、第57條或第62條規定，後經公路主管機關裁處罰鍰外，車輛當場並經依各該規定由交通勤務警察拖吊移置保管者，原告以公路主管機關爲被告，請求撤銷各該交通裁決，若合併以執行移置保管之警察機關爲被告，依國家賠償法第2條第2項前段規定請求賠償已繳納之移置費及保管費，後者是否屬於行政訴訟法第7條規定得於同一程序中合併請求之情形[86]？

決議：一、原告請求撤銷交通裁決之訴，係以公路主管機關爲被告，請求國家賠償之訴，則係基於車輛遭逕行移置保管有無不法之原因事實，依道交條例第85條之3第5項授權訂定之道路交通違規車輛移置保管及處理辦法第2條規定，實施移置保管之執行機關既爲內政部警政署所屬負有執行交通稽查任務之警察機關，就此自應以該警察機關爲被告，而行政訴訟法第7條所規定得在同一程序中合併請求損害賠償或其他財產上給付，僅係針對就同一原因事實而言，方有立法目的所指可節省訴訟手續重複之效果，原告主張合併請求之國家賠償訴訟，既與撤銷訴訟之被告不同，自不得合併請求之。

二、國家賠償訴訟提起前，原本應踐行國家賠償法第10條之協議程序，若得依行政訴訟法第7條合併請求，因合併請求所據之撤銷訴訟確屬不同被告機關，參照最高行政法院93年判字第494號判例意旨，原告毋庸先行協議即得依行政訴訟法第7條規定合併請求國家賠償，將使國家賠償訴訟之被告機關應訴前無自省機會，亦不合理。

三、撤銷訴訟係針對公路主管機關事後就違規行爲之裁罰處分是否合法爲審查，國家賠償訴訟所審理者則爲警察機關當場逕行移置、保管車輛之即時強制行爲是否合

85 認識行政訴訟，司法院，https://www.judicial.gov.tw/tw/cp-85-349539-37538-1.html，最後瀏覽日期：2023/11/29。

86 102年度高等行政法院及地方法院行政訴訟庭法律座談會，提案二。

法，二者細究仍有不同，不屬得適用行政訴訟法第7條規定之情形[87]。

舉發通知單，屬舉發機關於處罰機關作成裁決前的行政行為。因交通違規舉發，乃交通執法人員因執行職務，知有交通違規情事，而將交通違規事實告知受舉發人（依處理細則第11條規定將舉發通知單交付、送達受舉發人），並向管轄之處罰機關為移送舉發之程序（依處理細則第28條規定移送處罰機關），核此程序包含交通違規之調查取締及舉發移送，而舉發之事實則作為處罰機關裁決所應參酌之事項，故交通裁罰可謂始於舉發程序。舉發是對違規事實的檢舉，乃是舉發機關將稽查所得有關交通違規行為時間、地點及事實等事項記載於舉發通知單，並告知受舉發人，屬舉發機關於處罰機關作成完全及終局裁決前的行政行為[88]。

（舊）行政訴訟法第235條之1第1項規定：「高等行政法院受理前條第一項訴訟事件（指簡易訴訟程序之上訴或抗告事件），認有確保裁判見解統一之必要者，應以裁定移送最高行政法院裁判之。」其立法理由，係為避免簡易訴訟程序事件因以高等行政法院為終審，而衍生原裁判所持法律見解與裁判先例歧異之問題，爰於本條第1項規定，若上訴或抗告事件有確保裁判見解統一之必要者，高等行政法院不應自為裁判，而以裁定移送最高行政法院裁判之[89]。

最高行政法院指出，採非固定式科學儀器之取締違規超速，與警告標示之距離，不在該規定之距離範圍內，此並不影響舉發程序之合法。因對於行駛於一般道路上汽車在通過警告標誌後100公尺至300公尺距離範圍內之違反速限規定行為，以非固定式科學儀器取得證據資料證明予以取締，不因該儀器未位於該距離範圍內，致使舉發程序違反道交條例第7條之2第3項規定，而不得予以裁罰，為本院112年度大字第1號裁定表示之統一法律見解。本件上訴事件所涉相同法律爭議，自應依該統一法律見解據為終局判決。舉發機關以非固定式雷達測速儀器對於系爭車輛上開違反速限規定行為取得證據資料證明，已在違規行為發生地點前方100公尺至300公尺之距離範圍設置警告標誌，其舉發即符合行為時道交條例第7條之2第3項所定要件，至該非固定式科學儀器與警告標示之距離，不在該距離範圍內，雖亦為原判決所認定，惟此並不影響舉發程序之合法性[90]。

我國現行暫時權利保護的「停止（原處分）執行」制度，法律並沒有以外國學說所稱的「審究本案訴訟勝訴概然性」直接作為法律要件，而是於訴願法第93條第2項、第3項及行政訴訟法第116條第2項分別將「行政處分之合法性顯有疑義」及「原

---

87 以上參考102年度高等行政法院及地方法院行政訴訟庭法律座談會，提案二。

88 最高行政法院110年度大字第2號裁定。

89 最高行政法院112年度交上統字第1號判決。

90 至該非固定式科學儀器與警告標示之距離為352.8公尺，不在該距離範圍內，雖亦為原判決所認定，惟此並不影響舉發程序之合法性。最高行政法院112年度交上統字第1號判決。

告之訴在法律上顯無理由」列爲「得停止執行」及「不得停止執行」的態樣，以符合停止執行制度原則上是對獲得撤銷訴訟勝訴判決確定的受處分人或訴願人，提供有效法律保護的基本精神[91]。

參、綜論

交通行政救濟案件，行政法院受理後應依職權調查事實關係，不受當事人主張之拘束。行政法院於撤銷訴訟，應依職權調查證據；於其他訴訟，爲維護公益者，亦同。行政法院爲裁判時，應斟酌全辯論意旨及調查證據之結果，依論理及經驗法則判斷事實之眞僞。行政訴訟法第125條第1項前段及第133條之規定，行政法院固應依職權調查事實關係及證據，並依調查所得之證據認定事實；然斟酌全辯論意旨及調查證據之結果，判斷事實之眞僞，及認定事實所需之證據，是否已足以爲事實之判斷，爲事實審法院之職權。是否尙有調查證據之必要，事實審法院自得依個案之情形予以裁量，證據之證明力如何或如何調查事實，事實審法院既有衡情斟酌之權[92]。

交通罰鍰之行政救濟案件依其特性，有數量眾多及涉及金額較少之特性，爲便於人民提出救濟，行政訴訟法第237條之7特別規定其訴訟之方式，得不採言詞辯論之方式審理。主要考量交通違規案件之案件量多、單純與處罰額度少之特性。本文以爲交通安全與秩序之維護，仍須多管齊下，包括教育、宣導、設施及執法等。

第88條（刪除）

第89條（刪除）

---

91 行政法院於審查停止執行的聲請時，依即時可得調查的事證判斷，如果聲請人的本案訴訟勝訴可能性大於敗訴可能性，則可認行政處分的合法性顯有疑義，即得裁定停止執行；反之，如果聲請人的本案訴訟顯會敗訴（法律上顯無理由），則應駁回其聲請；如果聲請人的本案訴訟並無顯會勝訴或敗訴的情形，則應審查原處分的執行是否會發生難於回復的損害，而且有急迫情事，以及停止執行對公益有無重大影響等要件，再加以決定。最高行政法院112年度抗字第267號裁定。

92 苟已斟酌全辯論意旨及調查證據之結果，而未違背論理法則或經驗法則，縱證據之取捨與當事人所希冀者不同，致認定的事實異於當事人之主張，亦不得謂原判決有違背法令之情形。臺北高等行政法院高等庭112年度交上字第273號判決。

第 90 條（不得舉發）
違反本條例之行為，自行為成立之日起；行為有連續或繼續之狀態者，自行為終了之日起，逾二個月不得舉發。但汽車肇事致人受傷或死亡案件，因肇事責任不明，已送鑑定者，其期間自鑑定終結之日起算；未送鑑定而須分析研判者，逾三個月不得舉發。

壹、導言

公法上時效之規定，其目的有爲法律安定性之考量。對於交通違規事實之發現後，警察機關應積極作爲，以有效發揮制止違反交通法規之功能。本條規定舉發之期間，原則以二個月爲限；例外違規責任須經過鑑定者，爲鑑定終結日起算；另未送鑑定之案件，須分析研判者，則爲三個月期間須予舉發。

民眾收到交通罰單距違規日已逾期二個月而興訟，因過往判決逾二月時效有不同計算，大法庭裁定以處罰機關（交通局）收到舉發機關（警方）移送案件時間點爲基準計算是否逾期。道交處罰條例第90條前段規定「違反本條例之行爲，自行爲成立之日起；行爲有連續或繼續之狀態者，自行爲終了之日起，逾二個月不得舉發」，對於舉發機關（警方）「舉發時程」進行規範，以防止舉發機關怠惰，主要在促使舉發機關對已發生或已發現的交通違規案件儘速處理，避免受舉發人（違規者）因久未收到舉發通知單而不知其已違規的情形。舉發時程的限制主要是在使處罰機關（監理所）不得就已逾二個月的舉發違規事件進行裁罰，要求行政機關應儘速行使其職權，而予以舉發機關（警方）遲誤即不得處罰人民的效果（不得舉發）。「逾二個月不得舉發」的規定，應以處罰機關（監理所）收到舉發機關（警方）移送案件的時間點，作爲認定舉發是否逾期的基準[93]。

貳、內容解析

一般行政罰之處罰時效，依行政罰法第27條規定：「行政罰之裁處權，因三年期間之經過而消滅（第1項）。前項期間，自違反行政法上義務之行爲終了時起算。但行爲之結果發生在後者，自該結果發生時起算（第2項）。前條第二項之情形，第一項期間自不起訴處分、緩起訴處分確定或無罪、免訴、不受理、不付審理、不付保護處分、免刑、緩刑之裁判確定日起算（第3項）。行政罰之裁處因訴願、行政訴訟或其他救濟程序經撤銷而須另爲裁處者，第一項期間自原裁處被撤銷確定之日起算

93 交通違規舉發逾期基準——以處罰機關收件時間計算，中央社，2021年11月22日。

（第4項）[94]。」

行政罰法第1條規定：「違反行政法上義務而受罰鍰、沒入或其他種類行政罰之處罰時，適用本法。但其他法律有特別規定者，從其規定。」核其立法意旨，乃因行政事項及行政法理，本屬複雜，行政罰規定亦呈多樣，故容許各個法律本於特別原因與考量，作特別規定。準此，行政罰法係普通法，其他法律有特別規定者，自不適用該法之規定[95]。

道交條例爲特別法，其舉發之時效，依規定違反道交條例之行爲，自行爲成立之日起；行爲有連續或繼續之狀態者，自行爲終了之日起，逾二個月不得舉發。

交通違規舉發係以舉發機關舉發違規事實移送處罰機關裁決爲目的，舉發機關之舉發行爲乃是構成處罰機關裁決之前提，交通違規之舉發，主要在開啓公路主管機關的裁決處罰程序。交通違規事件具質輕量多之特性，基於大量行政而具有行政效能考量，行爲時道交條例第90條前段規定，乃係對於舉發機關之「舉發時程」進行規範，以防止舉發機關怠惰，促使舉發機關對已發生或已發現之交通違規案件儘速處理。足見舉發時程之限制主要係在使處罰機關不得就已逾二個月之舉發違規事件進行裁罰，要求行政機關應儘速行使其職權，而予以舉發機關遲誤即不得處罰人民之效果（不得舉發）。舉發機關於舉發違反道路交通管理事件後，應依處理細則第28條規定，將該事件必要之相關資料移送處罰機關，處罰機關依處理細則第31條規定於收到舉發違反道路交通管理事件有關文書等物件後，應設簿或輸入電腦登記，因而啓動處罰裁決程序，由處罰機關依相關資料進行裁決處罰，該移送及受理程序具有公示性及明確性。因此處罰機關受理舉發機關所移送之事件，自應依處理細則第33條第1項規定審核查明舉發要件有無欠缺，舉發機關是否在受舉發人違規行爲成立時起二個月內完成舉發效果之程序，倘逾二個月舉發，即因舉發逾期而不合法，裁決機關自不得裁決處罰[96]。

逕行舉發係事後製單舉發，受舉發人於舉發前無陳述意見機會，又因有相當時日之間隔，往往無從回憶其駕駛行爲而爲證據保全之準備。依處理細則第10條第2項規定：「前項稽查，查獲違反道路交通管理事件之舉發方式如下：一、當場舉發：違反本條例行爲經攔停之舉發。二、逕行舉發：依本條例第七條之二規定之舉發。三、職權舉發：依第六條第二項規定之舉發。四、肇事舉發：發生道路交通事故，肇事原因或肇事責任不明，經分析研判或鑑定後，確認有違反本條例行爲之舉發。五、民眾

94 另請參考黃啓禎，交通違規案件時效問題評議——兼評高等法院暨所屬法院九十四年度法律座談會刑事類提案第十八號及相關判決，月旦法學雜誌，第150期，2007年11月，第217-234頁。

95 參照法務部98年7月9日法律字第0980021578號函、100年2月11日法律字第0999041645號函、102年5月1日法律決字第10200001950號函。

96 最高行政法院110年度交上統字第1號判決。

檢舉舉發：就民眾依本條例第七條之一規定檢舉違反本條例之行為，經查證屬實之舉發。」逕行舉發者，應由舉發機關將通知單送達被通知人。通知單應記載違規行為、違反條款及應到案處所。處罰機關於裁決前，應給予違規行為人陳述之機會，可知逕行舉發雖為事後舉發，然被舉發人並非無法知悉違規行為及陳述意見之機會[97]。

當事人是否於舉發當時有陳述意見機會，依行政程序法第102條及行政罰法第42條之規定，「行政機關作成限制或剝奪人民自由或權利之行政處分前」或「行政機關於裁處前」，應給予處分相對人或受處罰者陳述意見之機會，即為已足，並未限制陳述意見程序應於特定行政調查時點進行，處罰條例亦同為規定處罰機關於裁決前，應給予違規行為人陳述意見之機會，故交通違規之陳述意見本非必須於舉發當場所為，始得認屬適法，況於交通違規處罰機關與舉發機關常有非屬同一機關之情形[98]。

本條後段規定：「未送鑑定而須分析研判者，逾三個月不得舉發。」有關交通事故案件，警察機關提供初判表之做法，有無逾越法律授權問題？依道交條例第92條第5項規定：「道路交通事故駕駛人、肇事人應處置作為、現場傷患救護、管制疏導、肇事車輛扣留、移置與發還、調查處理及其他相關事項之辦法，由內政部會同交通部、衛生福利部定之。」及依前揭規定授權訂定之道路交通事故處理辦法第10條第1項、第2項規定警察機關應就道路交通事故現場勘察、蒐證、詢問作為，據以分析研判事故發生情形，詳實填寫道路交通事故調查報告表，俾利鑑定機關鑑明肇事原因，同辦法第13條第1項第3款規定，道路交通事故案件當事人或利害關係人，於事故30日後，「得」向警察機關申請提供初判表。處理辦法僅係規定當事人或利害關係人申請初判表之依據，並非規定警察機關「應」製作初判表。所稱警察機關有無製作初判表之權責，宜依警察職權行使法第2條第2項規定所列之警察職權或有無其他法規規定，本於職權為綜合判斷[99]。

初判表係「警察機關依處理辦法第10條規定所為之初步分析研判，……對於肇事原因如有疑義，仍應以『公路法』第67條所定車輛行車事故鑑定委員會鑑定之結果或法院之判決為最終之確定」。是初判表係警察機關就道路交通事故為初步分析研判之行政文書，僅係提供檢察官辦案參考。故如警察機關依處理辦法第13條第1項第3款規定向道路交通事故案件當事人或利害關係人提供初判表，係依前揭法令辦理，並未違反刑事訴訟法第245條第3項偵查不公開之規定[100]。

---

97 最高行政法院104年度判字第675號判決。

98 對於舉發員警之陳述意見，依處罰條例規定顯無從代替處罰機關依法應踐行之陳述意見程序，是原判決認本件事後依職權舉發，剝奪當事人陳述意見機會，已有未洽。最高行政法院104年度判字第675號判決。

99 參照法務部104年8月24日法律字第10403510530號函。

100 參照法務部104年8月24日法律字第10403510530號函。

參、綜論

道交條例第90條前段規定，乃係對於舉發機關之「舉發時程」進行規範，以防止舉發機關怠惰，促使舉發機關對已發生或已發現之交通違規案件儘速處理。足見舉發時程之限制主要係在使處罰機關不得就已逾二個月之舉發違規事件進行裁罰，要求行政機關應儘速行使其職權，而予以舉發機關遲誤即不得處罰人民之效果[101]。

相關處理時效之規定，例如道交條例第7條之1第2項規定：「公路主管機關或警察機關對於第一項之檢舉，經查證屬實者，應即舉發。但行為終了日起逾七日之檢舉，不予舉發。」亦限制檢舉違規行為之日期，不得逾行為終了之日超過七天，亦有其相同之用意。

第90條之1（拒絕道路交通安全講習之處罰）
慢車駕駛人、行人不依規定接受道路交通安全講習者，處新臺幣六百元以上一千二百元以下罰鍰。

壹、導言

道路交通安全講習之目的有多種，包括在於灌輸交通法令激勵駕駛道德，提振守法精神，促進交通安全。依已停止適用之臺北市道路交通安全講習實施要點規定辦理之臨時講習：「3.慢車駕駛人違反道路交通管理處罰條例第七十三條及第七十四條各款規定之一者，得視實際情形實施。4.行人違反道路交通管理處罰條例第七十八條各款規定之一者，得視實際情形實施[102]。」目前依道路交通安全講習辦法第4條第1項第16款規定：「其他違反本條例之行為，經該管公路主管機關基於轄區交通管理之必要，公告應接受講習。」視有必要情形，再為公告實施，對特定違規行為應接受講習。

對於慢車[103]或行人之違規，施以講習，依其性質亦屬於裁罰性之不利處分，被強制要求參加講習之違規人，即有義務參加特定內容之交通安全講習。依此目的，可以達到促使違規人提升其將來之遵守交通法令之認識。

---

101 最高行政法院110年度大字第2號裁定。

102 參現已停止適用之臺北市道路交通安全講習實施要點規定。

103 相關日文文獻，請參考竹中将之，自転車の安全利用と交通事故防止対策，人と車，第59卷第5期，2023年5月，第4-13頁；谷田貝一男，自転車事故発生の背景と防止対策（第15回）——一時停止しなかったときの危険性から安全対策を考える，人と車，第59卷第12期，2023年12月，第26-29頁。

貳、內容解析

有關行人之違規，例如道交條例第78條第1項第1款至第2款：「行人在道路上有下列情形之一者，處新臺幣五百元罰鍰：一、不依標誌、標線、號誌之指示或警察指揮。二、不在劃設之人行道通行，或無正當理由，在未劃設人行道之道路不靠邊通行。」

依已停用之臺北市道路交通安全講習實施要點第3點規定：「召集原因及對象：⋯⋯（二）臨時講習：⋯⋯3.慢車駕駛人違反道路交通管理處罰條例第七十三條及第七十四條各款規定之一者，得視實際情形實施。4.行人違反道路交通管理處罰條例第七十八條各款規定之一者，得視實際情形實施⋯⋯。」

另依已廢止之臺中市警察局辦理違規慢車行人道路交通安全講習實施要點規定，實施對象爲違反道交條例第73條、第74條及第78條之違規行爲。舊道交條例第73條規定：「慢車駕駛人，有下列情形之一者，處新臺幣三百元以上六百元以下罰鍰：一、不在劃設之慢車道通行，或無正當理由在未劃設慢車道之道路不靠右側路邊行駛。二、不在規定之地區路線或時間內行駛。三、不依規定轉彎、超車、停車或通過交岔路口。四、在道路上爭先、爭道或其他危險方式駕車。五、有燈光設備而在夜間行車未開啓燈光[104]。」

目前實施之法源依據，爲道路交通安全講習辦法第4條第1項第16款：「其他違反本條例之行爲，經該管公路主管機關基於轄區交通管理之必要，公告應接受講習。」

臺北市交通大隊曾鎖定腳踏車的五類違規行爲加強取締，包括：一、闖紅燈；二、未依規定兩段式左轉；三、逆向行駛；四、行駛快車道；五、穿越快車道。針對這五類違規行爲進行開罰，違規者依道路安全管理處罰條例第74條規定，處300元至1,200元罰鍰[105]。

參、綜論

本條規定之道路交通安全講習係對行爲人不當交通認知及偏差行爲之矯正，經研議及參考國外做法，應由違規者自付參加道路交通安全講習相關衍生費用；另爲保留未來可收費講習項目之彈性，明定道路交通安全講習得收取費用，並授權由交通部會

---

104 另請參考許志誠、周文生、周文靜，動力慢速運具安全管理之研究，中央警察大學交通學報，第20卷，2020年11月，第39-73頁；白仁德、許志誠、劉秉宜，臺北市自行車肇事嚴重度影響因素分析，交通學報，第16卷第2期，2016年11月，第95-120頁。

105 道亦有道，自行車怎麼走才有禮？，交通安全入口網，https://168.motc.gov.tw/theme/news/post/1906121101035，最後瀏覽日期：2023/12/8。

同內政部於辦法中訂定收費基準[106]。行人為利用交通之弱勢者，須特別加以保護。惟行人亦須遵守交通規則，不得任意違規，以避免造成交通危險。近來國內重視禮讓行人之交通執法，以減少交通事故之傷亡。慢車及行人因進行速度，較為緩慢；亦須配合交通安全規則之規定，共同維護整體交通安全。

第 90 條之 2（刪除）

第 90 條之 3（必要標誌或標線之設置）

在圓環、人行道、交岔路口十公尺內，公路主管機關、市區道路主管機關或警察機關得在不妨害行人通行或行車安全無虞之原則，設置必要之標誌或標線另行規定機車、慢車之停車處所。

公路主管機關、市區道路主管機關或警察機關得在不妨害行人通行或行車安全無虞之原則，於人行道設置必要之標誌或標線供慢車行駛。

壹、導言

在圓環、人行道、交岔路口停車，因交通流量大及視線不良，極易造成危險。因此，須加以禁止。依道交條例第55條第1項規定：「汽車駕駛人，臨時停車有下列情形之一者，處新臺幣三百元以上六百元以下罰鍰：一、在橋樑、隧道、圓環、障礙物對面、人行道、行人穿越道、快車道臨時停車。二、在交岔路口、公共汽車招呼站十公尺內或消防車出、入口五公尺內臨時停車……。」

現行交通管制措施，依其標示方式，分為標誌、標線、號誌等三種，統稱「交通標示」其主要作用如下：

一、警告性標示：警告標誌，例如連續彎路標誌；警告標線，例如路面繪有「慢」字，用以警告前方路況變化；警告號誌，例如黃色閃光號誌。

二、指示性標示：指示標誌，例如身障者停車位標誌；指示標線，例如快慢車道分隔線或指示地名、路途、方向；指示號誌，例如路線編號、方向里程號誌。

三、禁制性標示：禁制標誌，可分為遵行、禁止及限制標誌等三種；禁制標線，例如

106 交通部擬具「道路交通管理處罰條例」部分條文修正草案，行政院第3791次會議討論事項（二），2022年2月24日，第92-93頁。

禁止停車線；禁制號誌，例如紅綠燈行車管制號誌[107]。

道路交通安全規則第111條第1項第2款規定車輛駕駛人於交岔路口10公尺內不得臨時停車，不論有無標線或標誌之繪設，且交通法規亦無交岔路口10公尺內未劃設禁止臨時停車標線則可停車之規定[108]。

貳、內容解析

道路交通標誌標線號誌設置規則第4條第1項規定：「標誌、標線、號誌之設置、養護及號誌之運轉，由主管機關依其管轄辦理之。」第5條規定：「本規則所稱主管機關，指公路主管機關、市區道路主管機關及警察機關。」道交條例第3條第1款、第6款規定：「本條例用詞，定義如下：一、道路：指公路、街道、巷衖、廣場、騎樓、走廊或其他供公眾通行之地方。六、標線：指管制道路交通，表示警告、禁制、指示，而在路面或其他設施上劃設之線條、圖形或文字[109]。」

道交條例第55條第1項規定：「汽車駕駛人，臨時停車有下列情形之一者，處新臺幣三百元以上六百元以下罰鍰：一、在橋樑、隧道、圓環、障礙物對面、人行道、行人穿越道、快車道臨時停車。二、在交岔路口、公共汽車招呼站十公尺內或消防車出、入口五公尺內臨時停車。三、在設有禁止臨時停車標誌、標線處所臨時停車……。」因此，禁止汽車駕駛人在圓環、交岔路口等處臨時停車。

上述規定，其立法目的：一、爲強化國人之安全駕駛與增進機車族群之保障，增列汽車駕駛人臨時停車於機車或自行車專用道之行爲，以保障機車與自行車之路權；二、汽車駕駛人，臨時停車在人行道、行人穿越道、無障礙通道、防火巷或逃生通道，妨害行人之通行，尤其造成高齡者或身心障礙者之用路人之不便，且影響公眾緊急危害發生之避難；三、鑑於部分汽車駕駛人恣意臨時停車，致路況之不可預期性、影響車流及其他駕駛人、行人視野，易生汽機車駕駛人爲閃避違規停車行爲而肇生意外事故，提高因違規臨時停車者所致生死傷之罰責[110]。

道路交通安全規則第102條第1項規定：「汽車行駛至交岔路口，其行進、轉

---

107 黃俊容，越線停車之裁罰探討，立法院法制局議題研析，編號863，第1頁，https://www.ly.gov.tw/Pages/Detail.aspx?nodeid=6590&pid=191048，最後瀏覽日期：2024/1/26。

108 參照交通部路政司112年8月28日路臺監字第1120404242號函。

109 交通部94年3月31日交路字第0940025217號函：「主旨：貴府函詢產權爲私有之巷弄，可否基於公共安全得不須經所有權人同意，逕爲設置標誌或繪設標線……。說明：……二、由貴府相關單位考量該巷弄型態及實際使用現況，本於權責認定是否屬『道路交通管理處罰條例』第3條第1款規定之『道路』範圍，倘認定屬『道路』範圍，得有『道路交通標誌號誌標線號誌設置規則』之適用。」新北市政府106年12月25日新北府訴決字第1061992313號訴願決定書。

110 立法院第10屆第3會期第6次會議議案關係文書，2021年3月31日，第148頁。

彎，應依下列規定：一、應遵守燈光號誌或交通指揮人員之指揮，遇有交通指揮人員指揮與燈光號誌並用時，以交通指揮人員之指揮爲準。……六、設有劃分島劃分快慢車道之道路，在慢車道上行駛之車輛不得左轉，在快車道行駛之車輛不得右轉彎。但另設有標誌、標線或號誌管制者，應依其指示行駛。……十一、交岔路口因特殊需要另設有標誌、標線者，並應依其指示行車。十二、行至有號誌之交岔路口，遇紅燈應依車道連貫暫停，不得逕行插入車道間，致交通擁塞，妨礙其他車輛通行。十三、行至有號誌之交岔路口，遇有前行或轉彎之車道交通擁塞時，應在路口停止線前暫停，不得逕行駛入交岔路口內，致號誌轉換後，仍未能通過妨礙其他車輛通行。」

原處分機關於土地劃設標線，該等措施係行政機關就公法事件所爲之公權力措施而對外直接發生法律效果之單方行政行爲，其相對人雖非特定，而依一般性特徵（特定路段之用路人）可得確定其範圍，屬行政程序法第92條第2項及訴願法第3條第2項所定之一般處分，且主管機關之「劃設行爲」，即屬一種「公告」措施，故具規制作用之禁制標線於對外劃設完成時，即發生效力[111]。標線既屬一般處分，於原處分機關劃設完成時即生法律上之規制效力，行經系爭巷道之用路人均應受系爭標線之拘束[112]。

參、綜論

我國人民之交通習慣，利用機車爲交通工具者，爲數甚多。爲使機車使用人方便於市區十字路口、圓環附近停車，本條特別規定課予主管機關有此義務。主管機關於道路劃設標線，該等措施係行政機關就公法事件所爲之公權力措施，具規制作用之禁制標線於對外劃設完成時，即發生效力[113]。

本條規定立法目的在於強化國人之安全駕駛與增進機車族群之保障，增列汽車駕駛人臨時停車於機車或自行車專用道之行爲，以保障機車與自行車之路權。禁止汽車駕駛人，臨時停車在人行道、行人穿越道、無障礙通道、防火巷或逃生通道，妨害行人之通行，尤其造成高齡者或身心障礙者之用路人之不便，且影響公眾緊急危害發生之避難。

---

111 最高行政法院98年度裁字第622號裁定。

112 系爭標線劃設於訴願人住家出入口，其認系爭處分有違法或不當，致損害其權益而提起訴願，應可認當事人適格。新北市政府105年3月11日訴願決定書，案號：1040061271。

113 最高行政法院98年度裁字第622號裁定。

第 91 條（應予獎勵之機構或人員）

下列機構或人員，應予獎勵；其辦法由交通部、內政部會同有關機關定之：

一、對促進交通安全著有成效之學校、大眾傳播業或公、私汽車駕駛人訓練機構。

二、檢舉汽車肇事或協助救護汽車肇事受傷者之人員。

三、優良駕駛人。

四、檢舉違反第四十三條第一項第一款至第四款規定行為經查證屬實之人員。

壹、導言

有關維護交通安全，須多管齊下，尤需社會民眾之參與。因此，道交條例第91條特別規定相關之獎勵措施。

國內道路交通事故的死傷嚴重，整個道路交通安全的問題並不是一個單一部會所能夠解決[114]，必須要靠國家各級政府或各相關單位一起共同努力方能夠解決。憲法第十三章基本國策第四節對於社會安全雖有相關的規定，但是針對整個道路交通安全這部分並沒有明確納入，爲回應各界的期待，特訂定道路交通安全基本法，希望透過道路交通安全政策法律化來先對外有一個宣示的效果，並透過這樣的基本法建構，促使各級政府共同建立一個人本道路交通安全的環境[115]。

道交條例第91條規定，對於民眾提供證據檢舉蛇行、危險駕駛、超速、逼車、突然加速減速或拆除消音器等行爲，訂定獎勵制度，期望鼓勵民眾一同參與維護道路交通安全，以嚇阻惡意違規行爲[116]。

貳、內容解析

依道交條例第7條之1規定，對於違反道交條例之行爲者，民眾得敘明違規事實或檢具違規證據資料，向公路主管或警察機關檢舉，機關一經查證屬實者，應即舉發；同條例第43條第1項則規定，汽車駕駛人若於駕駛汽車時有蛇行、超過規定最高時速40公里以上、任意逼車、突然減速及煞車或拆除消音器等情形，將可處新臺幣6,000元以上3萬6,000元以下罰鍰，並當場禁止其駕駛。道交條例第91條規定，對於

114 相關日文文獻，請參考滝澤幹滋，交通安全対策基本法の一部改正について，警察学論集，警察大学校編，第76卷第12期，2023年12月，第1-17頁。

115 「道路交通安全基本法草案」公聽會報告，立法院第10屆第8會期交通委員會，黃運貴司長發言，2023年10月，第5頁。

116 民眾檢舉危險駕駛將獲獎勵，立法院三讀通過修正道路交通管理處罰條例，法源法律網，https://www.lawbank.com.tw/news/NewsContent.aspx?NID=120938，最後瀏覽日期：2024/1/26。

對促進交通安全著有成效之學校、大眾傳播業或公、私汽車駕駛人訓練機構、檢舉汽車肇事或協助救護汽車肇事受傷者之人員及優良駕駛人，主管機關應給予獎勵；由於科技進步，民眾以行車紀錄器等方式提供違規證據，已成爲警察追查違規行爲的利器，如民眾檢舉同條例第43條第1項之各種行爲，並符合同條例第7條之1規定，主管機關應予民眾獎勵[117]。

依促進道路交通安全獎勵辦法第2條規定：「促進道路交通安全成效卓著之下列機構或人員，依本辦法之規定獎勵之：一、學校、大眾傳播業或公私立汽車駕駛人訓練機構。二、檢舉汽車肇事或協助救護汽車肇事受傷者之人員。三、優良之汽車駕駛人。四、檢舉違反道路交通管理處罰條例第四十三條第一項第一款至第四款規定行爲經查證屬實之人員。五、其他促進道路交通安全著有特殊成效之機構或人員。」

道交條例第43條第1項第1款至第4款規定：「汽車駕駛人駕駛汽車有下列情形之一者，處新臺幣六千元以上三萬六千元以下罰鍰，並當場禁止其駕駛：一、在道路上蛇行，或以其他危險方式駕車。二、行車速度，超過規定之最高時速四十公里。三、任意以迫近、驟然變換車道或其他不當方式，迫使他車讓道。四、非遇突發狀況，在行駛途中任意驟然減速、煞車或於車道中暫停。」

有關檢舉交通違規是否有檢舉獎金之疑義，依據道交條例第91條規定：「下列機構或人員，應予獎勵；其辦法由交通部、內政部會同有關機關定之：一、對促進交通安全著有成效之學校、大眾傳播業或公、私汽車駕駛人訓練機構。二、檢舉汽車肇事或協助救護汽車肇事受傷者之人員。三、優良駕駛人。四、檢舉違反第四十三條第一項第一款至第四款規定行爲經查證屬實之人員。」除檢舉肇事逃逸及第43條第1項第1款至第4款外，其餘尚無發放檢舉獎勵之法源依據。例如臺北市政府警察局目前僅針對道路交通事故肇事逃逸案件，經檢舉人依規定提出檢舉因而偵破者，發給獎勵金，其餘檢舉交通違規案件並無提供獎金[118]。

參、綜論

道路交通安全的確保或改善，要考慮到幾個面向，包含教育面向、工程面向、執法面向，甚至還有部分獎勵的面向、鼓勵的面向，就是一般講的三個E加上第四個E，即鼓勵等四個E。立法要明確揭櫫希望能夠以人爲本，以前就道路建設或是都市

---

117 民眾檢舉危險駕駛將獲獎勵，立法院三讀通過修正道路交通管理處罰條例，法源法律網，https://www.lawbank.com.tw/news/NewsContent.aspx?NID=120938，最後瀏覽日期：2024/1/26。

118 檢舉交通違規有沒有檢舉獎金？，臺北市政府警察局交通警察大隊，https://td.police.gov.taipei/News_Content.aspx?n=9EABCAAA75983B75&s=AA2DE645B7A1AB0E，最後瀏覽日期：2023/12/21。

建設的時候，或許不知不覺地以車爲一個本體，忽略人的部分。事實上，在國際的很多倡議裡面也一樣重視人的部分，此處的「人」包含重視行人，當然也包含汽車駕駛的用路人等[119]。

依促進道路交通安全獎勵辦法第2條第2款、第4款規定：「促進道路交通安全成效卓著之下列機構或人員，依本辦法之規定獎勵之：二、檢舉汽車肇事或協助救護汽車肇事受傷者之人員。四、檢舉違反道交條例第四十三條第一項第一款至第四款規定行爲經查證屬實之人員。」

由上述獎勵辦法之規定，可得知主要以檢舉違規人，著重在處罰面向上，另第5款規定其他促進道路交通安全著有特殊成效之機構或人員。本文以爲未來應將重點放在協助交通教育、交通宣導、交通危害預防方向，這樣才會有平衡之效果。

第 92 條（道路交通安全規則之訂定）

車輛分類、汽車牌照申領、異動、管理規定、汽車載重噸位、座位立位之核定、汽車檢驗項目、基準、檢驗週期規定、汽車駕駛人執照考驗、換發、證照效期與登記規定、車輛裝載、行駛規定、汽車設備變更規定、動力機械之範圍、駕駛資格與行駛規定、車輛行駛車道之劃分、微型電動二輪車牌照申領、異動、管理規定、行人通行、道路障礙及其他有關道路交通安全事項之規則，由交通部會同內政部定之。

機車禁止行駛高速公路。但汽缸排氣量五百五十立方公分以上大型重型機車，得依交通部公告規定之路段及時段行駛高速公路，其駕駛人應有得駕駛汽缸排氣量五百五十立方公分以上大型重型機車駕駛執照一年以上及小型車以上之駕駛執照。

公路主管機關辦理道路交通安全講習得收取費用；其實施對象、應接受道路交通安全講習之條款、辦理方式、內容、時機、時數、執行單位、收費基準及其他相關事項之辦法，由交通部會同內政部定之。

本條例之罰鍰基準、舉發或輕微違規勸導、罰鍰繳納、應記違規點數之條款、點數與其通知程序、向處罰機關陳述意見或裁決之處理程序、分期繳納之申請條件、分期期數、不依限期繳納之處理、分期處理規定、繳納機構及其他相關事項之處理細則，由交通部會同內政部定之。

道路交通事故駕駛人、肇事人應處置作為、現場傷患救護、管制疏導、肇事車輛

119 「道路交通安全基本法草案」公聽會報告，立法院第10屆第8會期交通委員會，陳勁甫教授發言，2023年10月，第18頁。

扣留、移置與發還、調查處理及其他相關事項之辦法，由內政部會同交通部、衛生福利部定之。
大型重型機車，除本條例另有規定外，比照小型汽車適用其行駛及處罰規定；其駕駛執照考驗及行駛規定，由交通部會同內政部定之。
汽缸排氣量五百五十立方公分以上之大型重型機車行駛高速公路，有下列行為者，處駕駛人新臺幣三千元以上六千元以下罰鍰：
一、行駛未經公告允許之路段。
二、未依公告允許時段規定行駛。
三、領有駕駛執照，未符合第二項規定。
四、同車道併駛、超車，或未依規定使用路肩。
五、未依規定附載人員或物品。
六、未依規定戴安全帽。
汽缸排氣量五百五十立方公分以上大型重型機車違反前項第四款規定或汽車行駛高速公路有前項第四款前段之行為，處駕駛人新臺幣六千元罰鍰。
道路交通安全講習得委託公私立機構、法人或團體辦理，其資格、申請、設備與人員、收費方式、證照格式、合約應載事項、查核及監督等事項之辦法，由交通部定之。

壹、導言

道路交通安全規則屬於法規命令性質，爲依本條第1項規定授權訂定。道交條例第4條規定，駕駛人駕駛車輛或行人在道路上，應遵守道路交通標誌、標線、號誌之指示、警告、禁制規定，並服從執行交通勤務之警察或依法令執行指揮交通及交通稽查任務人員之指揮，另依道交條例第92條第1項授權規定事項，道路交通安全規則對汽車駕駛人駕駛車輛行駛道路，應遵守之行車秩序規範及應注意之義務，有相關規定[120]。

違反行政法上義務之處罰，以行爲時之法律或自治條例有明文規定者爲限，爲行政罰法第4條明定，此乃因依法始得處罰，爲民主法治國家基本原則之一，對於違反社會性程度輕微之行爲，處以罰鍰、沒入或其他種類行政罰，雖較諸對侵害國家、社會法益等科以刑罰之行爲情節輕微，惟本質上仍屬對於人民自由或權利之不利處分，其應適用處罰法定主義，仍無不同。爲使行爲人對其行爲有所認識，進而擔負其在

120 應注意義務之事項，仍需依個案具體客觀事實據以考量。參照交通部103年9月12日交路字第1030022256號函。

法律上應有之責任，自應以其違反行政法上義務行爲時之法律有明文規定者爲限。然依司法院釋字第313號、第394號及第402號等解釋意旨，對於違反行政法上義務之行爲，法律得就其處罰之構成要件或法律效果授權以法規命令訂之。

行政罰法所指之處罰法定原則，解釋上包含經法律就處罰之構成要件或法律效果爲具體明確授權訂定之法規命令[121]。依道交條例第92條第1項授權規定事項，道路交通安全規則，即爲法規命令之性質。

貳、內容解析

道路交通安全規則第1條規定：「本規則依道路交通管理處罰條例第九十二條第一項規定訂定之。」道路交通安全規則第2條規定：「本規則用詞，定義如下：一、汽車：指在道路上不依軌道或電力架線而以原動機行駛之車輛（包括機車）。二、客車：指載乘人客四輪以上之汽車。三、貨車：指裝載貨物四輪以上之汽車。四、客貨兩用車：指兼載人客及貨物之汽車。五、代用客車：指不載貨時代替客車使用之貨車。六、幼童專用車：指專供載運二歲以上未滿七歲兒童之客車。七、特種車：指有特種設備供專門用途而異於一般汽車之車輛，包括吊車、救濟車、消防車、救護車、警備車、憲警巡邏車、工程車、教練車、身心障礙者用特製車、灑水車、郵車、垃圾車、清掃車、水肥車、囚車、殯儀館運靈車及經交通部核定之其他車輛。八、曳引車：指專供牽引其他車輛之汽車。九、拖車：指由汽車牽引，其本身並無動力之車輛；依其重量等級區分，總重量逾七百五十公斤者爲重型拖車，七百五十公斤以下者爲輕型拖車。十、全拖車：指具有前後輪，其前端附掛於汽車之拖車。十一、半拖車：指具有後輪，其前端附掛於曳引車第五輪之拖車。十二、拖架：指專供裝運十公尺以上超長物品並以物品本身連結曳引車之架形拖車。十三、聯結車：指汽車與重型拖車所組成之車輛。但不包括小型車附掛總重逾七百五十公斤至三千公斤以下拖車。十四、全聯結車：指一輛曳引車或一輛汽車與一輛或一輛以上重型全拖車所組成之車輛。十五、半聯結車：指一輛曳引車與一輛重型半拖車所組成之車輛。十六、車重：指車輛未載客貨及駕駛人之空車重量。十七、載重：指車輛允許載運客貨之重量。十八、總重：指車重與載重之全部重量。十九、總聯結重量：指曳引車及拖車之車重與載重之全部重量。二十、雙軸軸組：兩個車軸其相鄰車軸中心點之距離小於二點四公尺，且由廠商宣告所形成之車軸組合。二十一、參軸軸組：三個車軸其相鄰車軸中心點之距離小於二點四公尺，且由廠商宣告所形成之車軸組合。二十二、第五輪載重量：指曳引車轉盤所承受之重量。二十三、市區雙層公車：指具有上下兩層座位及通

[121] 臺北高等行政法院高等庭112年度交上字第214號判決。

道，專供市區汽車客運業作爲公共汽車使用之客車。二十四、雙節式大客車：指由兩節剛性車廂相互鉸接組成，專供市區汽車客運業於主管機關核准路線作爲公共汽車使用之客車。二十五、大眾捷運系統車輛：指大眾捷運法所定大眾捷運系統使用之專用動力車輛。二十六、古董車：指車齡逾三十五年經交通部委託之審驗機構審驗合格且限領用專用牌照之小客車及機車（第1項）。前項第一款所指之汽車，如本規則同一條文或相關條文就機車另有規定者，係指除機車以外四輪以上之車輛（第2項）。」

道路交通安全規則第144條規定：「有關汽車檢驗、登記、發照及駕駛人、技工考驗、登記、發照，公路監理機關於必要時，得委託相關團體協助辦理，其委託作業及監督要點，由交通部另定之（第1項）。前項各項業務所需各種書、表、證、照格式，由交通部另定之（第2項）。」同規則第146條規定：「本規則施行日期另定之。」

本規則第1條規定：「本規則依道路交通管理處罰條例第九十二條第一項規定訂定之。」

適用本規則所公告之附件，計有：附件一，自用大客車、大貨車牌照申領審核規定；附件一之一，自用小貨車牌照申領審核規定；附件一之二，個人申領身心障礙者專用車輛牌照審核規定；附件三，危險物品道路運送計畫書；附件四，車輛裝載危險物品臨時通行證；附件五，大客車、大貨車、曳引車、小型汽車附掛之廂式拖車、露營車及幼童專用車應備有滅火器規定；附件六，大客車車身各部規格應符合左表規定；附件六之一，新型式大客車車身各部規格規定；附件六之二，使用中及既有車型大客車車身各部規格規定；附件六之三，雙節式大客車車身各部規格規定；附件六之四，市區雙層公車車身各部規格規定；附件七，車輛燈光與標誌檢驗規定；附件八，危險物品標誌及標示牌內容及應列要項；附件九，液化石油氣汽車改裝完成檢驗合格紀錄表；附件十，化石油氣汽車燃料系統檢驗規定；附件十一，車輛總重量及總聯結重量限制規定；附件十二，幼童專用車車身各部規格；附件十三，壓縮天然氣汽車燃料系統檢驗規定；附件十四，計程車設置車頂廣告看板架審驗作業規定；附件十五，汽車設備規格變更規定；附件十六，營業大客車保養紀錄表；附件十七，拖車標識牌及車身（架）號碼打刻規定；附件十八，專供營建工程不具載貨空間特種車及動力機械保養紀錄表；附件十九，汽車駕駛人認知功能測驗規定；附件二十，考驗規定、道路駕駛考驗用車保險保額及標識牌；附件二十一，自動駕駛車輛申請道路測試作業規定；附件二十一之附表一，自動駕駛車輛道路測試申請書；附件二十一之附表二，申請者承諾書；附件二十二，裝載砂石土方車輛使用專用車輛或專用車廂規定；附件二十三，附載幼童之腳踏自行車、電動輔助自行車、自行車兒童座椅申請測試及合格標章作業規定；附件二十四，申領汽車試車牌照審核作業規定。

上述之附件，爲行政規則之一種。依行政程序法第159條規定：「本法所稱行政規則，係指上級機關對下級機關，或長官對屬官，依其權限或職權爲規範機關內部秩序及運作，所爲非直接對外發生法規範效力之一般、抽象之規定（第1項）。行政規則包括下列各款之規定：……二、爲協助下級機關或屬官統一解釋法令、認定事實、及行使裁量權，而訂頒之解釋性規定及裁量基準（第2項）。」上開所謂「解釋性行政規則」，係指主管機關基於職權因執行特定法律之規定，得爲必要之釋示，以供下級機關或屬官行使職權時之依據。惟該解釋性行政規則對於其他無隸屬關係或無業務監督之機關或法院，並無拘束力[122]。上述共24種附件規則之相關資格，如屬解釋性或價值判斷性之行政規則，已具有間接外部效力，依行政法理論，應轉爲由法規命令加以規定[123]，始符合相對法律保留之原則。

有關考領職業駕駛人之年齡限制，於道路交通安全規則第60條加以規定。依道交條例第92條第1項規定：「……、駕駛資格與行駛規定、……及其他有關道路交通安全事項之規則，由交通部會同內政部定之。」依此授權，交通部與內政部會銜訂定之道路交通安全規則第60條第1項第1款第3目本文規定：「考領職業駕駛執照須年滿二十歲，最高年齡不得超過六十五歲[124]。」

考領職業駕駛執照之最高年齡65歲限制規定，係規範職業駕駛人之駕駛資格，屬職業條件之主觀限制，旨在保護人民之生命、身心健康、財產或其他重要法益，防止因職業駕駛人高齡化可能引起之安全問題，具有追求重要之公共利益，屬達成目的之有效手段，兩者間有實質關聯，合於憲法比例原則之要求，亦未逾越道交條例授權目的及範圍，與法律保留原則無違。又道路交通安全規則第60條第1項第1款第3目所定考領職業駕駛執照之最高年齡限制，屬職業駕駛人選擇職業之主觀條件，非僅止於取得職業駕駛資格後之專業能力審查，當可與職業駕駛人換發職業駕駛執照之要件爲不同程度的規範，尚難因道路交通安全規則第52條規定逾65歲職業駕駛人於符合特定資格條件下，可換發有效期間一年之駕駛執照至68歲；暨同規則第52條之1規定於更嚴謹體檢項目及配套措施下，延長小型車職業駕駛執照年齡至70歲，而謂道路交通安全規則第60條第1項第1款第3目規定違反平等原則[125]。

---

122 參照法務部104年8月13日法律字第10403509200號函、95年5月24日法律字第0950016558號函。

123 李震山，行政法導論，三民，2022年12版，第243頁以下。

124 「憲法第15條規定，人民之工作權應予保障，其內涵包括人民選擇職業之自由。惟人民之職業與公共利益有密切關係者，國家對於從事一定職業應具備之資格或其他要件，於符合憲法第23條規定之限度內，得以法律或法律明確授權之命令加以限制。司法院釋字第404號、第510號及第584號解釋，對職業自由之限制，因其內容之差異，在憲法上有寬嚴不同之容許標準。關於人民選擇職業應具備之主觀條件，例如知識能力、體能、犯罪紀錄等，立法者若欲加以規範，其目的須爲追求重要之公共利益，且其手段與目的之達成具有實質關聯，始符比例原則之要求。」司法院釋字第749號解釋理由書闡釋甚明；最高行政法院110年度上字第759號判決。

125 上訴人提起本件課予義務訴訟，爲無理由，而駁回上訴人之訴，揆諸上開司法院釋字第749號解釋理由意旨，並無違誤。上訴人爲1953年出生，其於2020年7月3日提出系爭申請案，請求被上有關道路交通安全規則第111條第1項第2款消防栓五公尺內不得臨時停車之範圍認定，道路主管機關意見，基於法規解釋一致性及考量消防車車長最長約可達10公尺，需有較大操作空間以利消防救災，應以消防栓爲中心左右延伸各五公尺爲認定範圍[126]。

道路交通安全規則第114條規定：「汽車駕駛人有下列情形之一者，不得駕車：……三、飲用酒類或其他類似物後其吐氣所含酒精濃度達每公升零點一五毫克或血液中酒精濃度達百分之零點零三。」從嚴酒後駕車之酒精濃度標準，而依道交條例第35條第1項第1款予以處罰，故飲酒後駕車係以「作爲」之方式違反禁止飲酒（超過特定標準）駕車之不作爲義務；至駕駛車輛需領有駕駛執照，未領有駕駛執照駕駛車輛違反本規則第50條第1項，依道交條例第21條第1項第1款予以處罰，係以「不作爲」之行爲方式違反作爲義務，二者應屬數行爲，無「一行爲不二罰」原則之適用[127]。

道路交通安全規則第84條第1項第1款至第7款、第4項之規定，車輛裝載液化石油氣之淨重逾60公斤，應遵守相關安全規定；第88條第1項第1款復規定，重型機車載物不得超過80公斤，違者分別依道交條例第29條第1項第2款及第31條第2項規定予以處罰。重型機器腳踏車裝載液化石油氣未遵守裝載危險物品之有關規定，申請臨時通行證、懸掛標誌及標示牌等，係以「不作爲」之行爲方式違反應申請臨時通行證、懸掛危險標誌及標示等之行爲義務；而附載物品超過80公斤，則係以「作爲」之方式違反禁止超載之不作爲義務，應屬數行爲[128]。

道路交通安全規則，係依據道交條例第92條第1項：「車輛分類、汽車牌照申領、異動、管理規定、汽車載重噸位、座位立位之核定、汽車檢驗項目、基準、檢驗週期規定、汽車駕駛人執照考驗、換發、證照效期與登記規定、車輛裝載、行駛規定、汽車設備變更規定、動力機械之範圍、駕駛資格與行駛規定、車輛行駛車道之劃分、微型電動二輪車牌照申領、異動、管理規定、行人通行、道路障礙及其他有關道路交通安全等事項之規則，由交通部會同內政部定之。」之規定，由交通部會同內政部所定之法規命令，而道路交通安全規則所稱「載重」，係「指車輛允許載運客貨之重量」而言。而汽車運輸業管理規則，則係依據公路法第79條規定訂定（汽車運輸業管理規則第1條參照），亦屬法規命令，兩者位階雖相同，惟所依據之法律不同，且

訴人撤銷前吊銷處分，核發職業駕駛執照；或准許其考領職業駕駛執照，經被上訴人審認上訴人逾65歲，不符合考領職業駕駛執照最高年齡65歲之限制，以原處分駁回其申請，爲原審依法確定之事實，核與卷內證據相符。最高行政法院110年度上字第759號判決。

126 參照交通部112年7月24日交路字第1110416478號函。

127 參照法務部102年7月3日法律字第10203502330號函。

128 參照法務部101年1月19日法律字第1000023096號函。

該等法律之立法目的也不同，縱法律文字相同，其內涵亦非等同，自不得逕予相互引用[129]。

道交條例及道路交通安全規則，對於圓環僅有「行至無號誌之圓環路口時，應讓已進入圓環車道之車輛先行」、「行經多車道之圓環，應讓內側車道之車輛先行」等概括規定，惟對於進入圓環究應如何顯示方向燈，則尚乏明確規範。考量地方因應各種路型而設置圓環態樣甚多，例如：「單一行向圓環」、「交叉路口型圓環」、「交叉路口型圓環，但機慢車僅能由單一行向之圓環外環道行駛」等，對於車輛進入不同類型圓環時，究應如何顯示方向燈，似有明確規範之必要，較能避免執法者與民眾間之爭議[130]。對此，在道路交通安全規則中宜加以更明確之規定，以供遵循。

對違反道路交通管理事件之舉發方式規定，依道交條例第92條第4項規定授權訂定的違反道路交通管理事件統一裁罰基準及處理細則第10條第2項規定：「前項稽查，查獲違反道路交通管理事件之舉發方式如下：一、當場舉發：違反本條例行爲經攔停之舉發。二、逕行舉發：依本條例第七條之二規定之舉發。三、職權舉發：依第六條第二項規定之舉發。四、肇事舉發：發生道路交通事故，肇事原因或肇事責任不明，經分析研判或鑑定後，確認有違反本條例行爲之舉發。五、民眾檢舉舉發：就民眾依本條例第七條之一規定檢舉違反本條例之行爲，經查證屬實之舉發。」故同條例第7條之2第1項所列各款逕行舉發的情形，應屬列舉規定，而非例示規定[131]。

本條第7項第1款至第4款規定：「汽缸排氣量五百五十立方公分以上之大型重型機車行駛高速公路，有下列行爲者，處駕駛人新臺幣三千元以上六千元以下罰鍰：一、行駛未經公告允許之路段。二、未依公告允許時段規定行駛。三、領有駕駛執照，未符合第二項規定。四、同車道併駛、超車，或未依規定使用路肩。」有論者以爲，鑑於對於重機的刻板印象，即使立法院在2011年三讀通過道交條例部分條文修正，允許有條件開放550立方公分以上大型重型機車行駛高速公路，並在附帶決議中建議交通部開放國道六號、國道八號及國道三號新化以南路段作爲優先開放試辦路段，但最後對於開放重機路權卻沒有任何進展。政府的考量，一是決策要符合民意，二是要保障人民權利。在高公局2020年的民意調查中，有六成民眾反對大型重機上國道，贊成全面開放比例更不到一成，這使得政府退卻，以民意基礎及連任目的爲優先考量的各執政黨，固然得小心翼翼面對這個議題。再者，許多專家認爲，台灣的道

---

129 劉孟錦、楊春吉，台灣法律網問題解析——兩者之立法目的各有不同，得否比附援引？，台灣法律網，https://www.lawtw.com/archives/387886，最後瀏覽日期：2023/12/25。

130 陳世超，車輛駛入圓環顯示方向燈問題之研析，立法院法制局，https://www.ly.gov.tw/Pages/Detail.aspx?nodeid=6590&pid=189747，最後瀏覽日期：2023/12/25。

131 陳世超，車輛駛入圓環顯示方向燈問題之研析，立法院法制局，https://www.ly.gov.tw/Pages/Detail.aspx?nodeid=6590&pid=189747，最後瀏覽日期：2023/12/25。

路設備及行車觀念（包含汽、機車）都不夠成熟，混駛的情況可能造成頻繁的混亂與事故，無法保障用路人安全[132]。

參、綜論

道路交通安全規則對汽車駕駛人駕駛車輛行駛道路，應遵守之行車秩序規範及應注意之義務，有相關之規定；而違反其規定事項，如屬道交條例明文規定應予處罰之違規行爲，當依條例規定處罰之，另如非屬條例規定應予處罰但爲規則所規定應注意之義務事項者，則於事故責任釐清時係爲考量之因素之一[133]。

交通秩序的管理維護重在因地制宜與反映交通實際運作狀況；舉發僅是交通違規裁決前的行政程序，而非處罰的構成要件，宜賦予行政權較多自主決定空間；警察機關就查獲交通違規行爲，既有舉發的權限，且舉發機關爲確知交通違規事實，原應依職權調查事實及證據，始得爲正確的舉發，應認其得就個案情形依法裁量妥適的舉發方式，故違反道路交通管理事件統一裁罰基準及處理細則第6條第2項規定，沒有牴觸道交條例，且符合道交條例的立法設計及規範目的，與法律保留原則無違，應可適用[134]。

本條爲授權規定交通安全規則之訂定方式，另有關交通安全之標準、相關車輛之規格、牌照與駕駛執照之監理等各相關事項規定，均由主管機關會同內政部定之。另本條文最後亦規定550立方公分以上重機之應遵守事項，如違反規定者，並訂有罰鍰。

第 92 條之 1（處罰）

處罰機關裁決職業汽車駕駛人吊扣、吊（註）銷駕駛執照時，得應雇主之請求，以書面或其他方式通知違規當時所駕駛汽車之所有人。

---

132 重機就是安全沒保障的「肉包鐵」？重機上國道法案早已通過，爲何遲遲不落實？，關鍵評論，https://www.thenewslens.com/article/160537，最後瀏覽日期：2023/12/31。

133 參照交通部103年9月12日交路字第1030022256號函。

134 夜間未依規定使用燈光的違規態樣，雖不得依同條例第7條之2第1項規定逕行舉發，但於警察機關本於職權查證並確認駕駛人的違章行爲後，其所爲的舉發實質上就是依據處理細則第6條第2項規定的職權舉發，據此作成的交通裁決即無須撤銷。109年高等行政法院及地方法院行政訴訟庭業務交流提案討論，有關逕行舉發「不服指揮稽查而逃逸」之違規議題，file:///C:/Users/user/Downloads/109%E5%B9%B4%E5%BA%A6%E9%AB%98%E3%80%81%E5%9C%B0%E8%A1%8C%E6%A5%AD%E5%8B%99%E4%BA%A4%E6%B5%81.pdf，最後瀏覽日期：2023/12/25。

壹、導言

依民法第188條第1項規定：「受僱人因執行職務，不法侵害他人之權利者，由僱用人與行爲人連帶負損害賠償責任。但選任受僱人及監督其職務之執行，已盡相當之注意或縱加以相當之注意而仍不免發生損害者，僱用人不負賠償責任。」

道交條例第92條之1立法意旨，係針對車輛所有人與駕駛人並非同一人之情形，駕駛人在外行爲車輛所有人無法立即掌控，故對處罰機關裁決職業汽車駕駛人吊扣、吊（註）銷駕駛執照時，特別予以規定：得應雇主之請求通知違規當時之汽車所有人，以使車輛所有人能善盡管理責任，避免在外駕駛營運的駕駛人違規累累，損及車輛所有人權益，並嚴重影響交通安全[135]。

本條規定得應雇主請求通知車輛之所有人，因車輛所有人與駕駛人之關係密切，有必要一併通知所有人使其可以即時負起管理與監督之責任。惟具有法律效果處分之通知，依行政程序法第100條第1項前段規定：「書面之行政處分，應送達相對人及已知之利害關係人；……」第110條第1項規定：「書面之行政處分自送達相對人及已知之利害關係人起……。」行政處分係以書面方式爲之者，應將行政處分送達相對人，並適用本法第一章第十一節「送達」之規定，經合法送達發生外部效力後，始對相對人依其內容發生效力[136]。

貳、內容解析

道交條例第92條之1立法意旨，係基於協助汽車運輸業對駕駛人督導管理之立場，「……僱用後駕駛人無有效職業駕照，惟公司已依規定事先取得所屬駕駛人之書面同意後，至少每十日查詢一次，並列印報表存查者，即已依道路交通管理處罰條例第92條之1查詢駕駛人駕照狀態，並以書面通知停止所屬駕駛人駕駛車輛者，即爲已盡管理責任[137]……」

車輛所有人如因其車輛違規，例如依法該汽車被移置保管，後亦有可能被拍賣，已影響車輛所有人之權利。依司法院釋字第699號解釋理由書指出：「……道路交通管理處罰條例，有鑒於酒後駕車爲道路交通事故主要肇事原因之一，立法者乃於系爭條例第三十五條第四項前段規定汽車駕駛人拒絕接受同條第一項第一款酒測，除處新臺幣六萬元罰鍰，當場移置保管該汽車外，並吊銷其駕駛執照。系爭條例第六十七條第二項前段復規定，汽車駕駛人曾依第三十五條第四項前段規定吊銷駕駛執照者，三

135 參照交通部93年9月8日交路字第0930009252號函。
136 參照法務部108年9月4日法律字第10803513040號函。
137 參照交通部93年9月8日交路字第0930009252號函。

年內不得考領駕駛執照。……職業駕駛人，本應更遵守道路交通安全法規，並具備較一般駕駛人爲高之駕駛品德。故職業駕駛人因違反系爭規定而受吊銷駕駛執照之處罰者，即不得因工作權而受較輕之處罰。況在執行時警察亦已先行勸導並告知拒絕之法律效果，顯見受檢人已有將受此種處罰之認知，仍執意拒絕接受酒測，是系爭規定之處罰手段尚未過當。綜上所述，尚難遽認系爭規定牴觸憲法第二十三條之比例原則，其與憲法保障人民行動自由及工作權之意旨尚無違背[138]。」

例如道交條例第35條第9項規定：「汽機車駕駛人有第一項、第三項至第五項之情形之一，吊扣該汽機車牌照二年，並於移置保管該汽機車時，扣繳其牌照；因而肇事致人重傷或死亡，得沒入該車輛。」此時即會影響車輛所有人之權利。

車輛屬動產，其所有權之歸屬以民法規定爲準，不以監理機關之車籍資料所載車主爲準，「警察機關交由郵政機關寄送車輛所有人通知信件遭退回」，所稱「車輛所有人」究係車籍資料所載車主，或是車輛之眞正所有權人？倘係前者，而該車籍資料所載車主非車輛之眞正所有權人，或車籍資料未能及時更新（或資料有誤），又因郵政機關退回通知信件之原因不一（例如寄件人誤繕收件人地址、姓名致郵政機關以查無此人、查無此址退回，亦可能是搬離現址、招領逾期、收件者拒收等而退回），各種遭郵政機關退回通知信件之情形，是否均屬於前開規定所稱之「車輛所有人行方不明無法通知」[139]，亦有待認定。

駕照遭吊銷，有可能影響工作權的情形大略包括下列三種情形：其一，以駕駛爲職業者，例如小客車、大客車、聯結車等駕駛人，以及公務機關所僱用之駕駛。此等人之駕照遭吊銷，即喪失擔任此種職務的資格，其工作權自受影響；其二，雖非以駕駛爲職業，但其工作內容包括駕駛者，例如受外送業者僱用之送貨員，必須持有駕照始可能任職。雖然法令上言，擔任此項工作並無資格限制，但無駕照者實際上即無法從事此工作。其駕照遭吊銷，自然亦直接影響其工作；其三，雖非以駕駛爲職業，且其工作內容亦不包括駕駛，但如其赴工作場所必須依賴汽車作爲代步工具者，其駕照遭吊銷，亦有可能影響其工作[140]。

參、綜論

車輛屬動產，其所有權之歸屬以民法規定爲準，不以監理機關之車籍資料所載車主爲準[141]，如符合本條規定情形，須查證確認車輛所有人之資料，並予通知。

---

138 司法院釋字第699號解釋理由書。

139 參照法務部100年4月27日法律字第1000007940號函。

140 司法院釋字第699號解釋，羅昌發大法官協同意見書。

141 參照法務部100年4月27日法律字第1000007940號函。

裁罰處分須以具有可歸責性之違規行爲人爲限，而限期令恢復原狀處分所規制之公法上義務係爲實現公共利益爲目的，命受處分人承受除去違規狀態之不利益後果，性質上並非調和私法上之利益衝突，不適用私法自治原則，亦不須以行爲人對地上物具有處分權爲前提。違規行爲人之回復原狀義務，並不得以其已移轉所有權於他人即卸免此公法上之義務，且依民法第765條「所有人，於法令限制之範圍內，得自由使用、收益、處分其所有物，並排除他人之干涉」之規定，所有人行使其權利，尚負有使其所有物符合行政法秩序之公法上義務[142]。

另如違規人不繳納罰鍰，亦會影響車輛所有人對該車輛之使用與收益，宜儘早使車輛所有人知悉該車輛之違規狀況，此時車輛所有人亦可視爲行政程序上之利害關係人，並具有一定程序上之權利。

第93條（施行日）
本條例施行日期，由行政院以命令定之。

內容解析

本條爲規定道交條例之施行日期，並明定由行政院以命令定之。道交條例相關條文增訂或修訂之後，是否立即施行或者考量相關執行上之配套措施，而需有一段準備及緩衝時間，此由行政院決定之。

中央法規標準法第13條、第14條規定：「法規明定自公布或發布日施行者，自公布或發布之日起算至第三日起發生效力。」「法規特定有施行日期，或以命令特定施行日期者，自該特定日起發生效力。」「法律不溯及既往原則」並非絕對毫無例外之情形，倘法規規定溯及既往，其是否合乎憲法之判斷關鍵，在於法規之溯及效力是否與關係人對於現存有效法規規定之信賴互相對立[143]。如屬對人民有利之法效果，縱然在道交條例具體相關條文中規定，可溯及既往，亦無不可。惟本條爲規定施行日期，自然是在道交條例公布之後，始有施行之可能。

---

142 參照法務部109年6月4日法律字第10903508370號函。

143 其審查標準乃在於透過對於信賴人之利益（即因信賴舊法至遭受侵害之程度）與新法之立法意旨（即公共福祉）間之利益衡量結果，人民之信賴是否較具優越價值而定。參照法務部105年2月1日法律字第10503502670號函。

附　錄

《道路交通管理處罰條例》之不能——《道路交通安全基本法》之倡議、制定與未來

由於道路交通管理處罰條例（以下簡稱道交條例或本條例）對於確保交通安全之特有的處罰手段，幾乎已用盡了！對提升交通安全的功效而言，也已經無能爲力了！道路交通安全基本法（以下簡稱道安基本法或本法）因趨勢使然，於焉產生，立法院遂於2023年12月1日三讀通過本法。筆者是本法的倡議者，乃於本文將倡議的過程、道交條例的演進與交通安全的關係，以及本法的內容進行介紹。

道安基本法之目的，乃在規範道路交通安全對策產生的機制，係仿效日本的交通安全對策基本法而制定。本法之對策產生機制是否完善，至少涉及下列幾項層面：一、中央、地方政府各部門的權責分配是否得當與明確？二、公民參與的管道是否具備且明定？三、安全對策產生的依據是否科學且受監督？四、安全計畫的依據、擬定、執行、預算和檢核等內容，於時程的規定是否明確？

本法的制定，在CNN記者對「行人地獄[1]」報導的影響下，以及「0820還路於民大遊行[2]」的逼促下[3]，復基於已等了20年、已落後日本52年，以及在「先求有，再求好」的前提下，終於三讀通過了！由於本法在逼促之下通過，故仍有諸多不完善之處，本文乃將日本的交通安全對策基本法加以介紹，並提供本法於未來修正時之建議。

---

1 行人地獄，這個名詞起源自2021年12月成立的Facebook專頁「台灣是個行人地獄Taiwan is a living hell for pedestrians」，該專頁於2022年12月7日由美國媒體CNN以「living hell traffic」引用及報導，引起社會各界廣泛的討論與重視（行人地獄，維基百科，https://zh.wikipedia.org/zh-tw/%E8%A1%8C%E4%BA%BA%E5%9C%B0%E7%8D%84，最後瀏覽日期：2024/1/19）。

2 「0820還路於民大遊行」，由平凡公民組成的行人零死亡推動聯盟號召，於2023年8月20日在總統府前的凱達格蘭大道集合與大遊行。提出「健全人行設施」、「改革駕訓制度」、「執法捍衛行人路」、「重建交通法制」、「台灣零死亡願景」等五大訴求；在「重建交通法制」的項下，有「盡速通過具體保障行人權益之交通安全基本法」的具體訴求（行人零死亡推動聯盟官網，https://www.visionzero.tw/）。

3 依據中央社報導，「還路於民遊行主辦方估2.5萬人參加民眾高喊2040死亡歸零」。筆者當天也參加，三位準總統候選人賴清德、柯文哲、侯友宜也均上台致詞，交通部長王國材也親自上台接受行人零死亡推動聯盟的訴求，並加以回應。

壹、導言：本法之倡議——發動慈悲心

一、本法倡議之緣起：專著完成後之感觸與心願

自1995年起，筆者即於所服務之大學兼任本校「鑑識科學研究委員會」委員，利用本職工作（含教學、行政、研究等）之餘，另再從事車禍案件之學術鑑定工作，亦即擔任司法鑑定人之工作。於2020年8月，完成《交通事故肇事重建與蒐證》專著一書及出版之後，心中有了以下這些濃濃的感觸，因而發了一個心願：「仿效日本，倡議制定交通安全對策基本法」，以改良（革）臺灣交通很不安全的體質。這些感觸有：

（一）「冤、懸、假」案共計高達四成以上，而且皆導因於「蒐證錯漏[4]」！怎麼辦？

在58件之司法鑑定案件中，冤案近四成、懸案近一成、假案占3.4%，而且皆導因於蒐證錯漏！

2002年、2013年，警察的蒐證品質曾分別遭到監察院的糾正[5]，於2013年糾正之後，有關警察交通事故處理的專業教育、訓練、人力、人才、勤務派遣、業務運作等機制，雖然已完全盡力進行大幅度的改善，蒐證品質確實也有微幅的提升，但蒐證錯漏的案子，仍不時發生，而且整體社會也並未因肇事者承擔肇事責任，而促使交通事故量有減少發生的情形。

（二）每天都在發生「交通戰爭」！每天都傷亡千人以上！怎麼辦？

近10年來，每天都是如此！戰爭可以預防，交通戰爭爲什麼不加以預防呢？！有關交通事故發生之嚴重性，依以下幾項數字加以描述之：

1. 事故發生量，以2020年爲例（每年相差無幾）：比戰爭還嚴重！

發生件數約55萬件；死亡約3,000人；受傷約48萬人；總財損每年計4,318億元，占GDP約3%（2011年至2013年），約爲國防預算（以2023年爲例，計4,717億元）、高鐵造價（5,133億元）。

「臺灣車禍，如一場交通戰爭」、「馬路如虎口，道路如戰場」、「汽車如砲彈，不只如子彈」、「臺灣車禍，每年，比921大地震還嚴重[6]」、「臺灣車禍，相當每天有2.5場的八仙塵爆[7]」。

---

4 陳家福，交通事故肇事重建與蒐證，作者自版，2020年初版，第50-54頁。

5 陳家福，交通事故肇事重建與蒐證，作者自版，2020年初版，第310-314頁。

6 1999年之921大地震，計造成2,415人死亡，29人失蹤，11,325人受傷，3,047億元之經濟損失。

7 2015年6月27日於八仙樂園，因舉辦「彩粉」派對，導致發生時長40秒的火災，造成15死至少470傷的事件。

2. 十大死因：事故傷害（意外）是第六名；車禍約占事故傷害之五成

事故傷害[8]，包含運輸事故（含陸、海、空之事故）、中毒、墜落、火災、溺水等意外。運輸事故約占事故傷害之六成，而機動車交通事故（俗稱車禍）又約占運輸事故之九成，亦即車禍約占事故傷害（意外事故）之五成。

3. 死亡率：國際間比較，幾乎是最高！

每10萬人道路交通事故死亡人數爲11.57人（2018年），若與OECD組織（Organisation for Economic Cooperation and Development，經濟合作暨發展組織）、ITF會員國（International Transport Forum，國際運輸論壇[9]）比較，在40個OECD會員國之中（臺灣不是會員國），臺灣是排名第二高的。

4. 最嚴重的族群：機車（約占七成）、年輕騎士（約占五成）

機車族群的交通安全是很嚴重的！在「機、老、酒」的口號政策中，只看到「酒駕零容忍」的對策、作爲與有進展的成效，但對整體機車事故成因的瞭解、對策的正確、防衛駕駛的教育、機車考照制度的變革、通行路權安全又合理的調整等作爲，卻一籌莫展，顯得「機、老」只是口號政策，因爲行政院、立法院只是口頭上的重視，並非眞心重視。

（三）行政院、立法院因不重視，所以也不知道「交通戰爭」（車禍）對國家及人民衝擊之嚴重，也不知道對症下藥！怎麼辦？

1.「交通戰爭」（車禍）對國家及人民衝擊的嚴重性

誠如上揭第（二）點之簡述。

2. 道交條例的處罰手段（交通執法）幾乎已用盡！亟需工程、教育、監理、保險等策略的配合與行政院的整合！但行政院並不重視，怎麼辦？

臺灣，過去幾乎都是採用「嚴懲重罰」（即交通執法）的治標策略，很少採用改善體質的治本策略。

臺灣，機動車交通事故，死亡人數從1989年的7,584人降爲2015年的2,922人，安全似乎是大有進步；然而，受傷人數卻從1998年的3萬5,817人，大幅上升爲2014年的41萬3,229人。受傷人數大幅上升的原因，或許不是事故發生量多造成的，也許是警

---

8 有關事故傷害之說明與統計，請參考：衛生福利部>統計專區>死因統計>歷年統計>111年死因統計結果摘要表>表40歷年事故傷害與蓄意自我傷害（自殺）死亡概況。

9 國際運輸論壇是OECD系統內的一個政府間組織。它是對所有運輸方式都有授權的唯一全球機構，也是運輸政策問題的智囊團，並組織運輸部長年度全球峰會。ITF的座右銘是「改善交通的全球對話」（參見維基百科）。

察員實統計所形成的結果，但若從機動車交通事故死亡人數大幅降低的層面來看，近30幾年來，臺灣的交通安全，確實進步很多！

近30幾年來，雖然是臺灣交通安全進步很多的期間，但在此期間，負責維護交通安全最主要的法律仍是道交條例及刑法。在這期間，道交條例經過41次的條文修正（自1986年5月21日的第五次修正公布之後，至2024年5月29日的第四十六次修正公布爲止，共歷經41次的修正），刑法於公共危險罪章增訂處罰酒後駕車、肇事逃逸的條文，並經過三次修正，但無論如何修正，所採用的幾乎都屬於「嚴懲重罰」策略，採用其他管理策略者，可謂微乎其微。此外，在法律增修訂的變革過程中，其主要的執法者可說就是警察，透過警察強力的執法，來嚇阻駕駛人酒後駕車及其他交通違規等行爲，以達到改善交通安全之目的。若以對駕駛人管理策略的屬性而言，可說仍是一種「嚴懲重罰」的嚇阻策略。但若一味偏重於「嚴懲重罰」（即交通執法），而忽略其他根本的管理策略，其終究只是一項治標而不能治本的策略，則臺灣交通不夠安全的體質，仍將難獲改善，進步空間將仍有限。從最近八年或九年觀察，事故死亡人數即一直徘徊在3,000人上下，可見「嚴懲重罰」的手段，幾乎已用盡了。

除「嚴懲重罰」的治標手段外，更需要根本的管理策略來作爲基礎，這些根本的管理策略，諸如需要交通工程（如交通設施之設置，應人本、安全、明確、適當等）、交通教育（如一般教育、養成教育、防衛駕駛教育等）、交通監理（如駕照管理制度等）、交通保險（如歸屬駕駛人，而非歸屬車輛所有人等）等策略之整體改革與配合，但這些治本的管理策略牽涉跨部會，亟需行政院整合與執行，方足以致之。然而，行政院並不重視！怎麼辦？

3. 最高指導原則的「院頒方案」不是法律，曾遭糾正，也缺乏監督，怎麼辦？

「院頒方案」，是指行政院核頒的「道路交通秩序與交通安全改進方案」，自1982年開始頒布，每四年爲一期，目前已頒布到第14期（即2023年至2026年）。該院頒方案一直以來都是交通治理時之最高指導原則，但它卻不是法律，同時也缺乏立法院的監督，故其成效是好或不好，只有交通部負責的部門自己清楚，就連交通部部長、行政院很可能都不清楚。因此，也不會督促負責的交通行政機關進行整體的、積極的改善。在各級民代也缺乏交通專業背景的前提下，當然也不知道關鍵原因出在哪裡，更提不出專業的質詢，以達監督效能。

職是之故，於2018年時，行政院及其核頒的「院頒方案」，即遭到監察院的糾正：「未善盡督促……之責，核有怠失[10]。」但由於「院頒方案」不是法律，也缺乏專業或長期關心的民意代表來監督，故雖已遭到糾正，但是行政院對於預防「交通戰

10 監察院，歷史新聞稿，2018年11月13日。

爭」的策略還是依然如故！仍僅止於口頭上重視！依舊缺乏整體且根本的治理機制，還是難以預防「交通戰爭」！怎麼辦？怎麼辦？

（四）小結

綜上，筆者因而發起一個心願：「仿效日本，倡議制定交通安全對策基本法」，來改良（革）臺灣很不安全的交通體質。

二、本法倡議之理由：治理策略跨部會、亟需行政院統御

（一）促動主政者發出悲心（即關心或重視），因為悲心是促成法案之重要關鍵

1. 說明「交通戰爭」的嚴重性

參見前述。

2. 舉例交通發展史中，因促動主政者發出悲心，而成功制定法案的故事

(1) 日本，交通安全元年（1971年）的經驗：因天皇與首相的關心與重視

日本，因天皇與首相的關心及重視，於1970年即完成制定交通安全對策基本法；1971年6月開始實施後，事故死亡人數即從1.68萬人（1970年）降爲2,610人（2022年），效果非常顯著。

A.緣起：1970年，因日本天皇與首相的關心及重視，而發動改革。

(A) 日本史上車禍死亡人數最多的一年是1970年，近1.68萬人。

(B) 日本天皇發現「1949年至1970年車禍死亡比二次大戰戰死的人還多」，乃請首相發動改革措施。

B.完成制定：1970年即完成制定交通安全對策基本法（昭和45年第110號法律）。

日本交通安全對策基本法的內容中，含有如下的四種關鍵機制，筆者於倡議時，最常說明者是(B)、(D)這兩種：(A)明確各機關之權責；(B)設置「國會監督機制」；(C)三級政府，各設置「交通安全對策會議」；(D)行政機關擬定中程（每5年）、近程（每年）之安全計畫。

C.成效卓著：1.68萬人（1970年）→3,904人（2016年）→2,610人（2022年）

(2) 臺灣，交通安全元年（1997年）的故事：因總統、臺北市長的重視

A.柯媽媽（柯蔡玉瓊）推動制定強制汽車責任保險法的故事

(A) 標題：柯媽媽（柯蔡玉瓊）因喪子之痛，轉憤怒爲大愛，推動制定強制汽車責任保險法，歷經約八年的奮力不懈，最後因總統李登輝的召見而通過了。

(B) 故事[11]：柯媽媽（柯蔡玉瓊）就讀東海大學的兒子，於1989年6月28日，在路寬僅5.7公尺的鄉間小路上行走時，被疾駛而來的聯結車輾斃。當時聯結車司機暨所屬的運輸公司，僅願意以「行情價」的80萬元理賠。柯媽媽在喪子之痛的情況下，將憤怒、報復轉爲大愛，以一個僅有小學學歷、家庭主婦的身分，組成「中華民國車禍受難者救援協會」，並開始倡議制定改革交通安全、保障車禍受難者權益的強制汽車責任保險法。

草案在1992年進入立法院，卻就這樣躺著不動了！爲什麼呢？因爲該法案若通過，交通運輸業主將負擔更多的運輸成本，故運輸業者就遊說國會的立法委員加以阻擋。當時國民黨的黨鞭廖福本曾一度許諾柯蔡玉瓊，黨團會在1994年7月15日完成立法，但到了那天，承諾跳票了。

柯蔡玉瓊爲了向立法院施壓，於1994年和1995年發動過絕食行動，帶著棺材、長期幾乎每天在立法院前的中山南路進行抗議，她是咬著牙像「牽大象過河」般地向立法院表達訴求。

當時的總統李登輝注意到這位努力不懈的母親，於1996年11月13日接見柯蔡玉瓊，同樣在盛年失去兒子的總統，對柯蔡玉瓊的痛苦感同身受，對她說道：「我的心，被妳無私的心所感動。」並以國民黨主席身分指示立法院黨團盡快讓此案過關。

1996年12月13日，距離李登輝與柯蔡玉瓊的會面剛好一個月，強制汽車責任保險法三讀通過，並於1997年開始實施。

B. 兩名警官之死、市長陳水扁的重視，促動每年救了500人的故事

(A) 標題：推動「流汗總比流血好」的警官遭立法院副院長質疑官商勾結，導致六年未修之道交條例而未通過三讀。四年後，1996年10月，由於兩名警官的因公死亡、一名北一女學生之死，以及臺北市長陳水扁的重視，因而促動了10年未修之道交條例於三個月內完成修訂。因此，自1997年起，連續三年，每年都挽救了約500人，約近千個家庭。

(B) 故事：臺灣交通事故的死亡人數，於1987年至1996年之間，都是在7,000人以上，但這10年內，道交條例都沒有修正。於1994年時，臺北市政府警察局交通大隊長李振光推動「流汗總比流血好」，騎乘機車未戴安全帽必須接受處罰之條文，於二讀逐條討論時，因當時的立法院副院長質疑李大隊長「條文尚未通過，爲什麼安全帽的廠商已開始製作，是否有官商勾結之嫌？」而未

[11] 本故事節錄自網路媒體：故事>首頁>一位母親的大愛讓她撐過八年奮戰，最終促使強制汽車責任險立法成功，故事，https://storystudio.tw/article/gushi/compulsory-automobile-liability-insurance/，最後瀏覽日期：2024/1/19。

進入三讀。後來，證實李大隊長是清白的！但該期間，立法院少挽救了近萬條人命及數萬個家庭！爲政者、爲官者著實應謹言慎行，萬事不離因緣果報之理！

1996年10月，臺北市南港警察分局的劉如倫副分局長、黃國勝組長（筆者的同學）於晚上督勤，開巡邏車經過路口時，被酒駕者的吉普車攔腰撞上，兩名警官於天亮前，均已不治。時任臺北市市長的陳水扁說：「國家要培養兩名優秀的警官，多麼不容易！這是國家的損失！酒駕必須加以預防！」立即指示當時的大隊長何國榮對酒駕者「開始取締」。約隔一週，一名北一女的同學走在人行道上又被酒駕者撞死，陳水扁又說：「北一女的同學，是很優秀的！是國家未來的主人翁！這是國家的損失！酒駕必須加以預防！」立即再要求何大隊長對酒駕者「加強取締」。

這兩則新聞，媒體大爲報導，引起立法院注意，所以不但促動修訂處罰騎乘機車未戴安全帽、處罰酒駕等共38個條文，而且10年未修的道交條例於三個月內也快速通過三讀。新法三讀施行後，並促使警政署大量地、持續地採購酒精測定器，提供第一線的警察使用。因此，自1997年起，每年都救了約500人，持續三年，效果非常顯著！

（二）說明道交條例的處罰手段（即交通執法）幾乎已用盡！

以下將臺灣每年車禍死亡人數[12]、當年道交條例修法（執法）的條數，製成「圖1車禍死亡人數VS.道交條例演進關係圖」、「圖2車禍死亡人數VS.道交條例演進關係說明圖」。從圖1、圖2可發現，道交條例沒有修法，車禍死亡人數就沒有下降；一旦修法，車禍死亡人數就明顯下降；但自2016年之後，處罰手段就用盡而無效了！

茲將道交條例修法歷程，對應當年車禍死亡人數的情形，分爲「口號無效期（1987年至1996年）」、「引發修法期（1997年至2002年）」、「依賴處罰期（2002年至2006年）」、「對症處罰期（2007年至2015年）」、「傷亡徘徊期——處罰已用盡（2016年至2021年）」等時期，並簡單說明如下（參見圖1、圖2）：

1. 口號無效期（1987年至1996年）：10年未修法，死亡人數史上最高！

臺灣車禍的死亡人數，於1987年至1996年之間，都是在7,000人以上，因爲這10年是用口號在治理，道交條例一條也沒有修正。這些口號，例如交通安全年（1991年）→交通禮讓年（1992年）→交通守法年（1993年）→交通自律年（1994年），從圖1、圖2中，可以發現「口號治理是無效的！」

---

12 衛福部公布的名稱爲「機動車交通事故」死亡人數，本文爲方便製圖時使用，故於圖1、圖2中暫以「車禍」死亡人數稱之。

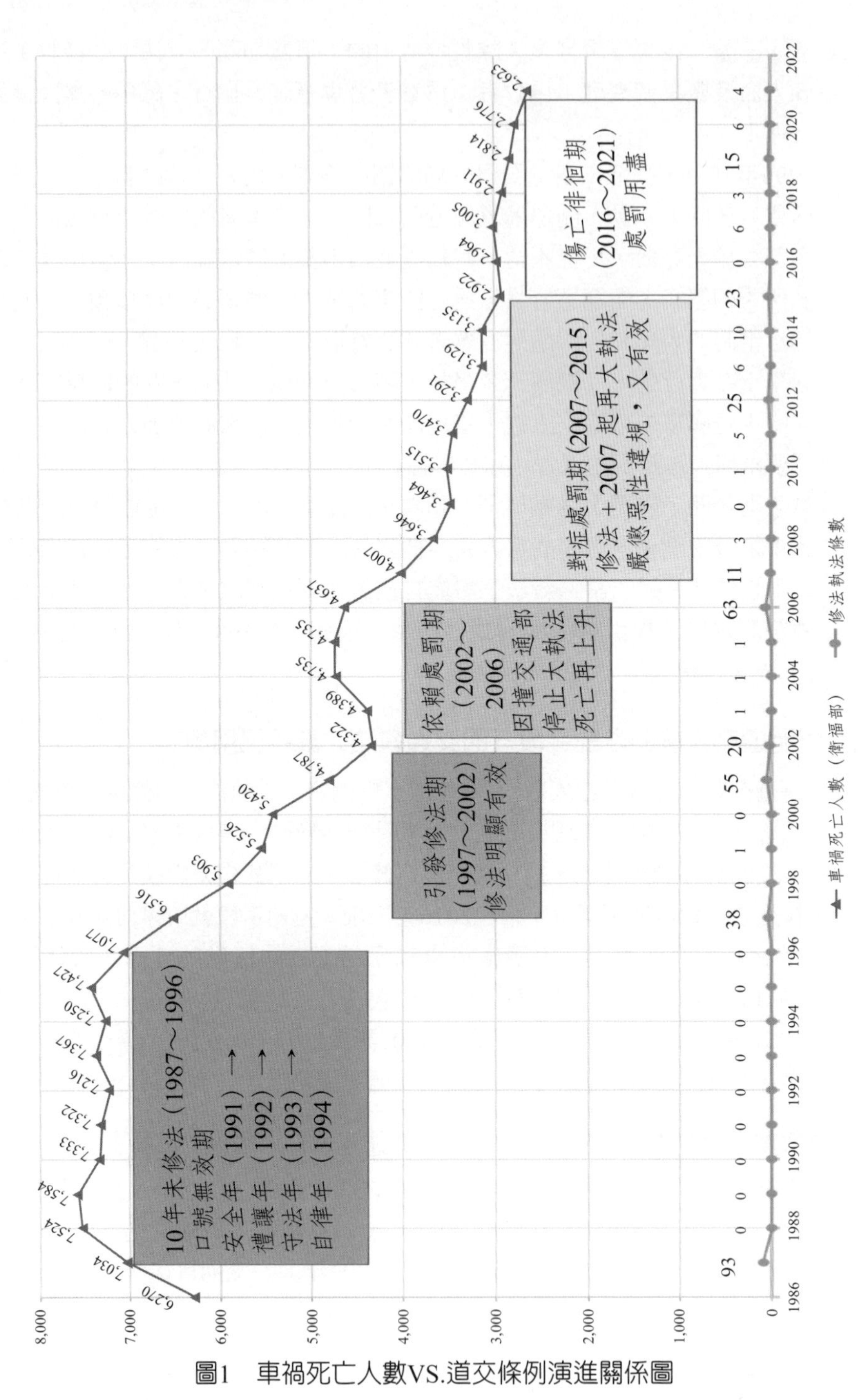

圖1 車禍死亡人數VS.道交條例演進關係圖

註：臺灣過去完全依賴道交條例之「處罰」。

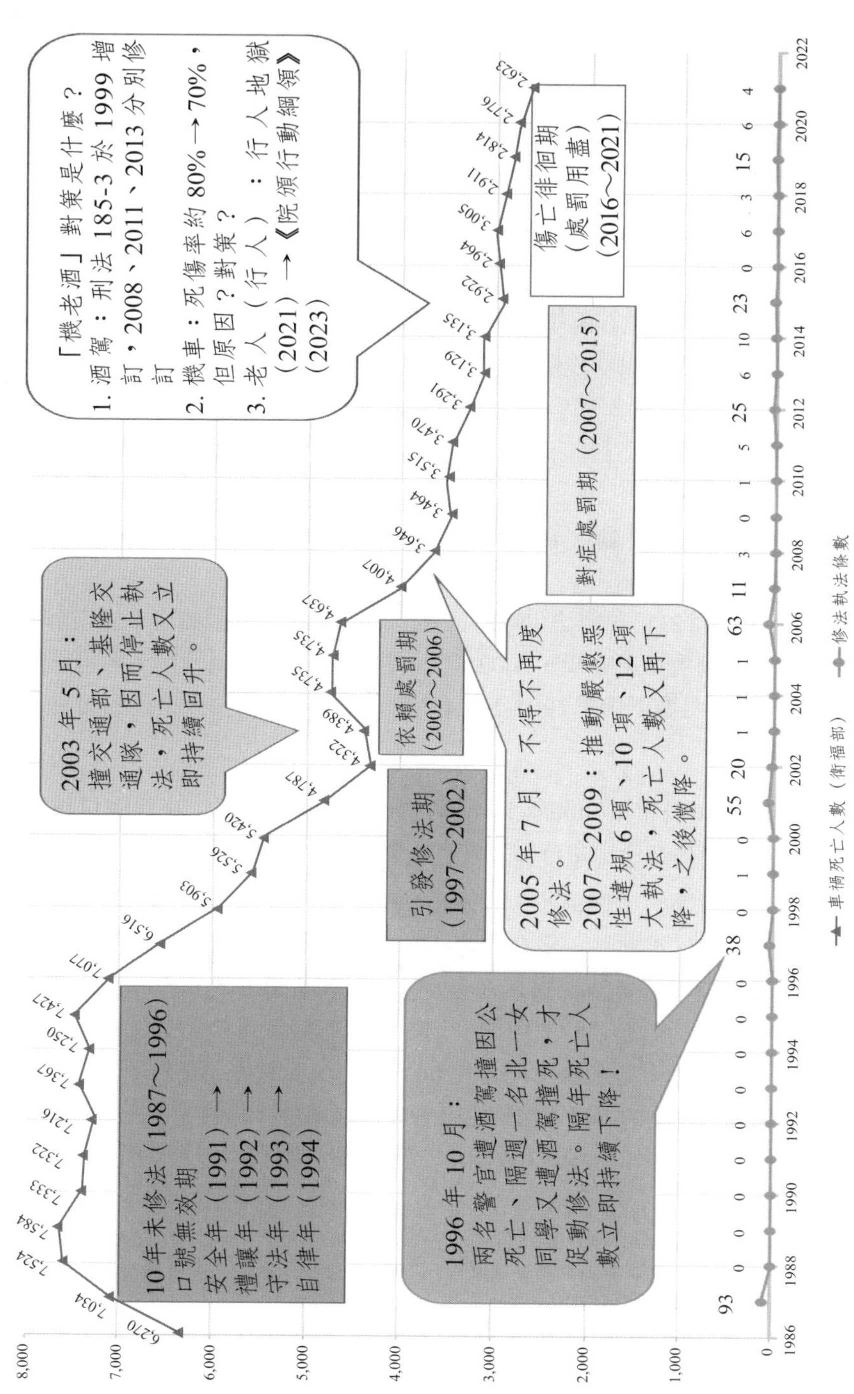

圖2　車禍死亡人數VS.道交條例演進關係說明圖

註：臺灣過去完全依賴道交條例之「處罰」，但已無效！

此10年期間，臺灣的經濟正突飛猛進，人均所得大爲提升，車輛總數也從1987年的770萬2,150輛（汽車174萬3,396輛，機車595萬8,754輛），增加到1996年的1,427萬3,465輛（汽車498萬9,551輛，機車928萬3,914輛），10年期間約增加一倍。也因爲道交條例於這經濟快速成長的10年間，未跟著時勢進展而作適時修正，所以這10年間，是臺灣交通史上每年死於交通事故人數最高的年代，都在7,000人以上，最高爲1989年的7,584人。

2. 引發修法期（1997年至2002年）：警官之死引發修法重罰，明顯有效！

躺在立法院10年的道交條例，於1996年10月，終因臺北市兩名警官之死、市長陳水扁的重視[13]，才促動本條例之立即修法；或許也因11月總統李登輝接見柯蔡玉瓊[14]，本條例即於年底迅速修正通過。

本條例於1996年底，於三個月內，修正38個條文，並於1997年開始執行，執法結果發現「車禍死亡人數，當年立即減少561人，連續三年，每年也都約減少500人」，效果顯著！

又，1999年4月21日，刑法也增訂第185條之3，用以處罰酒後不能安全駕駛者。2001年，道交條例再修正55條，2002年又再修正20條，車禍死亡人數也分別從2000年的5,420人，再明顯下降爲2001年的4,787人、2002年的4,322人，可見「修法重罰，明顯有效！」

3. 依賴處罰期（2002年至2006年）：導致2003年撞交通部、交通隊以抗議執法過當，政府因而暫停執法，年度車禍死亡人數因而再度上升

由於「修法重罰，明顯有效！」而且2002年事故死亡人數爲25年來新低，所以政府就更迷信執法（重罰），警察也就更強力地執法[15]，以達到嚇阻違規的作用。但因爲交通工程（或交通管制設施）、交通教育（與宣導）沒有作整體的配合改善，因此警察執法過當的問題就時有所聞。例如司法不服案件於2002年突然增加一倍、2003年警察出庭作證率高達88%。到了2003年5月，竟然發生駕車撞交通部、基隆交通隊來抗議已無法謀生的事件。政府因而暫停嚴厲執法，事故死亡人數也因而持續回升了四年；後三年，每年約回升300多人（參見圖1、圖2）。

---

13 參見本文二（一）2.(2)台灣，交通安全元年（1997年）的故事B.「兩名警官之死、市長陳水扁的重視，促動每年救了500人的故事」。

14 參見本文二（一）2.(2)台灣，交通安全元年（1997年）的故事A.「柯媽媽（柯蔡玉瓊）推動制定強制汽車責任保險法的故事」。

15 1998年至2001年罰款歲入編列每年增加15%，2002年增加近一倍；警察執行率均超過100%，最高達123%。2002年，舉發1,741萬件，罰款達216億元，有駕照人數約1,100萬人，平均每人1.58件違規，每人被罰1,909元。

有關當時警察執法可能過當的事項或事件，茲簡略說明如下：

(1) 司法不服案件逐年增加[16]：2002年突然升高一倍、2003年警察出庭作證率高達88%

A. 聲明異議案件逐年增加（臺北地院）：2002年突然升高一倍

2000年計376件，2001年計854件，2002年計1,662件（突然升高一倍），2003年計1,595件。

B. 抗告案件逐年增加（高等法院）：2002年突然升高一倍

2000年計285件，2001年計575件，2002年計1,126件（突然升高一倍），2003年計1,131件。

C. 2003年警察出庭作證率高達88%

警察出庭之作證率，2003年臺北地院爲1,398件／1,595件≒88%。

(2) 2003年撞交通部、基隆交通隊抗議，因而暫停嚴厲執法，事故死亡人數也因而持續回升四年（後三年，每年約回升300多人）

2003年5月，一部小貨車開到交通部大門口停車，駕駛人下車取出汽油桶，往自己的車輛淋下汽油，準備引火焚燒自己的車輛，以抗議這樣的嚴厲（過當）執法，實在讓他無法謀生了。相隔約一週至二週，又有一部計程車直接衝撞基隆交通隊，也是作同樣的抗議。

這兩個衝撞交通機關以抗議的事件，於社會上引起軒然大波，當時的陳水扁總統，於2003年6月14日中央警察大學聯合畢業典禮說：「公開提醒各縣市政府，要重視交通罰單大幅成長問題，不要爲解決財政困難而輕忽了可能引發的民怨」、「阿扁始終認爲交通罰單所引發的民怨，不在於過多或過重，而在於處罰的公平性與正當性」，政府因此而暫停嚴厲或過當的交通執法。

4. 對症處罰期（2007年至2015年）：嚴懲惡性交通違規、酒駕零容忍政策，成效顯著

2003年，民眾衝撞交通機關的事件，除迫使政府暫停嚴厲執法外，更迫使政府對道交條例進行對症下藥及大幅度的修正，這是自1988年以來，修增條文最多的一次，修增條文共計63個條文，而且於2006年7月開始施行部分條文。

2006年年底，邵曉鈴與時任臺中市長的丈夫胡志強，於11月18日在國道三號發生嚴重的追撞事故，緊接著12月3日，於嘉義梅嶺又發生遊覽車翻覆事故，釀成車上22人死亡、24人輕重傷。由於接連發生上述交通事件，故自2007年1月1日起，政府即執行「嚴懲惡性交通違規（改善交通大家一起來）」專案，重點有六項，分別爲：

---

[16] 司法院，http://njirs.dudicial.gov.tw./FJUD/index.htm，最後瀏覽日期：2008/4/27。

(1)酒後駕車；(2)闖紅燈；(3)嚴重超速（超速40公里以上）；(4)行駛路肩；(5)大型車、慢速車未依規定行駛外側車道；以及(6)蛇行、大型車惡意逼迫小車等要項。事故死亡人數立即從4,637人（2006年）降爲4,007人（2007年），成效再度顯著。

2008年7月1日起，政府再執行「強化推動嚴懲惡性交通違規」專案，重點增爲10項，除原有六項之外，再增列「騎乘機車或附載座人未依規定戴安全帽」、「逆向行駛」、「違規超車」與「左轉彎未依規定」等四項。又2008年1月，刑法第185條之3修正執行。2008年，事故死亡人數再降爲3,646人之歷史新低。

2009年1月1日起，政府又執行「加強取締惡性交通違規」專案，重點再增爲12項，除原有10項之外，再增列「違反停讓標誌、標線規定（支道車不依規定停、讓），機車行駛禁行機車道」、「機車未依規定兩段式左轉」等二項。事故死亡人數再創3,464人之歷史新低。顯然「嚴懲惡性交通違規，成效顯著」。

2011年11月，刑法第185條之3再次修正，於2012年6月起，開始「酒駕零容忍」的大執法。2012年，道交條例也修正執行25條，故當年事故死亡人數也再創3,291人之歷史新低。又，2013年7月，刑法第185條之3第三次修正執行。到了2015年，事故死亡人數首次低於3,000人（計2,922人）。研判「酒駕零容忍」的政策有其功效。

5. 傷亡徘徊期（2016年至2021年）：重罰手段（交通執法）已用盡

在圖2中，無論是從2007年至2009年這條斜率線來觀察，或從2011年至2015年這條斜率線來觀察，都發現2016年至2021年的事故死亡人數都在該兩條斜率線的上方；顯然，在2016年至2021年間，道交條例雖然有修法，但所採行的重罰手段，並無法像以往那樣的明顯有效！

又，若再從年度車禍死亡人數來觀察，也可以發現2016年、2017年都分別往上回升了42人、41人；之後的四年，才又連續降了下來，但只分別降了94人、97人、38人、153人。由於這下降的人數，不像「引發修法期（1997年至2002年）」全期、「對症處罰期（2007年至2015年）」之前二年那樣，每年幾乎都下降400人至500人那麼多；因此，本文將此期間稱爲「傷亡徘徊期」，這也隱含有「重罰手段（交通執法）已用盡」的意涵。

（三）臺灣，交通安全缺乏產生整體、有效對策的治理機制

道路交通安全的治理，必須藉由三E政策之交通工程（Engineering）、教育（Education）與執法（Enforcement）的相互配合，不能單純依賴或偏重於某一個E的政策；然而，臺灣過去以來，在治理交通安全幾乎都是依賴或偏重於交通執法的嚴懲重罰，事實上，交通執法只是治標的手段，不是治本的手段。而臺灣過去太偏重於交通執法，疏忽部分的交通工程手段，甚而幾乎完全忽略交通教育面向的政策。

組成交通的三個元（要）素是人、車、路，車輛是由「人」來製造，是「人」在開車；道路是由「人」來興建，是「人」在道路上通行；所以，在交通的治理上，是以「人爲本」，人能安全、暢通、舒適通行的「人本」治理思想，而不單只是「車爲本」，車輛能安全、迅速、舒適通行的「車本」治理思想，更不是單以「路爲本」之道路興建、交通控管等「路本」治理思想。

對於「人本交通」的安全治理而言，臺灣是極其不及格的！在臺灣，一直以來幾乎依賴道交條例及刑法在治理交通安全，而且在道交條例中，幾乎所有的法條都在規範如何「處罰」人民，只有兩條（第18條之1、第91條）有規範到「獎勵」的事項。然而，治理手段除處罰一途之外，尙有教育、宣導、獎勵、悔過、管制、監督、考核等，我們怎能像過去一樣，完全忽略處罰以外的手段，難道國家把自己的國民（駕駛人、用路者）都看成是劣根性的人，用「教育」或「獎勵」的手段已無功效，而只能用「處罰」的手段來治理嗎？對一個屬於民主法治的國家而言，這實在是一個極大的諷刺！

臺灣，由於道交條例處罰手段（即交通執法）幾乎已用盡，因此更需要根本的治理策略來打基礎，這些根本的治理策略，諸如交通工程面（如交通設施之設置應人本、安全、明確、適當等）、交通教育面（如一般教育、養成教育、防衛駕駛教育等）、交通監理面（如駕照管理制度改革、獎勵優良駕駛人制度等）和交通保險面（如歸屬駕駛人，而非歸屬車輛所有人等），需要整體改革與配合。但這些有效對策的施行，涉及權責、民意、先後、預算、計畫、時程、監督、檢核等機制，而這產生有效對策的機制，在臺灣，目前的道交條例、公路法、「院頒方案」或其他法律是不完整的，也無法一次修正到位的！更是欠缺的！

故，我們需要仿效日本，制定交通安全對策基本法！

（四）產生對策的機制，應為法律，而且行政院應加以統御，並受監督

前已述明，臺灣治理交通安全的最高指導原則爲「院頒方案」，該「院頒方案」雖有涉及安全對策產生的機制，但仍有以下重要的缺失，無法發揮眞正治理交通安全的功能。

1. 「院頒方案」，不是法律，也缺乏國會的監督，當功能不彰時，將仍然停滯不前，也仍是乏人問津，交通戰爭循環不已。
2. 行政院因「院頒方案」，於2018年曾遭監察院糾正，「未善盡督促……之責，核有怠失」，但行政院仍然缺乏改善的機制，交通戰爭循環不已。
3. 交通治理策略跨部會，交通部已無能爲力，行政院缺乏統御的機制：

(1) 例如道路的主管機關

於公路是交通部，於市區道路（含騎樓）是內政部，於工業園區者是經濟部，而

於科學園區者則又是科技部等。此外，主管道路的興建維護、車道布設、交通設施、路樹植栽、路邊土地使用等事權，分散於相關的部會或機關，交通部要能完整地統合，費時費力，故容易出現交通安全上的漏洞而乏人改善。

(2) 例如交通安全教育的主管機關

在交通安全教育的一般教育內容中，中小學生需要嗎？若需要，要教什麼？教幾個小時？又，交通一般教育的主管機關是教育部還是交通部？若是教育部，那教師、教材或教案在哪裡？時數如何配置？現有學程容納得下嗎？哪一年要開始實施？交通安全的一般教育，是長期以來被忽略的問題，而這問題，於交通部是無法統合，故需要行政院出面來處理。

(3) 再如交通保險的內容與主管機關

A. 保險對象：以駕駛人爲保險對象方屬合理，也是國際趨勢，而非如現在之以車輛所有人爲保險對象。

B. 保險社會責任：

(A) 保險理賠：目前，保險公司不但有鼓勵發生事故者去「車鑑會鑑定」的情形，更有未積極服務發生事故之保戶的情形。

(B) 保險教育：對於接受保險教育者，可減少保費，以鼓勵駕駛人來聽課，以預防事故之發生。

C. 保費增減：事故發生後，若需承擔肇事責任者，當其受有保險理賠後，則其翌年保費的增加，應讓駕駛人「有感」，以增加他日後的注意義務；同理，一直未肇致事故而受理賠者，其保費的減少，也應讓駕駛人「有感」，以鼓勵他持續優良的駕駛行爲。

D. 交通保險的主管機關：有關交通保險的主管機關是行政院所轄之金融監督管理委員會（以下簡稱金管會），但交通安全並非金管會的職掌，因此，與交通安全有關之交通保險的改革，行政院若不主動介入，則幾乎就難上加難。

貳、內容解析：本法之制定——慈悲心之彙整

一、本法制定過程：0820還路於民大遊行，迫使先通過

（一）促成本法制定的四大因素

本法從倡議制定到三讀通過的時間，不到三年，之所以能這麼快速制定本法，主要的因素是：

1. 立法委員游毓蘭的關心與重視。
2. 《CNN Travel》記者對「行人地獄」（living hell traffic）的引用與報導，並引起國人廣泛的討論與重視。

3. 朝野各黨委員的紛紛提案審議。
4. 「0820還路於民大遊行」的迫使。

（二）以大事記來說明促成本法制定的過程

本法從2021年2月8日發出倡議的心願開始，到2023年12月1日本法三讀通過完成制定爲止，共計二年10個月。以下將這段期間筆者的大事記簡述於下，以說明促成本法制定的四大因素：

1. 立法委員游毓蘭的關心與重視，創先提出草案，通過審議

2021.2.8—學術著作完成後，前往花東旅遊與訪視車禍受難者，在花蓮警光山莊向夫人表達「要來倡議制定臺灣版的交通安全對策基本法的心願」，獲得夫人的支持。

2021.9.8—於游毓蘭委員舉辦的第一次交通公聽會——「交通管制設施、交通執法及機車路權探討」，以講故事的方式，將日本交通安全對策基本法制定的緣起與成效進行說明，引起游委員及與會者的注意。

2021.9.23—拿到日本交通安全對策基本法最新版的翻譯條文[17]。該翻譯條文是游毓蘭委員公開徵詢，國家運輸安全調查委員會委員葉名山教授於隔日提供，提供的條文由許華欣於二日內參考翻譯完成。

2021.10.15—以〈他山之石，可爲借鏡——日本交通安全改善機制簡介〉的專文，完成游毓蘭委員的交辦，作爲游委員質詢或提案的參考。

2021.12.24—委員游毓蘭等23人擬具交通安全基本法草案，向立法院提案提請審議，獲得通過。

2022.3.8—於「新路新法新思維，有你有我有安全——交通安全基本法」游毓蘭委員公聽會，把臺灣爲什麼要制定交通安全（對策）基本法的原因、日本交通安全對策基本法的重要內容作一說明，並以「悲心（關心或重視）是形成法律的重要關鍵！」來邀請與會者「同發悲心，立交安法，救人生命，守護臺灣」（與會者包含各政黨如邱臣遠委員、重要官員、學者、專家，以及社群媒體網紅）。

於會後聊天時，筆者問游委員：「委員，這沒有選票，您爲什麼要催生交通安全基本法？」委員回：「啊！死了這麼多人了！不然，臺灣要怎麼辦！」

2022.3.25—臺灣民眾黨黨團擬具交通安全基本法草案，向立法院提案提請審議，獲得通過。

---

[17] 日本交通安全對策基本法，參考本章最末所附法條。

2.《CNN Travel》記者對「行人地獄」的報導，引起國人的討論與重視

2022.12.7—《CNN Travel》記者對「行人地獄」的引用與報導，引起國人廣泛的討論與重視。

媒體接二連三地報導行人遭撞、通道受阻、學童通行安全驚魂等相關新聞，更引起全民，尤其是公民的關注。

3. 朝野各黨委員紛紛提案審議

2023.5.5—臺灣民眾黨黨團擬具道路交通安全基本法草案，向立法院提案提請審議，獲得通過。

2023.5.5—委員陳歐珀等22人擬具道路交通安全基本法草案，向立法院提案提請審議，獲得通過。

2023.5.5—委員羅致政等25人擬具道路交通安全基本法草案，向立法院提案提請審議，獲得通過。

2023.5.19—委員陳椒華等18人擬具道路交通安全基本法草案，向立法院提案提請審議，獲得通過。

4.「0820還路於民大遊行」的迫使

2023.5.8—臺南三歲女童與母親於斑馬線遭撞，一死一傷，喚醒政府與社會的重視。

2023.5.14—交通部稱：「交通安全基本法下會期送立院」（本會期無法送立法院）。

2023.5.25—游毓蘭委員公布「交通部：交通安全基本法下會期送立院」的新聞（2023.5.15，聯合新聞網），並公告「下周一上午9:00，立法院中興大樓101會議室，游毓蘭、陳椒華、邱臣遠聯合記者會，呼籲行政院【改善交通安全，不要只會打假球，速速送審交通安全基本法】」。

2023.5.25—總統蔡英文臉書出現「以人爲本，行人優先！交通安全行動綱領4大面向」的海報及說明。

2023.5.29—參加游毓蘭、陳椒華、邱臣遠委員的聯合記者會，以「行人地獄的解方：交通基本法」爲題，呼籲行政院【改善交通安全，不要只會打假球，速速送審交通安全基本法】。會後，與兩位社群網紅交換心得，並談到「0820還路於民大遊行」事宜。

5.「0820還路於民大遊行」前三日，行政院、蔡總統、總統候選人的回應

2023.8.17—行政院院會，院會後記者會：「行政院會擬通過道路交通安全基本法設立零死亡願景」。

2023.8.17—總統蔡英文臉書：「下了車，我們都是走路的人！……推動《道路交通安全基本法》；……落實行人交通安全改善，由工程、教育、監理、執法面著手；……完善公共運輸系統。……逐步朝向『人本交通』的國家前進。」

2023.8.18—媒體報導四位總統候選人都會去「0820還路於民大遊行」，賴清德原本指派代表參加，於昨日回應親自參加。

2023.8.20—「0820還路於民大遊行」https://www.visionzero.tw/parade。

★由於「0820還路於民大遊行」人民的力量，使得交通安全基本法原本於下會期才送立院，於今又重新燃起希望，不但可能於本會期送立院且通過，而且行政院也已通過行人交通安全政策綱領，除提出道路交通安全基本法草案，也預計半年內成立院級交通安全會報，並已逐步朝著道路交通安全基本法的方向在邁進了。

★感謝人民的力量助我完成心願！

★祝願臺灣「交通零死亡」的目標早日達成！

2023.10.18—立法院第10屆第8會期交通委員會召開道路交通安全基本法草案公聽會，受邀擔任出席與會之學者，登記爲第一個發言者。以「感恩與建言」爲題，提出三項建言：

建言1：這部法律，臺灣已等20年了！可以「先求有，再求好」。

建言2（建議本會期應增設）：請仿日本納入人民的監督與參與，於草案至少應增設「向國會報告」之監督機制。

建言3（可日後再增設）：本草案尚有許多進步的空間，如：(1)交通事故原因調查之措施、科學根據仍不足；(2)第三章「道路交通安全計畫」、第四章「道路交通安全會報」仍有問題[18]。

2023.12.1—立法院三讀通過制定道路交通安全基本法[19]。

（三）制定過程中，筆者心念的淨化——從抱怨轉化為祝願

1. 尚未發出倡議前的心念：幾乎是完全的抱怨！

抱怨政府的主政者、有權者，爲什麼都沒有眞正用心想來停止這一場「交通戰爭」呢？當時我抱怨著，「日本政府能，爲什麼我們臺灣不能？」每談到或想到有效的對策、輕而易舉的措施，但政府就一直不啓動時，筆者就會發出責怪政府的語意，並自以爲像狗吠火車那樣的無奈，而爲臺灣悲嘆！

---

18 當天也得知，行政院的承辦人爲交通部新到職的陳瑋澤，陳瑋澤正好是筆者於中央警察大學帶了四年的導生。從他口中得知，這段期間他很辛勞，但也學習很多。

19 當晚，陳瑋澤特別以LINE訊息先告訴筆者。

2. 發出倡議時的心念：將抱怨轉化爲慈悲心，何不從我開始呢！

日本的交通安全對策基本法、本法草案，早在20年前即由中央警察大學蔡中志教授所整合的研究團隊將它送進交通部[20]；我如果繼續抱怨政府爲什麼不啓動、繼續哀怨像狗吠火車那樣，政府就會前進嗎？想想：「自己也在警察大學教書，也算是政府中的一員，既然升等專著已經撰寫完成了，那我何不來倡議仿效日本來制定呢？」幾番思考後，雖然不知終點在何處，但總覺得希望就在眼前，而且這是一條值得走下去的路。因此，倡議的心願就產生了。

3. 倡議過程中，抱怨心念再次的淨化

2023年5月25日於游毓蘭委員的群組獲知「交通部：交通安全基本法下會期送立院」的新聞，也得知行政院原本應允本會期送立法院。於群組上回應意見時，「政府敷衍騙人」、「狗吠火車」的哀怨心態，及重力批判的用語竟然又不知不覺地浮現出來；於回應意見發出之前，在調順語意之時，幸好有及時發現「持續這樣的抱怨，沒有用的」「何不以柔和的心，將抱怨轉爲祝願」。自此之後，筆者的發言或用字，那份悲憫又祥和的影響力就稍微能顯現了。

「0820還路於民大遊行」所呈現的力量，正是這份悲憫又祥和的影響力，由於現場二萬至三萬人暨不在場無數人之這份慈悲心的彙整，因而也促動了蔡總統、行政院院長、立法院院長、朝野各黨委員的慈悲心，所以，本法才能於本會期的最後時程完成制定，這正是無量慈悲心的力量！

二、臺灣「道路交通安全基本法」之介紹

（一）本法制定之內容

2023年8月17日，行政院第3867次會議決議將道路交通安全基本法草案送立法院審議。2023年10月18日，立法院第10屆第8會期交通委員會召開道路交通安全基本法草案公聽會，聽取各界之意見。2023年12月1日，立法院三讀通過制定道路交通安全基本法。

本法計有五章、28個條文，分別爲第一章總則、第二章道路交通安全基本政策、第三章道路交通安全計畫、第四章道路交通安全會報、第五章附則。茲將本法，由筆者標註條文要旨後，臚列於下。

---

20 蔡中志、吳宗修、鄭善印、曾平毅等11人，運輸安全法制、組織與政策運作機制之研究，交通部運輸研究所、中華民國運輸學會合作辦理，交通部運輸研究所出版，2003年。

道路交通安全基本法

中華民國112年12月1日制定。
中華民國112年12月15日公布。

第一章　總則

第1條（立法目的：零死亡願景）
為提升道路交通安全，確立道路交通安全基本政策及推動體制，以達道路交通事故零死亡願景，特制定本法。

第2條（共同責任：人本交通之用路環境及文化）
各級政府、事業及國民應共同維護改善道路交通安全，建立以人為本、傷害最低、公共運輸優先、緊急車輛可通行、無障礙設計及落實道路公共使用等安全之用路環境及文化。

第3條（中央政府之責任）
中央政府應制（訂）定、推動實施道路交通安全相關法規、道路交通安全政策與綱要計畫、推動計畫，並定期評估檢討及公布道路交通安全政策推動狀況。
中央政府應督導及協助地方政府，落實執行道路交通安全事務。

第4條（地方政府之責任）
直轄市政府、縣（市）政府應訂定所屬道路交通安全執行計畫，定期評估及公布檢討道路交通安全狀況。

第5條（車輛或零組件業者之責任）
車輛或零組件之製造、銷售、維修者應盡力促進、維持其製造、銷售、維修車輛或零組件之結構、設備及裝置之安全性，並遵守法令及配合相關政策。

第6條（車輛所有人之責任）
車輛所有人應依法確保使用交通工具之駕駛或操作安全，並採取必要之安全預防措施。

第7條（駕駛人之責任）
車輛駕駛人應依法進行安全檢查相關工作，並確保安全駕駛車輛，防止自己、行人及其他用路人遭受傷害。

第8條（行人之責任）
行人應遵守道路通行相關法規。

第二章　道路交通安全基本政策

第 9 條（應完善駕駛人管理制度）——人：駕照管理
中央政府為確保車輛駕駛人具備安全駕駛之技能及知識，應建立完善之駕駛人訓練、考驗及資格管理制度。

第 10 條（應調和國際車輛安全法規）——車：車輛審驗及檢驗
中央政府為提升車輛安全性，應調和國際車輛安全法規，訂定車輛安全檢測基準，並完善車輛安全審驗及檢驗制度。

第 11 條（應完備人本之安全用路環境）——路：增設安全檢核機制
各級政府為建立以人為本之安全用路環境，應完備道路交通設施、道路設計規範、道路養護與改善制度、道路交通安全法規、道路交通安全檢核機制及相關管理措施。

第 12 條（應健全汽車運輸業管理法規）——車：汽車運輸業
各級政府為提升汽車運輸業營運安全，應健全汽車運輸業相關管理法規，落實監督管理，並強化汽車運輸業安全治理。

第 13 條（各教育階段應提供道路交通安全教育）—般教育
各級政府為充實與形塑全民道路交通安全知能及文化，應於各教育階段提供道路交通安全教育，鼓勵設立道路交通安全專業機構及推廣道路交通安全宣導活動。

第 14 條（應依法執行道路交通稽查取締、處罰）
各級政府為維持道路交通安全及秩序，應依法規執行道路交通事件之稽查取締、處罰。

第 15 條（應健全緊急醫療救護體系）
各級政府為確保道路交通事故傷患之生命及健康，應健全緊急醫療救護體系。

第 16 條（應規劃辦理交通保險制度與措施）
中央政府為提升用路人之交通安全意識，應規劃辦理道路交通事故之保險制度及其他相關措施。

第 17 條（應推動交通科學技術研究與發展）
各級政府為善用科學技術提升道路交通安全，應推動與促進相關之研究及科學技術發展。

第三章　道路交通安全計畫

第 18 條（國家四年綱要計畫）——依據、統合、產生、實施與檢討機制
中央各目的事業主管機關應依第二章道路交通安全基本政策研議部門權責政策及計

畫，送交通部統合研提國家道路交通安全綱要計畫，報請行政院核定後實施。
前項國家道路交通安全綱要計畫應依據第二章道路交通安全基本政策，擬訂綜合性、長期性施政大綱與其他關於維護及提升道路交通安全施政之必要事項，並至少每四年檢討修正。

第 19 條（中央年度推動計畫）──依據、產生、辦理、配合
中央各目的事業主管機關應依前條國家道路交通安全綱要計畫，訂定年度道路交通安全推動計畫，規劃每年度應辦理之道路交通安全事項。
中央各目的事業主管機關為擬訂前項年度道路交通安全推動計畫，應相互配合提供相關職掌資料。

第 20 條（地方年度執行計畫）──依據與產生
直轄市政府、縣（市）政府每年應依第十八條國家道路交通安全綱要計畫及前條道路交通安全推動計畫，訂定年度道路交通安全執行計畫，並落實執行。

第四章　道路交通安全會報

第 21 條（行政院應召開中央道路交通安全會報與組成）
行政院應召開中央道路交通安全會報，由行政院院長召集學者專家、道路交通安全相關民間團體、政務委員、相關機關首長或代表、直轄市及縣（市）政府首長組成，協調、推動及督導全國道路交通安全事務，並審議國家道路交通安全綱要計畫。
前項會報之幕僚作業，由交通部辦理。

第 22 條（首長應召開地方道路交通安全會報與組成）
直轄市政府、縣（市）政府應召開地方道路交通安全會報，由直轄市政府、縣（市）政府首長召集學者專家、道路交通安全相關民間團體、相關機關代表組成，審議道路交通安全執行計畫及其他地方交通安全重要措施，並督導執行情形。

第五章　附則

第 23 條（應規劃及提供經費並合理分配）
各級政府為執行道路交通安全所需之政策或措施，應規劃及提供足夠經費，並視實際需要合理分配之。

第 24 條（應公布計畫、公開安全會報之會議紀錄等資訊）
各級政府應定期公布道路交通安全相關計畫等必要資訊，並精進、整合、公開道路交通安全狀況、事故統計資料及各級政府道路交通安全會報之會議紀錄，以增進人民對道路交通安全瞭解及監督。

前項道路交通安全相關計畫公布時，應同時檢討執行成效。

第 25 條（得協調有關機關提供資料或必要協助）
各級政府為執行道路交通安全業務，得協調有關機關提供資料或其他必要之協助。

第 26 條（政府應聘請專業【家】備供諮詢、得邀請民間參與）
各級政府應聘請道路交通安全維護有關之機關（構）、法人、團體代表及學者專家備供諮詢，並得邀請個人或團體共同參與，以加強推動道路交通安全相關措施。

第 27 條（相關法規之配合修定、廢止）
本法施行後，各級政府應依本法之規定修正、廢止或制（訂）定相關法規。

第 28 條（施行日期）
本法施行日期，由行政院定之。

（二）本法之新增特點（機制）

所謂的新增特點，或稱爲新增機制，是指該新增機制不但於過去是不存在的，而且於本法制定產生後，也確實才能產生新作用，用以提升道路交通安全的機制。至於那些新增條文、新增名詞，若過去政府已有在運作，只是把它規範於本法中而已，則不列爲本法之新增特點或新增機制。

至於這些新增特點或新增機制，主要如下：

1. 第一章總則：明定事故零死亡爲願景、人本交通爲理念

能將事故零死亡的願景、人本交通的理念明定於條文中，尙屬創新；惟宣示作用可能大於實質的效益。雖然如此，仍具有引導之作用，值得肯定。未來，若未積極轉化爲具體明確的政策，恐將淪爲口號。

2. 第二章道路交通安全基本政策：新增兩項重要政策

(1) 新增道路交通安全檢核政策

參見第11條，但這要看各級政府於未來是如何設計、規劃與實施，否則恐也將淪爲口號。

(2) 新增應於各教育階段提供道路交通安全教育之政策

參見第13條，這是國內很需要，但卻缺乏長期的政策與作爲。但願本法立法之後，於第21條新增的由行政院所召開之中央道路交通安全會報上，有創新的決議，並列入國家道路交通安全綱要計畫中，規範各級政府加速執行，以挽救全民道路交通安全知能，以及形塑較優質的交通文化。

3. 第三章道路交通安全計畫：明確劃分為綱要計畫、年度計畫

(1) 綱要計畫

全稱爲國家道路交通安全綱要計畫，簡稱爲綱要計畫，參見第18條。各部會依權責政策研議計畫，由交通部統合研提綱要計畫，報請行政院核定後實施，至少每四年檢討修正。

有關這項綱要計畫的規範，幾乎等同於現行的「院頒方案」。若要能較現行的「院頒方案」產生更大力量的話，則端視第21條新增的由行政院所召開之中央道路交通安全會報的功能而定。

(2) 年度計畫：中央之年度推動計畫、地方之年度執行計畫

中央機關應依綱要計畫訂定年度推動計畫（簡稱推動計畫），參見第19條。地方政府應依綱要計畫、推動計畫訂定年度執行計畫，並落實執行（簡稱執行計畫），參見第20條。

4. 第四章道路交通安全會報：新增兩項重要且關鍵之機制，但疏漏何時召開會議之規範

道路交通安全會報（簡稱交安會報），乃臺灣目前道路交通安全能否提升或改革之關鍵力源，而其效用主要關係到政府首長重不重視？公民有沒有參與公共政策的機會？以下將這兩項重要且關鍵的機制，略作說明：

(1) 明定交安會報由行政院院長、地方政府首長召集之

A. 明定中央道路交通安全會報應由行政院院長召集：中央道路交通安全會報（中央交安會報），於本法制定之前，是由交通部召集，由於提升交通安全的政策與事項，涉及跨部會。長期以來，交通部都難以整合，功能不彰。本次於制定本法時，於第21條第1項規定：「行政院應召開中央道路交通安全會報，由行政院院長召集學者專家、道路交通安全相關民間團體、……組成，協調、推動及督導全國道路交通安全事務，並審議國家道路交通安全綱要計畫。」於交通安全治理機制上，算是一個比較大的突破，也可能因此而明顯減少事故的發生量與嚴重程度。

B. 明定地方道路交通安全會報應由地方政府首長召開：地方道路交通安全會報（地方交安會報），於本法制定之前，地方政府首長重視者則親自召開，不重視者則交由副首長或二級主官召開。本法於制定時，於第22條明定：「直轄市政府、縣（市）政府應召開地方道路交通安全會報，由直轄市政府、縣（市）政府首長召集學者專家、道路交通安全相關民間團體、相關機關代表組成，審議道路交通安全執行計畫及其他地方交通安全重要措施，並督導執行情形。」也算是注意到這個機制的重要且具關鍵性。

(2) 明定交安會報之組成應包含學者專家、民間團體（公民參與）

於中央並應包含學者專家、民間團體、地方政府首長；於地方也應包含學者專家、民間團體。

A.中央交安會報之組成：包含各地方政府首長

由第21條得知，行政院應召開中央道路交通安全會報，由行政院院長召集學者專家、道路交通安全相關民間團體、政務委員、相關機關首長或代表、直轄市及縣（市）政府首長組成。於草案時，縣（市）政府首長並不是成員，於制定本法時，才彌補增加上來。

B.地方交安會報之組成：也應包含學者專家、民間團體

由第22條得知，直轄市政府、縣（市）政府應召開地方道路交通安全會報，由直轄市政府、縣（市）政府首長召集學者專家、道路交通安全相關民間團體、相關機關代表組成。

5. 第五章附則：新增公布計畫、公開交安會報會議紀錄的機制，以增進人民對道路交通安全的瞭解及監督

三、日本「交通安全對策基本法」之介紹

（一）本法制定之內容

昭和45年（西元1970年）第110號法律，制定交通安全對策基本法。經過九次的修正[21]，目前本法全文[22]後附，計有五章、39個條文：第一章總則（第1條至第13條）、第二章交通安全對策會議等（第14條至第21條）、第三章交通安全計畫（第22條至第28條）、第四章交通安全的基本措施：第一節國家政策（第29條至第37條），第二節地方公共團體之措施（第38條）、第五章其他（第39條）。

（二）本法之重要機制

日本交通安全對策基本法的內容中，含有如下四種關鍵機制，筆者於倡議時，最常說明者是下列第二種、第四種：

---

21 日本，交通安全對策基本法，若依附則之紀錄，是共經過了九次的修正；而其修正的日期與法律號則分別爲：1.昭和46年6月2日第98號法律；2.昭和50年7月10日第58號法律；3.昭和58年12月2日第80號法律；4.平成11年7月16日第102號法律；5.平成11年12月22日第160號法律；6.平成18年5月17日第38號法律；7.平成23年8月30日第105號法律；8.平成25年6月14日第44號法律；9.平成27年9月11日第66號法律。

22 日本交通安全對策基本法，許華欣參考翻譯，2021年9月22日上午10時起譯，9月23日下午4時譯畢。

1. 明確各機關之權責

明定國家、地方政府、道路設置者、車輛製造者、車輛使用者、駕駛員、行人、居民等有助於交通安全的責任。

2. 設置「每年向國會報告機制」

第13條規定：「政府應每年向國會提交交通事故情況報告、交通安全措施計畫及交通安全措施概要。」

3. 三級政府（中央、督道府縣、市町村），各設置「交通安全對策會議」

(1) 中央政府：於內閣府設立中央交通安全對策會議（第14條）

A. 掌管事務

(A) 制定交通安全基本計畫，並推動實施。

(B) 進行審議規劃交通安全相關重要綜合措施，並推動措施落實。

B. 組織結構：中央交通安全對策會議設置會長與委員（第15條）

(A) 會長由總理指派。

(B) 委員由以下資格成員擔任：a.內閣官房長官；b.國家公安委員會委員長；c.國土交通省大臣；d.前兩款人員、指派行政機關長官與內閣府設置法第9條第1項規定，由內閣總理大臣任命之。

(C) 中央交通安全對策會議有必要調查專門事項時，得設置專門委員。

(D) 中央交通安全對策會議之庶務由內閣府在警察廳及國土交通省的合作下進行彙整。

(2) 督道府縣：於都道府縣設置都道府縣交通安全對策會議（第16條）

A. 掌管事務，如：

(A) 制定都道府縣交通安全計畫，並推動實施。

(B) 審議規劃都道府縣地區陸上交通安全相關綜合措施，並推動措施落實。

(C) 對於都道府縣區域之陸上交通安全有關之綜合措施實施上，由都道府縣與指定地方政府機構及相關市町村進行整體聯絡與調整。

B. 組織結構：都道府縣交通安全對策會議設置會長與委員（第17條）

會長是由都道府縣之市所指派，委員資格成員亦均加以明定，如指定地方行政機關負責人、都道府縣教育委員會的教育長、警察局長、區域內市町村長、消防機關首長等。

(3) 市町村

設置市町村交通安全對策會議，制定市町村交通安全計畫並推動實施。

4. 行政機關應擬定長期（每五年）、每年之安全計畫

(1) 中央對策會議應制定、報告、公布長期（每五年）之「交通安全基本計畫」

第22條規定：「中央交通安全對策會議，應制定交通安全基本計畫。」對於安全基本計畫應有之內容、擬定草案之機關均有明確之規定。尤其於擬定基本計畫時，更有向上報告及公布摘要之機制。

(2) 行政機關應每年制定、報告、通知「交通安全業務計畫」

第24條規定：「應根據交通安全基本計畫指定行政機關負責人，就所掌管事務每年編制交通安全業務計畫（第1項）。」「指定行政機關負責人依據第一項規定，制定交通安全業務計畫時，必須立即向內閣總理大臣報告，並通知都道府縣知事（第3項）。」

參、綜論：本法之未來——祝願慈悲心續長養

一、結論：慈悲心是促成完成立法的關鍵因素

本法的制定，由於道交條例的處罰手段幾乎已用盡，又「院頒方案」既不是法律，而且功能不彰，更乏人監督。筆者有感於「交通戰爭」對國家安全衝擊的嚴重性，應亟思設法止戰並預防，乃發願倡議仿效日本制定本法，於向游毓蘭委員遊說後，游委員亦頗有同感，乃更積極地於2021年12月24日率先提案審議。事隔一年，2022年12月7日CNN記者對「行人地獄」作了報導，引起社會大眾廣泛的討論與重視，朝野各政黨委員亦因此於2023年5月紛紛提案審議，在「0820還路於民大遊行」眾多慈悲心的薰染下，行政院從開始研議到立法院於2023年12月1日三讀通過，大約只花七個月的時間。

一部等了20年，落後日本已50年的法律，能在短短七個月內完成制定，這完全是全民上下慈悲心力的彙整與發揮所致。但由於臺灣的「交通戰爭」很嚴重，體質（制）很不良，要進行大刀闊斧的改革或改良，一時之間也不容易。祈願國家本於此次制定本法的經驗，於日後施行時能繼續修正改良，早日達到交通事故零死亡的願景。

二、本法具體貢獻有兩項

（一）明定中央交安會報應由行政院院長召集

這機制將有利於統御處理跨部會、地方政府間的眾多交安問題，能逐步處理過去以來所累積且積重難返的問題。但由於中央交安會報並非常設、未定期向國會報告，此後仍然存著缺乏監督、人力不足等問題，因此中央交安會報的決議，仍然無法產生像日本交通已接近零死亡的情景。

（二）明定交安會報之組成應包含學者專家、民間團體

無論是中央或地方之交安會報，都如此規定，這是公民參與能協助化解問題的眞正體現。但也由於交安會報並非常設、缺乏定期開會、缺乏國（議）會監督等機制，所以，改善交通安全的效果應該有限。

三、建議：祝願，突破自以爲是，發揮慈悲心力

（一）建議1：增設「向國會報告」機制

增訂「政府應每年向國會提交道路交通事故情況報告、道路交通安全推動計畫及道路交通安全措施概要」。

（二）建議2：增訂「對交通事故研究調查之必要措施」基本政策

本法與目前現況，對交通事故研究調查之必要措施是不完整的，導致目前交通事故原因之科學根據是不足的，更導致所形成的治理對策是不夠精準而可能失焦。

（三）建議3：明確「道路交通安全計畫」之角色定位與功能

如「安全計畫」應根據「基本政策」及「交安會報」之決議，而不是僅止於第二章之「基本政策」。

又如「安全計畫」中缺乏公告、通知、報告、協調、彙整等措施之規定。

（四）建議4：增訂「交安會報」中之必要成員

如無論是中央或地方之交安會報，建議均應將警政署長或局長、教育部長或局長，列入必要與會之成員，而非僅如現在「相關機關首長」或「相關機關代表」之規定；因爲警察、教育分別與交通執法、交通教育有很密切的關係。

日本　交通安全對策基本法

昭和45年（西元1970年）第110號法律。

（許華欣參考翻譯，2021年9月22日上午10時起譯，9月23日下午4時譯畢）

第一章　總則

（目的）

第 1 條　本法明確國家與地方公共團體、車輛、船舶、航空器使用者、車輛駕駛人、船員、航空機組人員等在與交通安全有關之責任，並建立國家與地方公共團體之必要體制。並參考他國與地方公共團體措施建立交通安全計

畫，推動交通安全對策並以促進公共福祉為目的。

（定義）

第 2 條 本法相關用語，定義如下：

一、道路：依據道路交通法（昭和三十五年第 105 號法律）第二條第一項第一款所規定之道路。

二、車輛：依據道路交通法第二條第一項第八款規定的車輛，以及用於鐵路、軌道交通運輸所使用之車輛。

三、船舶：用於水上或水下航行之船舶。

四、航空器：依據航空法（昭和二十七年第 231 號法律）第二條第一項規定之航空器。

五、陸路交通：用於公路、用於鐵路或軌道進行一般運輸使用之交通。

六、海上交通：船舶交通。

七、空中交通：航空器交通。

八、船員：從事船舶操作的人員，包括《水先法》（昭和二十四年第 121 號法律）第二條第二項規定的引水人。

九、航空機組人員：指航空法第六十九條規定的機組人員。

十、指定行政機關：由內閣總理大臣指定之機關，如下：

（一）內閣辦公室和內閣辦公室設置法（平成十一年第 89 號法律）第四十九條第一項與第二項，以及國家行政組織法（昭和二十三年第 100 號法律）第三條第二項規定之機關。

（二）內閣府設置法第三十七條與第五十四條，以及國家行政組織法第八條規定之機關。

（三）內閣府設置法第三十九條、第五十五條，以及國家行政組織法第八條之二規定之機關。

（四）內閣府設置法第四十條、第五十六條，以及國家行政組織法第八條之三規定之機關。

十一、指定地方行政機關、指定行政機關之地方支分部局（內閣府設置法第四十三條、第五十七條，以及國家行政組織法第九條規定支地方支分部局），以及其他由內閣總理大臣指定之其他之地方行政機關。

（國家的責任）

第 3 條 國家以保護人民生命、身體和財產為使命，制定陸運、海運、空運安全（以下簡稱交通安全）之綜合措施，並有責任義務執行之。

（地方政府的責任）

第 4 條 地方公共團體為保護居民生命、身體和財產安全，應依照國家有關當地交通安全政策，採取措施，並根據當地實際情況制定措施，並有責任義務執行之。

（相關道路設置者的責任）

第 5 條 公路、鐵路、軌道、港灣設施、漁港設施、機場以及航空安全設施之設置者與管理者，應確保交通安全並依法設置與管理相關設施。

（相關車輛製造者的責任）

第 6 條 從事車輛、船舶與飛機（以下簡稱車輛等）之製造者與營運者，應盡力提高所製造車輛等之結構、設備和裝置的安全性。

（車輛使用者的義務等）

第 7 條 車輛等之使用者，必須依法採取必要措施，保證所用車輛等的安全駕駛或操作。

（車輛駕駛員的責任等）

第 8 條 相關車輛駕駛人（以下簡稱車輛駕駛人等）應當依照法律、法規規定進行作業檢查等，防止對行人造成傷害，並努力確保車輛安全行駛。

船員依照法律規定，必須進行離境前檢查，報告異常天氣、海況等，報告航標事故，救助遇險船舶等，並努力確保船舶安全運行。

航空機組人員依照法律規定，必須在起飛前確認和報告空中安全設施等功能故障，並努力確保安全操作飛機。

（行人的責任）

第 9 條 行人在道路上通行，必須遵守法律、法規，並盡量不對陸路交通構成危險。

（居民的責任）

第 10 條 居民必須配合國家和地方政府實施有關交通安全措施，努力為交通安全作出貢獻。

（對交通安全措施的顧慮）

第 11 條 無論是直接或間接，國家和各級地方政府應當採取有助於整個交通安全的措施。

（財政措施等）

第 12 條 政府對於實施交通安全有關之措施，應採取必要的財政或金融措施以及其他必須採取之措施。

（向國會報告）

第 13 條 政府應每年向國會提交交通事故情況報告、交通安全措施計畫及交通安全措施概要。

第二章　交通安全對策會議等

（設立中央交通安全對策會議及其掌管事務）

第 14 條 於內閣府設立中央交通安全對策會議。

中央交通安全對策會議掌管以下事務：

一、制定交通安全基本計畫，並推動實施。

二、除前款所列事項外，進行審議規劃交通安全相關重要綜合措施，並推動措施落實。

（中央交通安全對策會議之組織結構）

第 15 條 中央交通安全對策會議設置會長與委員。

會長由總理指派。

委員由以下資格成員擔任：

一、內閣官房長官。

二、國家公安委員會委員長。

三、國土交通省大臣。

四、前兩款人員、指派行政機關長官與內閣府設置法第九條第一項規定，由內閣總理大臣任命之。

中央交通安全對策會議有必要調查專門事項時，得設置專門委員。

中央交通安全對策會議之庶務由內閣府在警察廳及國土交通省的合作下進行彙整。而有關海上和空中交通安全的問題將由內閣府和國土交通省共同處理。

除前項規定外，關於中央交通安全對策委員會的組織和運作的必要事項，由政令規定。

（設立都道府縣交通安全對策會議及其掌管事務）

第 16 條 於都道府縣設置都道府縣交通安全對策會議。

都道府縣交通安全對策會議掌管以下事務：

一、制定都道府縣交通安全計畫，並推動實施。

二、除前款所列事務外，進行審議規劃都道府縣地區陸上交通安全相關綜合措施，並推動措施落實。

三、對於都道府縣區域之陸上交通安全有關之綜合措施實施上，由都道府縣與指定地方政府機構、及相關市町村進行整體聯絡與調整。

（都道府縣交通安全對策會議之組織架構等）

第 17 條 都道府縣交通安全對策會議設置會長與委員。

會長是由都道府縣之市所指派。

委員由以下資格成員擔任：

一、負責都道府縣全境或部分地區有管轄權之指定地方行政機關負責人，或由其提名之工作人員。

二、都道府縣教育委員會的教育長。

三、警察局長或道府縣警察本部長。

四、都道府縣知事從本部工作人員所提名之人員。

五、依據地方自治法（昭和二十二年第 67 號法律）第二百五十二條第一項規定，指定城市之包括都道府縣，指定城市首長或其任命者。

六、受都道府縣知事任命之區域內市町村長與消防機關首長。

七、縣知事認為有必要任命之其他人員。

都道府縣交通安全對策會議需要審議特殊事項時，設置特別委員。

除前項規定外，都道府縣交通安全對策會議之相關組織與營運和運作必要事項，根據政令規定標準，由都道府縣條例規定。

（市町村交通安全對策會議）

第 18 條 市町村可以按照本條例規定設置市町村交通安全對策會議，並制定市町村交通安全計畫並推動實施。

除前項款規定外，各市町村可以協商制定規章，並共同設置市町村交通安全對策會議。

市町村交通安全對策會議之組織架構及其掌管事務，依照都道府縣交通安全會議組織架構及其掌管事務，以及市町村條例（依據前項規定之市町村交通安全會議規定）制定。

（可要求相關政府機關合作）

第 19 條 中央交通安全對策會議、都道府縣交通安全對策會議、市町村交通安全對策會議（市町村交通安全對策會議並未設置市町村長之位置。下一條與第二十六條第一項及第五項相同）認為有必要執行所掌管事務，相關行政機關負責人（有關行政機關為委員會）與相關地方政府機關負責人，可要求有關地方政府機關與其他行政機關負責人及政府法令規定的其他關係者提供資料並進行其他必要合作。

（交通安全對策會議之相互關係）

第20條 都道府縣交通安全對策會議與市町村交通安全對策會議，對於執行掌管事務時，可與其他都道府縣之交通安全對策會議，或其他市町村交通安全對策會議進行協力合作。

中央交通安全對策會議在認為有必要履行其職責時，可以向都道府縣交通安全對策會議與市町村交通安全對策會議提出必要建議。

都道府縣交通安全對策會議認為有必要履行其職責時，可以向市町村交通安全對策會議提出必要的建議。

（都道府縣交通安全聯絡協議會——專指海上或空中交通）

第21條 都道府縣認為需要與當地有關政府機關就區域內海上交通或空中交通安全進行溝通和討論時，應遵守條例規定設置都道府縣交通安全聯絡協議會。

都道府縣交通安全聯絡協議會之組織架構與營運之必要事項，由都道府縣之條例規定之。

第三章　交通安全計畫

（交通安全基本計畫之編制與公布等）

第22條 中央交通安全對策會議，應制定交通安全基本計畫。

交通安全基本計畫應制定下列各款內容，如下：

一、與交通安全有關之全面長期策略大綱。

二、除前款所列事項外，與交通安全有關之全面推動計畫之必要事項。

國家公安委員會與國土交通大臣，在中央交通安全對策會議依據第一項規定制定交通安全基本計畫時，依據前項各款所揭應制定事項，就所掌管內容制定交通安全基本計畫草案，並提送中央交通安全對策會議。

中央交通安全對策會議依據第一項規定，擬定交通安全基本計畫時，應及時向內閣總理大臣及指定行政機關首長（指定行政機關為委員會、指定行政機關。下同）以及都道府縣知事報告並公布摘要。

交通安全基本計畫之變更，準用前兩項規定。

（內閣總理大臣之推薦等）

第23條 內閣總理大臣認為必要時，就交通安全基本計畫實施向指定行政機關的首長提出必要的建議，或報告根據建議採取的措施。

內閣總理大臣依照前項規定提出建議時，必須事先聽取中央交通安全對策會議之意見。

（每年之交通安全業務計畫）

第 24 條 應根據交通安全基本計畫指定行政機關負責人，就所掌管事務每年編制交通安全業務計畫。

交通安全業務計畫應制定下列各款內容，如下：

一、指定行政機關在該財政年度應採取之相關交通安全措施。

二、除前款所列事項外，在都道府縣區域有關陸上交通安全，於該財政年度指定地方政府與府道都縣採取計畫之基礎與事項。

指定行政機關負責人依據第一項規定，制定交通安全業務計畫時，必須立即向內閣總理大臣報告，並通知都道府縣知事。

交通安全事業計畫之變更，準用前項規定。

（都道府縣交通安全計畫、實施計畫等）

第 25 條 都道府縣交通安全對策會議根據交通安全基本計畫（限於與陸上交通安全有關之部分）制定都道府交通安全計畫。

都道府縣交通安全計畫應制定下列各款所列內容：

一、各都道府縣區域之陸路交通安全綜合之長期策略大綱。

二、除前款所列事項外，都道府縣區域之陸上交通安全措施之必需事項之全面計畫推動。

都道府縣每年度進行交通安全對策會議，由指定的地方政府機構和管轄該地區全部或部分的都道府縣採取策略計畫（以下簡稱「都道府縣交通安全實施計畫」），以確保都道府縣內地區的陸路交通安全。在這種情況下，都道府縣交通安全實施計畫不得與交通安全業務計畫（僅限於與陸上交通安全相關的部分）發生衝突。

都道府縣交通安全對策會議根據第一項規定，制定都道府縣交通安全計畫時，應立即向內閣總理大臣與指定行政機關負責人以及都道府縣進行報告，並必須通知並公布摘要。

都道府縣交通安全對策會議根據第三項規定，制定都道府縣交通安全實施計畫時，應及時向內閣總理大臣及指定行政機關負責人報告，並通知都道府縣之市町村長。

都道府縣交通安全計畫的變更，準用第四項規定；都道府縣交通安全實施計畫之變更，也準用前項規定。

（市町村交通安全計畫、實施計畫等）

第 26 條 市町村交通安全對策會議以都道府縣交通安全計畫為基礎，盡力編制市町村交通安全計畫。

未設市町村交通安全對策會議之市町村長，依照前項規定制定市町村交通安全計畫時，相關指定地方行政機關負責人與相關地方公共團體負責人必須提前做好準備並聽取意見。

市町村交通安全計畫應依以下各款所列內容：

一、市町村區域內之陸上交通安全綜合長期策略大綱。

二、除前款所列事項外，市町村區域之陸上交通安全措施必需事項之全面計畫推動。

市町村長應努力制定市町村在相關財政年度採取的措施計畫（以下簡稱「市町村交通安全實施計畫」），以確保該地區的陸上交通安全。在這種情況下，市町村交通安全實施計畫不得與都道府縣交通安全實施計畫相衝突。

市町村交通安全對策會議依第一項規定編制市町村交通安全計畫時，應及時公布概要，並將市町村交通安全計畫報告都道府縣知事。

市町村長依照第四項規定為市町村制定交通安全實施計畫時，必須儘速向都道府縣知事報告。

市町村交通安全計畫之變更，比照第二項、第五項規定；市町村交通安全實施計畫之變更，準用前項規定。

（地方公共團體負責人可提出必要要求）

第 27 條 地方公共團體負責人認為有必要確保都道府縣交通安全計畫或市町村交通安全計畫之準確、順利實施時，對地方公共團體的全部或者部分區域向指定的地方政府機構負責人、相關地方公共團體負責人以及對這些人提出必要要求，應處理的有關陸上交通安全的事務有管轄權的其他執行機關；或根據法律要求，可以提供必要的建議或指示。

（關於海上或空中交通安全計畫）

第 28 條 地方公共團體負責人，於地方公共團體範圍內的海上交通或空中交通安全有必要時，應制定交通安全基本計畫或交通安全業務計畫（與陸上交通安全除外），可以向中央交通安全對策會議與相關指定行政機關的負責人提出必要要求。

第四章　交通安全的基本措施

第一節　國家政策

（交通環境的整備，特別注意保護行人）

第 29 條　國家應發展交通安全設施和空中交通管制設施，合理化交通規則及管制，優化道路與公共水域利用等必要措施，以完善交通環境整備。

國家在路上交通安全上，於住宅區、商業區等採取前項規定之措施時，應特別注意保護行人。

（普及與交通安全有關知識等）

第 30 條　國家應普及與交通安全有關知識以及推動交通安全意識，振興與交通安全有關教育，充實與交通安全有關之宣傳等必要措施。

國家於民間健全與交通安全有關之自願組織活動，並提出必要措施。

（確保駕駛員安全駕駛與操作之必要措施）

第 31 條　國家確保車輛等之安全駕駛與操作，對車輛駕駛員、船員及航空機組人員（以下簡稱駕駛員等）採取必要措施，如加強教育、合理化駕駛人資格等制度、改善駕駛或車輛操作等管理、優化駕駛員工作條件等。

國家應加強氣象觀測網絡、建設通訊設施等必要措施，以及時收集及發布氣候資訊與其他交通安全資訊。

（確保車輛安全性之必要措施）

第 32 條　國家應改善車輛結構、設備、裝備等安全技術標準，並加強車輛檢驗等必要措施，以確保車輛等之安全性。

（維護交通秩序之必要措施）

第 33 條　國家應採取交通管制等必要措施，以維護交通秩序。

（整備緊急救助系統等）

第 34 條　國家應建立救急服務體系、完善救急醫療設施等必要措施，以加強對交通事故受傷者之急救與醫療救治。

國家應建立海難資訊收集制度與海難救助制度，以加強救助海難之救助。

（損害賠償保障制度的優化）

第 35 條　國家完善汽車損害賠償保障制度，以及援助交通事故受害人之賠償制度請求等必要措施，以優化交通事故受害人（包括其遺族，下同）的損害賠償。

（促進交通安全與科技發展的必要措施）

第 36 條 國家應建立相關試驗研究制度、促進研究開發並普及相關成果等必要措施，以促進與交通安全相關之科學技術的發展。

國家應實施彙整相關研究調查等必要措施，以明確交通事故原因之科學根據。

（實施交通安全相關措施之注意）

第 37 條 國家採取前八條規定之措施，應不得過分侵害人民生活。

第二節　地方公共團體之措施

（地方公共團體之措施）

第 38 條 地方公共團體在不違反法律、法規的情況下，應依照前節規定之國家政策採取措施。

第五章　其他

（與特別區有關之本法適用）

第 39 條 特別區視同市之等級，適用本法。

附則摘錄

本法自公布之日起施行。

附則（昭和46年6月2日第98號法律）摘錄

（生效日期）

第 1 條 本法自公布之日起六個月內，自政令規定之日起施行。

附則（昭和50年7月10日第58號法律）摘錄

（生效日期）

本法自公布之日起滿三個月之日起施行。

附則（昭和58年12月2日第80號法律）摘錄

（生效日期）

本法自《總務廳設置法》（昭和五十八年第 79 號法律）實施之日起生效。

（過渡措施）

除本法規定外，實施本法所需的過渡措施可由政令規定。

附則（平成11年7月16日第102號法律）摘錄

（生效日期）

第 1 條 本法修改自內閣法一部份之法律（平成十一年第 88 號法律）施行之日起實施。但下列各款規定，自各款規定之日起施行。

一、略。

二、附則第十條第一項與第五項、第十四條第三項、第二十三條、第二十八條與第三十條規定公布日期。

（職員交接）

第 3 條 本法施行時，原總理府、法務省、外務省、大藏省（財政部）、文部省（教育部）、厚生省（衛生部）、農林水產省、通商產業省、運輸省、郵政省、勞動省（勞動部）、建設省或自治省（內政部）（以下簡稱原府省）職員〔國家行政組織法（昭和二十三年第 120 號法律）第八條之審議會會長或委員長與委員等；中央防災會議委員、日本工業標準調查會會長和委員及相關人員，由政令規定〕。本法實施後的內閣，除另提出辭職外，應享有同等工作條件。本法施行後之內閣府、總務省、法務省、財務省、文部科學省、厚生勞動省、農林水產省、經濟產業省、國土交通省或環境省（以下簡稱新府省）或擬設立的部門或機構中，政府條例規定本法為相關工作人員在執行時所屬之前府省或機構，或位於本法的部門或機構相應之新府省，或將在本法中設立的部門或機構。應是相當數量的人員。

（個別規定的過渡措施）

第 30 條 除第二條至前條規定外，為實施本法所必需的過渡措施，由法律另行規定。

附則（平成11年12月22日第160號法律）摘錄

（生效日期）

第 1 條 本法（第二條、第三條除外）自平成十三年一月六日起施行。但下列各款規定，自各款規定之日起施行。

一、第九百九十五條（限與核原料物質、核燃料物質與原子爐相關部分法律之補充規定的修改規定的部分）、第一千三百零五條、第一千三百零六條、第一千三百二十四條第二項、第一千三百二十六條第二項、第一千三百四十四條規定之公布日。

附則（平成18年5月17日第38號法律）摘錄

（生效日期）

第 1 條　本法自平成十八年十月一日起施行。但下列各款規定，自各款規定之日起施行。

一、略。

二、第一條中港灣法第五十六條之二的修訂規定，在同條後增第十八條的修訂規定，以及同法第五十六條之三第二項及第四項，與第六十一條起至第六十三條之修訂規定，與附則第六條、第八條、第九條、第十條第一項、第十一條、第十二條、第十七條、第十九條與第二十條之規定平成十九年四月一日。

附則（平成23年8月30日第105號法律）摘錄

（生效日期）

第 1 條　本法自公布之日起施行。

（政令之委任）

第 82 條　除本附則規定外，實施本法所需的過渡措施（包括有關罰則之過渡措施），由政令規定。

附則（平成25年6月14日第44號法律）摘錄

（生效日期）

第 1 條　本法自公布之日起施行。

（政令之委任）

第 11 條　除本附則規定外，為實施本法所需的過渡措施（包括有關罰則之過渡措施），由政令規定。

附則（平成27年9月11日第66號法律）摘錄

（生效日期）

第 1 條　本法自 2008 年 4 月 1 日起施行。但下列各款之規定，自各款規定之日起施行。

一、附則第七條規定公布之日。

（政令之委任）

第 7 條　除從附則第二條至前條規定外，實施本法所需的過渡措施，由政令規定。

國家圖書館出版品預行編目(CIP)資料

道路交通管理處罰條例逐條釋義／黃清德，陳正根主編. -- 初版. -- 臺北市：五南圖書出版股份有限公司，2024.08
面； 公分
ISBN 978-626-393-529-7(平裝)

1.CST: 交通法規

557.13　　113009843

1RD9

道路交通管理處罰條例逐條釋義

主　　編 — 黃清德（291.8）、陳正根（266.9）
作　　者 — 李震山、蔡庭榕、陳俊宏、黃清德、李寧修
李錫棟、林書慶、陳正根、許義寶、陳家福
（按撰寫法條條次排序）

企劃主編 — 劉靜芬
責任編輯 — 呂伊真
封面設計 — 封怡彤
出 版 者 — 五南圖書出版股份有限公司
發 行 人 — 楊榮川
總 經 理 — 楊士清
總 編 輯 — 楊秀麗
地　　址：106台北市大安區和平東路二段339號4樓
電　　話：(02)2705-5066
網　　址：https://www.wunan.com.tw
電子郵件：wunan@wunan.com.tw
劃撥帳號：01068953
戶　　名：五南圖書出版股份有限公司

法律顧問　林勝安律師

出版日期　2024年8月初版一刷
定　　價　新臺幣680元

經典永恆·名著常在

五十週年的獻禮——經典名著文庫

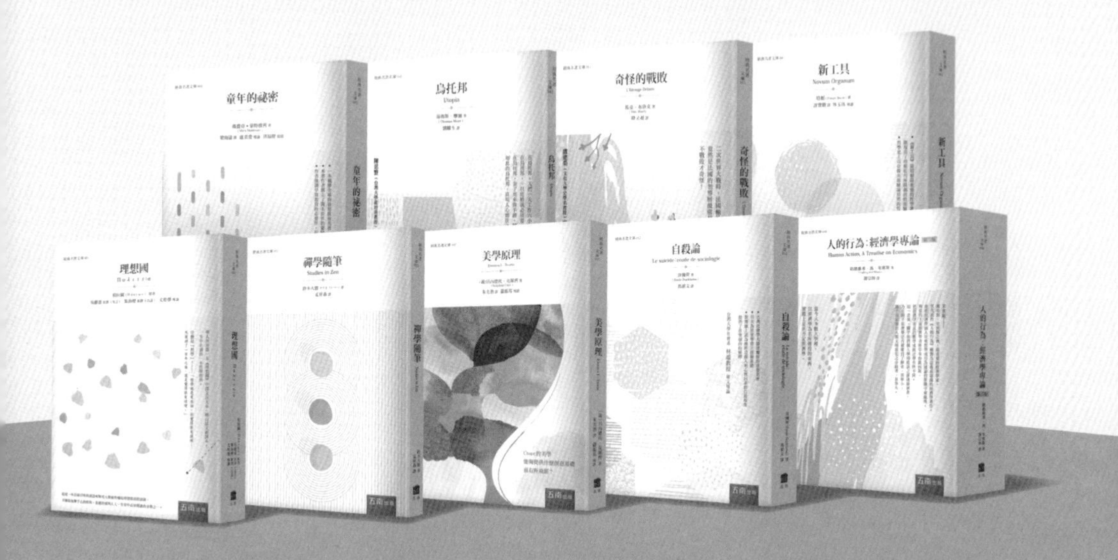

五南，五十年了，半個世紀，人生旅程的一大半，走過來了。
思索著，邁向百年的未來歷程，能為知識界、文化學術界作些什麼？
在速食文化的生態下，有什麼值得讓人雋永品味的？

歷代經典・當今名著，經過時間的洗禮，千錘百鍊，流傳至今，光芒耀人；
不僅使我們能領悟前人的智慧，同時也增深加廣我們思考的深度與視野。
我們決心投入巨資，有計畫的系統梳選，成立「經典名著文庫」，
希望收入古今中外思想性的、充滿睿智與獨見的經典、名著。
這是一項理想性的、永續性的巨大出版工程。
不在意讀者的眾寡，只考慮它的學術價值，力求完整展現先哲思想的軌跡；
為知識界開啟一片智慧之窗，營造一座百花綻放的世界文明公園，
任君遨遊、取菁吸蜜、嘉惠學子！